華東政法大學

建校六十周年 《法学》创刊五十六周年文丛

总主编／何勤华 杜志淳

法学的历史

第5卷

法理学·下卷

2004年-2011年

主　编／徐永康
副主编／蒋传光 胡玉鸿

法律出版社
LAW PRESS·CHINA

华东政法大学建校60周年
《法学》创刊56周年文丛
编委会

主 编 简 介

徐永康

1956年12月生，江苏无锡人。中学毕业后在上海市郊工厂工作3年，恢复高考后进入华东师范大学历史系学习，后于华东政法大学和南京大学分别获法学硕士学位和历史学博士学位。现任华东政法大学教授、法律史专业博士研究生导师。

主要从事法律史和法律文化的教学与科研工作。主讲中国法制史、中国法律思想史、中国法律史专题研究、法理学、执法与司法研究、依法治国与法文化等课程。主编、参编和撰写法律史与法理学领域教材及著作10余部，发表论文百余篇。

享受国务院政府特殊津贴。兼任中国法律史学会常务理事、中国儒学与法律文化研究会副会长兼秘书长、中国法理学研究会理事。

副主编简介

蒋传光

1963年生，安徽濉溪人。法学博士后，现任上海师范大学法政学院副院长，教授、博士研究生导师。中国法律思想史研究会副会长、中国法理学研究会理事、中国外法史研究会理事、儒学与中国法律文化研究会常务理事、上海市法理法史学研究会副会长、上海市比较法学研究会副会长、上海市党校系统高级职称评审委会委员、上海市学位委员会第四届学科评议组成员。

主要研究方向为法理学、法社会学、法律文化。已出版著作17部，在《政法论坛》、《法学评论》、《法学家》、《法制与社会发展》等刊物发表论文100多篇。一些论文被《新华文摘》、《高校文科学报文摘》摘编和中国人民大学书报资料中心《复印报刊资料》转载。承担国家社科基金项目2项、教育部人文社科研究基地重大招标项目、教育部规划项目、司法部重点项目、中华大典法律典项目各1项、省级及其他社科项目10项。

学术成果曾获中宣部“五个一工程”提名奖和国家图书奖、中央纪委优秀论文奖、安徽省社科优秀成果著作二等奖和论文三等奖、上海市法学会论文二等奖等。

胡玉鸿

1964年生，江西南昌县人。华东政法学院法学博士，现为苏州大学王健法学院院长，教授、博士研究生导师。

主要研究方向为法理学、法学方法论及行政诉讼法学。主讲课程有法理学、法社会学、西方法律思想史等。在《法学研究》、《中国法学》等刊物发表论文100余篇，出版《法学方法论导论》、《司法公正观念源流》、《“个人”的法哲学叙述》专著3部，主编、参编《法律原理与技术》等教材10余部。多篇论文被《光明日报》、《新华文摘》、中国人民大学书报资料中心《复印报刊资料》、《高等学校文科学术文摘》摘登、转载。2008年年度国家社会科学基金重大招标项目《学习实践科学发展观重大问题研究——以人为本与中国法制发展》首席专家，主持其他国家级、省部级以上科研项目10余项，获省部级以上科研成果奖励8项。

被评为江苏省“青蓝工程”学术带头人、江苏省333工程中青年科学技术带头人、苏州大学教学名师。

解放思想是法学进步的原动力
（代总序）

1981年11月，由华东政法大学主办的《法学》复刊了。它的复刊，源自1978年年底的那场解放思想运动。

回顾新中国60多年的历史，我们可以清楚地看到，我们国家的发展，大体可以30年为时段分为前后两个阶段。前30年，我们党在治理国家的指导思想方面，出现了"左"的倾向。从"批武训传"、批俞平伯的红楼梦研究、批胡风"反革命集团"到1957年"反右"运动扩大化、1962年提出"以阶级斗争为纲"，直至1966年爆发"文化大革命"，"左"的思想不断升级，最终导致国民经济濒于崩溃、各项建设事业停滞、学术（包括法学）陷入一片沙漠状态。

1978年年底，中国共产党召开了十一届三中全会，实行改革开放之国策，社会各界解放思想，因而改变了整个中国的面貌，也迎来了法学研究的春天，导致了《法学》的复刊。自那时以来，我们也已经走过了整整30年。在这30年中，《法学》在上级部门的领导下，通过全体办刊人的持续努力，紧贴时代发展的脉搏，跟踪社会发展的前沿，及时回应法律界所遇到的热点和难点问题，发表了一大批高水平的作品，对我国的立法、执法和司法实践形成了重要的理论支持，在学术界乃至全社会产生了巨大影响力，推动了改革开放以后中国法律和法学的进步与繁荣。

在回顾总结《法学》30年历程，探索法学理论与法律实践互动之规律时，我们感受最深的一点就是，解放思想是法学进步、繁荣的原动力，没有中国的改革开放和解放思想，就没有中国法律和法学的今天，更没有《法学》的今天。

一

关于解放思想，邓小平同志有一个定义，就是"解放思想是指在马克思主义指导下打破习惯势力和主观偏见的束缚，研究新情况，解决新问题"。[①] 这个定义，包含了三个要素：(1) 马克思主义的指导，讲的是政治立场和认识论、方法

① 《邓小平文选》（第2卷），人民出版社1994年第2版，第279页。

论;(2)打破习惯势力和主观偏见的束缚,这既包括政治体制上的,也涉及其他各个领域里的;(3)研究新情况、解决新问题,就是要跟上社会发展的步伐,与时俱进。因此,在某种意义上可以说,解放思想的精神实质就在于:一是说真话;二是实事求是;三是不唯书、不唯上;四是打破不合理的偏见和传统;五是在理念、观点和制度上创新。

30年来,《法学》就是贯彻了这一精神,解放思想,不断进步。其中,冲破政治上习惯势力和主观偏见的束缚,提高法学研究在我国政治体制改革中的贡献度,是《法学》首先关注的重点。众所周知,法律与政治紧密相关,法学研究也与社会的政治决策息息相关。要使法学研究对同时代的乃至以后的政治决策有所贡献,必须解放思想。换言之,法学研究在推动社会政治体制改革、回应社会重大政治问题时,如能解放思想、提出有真知灼见的建言建策,就会大大彰显法学研究的贡献。1982年春天,当我国立法机关将宪法草案提交全国人民讨论时,《法学》月刊社就召集各方面专家,就其内容进行广泛讨论,参与者有徐盼秋、潘念之、肖蔚云、高恭佑、浦增元、孔令望、陈云生、胡土贵、周天平等众多法学界知名人士。各位专家学者解放思想,破除禁忌,充分讨论,各抒己见。《法学》在第6期、第7期连续刊登了他们的建言建策,对我国宪法内容的确定产生了很大的影响。

1982年9月1~11日,中国共产党第十二次全国代表大会召开,大会通过的新党章明确规定:“党必须在宪法和法律的范围内活动。”但是,如何理解和执行党章的这一规定,许多党员甚至党的领导干部对此还存在许多疑问。当时,许多领导都曾提出了“到底是法大,还是党委大”的疑问;也有领导认为,规定党必须在宪法和法律范围内活动,就会束缚自己的手脚,妨碍开创新局面。针对党的十二大召开后社会上和党内存在的这些想法,《法学》1982年第11期刊登了楚云飞的文章《在宪法和法律范围内活动是党的一项重要原则》,系统阐述了党章这一规定的法理基础,强调我们必须解放思想,充分认识这一规定对推进我们执政党的建设和推动我国社会主义法制发展,全面开创社会主义现代化建设新局面的极其重要意义。

随着1992年10月12~18日党的十四大提出建设社会主义市场经济的改革目标后,我国市场经济发展迅速,宪法的许多规定就显得落后于客观形势的发展了,但是,真的要提出修宪的主张,在当时还是存在一定风险的。《法学》就在这一点上,以极大的理论勇气,于1992年第12期,以纪念宪法诞生10周年为契机,发表了评论员文章《修宪:市场经济发展的必然要求》。该文指出,修宪问题,无论从宪法学抑或法理学角度来看,应属技术性问题。然而,由于特定的历史条件,重提修宪问题,就不能不在某种程度上引起人们的高度警觉和重视。但是,社会主义市场经济的发展,出现了众多宪法上没有规定的事项。例如,"随着改革开放的不断发展,出现了多种经济形式并存的局面,特别是许多合营、合资、私营企业的出现,能否对这些经济形式进行保护,关系到改革开放能否向纵深发展的问题,而宪法对此并未规定"。同时,改革开放需要合法地出租、转让土地,而这一点也是宪法禁止的。因此,在适应社会主义经济发展和改革开放的历史要求下,1988 年,我们就对宪法进行了修改,允许私营经济形态的存在,以及取消了对土地出租和转让的禁令。现在,改革开放的进程和社会的发展,又一次需要我们对宪法做更大范围的、更大规模的修改,我们应当与时俱进,完成这一历史使命。在发表评论员文章的同时,这一期还刊登了孙潮、戚渊的《论确立市场经济的宪法地位》、李伟的《宪法权威论》、李步云的《不断完善中国人权的保障体系》等文章,对修宪涉及的各个领域的一些重要问题作了阐述。《法学》的这些文章,虽然发表在邓小平同志 1992 年南方讲话之后,但此时在我国,修宪问题还是一个禁区,因此,发表上述言论还是冒了一定政治风险的。

在法理学领域,关于法的定义这一核心问题,在新中国成立的前 30 年,基本上是"阶级斗争论"、"阶级意志论"一统天下。要冲破这一禁区,必须鼓足勇气,在法学理论上来一个大胆的突破。而在这方面,《法学》也走在了全国研究的前列。1986 年,《法学》在第 1 期《新年寄语慰读者》中,率先提出:"科学是没有禁区的,有禁区就不会有发展和深入。法学研究也是如此。""近年来,我国法制建设和法学研究的现状表明,法学理论的研究正面临着改革和挑战,无论在内容和方法上都亟须有新的突破。""我们认为,无论是基础法学还是应用法学的研究,都应该把焦点对准现实中涌现出来的或者是历史上没有解决的问题,应该重视和倡导'问题法学'的研究。"

同期刊登的《中国法制报》政治评论部主任张宗厚的《对法的三个基本概念的质疑》一文,对现行的法的定义中三个核心命题——"法律是阶级社会特有的现象"、"统治阶级意志论"和"阶级性是法的唯一属性"进行了质疑,提出了不同观点,并予以系统阐述。同期还刊登了陈浩然的《对"质疑"的质疑》一文,与张宗厚文中的观点进行了讨论和争辩。《法学》1986 年的《新年寄语慰读者》和张宗厚、陈浩然文章的发表,在我国法学界激起了巨大的冲击波,给我们的思想以极大的震撼。因为直到 20 世纪 80 年代中期,上述从苏联引进的关于法的定义的三个核心命题,是我们熟悉并认为是天经地义的,几乎从未有人提出质疑。而张宗厚的文章则颠覆了我们的传统法学观,其震动不能说不大。而陈浩然的文章,虽然是对张宗厚观点的反质疑,阐述的力度相对小一些,但陈文给学术界带来的推进学术研究“百花齐放、百家争鸣”的贡献，则有目共睹。

在法学研究发展中，一直让我们法律人纠结的就是政治与法律的关系问题。而在阐述法律与政治之关系时，思想最为解放的文章，就是陈鹏生在《法学》1987年第1期发表的《没有法律的政治是危险的政治——法学研究的反思》一文。文中指出：“本来，政治和法律都是上层建筑的组成部分，相互作用，共同为自己的基础服务，是马克思主义的常理。但是，由于高度集权思想的影响，政治被强调到可以冲击，甚至代替一切的荒谬地步。政治与法律相互作用的关系，变成政治决定法律的关系。而按照‘左’的一套理论的逻辑推导，政治就是阶级斗争，阶级斗争就是敌我矛盾。于是服务于并决定于政治的法律，就只能是以阶级性作为自己的唯一的质的规定性，以‘阶级斗争的工具’作为自己的唯一职能了。以法作为自己研究对象的法学，当然也只能是‘阶级斗争’的[学问了]。”

作者认为，这种理论的后果，一方面，使法律失去了自己的独立性，唯政治需要决定自己的兴废存亡：政治安定时，法律成为民主的点缀；政治严峻时，一言可以废法，实际上是以“人治”代替了“法治”。另一方面，也把法律与阶级斗争捆在了一起，使法律与政治一起成为学术讨论和争鸣的禁区，“一旦涉及，就‘以言治罪’，出现‘文笔贾祸’，法学研究也就不复存在”。作者进一步指出：“我们的民主，首先是制度，然后才是干部的思想作风。否则民主就会随领导的喜怒哀乐而变样。因此，要政治民主化，就应该依靠法律制度，保障民主不会因领导人的改变而改变，也不能因领导注意力的转移而改变。我们的法学家，应该通过对法制建设深刻的历史反思，从理论上令人信服地告诉人们千万不要忘记一条历史教训：政治离不开法律，没有法律的政治，是危险的政治、灾难的政治。”因此，为了防止这一点，我们必须研究如何通过法律来保障公民权利义务一致性原则的确立和实施，以及这种意识的形成。

应该说，作者关于“没有法律的政治就是危险的政治、灾难的政治”的观点，不仅是对中国“重政治，轻法律”，崇尚“人治”，轻视“法治”之传统的深刻揭示和批判，而且也阐明了理顺法律与政治的关系，对防止历史悲剧的再次发生、建设社会主义法治的重要意义。应该说，在当时的环境下，没有思想的解放，是不可能有如此大的理论勇气提出这么尖锐和鲜明观点的。①

① 就在此文发表两年前，谢次昌在“论政治与法律的关系”一文中，还强调“政治与法律相比，政治总是处于主导地位，法律的制定和实施必须服从政治的需要”，载《法学》1985年第5期。

二

解放思想也促进了法学研究在我国经济体制改革中推动作用的发挥。1982年中期，随着我国改革开放的深入，社会主义经济体制转型，经济领域犯罪日益增多且形态各异，尤其是许多正常的经济活动和犯罪行为容易混淆，这对我国的法学理论研究和定罪量刑等都提出了严峻挑战。《法学》解放思想，敢于打破常规，使法学研究及其对司法实践的指导走在了全国的研究前沿。《法学》1982 年第 7 期刊登的一组关于"职工受外单位聘用接受高额报酬是否构成犯罪"的讨论文章，就是突出的一例。

当时，随着打击经济领域犯罪的深入展开，不少单位和群众对一些在职的或退休的职工受外单位聘请、接受高额报酬的行为，向有关机关举发。当时政法机关内部对这类行为到底是否属于犯罪产生了很大分歧。而这种分歧，在 1982 年春上海某区人民法院受理检察机关诉上海某国营工厂的技术人员王某受贿①一案中获得了集中体现。从 1980 年起，王某私下接受外单位（自己的家乡奉贤县钱桥公社橡胶塑料厂）的委托，在业余时间，利用本单位的设备，从事产品试制并获成功。由此给钱桥公社橡胶塑料厂带来了巨大利润，王某也从该厂获取报酬 3800 余元。检察机关认为王某的行为已构成受贿罪，依照《刑法》第 185 条规定，予以公诉，要求惩处。在审判机关内部，有认为该定受贿罪的，有认为该定贪污罪的，有认为该定投机倒把罪的，有认为该定破坏经济秩序罪的，也有认为不该定罪的，等等，不一而足。《法学》抓住这一典型案例，组织专家进行深入讨论，最后一致认为，王某的行为虽有瑕疵，犯有错误，但还未构成犯罪，不该定刑。特别是，在改革开放的大背景下，为加快社会主义现代化建设事业，法律必须引导广大技术人员发挥自己的专长，多为国家做出贡献。而在此过程中，他们的劳动必须得到尊重，必须获得报酬，这不仅不是犯罪，而且是法律应该鼓励的行为。《法学》所发表的专家意见受到了司法机关的重视，不仅王某最终没有被定罪，而且对以后一些在职的或退休的职工受外单位聘请、接受高额报酬行为的评价也发生了良性变化。②

---

① 根据《法学》1983 年第 3 期发表的龚介民的"重视韩琨案件中的法律与政策问题"和张传桢、铁犁的"韩琨案功与罪之争"，载郭道晖、李步云、郝铁川主编：《中国当代法学争鸣实录》，湖南人民出版社 1998 年版，第 285 页。王某的真名是韩琨，上海橡胶制品研究所助理工程师。

② 之后，《法学》还接连讨论了刘亨年、戴振祥等有罪还是无罪的案件。参见《法学》1987 年第 7～11 期、1988 年第 10～12 期。

当然,《法学》在经济领域发表学术观点,并有力地冲击了传统法律观点、推动了我国社会主义市场经济体制确立的最有影响力的文章是曹建明、钱富兴、顾长浩、李朝兴所写的《外商租用土地与经营房产业的理论与实践》。① 该文指出:“土地是一种重要资源,也是利用外资、引进技术、进行生产和经营活动的基本条件。”“因此,发挥土地经济杠杆在对外开放中的积极作用,实行出租土地给外商从事综合性经济活动,并允许外商在我国购买和经营房产的政策,将涉及我国对外开放中土地和房产两个方面的法律问题,而其中地产业的问题又是最为关键的。”“外商租用土地和经营房产业,可在相当的程度上解决开放城市建设资金不足、外汇不平衡的困难。”

文章接着阐述:实行出租土地给外商以及允许外商在我国购买和经营房产的政策,在目前还是一个非常复杂和严重的问题,比如,允许外商租用开放城市的土地,“是否会重演帝国主义在半殖民地旧中国建立租界的悲剧”? 作者认为,不会。因为“在对外开放中出租土地给外国投资者,与帝国主义在旧中国的租界是有本质区别的”:不仅性质不同,前者是经济活动范围的概念,后者是政治主权的概念,而且产生的原因和条件也不同。作者接着进一步就外商租用我国土地问题的理论依据和法律依据进行分析。比如,出租土地的法律行为并不违背马克思主义的基本理论,也不违反我国的宪法和法律;各国关于外国人租用本国土地的法律制度及其在我国的实践;外商租用土地、经营房产与开放城市经济发展战略的协调;外商租用土地和经营房产业的法规及其协调;等等。

文章刊登后,在全国引起了很大反响。虽然也有一些不同的观点,认为文章提出的主张违反了我国1982年《宪法》第10条关于“任何组织或者个人不得侵占、买卖、出租或者以其他形式非法转让土地”的规定(因为此时宪法尚未修改),因而是违宪的。② 但大多数学者对文章的观点表示理解、支持和赞赏,认为文章回应了我国改革开放带来的引进外资、迅速发展我国市场经济的实践所提出的实际法律问题,具有重大理论指导意义。1988年宪法修改,吸收了文章提出的观点,取消了出租和转让土地的禁止条款。文章发表以来,我国经济发展的实践证明了该文的正确以及它的强大生命力,也证明了《法学》思想的解放以及非常的理论勇气和远见卓识。

---

① 参见《法学》1986年第7期。

② 实际上,文章本身已经回答了出租土地给外商是否违宪的问题,文章认为,《宪法》第10条并没有禁止“国家”出租土地的行为,只禁止了组织和个人;当时已颁布实施的《中外合资经营企业法》中已经规定了允许出租土地给外商。

三

解放思想也促进了法学学术的进步与繁荣。学术的进步与繁荣，最为重要的就是营造一个有利于学术讨论与学术争鸣的环境和氛围。而这种环境和氛围的形成，必须是在解放思想的前提下，能够说真话，实事求是，不唯书、不唯上，打破不合理的偏见和传统，在理念、观点和制度上创新。在这方面，复刊后的《法学》做得非常好。

比如，在1981年的复刊号上，就发表了华东政法学院院长徐盼秋的《关于社会主义法律与客观规律》一文。在文中，作者解放思想、实事求是，一层一层地分析批判了以往片面夸大意志的作用，要人治，不要法治，权大于法，以言代法等不顾社会发展客观规律的错误观点，明确指出，“利用客观规律来造福于国家和人民是社会主义法律的光荣任务”，但我们“要利用客观规律，必须首先掌握客观规律”。作者认为：“社会主义法律必须反映客观规律，但是它并不等于客观规律。”“客观世界是不可穷尽的，人们对于客观世界的认识也永远没有完结。所以，人们只能随着对客观规律认识的发展来不断完善社会主义法制。”作者最后指出，社会主义法律，作为社会主义社会上层建筑的一部分，它对客观规律的反映，与上层建筑的其他部分相比，具有自己的突出特点：社会主义法律对客观规律的反映不是以原理、定律等科学理论的形式，而是以法律条文的形式使其规范化；被社会主义法律所反映的客观规律，有国家强制力的保障，这使它本来就具有的客观必然性更加强化，能够加速这种客观必然性的实现；法律对客观规律的反映具有稳定性和严肃性，如果能够坚持以法治国，国家就会以更加符合客观规律的方式获得迅速发展。

与徐盼秋的文章相呼应，《法学》1982年第5期发表了余先予的《论法律自身发展的客观规律》一文，该文将社会主义法律与客观规律的学术探讨进一步引向深入。余文指出：“法律自身发展规律的问题，与法律表现客观规律的问题，是两个不同范畴的问题。前者是指法律这种客观的社会现象的自身发展受哪些客观规律的支配；后者是指法律这种客观事物与其他客观事物之间的关系。为了更好地完善我们的社会主义法制，我们不仅要研究法律与其表现的客观规律之间的关系，而且也要研究法律自身发展的客观规律，使我们的法律既符合客观形势所提出的要求，紧密地为解决党和国家所面临的各项任务服务，又符合法律自身发展的要求，建立完备的社会主义法律体系，真正担当起社会主义时代的历史所赋予法律的任务。”

那么,纵观数千年法律发展的历史,它有哪些规律呢?余先予教授认为,法律自身发展的规律,主要有五个方面:第一,法律制度本身是一种社会的客观存在,它源于物质生活关系,受社会经济条件制约,不是什么人想要就要、想不要就可以不要的东西,也不是可以随心所欲地"创造"的东西。第二,法律都具有鲜明的阶级性,它是取得胜利、掌握政权的阶级意志的体现,是建立和维护有利于统治阶级的社会制度和社会秩序强而有力的杠杆。第三,法律由国家机关制定或认可,以国家强制力为后盾,对全社会具有普遍约束力。第四,法律以肯定的明确的行为规范的形式,给予法律关系的当事人以权利和义务,规定他们可以做什么,不可以做什么。第五,法律制定出来就必须执行,在现实生活中兑现,务求做到有法必依,执法必严,违法必究。

又如,比较法研究,包括法系理论,在新中国成立的前30年,是一个遭受批判的领域,也几乎是一个被人们所遗忘的领域。直至改革开放之后的20世纪80年代初,比较法研究和法系理论依旧被认为是资产阶级的学术观点,是西方资本主义的研究领域。在此时,《法学》解放思想,冲破上述认识的樊笼,在全国率先提出比较法和法系的问题,在王召棠、陈鹏生的《社会主义中国法系初探》[①]和王召棠、张传桢、陈鹏生的《对中国式社会主义法律体系的探讨》[②]等文章中,作者旗帜鲜明地提出:"法系不应是资产阶级法学的专用语,而应是整个法学领域中应该着重研究的一个课题。"建立中国社会主义法系,必须肃清重刑轻民的历史影响,必须正确地处理好政治与法律的关系,肃清以政治代替法律、冲击法律的思想影响。应该说,这些观点不仅在当时,即使在目前,也是一种解放思想的观点。

再如,虽然我国于1982年12月通过了新中国的第四部宪法,但宪法理论的研究并没有很好地展开,这当中,除了人们还没有从1966~1976年10年"文化大革命"的噩梦中清醒过来,我国在言论自由方面还没有确立很明确的法治原则(对此,骆伟雄的《言论自由的若干法律问题》一文[③]有很好的分析)之外,宪法学研究者不能解放思想、缺乏理论勇气也是一个重要原因。对此,我国著名的比较宪法学家龚祥瑞的《中国需要什么样的宪法理论》[④]一文,勇开先河。龚文认为,宪法意识是从"权力必须受到限制"这个思想出发的。各国宪法规定的限制权力的表现形式可能有所不同,但立宪政府的一个共同信念,就是政府权力不

---

① 载《法学》1982年第2期。

② 载《法学》1983年第5期。

③ 载《法学》1989年第2期。

④ 载《法学》1989年第4期。

能无限。而宪法就是授予和限制权力的根本法，它规定了立法、行政和司法机关的职责以及彼此的监督和制约，规定了对公民权利的保障，这就是现代宪法的由来。因此，“宪法是治国之法，治官之法，是从崇尚个性解放，保护私有财产，保护人身、言论出版等自由，遏制暴政、苛政，保障公民利益出发的”。“针对权力的先定性和腐化性、侵略性，人们就要用宪法与行政法来约束它、管制它，使之分别由不同主体行使，并置于人民监督之下，这才是我们重新开始要做的。”作者最后指出：“宪法是保护人民利益的根本大法。我们要研究人性中残酷的一面、人间的疾苦的一面，忠诚地以人类追求正义的精神而不懈地积累、更新如何预防权力被人类弱点所滥用的根源、技术和方法，重新开始宪法理论问题的研究。”

重读20多年前文章中这些即使在现在看来思想也是非常解放的观点，我们不得不佩服作者的理论勇气，也不得不佩服《法学》思想的解放。我们认为，龚文的上述观点，对新中国宪法学的研究一定具有长时间的理论指导力和学术影响力。

又如，就我国改革开放之后几次大的法学学术理论探讨，关于开展法学基本理论研究、关于开展社会主义法律体系的讨论、关于社会主义法的本质、法哲学的内涵和价值、①法的阶级性与社会性、宪法司法化、复员军人进法院、“坦白从宽，抗拒从严”的质疑、“婚内强奸”的讨论、法制建设协调发展、②罪刑法定与罪刑相适应的原则、③关于“廉政建设的法律思考”、法学的现状与发展、著名学者论依法治国、“克隆人”与法律、社会主义法的精神、④创新和繁荣法学理论笔谈、⑤《物权法》草案是否“违宪”、检察监督权之探讨、“双规”的合宪性等，《法学》的研讨也都是走在全国前列的。如关于中国社会主义法的体系的讨论，曾

① 如傅季重：“法律哲学研究的对象及其任务”，载《法学》1982年第3期；公丕祥：“也谈重视法哲学的研究”，载《法学》1983年第4期。

② 详细参见《法学》1984年第5～10期、第12期所发文章。

③ 罗平：“同名数罪，毋须并罚”，载《法学》1982年第10期；邹涛：“关于同种数罪及并罚问题”，载《法学》1983年第4期；魏皓奔：“也谈‘罪刑适应’”，载《法学》1983年第7期。

④ 郭道晖在《法学》1994年第10期发表了“社会主义自由——当代社会主义法的精神”，从孟德斯鸠的著作《论法的精神》一书中的思想，谈了“法的精神”的科学含义以及社会主义法的精神的问题。张光博在《法学》1995年第5期上发表了“法的精神与法律精神论略——与郭道晖同志商榷”。郭道晖在《法学》1995年第6期上再发“再论社会主义法的时代精神——答张光博教授”一文，展开了激烈的思想交锋，引起了法学界的关注。

⑤ 参见《法学》1987年第1期至1988年第8期。其中，有些文章探讨的问题在当时都是非常前沿和大胆的，如夏之的“对‘马克思主义法学’提法的商榷”，魏皓奔的“社会主义社会同样产生犯罪”（当时许多人都认为只有资本主义才是产生犯罪的“温床”），崔敏的“客观性也是法的本质属性”，周叶中的“宪法实施：宪法学研究的一个重要课题”，舒国滢的“对法概念之争的思考”，吴家如的“法学研究应从适应型向创造型转变”，杨海坤的“对建立我国行政诉讼制度的思考”，等等。

经是改革开放初期我国法学界热议的课题,《法学》于1983年4月21～29日联合中国社科院法学所,在上海率先举办了关于法律体系和法学体系的专题研讨会。当时的一些法理学大家,如吴大英、沈宗灵、刘瀚、齐乃宽、王传生、陈汉章、余先予积极参加,撰文发言,有力地推动了中国社会主义法律体系和法学体系的形成。

尤其是从1997年起,《法学》在当时的主编郝铁川教授的主持下,连续刊登了一组"建国以来法学界重大事件研究"的文章,其中有《对新中国摧毁旧法制的历史反思》、《"刀把子"风波记》、《无罪推定在新中国的命运》、《1957年错批杨兆龙的"法律继承论"纪实》、《关于80年代"法的社会性和阶级性问题"大论战》、《关于前苏联法对中国法制建设的影响》、《人权禁区是怎样突破的》、《人权研究中的一场风波》、《一场有缺陷的司法改革》、①《"再为司法独立鼓与呼"一文的风波》、《"法权"还是"权利"之争》、《从"法制"到"法治"二十年改一字》、《新中国第一次法理讨论会的回忆与思考》、《五十年代〈法学〉是为何被迫停刊的》、《1996年"晓南"风波纪实》、《1957年的王造时》、《关于更改反革命罪名的风波》、《死刑的限制与扩张之争》、《正当防卫立法的进展与缺憾》、《我们是怎样逐步实现"罪刑法定"的》等。这些文章,后来结集为《当代中国法学争鸣实录》一书,②在湖南人民出版社出版,在法学界引起了很大的反响。

最后,《法学》还非常重视对实务法律问题以及重大疑难案件展开学术研讨,直面社会现实对法学研究提出的要求,并给予法律实践以指导。这方面的例子非常多,如1997年对"碧纯"水侵权案件的研讨,1999年对"枫叶"诉"鳄鱼"不正当竞争案件的研讨,2000年对全国首例老虎袭人致死案件的研讨,对2001年綦江彩虹桥垮塌案件的讨论,2001年深圳中级法院审理之中国首例贞操损害赔偿案件的研讨,对2002年"陆来富案件"的研讨,2003年对"孙志刚案件"的研讨,对2005年"圆明园环评事件"的研讨,2008年年初关于"许霆案"、"孕妇死亡案"、"彭宇案"的讨论,2009年对"杨佳袭警案"、"齐玉苓案"的热议,等等。与此同时,《法学》也积极参与我国的立法活动,组织专家学者就各项法律草案进行学术研讨,对立法活动建言建策。其中最主要的有《立法法》、《行政处罚法》、

① 主要指1952年的司法改革运动。这场运动的结果:一是将6000多名旧法人员从我们的审判队伍中全部剔除了出去;二是将"法律面前人人平等"、"司法独立"、"法不溯及既往"、"尊重诉讼程序"等观点全部认定为"旧法观点"而予以彻底批判;三是用马克思主义和毛泽东思想的国家观和法学观武装我们的司法干部。详细参见何勤华:"论新中国法和法学的起步——以'废除国民党六法全书'与'司法改革运动'为线索",载《中国法学》2009年第4期。

② 郭道晖、李步云、郝铁川主编:《当代中国法学争鸣实录》,湖南人民出版社1998年版。

《行政复议法》、《行政许可法》、《公务员法》、《公司法》、《物权法》、《劳动合同法》、《刑法(修正案)》、《刑事诉讼法》、《国家反腐败法》、《能源法》、《水污染防治法》、《反垄断法》、《政府采购法》、《监督法》、《罢工法》等。从而为我国新时期的立法、加快形成社会主义法律体系做出了贡献。

四

《法学》复刊30年的历史证明,一本杂志的进步需要解放思想,一门学术的进步也需要思想解放。这一点不仅仅是《法学》复刊30年的经验和教训,也是它之前的历史透视出来的经验和教训。

《法学》创刊于1956年6月15日。当时,正是中华人民共和国第一部宪法1954年宪法颁布实施、全国法制建设形势一片大好之时,《法学》(1956年创刊号及后面两期刊名为《华东政法学报》)应运而生。从其诞生的第一天开始,它就宣称要解放思想,鼓励学术创新,展开"百家争鸣"。其发刊词称:"'百家争鸣'是推进学术思想的重要精神。不奖励自由思想,不展开自由讨论,没有批评和自我批评,学术上就不会有进步,不会有新生力量。《华东政法学报》将充分体现'百家争鸣'的精神,重视有独立劳动和首创精神的作品,重视'问难析疑、求同存异'的学术争论。"①

正是在上述解放思想的指导方针下,《法学》在其创刊至1958年9月16日被迫停刊,这不到3年的时间内,发表了一批解放思想、极富学术创造力的好文章,如梅泽濬的《哲学上的因果关系及其在刑法中的运用》、②李良的《"百家争鸣"和法律科学》、③刘焕文的《在"百家争鸣"中谈旧法思想》、④杨兆龙的《法律的阶级性和继承性》、⑤孙晓楼的《关于中国法学遗产问题的看法》、⑥黄道的《略论刑事诉讼中的无罪推定原则》、⑦张光博的《关于"公民在法律上一律平等"的

---

① 载《华东政法学报》1956年第1期。
② 同上。
③ 载《华东政法学报》1956年第2期。
④ 同上。
⑤ 载《华东政法学报》1956年第3期。
⑥ 同上。
⑦ 载《法学》1957年第2期。

意义》、[①]李光灿的《论共犯》、[②]丘日庆的《现阶段国际法的体系》、[③]刘家骥的《谈谈双重国籍问题》、[④]叔思的《对建立我国刑法分则体系的一些意见》、[⑤]董敬之等的《谈重婚与通奸》[⑥]等。但到1957年夏天"反右"运动开始、法学界的思想受到禁锢以后,《法学》上也就再没有刊登什么好文章了,甚至登出了黄道被迫写的批判自己无罪推定观点的检讨文章,而中国此时的法制建设和法学研究也基本上处于停顿状态。

法学的历史是这样,其他学科的历史也一样,甚至世界上所有国家的情况都一样。在古代罗马,随着公元426年《学说引证法》(Lex Citationum)的出台,盖尤斯(Gaius,约130~180年)、乌尔比安(D. Ulpianus,约170~228年)、帕比尼安(A. Papinianus,约140~212年)等五大法学家被授予法律解答权(jus respondddendi),他们五人的学说观点被认可具有法律效力,而其他法学家则不具有这种权力。百家争鸣的学术环境不再存在时,罗马法学也就失去了学术创造力,日益走向衰弱。中世纪意大利的注释法学派、法国的人文主义法学派、近代欧洲的私法注释学派、第二次世界大战之前的日本民主主义宪法学说等,其走向衰落的重要原因之一,也都是促成这些学派和学说兴盛的解放思想运动日渐衰微。

因此,解放思想是法学进步的原动力:解放思想营造了法学研究领域讲事实、摆道理、说真话这么一种"百花齐放"、"百家争鸣"的环境和氛围,激发了法学研究创造力的勃发,带动了法学方法论的创新,也改变了法学研究的整个面貌。更进一步说,解放思想是法学进步和繁荣的灵魂。应该认识到,在现代社会,包括法学研究在内的科学研究,与现代化生产劳动有着巨大的差异。

一方面,现代化生产劳动(不管是工业生产还是农业劳动)具有重复性,尤其是商业化生产、流水线作业,重复(复制)是其基本特征;而科学研究就不同,它不具有上述特性,它需要每一个项目、每一个专题、每一个观点的创新。如果科学研究不能摆脱重复性,那就是复制,就是模仿,甚至是抄袭,这样的科学研究就没有了原创价值。

---

① 载《法学》1957年第2期。

② 载《法学》1957年第2~3期。

③ 载《法学》1957年第3期。

④ 同上。

⑤ 同上。

⑥ 载《法学》1957年第4期。

另一方面，现代化生产劳动，一般具有集团性、流水作业的性质，这样，才能节约成本，最大限度地利用有限的资源，才具有商业竞争力；而科学研究（尤其是文科研究）不具有这一属性，每一个人大脑里的构思、想法，其他人是无法精确揣摩，也是无法取代的，它完全是个人思考的产物，具有个性化（包括由此带来的多元化）的特征。有没有个性化，是检验学术和科技有没有生命力的首要指标。

因此，科学研究需要解放思想（这么说，并不是否定生产劳动也需要解放思想，而是强调科学研究对解放思想更加具有依赖性，美国苹果公司创始人乔布斯是一个最好的例子），解放思想是科学研究的灵魂，科学研究与解放思想之间的紧密关联，是科学研究发展的规律之一。作为科学研究之重要组成部分的法学研究，当然也无法摆脱，而只能遵循这一规律，《法学》创刊55 年、复刊30 年的历程已清楚地表明了这一规律。其结论很清楚：遵守这一规律，法学就进步，就繁荣；违背这一规律，法学就退步，就衰微。

《法学》复刊的历史还证明，一个国家、一个民族的进步，也需要解放思想。改革开放 30 多年我国社会主义各项建设事业的艰难而辉煌的历程表明，什么时候我们的思想解放了，实事求是了，注重理念、观点和制度上的创新了，敢于打破不合理的偏见和传统了，我们的事业就进步；反之，我们的事业就受挫。《法学》复刊 30 年的历史，只是我们国家改革开放 30 多年历史发展的一个缩影而已。

本文刊登于 2011 年第 11 期《法学》，当时是为纪念《法学》复刊 30 周年而撰写。此次作为“法学的历史”丛书的代总序，除个别字词之外，没有做大的修改补充。编辑本丛书，基本目的在于纪念华东政法大学成立 60 周年，以及《法学》创刊 56 周年，希望通过本丛书，将《法学》（1956 年出版的 3 期称《华东政法学报》）刊登的有影响的文章保存下来，以真实地记录《法学》，更广范围地说也包括了中国法学所走过的曲折道路，了解新中国 50 多年法学发展的真实面貌，以为中国法学今天的发展繁荣提供历史借鉴。正是基于这一目的，我们在编辑时，对 1981 年复刊以来的各期，主要是选出比较重要的文章，而对 1956～1958 年所出的 18 期（1956 年《华东政法学报》共 3 期，1957 年《法学》全年共 6 期，1958 年《法学》1～9 月共 9 期）文章，全文收入，未作删节和修改，以尊重历史真实。

本丛书的出版，得到了法律出版社社长黄闽、财税出版分社社长沈小英以及各位责任编辑的全力支持和帮助。在此，谨表示我们诚挚的谢意。本丛书规模宏大，参与编辑勘校人员众多，错误和疏漏在所难免，对此我们将承担全部责任，也希望广大读者能予以谅解。

何勤华*

于华东政法大学

2012年8月1日

---

* 华东政法大学校长，教授、博士生导师，法学博士。

目录

2004年

2005年

2006年

2007 年

2008 年

2009 年

2010 年

2011 年

2004 年

法律学方法论辩说

林来梵* 郑 磊**

一、问题之所在

综观当下的国际学术界,无论是注重实践思考倾向的“法律方法”,还是注重哲学思考倾向的“法学方法论”,均已拓入颇深,而在我国这个漠视方法的文化中却一直命运堪忧。这种现象虽在近年有所改观,但是在总体上仍未达到一种可称为“方法论上的觉醒”的境界。① 可以说,作为“舶来品”的法学方法论,直到近年才逐渐受到较为广泛的关注,但即使对于一些基本的概念,我们仍存在固有的误解和无谓的争论,其中之一就是:法学方法论是法学研究的方法论吗?

这一质疑,实际上可牵引出一系列相关的问题:法学研究方法与法学方法论的关系如何?法学方法论在法学(或法理学)学科体系中处于什么样的相位?法学方法论是否必然具有一个特定的先在的价值立场?诚然,这三个派生性的问题,有的已在国际学术界形成了一定的共识,有的仍在有限的共识基础上进行前沿的论争,但即使是其中的那些具有广泛基础的共识命题,在我国都需大声诉说。

本文试图尽可能立足于一个较为广泛的视角,就以上这些基本的问题进行一次粗浅的思考。当然,在此需要预先交代的是,也许是因为限于我们的能力,当这种思考开始时,笔者发现:即使是这些方法论中基本的问题,也委实要比想象中复杂得多。

---

* 作者单位:浙江大学法学院。
** 作者单位:浙江大学法学院。

① 林来梵著:《从宪法规范到规范宪法》,法律出版社2001年版,第2页。该书所谈的是宪法学方法论的状况,其实它也道出了整个中国法学在方法论研究上的状况。而我国新锐学者周永坤,则更认为我国传统法学中方法论存在失误,并把其因归纳为以下三方面:在认识论方面,确信一元方法论、缺乏反思的科学观、缺乏社会科学的方法观;在本体论方面,缺乏规范的方法观、忽略求善的方法(唯真的方法定位的消极影响是:重实然轻应然、混淆应然与实然、缺乏实践之维);在伦理目的方面,将人工具化,法学方法的最终指向如何统治人。胡玉鸿著:《法学方法论》,山东人民出版社2002年版,“引论”部分,第5~7页。

二、为什么是“法律学方法论”

从宽泛的意义上说，我国法学界较早关于法学方法论的成果，可推梁慧星在1995年出版的《民法解释学》（中国政法大学出版社1995年版），[①]但对该领域更为直截了当的、同时也是更为广泛的关注，则是2000年之后的事情，其标志的动向，可举2002年陈金钊、谢晖主持的《法律方法》（山东大学出版社2002年版）和葛洪义主编的《法律方法与法律思维（第1辑）》（中国政法大学出版社2002年版）的问世。据此可知，法学方法论在中国乃属于刚刚起步的后发性领域。众所周知，早在20世纪80年代的一些教科书中，法学方法论开始作为学习、研究法律的方法而在绪论部分中登场。为此，当21世纪初有关研究动向中出现了被重新界定过的“法学方法论”这一概念之后，尤其是1999年我国台湾地区学者杨仁寿《法学方法论》一书在内地的出版，以及此后各种不同法学传统下的方法理论的输入，加之先前固有理解的干扰，理论上的混乱便自然在所难免。

这种混乱，部分乃肇始于对这一概念的固有误解，即不少人想当然地将“法学方法论”视同传统教科书中所言的法学研究的方法言说。这其中也有中国式的“唯名主义”思维定式在作祟。根据汉语的使用习惯，在定语与主语之间加一个助词“的”是不会带来语词意义上的转换，因此“法学方法论”就被想定为“法学的方法论”，进而偷换成“法学研究的方法”，从而形成了上述的那个“固有的误解”。

应该说，如果从更加广阔的角度来看，如从国际学术界的有关论说来看，法学方法论与法学研究的方法虽非风马牛不相及，然在其整体的理论框架以及言说的脉络中，法学研究的方法并未成为“法学方法论”主要关注的对象。

典型意义上的“法学方法论”这一术语，主要为当代德国法学界所运用，且有两种德文表述，如拉伦茨的名著《法学方法论》的原名采 Methodenlehre der Rechtswissenschaft，也有德国学者以 Juristische Methodenlehre 来统摄相关内涵。[②]相对于大陆法系国家，普通法国家一般倾向于采用“法律方法”的说法，博登海

① 该书虽然冠名《民法解释学》，实为关于法学方法论的著作。参见该书序言。

② 慕尼黑大学的民法学教授卡纳里斯（Claus - Willelm Canaris）遵其先师拉伦茨的意愿1993年接手《法学方法论》，略有增修，用原书名于1995年以师生名义编出学生版第3版（台湾五南图书出版公司1996年版即以该版本为原稿）。而近代法律方法论的奠基人萨维尼是在 Juristische Methodenlehre 称谓下论述其关于法律解释的理论的。参见郑永流：“法学方法抑或法律方法”，载法律思想网。

默的名著《法理学——法律哲学与法律方法》的标题中采用 method of the law，[①]而出于不同的侧重点，亦存在 Judicial method、legal methodology 等措辞。[②] 虽然各自都无统一的名称，但比较两大传统可知，后者主要指的是法律推理和法律解释的方法和技术，尤其指的是法官在审判过程中进行法律推理和法律解释的方法。由于法律的运行和实现不可能离开法律推理和法律解释，所以无论普通法系国家还是大陆法系国家，其实都存在有关法律方法的理论或学说，英美法系国家如此，大陆法系国家亦然。正如目前我们所熟悉的有关法律的文义解释、体系解释、历史解释以及目的解释等法律解释理论，其实就是由德国历史法学派的创始人萨维尼（1779～1861年）在19世纪上半叶所发展出来的一种法律方法理论。[③]

然而，英美等国的有关法律方法的理论基本上仍以法律推理和法律解释作为考察和研究的焦点，而作为大陆法系国家，如德国的有关法律方法理论则不以此为终结。德国也存在"法律方法学说"之类的提法，但它除了考察和研究法律的适用和解释的方法之外，同时还研究这些具有技术性的法律方法背后的相关的法哲学问题，譬如法律适用的一般结构、超越法律规范的评价标准、个案裁判的正当性以及怎样通过法律方法实现正义的问题，等等。这种理论在德国便被称为所谓的"法学方法论"（Methodenlehre der Rechtswissenschaft）。应该说，在英、美等普通法系国家，许多法学理论也涉及对法律方法的有关哲学问题的考察，但法学方法论在战后的德国则形成了一股理论潮流。可以说，当代德国法理学理论状况具有两个标志性的基本倾向，一个是重视法的存在论、本体论的研究，另一个就是上述法学方法论的蓬勃发展。[④]

由此可见，所谓的法学方法论与法学研究的方法并不能等量齐观。如果同样要顾名思义的话，那么即使是德国流派的那种"法学方法论"，也可从以下三个层次析出不同的内涵：[⑤]

其一，所谓的"法学"（Rechtswissenschaft）。其主要指的是法律学，或曰那种法教义学或教义法学、实定法学意义上的"法学"。Rechtswissenschaft 由 Recht

---

① ［美］E. 博登海默著：《法理学：法律哲学与法律方法》，邓正来译，中国政法大学出版社1999年版。

② 郑永流："法学方法抑或法律方法"，载法律思想网。

③ ［德］拉伦茨著：《法学方法论》，陈爱娥译，台湾五南图书出版公司1996年版，第22页。

④ 就此，日本学界的整体性把握和梳理较为成熟和客观，基本上没有某种知识的先知者"妙处难与君说"的作态。有关介绍，参见［日］田中成明、竹下贤、深田三德、兼子义仁著：《法思想史》，有斐阁1988年版，第214页。

⑤ 严格地说，在德国的理论构成中，法学方法论只包含两个层面。这里的第一个层面是关于"法学"的叙述，是笔者基于剖析"固有的误解"的需要而加以强调的。

(法、法律、权利)和 Wissenschaft(科学)合成而来,直译为法律科学、法律学,通常也可称法学。[①] 众所周知,拉伦茨的 Methodenlehre der Rechtswissenschaft 一书被我国台湾学者陈爱娥译为《法学方法论》,这种译法自然无可厚非,但拉伦茨实际上对其中的“法学”则已固有德国式的理解,他在该书的引论中就曾开宗明义地指出,它是一种“以某种特定的,在历史中逐渐形成的法秩序为基础为界限,借以探求法律问题之答案的学问”。[②] 无须赘言,这种学问,显然就是实定法学。[③]

其二,所谓的“法学方法”。既然“法学”乃是法教义学或实定法学意义上的“法律学”,那么,这里的“法学方法”,主要也就指的是法律适用中有关法律解释、法律推理、法律论证的方法,尤其是法官在形成判决过程中所运用的法律解释、法律适用的方法,因而多涉及形而下的技术层面,惟其本身已构成了一个方法体系而已。英美法系国家所论的法律方法(method of law),大致与此含义相当。

其三,所谓的“(方法)论”(Mehtodenlehre)。就笔者的理解而言,它主要包括两个部分:一是有关法律适用和法律解释的理论,具有专业性、技术性、世俗性和实践性的特点,属于形而下的范畴;二是涉及法律适用和法律解释的有关法哲学、法理学的问题,即有关对这种方法的外向性的哲学探究所进行的思辨和论断,具有思辨性和高度的抽象性,属于形而上的范畴。应该说,就现代德国而言,后者曾被日益拓深,在战后尤其得到凸显。但就二者关系而言,所谓“法学方法论”,正是先有了前者这一“武器”,而后才有后者这种“对武器进行批判的武器”,从而形成体系,构成恰似“螳螂捕蝉,黄雀在后”的景观。

基于以上的分析,不难得出这样的结论:所谓“法学方法论”者,其实可转换为“法律学方法论”这一概念。基于这样的结论,倘若我们为了尊重学术话语传统而要继续采用“法学方法论”这一提法,至少也应该在“法律学方法论”的概念约定意义上沿用它,而这也是本文自开头起仍多处沿用“法学方法论”一语的缘故。

众所周知,上述的那种学术话语传统,可追溯到杨仁寿的论著《法学方法

---

① 郑永流:“法学方法抑或法律方法”,载法律思想网。

② [德]拉伦茨著:《法学方法论》,陈爱娥译,台湾五南图书出版公司 1996 年版,“引论”部分第 1 页。

③ 顺便值得一提的是,在成熟的法治国家,“法学”大多指的均是这种“法律学”。即使是我国香港特别行政区,也把 school of law 翻译为“法律学院”,而不像我国内地这样,由于在法学这种实践性极强的学科中大规模盲目地推崇形而上思考,从而采用“法学院”的牌子,并曾有为“法律系”升级为“法学院”而欢呼雀跃的逸闻,更有把“法律系”称为“法学系”的现实记录。其实,如果孟浪地说,即使“法学”与“法律学”在我们的观念中更高贵,但也未必比“法律学”更值钱。

论》一书的书名。但杨的该部论著显然倾向性地接受了日本学术传统以及相关理论的影响,[①]而在日本,虽然拉伦茨《法学方法论》的译者米山隆也早把该书译为《法学方法论》,但大部分的法理学或法哲学的学者,均在自己的著述(包括标准教科书)中采用"法律学方法论"的提法。[②] 可以说,这一概念下的理论构成是兼收并蓄地吸纳了德国和美国双方的理论而发展起来的。这也说明,笔者在提出"法律学方法论"这一概念时,并非空穴来风,无影造形,而罔顾前人或时人在长期艰辛的学术活动中就某一概念所达成的固有约定,将概念装置的重新组合作为学术创新的一种有效形式,从而在方法论上就陷入了某种"独断主义"的泥潭。

当然,两个概念之间转换的可能性,还不完全等同于转换的必要性,必要性的证成至少还有待于我们对概念转换之利益的认识。就此,笔者认为,将"法学方法论"转换为"法律学方法论"实有必要,因为它确实具有某种概念转换的利益。这主要有二:[③]

(1)这或许在德国只是蛇足之举,但在我国的语境中则是点睛之笔。因为在我国,来自不同理论背景的"法学方法论"和"法律方法"在一个缺乏足够明朗的语境下同时出现,便容易引发概念的混乱,实际上也已存在这种混乱。而在作为这种混乱之潜因的那种"固有的误解"中,问题的症结就在于对"法学"的理解所产生的差池之上,从而导致谬以千里的结局。而如前所述,既然"法学方法论"中的"法学"其实主要指的就是"法律学",那么把"法学方法论"直接转换为"法律学方法论",就可能收到消除上述误解,甚至克服那种混乱的功效,并有效地统合"法律方法"、"法学方法论"乃至有关"法学研究的方法"等各种提法。

(2)"法律学方法论"这一术语,或许也能为我们的法(律)学方法论的研究带来一种导向性的启迪。使用这一概念,不仅有利于消除各种概念上的混乱和误解,还有助于我们在吸收外国的有关法学方法论的过程中,克服某种业已开始崭露的片面倾向,即仅仅偏执德国的法学方法论,进而偏执该种方法论中的哲学探究部分,从而背离法学、尤其是法学方法论所应有的实践性精神。这种实效也

① 该书不仅在论述的铺展中大量引证日本的学说,而且在附录《重要参考书目》中所附的25部清一色的日文文献,也可足见其学术上的渊源。参见杨仁寿著:《法学方法论》,中国政法大学出版社1999年版,第227~228页。

② 日本学者多采"法律学的方法论"之谓,在我国中文中应理解为"法律学意义上的方法论",可简称"法律学方法论"。有关日本学者就此术语的沿用状况,实在俯拾即是,参见[日]田中成明著:《法理学讲义》,有斐阁1994年版,第22页;[日]平野仁彦、龟本洋、服部高宏著:《法哲学》,有斐阁2002年版,第189页。

③ 最早的论述可参见葛洪义著:《法理学》,中国人民大学出版社2003年版,第265页。

可见诸形成"法律学方法论"这一提法的现代日本,其法律学方法论其实与德国的法学方法论具有较为类似的概念内涵和理论构成,但又如英美国家那样,将其中有关裁判过程中法官所应用的法律适用与法律解释等法律方法作为研究的起点,①为此正如前文所言,它可以说是得益于兼容并蓄地吸纳了两大法系的理论而发展起来的。

当然,观点的改变远非一个称谓的转换就可一劳永逸,彻底的工作是进一步在认识的框架内还原理论背景,通过对理论沿革的梳理来进行全面而非断章取义的理解。采用"法律学方法论"这一概念所面临的第一道难题是:在我们的法学概念体系中,迄今仍未完全确立法律学、法教义学这类的概念,因而移植这类概念就首先成为前提性的课业。这又涉及第二个问题,即"法学"这一概念的外延。我们的"法学"概念是一个宽泛、灵活而非严格的概念:它可以指广义的法学,也可以指狭义的法学;可以指理论法学,也可以指实用法学。依笔者陋见,"法学"所可能意指的每一种情况都应有一个固定的概念表示(法律学就属于其中的一个),从而使学术上的表述和沟通更为精确到位,使法律学方法论在学科中之定位的有关思考更为准确。

三、"法律学方法论"的理论构成及相位

当我们力图从那种将"法学方法论"视同"法学研究方法理论"的狭小认识框架中走出来时,自然应在法学的学科体系中找到法律学方法论的位置。但此归宿感的诉求,使我们又必须转身再次面对那种"固有的误解",直截了当地追问"法律学方法论"和"法学研究方法"之间有何联系。有关于此,以下详述之。

(一)法律学方法论和法学研究方法的关系

杨仁寿曾在其论著《法学方法论》中,除了阐述了以上法学方法论的两部分内容外,还论述了研究法学的方法,据此,许多人认为法学方法论似乎包括了以上这个部分。② 但在关于法学方法论的浩瀚著述中,鲜有直接论及两者的联系的。③ 笔者认为,这种现象本身就是一种答案,至少可以得出法学研究方法不是

① [日]田中成明著:《法理学讲义》,有斐阁 1994 年版,第 22 页以下;另见[日]平野仁彦、龟本洋、服部高宏著:《法哲学》,有斐阁 2002 年版,第 189 页以下。

② 杨仁寿著:《法学方法论》,中国政法大学出版社 1999 年版,第 91 页以下。

③ 杨仁寿在《法学方法论》中虽谈及"研究法学之方法",但仍是从传统意义上的法学方法论角度来讲,而非从作为学术研究的法学研究方法的角度来讲。参见杨仁寿著:《法学方法论》,中国政法大学出版社 1999 年版,第 91 ~96 页。

法律学方法论关注的中心问题。

其实，从各国有关学说最大公约数意义上的理论状况来看，法律学方法论首先主要关注的是法律方法，尤其是法官如何判决的法律方法，[①]这其实也就是法教义学或实定法学意义上的方法；而法学研究方法则是一种学术研究的方法，包括法学学习的方法，因此，这是两个视角下的问题。

当然，如果我们在最宽泛的意义上理解法律学方法论，即把它看做有关法律思维的方法之学，那么，应该承认，有关法学研究的方法理论，其实也包含在这种法律学方法论的内涵之中。具体而言，有关法学研究的方法理论，其内涵其实包括两个粗略的部分：(1)有关学术研究的一般方法意义上的理论要素；(2)法学研究中所特有的方法意义上的理论要素。[②] 其中，前者涉及与其他学科所共有的原方法、方法论问题；后者则涉及法律思维的方法，尤其是在这种法学具有典型的法律学性格，即法教义学的性格的场合，其所涉及的方法，实际上就是一种具有教义学性格的法律思维的方法，为此也可纳入法律学方法论的内涵以及理论框架之中。据此可言，法学研究方法虽然不是法律学方法论关注的主要问题，但也不是它的弃儿，而是其中的一个组成部分。在消除“固有的误解”的同时，我们不应滑向另一个极端，将法学研究方法放逐于法律学方法论的理论框架之外。郑永流在“法学方法抑或法律方法”一文中，提出了“法律方法—法学方法”对子，[③]对于厘清国内法学界在相关概念上的混乱状况，不失为一剂良方，且二者分处法律实践、法学研究两个领域上，泾渭分明；然诚如该文所言，一旦涉及主要功能，就难以将二者完全分开。考虑到兼顾领域上的明晰可分并减少功能上的重合，笔者在法学方法论的三层论的基础上，统合法学研究方法，作了图 1 的“三分法”式的划分。

---

① ［德］B. 魏德士著：《法理学》，丁小春、吴越译，法律出版社 2003 年版，第 301 页。

② 大部分学科的自主性主要体现在研究对象与方法上，法学作为一门学科，其方法上的独立性正体现在第二个层次上。

③ 在“法律方法—法学方法”的对子中，法律方法是应用法律的方法，致力于实现既有的法律又生成新的法律，其主要关注的是如何实现正确之法这一法哲学的第二个基本命题，形成的是应用的法律观。该文对此概念的分析限于大陆法系传统，并在广义的法律方法立场（狭义的法律方法仅指法律解释）上展开的。该文的凸显应用法律观，而对法律方法的称谓加以强调。法学方法是研究和预设法律的方法，主要着眼于什么是法律的本体性理论，即关注的核心是何谓正确之法这一法哲学的第一个基本命题，形成的是预设的法律观。它们在领域上明晰可分，但由于前者也同时具有后者的主要功能，即回答了什么是法律的问题，在主要功能上有重合。参见郑永流：“法学方法抑或法律方法？”，载法律思想网。

法律学方法论
- 有关法律方法的理论
- 对法律方法的外一哲学探究所形成的理论
- 有关法学研究方法的理论

图 1　法律学方法论理论构成结构图

(二)法律学方法论在学科体系中定位

法学作为一门学科,有理论法学与实用法学之分,在实用法学的各部门法中有诸如民法学方法论、宪法学方法论等称谓,它们均可分别视为法律学方法论在各部门法的派生和运用,[①]而法律学方法论本身作为理论法学的一部分,则基本上不存异议,我国学者大多也认为法理学—法哲学包含法学方法论。[②]

至于法律学方法论在法理学—法哲学的学科理论体系中究竟处于什么位置,则有待明确。笔者认为,从国际学术界最大公约数意义上的理论状况来看,法哲学或法理学(Jurispmdence)主要包含以下三部分内容:

(1)法的一般理论(Theory of Law):它是在实定法秩序的框架内以实在法为对象所抽象出来的一般理论,其思维倾向的特征就是法的思考在实定法秩序框架内的强行中断。奥斯汀所开创的实证主义法理学的成就主要就体现在这个领域。

(2)法的价值论(Theory about Law):这是传统法哲学的主要论域,早期以正义论为核心论题,中期经法律实证主义盛行时代的式微阶段,现代又呈复兴,且在理论构成上有扩散趋势,涉及权利保护、平等、功利、法的安定性等价值,但正义论仍为其中核。它超越了实在法的范畴,从外部进行考察,对实在法的内容和适用提供一种更为终极的指导和评价原理,具有外向的性格。

(3)法律学方法论:它兼具了前两者的特色,同时从外部和内部两方面进行探究而形成的理论体系。无须赘言,其中有关法律方法的理论具有内向性,而对法律方法的外向性哲学探究所形成的理论,则具有外向性。

有关上述的三个理论构成,可见图 2。

---

① 当然,也存在"固有的误解"作祟的可能,如将宪法学方法论误解为研究、学习宪法的方法,这些倾向同样值得斟酌。

② 例如,杨仁寿先生将法学方法论视为法理学中最主要的部分之一。杨仁寿著:《法学方法论》,中国政法大学出版社 1999 年版,第 92 页。卓泽渊主编的《法学导论》(法律出版社 1998 年版)亦专章论述了法学方法;吕世伦、文正邦主编的《法哲学论》(中国人民大学出版社 1999 年版)中专篇论述了法学方法论,属于国内学者中就法学方法论研究较为详细的著述。

法理学 — 法哲学 jurisprudence legal theory
- 法的价值论 theory about law
- 法的一般理论 theory of law
- 法律学方法论 methodology of legal science

图2　法律学方法论在法理学体系中的相位

在此需指出的是,在这三部分中,法律学方法论实际上起到了一个媒介作用,法的一般理论可通过它有效地与价值论取得理论上的联络,既避免了价值绝对主义的霸权,又有利于克服多神主义的困扰。而作为法哲学的一个组成部分,如果不考虑其价值论部分,就根本无法研究法律学方法论。① 法理学—法哲学的基本立场,影响乃至决定着法律学方法论的基本立场。法律学方法论同样也反过来影响着法理学和法哲学,对法理学—法哲学的基本立场的质疑往往肇始于方法论上的反思。

但这里也引出了另一个需要叙说的问题,即法律学方法论应该如何面对价值立场。

四、"法律学方法论"的哲学立场

可以说,价值判断与法律学方法似乎如影随形,使与此相关的一系列问题被纳入法律学方法论的视野,成为现代法律学方法论研究的纵深课题。这是因为,在考察带有价值判断的法学方法时,不同的法律学方法论本身就可能带有某种特定的、先行的价值立场。

当然,它也可以是一种空白的"价值立场",即韦伯所言之"价值无涉",笔者称为哲学立场。此立场显然与哲学诠释学所言之"先见"、"前理解"大相径庭,而恰恰认为先行的价值导向立场可以缺位。值得一提的是,价值的无涉亦不等于内容的空洞,哲学立场中包含了对语言、社会背景、价值的基本共识,这些有限的共识是论证展开的基础,也使达致一个确定的、客观正确的答案成为可能;② 哲学立场所含的基本共识是法律学方法论区别于注重形式分析的法律解释学的

---

① [德]拉伦茨著:《法学方法论》,陈爱娥译,台湾五南图书出版公司1999年版,"引论"部分,第3页。

② The foundations for such answers are shared understandings about language, social contexts and values. See Kent Greenawagt, *Law and Objectivity*, Oxford University Press, 1992, p. 233.

关键点。[①] 先行的价值导向立场可以缺位的观点是建立在对事实与价值、实存与当为之间紧张关系的深刻洞见基础之上的。在17世纪以前，西方知性体系的哲学基础是亚里士多德的哲学以及基督教综合起来的认识论，即一种可称之为“目的论式的宇宙观”。[②] 根据这一知性体系，世界上的任何事物都是造物主所创造的，因而也被赋予一定的功能和目的，而这种功能与目的亦成就了这种事物的意义。这种世界观与人文主义精神以及中国传统的哲学思想（只是中国至今仍深陷于这一知性体系中而难以自拔）可谓异曲同工、殊途同归，其中一个突出的共同要点即在于：在他们所认识到的世界中，事实与价值均是浑然一体的。17世纪西方的科学革命早已打破了人类对宇宙秩序的一种“浑沌”的认识。在它看来，世界虽然呈现出一种秩序，但其知识因果式的机械的秩序，并不充满着意义和目的；意义和目的不是那种可以被发现的事实，而是被人为创设的东西。18世纪英国哲学家休谟指出，从“是”命题中无法推出“应该”命题，从而使人们逐渐认识到实然与应然之间存在难以逾越的鸿沟。[③] 因而，尼采惊呼“上帝死了”。从马克思主义的立场来看，这种二元论的哲学观当然是错误的，但不容否认的是，在洞悉了事实与价值的紧张关系这一点上，这种世界观亦含有相当重要的真理颗粒。韦伯把这种世界秩序的发现称为“世界的解咒”。[④] 随着“上帝之死”，超验的价值判断丧失了其统治性的共识地位，但人类却没有停止价值导向的思考，于是，价值多元的状况难以克服，并成为一种事实状态。

价值多元共存虽然是一个事实状态，但是在一些领域，人类始终无法彻底回避价值判断。法律思维就是这样的一个领域，在确定的时间和确定的空间，并在确定的框架内作出一个确定的判断是法律判断的宿命。[⑤] 要使这个确定的判断在多元的价值共存中获得合法性，前提是一个具有合法性的判断标准。这个标准如何获得？有人拜倒在上帝的脚下，走向了有神论，从超验、先验中去感悟，流露出直观主义的色彩，而置其规范体系中难以证立的客观性于不顾；有人透过探

---

① 关于法律诠释学与法律解释学的内涵与关系，参见郑永流：“出释入造——法律诠释学及其与法律解释学的关系”，载《法学研究》2002年第3期。

② 石元康著：《当代自由主义理论》，台湾联经出版社1998年版，第186页。

③ 即使在正视了价值与事实永恒的相隔之势后，人类也从未放弃寻找逾越媒介的尝试。

④ 林来梵著：《从宪法规范到规范宪法》，法律出版社2001年版，第13页。

⑤ 确定的时空要素是法律程序的要求，确定的框架是指有效法秩序的框架内，确定的判断的典型是非此即彼的判决结论。“四个确定”在不同种类的法律论辩中的程序体现是不同的。但总的来说，由于普通实践论辩存在保证总能得出确定的答案，使法律论辩成为必要；而法律论辩是通过确定的时空要素和确定的框架来保证这一点的；其中，正是基于确定的框架这一特征，阿列克西将法律论辩作为普通实践论辩的特殊情形。参见［德］R. 阿列克西著：《法律论证理论》，舒国滢译，中国法制出版社2002年版，第261～272、353页。

求社会政策之目标或社会中既有的伦理评价来加以决定，却不免有以实然论证应然的问题；有人无奈于价值的不可知，而退守规范的自洽架构中不再过问价值评价；有人浑浑噩噩而跌入了虚无主义的深渊；有人在终点又回到起点的周而复始中津津乐道；有人不甘于无止境的倒退论证遂只能在某个主观的决断层面快刀斩乱麻。① 可以说，法律学方法论要解决的最终问题之一，就是为法律上的价值判断提供一种"客观"的标准。为达至或接近这一标准，各种方法论理论精彩纷呈，共识逐现，这一轮又一轮的理论过渡或更替来源于法官判案过程中方法的贫乏；然而，迄今为止，谁也未能终结此项探索，法律学方法论也在此过程中走向成熟，接近客观化标准。众所周知，在这些尝试中，有菲韦格的类观点学、德沃金、罗尔斯的规范正义论、哈贝马斯的商谈伦理、阿列克西的法律论证理论，等等。

在各种理论的展示中，我们可得出这样一种结论：由于价值的多元共存事实，若无法对价值的客观标准作出令人信服的证立，则先行的（即先验的、超验的）是站不住脚的。因而，在现代方法论中，某种特定先行的价值立场并不是法律学方法论所必然或必须具备的。我们只能说，法律学方法论可具有一个哲学立场，即对待价值立场的立场，它可以是一个价值无涉的立场。某种特定先行的价值导向只是各种哲学立场中的一种，而在其他哲学立场中，价值立场并非一定是特定先行的，它可以是在获得合法性的判断标准之后推导而得的。质言之，法律学方法论作为一种具有"科学"意向的理论体系，其在法学理论中的确立，与其说必须具有一个特定先在的价值立场，不如说它只是具有某种可反证的、因而也是可替代的哲学立场。

（2004年第2期）

① 颜厥安著：《法与实践理性》，中国政法大学出版社2003年版，第90～91页。

论法律职业共同体自治的条件

孙笑侠[*]　李学尧[**]

一、共同体与共同体的自治

(一) 共同体自治的特征

尽管“自治”一词被频繁使用,但要给其下一个精确的定义,却具有一定难度。为了论述方便,本文将在“共同体(community)自治”的含义范围内使用该词。[①] 不难发现,无论大学自治、社区自治、行业自治,还是民族自治,都具有以下共同的特点:

1. 都有一套维系其独立或者存在的系统。其中包括一个行之有效并为其共同体成员认可的自治管理组织、一个为其成员共享的文化(包括独特的语言,这种既可能是一种自然语言,也有可能是一种职业语言)、一定的地域空间范围、与众不同的教育体系,等等。一般而言,内部自治组织对其共同体的同质性起到了非常重要的作用,如宗教中的教会、大学的行政机构、职业中的行会等,而地域空间范围则不一定必需,有时候可以为血缘关系或者共同利益,甚至为共同的服饰所代替。[②]

2. 在共同体之外,都有一个对其生存构成一定威胁的强大权力中心或者“敌对势力”的存在,如社区之外,有强大的国家权力;学术共同体之外,不仅有强大的国家权力,也有强大而情绪化的社会舆论,等等。正如西方学者威克斯指出的:“共同体最强烈的感觉,可能来自那些发现他们集体性生存的前提条件受

* 作者单位:浙江大学法学院。

** 作者单位:浙江大学法学院。

① 在康德看来,自治力量的基础在于意志。康德把意志定义为“法律概念”而行为的能力。他认为,自然中的任何事务都依据规律运行。只有理性的动物才具有根据法律概念行动的能力,也就是依据原则,譬如具有意志。或者说,只有人类才能在行动时依据他们自觉地记在心上的规则概念去指导自己的行动。当然,康德在论述自治时,其论述的是个体的政治能力或者意志自由,而不是共同体。参见[德]康德著:《道德形而上学原理》,苗力田译,上海人民出版社1986年版,第7页。将康德的意志自由理论引入法律职业研究之中的,进而对法律职业共同体的自治进行研究的,参见[美]安索尼·T. 克罗曼著:《迷失的律师》,周战超等译,法律出版社2002年版,第43、93页。

② 本部分受启发于雷德匪尔德的“小共同体”的理论。参见 Robert Redfield, *The Little Community and Peasant Society and Culture*, University of Chicago Press, 1971, p. 4ff。

到了威胁的群体”,[①]因此,共同体始终处在“一种脆弱、易受伤害的状态,它永远需要警戒、强化和防御”。[②] 从这个角度而言,“共同体主义”或者“社群主义”(communalism)也可被称为“弱者的哲学”,共同体是“弱者”的集合,是个体的庇护所。[③]

3. 共同体之所以能够自治,除了其自身的特殊性外,还在于其往往能得到外在权力中心的——以习惯、制度安排或者自觉的方式——认可甚至保护。尽管强权对其自治认可或者保护的原因,可能出于被迫或者利用;尽管强权往往会有意无意地去突破自治。我们可以称为自治的外部条件。

4. 共同体自治都有一个共同的作用,即能在一定程度上维持或者促进本共同体的某种特色或者功能,特别是这种特色或者功能,往往会与主流伦理相冲突而容易遭至主流社会的压制、同化和消灭。如大学自治维护的学术自由(往往会有反动言论或者离经叛道的想法)、少数民族的某种风俗(如为主流道德所不容的走婚制度、被主流社会视为迷信的某种宗教信仰等)、法律人的职业思维(如往往六亲不认、唯法为尊的教义学思维)。

(二)法律职业需要自治的理由

法律职业需要自治的理由,至少有以下三项:

1. 与其他职业(特别是医生等自然科学的职业)相比,法律职业所依赖的是一门与权力冲突、利益竞争紧密联系的学科。尽管,经过好几代法律家的努力(特别是分析主义法学家),法学在形式上似乎具备了能用“概念(符号)”、公式直接“运算”的科学的初步特征,但它与道德、政治的天然联系,使其永远都无法逃脱价值的侵扰,在形式性、确定性和公正性上显得危机四伏。由此,法律职业特别强调自治也就在所难免了,其最核心的理由即在于“法律需要自治,其执掌者固然也需要自治”。

2. 作为一种古老的职业,自治是法律职业本质性的要求——因为无法自治的工种(Calling),是没有资格被称为职业(Profession)的。在西方语境中,“职业”(Profession)是一个相当神圣且带点神秘的词语,在传统上,社会只承认律师(法律人)、医生、牧师、教师和高级军官从事的事业是一门职业。而除此之外的工作岗位,如公务员、警察、新闻记者、商人、作家等通常都被排除在“职业”之外。一般认为,职业应具有以下主要的本质与特征:(1)建基于深奥理论基础上

---

① 转引自[英]齐格蒙特·鲍曼著:《共同体》,欧阳景根译,江苏人民出版社 2003 年版,第 123 页。

② 同上,第 11 页。

③ [德]斐迪南·滕尼斯著:《共同体与社会》,林荣远译,商务印书馆 1999 年版,第 52 页。

的专业技术;(2)因其为常人所无法掌握的技术所带来的权威;(3)其专业技术对人类健康或自由或生命具有高度的重要性;(4)一套与大众伦理大不相同的、完整、有效的伦理与责任规范;(5)较高的经济收入和社会特权。① 而不难归纳,在这些特征与本质之中,自治正是贯穿于其中的灵魂性因素。②

3. 在某种意义上,法律职业共同体是否能够自治并不重要,它的自治更多是为了其成员个体能够自治,能够保持“人格的自立”和“意志的自由”。犹如老生常谈的,对于法官而言,维持其独立或者自治的最大原因在于:司法的运作过程最终表现为法官个人的思维活动,这种思维过程的特点是:为保障判断结果的正当性和正确性,它要求判断者排除干扰与利诱,保持公正与纯洁,不偏不倚地依既定规则办事。试想,在是与非、真与假、对与错、曲与直、有与无等问题的判断上,如果判断者有外来干扰,有自身杂念,那么势必导致判断失察、失真、失误和最终的失败。③ 因此,美国法学家亨利·卢米斯认为,在法官作出判断的瞬间,如果被任何形式的外部权势或者压力控制和影响,法官也就不复存在了。对于律师,维持其独立,特别是道德的主体性,是防止律师在按照市场经济规律营业时,为了争取客户,根据委托人的利益来解释和操作法律,从而使法律丧失权威。否则,不仅法律的权威会在这种操作中受到损害,律师也会在自古以来就困扰着律师的讼棍形象下丧失威信。④ 同时,让律师独立于国家和政府,遵循与大众道德相冲突的“为客户保密”的职业伦理,也是在律师和客户之间建立信任关系的必要前提。⑤

---

① Pete Y. Windt etc. ,*Ethical Issues In The Professions*,Prentice - Hall,Inc. ,1989,Preface. 参见李学尧:“论法律人职业素养的技能性构成”,浙江大学2002年硕士学位论文,第2页。

② 庞德也有类似的看法。他认为,“职业(Profession),如神职、医学、法律和教学,对我们来说不仅仅是有着传统尊严的一个行业(Calling),在近来获得成就或主张类似尊严的特定行业……这一术语指一群人在与普通行业一样地为公众服务的精神中,从事着一门富有学问的技艺——尽管,它还可能附带地意味着一种谋生的方式。”从他的定义中,我们似乎可以解读出,他认为职业(Profession)最起码具备三个要素:富有学问的技艺、组织(一群人)、为公众服务,从而不同于“仅仅为公众服务”的行业(Calling)。See Pound,*The Lawyer from Antiquity to Modern Times*,West Publishing Co. ,1953,p. 20.

③ 孙笑侠:“法律家的技能与伦理”,载《法学研究》2001年第4期。

④ 相关的论述参见[日]棚濑孝雄著:《现代日本的法和秩序》,易平译,中国政法大学出版社2002年版,第121~254页。

⑤ Evan A. Davis, The Meaning of Professional Independence, *Columbia Law Review*, Vol. 103 (2003),p. 1281.

二、法律职业为什么能够自治的一般理由

共同体(community)的存在形式多种多样,民族共同体、文化共同体、学术共同体、利益共同体、职业共同体,等等。法律职业共同体的特点是,它几乎没有地理疆界,但有时却比一个民族共同体更加强大、更具有凝聚性,这源于其不仅是一个独立的并具有辐射性的精神共同体、语言共同体、文化共同体,而且还是一个有强大机构作为支撑和指引的利益共同体、政治共同体和统治阶层。

(一)一个能够自洽的知识体系与学科栏栅、独立的法学与法学教育

一个能够自洽的知识体系与学科栏栅,不仅为塑造一个特征鲜明的法律共同体提供了根本性的前提,且使该共同体及其成员获取了对法律及其衍生权力的独占。套用当下流行的话语,如果没有相应的学科栏栅,"马槽"不高,那么法律职业的形成或者自治也就无从说起了。所以,该特征既是其自治的表现,也是其实现自治的一个前提。

1. 法律知识对于法律人自治的意义。法律人之所以能达到控制权力的目的,在于这一法律职业的载体(知识)里,不仅承载了立法者的规范目的和价值,而且还裹挟了法律专门技术,它使外行人在"法律门前",宛如面对具备庞杂繁复的医学知识和高深技术的专业医生,无从知道浩瀚的法律文本的意义,从而不得不把自己的自由和幸福交给法律人;同时也因为法律知识的确定性、简洁性、逻辑性、严密性,使当事人对法律职业者——法律人产生信赖和敬畏的感觉。正因如此,那位由政府派遣到美国新大陆考察刑法和监狱制度的年轻的法律家和贵族托克维尔,早在近200年前就作了精辟的总结:

学习以及对法律专业知识的拥有使得一个人获得社会中的特殊地位,并使得法律家形成某种程度上的特权化的知识阶层……他们自然要形成一个阶层;这并非他们因为他们以前的融洽关系,也并非因为有把他们导向共同的目标的协议;他们学习内容的相似和方法的一致将他们的心灵结合在一起,如同一种共同的利益可以联合他们的力量。①

2. 法学教育是如何促进法律自治的?伯尔曼将独立的法学和法学教育作为西方法律传统的两个特征。他认为,如果没有法学研究和法学教育,法律制度将彼此分立,不能被组织起来。换言之,法律不仅包括法律制度、法律命令和法

① 转引自[美]H. W. 埃尔曼著:《比较法律文化》,贺卫方、高鸿钧译,清华大学出版社2002年版,第101页。

律判决，而且还包括法学学者。[1] 此外，许多后现代主义学者对法学家"故弄玄虚"式的努力的描绘和讽刺，也从反面反映了法学研究和法学教育对于法律职业共同体统一的积极作用。

法学是一种客观的法律知识。"在法学院里，他们告诉你，法律是一门完美的科学——理性的经典。它事实上是罗马法、圣经、教会法、迷信、封建主义残余、狂乱的小说与冗长死板的法律文本的大杂烩。教授们努力从混乱中得到秩序，在魔鬼都找不到的地方寻求理智。"[2]

在西方历史上，法学一直是作为一种"理论性"的法律实践活动而存在的，而法学家在很多情况下，是作为法律职业群体中的一员存在的。笔者在此之所以强调法学的"职业"属性，乃是因为这在很大程度上决定了西方法学的技术化特性和它与法律实践经验之间难以割舍的关系。它的作用是生产了一套系统的和一般化的法律知识，从而为法律职业共同体创造了一套系统的和一般化的法律知识；从而为法律职业共同体创造了一套公认的"意义"体系，把这个群体建构为一个享有"同一套语言"的解释共同体，进而促进了该职业的自治与独立。

在日本，法学家阶层对法律职业共同体的"构建"式更是起到了关键的推进作用。在近代日本，"学识法学家"阶层的兴起和发展源于法律移植的必要及其实践，它是法律职业共同体自治在一个后进法治国家的必要前提。[3] 季卫东对此作了精辟的概括：

在大规模借鉴和移植外国法的场合，继受的文化缺乏草根性，它与本国……的联系有待于提高……因此，作为学问育英之府的大学，其社会功能理应特别加强……毋庸可否，法律移植工程的进行有赖于学说的先行学习和论证——一种"学说继受"的先行。此外，学识法学家不仅为一个完整和合理的法律体系的建立作出了重要贡献，而且在法律的正确适用过程中扮演了主要的角色，提高了既存法律生活的品位。[4]

在此，季卫东归纳了按照统一的理念和思维方式建立的"法解释共同体"的

---

① ［美］伯尔曼著：《法律与革命》，贺卫方等译，中国大百科全书出版社1993年版，第9页。

② ［美］波西格诺著：《法律之门》，邓子滨译，华夏出版社2002年版，第1页。

③ 值得一提的是，在日本近代历史上，有一个非常独特的现象：日本近代法律学校成为日本近现代高等教育的发源地。日本当代著名的私立大学都可以追溯到明治时期的私立法律学校，国立大学的渊源也可追溯到日本为了培养近现代要求的新型官僚而设立的官办法律学校。在这其中，或许蕴涵着日本为什么在近代会领先于中国的某种道理。参见丁相顺著：《日本司法考试与法律职业制度比较研究》，中国方正出版社2003年版，第164～202页。

④ 季卫东著：《法治秩序的建构》，中国政法大学出版社1999年版，第210页。

两个功效，一是通过集体的力量抵制外界的非正当干扰，从而实现法律系统的独立性和自治，二是在法律界内部形成一种互相制约的局面，防止个别人的主观恣意。总之，“形成社会的法律共同体的一个最重要的前提条件，恰恰是法律解释共同体的存在”。①

（二）有效的内部自治组织

法律职业共同体组织的自治意味着，它的内部行会组织，如律师协会等组织可以自主地制定本行业的职业伦理规范、新成员的录取标准，决定对违反职业伦理的惩戒，甚至可以决定一个法学院的合格与否。而在英国早期，律师的培训本来就掌握在律师协会（四大学院）的手中。韦伯曾经论述了英国“四大学院”自治的具体表现，以及其掌握法律人培训和教育的自治权力，对英国法律不讲究理性的法律训练、不擅长理论学习和思维、因而不强调成文法的影响。

学院的两大作用是起到“律师协会”和“法官席位”的作用，后来这都成了绝对的法律职业。法律的职业包括维护行规……在这种情况下，不可能产生任何理性的法律训练或理论。无论何地，只要法律教育掌握在从事实务的人，尤其是律师的手里，他们为进入律师行业制定了垄断性标准，那么某种经济因素，即他们的特殊利益，将不仅对保持正式法律的稳定性，以及用绝对经验的方式来适应实际变化的需求，而且对于防止通过立法或法律科学的途径使之理性化，产生了极大的影响。②

而英国历史法学派法学家梅特兰则更是直接将英国法律职业共同体的形成归功于律师公会制度和作为后来判例制度前身的《年鉴》两个因素。③ 英国律师公会制度，不仅提供了一套能保证“完备地传授和获得法律理论和技术的教育和训练机制”，④而且也使得英国早期法律职业成员能经常不断的深入交流，不仅是业务上的，还包括生活上、心理上的。如律师公会的定期会餐制，不仅提供了深入切磋技艺的机会，也使得法官、律师和生徒之间在生活中情同手足。⑤

---

① 季卫东著：《法治秩序的建构》，中国政法大学出版社 1999 年版，第 121 页。

② ［德］马克斯·韦伯著：《论经济与社会中的法律》，张乃根译，中国大百科全书出版社 1998 年版，第 200 页。

③ Maitland F W. , *English Law and the Remaomasamce*. Cambridge University Press, 1901. 转引自李红海著：《普通法的历史解读——从梅特兰开始》，清华大学出版社 2003 年版，第 342 页。

④ Marry Seneviratne, *The Legal Profession: Regulation and the Consumer*, Sweet & Maxwell Ltd. , 1999, p. 5.

⑤ ［日］大木雅夫著：《比较法》，范愉译，法律出版社 1999 年版，第 310 页。

（三）具有与普通大众不同的思维方式及保障此思维得以正常运转的伦理规范

为了维护“法律的自治”，在逻辑上必然要求法律人具备独立的精神。它要求每位法律人具备为主持正义和维护法治而对抗公众与不畏强权的傲骨品格与非凡毅力；它要求真正的法律家在内心上无法接受任何有损法制尊严的行为与压力，即使这种压力来自极大的民愤与庞大的强权，即使这种压力所体现的价值取向与利益要求符合其本身的道德追求与私利倾向。

而事实上，尽管存在诸多对法律人的讽刺和挖苦，尽管在法律人内部确实存在诸多的丑陋行径，但总体而言，法律人在近现代社会中，对人类的法治进步作出了巨大的贡献。通观各国，法律人那种“匹夫不可夺志”或“威武不能屈”的傲骨品格，“以身护法”来坚决抵制不正当干涉的无畏勇气，无处不在。这种“一切依法办事的卫道精神”，无疑增强了法律人在维护其共同体自治方面起到了鼓舞斗志、增强力量的后果。而这种斗志的激扬，除了因为法律人在从业之初往往都是些有着强烈的抱负和理想的、优秀的人们外，还在于拥有一套与普通大众不相同的思维方式以及能够保障此种思维得以正常运转的伦理规范。

一般认为，法律人的独特职业思维主要表现在：“运用术语进行观察”，“通过程序进行思考、遵循‘向过去看’的习惯”，“注重缜密的逻辑，谨慎地对待情感、情理等因素”，“只追求程序中的真，不同于科学中的真”，“判断结论总是非此即彼，不同于政治思维的‘权衡’特点”。① 法律人独特职业思维的具备，是法律的特点在职业领域的延伸，一方面，它构成了法律职业共同体自治的一大原因；另一方面，它也是法律职业共同体维持自治一大因素。因为有其独特的职业思维，法律职业共同体成员获得了划分“你我”的一个有效标准；同时也是因为有了并同享这套独特的职业思维，法律职业共同体内部的“对话”与“商谈”，更容易得以实现，并以此为基础，进一步构筑精神共同体、知识共同体和解释共同体。

法律职业共同体内部都遵守一套其标准在涉及技术操作、感情取舍等方面有别于生活伦理，但在与大众道德重合的部分，又遵循“英雄标准”的职业伦理规范。这种伦理规范一方面要别于大众道德，但另一方面又要高于普通道德的原因在于，一是为了维持职业正常运作的必要，正如上文所述，法律的职业思维往往会与大众思维相冲突，作为扮演多重社会角色的法律人来说，其本人内心就会充斥着多重思维的冲突，此时，就迫切需要一套明确地、具有可操作性的伦理

① 孙笑侠：“法律家的技能与伦理”，载《法学研究》2001年第4期。

规范予以指引;①二是法律职业有别于其他一般的社会职业,它是基于公平、公正的立场将法律运用到具体的人和事。因此,它要求从业人员具备良好的道德品质。而法律职业本身也需要通过高标准的"英雄伦理"来获取民意的支持,从而维护其"自治"的地位,保证其共同体及其成员的社会地位和声誉。所以,法律人必须坚决维护人权和公民的合法权益,其活动有别于追逐私利的营业。因为,不管是技能,还是允诺,都不足以使一种独立的有组织的活动转化为一种职业。最重要的一点是得到社会的承认和支持,使这一行业成为运用某种专业技术的渠道,使公众关心的事务得到应有的关注。②

三、西方法律职业共同体自治形成的特殊因素

(一)仅就西方近代法治实践而言,法律职业"左右逢源"的特殊机遇

从西方法治发端开始考察,法律职业兴起的一个很大原因就在于他的"左右逢源",而这种左右逢源的特殊环境,在东方传统社会中是无法找到的。一般认为,促成近代欧洲法律职业兴起的"偶然因素"是多方面的:

1. 在世俗国家与教皇之间

在中世纪,教会和君主国在争夺政治权力的过程中,都需要巩固和壮大自己的官僚机构,这使双方都需要有大量掌握专业知识的人员,由于法律是西方传统上最具正当性的统治工具,受过法律教育的专业人员成为当然之选。一般学者认为,11世纪由教皇格列高利七世引发的宗教革命,给法律职业的兴起提供了契机。在当时的背景下,依靠世俗国家和教皇都控制一部分、但相对独立的僧侣阶层对法律体系进行系统化和合理化,以非"两相俱灭"的方式来解决世俗与教皇之间的冲突,是一种较佳的方案选择。由此,这种历史背景下,法律职业成员的来源,无论是世俗国家,还是教会体系,主要都来自相对独立的僧侣共同体。伯尔曼在《法律与革命》一书中提到:

---

① 著名的后现代哲学家大师罗兰·巴特在《一个解构主义的文本》中如此定义伦理:所谓伦理,是一种关于行为的道理。这种伦理实际上是一种逻辑;要么这样,要么那样;如果选择这样,接着便又要这样,要么那样;一直延续下去,直到这串选择的瀑布最终引出一个不折不扣的行动——再也不后悔或犹豫了。借助此种定义,我们也可以认为,所谓的职业伦理无非就是一种具有可操作性的、主要用于各种伦理冲突时的一种指导或者技术。参见[法]罗兰·巴特著:《一个解构主义的文本》,汪耀进等译,上海人民出版社1997年版,第58页。

② William M. Trumbull, *Materials On The Lawyer's Professional Responsibility*, Little, Brown and Company Inc. Boston, 1957, p. 355.

随着教皇革命而来的是产生了一种新的教会法体系和各种新的世俗法体系，附带产生的有：一个职业的法律家和法官阶层，分等级的法院制度，法学院，法学专著，以及把法律作为一种自治的、完整的和发展的原则和程序体系的概念……这种革命奋斗的目标是建立“事物的正当秩序”或“世界的正当秩序”。“正当秩序”意味着一种新的划分，即把社会分为相互分离的教会权威和世俗权威……为了保持复合、对抗的法律体系间的复杂的平衡，就必须使法律系统化和合理化……教皇革命……达到下列目的的手段：……（2）维护独立的僧侣共同体，并给僧侣的阶级意识加上新的法律的一面……①

2. 在国家权力与市民阶层之间

第一，新兴的市民阶层为了维护自己的利益，保障自己的权利，也需要借助法律专业人员来为他们提供咨询，充当他们与政府之间进行谈判的中介人，并在政治和司法程序中代表他们的利益。在13世纪晚期出现的“律师”这一职业群体代表商人争取和维护私人利益的活动构成了“市民社会”建构过程的一部分。由此，律师借助法律这一社会各阶层共享的合法性资源参与权力的角逐，追求私利的动机使他们在这场角逐中站在了市民阶层的立场上。而在此后的资产阶级革命中，律师积极地扮演市民阶层的代言人，甚至领导革命，则又使律师阶层获得了相应的报答。

第二，贸易和商业的繁荣要求有相应的法律来调整其中的复杂关系，以减少交易成本，同时也需要熟悉法律的专业人士来草拟合同、代写文书、充当中介人和仲裁者。

第三，在中世纪后期，由于宗教与世俗权威的分离与对立已经日趋明显，原有的社会统治和管理机制的合法性开始动摇，这导致了社会的失序，而法律在管理复杂的多元社会方面的特殊优势使它成为社会需要的规范形态，相应地，法律职业者也便成了管理社会所必需的专业人员。② 法律职业者们在各民族国家充当立法者、法官、行政官员以及公证员，使法律成为国家对社会实施控制的主要手段。伯尔曼对此也作了描述：

通常，律师（公证人）不仅为行会内的单个公司服务、起草契约和协议以及（作为辩护人）在司法和其他对抗性程序中充当代理人方面，而且在直接协助管理行会和市政府方面，都起着重要作用。当市政官员（商人执政、首席执政、市

---

① ［美］伯尔曼著：《法律与革命》，贺卫方等译，中国大百科全书出版社1993年版，第140～141页。

② 郑戈著：《韦伯：法律与价值》，上海人民出版社2000年版，第11页。

长、镇长)外出裁决讼争时,公证人常常随行前往。他们起草官员文件、拟定地方法规、布置选举、给邻近的城市或者领主写信以及解释城市特许状。从城市作为自治实体而发展的最早阶段,律师就在城市的行政事务中扮演一个重要角色。①

(二)独立的僧侣阶层与法律职业共同体的社会来源

正如上文所提,由于教皇和世俗国家权力斗争的特殊性,伴随着教会法体系的完善,西欧最初的法律职业者,很大一部分直接来源于僧侣阶层。② 当代著名历史学家 William Bouwsma 通过考察后认为,"在中世纪后期,大多数主教,包括那些罗马教廷的主教,都成了法律职业者而不是神学家。"③而值得注意的是,僧侣阶层在此前已经完成了从精神共同体和信仰共同体向政治或法律共同体的转化。他们在欧洲第一次成为跨地方、跨部落、跨封地和跨国家的"阶级"。教皇革命用实践证明了只有它能够站起来抵抗甚至击败那个先行存在的普遍权威——皇帝。正是这种得天独厚的阶层来源,使法律职业在某种程度上直接继承了僧侣阶层的自治精神和社会地位。④

(三)法律从业者令人尊敬的阶级背景或教育背景

托克维尔曾说,"在律师和法官当中找到了美国贵族",⑤而事实上,在近代的西欧(甚至是现在),昂贵的学费及有意的入学资格限制,使得大部分法律家都出身名流,如英国,律师学院的学费非常的昂贵,能把子弟送进律师学院的人,只能是那些贵族、绅士等上流家庭。对入学者身份的要求不仅通过高昂的学费已经自行限定,而且,还在法律中作了明确的规定,如当时有法律规定律师学院的学生应该是"英格兰各地区的最上等或上等绅士之子弟"。在德国,从 1820 年到 1822 年之间的哈雷大学法律系学生的情况看,60% 以上的学生为高级官吏、土地所有者、将校、未上过大学的官吏以及医生、药剂师的子弟。而这在法国和其他西方国家的情况基本相同。据 20 世纪 90 年代的一个统计,德国 65% 的司法官出身于保守的官吏家庭,而 76% 的律师出身于企业家家庭。20 世纪 70 年代,企业所有人或者经营人的子弟,占了美国律师的 40% 。⑥ 而需要注意的

---

① [美]伯尔曼著:《法律与革命》,贺卫方等译,中国大百科全书出版社 1993 年版,第 475 页。

② Pollock F. , Maitland F. W. , *The History of English Law before the Time of Edward*, Cambridge University Press, 1968, p. 204.

③ William. Bouwsma J. , Lawyers and Early Modern Culture, *American Historical Review*, Vol. 78 1973, p. 309.

④ [美]伯尔曼著:《法律与革命》,贺卫方等译,中国大百科全书出版社 1993 年版,第 127 页。

⑤ [法]托克维尔著:《论美国的民主》(上卷),董果良译,商务印书馆 1988 年版,第 306 页。

⑥ 本段数字皆来自[日]大木雅夫:《比较法》,范愉译,法律出版社 1999 年版,第 301 页。

是，在一千多年前的我国宋代，非官员家庭出身的进士就已经占到了57%。①

随着普通民众的平等意识日益高涨，以从业者的阶级背景来提升共同体地位的作用日渐式微，代替出现的是，法律从业者令人羡慕的教育背景以及层层选拔、高淘汰率的资格考试。而这尤为后进的法治国家所采纳，如日本就是利用该国浓厚的"考试崇拜"的文化传统，通过"残酷"、"摧残人性"式的司法考试，使得民众及落选的法科生，对只有通过司法考试才能从事相关职业的法律家产生深深的敬佩感，并由此大大推进了日本社会对法治认可和信仰的进程。②

四、"第三种力量"在中国的可能

在中国这样一个严重依赖法律移植的后进国家，大规模地借鉴外国法，继受的(法律)文化缺乏草根性，它与本国经济社会的联系有待于人为的努力。而这种人为的努力除了法学家应该努力工作，加强作为学问育英的大学的社会功能和制度功能外，③还应该依赖于一个高素质的法律职业的团体努力，并依赖于此共同体进一步获得法治建构推动力的效果。

固然，西方法律职业发端时那种左右逢源的特殊机遇是无法再现了，但同样为东方国家的日本的经验，显示了人为构建一个独立而自治的法律职业共同体的可能。在富有科举考试传统、重视人的因素的中国，法律职业作为法治的"第三种推动力"不仅具有可能性，而且也是效益考量的需要。

(2004年第4期)

① 何怀宏著:《选举社会及其终结》,生活·读书·新知三联书店1998年版,第135页。

② 季卫东著:《法治秩序的建构》,中国政法大学出版社1999年版,第210页以下。

③ 有关大学法学院的制度功能,参见翁开心、孙笑侠:"论作为'制度'的法学院",载《法律科学》2002年第5期。

我国政党制度法制化问题研究综述

林怀艺*

自从1989年岁末中共中央发布《关于坚持和完善中国共产党领导的多党合作和政治协商制度的意见》(以下简称《意见》)之后,如何进一步发挥我国社会主义政党制度的特点和优势便成为人们关注的一个重大问题。近年来,理论界和学术界对我国政党制度的法制化问题展开了深入的探讨和争鸣,现将主要观点综述如下:

一、关于我国政党立法的必要性和可能性

有法可依是法制化的前提条件,也是对立法工作提出的要求。在我国是否有必要进行政党立法,特别是制定一部专门的政党法的问题上,理论界和学术界存在较大的分歧:

一种观点认为,在坚持、完善和落实共产党领导的多党合作和政治协商制度的问题上,可以提制度化、规范化、程序化,但不宜过多地强调法制化。

罗广武指出,我国的政党制度问题在本质上属于统一战线问题,只能用统一战线的办法,即通过平等协商妥善解决,无须诉诸法律,能够完全法制化就不成其为多党合作、政治协商和民主监督了。① 类似的观点还有吴江提出的"政党活动与政权体制不同,政权体制必须是一种有法律可循的明确的制度,而有关政党活动特别是政党之间的关系,必要时可以依据宪法,由各政党协商解决"。②

牛旭光指出,中共中央《意见》已经对执政党和参政党的地位、作用、关系以及各民主党派参政议政的内容、形式和措施等问题作了比较具体的规定,这虽然是一个政策性文件,但对于共产党和各民主党派都具有很强的约束力。共产党领导的多党合作和政治协商制度坚持得好不好,关键在于现有政策的落实,而不

* 作者单位:华侨大学人文社会科学系。

① 罗广武著:《新时期统一战线问题研究》,华文出版社1998年版,第139~140页。

② 吴江著:《民主与政党》,中共中央党校出版社1991年版,第280~281页。

在于政策条文的法律化。①

华毅指出，制定政党法会涉及一系列复杂的问题，如在现行政党之外组织新的政党和我国台港澳地区的政党问题等，由于这些问题是制定政党法所无法回避的，弄得不好反而会使问题更加复杂化或引起混乱，影响现有的政党格局，因而至少现在看来制定政党法的时机还不成熟。②

袁廷华指出，国外制定专门政党法的只是少数国家，这些国家制定政党法都有其特定的历史原因，如限制在野党的活动或稳定政局等，大多数国家是采取惯例形式确认政党的地位和政党活动的具体形式的，因此，政党法并非政党开展正常活动的必要前提。我国政局稳定，有经过长期政治实践形成的规范政党活动的传统和惯例，不存在制定政党法的社会历史动因。③

另一种观点认为，必须依据宪法，制定中国特色的社会主义政党法，以依法规范各政党的活动，形成中国特色的社会主义政党文明。这一观点逐步得到理论界和学术界的理解、支持和"合唱"。

高放指出，目前共产党领导国家的具体做法，各民主党派在国家政治生活中的地位、作用、权利、义务，如何咨询于决策之前，协商于决策之中，合作于决策之后，监督于决策和执行前后，如何使参政和监督经常化、程序化、组织化等，都缺少法律明文规定，这样就难以具体贯彻，无法保证。因此，从长远来看，应考虑由全国人大制定政党法，以便使我国的政党活动制度化、法律化。④

李锐则从推进中共党内民主建设和国家政治生活民主化的角度，强调应制定政党法和参政法，认为这是关系改革和稳定的根本问题。⑤

陈春龙指出，中共中央《意见》虽然内容翔实，措施得当，但由于它只是以中共中央名义发布的党内文件，只是表明执政党对多党合作的积极态度，只为多党合作的政党体制提供了执政党方面的政策依据，因而自然不具有国家的法律效力。虽然执政党的政策对国家起着举足轻重的作用，但历史的经验教训证明，再好的政策，如果不把它制度化、法律化，使它"不因领导人的改变而改变，不因领导人的看法和注意力的改变而改变"，那就难以使我国政治生活的核心部分政

---

① 牛旭光："世界各国政党立法概况及对我国政党立法问题的思考"，载《中央社会主义学院学报》1994 年第 4 期。

② 华毅："世界各国政党立法的概况和我国政党立法的若干问题"，载《中央社会主义学院学报》1994 年第 3 期。

③ 袁廷华："关于加强多党合作的制度建设的几点思考"，载《重庆社会主义学院学报》2002 年第 1 期。

④ 高放著：《政治学与政治体制改革》，中国书籍出版社 2002 年版，第 533 页。

⑤ 李锐："关于我国政治体制改革的建议"，载《炎黄春秋》2003 年第 1 期。

党制度做到有法可依、有法必依。①

尤俊意指出,我国签署的国际人权公约(如《经济、社会及文化权利国际公约》和《公民权利和政治权利国际公约》),都规定各国公民有组织政治社团和政党的自由。但从我国宪法关于结社自由的规定看,显然不包括在现行政党之外组建新的政党的内容。这就产生了一个问题,即在法律没有明确禁止公民结党自由的情况下,可否在我国的现行政党之外再组建新的政党?如否,这样处理问题才能于理有鉴、于法有据;如可,则应制定结社法或政党法,以依法规范社团(含政党)的成立、活动及解散等相关问题。由此看来,今后我国的政党立法问题确实应提上议事日程。②

理论界和学术界还探讨了我国政党立法的可能性问题。林怀艺认为,我国制定政党法的条件已基本成熟,具备了立法的可能性,包括(1)改革开放以来我国所取得的巨大成就,为制定中国政党法提供了有力的物质文明、政治文明和精神文明的基础;(2)我国宪法关于政党制度问题的原则性规定,为调整根本大法与专门法(政党法)之间的关系提供了最基本的法理依据,而《立法法》的制定和实施,以及全国人大及其常委会立法经验和立法技术的提高等,则为政党法的制定创造了良好的条件;(3)中国共产党和各民主党派对多党合作法制化问题的重视和推动,为制定中国政党法奠定了可靠的组织基础和实践基础。③

二、关于执政党治国方略的法治选择

在民主革命时期,中国共产党的领导方式主要是依靠政策和群众运动,新中国成立后特别是在社会主义现代化建设的新时期,党的领导方式和执政方式只能选择依法治国、依法执政。理论界和学术界对这一问题的研究颇为丰富,例如:

臧乃康指出,依法治国的灵魂和核心是依法治权,即公共权力必须依法设立、依法行使,并依法接受监督和制约,除去人民通过法律授权,任何组织、个人以其他渠道和路径获取的国家公共权力都是非法的,因此,依法治国是对党的执政行为的规范、约束、要求,党要按照依法治国的方略实行依法执政。④

---

① 陈春龙:“中国共产党领导的多党合作政党制度及其法律问题研究”,载《法商研究》1995年第3期。

② 尤俊意:“国际人权公约与统一战线工作”,载《上海社会科学院学术季刊》2001年第2期。

③ 林怀艺:“制定‘政党法’的必要性和可能性分析”,载《西南交通大学学报》2004年第4期。

④ 臧乃康:“中国共产党的领导核心作用与执政方式的调适”,载《唯实》2002年第4期。

石泰峰、张恒山指出，政党在宪法和法律范围内活动，是法治国家对政党行为的基本要求，共产党的领导核心地位和执政党地位并不表明它具有凌驾于法律之上和超越法律之外的行为，因此，实行依法治国，首先要求共产党依法执政，从制度上和法律上完善以下环节：依法进入国家政权组织，掌握和控制国家权力；坚持依照法定程序提出立法建议，从制度上保证将党的路线和主张上升为具有普遍约束力的法律；改革党的领导体制，保证国家机关依法行使职权。依法执政是共产党对国家实施领导的法治化。①

林尚立指出，依法执政是执政党有效地巩固和发展自身的执政基础的一个重要方面，它要合理地解决好党的权力与国家权力之间的关系，具体来说，就是领导与执政之间的关系。党的领导在国家这个层面上展开，不仅有实际的权力，而且以一定的制度方式进行，因而依据民主与法制的要求，它与执政的关系也就应纳入国家法律的范畴。党的具体执政行为应依据法律的规定展开，忠实执行法律的规定，尊重法律的权威性。②

谢邦宇指出，加强法制领导是实现执政党领导行为法律化所绝对必需的，而法制领导的本质要求就是党适应现代法治的特点，遵循法制建设的客观规律，坚持以法的实现作为检验领导功能的唯一标准。为此，应该重点研究执政党领导行为法律化的规律，以及如何经过这种行为的中介作用把领导与法治结合起来，以满足治理国家的法需求和法行为合法性选择。他建议从解决领导行为法律化入手，把党的一般领导行为同法定职务行为分开，重点是切实解决领导职务行为的法律化、民主化和科学化的问题。③

三、关于参政党（民主党派）问题的法律规定

以“共产党领导、多党派合作，共产党执政、多党派参政”为特征的中国政党制度，离不开各民主党派的存在和发展。理论界和学术界认为，制定中国政党法，必须对参政党即各民主党派作出相关的法律规定。

杨明前、徐世平从规范执政党活动的角度，认为政党法的主要目的是规定中国共产党的性质、地位、任务、宗旨、作用等，以加强党的领导，实现党的领导的规范化。但在探讨政党法的内容时，亦认为对各民主党派的名称、法律地位和作

---

① 石泰峰、张恒山：“论中国共产党依法执政”，载《中国社会科学》2003年第1期。

② 林尚立：“社会主义国家执政党建设的政治学思考”，载《资料通讯》2001年第4期。

③ 谢邦宇：“执政党治国方略的法治选择”，载《徐州师范大学学报》2002年第3期。

用;各民主党派参政议政的途径和方式;各民主党派的组织与活动等问题的规定是这部法律所必需的。①

何力平指出,政党运行的法律化离开了对参政党的相关法律规定肯定是不完善的,至少应当在以下几个方面对参政党的有关问题作出明确的法律规定:(1)参政党自我生存、自我发展的条件和能力的认定,即参政党的活动是依法而不是靠执政党首肯和政府资助才能维持;(2)参政党的法定资格和认定程序,即通过法定程序表明具备了参政党的法定资格的政党,才是合法的参政党,也就不能任意剥夺其参政的权利;(3)参政党从事参政活动的法定权利和法定程序,只有对其作出明确的法律规定,才能持之以恒地、有效地发挥参政党的作用;(4)参政党的法定提名权,只有对其作出明确的法律规定,参政党代表的提名和参选才能避免总是带有某种"安排"的意味;(5)参政党与执政党的相互监督,特别是参政党怎样监督执政党,包括怎样监督政府和司法,都应当有明确的法律规定,以防监督成为空谈。②

四、关于依法调整政党内部关系和依法治党

实行依法治国,要求各政党在宪法和法律范围内活动,这是毫无疑义的;但在"活动"是否应该包括政党内部活动、是否应该依法调整政党内部关系和实行依法治党等问题上,理论界和学术界却存在不同的看法。

王贵秀不同意在党建中直接运用"依法治党"的概念:他指出,党不是国家组织,而"法"却是一个国家范畴,把国家的"法"直接用于党内不合适,容易混淆不同组织的界限和不同问题的性质。"依法治党"的适用范围只能是党的外部活动,是针对党政关系、党法关系的调整而言的;而党内的治理和管理、党的自身建设问题,应参照"依法治国"、"依法治党"的原则和精神,提结合政党本身的实际和特点的"依规治党"。③

郭道晖指出,任何政党,作为一个社会组织,只要不违法,其内部如何治理,法律是不应干预的。法律可以而且应该监督、制裁政党的违宪违法行为,但不能干预政党自治的领域,不能以国家法律去包治党务。因此,"依法治党"的提法

---

① 杨明前、徐世平:"制定我国政党法 加强和规范党的领导",载《甘肃理论学刊》2001 年第 1 期。

② 何力平著:《政党法律制度研究》,黑龙江人民出版社 2003 年版,第 128 ~ 129 页。

③ 王贵秀:"'依法治国'与'依法治党'",载《新视野》2000 年第 1 期。

欠妥当,应该提"依法监党",即限于从外部监督与制约党对国家与社会的政治行为。①

陈全福赞同依据国家法律来规范党的活动。他指出,依法治党是由法制本身的特性及其在党的建设中所显示的监督、约束和保障作用决定的。在市场经济条件下,党必须加强对党员、党的领导干部的法制教育,把党的外部活动和内部建设、党的组织行为和党员个人言行都纳入法制的轨道,实现党的建设法治化。②

何力平指出,政党内部关系应当依法调整。理由是:(1)政党的许多重大活动很难作出内外的区分,把依法治党仅仅局限于政党的所谓外部活动,那么对政党活动的法律规定将是很难令人信服的;(2)不是国家组织不等于不需要对其"内部事务"的依法治理,如工会法、公司法、高等教育法就分别对工会、公司、高校的"内部事务"作了详尽具体的规定,在全社会各类组织都依法运行的情况下,很难设想政党的"内部事务"可以超越于法律之外;(3)依法治党并不否认政党依法自行管理内部事务,它并不是要人大、政府、法院去治理党的组织,而是要求包括政党本身在内的所有组织和个人,都必须依照法律来决定、判断和要求政党的活动。③

周学锋在探讨党内民主的法律规制时指出,法律规制党内民主的内容包括以下几个方面:(1)将民主集中制原则法定为党内的组织原则,同时要求党章中必须具备党内民主秩序的内容规定;(2)对政党内部的组织结构(如党的权力机关、执行机关、仲裁机关的设置、权限、运作和议事规则等)作出一般性规定;(3)规定关于党员权利的保障,应主要着眼于党员在宪法上享有的公民权利在党内的适用问题;(4)党内民主选举的规定。④

五、关于政协的法律地位

目前,我国宪法、中共中央《意见》和《中华人民共和国人民政治协商会议章程》,都将政协的性质定位为"统一战线组织",但理论界和学术界在政协的法律地位问题上存在不同的看法。

---

① 郭道晖:"党的领导与人大监督",载《法学》2001 年第 3 期。

② 陈全福:"略论依法治党",载《理论学习月刊》1997 年第 11 期。

③ 何力平著:《政党法律制度研究》,黑龙江人民出版社 2003 年版,第 150 ~ 152 页。

④ 周学锋:"党内民主的法律规则",载《湖北行政学院学报》2003 年第 5 期。

胡安指出，政协在性质上只能是爱国统一战线组织和协商机关而不是政权组织，它以提出建议和批评为主要工作方式来履行政治协商、民主监督和参政议政等职能，反映的是政治关系而不是法律上的权力关系，不具有法律约束力。政协虽然在某些形式上同外国的上议院有相似之处，但就性质、职权和作用来看，两者之间相去甚远。从我国的国情出发，人民代表大会不必设立两院，政协也不必要成为上议院，而应发挥它作为统一战线组织的特殊功能和作用。①

高放指出，一院制或两院制体现的是民主的形式问题，而不是社会主义民主和资本主义民主的本质区别。由于政协只是统一战线组织，政协委员的建议不具有法律效力，因而其作用非常有限。建议把政协纳入政权机关体系，政协与人大成两院制，即大体上相当于外国的上议院或参议院，重大法案和议案都应该在人大和政协同时审议和表决通过，这样政治协商的结果才有实效，政协才具有政治权威性。②

陈春龙指出，政协与一般的统一战线组织存在重大区别：第一，全国政协的历届领导人都由党和国家的重要领导人担任；第二，全国政协由 34 个界别的近 2000 名代表组成，在组织构成上具有广泛的代表性；第三，政协全国委员会和全国人大同时召开，政协与人大、政府一起构成我国现行政治体制的基本框架。由此看来，宪法关于政协是统一战线组织的规定，并未准确地反映出政协的现实状况。尽管全国政协没有领导权、立法权、行政权，但它对领导、立法、行政有建议、监督、批评的权利，必须尽可能地将这些权利制度化、法律化，从宪法和法律上进一步明确政协在国家政治生活中的性质、地位和职能，创造条件逐步实现政治协商、民主监督、参政议政的规范化、程序化、制度化、法律化。③

六、关于政党立法的模式选择和遵循原则

在明确中国需要制定一部专门的政党法和进行政党立法的条件已经基本成熟的前提下，理论界和学术界同时就政党立法的模式选择和遵循原则等问题进行了探讨。

尤俊意指出，政党立法有两种方法可供选择：一是在结社法里全面规定结社

① 胡安：“人民政协与外国上议院之比较”，转引自中共中央统战部研究室编：《社会主义国家多党合作问题研究》，春秋出版社 1988 年版，第 93 页。

② 高放著：《政治学与政治体制改革》，中国书籍出版社 2002 年版，第 778 页。

③ 陈春龙：“中国共产党领导的多党合作政党制度及其法律问题研究”，载《法商研究》1995 年第 3 期。

自由，政党社团可专列一章加以规定；二是结社法里不对政党社团作详尽规定，只作原则规定，另立单行法规范政党体制。他强调，政党立法应以中共中央《意见》为基础，加以修改完善，使之转化为执政党和参政党一致通过的、体现各政党共同意志的规范性文件，在此基础上，总结实践经验，由全国人大或其常委会适时将共产党领导的多党合作和多党合作基础上形成的共产党领导上升为国家法律，使中国政党制度问题法定下来，持续下去，不断发展，以臻完善。[①] 何力平指出，我国的政党立法，不管是采用散在型的立法模式，或采用统一法典与相关法律条款相结合的立法模式，实际上都要从头开始，因此从我国的立法传统和法制现状来看，采用以统一法典为主的立法模式可能是一种比较合理的选择。他认为，如果不制定专门的政党法，就应当在宪法中增加专门的政党条款，对政党活动的基本原则作出明确的规定；也可以在宪法中单列"中国人民政治协商会议"一节，通过细化这一基本政治制度，相应地规定政党条款。

何力平还提出了建立我国政党法律体系所应遵循的基本点：(1)应当是在宪法框架内对共产党领导的多党合作和政治协商制度的自我完善，对共产党领导方式和执政方式的创新；(2)应当从研究当代世界政党法律制度的一般规律开始，从而借鉴他人、为我所用；(3)应当充分利用中共和各民主党派的现行章程及诸多党规党法等"本土资源"；(4)应当是一个渐进的、不断完善的过程。[②]

七、关于中国政党法的结构和特征

理论界和学术界赞同制定一部专门的中国政党法的学者，在这个问题上的观点比较一致。

林怀艺认为，中国政党法的内容结构大致应包括：(1)序言；(2)政党及其党员的权利和义务；(3)政党的组织规范；(4)政党的活动准则；(5)政党活动经费的来源、分配、使用和管理问题；(6)对政党违宪行为的制裁。至于政党法的形式结构，则应当根据法律内容的需要，在立法过程中采取有利于简化法律规范表述的方式。当然，制定政党法之后，为了确保这部重要法律的顺利实施，我们还必须在积累实践经验的基础上，进一步搞出与之相衔接的具体条例、规章、细则、制度，如制定《各民主党派参政议政法》、《党政领导干部监督法》等。[③]

---

① 尤俊意："国际人权公约与统一战线工作"，载《上海社会科学院学术季刊》2001 年第 2 期。

② 何力平著：《政党法律制度研究》，黑龙江人民出版社 2003 年版，第 154 ~ 158 页。

③ 林怀艺："我国的政党立法问题探析"，载《华侨大学学报》2004 年第 2 期。

金太军指出，制定政党法，就是通过对各政党的组成、登记、机构设置、成员发展、活动范围、经费来源、遵循原则、权利义务、制裁取缔以及政治协商和民主监督的程序、原则、保障办法等各个方面，均作出明确规定，为政党特别是执政党制定具体的、明细的、在实体上和程序上既有权利赋予又有义务约束，还有可诉的责任追究机制的法律，从而使“党必须在宪法和法律范围内活动”这条原则具有可操作性。①

杨明前、徐世平指出，政党法的内容涉及国家政治生活中最基本、最重大的问题，因此它和组织法、选举法、特别行政区基本法同属宪法性法律文件，在法律体系中的地位仅次于宪法，而高于一般的法律。政党法既是组织法，规定政党的名称、设立、章程、组织机构和内部关系等，又是行为法，规范政党的各种活动；既是实体法，规定政党组织、党员的权利义务等，又是程序法，规定实现权利义务的方法、形式等程序。②

八、关于如何对待在大陆的现行政党之外组建新的政党

中国不实行多党制，但在我国的政党立法过程中，如何对待在大陆（不涉及台港澳地区，因考虑到政党法不属于在这些地方实施的全国性法律）的现行政党之外组建新的政党，仍是一个必须认真面对的现实问题。

尤俊意指出，国际人权公约关于结社自由（含结党自由）的规定有许多前置性限制，如法律已规定的限制或因维护国家安全的需要等，如果我们在结社法或政党单行法里对这些限制给予充分考虑，即使另立新党出现问题，也不难解决。如有的国家宪法规定：政党的宗旨或行为如果表现出企图损害现存基本秩序或危及国家存在，就将被取缔或解散；有的国家宪法规定：在遵守宪法目标条件下，并在法律规定范围内，才保障其组织政党的自由。他建议，根据我国现有政权机构的格局，最好是在最高权力机关内设一个相对独立的宪法委员会，专司政党、社团、政权机关及其领导人的合宪性审查之职。有了比较完善的违宪审查制度，就不怕政党等社团无法无天、违法乱纪了。③

罗广武、华毅指出，如果制定政党法并在其中明确列出我国现行的政党为合

---

① 金太军：“新世纪中国政治改革若干重大问题的思考”，载《江苏行政学院学报》2001 年第 3 期。

② 杨明前、徐世平：“制定我国政党法　加强和规范党的领导”，载《甘肃理论学刊》2001 年第 1 期。

③ 尤俊意：“国际人权公约与统一战线工作”，载《上海社会科学院学术季刊》2001 年第 2 期。

法政党，那也就间接地规定另组新党的非法性，但从政治学和法学原理来说，成立政党是公民的民主权利，规定一个国家只有若干个特定的政党是站不住脚的，这是他们不赞同制定政党法的原因之一。①

针对这一观点，林怀艺指出，中国政党法应明确禁止任何组织或者个人在大陆组建新的政党，理由是：(1)共产党领导的多党合作和政治协商制度，是在中国革命、建设和改革的长期实践中创立和发展起来的，共产党的执政党资格和八个民主党派的参政党资格，是不能随意"照顾"或赋予任何没有根基的所谓"新政党"的；(2)发展是当代中国的硬道理和第一要务，但发展离不开稳定的政治和社会环境，禁止在现行政党之外组建新的政党，符合社会主义初级阶段的国情，有利于避免耗费过多的政治资源，维护国家的稳定和集中精力搞经济建设；(3)从现实的情况来看，资本主义政党立法中关于结党自由的规定是相对的而不是绝对的，中国在不具备放开党禁的条件下，以法律形式明确禁止任何组织或者个人组建新的政党，体现了社会主义法律反映工人阶级和广大人民的共同利益和共同意志的本质。②

（2004年第9期）

① 罗广武著："新时期统一战线问题研究"，华文出版社1998年版，第139页；华毅："世界各国政党立法的概况和我国政党立法的若干问题"，载《中央社会主义学院学报》1994年第3期。

② 林怀艺："我国的政党立法问题探析"，载《华侨大学学报》2004年第2期。

法律原则的识别和适用

庞　凌*

一、法律原则的存在意义

作为人的行为和社会关系调节器的法律，总是由一定的具有内在逻辑联系的要素构成的；同时由于对法律的确定性和调整结果的整齐划一性的期待，法律规则自然成为法律的首要成分。法律实证主义的代表人物哈特甚至认为，法律就是由主要规则和次要规则组成的。但是单一的法律规则理论能解决一切问题吗？例如，公路上时速60英里的限制能否禁止救护车快速驶向医院？在著名的里格斯诉帕尔默案中，祖父的遗嘱中指定的继承人——即使他为这项继承把他的祖父杀了，是否还要根据继承法进行遗嘱继承？可见，在疑难案件或出现规则模糊时，过于刚性的法律规则往往难以适用。"规则能够帮助人们安排自己的事务。规则能够对官僚的武断、歧视和变化无常加以约束。但是，恰恰由于规则过于严厉，由于规则是事先制定的，因此，规则也可能失灵。当适用制定这些规则时未能预计到的具体案件时，这些规则可能产生严重错误。"①何况人的建构理性的有限性决定了规则的缺漏在所难免。对此，哈特也承认任何法律无论它怎样顺利地适用于大多数普通案件，也都会在某一点上发生适用上的问题，将表现出不确定性，法律总有"空缺结构"，这需要由官员行使他的自由裁量权来决定或补充，从而创制一个新的规则或代替一个旧规则。哈特的观点切中了对人类理性有着不切实际幻想的"封闭完美法律体系"建构者们思想的要害。但是在法律规则之外或面对疑难案件皆由官员去任意发挥，这会助长他们的滥权，又过于危险。其中的问题，就如德沃金对哈特理论所批判的，当法学家们理解或者争论关于法律上的权利和义务问题的时候，特别是在疑难案件中，当我们与这些概念有关的问题看起来极其尖锐时，他们使用的不是作为规则发挥作用的标准，而是作为原则、政策和其他各种准则而发挥作用的标准。也就是说，法律除了规

* 作者单位：苏州大学法学院。

① ［美］凯斯·R. 孙斯坦著：《法律推理与政治冲突》，金朝武等译，法律出版社2004年版，"序"部分，第2页。

则以外还有原则、政策等要素。①

法律原则是法律的价值宣示。在司法过程中,法律原则是法律职业者进行法律解释和法律推理的基础或出发点,它可以克服规则的刚性,弥补成文法的漏洞、纠正法律的失误,利于个案公平的实现,并具有发展法律、增强法律的权威性等功能。一定意义上讲,法律原则已然成为法官解决疑难案件、说服当事人和公众的工具。法官以不容置疑的原则来增强司法裁判尤其是创造性裁判的公信力。与此同时,法律原则也限制着司法者面对疑难案件时过大的自由裁量权,捍卫了立法权与司法权分离的传统。总之,法律原则一方面浸渍着伦理价值,另一方面也极具司法意义。

二、法律原则的识别

(一)法律原则的识别标志

法律原则是法之要旨与目的的凝练,是法律规则的基础或本源,在法律结构中有着核心地位,具有重要的司法意义。那么,如何识别法律原则呢?笔者认为:

第一,法律原则植根于社会生活,是事物本然之理的反映。法律根植于社会,是社会生活中调节人们相互关系的行为规范。作为统摄整个法律的核心内容的法律原则,自然要顺应社会生活的要求,反映事物本然之理,具有高度的价值共识。"法律以人类的行为为其规范对象,并以将法理念或正义实现于人类生活为其规范目标,所以在规范的形成上,除了必须取向于法理念外,还必须取向于其所规范之对象的性质(即事物之理),方不会使法律因与人类的生活关系脱节,以致成为人类和平发展的障碍。"②事物本然之理不可机械理解为客观(独立于人的思维之外)存在于万事万物本身的道理或意义。因为事物中的道理实为人类所放进去的道理。事物本然之理强调的是事物的本性,是具有最大共识、

① [美]罗纳德·德沃金著:《认真对待权利》,信春鹰、吴玉章译,中国大百科全书出版社1998年版,第40页。当然,德沃金希望通过法律原则等要素来形塑法律体制的自立自足,将法官审判案件的注意力限制在既有的法律原则、规则等资料上,而不去考量其他诸如道德上的权利等因素的观点,是与建构封闭完美法律体系的思想暗合的。这种思想其实只是在重复一个美丽,但却是欺骗人的幻梦而已。参见林立著:《法学方法论与德沃金》,中国政法大学出版社2002年版,第9页。法律原则的确可以限制法官等的自由裁量权、弥补法律空白,但对于法律原则本身、不同法律原则轻重的权衡等仍无法完全排除法官等的诉诸道德等其他力量的造法性活动或自由裁量。因此,法律原则不能成为排斥法律漏洞、建构完美无缺的法律的理由。

② 黄茂荣著:《法学方法与现代民法》,中国政法大学出版社2001年版,第390页。

不证自明的、相对恒定的道理、价值和信念。对于事物本然之理,仍然可能会有人在行为上背离它的要求,但却不会公然从价值上否定它。事物本然之理是人类社会生活、法律秩序得以建立的基础。比如,"契约必须被遵守"、"诚实信用"就是人类生活、和谐共处的本然之理,成为不管是公法关系还是私法关系上的最高原则,整个法治的基石。

第二,法律原则的力量来自正当性。法律原则并不以既有法律的明示为限,它的存在样态是多样的。法律原则的效力或其权威性主要不在于国家权力、强制威胁,而是立基于其内容的正当性,原则的遵守"是公平、正义的要求,或者是其他道德层面的要求"。[①] 也就是说,法律规则不管良恶,一般都可被司法适用,法律原则,特别是没有明文规定的,司法过程中推演出来的法律原则的适用,依靠的是其内容的正当性。换言之,多数的法律原则具有伦理性、正当性,使其具有超强的生命力。缺乏正当性的东西不可能成为原则。

第三,法律原则是法律的公理,具有完全性。公理之为公理,只在于从它能够推演出该门科学的全部定理或命题。[②] 作为法律原则,应该可以通过它推演出一系列的法律规则,成为其他法律要素的逻辑起点。借助于一系列的法律原则,法律规则的核心内容,法律的价值旨趣可以得以演绎、证成和检验。换言之,法律原则整体上具有完全性,是能够推导出法律全部内容的最一般命题,是元理论、元规则。比如"人民主权"原则可以推出一整套的宪政制度和规范;"法律面前人人平等"原则更是整个现代公法、私法制度、规范的价值原点。

第四,法律原则是直接源自法律规定或能够从既有法律及应然的法律精神、法律旨意中合乎逻辑的推演出来的。区别于纯粹道德伦理原则,法律原则应是法律明文规定的,或透过法律条文的规定揭示出来的。不论什么样态,都是立法或司法过程中阐释的法律原则,总有既有的法律规定或法律目的、某种法益保护需要的支持。法律原则不是超然于世的纯粹的"向往道德"或宗教信义(尽管它们对法律原则的形成有着重要的影响),而是贯彻于现世生活中安排人际关系的实实在在的原理和准则,它不是法官凭一己好恶找到或创造的,而是既有法制一向所循的原则,是内含于法制之中的原则。

第五,从伦理角度来看,法律原则通常是维系社会存在的最低限度或极具共识的道德要求。法律是对社会关系的调整和安排,同时寄予一定的伦理诉求。

---

① [美]罗纳德·德沃金著:《认真对待权利》,信春鹰、吴玉章译,中国大百科全书出版社 1998 年版,第 41 页。

② 王海明著:《伦理学方法》,商务印书馆 2003 年版,第 154 页。

"法律秩序发挥作用的前提是,它必须达到被认为具有约束力的道德规范的最低限度。任何法律秩序都是以道德的价值秩序为基础的。"①尤其是极具包容性的法律原则,作为规则的源头,体现了法律的意义脉络和价值追求,从伦理角度看是维系社会存在的最低的道德要求,或者是应然意义上具有共识的价值。背离法律原则的要求,不仅使法律旨在保障的社会秩序和价值会受到根本破坏,法律的存在失去意义,而且将严重危及社会存在。

第六,法律原则涵盖面广,具有较强的稳定性和普适性。法律原则是从广泛的社会现实和社会关系中抽象出来的,它的覆盖面和适用范围十分广泛,它可以调整多种类型的行为,甚至涉及社会关系的各个领域。同时法律原则尤其是公理性原则直接来自社会生活,是事物固有本然之理、社会重大价值的积淀,具有高度稳定性和普适性。因此,识别法律原则应考虑其包容性和普适性。美国法学家德沃金甚至将能否解释过去的一切判例作为识别法律原则的条件。这虽显极端和理想化,但强调原则的普适性、稳定性无疑是必要的。

(二)法律原则的存在样态

法律原则的特点、地位和功能决定了其存在样态的多样化。我国台湾地区有学者指出法理与实证法关系有三种,分别为存于法律明文、存于法律基础和存于法律之上。② 借鉴这种观点,我们认为法律原则的存在样态有:

1. 存在于制定法中。这是指直接存在于宪法、其他制定法中明文规定的法律原则。学理上也把这种法律原则称为一般概括条款。例如,我国《宪法》第2条"中华人民共和国的一切权力属于人民"的规定即为人民主权原则;《民法通则》第3条"当事人在民事活动中的地位平等"的规定即为平等原则;《民法通则》第7条"民事活动应当尊重社会公德,不得损害社会公共利益"的规定实为公序良俗原则;《刑法》第3条"法律明文规定为犯罪行为的,依照法律定罪处刑;法律没有明文规定为犯罪行为的,不得定罪处刑"的规定就是罪刑法定原则。这些明文规定于制定法中的法律原则,一般都是该法律的基石,彰显了法律的综合性、稳定性原理和准则,对人们理解和运用法律提供了价值指引和极具概括性的规范。

2. 存在于判例中。在判例法国家,法律原则也存在于法官判决中,法官在个案审判尤其是面对疑难案件时,在判决理由中也会揭示出某些原则,"一个先例乃是一种本身就含有一项原则的司法判决。因此,作为它的权威性要素的根

---

① [德]伯恩·魏德士著:《法理学》,丁小春、吴越译,法律出版社2003年版,第184页。

② 黄茂荣著:《法学方法与现代民法》,中国政法大学出版社2001年版,第377页。

本原则，就往往被称为判决理由。”①根据遵循先例的判例法传统，这些原则具有法律效力。实际上，英美法系国家很多重要的法律原则都是通过一系列判决得以确立、充实并传承的。美国的立宪主义远不是完全受规则约束的，许多重要法律原则都体现在案例中，而非通过宪法文本表述出来的。正如学者们所言，“尚未实证化的法律原则，经常是借一范例性的事件，突破意识的界阀而进入法律思想之中。”②“在任何一个国家法律制度中，其中某些最引人注目、甚至辉煌的时刻往往是在某个高级法院对某个抽象原则表示认可的时候。”③比如著名的里格斯诉帕尔默案确立的“任何人不能从其不当行为中获利”原则；1954 年美国的布朗诉教育委员会案，确立的种族隔离违背平等原则实际上是对美国宪法修正案中的平等保护原则在种族问题上的拓展和充实。可以说司法过程既是法律原则适用的过程，同样也是法律原则得以挖掘甚至创造的过程。

3. 存在于宪法法律的基础或推论。这类法律原则虽然不能从法律或判决的明文规定中找到，但它却是构成法律明文规定的基础，是法律条文的必然内涵。“一个社会所具有的那种明文规定的实在法，永远无法囊括整个社会中的‘活法’结构。一个社会总是根据一些原则运行的，而这些原则源出于该社会制度的精神和性质之中，而且也是该社会有效运作所必不可少的，尽管这些原则并未得到立法机关或立宪大会的正式表述。”④通常这类法律原则可以通过探寻法律意旨或从立法历史背景、法案说明等资料中获知。比如我国宪法虽未明确规定分权和权力制约原则，但从宪法相关条款的规定和立宪的目的可以得出“权力制约”仍是重要的宪法原则；又如我国在 2004 年修宪之前虽未明确规定保障人权原则。但它仍然可以作为宪法原则，因为缺少或否定这一原则的规范根本就与宪法旨意背道而驰（这次修宪明确了该条款只是进一步强化了该原则）；再如我国民法中的契约自由、意思自治、行政法中的合理性原则、比例原则、信赖保护原则、正当程序原则等都没有法律的明文规定，却隐含于相关法律的立法目的，或可从具体法条中推论得知。当然，这类法律原则的运用要比明文法律原则的适用更为慎重，它更要借助具体事实和条文，进行充分说理，而且司法的独立

---

① [美]E. 博登海默著：《法理学：法律哲学与法律方法》，邓正来译，中国政法大学出版社 1999 年版，第 547 页。

② [德]卡尔·拉伦茨著：《法学方法论》，陈爱娥译，商务印书馆 2003 年版，第 293 页。

③ [美]凯斯·R. 孙斯坦著：《法律推理与政治冲突》，金朝武等译，法律出版社 2004 年版，“序”部分，第 3 页。

④ [美]E. 博登海默著：《法理学：法律哲学与法律方法》，邓正来译，中国政法大学出版社 1999 年版，第 525 页。

性、权威性程度、社会的法律信仰等因素会对这类原则的存在和运用产生巨大影响。

4. 存在于应然的法律价值、事物之理中。这种法律原则既不是宪法、法律的明文规定,也不能明显地从宪法、法律的规定中推演得到,而是居于实在法之上的与法律规范、法律目的实现相关的价值观念、事物固有之理,在法哲学上常称为法理念。台湾学者把原则译作"法理",他们认为,原则或"法理",乃指法律之原理而言,即适应时代环境需要、合乎正义之道,而一般信为通常事理之谓,所以补成文法或习惯法之不足是也。① 虽然对于是否存在应然的永恒的法律价值,人们多有歧见,但最低限度的法律价值共识仍是可寻的。因为任何社会都以具有最低限度的实质性共同价值信仰的存在为前提。这些基本价值不能被逻辑证明,只能被世界观证明,是建立在人们的信仰的基础上。② 这些共识性的应然价值是人们平时行为中追求、贯彻的或共同信仰的,它合乎事理。此类原则虽然没有实在法的明文记载,也不能说是实在法的基础,但由于它与公认的最高法律价值相连,因而居于最高层面。"这些法律原则被认为系超于一切实际上存在之实证法之上,也先于一切实际存在之实证法而存在,并赋予这些实证法以规范的目标和准绳。"③因此,一般法律原则并不专以制定法为其效力基础,法理念以及事务的性质才最后实质地支配其效力的有无。当强调的是此类法律原则的拘束力是建立在信仰基础上的,"是存在于法律职业和公众当中不受时间限制地产生的适当性的思想意识之中"的,④除非适用成文法会造成极其严重的危害,并且没有其他类型法律原则可资援用,否则不能径自运用,以防对法安定的伤害和司法权的肆意扩张。

(三)法律原则与规则的区别

法律规则与法律原则虽同为法律的基本要素,但两者存在诸多区别。

1. 法律规则的要求是具体的,它可以用明确的命令和禁令加以系统地表述,以行为模式和法律后果的规定为其内容,从而较为确定。法律原则虽也对人们的行为产生指引,但其具有不确定性,需要借助具体的事实关系才能导出,

① 徐国栋著:《民法基本原则解释——成文法局限性之克服》,中国政法大学出版社2001年版,序言。

② [德]伯恩·魏德士著:《法理学》,丁小春、吴越译,法律出版社2003年版,第184页。

③ 黄茂荣著:《法学方法与现代民法》,中国政法大学出版社2001年版,第380页。

④ [美]罗纳德·德沃金:"论规则的模式——略论法律规则与原则、政策的法律效力,批判实证主义",载《法学译丛》1982年第2期。

"原则的要求具有更高程度的一般性，因而需要依照具体场合作解释。"[①]规则规定特定的行为，原则相对规定不特定的行为。

2. 法律规则是基于一定价值标准的选择结果，能够对行为和主张的依据进行限制，以减少可能的法律价值和适用上的争议，并确保争议只会在很小的范围内发生，从而有助于提高法律的规范性。法律原则是法律规则得以形成的价值基础，包含规则背后的合理性，比规则更具普遍性和包容性；同时，法律原则使价值判断显露出来，可以纠正规则在考虑一般性时，可能压抑了各个不同案件之间的不同之处、忽视了个别具体情况带来的偏见或给某一特殊群体带来损害，以利法律目的的实现。简言之，法律原则构成对规则的支持和评价。

3. 法律规则是以完全有效或完全无效的方式适用的，它要么被遵守，要么被违反。如果一条规则所规定的事实是既定的，那么，或者这条规则是有效的，在这种情况下，必须接受该规则所提供的解决办法；或者该规则是无效的，在这种情况下，该规则对裁决不起任何作用。[②] 但法律原则不是以要么有效要么无效的方式适用的。一个原则可以在某些情况下适用在其他情况却不适用。即使原则规定的适用条件被满足时，它也不会自动发生相应的法律后果。例如，在英美法系国家，"任何人不得从其错误行为中获利"的原则，并不意味着法律绝不允许任何人从他的错误行为中获利。事实上，人们常常完全合法地从其错误中获利。例如，西方民法中的占有时效和我国民法中侵权行为因诉讼时效届满而不受法律追究的情形。因此法律原则通常仅仅用以说明某种决定的理由，而非强迫必须作出某一决定。正如德沃金所言，"一个规则对于一个预定的事件作出一个固定的反应；而一个原则在决定如何对一个特定的事件作出反应时，指导我们对特定因素的思考。"[③]

4. 法律体系内部，法律规则之间若发生冲突，则意味着其中一条必然是无效的，至于谁无效则由规则以外的因素解决；法律原则之间也常有矛盾的情形等待解决，但任何一个法律原则都不具有排他性，原则之间的冲突，并不导致某个原则的失效。解决两个原则的冲突，必须考虑有关原则分量的强弱。在一个场合某个原则可能占优，在其他场合又可能相反。而且不同的法律原则相互间经由互相限制、补充才能使其特有之意旨的内容更好地展现出来。

---

① [英]米尔恩著：《人的权利与人的多样性——人权哲学》，夏勇、张志铭译，中国大百科全书出版社 1995 年版，第 24 页。

② [美]罗纳德·德沃金著：《认真对待权利》，信春鹰、吴玉章译，中国大百科全书出版社 1998 年版，第 43 页。

③ 同上，中文版序言第 18 页。

三、法律原则的适用

（一）法律原则的适用情形

法律原则在司法实务中的运用受案件和制定法的影响是多样的。大致来说有以下情形：

1. 作为法律解释和推理的依据。法律解释和法律推理是司法过程中的必要环节。在每个案件审判中，法律原则构成了正确理解法律的钥匙、法律推理的权威性出发点。面对相互冲突的法律规则或存在对法条的多种解释可能时，法律原则就是取舍和说理的依据，借助这些原则才能掌握并且表达出规则与法理念间的意义关联，对法律进行合乎本意的解释。同样法律原则保障了推理结果与法律目的的一致性。在一般案件中，依靠法律原则引入某种价值判断，使司法过程和结果与法律明文、法律目的相契合，原则起着传达法律精神、连接法律目的与法律规则的桥梁和中介作用。

2. 作为纠正法条失误的依据。由于人的理性的有限性，法律不可能完美无缺。尤其是旨在统一规范人们行为的追求、一般性、确定性的法律规则，在遇到特殊个案或社会变迁时，其可能存在显明的失误。“尽管法律的规范性标准和一般性概括会防止法律变得过于不确定或不稳定，但是它的安排却要受制于人们根据社会生活的需要和公平与正义的要求所作出的定期性评价。”①此时，运用作为法律灵魂和公认社会价值积淀的原则，起到证明违反规则是正当的和更为有效的，保障个案正义的实现，并使法律和社会发展保持和谐。

3. 作为弥补法律漏洞的依据。包括宪法在内的制定法存在漏洞是20世纪以来法律人的共识，在有关法律漏洞补救方式中极其重要的一种就是依照由法律的精神演绎出来的一般法律原则进行弥补。正如有的学者所言，“宪法的抽象概念不可避免会留下空白和歧义，这就必须通过宪法本身中并未出现的实施原则来具体化。（面对具体案件时）法庭不可避免地要用在宪法本身无法找到的原则、规则、范畴来检验。”②法律漏洞补救中的类推适用依据的是“相同案件类型，应为相同处理”，目的性限缩则为“不相同案件类型，应不同处理”，目的性

① ［美］E. 博登海默著：《法理学：法律哲学与法律方法》，邓正来译，中国政法大学出版社1999年版，第242页。

② ［美］凯斯·R. 孙斯坦著：《法律推理与政治冲突》，金朝武等译，法律出版社2004年版，第207～208页。

扩张主要以立法意旨为其补充的法理基础。不论判断是否属于同类或不同类的案件，还是目的性扩张的法意补充，每一种方法都须考虑到法律的规范意旨，都离不开法律原则的运用。也就是说，当规则无法应对社会生活挑战时，“隐居幕后”的法律原则就会走到“前台”。

在不同的法律领域中，法律原则的适用情形是不完全相同的。通常，私法领域中原则适用更多一些，而在刑法领域一般并不允许运用法律原则来矫正规则或弥补漏洞，作出不利于人权保障的判决。

（二）法律原则适用的方法

法律原则作为法律的要素自然应具有司法适用性，但原则的适用又有特殊性。它不同于法律规则直接将案件事实与规则的行为模式和法律后果相连接，很多法律原则不能直接适用，它要借助个案依价值判断、利益衡量进行具体化后得出结论。因此，为法律原则的适用提供一套符合事理的、他人可以理解的、可进行事后审查的方法构成了法律方法论努力的重点。

1. 适用法律原则进行价值判断时必须依据客观标准

法律原则的适用是由法官针对个案依价值判断进行法益衡量得出结论的。因之，适用法律原则的过程也就是引入价值判断的过程，法官在进行价值判断时必须依据客观标准，“须适用存于社会上可以探知认识之客观伦理秩序、价值、规范及公平正义之原则，不能动用个人主观的法律感情”。① 例如，运用“善良风俗”就要参考当时被承认的社会伦理。司法裁判应依据特定的法律评价标准及许多它自己发展出来的基准来具体化社会伦理。不是简单地采用最高伦理准则或个人、某个群体的情感为标准。

2002 年，我国四川一法院在审理张某诉蒋某遗赠纠纷案件中，②法官以原告与被告丈夫间的婚外情为由，认定被告丈夫所立的遗赠财产给原告的协议违背我国民法的“社会公德（善良风俗）”原则而宣告无效。法院事后的解释是支持原告的诉讼请求也就滋长了第三者、包二奶等不良社会风气。该案中，被告丈夫的遗嘱是合法处分属于自己的财产的真实意思表示，与婚外情关系没有直接联系，是不受道德评价的自治领域问题。如果要用善良风俗原则的话，只是过去的

---

① 杨仁寿著：《法学方法论》，中国政法大学出版社 1999 年版，第 136 页。

② 1994 年黄永彬与张学英相识，于 1996 年年底公开以夫妻名义租房同居。2001 年 2 月，黄永彬被确诊为肝癌晚期，住院治疗期间，张学英不顾他人嘲笑和挖苦，俨然以妻子身份陪侍在黄的病床前。2001 年 4 月，黄立下公证遗嘱，将其去世后的住房补贴、公积金和原住房售价的一半赠给张学英。黄去世后，由于其妻蒋伦芳拒绝执行该遗嘱，张学英诉至法院。参见王甘露：“‘第三者’为何不能继承遗产”，载《南方周末》2001 年 11 月 1 日。

婚外情有悖于此;遗赠财产给原告并不违背该原则。从本案看,被告丈夫的遗赠本身并不以维持或强化婚外情关系为目的,至多仅仅是他处分自己财产时的情感流露,而这是与法律无涉的。本案法官判决中所贯彻的不得将自己的财产处分给与自己有过婚外情的人,否则即构成违反善良风俗的判断不是法律中的社会伦理,而是法官或一定群体的道德情感。类似的判例在我国台湾地区以及德国也有过,但他们在进行是否构成违反"善良风俗"的判断时,运用的不是个人情感,而是法律中表达或体现的社会伦理。我国台湾地区〔1976〕台上字第2436号判决:上诉人为有妇之夫,涎被上诉人姿色,诱使同居,而将系争土地之所有权移转登记于被上诉人,复约定一旦终止同居关系,仍将该土地返还,以资牵制,而达到其久占私欲,法官认为其约定有背善良风俗应属无效。① 该案中,由于合同明确表明了财产移转是旨在维持不当性关系的,这足以成为判断违反善良风俗的客观标准,因此,法院的判决不会有什么异议。德国联邦最高法院在一个被继承人在遗嘱中立其情妇为继承人的案例中指出,"如果被继承人立其情妇为继承人旨在酬谢其满足自己的性欲或旨在决定或加强这种两性关系的继续,那么这种行为是违反善良风俗的,如果旨在给其情妇提供生活保障则该行为是有效的"。"而由于财产给予人的真实动机往往是无法证明的,因此,在今天,几乎所有的财产给予行为,不论其动机是否与性有关,都属有效。"②与德国和我国台湾地区的判例相比,四川法院适用原则的过程脱离了价值判断的客观标准,融入了更多的个人及群众的道德情感,其判决是值得商榷的。

2. 法律原则必须在实践中具体化并充分说理的基础上方可适用

以法理念及事务的性质为基础的法律原则,一般说来必须针对一个具体的历史时空情况,经由当时对法的一般认识的媒介才能获得其具体的内容。"法律原则没有给法律条款所必要的确定性和明确性。它是塑造法律状态的纲领,需要进一步规范化后才能直接适用于具体的案件事实。需要将法律原则转变为法律规范,借助特定的典型事实将法律原则予以具体的规范化,并且据此将其确认为客观实在的有效法律。"③在司法过程中唯一具有权威性的原则,乃是那些与其对象直接相关的并且在范围上限制颇严的原则。如果法律原则的适用脱离了事实关系而不受限制,它要么沦为空洞的口号,要么变成指鹿为马式的强词夺

① 转引自梁慧星著:《民法解释学》,中国政法大学出版社1995年版,第299页。

② [德]迪特尔·梅迪库斯著:《德国民法总论》,邵建东译,法律出版社2000年版,第516、527页。

③ [德]汉斯·J. 沃尔夫等著:《行政法》(第1卷),高家伟译,商务印书馆2002年版,第257页。

理，司法过程就会如同脱缰的野马恣意横行。此外，法官在法律原则具体化时，必须以充分的说理正当化他作出的价值判断。不管法院的法定地位和职权如何，最终的权威是建立在充分说理的基础上的。而且充分的说理既是说服当事人、律师和同僚，也是检讨自己裁判思路的过程。因此，法官所说的以及他怎么说的同他的判决结果一样重要。以下我们以美国最高法院的两个判例来说明法律原则具体化的方法和重要性。

1967年洛夫英诉弗吉尼亚州（以下简称弗州）案中，两位弗州居民在哥伦比亚特区结婚，其中一位是黑人，一位是白人，婚后不久，两人回到弗州，被控违反了弗州禁止白人与有色人种通婚的法令而被判监禁。在上诉审中，州法院坚持认为，由于有关人种混杂的法令对触犯禁止种族之间通婚的白人和黑人给予同样的处罚，尽管这些法令依赖于种族的分类，但并不构成以种族为基础的歧视。它并不与平等保护冲突。最高法院并不是简单地适用平等保护原则的。最高法院认为，平等保护原则要求考虑被某个法令引用的种族分类是否构成武断且令人厌恶的种族歧视，平等保护原则显然及基本的目的是要杜绝令人厌恶的种族歧视在各州的一切官方渠道，弗州关于人种混杂的法令完全依赖于根据人种所作的区分，它仅仅禁止涉及白人的种族之间的通婚，这个事实表明种族分类肯定只是为了他们自身的缘故，即作为维系白人至上的举措。这并没有什么无法超越、令人信服且与臭名昭著的种族歧视毫无关联的目的，可以用来证明这种分类的合理性。此法令助长了白人至上之风。我们始终拒绝接受以种族为由限制公民权利的措施是不违背宪法的。仅因为种族分类而限制婚姻自由违反了平等保护原则的基本含义。这一判例意味着法院对平等保护原则的两种具体化：一个是简单地禁止某些就其性质而言被认为是令人厌恶的种族分类；另一个是禁止政府有助于维持或支持不公正的社会等级关系或社会从属关系的举动。① 在1976年华盛顿诉戴维斯案中，被告系黑人，他们要求成为哥伦比亚特区警官的申请因他们未能通过一个个人的书面考试（第21号考试）而遭到拒绝。被告提起诉讼要求废止这个考试，其理由是这个考试使黑人未能从业者比例高于其他种族，体现了种族歧视，是与宪法平等保护原则相悖的。上诉法院宣布考试无效，理由是这个考试不相称地使弱势群体被排斥在就业大门之外。最高法院推翻了该判决。法院认为，处于求职过程中的申请人无须考虑是否雇主可能有对他们歧视的企图，而只需将注意力放在被质疑的招聘过程中对不同种族所产生

---

① ［美］保罗·布莱斯特等编著：《宪法决策的过程：案例与材料》，陆符嘉等译，中国政法大学出版社2002年版，第771～775页。

的不同影响,这并不是宪法原则。平等保护条款的主要目的是防止在种族基础上的歧视行为。如果不顾及它是否反映了某种种族歧视的目的,仅仅由于一项法律或某个政府行为有着种族上不相称的影响是不能断言它违宪的。一项对就业问题具有种族中立性质的法律怎么会仅仅因黑人未能从业者的比例高于其他种族就具有种族歧视的性质呢。对于种族歧视的意图的大多数可供检验的证据是以实际发生的情况为基础的客观证据,而非当事人头脑中主观意向加以描述的证据。一般而言,“第 21 号考试”是有助于那些比较有希望成为政府雇员的人。如果被告作为黑人声称考试拒绝了他在法律上得到平等保护的权利,而同样未能通过考试的白人没有这样的遭遇,那么可以用平等保护原则支持其诉讼。面对与白人比,更多黑人被考试淘汰出局的证明,结论将不会有任何不同。其他黑人同样未能通过考试本身并不能证明被告个人因使用有效地对有希望成为警官的人进行检测的考试而失去法律平等保护的权利。考试造成的结果的不相称性影响不能让我们有理由相信:考试是精心策划的,有目的地歧视黑人的,因而侵犯了被告及其他黑人的平等保护权。①

美国宪法第十四修正案规定了平等保护原则,事实上这一原则的适用,最高法院总是根据案件的不同充分说理并予以具体化的,给法律原则划定恰当的限制范围,以限制和避免原则被误用或滥用,增强原则的公信力。同时在将这一宪法原则具体化的过程中又延伸发展出了许多新的具体原则。“每次判断个案时成功的具体化,其同时也是对标准本身的续造。”②在许多情形中,当成文法或法院第一次表述某种法律原则时,该原则并不会似一件精致完美的创造物那样呈现于众的。该原则的内涵和外部界限往往并不是极为明确的。正是在不断的具体化过程中,法院才逐渐将例外、限制条件和防止误解的说明移植入该原则,确定法律原则的真正含义与范围。

值得注意的是,法律原则的具体化并非为同类案件确定一个具体标准,而是根据案件不同,依照法律的精神、立法目的,针对社会的情形和需要予以具体化,以求实质的公平与妥当。如果一家法院裁定,谋杀遗嘱人的遗产继承人不能凭据该遗嘱人的遗嘱获得财产,因为任何人都不得通过自己的犯罪行为而获利,那么另一家法院在后来审理有关遗产继承人过失杀害遗嘱人的案件时就可以认为,那家法院在审理早期案件时所考虑的原则事实上同该原则的语词陈述中所

① [美]保罗·布莱斯特等编著:《宪法决策的过程:案例与材料》,陆符嘉等译,中国政法大学出版社 2002 年版,第 174 页。

② [德]卡尔·拉伦茨著:《法学方法论》,陈爱娥译,商务印书馆 2003 年版,第 174 页。

表现出来的范围是不相符合的。它无须假定第一个法院意在表明它已预断到了该过失杀人案,亦无须假定它有权用对一个构成其判决基础的原则所作的过于宽泛的阐述去约束后来的法官。一个法律原则具体化适用的案例之所以具有先例所具有的那种支配力,并不仅仅是因为人们能够辨识出早期案例的事实与日后案例的事实之间的相似之处。人们必须通过把这两个案例的事实同一个可以合理地涵括这两种情形的法律原则联系起来,才能够发现其间的判决理由。① 当然在衡量个案情况差异的同时,也要贯彻一致性原则(在不同案件中原则本身应没有矛盾的得到贯彻),否则,个案的具体情况的考虑就会成为恣意徇私的最好借口。

(三)法律原则适用的限制

法律原则的引入和适用具有补成文法的不足、保障个案公平、适应社会经济和伦理道德观念的变迁,以实践其规范功能等积极意义;但内涵高度抽象、外延宽泛的法律原则的适用增加了司法的不确定性,赋予了法官极大的自由裁量权,甚至过于能动地干预社会生活的可能性,因此法律原则的适用是把"双刃剑",必须确立法律原则适用的限制方法,防止法律原则成为法官滥权、恣意背弃法律的工具。

1. 在有具体法律规则可得适用或类推适用时,不得径直适用法律原则,即"禁止向一般条款逃逸"

在裁判某一具体案件时,如果已有法律规则明文规定,并适用该规则与运用法律原则,均能获得同一结论时,应径行适用该法律的具体规定,不得置法律规定于不顾而运用原则。这在法律方法上被称为"禁止向一般条款逃逸"。因为,从法理上讲,立法者是依据法律原则,斟酌各种典型事态进行利益衡量和价值判断,来厘定法律规则的构成要件和法律后果的,因此,现行法律的具体规定是法律原则精神的产物和体现,比之原则更确定、更具针对性,且法官运用具体规则时的价值判断比运用原则时更清楚可查。因此,为了得出可行、务实的解决方案,法官必须避免宽泛、抽象的原则推理,尽可能用确定的规则,避免大是大非的问题和价值观念问题。"当人们在大规模理论上存在混乱或者分歧的时候能够在结果上以及在低层次原则上保持一致。"具体法律规定应当成为司法适用的首先依据,只有在穷尽其解释及类推适用仍不能解决问题时,才能诉诸原则。径自适用原则将伤害法的安定和权威,助长司法者的恣意。同样,法律明文记载的

① [美]E. 博登海默著:《法理学:法律哲学与法律方法》,邓正来译,中国政法大学出版社1999年版,第553页。

原则应该优先于推论的原则和作为应然价值原则的适用。

2. 适用法律原则而放弃或突破成文法作为例外,应受到极为严格限制

“依法审判”既是宪政国家的基本原则,也是法官司法过程中的自律性准则,所以一般情况下,如果适用法律原则裁判案件的结果与直接适用法律规则不一致,法官不能抛弃实在法的规则。虽然法律原则有修正现有法律失误并发展法律的功能,但保障法律的安定和权威,防止法官借适用原则之名,而为所欲为的解释法律甚至架空法律同样是非常重要的。只有在极个别情况下,比如实在法律规则属于显然的恶法、社会变迁导致适用实在法规则会不断带来普遍的极其严重的不公正后果时,在充分论证法律原则承载的价值的重要性,与法律目的的契合性,并运用利益衡量等方法说明突破和抛弃现有法律的紧迫性、必要性的基础上,才能抛弃成文法规则直接适用法律原则。正如有的学者指出的那样:“一部成文宪法总是不完善的。然而我们却必须坚持认为,法院须给予宪法的实在规则以极高的优先权,并且只有当那种在特定场合下呼吁承认某个未明确规定的原则的要求已具有极为强大的力量的时候,人们才可以认为宪法的实在规则应让位于某一非成文原则。”①法官必须在实现公平正义与维护实在法之间进行权衡、折中和平衡。“因为试图使每个案件都达到绝对的公正就不可能发展和保持一般规则;但是如果一个规则不断造成不公正结果,那么它最终将被重新塑造。”②就前者而言,不能轻易向制定法挑战;就后者言,当制定法规则存在明显的缺陷时,法官就必须运用包括法律原则在内的方法重塑法律的精神。

3. 建立法律原则适用的类型谱,提高原则适用的确定性和统一性

为了最大限度避免适用法律原则可能带来的歧见和偏差,可以通过归纳和具体化的方法建立法律原则适用的类型体系。虽然没有一个案件会在所有方面都与另一个案件一一雷同,然而,还是有许多事例,他们在一些特征上,在一定程度上相类似。因此,使用类型掌握案例说明其中的道理,或使用类型剖析价值对于具体状况的内涵,不会流于僵化或空洞。它能够使适用法律原则处理个案时降低劳动强度,触类旁通,在价值引用上避免过度一般化,以偏赅全。正所谓“法院裁判的事件愈多,提供比较的可能性也随之增长;因此,作出确实可靠的裁判之机会也随之增加,而残留的必须作不那么确定的裁判之判断空间也将随

① [美]E. 博登海默著:《法理学:法律哲学与法律方法》,邓正来译,中国政法大学出版社1999年版,第526页。

② [美]本杰明·卡多佐著:《司法过程的性质》,苏力译,商务印书馆1998年版,第10页。

之缩小。”①当然在类型的设定上，归纳时应把握存在于生活中的道理，朝向法律所要实现的正义价值，具体化时应避免流失存在于理想中的道义，垂怜生活所需要建立的法律和平。② 通过建立合理类型的方法，法官适用法律原则进行裁判的确定性和统一性可以得到一定的保障。不过，这种方法的意义也是有限度的。因为兹以建立类型谱的案例可能分析得不够充分、比较性案例间毕竟是相似不是等同，因而其决定也许经不起事后审查的考验；一般价值观念的转变也可使对特定案件类型的判断存在异议。因此，如果希望原则的适用、案件的裁判能够与一般法意识、法目的相符合的话，法官也不能完全受类型谱的拘束，而不注意上述变化和问题。

此外，还应注意不能将脱离法律背景的道德原则以法律原则的名义直接适用。虽然法律原则是建立在道德原则基础上的，它一头连着法律，另一头连着道德。但二者的适用范围、具体内容毕竟不是完全相同的。对于不属于法律干预的领域或没有法律意义的问题，不能以法律漏洞为由借法律原则引入道德干预。

最后，应当说明的是，法律原则适用的意义重大，但不能夸大。法律原则以限制法官自由裁量权的目的赋予法官自由裁量权，借助原则法官几乎可以为一切判决找到依据和支持。“法律修辞极具可塑性，这使一个聪明的法官可以找到一种似乎很有道理的语言来包装几乎是任何决定。”③如果不恰当地夸大原则的实务意义，那么在追求抽象的法律价值和个案公平的理想下，也许会失去更多的公平和规范，毕竟确定性和一致性是法律规范社会生活的第一要义。

（2004年第10期）

---

① ［德］卡尔·拉伦茨著：《法学方法论》，陈爱娥译，商务印书馆2003年版，第174页。

② 黄茂荣著：《法学方法与现代民法》，中国政法大学出版社2001年版，第473页。

③ ［美］理查德·A. 波斯纳著：《超越法律》，苏力译，中国政法大学出版社2001年版，第182页。

2005 年

东亚区域主义法律话语之考察

黄文艺*

区域主义话语的兴起和区域化历史进程的推进，不仅促进了东亚的区域主义法律话语和意识的形成；而且构成了当今全球化时代扑朔迷离的复杂图景中最清晰可辨的一幕。区域主义话语蕴涵着强烈的理想主义和浪漫主义情绪，把东亚构造为一个共同体，我称为“想象的共同体”。从过去到现在，从西方到东方，东亚区域主义话语在政治、经济、文化、法律等领域以各种形式表达出来，本文试图通过对东亚区域主义话语的梳理和考察，揭示此类话语所设计的共同体的想象性，说明真正的东亚共同体形成的复杂性和困难性。

一、地理学的想象：远东法

“远东”是16世纪欧洲人开始向东方扩张时提出的地理政治概念，打下了欧洲中心主义地理观的深刻烙印。① 在欧洲人的眼中，远东首先是作为一个地理政治概念出现，然后随着欧洲人对远东各国文化的了解的增多，远东逐渐被视为一个以中国文明为中心的文明共同体。② 但是，套用美国学者萨义德的说法，在欧洲人眼里，远东往往被构造为欧洲的他者（the other）形象，充当着欧洲界定自己的形象、观念、人性和经验的参照系。③ 在《东方学》④中，萨义德批判了欧

* 作者单位：吉林大学理论法学研究中心。

① 16世纪欧洲国家开始向东方国家扩张时，按照地理距离的远近，分别把欧洲以外的地区称为远东、中东、近东。这种划分历来没有明确的规定，因此各种说法大相径庭，难以统一。大体上说，近东是指巴尔干海峡地区和北非；中东是指土耳其至阿富汗这片地区；远东则指东亚及东南亚诸国。参见黄鸿烈著：《远东简史》，香港开明书店1997年版，第2页。

② 曾在清政府海关总税务司任职30多年的美国人马士和曾在上海圣约翰大学任教15年的美国人宓亨利指出，远东各地区“都曾经受到过中国文明的直接影响。这些地方的许多最优秀的文化，显然是渊源于中国文明的”。[美]马士、宓亨利著：《远东国际关系史》（上、下册），姚曾廙译，商务印书馆1975年版，第10页。

③ [美]萨义德著：《东方学》，王宇根译，生活·读书·新知三联书店1999年版，第2页。

④ 本书的英文名为“orientalism”。按照通常的译法，“orientalism”应译为“东方主义”，但本书的中译本将其译为“东方学”，而在另一本书（罗钢、刘象愚主编：《后殖民主义文化理论》，中国社会科学出版社1999年版）中又被译为“东方主义”。关于译名的讨论，参见罗厚立：“‘东方主义’与‘东方学’”，载《读书》2000年第4期。

洲学者研究各种东方文化和传统时的“东方主义”倾向，即把欧洲人的话语、想象、兴趣、利益强加于东方的殖民地人民。尽管萨义德所谓的“东方”主要是指20世纪初之前以英国、法国为主的欧洲人眼中的“东方”，亦即曾为欧洲殖民地的阿拉伯或穆斯林东方；尽管萨义德主要讨论的是欧洲关于东方文学、历史、语言、宗教的研究，基本上没有涉及欧洲关于东方法的研究，但是他的批评性结论大体上可以适用于欧洲关于远东法的研究。例如，德国思想家马克斯·韦伯对中国传统法的研究就具有萨义德所批评的东方主义的特点。韦伯研究中国传统法律的目的在于，以中国传统法律为对比类型凸显西方现代法律的特殊性。在这种认识兴趣的指引下，中国传统法处处成为西方现代法的对立面，中国传统法与西方现代法相反的地方被刻意挑选出来。①

受“远东”这个地理政治概念的影响，即使擅长于辨识不同法律体系的比较法学家也习惯于使用“远东法”这个概念，把远东法视为非西方的一大法系。在西方享有盛誉的两部比较法著作，即达维德的《当代主要法律体系》和K. 茨威格特、H. 克茨的《比较法总论》，都是这样来理解东亚各国法的。正像萨义德所批评的欧洲的东方学具有相当明显的地域立场一样，②包括比较法学在内的欧洲的东方法研究也具有相当明显的地域立场，自然而然地把地理上共处于“远东”的各国法视做一个整体。当然，欧洲的比较法学者并非没有认识到远东各国法的差异。达维德就明确承认，无论是从历史角度，还是从现实角度来看，远东各国都呈现出极大的差异。不同的地理和历史的因素使中国、日本、蒙古、朝鲜和印度支那各国，在19世纪和20世纪因西方入侵而迫使这些国家重新估价其传统结构之前，具有深刻的差异。③ 但是，像韦伯一样，达维德、K. 茨威格特等欧洲比较法学家更感兴趣的是远东各国法与欧洲法（或西方法）之间的差异，而不是远东各国法之间的差异。例如，达维德在承认远东各国法之间的差异之后，话锋一转说：“但用欧洲的眼光来观察这些差异，还是可以识别出远东各国所共有的某些特征。远东各国的人民与西方人不同，并不把维护社会秩序和公正的希望寄托于法律。他们固然也有法律，但法律只具有将要的意义，只起辅助的作用。”④K. 茨威格特和H. 克茨则强调非法律的纠纷解决机制是区别远东法系与西方法系的主要特征：“在西方世界，这类非正规的解决机制的运用范围和

---

① 对韦伯的批判性研究，参见林端著：《韦伯论中国传统法律——韦伯比较社会学的批判》，台湾三民书局股份有限公司2003年版。

② ［美］萨义德著：《东方学》，王宇根译，生活·读书·新知三联书店1999年版，第61～92页。

③ ［法］达维德著：《当代主要法律体系》，漆竹生译，上海译文出版社1984年版，第483页。

④ 同上。

运作方式我们知之甚少,但是在远东法系中它们却具有异乎寻常的重要性,其重要程度甚至达到了经常使西方的观察家吃惊的程度。"①

从以上分析可以看出,尽管西方人把远东各国法视为一个整体来理解,或多或少是以远东各国法历史上的联系和共性为基础的,但又在很大程度上是西方的地理政治观念的构造物。按照这种地理政治观念,远东作为一个地理政治实体,也是一个文明共同体,在法律上构成一个独立的法系。

二、历史学的想象:中华法系或其他

中国、日本、韩国三国不少法律史学家把以中国古代法为中心的东亚传统法视为一种独特的法律类型,称为中华法系或中国法系等。他们认为,由于受中国传统法律文化的影响,中国、朝鲜、日本、蒙古等国的法表现出相似性,属于共同的一族。

最早明确将东亚各国法视为一个家族的东亚学者是日本近代著名法学家穗积陈重。他在1884年提出"法律五大族之说",分世界之法系为"印度法族、中国法族、回回法族、英国法族和罗马法族"五种。② 穗积陈重的观点对东亚各国法律史学者的影响较大。中国、日本、韩国三国的不少法律史学者均赞成中国法系或中华法系的说法,并认为中国法系系世界五大法系之一。中国法律史学家杨鸿烈先生认为"中国法系",盖指"数千年来支配全人类最大多数,与道德相混自成一独立系统且其影响于其他东亚诸国者,亦如其在本部之法律制度之谓也。"③中国法系或中华法系独特的精神或特征一直是法律史专家们津津乐道的话题。④

东亚各国法在历史上毫无疑问曾经深受中国法的影响,并表现出一定的相似性,但这种把东亚各国传统法建构为一个独立法系的尝试,依然缺乏足够的历史学的分析与确证。至少就中国法学界关于中华法系的研究来说,是这样的。中国法律史学者徐忠明先生指出,中国学者对中华法系的研究缺乏通盘的整体的考量,似有"以偏赅全"之嫌。由于不谙中华法系之中的其他国家的语言文字,无法深入探讨它们的法律文化,因而有关中华法系的研究实际上仅仅是中国

---

① [德]K. 茨威格特、H. 克茨著:《比较法总论》,潘汉典等译,贵州人民出版社1992年版,第615页。

② 杨鸿烈著:《中国法律在东亚诸国之影响》,中国政法大学出版社1999年版,第2页。

③ 同上。

④ 郝铁川著:《中华法系研究》,复旦大学出版社1997年版,第2~12页。

传统法律文化的研究。①

三、法西斯的想象：大东亚共荣圈

近代日本在遭遇西方文明之后，试图重构自己在世界地理政治体系的身份。这就是所谓的"脱亚入欧"论。日本近代启蒙学者福泽渝吉的"脱亚论"一文最充分地表达了这种理论。福泽说："我日本国虽地处亚细亚的东边，但其国民的精神却已摆脱亚细亚的固陋，而移向西洋的文明。"并明确提出，"谢绝亚细亚之东方恶友"，"脱其行伍与西洋文明国共进退"。② 正是以"脱亚入欧"论为基础，日本大规模地引进了西方的知识、技术、制度和思想，并在经济和军事上迅速发展成为东亚的强国。随着日本在东亚的崛起，日本国内的帝国主义、法西斯主义思想开始滋长。在此历史背景下，日本兴起了东亚一体化的论调。

早在1933年，石原莞尔就提出"东亚联盟论"。联盟论的倡导者们鼓噪"日中提携政策"，即以"国防的共同，经济的一体化，政治的独立"为基本条件，以"皇道"为指导原理，实现两国的合作和协力。随后，他们又成立了"东亚联盟协会"，发行机关杂志《东亚联盟》，开展东亚联盟运动。③ 1938年的《近卫声明》明确提出了建立"东亚新秩序"的思想："帝国所期求者即建立确保东亚永久和平的新秩序"，"此种新秩序的建设，应以日满华三国合作，在政治、经济、文化等各方面建立连环互助的关系为根本"，"帝国所希望于中国的，就是分担这种建设东亚新秩序的责任"。④ 1940年8月1日，时任外相的松冈洋右发表《皇道外交宣言》进一步明确提出"大东亚共荣圈"的概念：要根据我们皇道的伟大精神，必须首先建立以日、"满"、华三"国"为一环的"大东亚共荣圈"，然后宣布强有力的皇道，贡献于公正的世界和平的树立。⑤

1941年10月以后，东条内阁取代近卫内阁，着手实施"大东亚共荣圈"建设。1942年1月21日，东条在议会上提出："建设大东亚共荣圈的根本方针，实渊源于肇国的根本精神，使大东亚各国家、各民族各得其所，基于以皇国为中心

① 徐忠明："中华法系研究的再思"，载《南京大学法律评论》（1999年春季卷）。

② 转引自关翠霞："论近代日本之'脱亚入欧'"，载《沈阳师范学院学报》（社科版）1996年第3期。

③ 赵建民："'大东亚共荣圈'的历史与现实思考"，载《世界历史》1997年第3期。

④ 转引自复旦大学历史系编译：《1931～1945年日本帝国主义对外侵略史料选编》，上海人民出版社1983年版，第278～279页。

⑤ 转引自赵建民："'大东亚共荣圈'的历史与现实思考"，载《世界历史》1997年第3期。

的道义确立共存共荣的秩序”，并宣称，“这正是为旷古未有的大事业”。东条为完成大东亚共荣圈的建设，设立“大东亚省”代替外务省，作为大东亚共荣圈的最高行政机构，专门负责大东亚地域内诸国家的一切事务。后又设立“大东亚建设审议会”，东条亲任总裁，聘请朝野政客、财阀巨头及各省次官为委员。1943年11月15日，日本法西斯政府召集其扶植起来的傀儡政权首脑在东京召开“大东亚会议”，通过《大东亚共同宣言》，强调“大东亚各国应相互合作，完成大东亚战争，从英美的桎梏下解放大东亚，完成其自存与自卫，建设大东亚，以求贡献世界和平的实现”。大东亚会议及其《大东亚共同宣言》，标志着“大东亚共荣圈”形式上的确立。

然而，日本的战败标志着法西斯想象的破灭。而且，“大东亚共荣圈”的历史成为东亚各国人民心灵上永远的痛，成了妨碍当今东亚各国走向区域化的历史阴影。

四、文化论的想象：儒家文化圈

儒学传统上通常被东西方学者视为东亚各国在思想文化上的历史纽带。20世纪六七十年代以后，随着全球范围内对现代化的批评性反省，特别是随着日本和亚洲四小龙的经济腾飞，儒学和儒家文化再一次成为东西方学者关注的对象。一批东西方学者从文化的角度，用儒家文化来解释东亚的经济奇迹，确证一种不同于西方的东亚现代化模式。韩国釜山大学教授金日坤称，“东亚是依靠儒教的集体主义文化驱动资本主义体系，成功地实现了经济的发展”。西方学者勃格提出“两型现代化”论，认为东亚发展出了与西方不同的具有特殊性格的现代化，而这种现代化模式与儒家文化存在紧密的必然联系。① 这些文化论者进一步用儒家文化标识东亚的特殊性，称东亚为“儒家文化圈”或“儒教文化圈”。② 在他们的眼中，东亚俨然成了一个文化共同体。

然而，这种文化论的观点是很值得怀疑的。尽管东亚地区历史上曾经受过儒家文化的影响，但即使在历史上，儒家文化也不过是东亚地区多元文化传统中的重要组成部分。无论中国、日本、韩国，都有固有的与儒教相异的文化成分。例如，中国的道教、佛教文化，日本的武士道精神，韩国的花郎道精神。在今天，西方文化经过近两个世纪的扩张，已经深刻影响了东亚地区。与此相反，在东亚

① 陈恩：“儒家文化与东亚经济腾飞”，载《东南亚研究》1996年第1期。
② 陈启智：“儒家思想与东亚发展模式”，载《发展论坛》1995年第2期。

的现代化过程中，儒家文化的影响却在不断减弱。可以说，西方文化在很多方面的影响早已超过了儒家文化。儒家文化充其量只是当今东亚地区多元文化背景中的一个组成部分。东亚各个国家和地区都没有将儒家文化当做正统的意识形态来尊奉，更没有依照儒家文化的道德训条来制定社会发展的方针。至于东亚经济腾飞的原因，正如有的学者所言，"东亚地区的经济腾飞的内在精神动力说是来自儒家伦理，毋宁说是来自该地区政府与民众深切的生存危机意识，以及从这种危机意识中萌发出来的追求经济成就的强烈意愿。"①

五、经济学的想象：东亚经济共同体

20 世纪 80 年代中期以来，世界经济呈现出越来越明显的区域化和集团化趋势，区域性经济组织的数量迅速增加。按照世界贸易组织统计，截至 2002 年年底，全球范围内共有约 250 个区域贸易与经济合作组织。其中，比较有影响的区域性经济组织有欧洲联盟、北美自由贸易区、东南亚国家联盟、南美共同市场、西非经济货币同盟等。以欧盟为代表的区域性经济组织所取得的成功，极大地刺激了东亚各国经济学家和经济界人士的想象力。单就中国而言，经济学家已经明确提出了"东亚自由贸易区"、②"东亚技术共同体"、③"东亚经济共同体"、④"东亚货币同盟"、⑤"东亚货币联盟"。⑥ 而且，在经济界和经济学界的推动下，东亚各国政府表现出对建立东亚经济共同体的兴趣和愿望。

不过，尽管东亚地区已经成为经济规模仅次于欧盟和北美的经济带，但是东亚地区不仅没有形成欧盟那样的区域共同体，就连区域性的自由贸易协议或经济合作协议都未产生。更富有讽刺意味的是，中国、日本、韩国三国都与区域外的其他国家签订了自由贸易协议或经济合作协议。例如，中国与东南亚国家联盟签订了经济合作协议，日本与新加坡签订了经济合作协议，韩国则与智利签订了自由贸易协议，中国、日本、韩国以及中国的香港、中国台湾地区均是 WTO 的成员。从目前的情况来看，在东亚地区建立自由贸易区仍然是可望而不可即的事情。

---

① 揭爱花："儒家文化与东亚工业化的关系探析"，载《杭州大学学报》1997 年第 4 期。

② 朱钟棣、郦宁："东亚自由贸易区的创立何以如此艰难"，载《世界经济研究》1999 年第 4 期。

③ 钟书华等："东亚技术共同体：一个明智的选择"，载《科学学研究》1995 年第 1 期。

④ 余芮雕、李秀敏："面向 21 世纪的东亚经济共同体前景分析"，载《东北亚论坛》2000 年第 2 期。

⑤ 张斌："东亚货币同盟：理想与现实"，载《当代亚太》2001 年第 5 期。

⑥ 白当伟、陈漓高："东亚货币联盟的可行性研究"，载《国际经贸探索》2002 年第 6 期。

六、法哲学的想象：东亚共同法

在上述东亚区域主义话语的刺激下，东亚法哲学学者们的想象力也被激活。在最近几次东亚法哲学大会上，东亚区域主义法律话语相当活跃，如在第三届东亚法哲学大会上，韩国学者崔钟库极力主张并强调使用"东亚普通法"的概念。① 他认为，东亚普通法是以古代中国法为质地，中国、日本、韩国三国独特的交涉为背景而形成的概念。东亚普通法由法典化、儒教法文化、乡约村落法和法学四种要素组成。② 在第四届东亚法哲学大会上，日本学者铃木贤试图论证"东亚法系"在今天成立的可能性。他认为，日本、中国、韩国及中国台湾地区，因皆起源于中国之律令法为代表的传统法文化，在经由日本所引进的欧陆法（特别是德国法）之强烈影响下，意图往近代转型道路进行转变，而很有可能成为一个独立的法系。③ 在该次大会上，不少学者都大谈所谓"东亚法治社会"、"东亚法治秩序"，④似乎东亚地区不仅形成法治，而且形成了区别于西方的法治。在2004年的东亚法哲学大会上，东亚的区域主义法律话语更加浓重和炽烈。韩国学者梁承斗提出，东亚各国应当从各自散去的道路中走出来，选择以儒教文化传统为基础的团结之路，建立起东亚的区域经济共同体，乃至包揽政治、经济、文化的区域共同体。我国台湾地区学者刘幸义提出，为了帮助东亚地区彼此沟通和相互理解，汉字法律术语应尽可能有共同的措辞。因此应在东亚地区建立关于汉字法律术语的长期性的跨国合作研究机制，逐步建立能够保持东亚文化特色的共同汉字法律术语。日本学者山崎康仕通过比较东亚与欧美在器官移植、胚胎保护等方面的法律，提出东亚的生命伦理规范不同于欧美的生命伦理规范，并进而揭示出两类生命伦理规范的观念差异，即前者以家族主义的人权为基础，后者以个人主义的人权为基础。

---

① ［韩］崔钟库："东亚法理学的基础"，载刘翰、公丕祥主编：《21世纪的亚洲与法律发展》，南京师范大学出版社2001年版，第965页。

② ［韩］崔钟库："东亚普通法论"，载《法学研究》2002年第6期。

③ ［日］铃木贤："试论'东亚法系'成立的可能性"，载徐显明、刘翰主编：《法治社会之形成与发展》，山东人民出版社2003年版，第314～325页。

④ 例如，马长山："东亚法治秩序的局限与超越维度"，庄金锋："论东亚法治社会的发展趋势"，载徐显明、刘翰主编：《法治社会之形成与发展》，山东人民出版社2003年版。

七、几点思考

尽管东亚区域主义法律话语在不同的学者那里有不同的概括和表达，但是，其核心观念是很清晰的。那就是，以东亚的区域经济共同体为基础，以东亚共同的历史文化为纽带，以欧盟法为理想的典范，在东亚区域范围内建立起彼此协调、合作或统一的区域性法律制度。

东亚区域主义法律话语的兴起，既是对长期存在的西方中心主义法律话语霸权的一种对抗性回应，也是对目前东亚各国人民越来越强烈的加强合作与团结的愿望的一种顺应性回应。东亚区域内的经济、政治、文化之交流与合作的增强，要以区域内不同法制之间协调、合作乃至统一为前提和保障。因此，借鉴其他地区的经验，深入研究东亚区域内不同法制之间协调、合作、统一，乃是东亚法学家面临的重要课题。

在这一话语讨论场域中，东亚各国的学者达成了一些理性的共识。在区域化合作的现实途径上，许多学者都提出，东亚各国应当本着共同的文化背景，相互理解和尊重，通过对话与交流化解历史积怨，达成历史共识。在区域化合作的目标模式上，许多学者都提出，东亚的区域化合作，既不是重建古代中华帝国那种"天朝"秩序，更不是回到日本右翼所宣扬的"大东亚共荣圈"，而是在自愿、平等的基础上构建一种新的协作关系。大家都认识到法律在东亚一体化进程中的前提性和基础性地位。

不过，值得一提的是，在当前流行的东亚区域主义法律话语中，充斥着一种浪漫主义的情绪，过分低估了东亚一体化所面临的困难和障碍。这些困难和障碍是相当复杂和棘手的，既有历史上的旧怨，又有区域外力量的影响。正因如此，尽管东亚各国政治界和知识界有不少人提出了东亚一体化设想，但东亚一体化进程却没有任何实质性进展，甚至都不如经济落后得多的非洲地区。因而，对于东亚各国来说，首要的不是去匆忙地规划各种共同体的蓝图，而是如何正视和解决目前存在的各种纷争和矛盾。只有一点一滴地解决这些纷争和矛盾，想象的共同体才会真正降临东亚。

（2005 年第 1 期）

论全球共同法

李桂林*

尽管比较立法作为各国立法的辅助手段在比较法研究中占据了无可置疑的重要地位,但"人类共同法"、"世界法"等法律大同理想历来都得到了比较法学家和法理学家的关注。这是因为,我们既需要立足于法律变革的现实,也应该超越当下境况,研究人类社会法律发展的远景。"如果比较法变成对外国法的枯燥的、形式的历史介绍,变成法律规则和法律制度的介绍,那么,比较法的功效、魅力就要打一个大折扣。"①所以,我们有必要对"人类共同法"、"世界法"这一关乎人类法律发展远景的重大主题作深入的理论思考。

一、国际化时代以及人类共同法

这里所说的"人类共同法"是指萨莱伊在1900年巴黎比较法国际大会上提出的共同法思想。自它被提出后的一百多年时间里"人类共同法"不断进入比较法学家的视野,历经波折但又生生不息,折射出比较法学家超越本国视野、探求普世真理与普遍知识、追求达致法律大同的普遍法或世界法的志趣。

比较法语境下的人类共同法观念具有其深刻的法理支撑,它既与西方自然法传统紧密相连,也以法律的经验考察为前提条件。十七八世纪古典自然法学家建构的自然法体系是一种精神结构,它只需通过纯粹思辨和先验条件而不需援用任何经验材料就可以建立起来,因而不能成为培植比较法的土壤。例如,沃尔夫的"理性法"体系就只需借助于学者的理性思维,无须借助于比较法,反过来其"理性法"体系也不能支撑比较法学家所倡导的"人类共同法"。② 从更广阔的视野来讲,古希腊的自然法、格劳秀斯的万民法和国际法、康德的世界法都体现了以理性为基础的法律大同思想,为"普遍法"和"世界法"理想提供了某种

---

* 作者单位:华东政法学院(现华东政法大学)。

① P. John Kozyris, Comparative Law for Twenty - first Century: New Horizons and New Technologies, 69 *Tul. L. Rev.*, 175.

② [德]K. 茨威格特、H. 克茨著:《比较法总论》,潘汉典等译,贵州人民出版社1992年版,第91页。

根据。然而，比较法语境下的人类共同法的法理基础并不是普遍而永恒的自然法，当萨莱伊在1900年提出其“人类共同法”思想时，古典自然法的形而上学根基已经坍陷，永恒的普适性自然法的观念已经消亡，其“人类共同法”观念是以新康德主义法学派的“可变内容的自然法”为基础的。① 这就意味着，人类共同法要与各国国内法相联系，它来源于各国法律制度的比较，再超越于它们之上。因此，从精神气质上讲，“人类共同法”思想源于西方自然法传统，体现了人类对“普遍法”和“共同法”的追求。然而，与先前的“普遍法”、“世界法”不同，它并非源自于抽象的理性，而是以各国实在法的比较为基础，是当时占主导地位的实证主义科学观的产物。总之，这种具有“可变内容自然法”性质的“人类共同法”是通过对世界各国（特别是所谓的“文明各国”）现有法律的不同与相同之处进行比较，排除其中的偶然性因素，总结其中的规律性法则而获得的。

人类共同法观念是国际化时代的产物，体现了国际化时代的基本特征。1648年的《威斯特伐利亚和约》确认了作为近现代国际法基石的国家主权原则，近现代国际关系也在这一原则的基础上呈现出两种对立统一的趋向。一方面，各主权国家基于各自的文化传统与民族利益，热衷于追求本国独立，致力于维护本国主权，国际社会只能在相互竞争与冲突的各国利益之间寻求平衡与调和，但却无法将众多分散的国家及其政治权力完全融合为一个统一体；另一方面，在近现代国际法框架体系内，以各种国际组织的建立为表现，以相应的国际法的发展为核心，各国基于国家主权原则所开展的国家间合作与协调不断加强。这种状况在19世纪体现为以国际会议为表现形式的国际合作与协调，在20世纪则体现为职能无所不包的现代国际组织所组成的国际组织网。② 由此，我们可以把这个时代称为“国际化时代”。其特征是国家间合作与协调达到很高程度，而这种国际合作与协调则是建立在国家主权原则基础之上的。国家之间彼此的权利义务以国际法为主要载体，而国际法的产生与发展以主权平等为基础，不以某种统治权的存在为其前提条件，也不存在某种超越民族国家之上的政治权力作为其执行的保障。

人类共同法观念反映了国际化时代的基本特征，学者们所设想的它的实现方式也是以国家主权原则为指导的。朗贝尔认为，比较法作为法律科学的一个分支学科，它所欲达成的目标主要有三个方面：影响法律政策和立法，通过比较法，立法者可以考察其他国家已经尝试过的法律改革的效果；比较法通

① 沈宗灵著：《比较法研究》，北京大学出版社1998年版，第25页。

② 梁西著：《国际组织汉》，武汉大学出版社2001年版，第329页。

过影响学者们的学说以及法理,可以改善现存的国内立法;比较法可以鼓励不同国家的法律规则的和谐,其最终目的是相同文明各国民商法的统一。① 虽然萨莱伊与朗贝尔两人在一些观点上存有分歧,但他们都认为,人类共同法研究并不是要在各民族国家之上强加某种具有价值普遍性的共同法,而是通过比较研究,总结出各国法律规则、法律制度的相同之处,通过学说和法理来影响各国立法,通过影响各国国内立法而使其法律得到改善。一国是否或在哪些方面吸收、移植他国法律,主要取决于该国政府的意愿,主要是考虑本国的利益和需要。在国际化时代,国际社会是由具有至上主权的实体组成的,每个国家都按自己的意志行事,政府在国内垄断着政治权力,民族国家在其国内统治中的排他性要求得到了充分考虑。相应地,国际法以各国意志的协调为效力来源。②

比较法在20世纪法律国际化进程中扮演了重要角色,促进了法律国际化进程。这主要体现在三个方面:国家法(国内法)之间的相互影响;国家间法律(国际法)的形成;国际法与国内法的互动。③ 我们可以把这三个方面归结为法律的统一、协调。人类共同法的理想在两次世界大战以及第二次世界大战后的冷战之中遭受了重大挫折,但是,它在推动法律的统一与协调中还是发挥了重要作用。所谓法律的统一,是指各国法律完全一致或相同,它的实现要求消除各国法律的差异和冲突;所谓法律的协调,是指各国法律的相互兼容。尽管世界范围内的法律统一与协调任重道远,但迄今已经取得了相当大的进展,其主要表现之一是国际组织与国际法在20世纪的发展,其二则表现为欧盟这一超国家组织的成立,欧盟法律作为具有相似政治、经济条件与文化背景的国家实现法律统一的重要一步已经取得了实质性进展。我们同样也应该注意到,人类共同法观念具有浓厚的西方中心主义或欧洲中心主义色彩。"人类共同法"理想的提出,无疑是与其倡导者对西方工业文明辉煌成就的自豪,以及与之相联系的进步信念紧密联系在一起的。"人们对其生存及其意义与成就确信无疑。人们努力争取从自己本土这个狭窄的圈子里脱颖而出,并且在对外和对内的结合中和平地赢得世界。"④西方工业文明所向披靡,其政治法律制度同样也被认为优于其他文明形

---

① David S. Clark, Comparative Law in 1900 and Today, 75 *Tul L. Rev.*, 881.

② 当然,就国际法的效力问题,有不同的理论学说,其中主要的有:自然理性说,共同意志说,势力均衡说等。我国大多数学者则持"意志协调说"。参见邵沙平、余敏友主编:《国际法问题专论》,武汉大学出版社2002年版,第6页。

③ 黄文艺:"法律国际化与法律全球化辨析",载《法学》2002年第12期。

④ [德]K. 茨威格特、H. 克茨著:《比较法总论》,潘汉典等译,贵州人民出版社1992年版,第4页。

态下的政治法律制度,将会在全世界取得压倒性的优势。

二、从人类共同法向全球共同法的转型

比较法学家的"共同法"理想虽然经历了两次世界大战以及冷战的挫折,但是,它不仅没有消亡,反而在不同时代以不同形态展现出来。

20 世纪 90 年代,冷战的结束,通讯技术、网络技术的发展,全球跨国投资的激增,把世界带入了全球化时代。全球化成为各学科的研究主题,"全球化时代"备受瞩目。我国法学界呼应了这一理论主题,明确主张法律全球化必然与经济全球化携手并行。法律全球化是经济全球化在法律方面的表现,也是经济全球化的法律保证。如果承认经济全球化而否定法律全球化,则投资的全球化、贸易的全球化、金融的全球化等是不可想象的。① 法律全球化必然会催生全球视野下的新法理,引导世界各国法律规范与法律制度的变迁。"法律全球化是全球分散法律体系向全球法律一体化的运动或全球范围内的法律整合为一个法律体系的过程","这个运动的结果将产生真正的全球法或世界法"。②

人类"共同法"或"普遍法"在全球化时代的新生需要它包容新时代的精神,体现全球化时代的法理。这样,新时代的共同法就不能是国际化时代"共同法"或"普遍法"的简单复制,为了区别于国际化时代的共同法观念,我们以"全球共同法"来标示这一新的共同法观念。法律全球化是一个正在进行的过程,现在还处于整个历史进程的早期阶段"全球共同法"仍然只是一种追求与理想,它的最终形态有赖于我们从理论上和实践上对其加以型构,使其超越国际化时代"人类共同法"理想的历史局限性。如果比较法学者的历史使命在于发现和确立可以普遍适用于人类社会或整个世界的"共同法",那么,我们首先要弄清我们所欲求的"全球共同法"的法理基础。没有全球化时代法理的支撑,全球共同法也难免陷于国际化时代人类共同法的窠臼。比较法学家只有在分析"人类共同法"的短长、廓清人类对未来的向往后,才能构建出足以寄托我们的期待、值得我们欲求的全球共同法框架。

全球化作为一个影响广泛的现象,最早产生于经济领域,随后对政治、文化、法律等领域都产生了深远影响。经济、政治、法律、文化等领域的全球化都共享着某些核心要素,其中经济起着决定性作用,经济全球化决定了法律全球化以及

① 朱景文:"欧盟法对法律全球化的意义",载《法学》2001 年第 12 期。

② 周永坤:"全球化与法学思维方式的变革",载《法学》1999 年第 11 期。

其他领域全球化的基本性质。正如美国学者菲德勒所言:“各种全球化力量(其中特别是经济力量)正在形成一个多中心的全球法律秩序,它正在代替《威斯特伐利亚和约》所形成的主权与国家互动观念。多中心的全球法律秩序是通过全球网络式的治理而不是通过传统的国际法来构造出来的。从这些全球治理网络中释放出来的规则不能轻易地包容在传统的国内法和国际法的观念之中。在这一视角之下,全球化正在法律的性质方面产生革命性的变革,正是这种转变使我们有必要作观念上的转变,以理解全球化与法律之间的关系。”①经济全球化是人类不断打破地域、民族、制度、文化障碍,使各国经济形成不可分割的全球有机整体的进程,其政治与法律上的直接表现是国家主权的弱化与政治权力在全球范围内的再分配。在传统政治法律理论与制度框架下,各国政府握有国家主权,对外独立,对内至上,其消极后果是各国政府往往垄断信息,一意孤行地对内或对外行使权力,其所作所为并非都会带来良好的治理,甚至会使国家机器失灵。既然如此,原来归属于国家的权力就应当重新进行配置。有两种办法,一是应将部分权力让渡给有关政府间国际组织,赋予它们更多的决策权力;二是应由众多的非政府组织组成跨国市民社会行使部分权力,真正做到还政于民。此种做法将会引起一个新的重要问题:民族国家是否会走向终结?极端全球主义者认为,全球化的最终结局就是民族国家的终结,这一观点令人质疑。一种稳妥的说法是,全球化改变着国家权力和世界政治。② 在全球化的未来进程及其最终图景中,民族国家将仍然是其本国公民利益的主要保护者。其他全球治理主体(如全球市民社会、超国家组织和国家间组织等)在全球治理方面作用不可忽视,但是,它们在很大程度上只是对各国政府的“敦促力量”(persuasive power),不可能完全取代民族国家。民族国家必将是全球治理的重要主体之一。在资本跨国流动所引领的全球经济一体化的浪潮下,经济活动的法律调整方式已经突破了由政府进行规制的传统方式。除此之外,人权保护、环境保护与治理、反恐怖主义等都已经超出了纯粹国内事务的范围,成为国家、超国家组织、政府间国际组织、全球市民社会共同治理的领域,传统国际法所确定的国家主权管辖权受到了挑战。这正是国际化时代和全球化时代的最大区别,也决定了人类共同法与全球共同法基调上的差异。时至今日,法学家们仍然对“共同法”理想恋恋不舍,但国际化时代的“共同法”理想建基于国际化时代及其观念体系之上,不再适合

① David P. Fidler, The Rule of Law in the Era of Globalization, *Global Legal Stud.*, Vol. 6. p. 421.

② [英]戴维·赫尔德著:《全球大变革》,杨雪冬等译,社会科学文献出版社2001年版,第14页。

于全球化时代，需要以反映全球化时代法理的全球共同法取而代之。

三、全球共同法的基本法理

全球共同法是国际化时代的人类共同法在全球化时代的延续与发展。我们所处的当下语境是全球化的初始阶段，它并不是在与国际化时代的断裂处突生出来的，全球共同法也并不会完全抛弃人类共同法的一切要素。由于法律全球化尚处于起步阶段，全球共同法还不是以现实形态而是以理想形态存在，这就需要我们从法理上分析其存在与发展之基础，把握其基本特征。笔者认为，全球共同法应该符合以下几方面的要求。

第一，全球共同法应承认世界法律的多样性。与人类共同法一样，全球共同法产生的重要条件是人类追求法律大同的关怀和世界各国、各地区法律的多样性。法律是一种全球性普遍现象，承担着相同的社会功能，这使法律的比较成为可能。由于不同国家和地区的法律实现这些功能的方法却不尽相同，这也使法律的比较成为必要。通过法律比较研究，可以总结各国各地区人民的经验与智慧，为全球性问题找到最佳解决方案，为不同国家和地区的法律改革提供可资借鉴和移植的资源。正如生物多样性的重要性一样，简单地将某一国家或地区的法律制度（包括公法与私法）作为全球共同法，必将难以适应不同国家和地区的特性，从而难以实现法律的功能。

第二，全球共同法应该公平地确认和保护各国的利益要求，反对西方中心主义倾向。经济全球化并不是全球利益的大同，法律全球化过程也充满着各国、各地区利益的纷争。经济全球化是世界经济发展的大趋势，它使人类社会日益成为一个利益共同体。但是，世界各国围绕全球化的政治、经济运行规则所开展的斗争将会更加尖锐。“每个国家都在与别国交往和与别国寻求共同发展的同时，积极追求保留自身的利益，保持自身的先进性。在当今时代，这种利益的竞争和冲突尤以发达国家发展中国家之间最为突出。”①如同国内法是不同价值观和不同利益的权衡与选择一样，全球政治、经济运作规则作为权利和义务的配置机制，同样也是各国之间（特别是发达国家与发展中国家之间）利益斗争与妥协的结果。为了使各国在全球化中的利益得到同等确认和保护，全球共同法观念必须克服西方中心主义或欧美中心主义的倾向。而这种错误倾向不仅是国际化

① 华枫：“从美好的幻想到理性的追求——评米健‘从比较法到共同法’一文质疑新共同法说”，载《比较法研究》2003 年第 2 期。

时代普遍存在的现象,而且也反映在当下的全球化进程之中。在全球经济与法律的整合中,西方国家正尽力利用自己在政治、经济上的优势地位,向第三世界国家推行其规范、制度和价值。20世纪60年代以美国为主导的法律与发展运动就是这样一种单向传播的典型例证,它实际上是美国政府外交政策的一部分,被认为是法律帝国主义的表现。① 而在20世纪90年代苏联解体之后,美国也利用经济全球化在世界范围内掀起了美国化的狂潮,企图以主宰全球化的进程,其中也包括向苏联地区各国和东欧国家输出其法律制度。在其他领域,同样也存在西方法律霸权的表现。"长期以来,从关贸总协定到世贸组织,发达国家一直主导着贸易规则的制定。发展中国家的问题和要求常常因谈判能力低下而被忽视。发展中国家认为发达国家没有把它们当做地位平等的伙伴来对待。"②由此看来,第三世界国家是否能争取法律全球化进程的平等参与权利,将决定我们所向往的全球共同法的形态及其最终结局。

第三,全球共同法规则与原则的形成与实现,要以全球治理主体之间的平等协商为原则,反对全球霸权,无论是经济霸权,还是政治、法律、文化上的霸权。人类社会需要公共政治权威以处理社会公共事物,我们不可能接受某种"无政府"的状态。然而,我们也不可能接受一个世界政府。我们既然不能确保民族国家的政府不滥用政治权力,那么,我们同样也不能确保一个中央集权式的世界政府的权力受到有效制约。罗尔斯指出:"世界政府——我指的是一个统一的政治体制,由中央政府行使合法权力——要么是全球性的专制统治,要么是统治一个脆弱的帝国,各地区频繁内乱,人民获得政治自由的企图,害得它四分五裂。"③这两个命题的逻辑结论是,在未来的全球秩序下,全球政治权力配置的重要一环仍然是民族国家。但是,与国际化时代不同,民族国家在全球治理模式下不再垄断政治权力,其权力将受到其他全球治理主体权力的限制与约束。霍布斯笔下的"利维坦"将受到网状的控制与约束,变得驯服,会更好地行使公共权力,这更有利于法治所要求的"普遍守法"的实现,也更有利于限制政治权力、保护公民权利。

全球共同法语境下的全球法律秩序将是一种由各种全球治理主体构成的权力网络关系,而不是传统的权力层级关系。维系这种秩序的合法性基础将是全球化时代的对话与商谈。20世纪下半叶,伴随着全球化的进程,全球问题进入

① 朱景文著:《比较法社会学的框架和方法——法制化、本土化和全球化》,中国人民大学出版社2001年版,第628页。

② 吴兴南、林善炜著:《全球化与未来中国》,中国社会科学出版社2002年版,第33页。

③ [美]罗尔斯著:《万民法》,张晓辉等译,吉林人民出版社2001年版,第38页。

人类的视野,环境污染、全球性气候恶化、国际恐怖主义、世界金融风暴、南北差距扩大,这些问题需要全球治理的各种主体通过对话与合作、采取共同行动来找到解决办法。在全球范围内,依靠单边主义和霸权主义由一个或少数国家或地区包办全球事务,主宰世界各国以谋求一国或少数国家或地区垄断利益,这不符合全球共同法的宗旨,不会催生全球法律秩序,而只会滋生对抗与混乱。在全球化进程中,一些国家以全球化为名,无视甚至扼杀法律的地方性存在,否定非西方的法律制度的价值。“这是形形色色的殖民主义、西方中心主义和文化沙文主义所共同持有的立场。在这种立场下,任何在他们眼里不符合所谓‘普适性’的法律规则、行为方式和生活模式都在其限制、否定、甚至消灭之列。这样,所谓全球化,其实便只剩下‘单边化’的全球化,这与对话—商谈理念格格不入,它非对话的结果,乃是征服的结果。”①防止全球共同法重蹈西方中心主义覆辙的关键,就在于保障世界各国,无论大小贫富强弱,都应该具有平等参与的权利,同等的对话商谈的地位,从而使全球政治、经济运行规则能确认和保护世界各国的共同利益。否则,法律全球化就会回到国际化时代以西方法律向第三世界的单向传播为特征的法律帝国主义和法律霸权主义。全球共同法将沦为全球霸权的帮手,而“这种霸权式的全球化所表达的不是别的,只是永无休止的最强者的利益”。②

第四,全球共同法应该体现法治精神。全球化时代仍然要弘扬国际化时代的法治精神,但是,这里的法治已经超越了国内法律秩序的范围,追求的是全球治理中的法治。全球共同法应该作为全球范围内的规范和原则体系,约束全球治理主体的公共行为。不管是国家、国家间组织、超国家组织、非政府组织,都需要依“法”办事。只有以全球共同法约束它们的权力,才能使它们所掌握的权力服务于正当目的:保护和促进人类个体和人类整体的利益,防止其正当权利受不正当的侵害。在国际政治和国际关系学界,人们从过去强调大国或大国集团解决全球公共问题的能力和责任,开始转向强调各国依据国际制度共同管理和解决全球公共问题。这实际上是全球治理中的法治模式,而不是传统的依靠大国或大国集团的“人治”方法。

我们今天还处于法律全球化的起步阶段,全球共同法在相当大程度上还只能处于理想和观念形态上,所以,对于全球共同法的基本特征乃至其原则体系的

---

① 谢晖:“法律的全球化与全球化的法理”,载《山东公安专科学校学报》2002年第3、4期。

② [法]米海依尔·戴尔玛斯·马蒂著:《世界法的三个挑战》,罗结珍等译,法律出版社2001年版,第10页。

把握将是一个长期的工作，需要比较法学、法理学和其他法学领域的研究者共同努力。随着全球化进程的推进、法律全球化在广度和深度上的发展，全球共同法将会逐渐展示其面貌。

（2005 年第 1 期）

法治社会中法律的局限性及其矫正

秦国荣*

法律局限性问题是自法律产生以来就一直困扰着人类(尤其是法学家)且至今尚难有定论的社会课题。对于有着几千年人治与专制传统,从未产生过现代法治观念的中国而言,研究法律局限性问题固然与依法治国的时代主旋律略显不和谐,且很可能为法治怀疑论者或人治主张者提供反对法治的口实和理论依据。然则那种过于迷信法律功能,将法律视为能够解决一切社会问题的“灵丹妙药”的幼稚观点,同样会给中国的社会进步与文明发展带来诸多危害。本文原旨即在于主张法学界应以理性精神对待法律,对法律本质应作深入分析和冷静思考,法律实践部门更应以科学思维理解法律功能,做到既最大限度地发挥法律效能,也充分认识到法律的内在局限;既不因法律具有其他社会控制手段所无可比拟的优越性而否定法律局限性,也不因法律存在诸多局限而否定法律的权威性与至上性,以期达到内彰法治,外防法律拜物教,真正实现文明社会的善法之治。

一、法律局限性:法学家们的思考与认识

较早对法律的局限性进行考察的,是古希腊思想家柏拉图。柏拉图在其早期著作中曾指出,每个人个性的差异性、行为的多样性以及人类事务无休止的变动性,使人们无论在任何时候用什么技巧都不能制定出绝对适用于所有问题的规则。立法是为整个群体制定法律,而法律是由抽象、原则、过分简单的观念所构成的,故而法律不仅永远不能准确地给予每个人以其应得的东西,而且过于简单的法律原则并不能用来解决纷繁复杂的人类事务。他由此得出结论说:法律绝不可能发布一种既约束所有人又对每个人都真正有利的命令。法律在任何时候都不能完全准确地给每个社会成员作出何谓善德、何谓正确的规定。① 当然,柏拉图并没有以此否认法律的作用。相反,他用严肃而认真的语气告诫我们:

* 作者单位:南京师范大学法学院。

① [美]E. 博登海默著:《法理学:法哲学及其方法》,邓正来、姬敬武译,华夏出版社 1987 年版,第 748 页。

“人类必须有法律并且遵守法律,否则他们的生活将像最野蛮的兽一样。”①亚里士多德作为柏拉图的学生,虽然并不苟同柏拉图贬抑法律的态度而对善法之治和法律至上思想给予了充分肯定与颂扬,但他同样也认为,“法律确实不能完备无遗,不能写定一切细节”。②

如果说柏拉图对法律局限性的理解是受人治思想影响所致的话,那么,在法治观念已深入人心的近现代西方社会,法学家们对法律局限性的认识无疑是其理性思考的产物。美国学者E. 博登海默指出:“尽管法律是一种必不可少的具有高度裨益的社会生活制度,它像人类创建的大多数制度一样也存在某些弊端。如果我们对这些弊端不引起足够的重视或者完全视而不见,那么我们就会发展为严重的操作困难。”③他认为,法律的弊端来自三个方面:其一,由于法律所提出的社会政策毕竟是某个特定时间和地点的产物,因而其必然呈现出“保守的倾向”。其二,由于法律规则是以一般的、抽象的术语来表达的,因而在法律规范框架中,其形式结构便固有地存在某种僵化呆板的因素。其三,法律作为社会控制手段受到与其有关的许多方面的限制,特别是法律控制作用常常会被过度使用。在某些历史条件下可能会出现管理转化为强制、控制转化为压制的现象。④

霍姆斯认为,法律具有形式主义的概念主义和科学主义、僵化特点以及法律与生活的分离三大缺陷。⑤ 庞德则指出,法律作为一种社会控制手段,存在三方面的内在固有局限:其一,法律所能调整的只能是人的行为,只能是人与事物的外部,而不能及于其内部。其二,法律制裁所固有的局限表现为只能以强力对人类意志施加强制。其三,法律规则不能自动执行,它必须依靠某些人或某种手段来使其运转。⑥ 对于法律实施的局限性,科特威尔总结道:“法律经常通过严格的规则和凝滞不变的机械程序,阻碍经济活动。”由于“法律的强制命令代替了道德评价”,因而“法律统治必然导致规则统治,然而规则仅仅是规则而已,它并不考虑社会的道德价值和政治理想。所以充分合理的社会秩序的实现,需要付

---

① 法学教材编辑部、西方法律思想史编写组主编:《西方法律思想史资料选编》,北京大学出版社1983年版,第27页。

② [古希腊]亚里士多德著:《政治学》,吴寿彭译,商务印书馆1965年版,第168页。

③ [美]E. 博登海默著:《法理学:法哲学及其方法》,邓正来、姬敬武译,华夏出版社1987年版,第388页。

④ 同上,第388~390页。

⑤ [美]波斯纳著:《法理学问题》,朱苏力译,中国政法大学出版社1994年版,第20页。

⑥ [美]罗斯科·庞德著:《通过法律的社会控制、法律的任务》,沈宗灵、董世忠译,商务印书馆1984年版,第130~132页。

出沉重的代价:世界彻底'摆脱了幻想',僵硬的规则代替了理想的憧憬,人们被囚禁在韦伯所称为秩序的'铁笼'里。在这里,人们别无他求,唯一的需要就是日益加强的'秩序'。"这样,"在庞大的规章体系面前,个体显得渺小而没有任何办法——也没有任何道德或政治的理由——去反抗它在他们生活中的合法统治。"①

需要指出的是,近现代西方法学家们在研究法律局限性问题时,均是在充分肯定法律乃是迄今为止人类所发明的最佳社会关系调控器的前提下进行的,因而他们并非否定法治而是主张法治改良。在坚持法律至上观念的同时,希望适当引入其他社会控制手段(如道德等)与法律相配合,或适当扩大法官与其他司法者的自由裁量权以弥补立法之不足等。② 正如20世纪初兴起于欧洲大陆的利益法学派认为,法律存在缺陷的根源在于法律的正式渊源并不能覆盖司法活动的全部领域,因而在某些领域需要依靠法官的那种具有创造性或能动性的自由裁量权来作最终裁决,但这种自由裁量权只能依据客观原则而不能完全根据法官自己的那种不受控制的、任意的个人感情来行使。③ 所以说,法官依法所获得的自由裁量权本身仍然是对法治原则的坚持而不是反动。

二、法律局限性:外在表征及理论分析

国内学者同样对法律局限性问题给予了学术关注,认为法律的局限性是指"法律基于其防范人性弱点工具的特质在取得其积极价值之同时不可避免地要付出的代价,是法律由于其技术上的特点不能完善地实现其目的情况"。④ 这种局限性具体表现为不合目的性、不周延性、模糊性和滞后性。⑤ 此外,法律在创制过程中、在自身属性上、在运行过程中以及在社会组织功能上均存在局限

---

① [美]科特威尔著:《法律社会学导论》,潘大松等译,华夏出版社1989年版,第182页。

② 有学者研究发现,西方学者对法律缺陷进行分析时大多与扩大法官自由裁量权的主张紧密相连,认为适当扩大法官的自由裁量权、让法官依靠正义和公平观点来处理案件,可以弥补法律的不完整、不明确、不合理等缺陷,同时也并不违背法官踏实于法律、对法律负责的法治精神。参见刘作翔:"论法律的作用及其局限性",载《法制与社会发展》1996年第2期。

③ [美]E. 博登海默著:《法理学:法哲学及其方法》,邓正来、姬敬武译,华夏出版社1987年版,第137~138页。

④ 徐国栋著:《民法基本原则解释——成文法局限性之克服》,中国政法大学出版社1992年版,第137页。

⑤ 同上。

性。[1] 确实,如果单从技术层面上说,法律无疑是最理想和最具权威的社会调控手段,但正如世界上不存在尽善尽美的事物一样,法律及其在运行中存在诸多缺陷应当说并非不可理喻的。

那种主张法律万能,可以包揽和调整一切社会关系的"泛法治主义"论者,其基本思想包含一种不切实际的浪漫理论前提:法律在道德上是高尚的,代表了人类社会的一般价值判断和正义理念;法律在理论上是科学的,完全符合社会规律和人类理性;法律在执行中是公正无私的,每个司法执法者都能忠实地运作法律;法律在实施结果上是理想的,法律规制下的社会必然会形成良好秩序。但现实社会中的法律并不能承载法学家所赋予的过多过大的社会重任,并不能完全按照法学家所设定的理想模式进行运转,相反,无论是在立法,还是在司法与执法过程中,它都存在自身难以克服的诸多弊端。从立法和司法的角度而言,法律运作的弊端主要有:

1. 时滞性

从本体论角度说,法律作为人类意志的产物,其滞后于社会现实乃是客观必然现象。面对丰富多彩、生动复杂而又不断变化发展的现实社会,法律总难免会表现出相对"滞后"与"僵化"的特征。梅因指出:"社会的需要和社会的意见常常是或多或少地走在法律的前面,我们可能非常接近地达到它们之间缺口的接合处,但永远存在的趋向是要把这缺口重新打开来。因为法律是稳定的,而我们谈到的社会是前进的。"[2]所以,基于人类主观认识的有限性与外部世界(尤其是人类社会)发展的无限性之间永难解决的矛盾,立法本身必然存在自身无法克服的内在局限——无论立法者的认识水平和立法技巧多么高超,要想做到与不断发展、变幻无常的社会现实保持一致,并将所有社会利益关系及其客观需要囊括殆尽,将是非常困难,几无可能的。所以,面对复杂多变的社会生活,法律常常表现出难以应对的尴尬。

立法的意志性特征决定了它必然受制于立法者对现实社会关系状况的认知与判断能力,立法的利益本质则决定了它必然受制于社会不同利益集团之间的相互角力与博弈结果。随着现实社会关系尤其是政治、经济关系的不断变化,会不断滋生出新的利益需要和诉求,法律必须要在对各种利益的性质作出判断的同时表明自己给予肯定、否定、默许、排斥的明确态度,立法过程由此必然充满了利益争斗与对抗,使社会迫切需要的法律往往难以出台,而已经出台的法律也仅

---

① 胡水君:"法律局限性探讨",载《法学天地》1996 年第 1 期。

② [英]梅因著:《古代法》,沈景一译,商务印书馆 1959 年版,第 15 页。

表明各个不同阶层、利益集团及社会力量之间就某种利益关系的安排暂时达成了妥协，并不表明这些它们对已经制定的法律都持赞同与支持态度，更不表明社会民众由此会自动接受并产生尊崇和信仰法律的观念。法律创制过程中的利益对立性以及调和妥协性，决定了法律必然要受各种非公正或非理性因素的影响。

法律创制是如此，法律修改同样不能消除"时滞"和免受非理性因素的侵扰。因为法律修改是一个程序性极强、同时又可能会遭到既得利益集团抵触甚至反对的复杂事情。尤其是当某部法律已经成为既得利益的保护屏障时，这种法律修改就有可能或因受到既得利益集团和强势社会力量的抵制和影响而无法启动，或因程序过于繁杂而使已修改的法律仍然落后于社会现实需要。所以说，法律修改程序的繁杂性和社会利益关系的复杂性，常使立法者为维持社会稳定而不愿或不敢随意变动修改法律，由此就有可能使成文立法趋向保守与滞后。特别是当一个社会处于内部结构变迁与转型的特殊时期，法律对于社会利益关系的分化、重组与嬗变往往难以迅速作出回应。正如博登海默所说，"法律中的'时滞'问题会在法律制度各种不同层次中表现出来……一个立法机关在履行其改革任务时，可能会受到一些在维持现状方面具有一种既得利益的有影响的群体的阻碍。另外，立法过程往往是缓慢而棘手的，且立法者易于更为迅速地重视即时政治利益，而对修改过时的法典或使充满传统性的司法法律现代化等问题的反应迟钝。"①

2. 非全真性

法律一经制定颁布，就成为全体社会成员必须共同遵守的行为规则。所以，立法作为对人的行为建章立制或"定规立矩"的活动，乃是一件非常神圣和困难的事情。正因如此，自古以来，人们或认为法律来自神谕与神灵，或认为"一切存在物都有它们的法"，②或认为人定法外还有自然法等。青年时代的马克思也认为立法者"不是在制造法律，不是在发明法律，而仅仅是在表述法律，他把精神关系的内在规律表现在有意识的现行法律之中。如果一个立法者用自己的臆想来代替事物的本质，那么我们就应该责备他极端任性"。③ 确实，外在客观世界尤其是人类社会本身及其发展的变幻莫测，以及现实社会中各种利益关系格局的错综复杂，使人类不仅难以真正认清事物发展的真谛，而且极易受到各种假象和错误信息的诱导，使得立法者制定的法律或难以适应社会发展，或使立法者

---

① ［美］E. 博登海默著：《法理学：法哲学及其方法》，邓正来、姬敬武译，华夏出版社 1987 年版，第 389 页。

② ［法］孟德斯鸠著：《论法的精神》，张雁深译，商务印书馆 1961 年版，第 1 页。

③ 《马克思恩格斯全集》（第 1 卷），第 183 页。

心目中的法治理想与社会客观现实之间成为彼此分离的两个世界。

更为关键的是,由于现实生活中"人们奋斗所争取的一切,都同他们的利益有关"。[①] 使得在法律和利益的关系问题上,"利益占了法的上风",[②]使得"凡是在法曾给私人利益制定法律的地方,它都让私人利益给法制定法律"。[③] 而由于法律实质上是以国家意志表现出来的统治集团的共同意志,[④]它与政治国家的本质一样,只是"属于统治阶级的各个个人借以实现其共同利益的形式",[⑤]只是统治集团将其"看做自己的排他权力的官方表现,看做自己的特殊利益的政治上的确认"。[⑥] 这就决定了在政治国家中,任何社会利益要求只有得到统治集团的确认才有可能成为合法的利益,任何社会行为规范只有经过立法者制定或认可才有可能成为法律,立法者作为政治上占统治地位的利益集团的代表,它们在立法过程中就不可避免地因受本集团利益需要的影响而出现立法偏私现象。

在法律受统治集团意志决定且受制于各种利益关系的情况下,法律便与生俱来地存在难以克服的诸多缺陷:或可能只是立法者主观设定的社会理想,或可能只代表统治集团的利益偏私,或可能只是为协调社会利益关系需要的权宜之策等。因为立法者在创制法律过程中,总是在维护统治集团根本利益的前提下,根据自己的主观判断对各种利益作出取舍和调整,希望找到平衡各种社会利益关系的法律结合点,并力图以此达到解决各种社会利益冲突的目的。诚如庞德所言,"法律的任务就是调整各种相互冲突的利益,减少人们之间的相互摩擦和不必要的牺牲,以期最大限度地满足人们的利益需要。"[⑦]在现实生活中各种利益关系和社会力量的对比并不均衡的情况下,立法理想与社会利益关系的现实要求之间就难免会产生偏差,使法律难以全真地反映现实社会的客观需要。

可见,即使我们假设立法者是循守公正信念且不受任何偏私和非理性因素影响的道德高尚者,同时也是相关领域的社会专家或技术里手,要保证其所制定的法律能够做到"既能洞悉人类的全部感情而又不受任何感情所支配的最高的智慧,它与我们的人性没有任何关系,但又能认识人性的深处;它自身的幸福虽

---

① 《马克思恩格斯全集》(第 1 卷),第 82 页。

② 同上,第 179 页。

③ 同上。

④ 《马克思恩格斯全集》(第 3 卷),第 70 页。

⑤ 同上,第 378 页。

⑥ 《马克思恩格斯全集》(第 2 卷),第 158 页。

⑦ [美]罗斯科·庞德著:《通过法律的社会控制、法律的任务》,沈宗灵、童世忠译,商务印书馆 1984 年版,第 35 ~ 36 页。

与我们无关,然而它又能很愿意关怀我们的幸福",①应当说也是非常困难或勉为其难的。这因为如此,卢梭才极为感慨地说道:"要为人类制定法律,简直是需要神明。"②

3. 不周延性

退一步说,即使完全公正无私的立法者基于过人的智慧和卓绝的学识所制定的理性法律确实精确地反映了各种社会关系的本质和利益要求,法律所固有的局限依然是难以避免的。因为法律毕竟是人类内在主观意志的外化结晶,其内容是以文字、概念、逻辑、原理等技术载体来传达与表述的,而面对生动、丰富和复杂的现实社会生活,人类的任何语言和文字都是苍白的、抽象的。立法受制于文字表述技术或语言媒介载体的事实,决定了它确实难以将各种社会现象、社会关系的本质完全精准地表达出来,并且难以使民众在理解法律过程中做到完全不出现偏差。③

对于语言文字的局限,亨廷顿·凯恩斯曾经指出,"世界上的事物比用来描述它们的语词要多得多",而最关键之处在于"当我们用词把这样形成的抽象观念固定下来的时候,我们就有发生错误的危险。词不应看做事物的准确图画,它们不过是某些观念的任意规定的符号而已,不过是凭借历史偶然性选择的符号而已,随时都有改变的可能。"④所以,语言文字作为人类创设的用以传递意志信息的符号,难以成为尽善尽美的反映事物原貌的工具。法律作为用语言文字进行表述的价值理念和行为准则,立法者运用法律专业概念、判断、逻辑、理论以及其他立法技术工具所制定的法律,不可避免地可能会使司法者、执法者和守法者因对法言法语表述理解的不同而产生歧义或误解。确实,"文字虽为表达意思的工具,但究系一种符号,其意义须由社会上客观的观念定之。因而著于法条之文字,果能表达立法者之主观意思否,自非立法者所能左右。然则立法者纵属万能,但因其意思须借文字以表达之故,亦势难毕现无遗,则成文法之不能无缺漏而非万能也明矣。"⑤

---

① [法]卢梭著:《社会契约论》,何兆武译,商务印书馆1980年版,第53页。

② 同上。

③ 国内学者一般均将立法技术区分为广义与狭义两种。广义是泛指在法的创制过程中所形成的一切知识、经验、规则、方法和技巧等的总和,包括立法体制技术、立法程序技术和立法表达技术。狭义的立法技术专指如何表达规范性法律文件的规定的知识、经验、规则、方法和技巧等,包括法律文件的内部结构、外部形式、概念、术语、语言、文体以及立法预测、立法规划等方面的技术。参见孙国华著:《法理学教程》,中国人民大学出版社1994年版,第349~350页。

④ 洛克语,转引自[英]丹皮尔著:《科学史》,李珩译,商务印书馆1975年版,第271页。

⑤ 郑玉波著:《民法总则》,台湾三民书局股份有限公司1979年版,第39页。

正由于法言法语毕竟是对某种或某类社会现象的抽象性概括，是对社会行为规范的原则性规定，立法语言文字本身所具有的不周延性不仅使普通民众因思想观念、知识结构与理解能力等方面存在差异而对成文法规定可能会产生各自不同的理解，而且由于司法与执法者本身也存在素质上参差不齐的情况，他们在具体法律实践活动中，需要将抽象的法律原则规定与具体案情联系在一起，需要根据不同案情确定适用于该案的法律，这就难免会出现不同的司法者或执法者在根据自己的判断与理解进行司法与执法过程中，对同样的案件也可能会作出不同判断结论的结果，从而使法律在实际运作过程出现了"变异"现象。

4. 外部性

法律作为以国家意志形式表现出来的统治集团意志，它是通过立法者所制定或认可的并由国家强制力保证其实施的行为规范体系，强制性被公认为是法律的本质特征之一。[①] 在耶林看来，没有强制力的法律就像"一把不燃烧的火，一缕不发亮的光"那样不可思议。相对于其他社会控制手段而言，法律不仅有其规范完备的制度体系，更有保障法律系统运行的程序设计和国家机器，从而为实现立法者心目中的理想社会关系和秩序提供了可资操作的强力工具。法律运行绝不是靠自律与说教，而是在要求社会主体自觉守法的同时，以强制力作为保障实施的重要后盾。正因为法律有了以强力为保证的外在约束功能，成文法才能够不仅仅停留于意志层面，而具有对社会成员行为和利益关系进行调整规范的强大作用。

问题在于，法律的他律性及其对强力的过于依赖乃是一柄"双刃剑"，既有其利亦有其害。正如庞德所指出的，"我们力图通过有秩序地和系统地适用强力，来调整关系和安排行为……但我们最好记住，如果法律作为社会控制的一种方式，具有强力的全部力量，那么它也具有依赖强力的一切弱点。"[②]特别是当这种强力一旦为权力滥用、利益偏私或意志任性所左右，那么法律就很可能成为维护私利和强权，背离公理与正义的邪恶工具，成为个别利益集团甚至个别人用以压制他人自由和正当权益的手段。因为毕竟"所有的法律制度都基于需要依靠个别的人来使法律机器进行运转和对它进行操纵"。[③] 而政治社会中的某些利益集团或某些人总难免会受各种非正义、非理性因素的影响和驱使，一旦这样一些集团和个人掌握和操持着具有强力的法律，就会使"本本上的法律并不总是

① 卢云著:《法学基础理论》，中国政法大学出版社1994年版，第38～43页。

② [美]罗斯科·庞德著:《通过法律的社会控制、法律的任务》，沈宗灵、童世忠译，商务印书馆1984年版，第10～11页。

③ 同上，第130页。

与实际中所运用的法律相一致的，甚至在执意主张用法治进行管理的社会中，也还是存在权力失控的飞地”。①

在现实生活中，纵使制定得极为完备的法律本身可能代表着真善，但法律运行过程中对强力和对人的依赖，仍然不可避免地会使法律的实际运作效果与其预期目的之间产生巨大差距，甚至出现相互背离的现象。因为这种以强力为后盾进行运行的法律既可以为“性善者”所掌握而成为维护民众福祉和社会公益的“善法”，也可以为“性恶者”所操纵而成为压制民众自由与人权的“恶法”。诚如俄罗斯学者所云：“法在自己的任何部分既可以成为自由的生命，也可以成为奴役和专横的工具；既可以成为社会利益的妥协，也可以成为压迫的手段；既可以成为秩序的基础，也可以成为空洞的宣言；既可以成为个人权利的可靠支柱，也可以使专制的暴政和无法无天的局面合法化。”②追溯一下法律运作的历史，无论是远古的暴秦，还是近现代的纳粹法西斯，均将“法”的强力统治发挥到了极致，但这种法律统治带给民众的是残暴和苦难，带给人类的是文明退化和社会退步，个中历史教训确实发人深省。

5. 形式性

法律尽管是人类社会迄今为止所发现的最为权威的社会控制手段，但其利弊共存的最大特点在于运行的形式化，主要表现在：

其一，以统治集团的共同利益和意志为内容，以国家强力为后盾进行运作的法律，对于社会主体而言属于外在他律物。法律作为具有强制约束力的行为规范体系，它能够调整的只能是人们的行为，而不能及于人们的思想与个人私生活。正如马克思所指出的那样，“对于法律来说，除了我的行为以外，我是根本不存在的，我根本不是法律的对象。我的行为就是我同法律打交道的唯一领域”。③ 从这个意义上说，法律所实现的社会控制其实只能是对社会民众外部行为的表面控制。

其二，虽然说立法者企望通过立法将社会公平与正义观念转化为现实的社会关系秩序，并力图通过法律的运作实现法律所内含的社会正义，但法律事实上只能实现形式公平与正义。对此，恩格斯曾以劳动契约和婚姻关系为例作了极为深刻的剖析。他指出，“劳动契约仿佛是由双方自愿缔结的。但是，这种契约的缔结之所以被认为出于自愿，只是因为法律在纸面上规定双方处于平等地位

---

① [美]E. 博登海默著：《法理学：法哲学及其方法》，邓正来、姬敬武译，华夏出版社 1987 年版，第 343～344 页。

② [俄]依列斯特：“三种法律思想”，载《外国法译评》1993 年第 1 期。

③ 《马克思恩格斯全集》（第 1 卷），第 16～17 页。

而已。至于不同的阶级地位给予一方的权力,以及这一权力加于另一方的压迫,即双方实际的经济地位——这是与法律毫不相干的……至于经济地位迫使工人甚至把最后一点表面上的平等权利也抛弃掉,这仍然与法律毫不相干。"①"在婚姻关系上,即使是最进步的法律,只要当事人在形式上证明是自愿,也就十分满足了。至于法律幕后的现实生活是怎样的,这种自愿是怎样造成的,关于这些,法律和法学家都可以置之不问。"②恩格斯对法律形式正义或形式理性的这段分析可谓入木三分。

其三,法律所实现的平等是指全体社会成员规则适用上的平等,只是意味着每个社会成员在竞争资格、机会和遵守与适用法律上的平等性,它既对现实社会中的个人在先天禀赋、家庭出身、人生际遇等方面的差异所带来的实质不公平竞争结果给予默认,更对因竞争导致社会成员之间的巨大贫富差距给予了明确肯定。这就表明法律形式化的规则公平实质上就是奉行弱肉强食的"丛林准则",这种形式正义观在自由市场经济中必然带来社会矛盾与对立,最终危及社会稳定和法律正义的真正实现。

其四,虽然立法者、司法者和执法者运作法律的目的在于惩恶扬善,修补被违法犯罪行为所破坏的社会秩序,但法律其实并不能承担起这一"重任"。因为"法律只是在受到破坏时才成为实际的法律",它并不能阻止人们将内心的思想外化为行为,也不能阻止由该行为所引发的后果,因而现实生活中"起预防作用的法律是不存在的"。③ 法律只能对那些已经发生的行为性质进行事后判断,只能对已经发生的破坏性或损害性行为后果进行物质替代性、象征性或精神性的事后救济,它所实现的永远只是"迟到"的正义。法律所设定的各种补偿、惩罚与救济手段,尽管在一定程度上可以恢复曾遭破坏的社会秩序,从某个角度说也能够给受害人以一定的物质补偿和心理慰藉,但它永远不能彻底弥合违法犯罪行为给受害人所造成的缺憾、创伤与痛苦,永远不能对已经遭到损害的受害人身心和社会关系实现完全意义上的"恢复原状"。庞德对法律的这种局限有着非常清醒而深刻的认识,他认为法律秩序所使用的四种手段(惩罚、特殊补偿、替换补偿以及预防措施)均有其不足。他引用狄更斯的一段精彩描述道出了法律的这种尴尬与无奈:"崇拜他们的法律,这些法律把正义的永恒原则同英镑、先令以及便士的永恒原则结合起来。它们把这一成果适用于所有的民事妨害案件

① 《马克思恩格斯全集》(第4卷),第69页。
② 同上。
③ 《马克思恩格斯全集》(第1卷),第71页。

上面，从对一个人的名誉的毁坏到对一个人的鼻子的伤害。你们毁了我的女儿——用英镑、先令和便士来补偿！你给了我当头一棒——用英镑、先令和便士来补偿。”①

由此可见，尽管社会上发生的各种侵权、违法、犯罪以及其他一切给社会带来损害与危害的行为本身并非由法律所引发，尽管由上述行为所引发的社会后果作为已经发生的既定事实，作为一种历史性定在，使得任何社会手段都无法使之完全消弭，或彻底恢复原状，尽管对于已经发生的损害结果和被破坏的社会秩序而言，法律作为一种事后惩罚或补救手段，或许乃是实现社会正义和公道的最佳方式，尽管上述所谓法律的局限性并非都是法律本身的过错，但法律只能对已发生损害的行为及其后果进行事后救济的形式正义性特征，恰恰证明了法律并不是也不可能是万能的社会调控手段这样一个基本事实。

三、法律局限性矫正：基本思路与对策

由于法律及其运作存在自身难以克服的诸多局限性，因而我们在肯定和强调法律乃是现代社会最具权威和效率的社会调控手段的同时，需要注意理顺法律运作过程中的各种社会关系，注意运用社会综合控制手段矫正法律的局限性。具体而言：

第一，我们在建设法治社会过程中，应特别重视道德、教育以及社会治安综合治理等社会控制手段功能的充分发挥。

法律及其调整手段所固有的局限性，决定了仅靠法律运行是难以对整个社会系统进行有效调控的。所以，对于过去那种摒弃法治、否定法治功能的法律虚无主义思想，我们固然要从根本上予以批判，但那种认为有了法律就可以万事大吉，只要实行了法治就可以解决一切社会问题的思想同样是非常幼稚和有害的。事实上，过分依赖法治所带来的负面影响和社会病态已引起了西方社会深刻的反思。比如，海外学者余英时就曾指出，西方法治观念已经给西方社会带来了“过度发展的个人主义、漫无限止的利得精神、日益繁复的诉讼制度、轻老溺幼的社会风气、紧张冲突的心理状态”等不良影响，他理智而深刻地指出，上述现象均属社会病态而绝非现代社会所要追求的目标。②

---

① ［美］罗斯科·庞德著：《通过法律的社会控制、法律的任务》，沈宗灵、童世忠译，商务印书馆1984年版，第30页。

② 余英时著：《中国思想传统的现代诠释》，江苏人民出版社1989年版，第4页。

对于法律局限性以及单纯依靠法治所带来的种种社会问题，中国传统法律文化对此有着自己的独到见解。强秦因法制完备而致兴盛，也因法律过于残苛而致败亡的教训，给予后世历代统治集团以深刻的思想启迪。汉代以后，经过儒法之争，主张“礼法”并举的儒家文化逐渐占据主导地位而成为古代中国社会的“正统”思想，应当说并不是偶然现象。中国传统法律文化在重视“法治”的同时特别注重“德治”，强调“德法并举”、“出礼入刑”，诸种社会控制手段综合运用的做法早为实践证明为高明理智之举，它对于维系社会共同体的内部稳定起到了巨大作用。历史与现实均已证明，这是在东方国家具有普适性的治国之道，它反映了中国古代思想家和政治家们对人性与法治本质的深刻领悟，反映了中国古代政治家们经过世代传承所积累的治理多民族大国的成熟经验和高超技巧。我们说，古代中国之所以能够长期领先世界，保持其文化上的先进性，甚至在近现代仍然能对包括日本、韩国、新加坡等在内的东方国家的法制文明发展产生巨大而深远的影响，应当说与此不无关系。

事实上，法律与道德以及与其他社会控制手段之间存在相互依赖与相互促进的关系，法律只有与包括道德在内的各种社会调整手段有机结合，形成彼此协调互动的运行机制，才能真正有效地发挥其内在功能。因为人类社会毕竟是由每个活生生的个体所组成的有机集合体，人类在需要物质生活维系生存的同时，更需要精神生活维系社会有机体的存在。那种离开了道德、文化等精神生活内涵的社会则绝不是人类社会，只能是“动物世界”。而尽管法律与道德在内容上是相互包容涵盖的，但再完善的法律都并不能自动提升社会的精神风尚与人们的道德水平。所以，要保证法律得以良性运作，我们就要在提高公众法律意识的同时，着力提高公众的道德素质。因为一个民族、一个社会的公众整体素质与文明状况往往并不仅仅取决于该民族、该社会的法律意识情况，而且恰恰在于整个社会的道德素养水平。从行为心理学的角度说，道德素养较好的人，虽然法律知识欠缺，但因其恪守内心的价值信念和道德底线，往往能够做到严守自己的做人准则，其违法的概率一般相对较低。而那些法律意识较强但道德素质很差的人，由于没有起码的道德防线和规则意识，不能用道德信念来克制与约束自己的行为，往往难以抵制诱惑，容易滋生犯意和邪念，其违法犯罪的概率一般相对较高。比如那些穷凶极恶的刑事犯罪分子，其实施故意犯罪时应当说完全知道自己的行为后果，其不仅有很强“法律意识”，而且懂得如何钻法律的漏洞以逃避法律的制裁。所以，要建设现代法治文明社会，我们就应当要将社会公众法律意识和道德素质的同步提高作为基本标尺，在重视法治的同时，大力弘扬中华民族的传统美德和反映社会进步的价值观念，提升社会公众的道德水准，形成积极健康向上的社会道德环境和良好社会风气氛围；必须将法治与道德等社会控制手段紧密结合在一起，将法律和道德所内蕴的价值理念转化为社会公众内心牢固的思想信念，使之自觉以此来反省、判断和约束自己的行为，从而缩小乃至消除法治理想与法律运作效果之间的落差，实现法律效益的最大化。

第二，既要重视法律的形式理性，更要重视法律的价值理性，在保证法律形式正义实现的同时，实现法律的实质正义。

中国传统法律文化在强调"德主刑辅"的同时，虽然建构起了庞大的行政司法体制，但其法律的内在精神和功能在于维护皇权专制统治，而不是维护普通民众的基本权益，因而中国传统法制充满了残暴、腐败和黑暗。新中国成立后，由于我们长期忽视法制建设，使得法律虚无主义盛行。"文化大革命"期间，法制更是遭到严重破坏，使包括国家主席和开国元勋在内的公民基本人权都不能得到保障。所以，中国法制现代化建设所面临的任务特别繁重艰巨。这就要求我们在建设社会主义法治国家进程中，首先应当要按照法治运作的要求架构体系完备的现代法制模式，实现法律的形式合理性：在立法上建构概念科学、逻辑严密、内部结构相互和谐统一的法律体系；在司法上建立程序严格、运作规范、各司法机构相互制约与配合的司法机制；在执法上建构严格执法、依法办事，既保证国家公权力的有效运作，又使这种权利能得到有效监督的执法体制；等等。只有建立起形式合理完备的法律机制，才能为现代法治社会提供可靠的制度保障。

建构形式理性的法律制度是确保法律能够实现平等与规则正义的前提，而要使法律能够实现良性运作，我们还必须对立法进行价值选择与定位，实现法律的价值合理性。历史反复证明，法治既可以正向价值为依归，成为维护民主、自由、平等、人权、正义，保障社会公众福祉及其正当合法权益不受非法侵害的有效手段；也可以负向价值为取向，成为推行专制和压制、维护特权和私利、实行暴政和法西斯专政的工具。只有实现了法律的价值合理性，法律才能真正成为社会安定的保障器，公民合法权益的保护器，社会文明的推进器。

法律价值理性和形式理性的有机统一是克服法律局限性的有效途径。法律形式理性指向的是法律自身的结构或程序意义，它着眼于法律的操作功能，注重法律的逻辑严谨性，从技术层面说明了法治是一种"真法之治"。法律价值理性指向的是法律所内蕴的价值目标，它着眼于法律的精神理想，注重法律本身的"合法性"和普遍性。它从客观的角度，从社会的层次上，说明了法治是一种"良法之治"。现代社会中的法律只有实现了形式理性与价值理性的和谐统一，才能真正赢得全体民众从内心深处对法律心悦诚服的信任和信仰，真正使法律成为令人信服的社会理想信念和社会民众自觉遵行的行为准则。

法律形式理性与价值理性的统一是法律具有权威性的保证,要做到这一点,就需要我们在进行法律制度设计时,应当要注意从古今中外吸取既适合于我国现实国情,又适应社会发展需要的法制运作的成功经验,精心架构结构精巧、程序完善细备、运作精良的法律机器;应当能够敏锐洞察社会发展的必然趋势与要求,准确把握社会前进的脉搏和主线,将那些反映中华民族优秀传统文化和民族心理气质,反映中华民族特有的世界观和生活方式,反映人类文明发展的共通要求和一般道德观念,反映世界各国所共同接受的通行规则和一般价值理念的内容纳入立法之中,真正使立法能够代表中国"先进社会生产力的发展要求",代表中国"先进文化的前进方向",代表中国"最广大人民的根本利益"。"与时俱进"地注意防止法律出现"时滞"现象,及时改良法制运作中存在的弊端,剔除与社会发展要求不相适应的内容,始终保持法律的先进性与科学性。

第三,既要重视法律的制度建设,更要重视司法执法人员素质的提高,做到法治的"硬件"与"软件"相配套。

新中国成立以来,由于我们长期忽视法制建设,使执政党以及党的领导人失去了有效的法律监督与制约,给社会主义建设事业带来了巨大损害并直接导致了"文化大革命"浩劫的发生,小平同志对此透辟地分析道,"我们过去发生的各种错误,固然与某些领导人的思想、作风有关,但是组织制度、工作制度方面的问题更重要。这些方面的制度好可以使坏人无法继续横行,制度不好可以使好人无法充分做好事,甚至会趋向反面"。① 他认为,"领导制度、组织制度问题更带有根本性、稳定性和长期性。这种制度问题,关系到党和国家是否改变颜色,必须引起全党的高度重视。"②这就告诉我们,我们能否真正有效地防止权力滥用,能否真正做到保障公民合法权益,能否最终建立井然规范的社会秩序,关键在于能否建立完善、系统、严密的法律制度体系及其运作机制。

我们更应看到的是,再完美无缺的法律制度毕竟都是人所设计出来并靠具体的人去推动和实施的。法律地位越重要,它对立法、司法和执法者的素质要求就越高。从某个角度来说,"法不能独立,类不能自行。得其人则存,失其人则亡。法者,治之端也;君子者,法之原也。故有君子,则法虽省,足以遍矣;无君子,则法虽具,失先后之施,不能应事之变,足以乱矣"。③ 实践证明,法律的实际运行状况与法律操作者素质之间有着密切的内在联系。制定得良好的法律制度

① 《邓小平文选》(第2卷),第333页。

② 同上。

③ 《荀子·君道》。

如果有了高素质法律人的操作,必然能充分发挥其强大的“善法”功能。而如果没有素质良好的法律操作者,则再好的法律制度都可能会或形同虚设,或变形走样。

在建构现代法制过程中,我们一方面要加强“硬件”法律制度建设,形成完整配套的对公权力行使进行有效监督与制约的权力制衡机制、对权力行使者进行问责落实的责任追究机制、对非法公权力行使对社会主体侵权造成损害时予以赔偿的司法救济机制、对法律操作者进行遴选、考评、提拔、监督、奖惩、淘汰的组织用人机制,将公权力行使严格限制在法定范围内,确保法律操作者能够按照法律规定的内容和程序严格依法办事;另一方面,我们更应注重法律人才的“软件”建设。必须在思想意识上加强对法律操作者的道德素质教育,使其养成忠于法律,信仰法律,愿为神圣的法律献出一切的意志品质;在业务素质上加强对使其进行业务素质教育,使其能够做到精通法律、熟谙法律的正当程序和操作技巧,成为法律实务上的行家里手,等等。我们说,只有使法制做到制度“硬件”精良精巧,人才“软件”优品高质,法制才能得到良好的实施与运作,现代法治社会才能真正实现。

第四,既要加强法制建设,更要重视法制运作的社会环境和基础条件建设。

近现代以来,许多志士仁人一直希望通过“变法图强”模式达到彻底改变旧中国腐败政治制度和贫穷落后面貌的目的。但其历经失败的惨痛教训告诉我们,脱离社会现实基础和客观条件的法制变革是不可能取得成功的。对于法律与现实社会生活条件的内在关系,马克思指出:“社会不是以法律为基础的。那是法学家们的幻想。法律应该以社会为基础。法律应该是社会共同的、由一定物质生产方式所产生的利益和需要的表现,而不是单个的个人恣意横行。”①所以,尽管法制变革对社会发展和文明进步具有推动作用,但从根本上说,法律的内容和性质是由社会政治、经济、文化条件所决定的,法制变革能否成功也往往取决于后者。中国戊戌变法的失败与日本明治维新的成功,其关键之处并不在于变法者的态度是否坚决,也不在于变法的内容是否先进,而在于这种变法具不具备必要的政治、经济、文化和民众支持等现实社会条件。

在中国以现代法治社会为建构目标的法制现代化进程,有着极为特殊而复杂的国情背景和阻碍因素。中国古代社会长达2000多年的皇权专制统治和落后封闭的小农经济,严重窒息了民主政治和市场经济的生长发育,“官本位”、“义务本位”等传统观念则时时侵蚀着现代法治文明理念的形成。这就决定了

① 《马克思恩格斯全集》(第7卷),第339页。

在中国建设现代法治模式将是一个极为漫长艰难的过程，我们绝不能企望仅靠法制变革就能一蹴而就地实现现代法治社会，而必须要在加强法制建设的同时，加强法制的外在运作环境建设，使已经建构起来现代法制模式能够获得良性运行和实施的社会基础条件。

我们所说的加强法律制度建设，是指要加强对立法、司法及执法的内在规律研究，在立法上应当要革除现有立法体制中的弊端，促进立法活动本身的法治化、民主化和公开化，推动高度透明、高效运作的现代立法体制模式的建立，从而迅速提高我国立法的科学性、先进性和实施的有效性，并使我国的相关立法实现与国际先进立法和通行规则相接轨；在司法上应当要在法律上和体制上真正赋予司法机关以司法独立权，坚持司法运作的公开性和透明度，同时要完善对司法机关的法律监督机制，从而有效地遏制和防止司法腐败，切实维护法律的权威性和公正性；在执法上要使各级政府部门养成严格按照法律和法律的正当程序办事的习惯，遵循政府行为“法无授权即非法”的理念，坚决摈弃过去那种不按法律法规和程序规定，而只按上级“红头文件”、“会议纪要”甚至是“领导批示”来办事的做法，做到行政行为的适法、公开和透明。

我们所说的加强法制的外在运作环境建设，是指我们要按照建设现代法治社会的要求，改革和完善现有的政治体制、经济体制和文化体制，形成良好的民主政治、市场经济和现代文化氛围，从而为现代法制运行提供强大的社会力量支持。具体而言，我们要做到：

要加快现代民主政治建设，形成和完善权力相互制衡的政治体制，建立健全一整套完善先进的对公务员进行遴选、考核、评价、回避、升降、淘汰等的管理制度，以及形成相对完备的对公务员非法行政行为进行责任追究与处罚的法律制度；应当要通过法律明确规定各级政府机关的权力范围、义务内容和角色定位，在赋予其行使公共行政权力的同时，要明确其应承担的社会公共事务管理和服务的义务与责任，切实改变行政机关存在的“官僚主义”、“衙门作风”等恶习，使行政机关及其工作人员牢固树立服务公众的“公仆”意识；应当要求形成高效顺畅和法治化的政府运作机制，建立廉洁精干的公务员队伍，培养行政机关注重行政行为的公开合法性和依法行政的习惯，从而能够做到对行政机关及其工作人员的行政权力行使进行有效的监督与制约，以确保一切权力的行使都必须依据法律和法律的正当程序才能作出，任何社会主体的正当权益因行政权力的非法行使而致损害的，都能依法得到补偿和救济，一切违法违纪的官员都会受到法律一无例外的追究。

要加快市场经济建设，建立能够对市场主体、市场行为、市场管理和市场秩序等进行有效调控的现代市场运行机制,完善宏观调控体系、证券金融监管体系、市场管理体系、社会保障体系等法律制度,将一切市场主体的营利行为都纳入法律所设定的规则范围内,使其在享有法定范围内最大限度的经营自主权和自由竞争权的同时,能够做到公平竞争和守法经营。如果其行为扰乱了市场公平竞争秩序,侵害了其他市场主体和消费者的合法权益,就必须要受到法律的追究与制裁,并使受害当事人能够依法得到补偿,从而确保市场经济的健康安全运行,使市场主体的正当合法权益能够得到法律的平等保护。

此外,我们还要在社会民众中培育和普及现代法律意识,大力建设与现代民主政治、市场经济相适应的现代法律文化。从根本上说,法制改革与政治、经济、文化体制的改革之间既互为内容与目标,也互为手段与途径。因为现代文明社会乃是法治社会、民主政治和市场经济的高度和谐统一,而现代民主政治与市场经济建设乃是传统法制实现向现代法治嬗变的最重要保证,是中国最终建成现代法治文明社会的最深刻或最根本的标志。故我们唯有大力推动现代民主政治、市场经济以及法治文化建设,现代法制才能真正得以建构,社会主义法治国家才能真正得以建成。

(2005年第3期)

现代性语境中的司法合理性谱系

夏锦文*

一、形式合理性:现代司法的生成

马克斯·韦伯率先提出并详细阐发了形式合理性这一理论概念及其内涵,形式合理性是现代法律早期形态的精神要旨,对于形式合理性的内涵,韦伯最初是在其法学思想中予以重点提出并进行详尽界说的。韦伯终生都在努力寻找"普遍历史问题"的答案,即为什么在欧洲之外,"既没有符合西方合理化道路的科学发展,也没有符合西方理性化道路的艺术发展、国家发展或经济发展"。① 韦伯在列举了一系列仅仅在西方文明中表现出来的文化现象以后,认为这是一个为西方社会所特有的理性主义问题。韦伯详细考察了西方法律和法学理念由罗马法到现代法的漫长变迁过程,认为这个过程是一个合理化过程,直至现代资本主义社会阶段,形式合理性法律开始形成并成为有史以来最具合理性的法律形态。所谓形式合理性法律,韦伯总结了它的两个基本条件:概括化和体系化。概括化条件针对法律规则(原则)的逻辑方法而提出,所谓概括化,指"把对判决个案有决定性意义的原因归纳为一条或若干条原则,这就是'法律原则'。"②体系化条件针对法律规则(原则)相互之间的关系而提出,体系化的法律,其具体法律规则(原则)之间必须形成以下相互关系结构:"建立所有由分析所获得的法的原则的联系,使它们相互之间组成一个逻辑上清楚的、本身毫无矛盾的和首先是原则上没有缺漏的规则体系,也就是说,这种体系要求,一切可以想象的事实在逻辑上都必须能够归纳到它的准则的名下,否则,它们的秩序就失去法的保障。"③由此可见,形式合理性法律的要旨,一方面,法律规则(原则)的形成机理在于,从个案中逻辑地分析出规范性成分并通过抽象性条文予以确认和表述;另一方面,各条具体的法律规则(原则)相互间形成一个彼此融洽、和谐一体的体

---

* 作者单位:南京师范大学法学院。

① [德]哈贝马斯著:《交往行动理论》(第1卷),洪佩郁、蔺青译,重庆出版社1994年版,第208页。

② [德]马克斯·韦伯著:《经济与社会》(下卷),林荣远译,商务印书馆1997年版,第15页。

③ 同上,第16页。

系。对于这种形式合理性法律在实践运行中所表现出的具体特征，诺内特和塞尔兹尼克进行了如下总结：(1)法律与政治分离；(2)法律秩序采纳“规则模型”；(3)“程序是法律的中心”；(4)“忠于法律”被理解为严格服从实在法的规则。①

形式合理性法律倡导法律形式主义，它深刻影响乃至根本决定了现代社会早期的司法理念确立和制度建构。与此同时，司法作为社会制度形态的一个特定组成部分，很大程度上总是保持着对社会运行机制和社会发展阶段的适应性，为现代性精神所催生的现代社会的形成，司法制度也必须作出回应。因此，形式合理性法律背景下的司法合理性有着独特的基本内涵。

(一)司法判决思维的逻辑结构是将形式实在法的抽象性规则严格适用于具体案件事实。规则与事实的分野和范畴对立，在司法判决程序中得到了有效的整合，在韦伯看来，这是区分规则与事实的必要性理由，否则便没有区分规则与事实的必要，“凡是司法不是(作为)应用一般的法律准则到具体的个案的地方，即不是把个案概括于准则的名下的地方，而且只要不是这样做，两法律形式主义中的区分也就不存在。”②法律形式主义中的现代司法假定形式实在法规则具有确定的意思或明确的精神，因此，司法的任务就是将这种具有确定意义的法律规则适用于案件事实之上，诚如诺内特和塞尔兹尼克所评判：“自治型法(形式法)掩盖了一般和特殊、抽象和具体之间的紧张关系。它努力解释每一项规范，仿佛它是或应该是极其准确和毫不模糊的。它通过认真地对待语词做到这一点。”③

(二)司法程序获得司法活动的中心地位。在法律形式主义理念下，司法活动恪守规则模型，判决必须严格遵照一般化和体系化的法律规则作出，而这种依照规则作出判决的保障条件是法律程序，对此，诺内特和塞尔兹尼克指出：“对压制的控制开始于信奉规则统治这种观念的发展；程序则成为公正使用规则的显而易见的主要保障。从潜在意义上说，压制性权威为‘正当程序’所约束。在解决公民之间的纠纷和评估各种有利或不利于国家的要求时，法律体系所提供的最显著、最别具一格的产品就是程序公平。”④法律形式主义中的司法程序不

---

① [美]P. 诺内特、P. 赛尔兹尼克著：《转变中的法律与社会：迈向回应型法》，张志铭译，中国政法大学出版社2004年版，第60页。

② [德]马克斯·韦伯著：《经济与社会》(下卷)，林荣远译，商务印书馆1997年版，第14页。

③ [美]P. 诺内特、P. 塞尔兹尼克著：《转变中的法律与社会：迈向回应型法》，张志铭译，中国政法大学出版社2004年版，第67页。

④ 同上，第73页。

仅仅是一种实现诉讼结果的行为规则，而且司法程序本身成为一种目的，即程序本身具备了价值独立性，这种价值独立性一方面体现在它成为评价诉讼结果公正与否的标准，另一方面表现在程序设计和遵循程序本身便是一个兑现公正和实现正义的维度。

（三）司法成为一种独立的国家权力，法官只服从法律并以中立、消极的态度和意志作出裁判。由于形式法被理解为一种客观而“完美无缺”的规则体系，“法学上不能理性地‘构想’的东西，在法律上也是无关紧要的”。① 从而，法官仅仅依据法律判决便具有了理想可能性。这样，那些与法律共同构成社会系统环境的外部因素，诸如政治意志、哲学意识形态、宗教信仰、道德伦理以及其他种种实用主义理由，均不能构成判决作出的准据，法律与这些因素相互分离独立。正是在这种法律形式主义理念要求下，司法与立法、行政之间彼此独立，法官中立而消极裁判。

现代司法的早期阶段所确立的形式合理性理念有其深刻的思想渊源和社会历史基础。

首先，作为现代主义思想萌芽的启蒙法学（特别是古典自然法学和哲理法学）为形式合理性司法提供了直接的理论渊源。“根据古典的私法，充分确保个人自决——其意思是做自己愿意做的事情的消极自由的途径，是人身权利和各种免受侵权的法律保障。”②这意味着法律的价值根本上在于通过对人的形式平等权的切实维护而实现正义，这种古典自然法学坚持国家与社会的严格分野立场，国家的存在仅仅以社会秩序的必要维持和市民形式平等权和消极自由的切实保障为其合法性根据，人的权利的实现，应该建立在通过形式实在法予以表现的自由法则的基础之上，所谓法律，康德称其为“全部条件，根据这些条件，任何人的有意识的行为，按照一条普遍的自由法则，确实能够和其他人的有意识的行为相协调”。③ 这种普遍自由法则论调在强调人的普遍人权的同时，将法律可能性和事实可能性之间的关系鸿沟进行彻底拉平，从而为制定出完善的形式实在法的美好愿望提供了思想动力，从而形式合理性司法的理念生成和制度创生也因此而获得了理论养分。

其次，现代资本主义社会早期阶段所确立的自由竞争理念和市场经济制度为形式合理性司法提供了坚实的物质条件。市场经济与主体的形式平等之间存

① ［德］马克斯·韦伯著:《经济与社会》(下卷)，林荣远译，商务印书馆1997年版，第18页。

② ［德］哈贝马斯著:《在事实与规范之间:关于法律和民主法治国的商谈理论》，童世骏译，三联书店2003年版，第395页。

③ ［德］康德著:《法的形而上学原理》，沈叔平译，商务印书馆1991年版，第40页。

在十分紧密的联系，“在市场经济条件下，交换客体的特殊自然特性和交换主体的特殊自然需要，构成了市场主体平等关系的客观基础……市场主体通过等价交换，被确证并实现了自身的平等主体地位。”①法律上的形式平等切合于市场经济运行机制要求，主体形式平等和契约自由成为市场经济运行的必要条件，我们不能认为市场经济和自由竞争会必然导致法律形式主义，但是，我们至少可以认为，形式合理性法律和司法势必对市场经济的运行发挥极其重要的功能，对此，韦伯作出了如下评说：“对于商品市场的利益者来说，法的理性化和系统化，一般而言和保留以后有所局限的条件下，意味着法律维护功能的日益增长和可预计性——经济的、特别是资本主义方式的持久企业最重要的先决条件之一，企业需要在法律上‘交往的可靠性’。”②

最后，法律职业家共同体的形成，对法律和司法的形式合理性理念形塑和制度建制化也构成了一种重要动力机制。启蒙运动所倡导的理性主义催生了现代大学，而现代大学的法律训练和法学教育根本上改变了早期英国那种行会式的由律师负责进行的法律知识传授和技能训练模式，步入现代大学法学理论教育进程，这种新型教育模式与传统法律教育中的匠人培养模式的根本差异之处在于，以理论概念为基础的法学理论知识成为核心教学内容，“它所形成的概念具有抽象准则的性质，原则上讲，这些准则是通过逻辑意义的阐释形成的，具有严格的形式，是理性的，而且相互间划清界限。它的理性的——系统的性质可能导致法律思想更广泛地从法的有关利益者的日常需要中解脱出来，同样也可能导致它的内容减少了直观的生动性。法律教学被激发出来的、纯粹逻辑需要的力量以及它所控制的法律实践的力量，可能具有这样的后果，有关利益者的需要作为法的形成的推动力量，可能广泛地被直接排除掉”。③ 这样，法律开始形成了自己独立而系统的概念和理论系统，法律家共同体因拥有这种理性法学知识而具备了从其他权力话语系统中（尤其是政治和道德系统）独立出来的资源条件和内在动力，他们开始只按照他们的话语规则行事，司法权力开始完成一种与政治分离独立的“历史交易”④过程，以法官和律师为代表的法律家共同体开始自

---

① 公丕祥：“论当代中国法制的价值基础”，载《法制与社会发展》1995 年第 2 期。

② ［德］马克斯·韦伯著：《经济与社会》（下卷），林荣远译，商务印书馆 1997 年版，第 202 页。

③ 同上，第 122 页。

④ 所谓“历史交易”，是指统治者开始将部分权力交由司法机关和法官行使，因为强制的权力本身就是一种风险，它并不能始终为自身提供合法性保证，从而通过一种“历史交易”，将权力部分地让位于“规则模型”，既标榜了权力的合法性形式，也将权力责任的风险性限定于形式法规则明示的界限范围。参见［美］P. 诺内特、P. 塞尔兹尼克著：《转变中的法律与社会：迈向回应型法》，张志铭译，中国政法大学出版社 2004 年版，第 64 页。

行创造并垄断这种具有形式合理性的法律，司法判决开始只依据形式实在法作出。

二、实质合理性：现代司法的转向

所谓实质合理性，是指一种关于权利分配和利益调整的理想规则性质，"当它支配着分配性决定或交易的实际结果时，这种理想就是实质性的。"①在P. 诺内特和P. 塞尔兹尼克看来，实质合理性法律就是回应型法律，这种法律的核心精神在于："……法律目标的普遍化。特殊的规则、政策和程序逐渐被当成是工具性的和可牺牲的。"②韦伯仍然从法律和法学视角分析实质合理性的基本内涵。韦伯指出，所谓法律的实质合理性，意味着"除了对抽象的意向阐释进行逻辑的概括外，其他属于品格的威严的准则，也应该对法律问题的判决有影响：伦理的要求，或者功利主义的或其他的适当性规则，或者政治的原则，它们既突破外在特征的形式主义，也突破逻辑抽象的形式主义。"③在韦伯看来，形式合理性建立在专业的形式法学逻辑基础之上，而实质合理性则是一个法律实践问题。本来，在形式合理性法律和法学思维中，不能依据法律原则而构想的事实是不存在的，也是没有意义的，然而，当抽象的、形式实在法规范在社会历史实践中遭遇纷繁多样的实际事件之时，问题一下子暴露出来，"法学家根据由科研工作得出的原则的尺度不能'设想'的东西，在法律上是不存在的，这就不可避免地一再导致一些私人的、法的有关利益者的'期望'最彻底落空的结果。"④

实质合理性法律在司法领域产生了极其重大的影响，形式合理性司法转型为实质合理性司法，这种实质合理性司法具有鲜明的内在规定性。

（一）司法判决作出的根据不再被严格限定于形式实在法规则，原则、政策以及其他合理的语境主义理由也经常成为判决规范根据。一方面，为法律形式主义所倡导的规则模型本身便内蕴着一种自我矛盾结构。对规则恪守的判决要求越是严格，规则本身就越是被要求得能够统摄一切事实情形并意思确定显明，对此，P. 诺内特和P. 塞尔兹尼克批判道："恰恰在一种以规则为中心的法律秩序中，为了减少对条文解释的恣意，或者制止官员越权行事——超出授权范围行

① ［美］昂格尔著：《现代社会中的法律》，吴玉章、周汉华译，译林出版社2001年版，第188页。

② ［美］P. 诺内特、P. 塞尔兹尼克著：《转变中的法律与社会：迈向回应型法》，张志铭译，中国政法大学出版社2004年版，第87页。

③ ［德］马克斯·韦伯著：《经济与社会》（下卷），林荣远译，商务印书馆1997年版，第17页。

④ 同上，第204页。

事，推论必须经常要求离开规则而求助于目的。”①另一方面，司法合理性理念本身因为社会发展背景和政治哲学的价值转向而必须作出回应。实质合理性司法很大程度上对法律的权威和司法的功能按照一种新工具主义理念进行了定性，是法律工具主义的新时代复归，这种复归虽然不同于专制时代将法律和司法视做统治和镇压的工具，却也不再像法律形式主义那样过于强调法律和司法的独立品格，司法的目的不再是“维护一种不断展开的行动秩序”，②而是对国家原则和政策的落实和贯彻。实质合理性司法不再将法官定位为针对案件事实而将形式实在法规则适用其上的机械而消极的裁判者。实质主义者不再遵循对法律进行严格解释的规则，认为要么具体法律规则的意义存在模糊不清之处，要么出现了法律空隙，从而法官应当创造性地工作，或者对意义模糊的规则作出实用主义的解释，或者主动造法以填补法律空隙。在实质主义视野中，法律与政治并没有绝对而严格的界限，伦理道德、文化习俗或某种可欲的公平观念也经常可以成为具体案件判决的参考依据，诚如波斯纳所言：“法官最好是将他们的工作理解为在每一案件中努力获得特定境况中合乎情理的结果，这些特定的境况包括了，但又不限于案件事实、先例以及诸如遵循先例这样的法治美德。”③

（二）程序失去其在司法活动中的中心地位，对目的的倚重和对结果公正的追求优先于对程序规则的恪守。司法形式主义对法律程序的崇尚被实质主义者视做纯粹的程序正义，然而，程序结果或实质的皈依，将是毫无意义的。罗尔斯指出：“一种程序的正义总是依赖于其可能性结果的正义，或依赖于实质性正义。因此，程序正义与实质正义是相互联系而非相互分离的。鉴于所有人类政治程序的不完善性，不可能存在任何相对于政治正义的纯程序，也没有任何程序能够决定其实质性的内容。因而，我们永远都依赖于我们的实质性正义判断。”④实质合理性司法正是基于这种程序与结果、形式与实质关系的价值判断立场，动摇了程序在司法活动中的中心地位，其直接结果就是国家对司法程序的介入和诉讼活动中法官案件管理（cases management）职权的强化，以及对抗制当事人主义诉讼模式向新职权主义模式的转型，对此，达玛什卡进行了如下评述：

---

① ［美］P. 诺内特、P. 塞尔兹尼克著：《转变中的法律与社会：迈向回应型法》，张志铭译，中国政法大学出版社 2004 年版，第 89 页。

② ［英］哈耶克著：《法律、立法与自由》（第 1 卷），邓正来等译，中国大百科全书出版社 2000 年版，第 158 页。在哈耶克看来，大社会中的秩序（自生自发秩序）是自行生成的，而非理性设计的，从而法官判决不应当按照自行理性设计的规则作出，而是发现大社会秩序中已然内在的规则并以此作出判决。

③ ［美］波斯纳著：《法理学问题》，苏力译，中国政法大学出版社 2002 年版，第 165 页。

④ ［美］罗尔斯著：《政法自由主义》，万俊人译，译林出版社 2000 年版，第 449、457 页。

"在这种情况下,被理解为一种私人控制的竞争的法律程序与司法的新目标之间必然会产生抵牾或紧张。逐渐地,私人当事方对程序行动的因袭已久的控制和以争议作为诉讼之前提的传统立场同国家借助司法过程来实施其政策的日益增强的欲望之间会发生越来越多的冲突。适应于回应型国家之司法的竞争性程序形式在能动主义立场取得优势的领域中必定会逐渐退缩或变质。"①

(三)司法能动主义的膨胀和司法救济权的扩张。司法权的范围和界限一直是一个为实践所无法回避、也为理论界所热烈讨论的主题。司法能动主义(judicial activism)与司法抑制主义(judicial restraint)是两个相对而言的概念范畴,它们的核心内涵都指涉司法权限问题,对此,沃尔夫指出:"司法能动和司法克制是程度不同的问题,即在何种程度上司法审查被确当地认为是在执行宪法的意志,而没有掺入任何法官自己的政治信仰或者政治倾向。"②形式合理性司法与实质合理性司法之间的一个显明差异在于:前者强调司法抑制主义,将司法权能严格限定于纠纷解决中对法律的适用,司法是对立法意志和命令的执行;后者主张司法能动主义,司法不只是在纠纷解决中适用法律,而且要求司法对作为判决准据的规则进行合宪性审查,甚至通过司法进行宪法解释,适用法律和解释法律并非对立法原意的贯彻和发现,毋宁是一种法律创造。这种司法能动主义观念和实践行动无疑是与实质合理性司法理念相互一致的,因为在实质合理性法律范式下,一切权力资源都被予以目的论配置,都成为落实和执行以实现社会公平和正义为目的的国家原则和政策的条件利用。正是在这种司法能动主义价值取向下,利益或争议的可诉性条件标准被大幅度降低,诉诸司法(access to justice)上升为一项宪法性权利。

导致形式合理性法律向实质合理性法律转向的原因是极其复杂而多元的。

首先,形式合理性法律本身存在一种逻辑上的固有缺陷,蕴涵着瓦解法律形式主义的内在倾向。韦伯较早地注意到了现代法的实质化迹象,对此,韦伯从多个方面列举了现代形式法的实质化情形,如取证方面的查明真相、法律规则的意向阐释、社会法的伦理和正义取向、法律适用者对从属地位的不满和对法的创造等,③细致分析了导致形式法向实质法转型的多种机理。形式合理性法律和司法的政治哲学基础是国家与社会的严格分野,国家被定位为守夜人角色,国家对

① [美]米尔伊安·R. 达玛什卡著:《司法和国家权力的多种面孔》,郑戈译,中国政法大学出版社2004年版,第137~138页。

② [美]克里斯托弗·沃尔夫著:《司法能动主义》,黄金荣译,中国政法大学出版社2004年版,第2页。

③ [德]马克斯·韦伯著:《经济与社会》(下卷),林荣远译,商务印书馆1997年版,第203页。

社会生活领域进行介入的必要性仅仅在于维持对人的消极自由和形式平等权利的一般化保障,从而“从法律上划出一块‘不可侵犯的私人生活方案领域’,意义仅仅是说,在这个领域中根据每个具体情况所施加的限制,需要提供尤其重要的理由。”①然而,为有限政府和法律形式主义所倡导并竭力维护的市场机制和自由竞争却带来了这样一种后果:社会关系和利益要求日益分层而多元,有限政府和形式法律在努力维护形式平等和主观自由的同时,却也在加剧着事实上的不平等。这样,形式法律再也不能承诺它在遭遇任何一种利益诉求的场合始终能够保证其合法性,司法也开始需要经常求助于一些非法律理由作出语境主义判决。

其次,在正义理念上,自由主义正义观向福利国家主义正义观的变革对现代法的实质化转向产生了极为深重的影响。为韦伯所早已洞悉的现代法的实质化转向,其实直到第二次世界大战以后,即20世纪中期才充分展开,对于这种法律范式转向的基本性质,哈贝马斯作出了如下判断:这种法的“社会转型起初被认为是一个这样的过程,即一种新的、同社会福利国家的正义观相联系的工具性法律观覆盖了、排挤了、并最后取消了自由主义的法律模式”。② 如果说形式合理性法律和司法切合于自由竞争资本主义社会运行机制,那么,实质合理性法律和司法则是对福利国家主义的一种响应。福利国家主义以实现社会正义为根本目标,强调确保每一个人都具有符合人类尊严的生活的物质条件。因此,福利国家主义在法律和司法领域的目的要求,根本在于对因有限政府和形式法律所造成的事实上的不平等进行纠正和补偿。这样,形式合理性法律和司法开始式微,实质合理性法律和司法开始兴起,对此,哈贝马斯作出了如下评述:“在变化了的社会条件下,法律自由的原则必须通过对现行法律的实质化、通过创造新型的权利而得到实施。私人自主这个观念并没有发生任何改变。发生变化的,是每个人之私人自主被认为应该平等地实现于其中的那个被感受到的社会环境。”③

三、程序合理性:现代司法的未来

通过以上两种司法合理性谱系的列举和分析,一个极有必要提出的理论问

---

① [德]哈贝马斯著:《在事实与规范之间:关于法律和民主法治国的商谈理论》,童世骏译,三联书店2003年版,第499页。

② 同上,第486页。

③ 同上,第498页。

题是:如果说两种合理性司法在现代西方社会发展的两个阶段依次获得了合法性地位,那么,在现代性进程日益深入的未来社会,又该演化和生成出何种富于崭新精神内涵的合理性司法?对于这种或许即将形成的(或正在形成甚至已经初现端倪)司法合理性谱系我们又该如何把握或预见?

提出这一问题的意义是十分现实的,我们至少可以以下理由对提出这一问题本身的合理性进行辩护。

当下西方发达国家的社会发展已然步入现代化进程第三个阶段——反思性现代化(reflexive modernization)或风险社会(risk society)阶段,这个深度现代化社会已然与作为形式合理性司法环境的自由竞争资本主义社会,以及与作为实质合理性司法环境的福利国家主义社会相比在性质上发生了极其深刻的变革。自由竞争资本主义社会的根本性质在于国家与社会的相互分离和彼此独立,有限政府(包括司法)通过形式平等和消极自由的保障及财富的增长和各得其所,社会关系相对简单而稳固,调整私人利益的司法与限制国家权力的公法界限分明。福利国家主义社会因社会关系的日趋复杂多元和财富激增,贫富失衡程度加剧,私人利益和公共利益的界限日趋模糊,家长主义式的公共权力经常介入社会生活领域和利益纷争场合,这种实质合理性法律和司法的合法性,“是建立在法律自由原则与普遍平等权利之间相互渗透基础之上的”。[①] 然而,法律和司法的这两种合理性谱系的共同之处也是它们的共同缺陷在于:它们都抱一种生产主义和财富增长的生产力发展愿望,即将人的平等和自由建立在社会财富的不断增加要求之上,从而无论是自由竞争资本主义还是福利国家,都极力倡导并设法推进社会经济和技术的发展,而经济和技术发展的后果,恰恰是为形式法治国或福利国家所同样没能预见的,这个结果就是风险社会的形成。

因此,风险社会就必然生发出一种新的规范期待,对于这种规范期待的具体内涵和基本精神,吉登斯和贝克将其界定为“反思性”(reflexivity),哈贝马斯则将其界定为“交往合理性”(communicative rationality)。所谓反思性,吉登斯进行了这样的界定:“对进行中的社会生活的监控性”,“对于行动条件信息的使用,这些信息是对于那个行动是什么进行有规则的记录和再定义的手段。”[②]所谓“交往合理性”,它是以交往行动为基础的,所谓交往行动,是指为了实现理解的一种主体间性(intersubjectivity)活动,是两个以上的具有语言能力和行动能

---

① [德]哈贝马斯著:《在事实与规范之间:关于法律和民主法治国的商谈理论》,童世骏译,三联书店2003年版,第500页。

② [英]尼格尔·多德著:《社会理论与现代性》,陶传进译,社会科学文献出版社2002年版,第234页。

力的主体间为了协调行动计划并实现共识的一种状况、过程和关系。①

就司法领域而言，西方发达国家虽然已步入风险社会阶段，但是并不能因此而得出这些国家的司法理念和制度架构已然完全切合和回应了风险社会运行的规范机制要求。一方面，风险社会中的规范理论本身尚处于探索和论证之中；另一方面，法律和司法因其自身的运作逻辑和独立性，经常存在落后抑或超前于社会发展背景的情形。② 我们只能说，进入风险社会阶段的西方发达国家的司法，应然意义上应该是一种程序合理性司法，并且我们也可以从当前西方发达国家的司法实践运行和改革的一些基本状况和重要事件中发现这种程序合理性司法开始生成的端倪。

程序合理性司法与形式合理性司法中对司法程序的崇尚和重视并不等同。如果说形式合理性司法也是注重司法程序的，并且还赋予程序以司法制度的中心地位，但是，这种做法根本上是对法律形式主义的彻底贯彻和机械恪守，形式合理性理念下的司法程序是预定的、单一的、僵化的，它没有历史时代、实用主义等语境要求。程序合理性司法虽然没有完全改变司法形式主义的外形，但是它又一定程度地背离了形式主义。对于这种应然切合于风险社会运行要求、也需要进一步予以理论论证和实践检验的程序合理性司法的基本性质，我们暂且可以作如下归纳：

（一）程序是一个合理性商谈过程。形式合理性司法中的程序是一个司法竞技和对抗的过程，实质合理性司法程序基本上由家长式的法官主导。程序合理性司法并不完全否定当事人双方的对抗和竞技，但是，这种对抗和竞技必须以当事人双方的举证能力的相应性为条件，避免雄辩等于真理、金钱决定胜诉的诉讼富人游戏现象，并通过一系列制度保障这种平等交往权的切实实现。在程序合理性司法语境中，形式合理性司法中的对抗制和司法竞技主义“意欲求得胜诉的偏见和动机，可能使当事人隐藏或歪曲不利于自己的事实和证据”。“对抗制助长了律师们好争辩的本性，使得诉讼变成为辩论而辩论，并陷入对程序细节

① ［德］哈贝马斯著：《交往行动理论》（第1卷），洪佩郁、蔺青译，重庆出版社1994年版，第119页。

② 以日本为例，该国的社会现代化发展一直存在一个法律滞后现象，社会发展进入风险社会阶段，而法律和司法却在社会发展中处于相对次要的地位。棚濑孝雄指出：日本社会到目前为止在没有真正依靠法律的前提下已经建立和维持了一个高度发达的产业社会，甚至在国际上被作为一种样板。参见［日］棚濑孝雄著：《纠纷的解决与审判制度》，王亚新译，中国政法大学出版社2004年版，第135页。

的争辩之中，而不是在应当让步的时候作出让步。”①尤其严重的是，对抗制影响诉讼效率并加大诉讼成本。程序合理性司法仍然强调当事人举证和辩论，但是，对举证和辩论的评价和结论要合理考虑举证能力和程序过程的时限性。

（二）纠纷解决的多元化机制。程序合理性司法追求纠纷双方的共识达成，但是，这种共识并非那种认识完全相同和利益处置意见完全一致意义上的共识。程序合理性司法不否定“更好的论辩理由”（force of better argument），这是作出判决的证据基础，但是，风险社会的一个重要特点就是因为关系的复杂化而导致的举证困难和证据确定性的衰减，看似因果关系明晰的事实和专家鉴定其实更多地只是一种话语权威乃至话语暴力，关于证据的证据将导致无休止的回归，事实不再能够被证实，也难以证伪。因此，风险社会中的纠纷解决应该以实现共识为目标，这种共识意味着在诉讼论辩中的论据出现饱和的时刻，当事人必须表示承认。这样，程序合理性司法中的共识意味着和解、妥协、让步、设身处地、道德感上的可接受性、经济学上的有利可图。这样，既然共识成为一种目标，那么实现这个目标的解纷程序也相应地是一种多元化机制景象，不同的共识目标，要求实现目标的程序也应该是异彩纷呈的，程序选择权也只有在这种语境中才能得到最好的解释。诉讼程序不再被限定为相对单调和统一的状况，而是分解为灵活多样的多元化机制状况。

（三）判决依据的语境主义规则。严格适用形式实在法的规则模型虽在程序合理性司法中被逾越，但是并不滑向完全依据原则和政策作出判决的实质合理性司法状况。形式化规则和价值论原则和政策在程序合理性司法中都必须进行语境主义处理，“单个的法官原则上必须把他的建构性诠释看做一项以公民间公共交往为支撑的事业。”②程序合理性司法并不因此而遁入“怎样都行”（anything go）的方法论无政府主义道路，而是强调语境的亚规则意义，这种语境或者从地域向度、或者从时代向度、或者从某种实用主义向度限制着，也兑现着形式法规则或价值论原则的现实意义。

（2005年第11期）

---

① ［美］史蒂文·苏本、玛格瑞特·伍著：《美国民事诉讼的真谛》，蔡彦敏、徐卉译，法律出版社2002年版，第31页。

② ［德］哈贝马斯著：《在事实与规范之间：关于法律和民主法治国的商谈理论》，童世骏译，三联书店2003年版，第275页。

2006 年

当代中国法学教育的挑战与机遇

苏　力*

一、来　龙

传统中国是没有法学教育的。传统的政治意识形态、道德戒律以及社会规范常识中的一部分,在今天看来,也具有法学的性质,只是混在一起;即使在古代,也不构成单独的一门"学"。① 这一特点是同传统中国——秦代除外——的政治治理能力和相应策略相联系的,即对内,国家只管一些重大的刑事案件和民间纠纷,大量的普通纠纷都由民间通过各种机制予以消化。② 在具体处理重大案件纠纷的过程中,下层政府官员(胥吏)和行政主官的雇员(幕友或称师爷)也积累了部分更为技术性的法学知识,主要集中在刑事案件审理上,一般称为"律学",或刑名之学。③ 这些知识具有高度的实践性,仅仅通过阅读或授课很难获得,必须经由实践;④而由于传统中国的政治治理策略、生产方式和社会结构,这类知识在传统中国社会中也就很难形成足够大的消费市场,因此在传统中国的知识体系中地位不高。只是鉴于社会对这类知识总是有一定的需求,因此其传播往往是地域性的,并且往往父子相传,私人相授,但不构成一个学科教育。⑤

19世纪末开始,由于资本主义的世界性扩张,⑥中国社会开始发生变化。作为一个趋势,乡土中国开始转向工商中国,人员活动的空间扩大,加上政治的变

---

* 作者单位:北京大学法学院。

① 例如,张中秋著:《中西法律文化比较研究》,南京大学出版社1991年版,第6章;梁治平:"法学盛衰说",载《比较法研究》第7卷第1期。

② 关于这一特点,参见费孝通著:《乡土中国》,天津人民出版社1985年版;苏力著:《道路通向城市——转型中国的法治》,法律出版社2004年版,特别是引论。

③ 例如,张中秋著:《中西法律文化比较研究》,南京大学出版社1991年版,第6章;梁治平:"法学盛衰说",载《比较法研究》第7卷第1期。

④ 关于司法的知识是一种实践理性的分析论证,参见[美]波斯纳著:《法理学问题》,苏力译,中国政法大学出版社2001年版。

⑤ 高浣月著:《清代刑名幕友研究》,中国政法大学出版社2000年版;李乔著:《中国的师爷》,商务印书馆1997年版,特别是第4章。

⑥ 《马克思恩格斯选集》(第1卷),人民出版社1972年版。

迁(如清末变法)、对外的交往,[①]对现代意义的法律职业的需求从理论上看是增加了。并且作为改革措施之一,在西学的影响下,中国也确实开始引进西方式的法学教育。[②] 但由于中国从整体上还是农业社会,工商经济不发达,因此一直到20世纪40年代中国的法律职业还很小、很弱,很难称得上有一个法律职业群体;[③]没有法律职业就不可能有自己的合适的法学知识产出,外来法学知识很难在中国社会中扎根,加之缺乏法学教育的传统,因此引入的法学教育与中国社会以及普通人的生活的关系始终隔着一层皮,缺乏普遍社会实践的可能,法学教育基本上是从书本到书本,其表达方式也是传统和人文的,而不是社会科学的。[④]此外,法学教育也一直受制于近代中国社会变迁带来的重大动荡。并且法学教育受到了社会变迁带来的不利影响。例如,民国初年,在几乎没有什么法学教育传统和法学教育人才很少的情况下,法学教育大发展,政法学堂的普遍兴建,[⑤]这显然是因废除科举制后,传统知识分子致仕进路转换而出现的畸变。[⑥] 也正是由于中国社会的乡土性,现代工商业集中在东部少数大城市,到了20世纪50年代,计划经济一确立,社会对法律的需求就非常低了。虽然政治运动和意识形态是导致法学教育衰微的重要因素,[⑦]但即使没有这些因素,可以设想,在这样一个基本消除了法律需求的社会条件下,法学教育的衰落也属必然。

20世纪70年代末,中国大陆开始了改革开放,法学教育开始恢复。但总体来看,法学教育的传统仍然不够。不仅原来的底子很薄,而且1949年之后法学教育的衰落使法律和法学人才都极为缺乏。即使在从1949年到1978年间培养

① 贺卫方:"中国的司法传统及其近代化",载苏力、贺卫方编:《20世纪的中国:学术与社会》(法学卷),山东人民出版社2000年版;王健著:《沟通两个世界的法律意义——晚清西方法的输入与法律新词初探》,中国政法大学出版社2001年版。

② 李贵连:"中国近现代法学的百年历程(1840~1949)",载苏力、贺卫方编:《20世纪的中国:学术与社会》(法学卷),山东人民出版社2000年版;王健编:《西法东渐——外国人与中国法的近代变革》,中国政法大学出版社2001年版。

③ 据侯欣一教授的一个研究发现,直到20世纪40年代中期,西安市的律师数量就一直维持在40~50人之间。"民国晚期西安地区律师制度研究",载 http://www.legal-history.net/scholar/2004-11/20041117215851.htm;参见王申著:《中国近代律师制度研究》,上海社会科学院出版社1994年版;徐家力著:《中华民国律师制度史》,中国政法大学出版社1998年版。

④ 这在当时也是一种必然。因为法律的社会科学的研究,即经验的、实证的研究是到20世纪60年代科斯撰写了《社会成本问题》之后才成为现实,尽管有关法律科学和社会科学的追求很早就有学者提出来了。

⑤ 汤能松等编:《探索的轨迹——中国法律教育发展史略》,法律出版社1995年版,第236页。

⑥ 苏力著:《"法"的故事》、《制度是如何形成的》,中山大学出版社1999年版。

⑦ 有关这方面的论著颇多,可参见郭道晖等主编:《中国当代法学争鸣实录》,湖南人民出版社1998年版。

的法律专业人士,也受到太多政治运动和意识形态的影响,法学训练的水平是很不够的。乃至于20世纪最后20年至今,中国大陆的著名法学家中有不少都是1978年后从其他专业中通过"自学成才"的[①];许多一直从事法学和法律事业的人士也转换了研究的领域。

即使有种种不足,但若从各方面来看,在过去的近30年间,中国法学教育恢复发展还是很快的。

两方面的因素促成和推动了这一发展。一是社会的需求。20世纪80年代"文化大革命"刚刚结束,政府和社会的各个部门、各个单位都急需各类大学毕业生,高校也需要教师,包括一系列恢复重建的法律院系。[②] 这种状况可以说一直持续至今。但进入20世纪90年代之后,特别是1992年之后,中国社会进一步发生变化,进一步扩大了需求。这就是市场经济全面发展起来了,对法律服务的需求急剧增加,[③]律师的收入也因此急剧增加,这促使中国高考考生特别是他们的家长更注意专业选择了,大量更为优秀的(同20世纪70年代末和80年代初相比)但没有强烈个人偏好的学生开始选择就业道路更宽的法学专业。[④] 法学教育的市场再一次扩大。当然促使法学教育迅速发展的还有成人继续教育,以及因各种因素引发的"文凭热"。[⑤]

需求是决定性的,但产出或供应则是另一方面的原因。尽管20世纪70年代末至80年代初,中国的法学教育仍然相当薄弱,但有几个因素促使法学教育的产出急剧增长。首先,受制于中国传统教育模式,中国法学教育仍然基本是讲授,乃至中国教育界,社会上甚至法学教育界一直都有不少人认为并实践了,法学教育不需要很多练习,也不需要很多实验设施和场地,只要增加座位,增加教室,不需要增加太多投资,就可以大量增加招生数量。[⑥] 其次,由于市场需求的

---

① 郭道晖先生原先学的是工程,杨海坤先生原先学的是中文;至于原先学政治学、政治思想教育、外语、中文转而从事法学教育和研究的则更多。关于郭道晖先生的经历,可参看他自己的介绍,《法的时代精神》,湖南人民出版社1997年版,第1~2页。

② 1982年我从北京大学法律系毕业的时候,连最高人民法院、最高人民检察院都不算当时最好的就业单位,而本科留校或进入其他高校任教的在20世纪80年代才是正常且普遍的现象。

③ 张志铭、张志越:"20世纪的中国律师业",载苏力、贺卫方编:《20世纪的中国:学术与社会》(法学卷),山东人民出版社2000年版。

④ 参看后面关于北京大学法学院本科生生源的变化。

⑤ 林秀川:"给领导干部文凭热泼点儿冷水",载《人民日报》2000年11月9日;余新锋:"你的文凭光彩吗?",载《法制日报》2001年1月8日;周大平:"干部队伍中有多少假文凭",载《瞭望》2000年第45期。

⑥ 这种观点在中国是有历史的,几乎与生俱来。参见杨兆龙"中国法律教育之弱点及其补救之方略",载《法学杂志》1934年。

转变，许多大学和师范院校的政治系、政法系甚至马列教研室的师资力量开始有所剩余，或生源情况不太好，或者两者都有；在这种情况下，许多高校的政治系、政法系、社科系都开始设立法律专业，或干脆设立法律系或改名为法律系，[①]通过符号的转换，一下子就增大了法学教育的产出能力。而直到20世纪80年代中期甚至后期，许多法学院的课程也确有一些类似政治思想政治教育的课程，政治系、政法系的课程中也有法学概论之类的课程，这都为“转产”或“产品更新换代”创造了便利条件。尽管，至少起初，这类转产的产品质量差强人意，但鉴于中国自20世纪70年代末开始很长一段时间内，法律很少，市场处于孕育中，交易相对简单，因此对法律人才的专业技能要求也不高，甚至没有相对客观稳定的关于法律职业的标准——20世纪90年代初开始崭露头角的中国律师、法官、检察官甚至法学教授中，有相当一部分并没有法学本科的学位甚至没有法学学位；甚至直到1995年颁布的《法官法》以及2001年修改后的《法官法》，对法官的任职条件要求也不包括法学学位，而仅仅是大学本科学位。[②] 这表明法律专业本身还比较缺乏自身独到的系统知识。

到2005年年底，中国大陆在教育部登记的设立法学本科专业的高校已超过400所。而在30年前，1976年，这个数字仅仅是2所（北京大学和吉林大学）。[③]更重要的是，从态势上看，自20世纪70年代末以来的法学教育扩张性发展的过程似乎还没有结束，正在向法学的研究生（包括法律硕士和博士生）教育上扩展；[④]尽管对这一扩张性发展有种种争论。

二、成　　就

法学教育的发展带来了法学教育的各种形式的竞争，竞争加上对外开放以及法律职业的发展，仅就过去20多年来看，已经带来了法学教育水平的整体提高和一系列制度变化。从宏观层面上看，法律院校自20世纪90年代开始发生了几个具有标志性的重大变化。首先，随着20世纪90年代中期的一些主要高

① 据我所知，中国大陆所有的师范大学或师范学院的法律系或法学院都是20世纪80年代至今逐步从政教系改过来，或分出来的。并且至今仍然有许多法学专业教育是设置在政教系、社科部（系）、文法学院内的。

② 《中华人民共和国法官法》第4章第9条第6款。

③ 霍宪丹著：《中国法学教育的发展与转型（1978～1998）》，法律出版社2004年版，第3页。

④ 2004年，新增了6所法律院校可以招收法律硕士，使这一数目增加到45所；依据两年一次的硕士点和博士点评审计划，2005年中国大陆再次增设了一批法学硕士点和博士点的授予单位。

校完成了从教学型大学向科研教学并重型大学的转变，一些高校内设置的法学院、系也已经在20世纪90年代后期完成了这一转变。虽然一些独立的政法院校，由于学校规模大、教学任务重，或许还没有在整体上完成这一转变，但都已开始或在进行中。这一转变的最主要标志就是比之前更多强调学术发表。就我所知，一些主要高校的法学院和政法院校对教师都有了明确的，有的甚至是严格的发表指标，发表的数量和发表的刊物已经成为职称评定、晋升最核心、最硬的指标。"我们院长不会认字，只会数数"，美国大学里对院长、系主任的这一辛辣讽刺，①在今天中国的主要法律院校中已成为一种现实，尽管有所夸张。

与这一转变相联系但有所不同的是，至少在部分顶尖法学院内，教员的认同也发生了一些细微变化。可以说，一直到20世纪90年代中期，法学院教员的研究都是以立法或司法为中心，以参与立法和司法部门的活动为荣耀，如今这种格局没有根本性的变化，中年一代的如今40～50岁的法律学者，特别是部门法学者，绝大多数仍然渴望参与立法；但是，在大学转型和学术发表的催促下，也在公共传媒急剧发展的条件下，法学教授中也出现了另外两种与这一主流不完全一致的分化。一是部分学者走向媒体和讲坛，针对社会发展中的热点法律和与法律有关的问题发表自己的看法，撰写专栏文章，成为一种法律的"公共知识分子"；尽管对诸多言论的内容，学界时有争论，但总体看来，这标志着中国社会的一种多元生动的变化。还有部分学者则转向了更为学术化的研究，重视学术研究、学术撰写和发表，往往与立法或司法活动没有什么直接的实质性的联系；这些学者更认同学术人，而与职业法律人没有太多关系。这两种倾向至少在一些精英法学院已经变得比较显著。这意味着，中国尚未真正形成法律共同体，激烈的学术竞争已经开始了另一种分化，一种之前似乎只是在美国发展得最为典型的法学教育界的新一轮社会劳动分工——学术法律人与职业法律人之间的分化。法学教育和研究与法律职业的直接联系弱化了，而同学术的联系强化了。若是从这一层面上看，中国大陆在研究方面，在追求法学的社会科学化和学术化上，已经走在亚洲其他国家和地区的前列。究其原因，主要是因为中国大陆的学术市场大，人才多，竞争激烈，学术全面开放，过去20年来受到美国法学教育和研究传统的影响很大，并且最重要的是，中国大陆的经济社会发展提出了对这类学术的需求。相比而言，亚洲其他国家和地区的法学发展或者更多受制于德国传统的教义学和注释法学，或者是难以形成相对独立的法学学术市场，因此在法学的社会科学化上几乎没有什么显著的变化。而在中国大陆，这种学术发展趋

① Donald Kennedy, *Academic Duty*, Harvard University Press, 1993, p. 188.

势在未来年间有可能呈现一种加速度的发展。

第二个大的转变是,尽管学术研究和发表在法学院中获得了重视,似乎更精英了,但是法学院的主要产品特别是教育产品却是更面向市场了——真正的市场。这一趋势从20世纪90年代就开始了,如今仍在继续并可望继续扩展。就北京大学法学院近几年来的本科毕业生来看,其中62%进入了公司、律所和金融系统,进入国家机关(包括司法机关)和其他事业单位的约38%;而研究生的相应比例为48%和52%(包括高校任教)。由于本科生的年龄普遍要比研究生年龄小,从中大致可以看出,年轻一代的法学院毕业生更愿意进入"私人部门"(private sector)市场而不是"公共部门"(public sector)。而这其中,进入律所的本科生比例大大高于研究生(5:1)。

因此,无论更重视学术还是更重视市场,其实反映的都是法学院正随着市场经济对产品的需求在变化。这将为中国法学教育的进一步发展提供最广阔也最肥沃的土地。

第三个变化是建制的变化。原先综合性(包括理工科)大学内无论是原有的还是新建的法律系、政法系,到了20世纪末几乎全都改成了法学院;并且绝大多数都改为单科型法学院(俗称"小法学院",有别于由法律、政治、社会学等系组成的"大法学院")。[①] 改系为院,首先当然是因为学生数量的激增,也还有更多的符号意义,如法学院要比法律系在社会上更响亮一些,意味着法学教育在大学内的地位上升。但还不仅仅如此。这第一意味着(小)法学院制度已经成为我国大陆法学教育,除政法院校(大学)体制外,最主要的组织形式。此外,改制也往往令法学院的独立性加强,内部的管理职能、管理模式也都发生了某种变化,财政上也有更大的独立性;法学院教员的收入待遇一般也都比其他院系高一些。

同样是建制变化,但目的相当不同的是,原来司法部管理的专业比较单一的五所政法院校的变化。这些院校目前都在以某种方式向多专业和多学科方向发展。其公开宣称的目的是改善校园文化,提高学生的综合素质;但其实际功能,从长远来看,是增强了这些政法院校对市场的适应性,通过教育组合的多样化,降低这些学校在市场竞争中的风险。其中转变比较简捷的是原中南政法学院,通过同中南财经大学的合并,它很快形成并确立了其综合性文科大学的地位,并

① 到目前为止,中国几乎所有的主要大学中的法学院都是小法学院,最新加入这个队伍的比较著名的高校是南开大学法学院;仍然固守大法学院体制的主要大学中,似乎只有复旦大学,它在20世纪80年代中期建立了包括政治系在内的大法学院。

因此同老牌的中国政法大学一起成为教育部“211 工程”重点建设的大学。其他政法院校——包括中国政法大学——则采取了两类措施，一是按原法学专业的大方向设立了专业更细的法学院（系），如民商法学院、行政法学院、刑事司法学院、国际法学院等；二是创设或增加新专业，如中文、政治、外语、经济、管理、商学，设立新的学院。尽管也是努力向多学科发展，但这种努力的效果并不明显：在这些政法院校中，通过第二类措施新设的专业学院的地位相对边缘，还需要较长时间才可能获得足够的学术声誉；因此，整个学校作为综合性文科大学的地位自然需要更多时间才可能真正确立。

第四个变化是法学院基础设施的改变。目前，一些主要法律院校，都已经先后有了自己独立的或相对独立的法学楼，或者正部分自筹资金，建设或筹建独立的或相对独立的法学楼。前者如武汉大学、清华大学、厦门大学法学院（独立）和吉林大学、南京大学（分享），后者如北京大学、武汉大学（独立）和中国人民大学（分享）。可以预期法学院的教学条件、办公条件会有进一步改善，并且这些主要法学院都允诺保证每个教员（如北京大学）或每位教授（例如中国人民大学）有独立的办公室。政法院校也纷纷大兴土木，改善教学条件和办公条件，至少允诺教授每人有独立的办公室。这些变化的真正意味和后果，在我看来，其实并不仅仅在于学校的硬件条件改善，而且在于前面提到的中国大学的转型。由于从社会学上看，有固定的、不受打扰的私人空间是进行创造性思考的一个重要条件；[①]这意味着研究型法律院校有可能进一步发展。

更具体来看待法学院，其同样发生了一些重大的有利于法学教育发展的变化。这里仅以北京大学法学院的情况来分析。

首先是本科生生源更优秀了。直到 20 世纪 80 年代中期之前，北京大学法学院本科招生极少有省高考状元，[②]而到 20 世纪 90 年代后期，每年都有数名状元进入法学院；2004 年，则有 8 名高考状元进入法学院。生源好了，法学院毕业生的总体水平自然也会提高。

从理论上讲，研究生生源的总体水平也应当是提高了。因为全国各地的法律毕业生越多，报考北京大学法学院的考生也越多，法学院的选择性也大了。只

---

① ［美］波斯纳著：《正义/司法的经济学》，苏力译，中国政法大学出版社 2002 年版，第 278 页。

② 指全国高等院校入学考试的全省第一名。由于我国大陆各地的政治经济文化教育水平的不一致，各地高校的数量及因此招生数量也不一致；为了平衡各地方的各种利益，高考录取按省（市、自治区）划分录取分数线。因此，每年高考没有全国的状元，而只有各省（市、自治区）的状元。这种考试录取制度不利于考生多、教育水平高但本地高校少或高校招生数量较少的省区，因此受到一部分考生的质疑，但这种录取制度相对说来有利于那些教育水平较低的省区。

要考试制度是可靠的，那么可以预期，法学院的研究生生源的智力能力和知识水平也一定会相应提高。但值得疑问的是，目前的研究生入学考试制度是否足以将最优秀的本科毕业生筛选出来。对这一点可以质疑，这使我对研究生生源水平提高的程度，甚至是否有提高，都不敢断言。

由于社会的需求，由于法学院内部的专业分工日益细致，由于法学研究的恢复和发展，由于教师水平的逐年提高，也由于对外开放和学术的对外对内交流，法学院提供的课程如今无论在数量上还是在质量上都有了明显的增加。这一点在广义的民商经济法上可以说表现得最为突出。

师资，至少从学历、学术发表和外语能力上看，更雄厚了，并且从总体而言，更整齐了。目前北京大学法学院的教员中有博士学位的已经超过70%，并且这个比例还在继续增长。学术发表的数量和质量也持续增加。中青年教员普遍有过留学和中长期国外学术访问的经历，获得国外学位的教员数量也在增加，并且来源也日益多样化，包括美国、英国、德国、意大利、日本等。自然，教员对外的学术交往能力也显著增加了。

来访和出访学者的数量也增加了。近年来，每年至少有数十位外国学者、律师、法官在北京大学法学院作学术报告和讲演，也总有一至数位外国教师在法学院任教。每年也有近10位北京大学法学院教员到国外做时间长短不一的学术访问。

在社会交往上，除了继续保持同政府和法院、检察院系统的紧密联系和合作外，最主要的一个转变是同国内法律职业界的交往在急剧增加。许多著名律师开始在北京大学法学院有相对固定的兼职，主要任务已经不再仅限于讲授法律实务课程和在法律实务上协助指导学生。这种变化使法律职业知识开始逐渐渗透到法学院的教育中来，在一定程度上，弥补了现有法学教育中的某些不足。

北京大学法学院肯定不能代表中国大陆法学院的一般或整体状况，但是这种“解剖麻雀”仍然有一定的推测作用。事实上国内的诸多法律院校系也经历了同北京大学法学院相类似的变化，尽管在规模上、程度上和范围上会有不同，但结构原理是一样的。例如，如今各主要法学院的考生生源都要比同类其他院校系的考生生源好，或生源更为充足；对法学院教员的学历要求也在增加，各法律院系都在以各种方式延揽博士（法学的以及其他相关专业的），师资力量有了一定的改善，尽管有许多院校系师资还严重不足；学生就业受到了越来越多的关注；学术发表变得日益重要，在职称晋升中至为关键，尽管对“学术作品”的定义不完全一样；法学院教员的收入一般说来都要比其他院系要更好一些，尽管未必最高；同法律实务界的联系已经变得日益重要并已大大强化。

据此，可以说，20 多年来中国大陆的法学教育的发展取得了长足进步，不仅仅是培养了大批法律人才，学科有了长足的进步；更重要的是，这一发展也促使中国大学法学教育体制发生了一系列变化，尽管这些发展变化还在继续。

三、挑　　战

但是，中国大陆的法学教育也面临着严峻的挑战。若从宏观上看，对于法学教育的最基本挑战就是一个——法学院的产品，主要是毕业生和学术成果（并且这两者常常是交织在一起的）能否满足中国社会发展的需要。具体来说，就是法学教育如何能面对正在发生的社会转型和经济的迅速发展，提供有市场需求的优质产品。因此，要考察中国的法学教育，不能仅仅局限于一个简单的教学方法问题，至少不仅仅是一个教育学问题，而是必须面对一个更深刻的挑战。由于这个社会转型时间可能会持续 20 年甚至更久，因此，这个挑战也会持续相当长的时间。

就毕业生而言，中国法学院的产品还不能满足社会的急迫需求，同时表现为产品的紧缺和过剩。紧缺的是两端，过剩的是中间产品。所谓高端的，就是顶尖的法律人才，目前表现最明显的是国际国内经济事务上的法律人才，但是在未来，很可能还会欠缺参与治理国家决定对内对外政策的高端法律人才。一个明显的例证是，有关国家的经济问题的立法，往往扮演主要角色的是一些经济学家，包括中青年一代的经济学家，却较少看到法律家的影子。最高人民法院的一些有关经济、商业的判决往往引发了重大的经济争议。① 在一些重大的社会问题上，由于现代学术体制割裂了决策和决策责任之间的联系，法律人似乎也缺乏对决策后果的足够考量。② 有些司法改革的措施不仅不到位，往往还带来了更

① 例如，最高人民法院终审的“中福实业公司担保案”（〔2000〕高法经终字第 186 号），载奚晓明主编：《中国民商审判》（第 1 卷），人民法院出版社 2002 年版，第 217 页。有关此案的争议，参见高圣平：“法律视野下的‘中福实业公司担保案’”，载《法学家》2004 年第 4 期；“最高法院一本新书危及银行 2700 亿资产的安全”，载《财经时报》2002 年 11 月 29 日。

② 例如，2001 年 7 月 24 日公布、8 月 13 日开始施行的最高人民法院《关于以侵犯姓名权的手段侵犯宪法保护的公民受教育的基本权利是否应承担民事责任的批复》。有关的争论，参见强世功：“宪法司法化的悖论——兼论法学家在推动宪政中的困境”，载《中国社会科学》2003 年第 2 期；沈岿：“宪法统治时代的开始——‘宪法第一案’存疑”，载北大法律信息网。

大的问题。[①] 法律人在当代中国大陆，似乎更多扮演的是一种社会活动家和改革推动者的角色，而较少具备实际贯彻并取得可欲后果的技能。

不能满足中国需要的还有另一面，法学教育还不能满足中国农村或经济相对落后地区的法治需要。中国是一个大国，民族众多，各地政治经济文化发展不平衡，因此，在追求法律统一的条件下，司法者必须尽可能地使法律适应当地的情况，有效解决现实生活中的问题；但是现在法学院的毕业生往往凭着从法学院获得的知识根本无法做到这一点。[②] 在中国的最基层法院，在西部地区，甚至东部的相对落后的地区，由于当地的支付能力有限和法学院毕业生的知识不对路，同样出现了法学院毕业生的稀缺。直到 2005 年全国不仅还有 206 个县没有任何律师（若除去县级市以及大城市的区等县级单位，实际占全国 20% 左右的县），更多的中西部省、区每个县往往只有一两位律师，甚至不能建立一个律所，[③]在一些中西部省区甚至法官队伍的正常更替都难以保证。[④]

与此同时，在中国东部，特别是沿海大城市，已经出现了法学毕业生的相对过剩，表现为法学院毕业生找工作越来越难，[⑤]找到的工作的工资水平也与毕业生的预期差别越来越大。[⑥]

这些问题当然并非法学教育造成的，也无法由法学教育来解决。[⑦] 但是它

---

① 例如，20 世纪 90 年代中期实施的法官错案追究制。有关的批评，参见王晨光："法律运行中的不确定性与'错案追究制'的误区"，载《法学》1997 年第 3 期；关于错案追究制的制度影响，参见苏力著：《送法下乡——中国基层司法制度》，中国政法大学出版社 2000 年版，第 126 页；更一般的批评，参见苏力著：《道路通向城市——转型中国的法治》，法律出版社 2004 年版，第 3 ~ 8 章。

② 有关的分析，参见苏力著：《送法下乡——中国基层司法制度研究》，中国政法大学出版社 2000 年版，第 2 编。

③ 申爱山："西部律师状况堪忧"，载《法制日报》2005 年 9 月 8 日。

④ 例如，湖北的情况，参见张文显、信春鹰、孙谦主编：《司法改革报告：法律职业共同体研究》，法律出版社 2003 年版，第 129 页；河北的情况，参见景汉朝："'冷遇'未必是件坏事儿"，载《法制日报》2000 年 6 月 19 日；广东的情况，参见曾庆春、梁锐："法官门槛提高，断层现象日甚"，载《南方周末》2003 年 7 月 25 日。

⑤ 2003 年"各地政法类高校第一次的签约率均在 60% 上下，比去年同期下降了二至三个百分点"，"政法类毕业生签约率仅六成"。载大洋网。在某高校的"关于当前毕业生就业形势的宣讲提纲"中也称：全国"从专业看……一些长线专业如……法学等科类的毕业生需求较少"，载 http://cace.cumt.edu.cn/xs/xsgz01/jygz/xs/xjtg.htm。

⑥ 据武汉理工大学校园网的消息，"如今毕业生对就业的期望值太高了。我们曾为 2002 届法学专业毕业生招来了 1265 个就业岗位，但签约者却寥寥无几。记者在采访时也发现，绝大多数毕业生对工资在 1000 元以下的岗位'嗤之以鼻'"。"就业指导：让大学新生赢在起跑点"，载 http://www.wutnews.net。

⑦ 对此的分析，参见苏力著：《道路通向城市——转型中国的法治》，法律出版社 2004 年版，第 7 章。

至少证明了，法学教育面临着来自因社会发展而带来的尖锐挑战。法学教育有必要作出相应的调整。

另一个挑战是法律学术的，尽管目前中国法学教育界还很少有人提出这个问题。但这个问题不仅与前一个挑战紧密相连，而且随着中国社会经济的迅速发展，中国在世界上的和平崛起，中国必定要在法学研究上有所创造，有一些知识上、文化上和学术上的贡献。由于中国法学研究的基地往往集中在法律院校系，因此这就成为中国法学教育界必须认真思考、最重要是要努力的一个问题。

这方面的问题也相当突出，最主要的表现是，学术产出的数量仍然偏低，学术产出的质量更成问题。① 很多在中文世界中看来有些新意的研究也不过是在重复外国学者的，甚至多年前的研究成果。尽管我国大陆的法学著作的翻译在过去十多年来相当兴盛，大大促进了法学教育和法学研究；但若换一个角度，则又恰恰表明我国大陆独立的法学研究非常薄弱；就法学研究成果的知识性质而言，这基本是一种依附性的研究。② 20 世纪 90 年代中国大陆法学界的一个显然言过其实但也并非空穴来风的说法就是，“中国学者抄外国的，北京学者抄台湾的，外地学者抄北京的”。③

学术产出的数量少、质量不高反映的是一些更深刻的问题。它一方面表明中国大学和法学院的学术转型还不够，法学研究的传统不够，相关的制度和制度激励不健全等，同时它也是法学教育存在问题的部分来源。但是，在我看来，这还反映了法学学者（绝大部分都任职于法学院）缺乏对中华文化之复兴和中国和平崛起的直觉，缺乏一种学术创新和对中国法治经验的学术自信。而没有这样一种理解和自信，没有这样一种自觉的学术追求，就很难对世界的法学研究作出中国人的学术贡献。这不但会影响当今中国的法学发展，更重要的是会影响中国的法治发展和法学教育发展，并在一定程度上会影响下一辈中国法律人的学术自觉。

下面，我分三节具体分析清理一下这两方面的问题，以及影响这两方面的一些基本的体制性制约。这些清理并不求全，而在于展示这些问题发生的内外变量；并且，必须指出，诸多学者对这些问题的看法判断也不相同，这些分析清理仅

---

① 有关这方面的一个初步研究，参见苏力著：《也许正在发生——转型中国的法学》，法律出版社 2004 年版，第 2 章。

② 苏力著：《也许正在发生——转型中国的法学》，法律出版社 2004 年版，第 3 章。

③ 我的一个研究表明，近 6 年来，我国大陆学者引证最多的中文法律学术著作是王泽鉴的《民法学说与判例研究》（中国政法大学出版社，1997 ~ 1998）。苏力著：《也许正在发生——转型中国的法学》，法律出版社 2004 年版，第 65 页。

仅是抛砖引玉。

四、教　　学

有关法学教育的问题已经有很多讨论,主要涉及以下方面:

教育模式。中国法学教育界常常把这个问题当做法学院教育的首要问题,由于这牵涉到法学教育的基本方向以及教学模式,曾有过一再讨论,但至今没有定论。① 这确实是个问题,但受制于一些宏观因素,如中国的应试教育,高中生进法学院学习,以及教师的问题,因此这个问题并不是一个法学院规划决策可以解决的问题,而是受制于中国社会的需要和教师的水平。而且,我将在后面讨论,其实它并不如同一般人认为的那么重要。

法学院数量。早在几年前,当法学本科专业学校才300多所时,许多法学教育管理者就提出了这个问题,并且试图通过法学院评估来"砍去"一些。教育部也确实进行了评估,②但如今法学院(系)数量已超过400所。从实践上看,评估不能解决问题。从理论上看,也是如此。因为推动法学专业发展的是利益,学校的、院系的和教员个人的利益集合,而评估不可能消灭这种利益判断。评估标准只是为各法学院系制定一个过关最低标准;被评估者则往往利用评估的压力从学校那里争取到更多的资源,结果是,法学教育更扩大了,对法学教师、法科博士的需求更大了,法学院手中的经费增加了。因此,评估的实际效果是许多学校做了一些有意义和没有太多意义甚至表面的工作。③ 评估者即使发现了不足,但只要不是差得太远,就很难下手砸人家"饭碗",最多亮个"黄牌",敦促改正而已。

---

① 这样的文章是大量的、比较早的,如徐中起:"关于法学教育改革的几个问题",载《中外法学》1996年第3期;李龙:"论中国法学教育的改革",载《中国法学》1997年第6期。

② 例如,孙笑侠:"法学院标准化发展的政府调控——关于建立我国法学教育质量评估制度的建议",载 http://www.edu.cn/20030115/3075967.shtml。2003年冬至次年春,先后接受评估的有宁波大学、华侨大学、上海大学、扬州大学、南京航空航天大学、上海外国语学院等。

③ 请看一段网上的文字,尽管这不是说某个法学院:"某校为迎评,前几年的试卷未及时妥善地标准化保存,于是把白纸用水浸泡,然后置于阳光下暴晒,使其变黄,然后印上考题,给在校学生做后冒充是几年前的试卷!某校够学历标准的师资力量不够,于是全市各兄弟院校鼎力资助;笔者一同事得以置身其中,亲自体验了迎评过程,据其介绍,他上的迎评那一课,已经排练了三周,他和学生的交流可谓'炉火纯青'了;检查那天,安排了同学到操场朗读,安排了同学到图书馆借书,为了保证学生图书借阅的高流通量,规定那一天每个学生必须到图书馆借阅三次……"参见剑与箫:"大学如此评估——2005生活实录(二)",载 http://forum.cc.org.cn/viewthread.php?tid=2025&extra=page%3D2。

学生数量。说法学院数量太多的，其实更担心法学院毕业生数量太多，因此教学质量下降。但也不应完全把这种担心视为对法学教育的爱护。在“公心”背后往往还有一种自我利益，各地、各校都建法学院不但会影响其他法律院系的扩招，影响各校毕业生的就业机会，而且这种竞争的结果必然是法学教育收费的降低。因此，在教育计划经济思想模式的指导下，就会有人呼吁教育主管部门通过评估来管一管。因此这种关切背后有通过教育市场的垄断来维系既得利益，甚至扩张利益的企图。

师资。这个问题在许多地方院校新办的法律院系确实是个问题。但是这个问题其实更深刻一些。因为，客观地说，从“文化大革命”后全面恢复法学教育以来，师资一直都有问题。如前所说，由于种种历史的和政治运动的原因，由于缺乏法律职业的支撑，即使在“文化大革命”前，中国法学研究和教育水平就总体而言一直低于传统的文史哲、理工科，甚至经济学、社会学等学科，①而且人才极为稀缺。直到20世纪80年代中后期，我国大陆学界对法学的基本评价还是“法学的幼稚”。②

如今法学可能不幼稚了。但20世纪90年代初，由于市场经济的兴起，给法学教育界带来了另一个重大冲击，一批在高校工作已经多年的中青年骨干教师下海或半下海（兼职律师）。这种冲击，就全国而言，一直持续到20世纪90年代后期，直到教师的待遇整体上得到了改善。一批中青年骨干教师下海或任兼职律师，有得有失。一方面有助于增加教师的法律实务经验，因此在一定程度上有助于教学和法学院教育的调整，但毕竟分了心，因此，从总体而言可能迟滞了法学院师资水平的整体提高。20世纪90年代后期，由于经济发达地区的法学院高薪延揽人才，在中西部地区的法学院师资流失的情况以另外一种形式仍然在继续。③

法律实务教学。法学是世俗的学问，甚至很多是实践性的、技术性的，因此单靠课堂讲授是不够的。但是由于中国传统教育是文史哲主导的模式，加之20世纪90年代前缺少法律职业，法学教育基本上停留在理论分析、法律诠释，因此

① 一个重要的标志就是即使20世纪三四十年代的中国法学界也没有留下一部同时期社会学界诸如费孝通《江村经济》或《乡土中国》那样的至今难以超越的经典。

② 据传，这是20世纪80年代中后期，中国人民大学历史学家戴逸先生的评价。

③ 例如，在20世纪90年代后期，西南政法大学一下子有多名优秀的中青年教员调到其他待遇更好的新设立法学院的高校。吉林大学、西北政法学院也一直存在这样的问题。而清华大学法学院，以及近年来上海交大和长江三角洲地区的一些法学院，则通过待遇的方式，很快吸引了一批法学人才，已经形成了相当不错的师资力量。

距离司法实践的要求差距较大。20世纪90年代后，虽然市场提出了新的要求，但这时法学院学生数量急剧增加，师资力量缺乏，上大课讲授仍然是法学教育的主导方式。这与英美的法学院职业导向的教育形成了鲜明的对比。

法学界早就有人指出了这个问题。但许多问题并不是人们看到了，就有动力去做的，或有能力去做的。行动的力量来自利益（压力），而不来自认道。20世纪90年代中期之后，法学教育普遍受到了市场的压力，法学教员参与法律实务日益增多，法学院才普遍开始聘请律师讲学；法律援助也开始了（1994年）；①在福特基金会的支持下一部分法律院校开展了法律诊所教育（2000年）；②所有这一切都在一定程度上加强了法学院的法律实务教育。但由于上大课；由于绝大部分教员仍然缺乏法律实务经验；由于担任过兼职律师的，也往往是做法律咨询，缺乏出庭的经验，缺乏审判的经验；以及由于经费的匮乏，因此，在这个问题上，一直没有根本性的改观。

研究生教育。由于法学教育的扩张性发展，法学硕士生已经基本不是为研究作准备了。在许多法学院校中，硕士生（包括法律硕士）③的数量已大大超过了本科生的数量。数量一多，不但培养不可能采取师徒制，培养效果受影响，而且更重要的是，如果社会中有天分的人比例基本恒定，那么可以推定如今至少一些主要法学院的硕士生的平均天分甚至未必高过本科生的平均天分。而且，目前在就业问题上，已经出现硕士生同本科生竞争的现象。

博士生教育也有类似的问题。博士生的培养目标本应当是从事研究，因此招生数量不应多。但是诸多因素的合力严重影响了20世纪90年代之后博士培养的质量。首先是由于“文凭热”带来了对“博士”头衔的超常社会需求，其次是法学博士招生名额的激增，④而这一时期的法学博士授权单位相当少，各高校都试图充分利用这种稀有资源。由此导致一个博士点一年的实际招生数常常高达十多人，甚至数十多人，有时一位导师一年招的博士生就将近10人（这种情况在

---

① 1994年年初，司法部正式提出建立和实施中国的法律援助制度，并开始了试点。全国人民代表大会于1996年3月和1996年5月相继颁布实施的《中华人民共和国刑事诉讼法》、《中华人民共和国律师法》正式确立了法律援助制度在中国法律体系中的地位。1996年6月之后，其开始全面推行。

② 甄贞：“一种新的教学方式：诊所式法律教育”，载《中国高等教育》2002年第8期。

③ 法律硕士是1996年开始在部分高校正式招生的，模仿美国J.D.模式实行的一种专业教育。参见王健：“中国的J.D.？——评‘法律专业硕士学位教育’”，载《比较法研究》1996年第2期。

④ 博士招生名额都是由教育部规定的，总数应当说不算多，但由于20世纪80~90年代有博士授权资格的单位（俗称博士点）很少，因此，每个博士点的招生数额并不少；特别是20世纪80~90年代理工科学生出国学习非常多，理工科博士名额常常招不满，一些高校往往将多出来的名额转移到文科的一些热门院系来，其中包括法学院。

中国的少数法学博士点甚至至今仍存在)。而招生数量一多,质量就必定难保证。

前面提到的师资因素也加入进来了。除了一些当年留学回国的当时年事已高的老先生外,大多数博士生导师并没有受过系统的研究生教育,没有撰写过严格的硕士、博士论文,甚至论文也很少(注重发表是 20 世纪 90 年代中后期的事),其主要著作往往是参编或主编的,却是当时最急需的教科书,加上当时的资料很少,因此没有太多的条件指导学生,往往降低了培养的水平。

多方面因素的集合,使得博士生筛选不够,培养不够,特别是研究能力不够。① 事实上,相当一批法学博士毕业后并没有从事或没有能力从事法学研究工作;即使从事研究和教学的,这种影响的利弊目前也还难以判断。这进而带来另一个严重后果,博士更多地变成了一种社会身份,而主要不是一种研究人才的培养和筛选机制。这种状况目前在一些学校已经有所改变,但没有根本的改观。要恢复博士培养的学术研究传统,可能需要学界相当长时间的共同努力。

考试制度。中国自古以来形成的"守成教育"传统就决定了其考试制度更看重知识的记忆,这已经成为现代中国高等教育的重大难题之一。② 但法学教育可能是受其影响最大的之一,因为法学更讲求知识的灵活运用,很难实行有效的、标准化的书面考试。

如果说这种考试对强调基础知识的本科生影响还不算很大的话,用这个考试制度来选拔研究生问题就很大了。由于研究生入学的专业考试科目数量很有限,考试就无法同时兼顾知识广度、专业深度和分析思考问题的能力的客观和标准化考察。不时有未上过正规大学的非法学专业的考生,通过刻苦自学,以高分甚至第一名通过了硕士甚至博士考试;但考生知识面过于狭窄,缺乏逻辑思考、经验研究和实证分析的能力,写不了论文,不适合做研究。有时仅仅为录取或不

---

① 这些问题,甚至在北京大学法学院,也不能完全避免。因此,20 世纪 90 年代末,许多法学院都流传的一种说法就是,"博士不如硕士,硕士不如本科"。虽然言过其实,却也不是空穴来风。

② 张大春:"论中国教育模式的转换——从守成教育到创新教育",载《高等函授学报》(社科版)2001 年第 1 期。

录取都带来很多甚至很大的麻烦。[①] 这种现象并不仅限于法学界，因此早在20世纪90年代中期，就有人——不正确地——呼吁严格限制同等学力考生的入学比例。[②]

甚至，这种考试制度有可能变成了一种逆向淘汰制度。一些对学术有生动兴趣的学生，往往不愿花太多工夫死记硬背，更愿意把这些时间花在对新知识的了解和新问题的研究上。相对来说，往往是那些相信"有志者事竟成"的考生，那些只有考上才有望"鲤鱼跳龙门"或"丑小鸭变白天鹅"的考生，有更强大的动力去背诵那些相对陈旧的教科书，甚至连续多年，坚韧不拔，精神可嘉，在这样的考试面前，他们反而更占优势。这种看来公平的考试选拔制度事实上有可能变成一个逆向淘汰的机制，因此，很长时间来，我国大陆学界都有所谓"傻博士"之说。[③] 这种制度长期运作下去，不但违背了设计考试的目的，而且会对我国大陆的法学教育有非常长远且在我看来非常糟糕的影响。

教学内容。随着社会的发展、法学的发展，法学的领域越来越宽，不可能都在学校传授，此外对本科生还有素质教育的任务，法学院的教学因此必须有所取舍。也因此，任何教学方案和计划抽象看来总是有缺憾的。具体的取舍标准是什么？

也许更重要的问题不是法学院应当教什么，而是法学院的教授有什么可教的？这也是我在前面提到至少目前素质教育还是职业教育的争论并不真的很重要的另一个原因。必须承认，我国大陆法学的教学内容已经有了很大发展，但至今仍然不能令人满意。首先，因为我国大陆法学教育的传统是人文主导的，受德国法的影响较大，又曾长期受政治意识形态的强烈影响，因此，接受欧陆传统的

---

① 2004年夏天为媒体热炒的有关我本人招考博士的纷争就是一个典型的例子。围绕这一纷争的各类扩展讨论很多，主要是批判和谴责我的；见诸学术杂志的，参见甘德怀："我的北大考博经历"、"一些不该遗漏的事实——对朱苏力老师声明的必要补充"，载《社会科学论坛》2004年第9期；邓正来："中国博士招生制度必须改革——'我的北大考博经历'读后"、"我们对社会生活'言说'的正当性——再论'苏力招博事件'"、"对一种被遮蔽的制度性'共谋'的追究——三论'苏力招博事件'"，载《社会科学论坛》2004年第9期；杨支柱："评萧瀚《制度化对抗与制度变迁》——兼谈现阶段如何改良博士生招生制度"、"研究生招生应当废除面试"，载《社会科学论坛》2004年第9期；萧瀚："规则混乱的招生——甘德怀事件评论之一"、"制度化对抗与制度变迁——甘德怀事件评论之二"，载《社会科学论坛》2004年第9期；徐建新："这究竟是怎么一回事?"，载《社会科学论坛》2004年第9期；张远山："秀才齐说理，大兵诉诸力——对朱苏力的终极判词"，载《社会科学论坛》2004年第10期；蒋泥："程序与道义精神的夭亡——中国研究生招生拷问"，载《社会科学论坛》2004年第10期。

② 王子成："严格控制同等学力考生的入学比例"，载《高等工程教育研究》1996年第1期；宋流东、柯荣义、吴进平："对同等学力报考研究生的看法"，载《学位与研究生教育》2001年第5期。

③ 叶春生："从'傻过博士'谈到研究生的素质教育"，载《学位与研究生教育》2001年第11期。

法学还相对容易些，但要接受英美法系职业教育的传统，接受20世纪70年代以来社会科学传统的法学，在知识的性质上，就有些不兼容。此外，知识并不自动发挥作用，它必须附着于教师，而教师的知识一旦基本定型，由于路径依赖或专有资产的问题，就不大容易不断自我升级更新，除非是有某种更强的激励机制、竞争机制的推动。但这个机制目前还在形成过程中，还很不健全。因此尽管20多年来，我国大陆法学教育的内容更新很快，但从总体来看，仍然处于学术赶路的过程中。

五、研　　究

这最后一个问题又是与研究有关的。因为好的研究者，虽然不一定教得很好，但至少有新东西可教。因此要了解我国大陆法学教育状况，还必须考察一下我国大陆的法学研究。

首先必须指出，在任何国家，肯定不是所有法学院都必须承担科研的任务；在有些国家，甚至所有的法学院都可以不承担科研任务，如一些小国。但是对于中国大陆这一广大区域，面对中国社会的复杂情况和急剧变迁，如果没有一些法学院搞科研，就说不过去了；而且也不大可能，因为竞争必然会产生。因此，在过去10年里，中国的一些主要法学院已经开始转向科研教学并重，科研成果的竞争已经成为一项规定动作。甚至一些非全国重点的法学院，由于要竞争各种资源，也开始强调科研了。

所谓科研，在这里首先并主要指"发表"。尽管许多得以发表的其实完全不应当算做科研成果，但由于很难区分科研成果的发表和非科研成果的发表，因此在中国大陆，目前基本是以发表作为研究的衡量标准。发表也有了某种级别的划分。就学术刊物而言，一般区分为"核心期刊"和"非核心期刊"。核心类法学期刊目前还没有统一的标准，各法律院校往往有自己的"清单"，一般在15～20种之间，①非核心期刊则数量众多。目前著作发表还不太看重出版社，但在部分学者眼中，出版社也已经具有了某种差别意味，这同样是竞争的产物。

数量。就发表而言，若是同美国的法学院相比，中国大陆法学院的发表数量

---

① "中文社会科学引文索引网"最新(2004年)提供的按期刊影响因子确定的核心期刊名单有21种，如下：《法学研究》、《法学评论》、《行政法学研究》、《现代法学》、《中国法学》、《法学》、《中国版权》、《知识产权》、《法律科学》、《法学家》、《政法论坛》、《法商研究》、《中外法学》、《比较法研究》、《法制与社会发展》、《政治与法律》、《华东政法学院学报》、《中国刑事法杂志》、《河北法学》、《甘肃政法学院学报》、《电子知识产权》。

就总体而言是偏低的。[①] 就以人均发表在各法学院中至少是最高之一的北京大学法学院而言，在过去6年里，平均每位在职教员发表的核心期刊论文是1～1.2篇。尽管这个数字一直呈逐年增加的趋势，每年也都会有一定数量的著作出版，但一般来说，老一辈学者以教科书或教科书型的著作为主；[②]年轻一代学者，由于更多地受过比较严格的博士教育的学术训练，有博士论文作底，开始有更为专门化的著作出版。但是，相比而言，严格意义上的学术专著还比较少。

但即使如此，近年来，随着一些大学转向研究教学并重，开始强调发表，还是引出了一些教员有一定根据和理由的抱怨和抗议。主要的意见就是，只重数量，不重质量。[③] 法学界也不例外。

质量。我说这些抗议有根据，并不是公关，而是确有这种现象，甚至更糟糕的现象。许多学者更倾向于将这些问题视为个人品行或学风问题，但在我看来，更反映了一个制度问题。目前我国大陆虽然有核心、非核心期刊之区分，但是总的说来论文的质量控制机制还很不完善。就发表的论文而言，虽称为"论文"，其实许多不是article甚至不是评论。事实上，除了少数法学期刊外，目前普遍都还没有论文、评论和书评之类的文章类型的区分，文章只有长短之分。有不少文章只是仅仅表达自己对某一问题的观点和看法，相当空泛；但只要涉及各类热点问题，一般都可能得以发表。即使是论文，就总体而言，无论文献综述还是分析论证的细致透彻程度，无论是论文篇幅还是引证的资料，都无法同美国学者的《法律评论》上的论文相比。有一些论文，往往是著名学者的"论文"，没有任何资料、文献的引证；一般来说，往往越是名家，越可以不引证。引证外文资料的则更少。[④]

这就表明，在中国法学界，"科研"和论文的概念在绝大多数学者中还是相当含混的。绝大多数学者都以为，只要刊登出来了，哪怕仅仅是观点，就证明其重要，有一定的价值，因此就可以算科研了。也因如此，法学论文一般都缺乏仔细论证，无论是逻辑的论证，还是经验的验证，重要的是观点要"新颖"，要"解放思想"，符合学界的主流或基本看法；如果还能引证一些著名的（特别是外国的）权威学者或思想家的话，那就算是论证了。

这种研究既有很强的中国传统文史模式的学术影子——仅仅是影子："述

① 一个有关的研究，参见苏力著：《也许正在发生——转型中国的法学》，法律出版社2005年版，第2章。

② 同上。

③ 例如，温潘亚："量化标准与学术失范"，载《江西社会科学》2004年第1期。

④ 苏力著：《也许正在发生——转型中国的法学》，法律出版社2005年版，第76～78页。

而不作"并强调"微言大义";同时,也有先前政治意识形态宣传的模式,强调观点的正确、明确、准确;重复多,而发现少甚至没有;有不同观点的展示和综合,而没有对不同观点的逻辑展示、分析和批判。就总体而言,在大陆的法学论文中,普遍的一个问题是题大面宽。

质量问题并不仅仅是研究者或作者的问题,这里面也有出版者的问题。由于出版者自身的学术欣赏和评价能力不够,或者没有匿名评审,或干脆是没有足够多的能够进行匿名评审且负责的学者,因此就不可能建立有效的质量控制机制。正是由于没有这样一种质量控制机制,因此,学术期刊和出版社的编辑只能借助诸如"知名度"这样的替代性的,但不太准确的评价标识来选择稿件,把学术的"检验品"转变为学术的"信用品"。这种替代机制,并非完全没有道理,在不知道西瓜甜不甜的情况下,挑个大的,这是一种有道理的替代。但这种替代标识带来了一系列其他问题。①

学术升级慢。因为这种替代机制是一个向后看的机制,即用昨天的成就或权威来决定今天的研究成果之发表。这往往会造成在学术上过分看重昨天的权威,因此无法有效地推出新的研究成果和年轻的学者,客观上必然鼓励年轻学者更多模仿老学者,继承老传统,而不是努力创新,开拓新领域。尽管这也有利于学术的传承,但对于当代中国大陆来说,学术的创新或开拓也许要比学术的传承更为关键。

滞后于社会需求。从这种向后看的体制中发表出来的产品必定会滞后于社会的需求。因为老一辈学者,无论他们多么努力、多么敏感,对社会的变化、最新的问题、最前沿的学术,都肯定不如年轻一代的学者敏感和接受能力强。老学者们就总体而言总是更倾向于在已经习惯的前沿作战,更习惯于运用他们习惯的武器,讨论他们一直关心的问题,而且一般来说,外语的平均能力要比今天的年轻学者弱,也不用或不善于用计算机和网络。这并不是他们个人保守还是激进的问题,而是经济学上所说的"路径依赖"和"专用人力资本"的问题。而年轻人"无知者无畏",思想更为活跃,加上如今网络信息畅通,更容易接触到各地各学科的最新研究成果,并且更容易与社会需求同步,加快同学术前沿的接轨。

实证的、经验的、交叉学科的研究缺乏。由于受传统的人文研究模式的和意识形态宣传模式影响大,因此发表的法学论文中,除了法律史外,一般都缺乏扎实的资料。大量论文往往重复了已经有的研究或结论,很少有新的发现。社会科学的研究传统也因此很难形成或展开。例如,中国法学界的所谓的法律经济

① 苏力著:《也许正在发生——转型中国的法学》,法律出版社2005年版,第2章。

学、法律社会学的论文，绝大多数都只是介绍外国学者或他们的观点，而不是运用这些学者的思想、观点方法研究具体的问题。就风格而言，这些法经济学或法社会学的研究仍然是传统的，即评述的，而不是研究的。这就很不利于新学科的形成和发展，不利于新知识的吸纳，不利于学派的形成和发展。法学知识本身及其所依赖的知识都相当老化。①

总结中国经验的极少。这是人文传统和意识形态模式带来的一个重大问题。如果同今天中国的经济学和社会学研究相比，法学研究对中国经验关注、总结得太少，同情、理解也更少；中国的法律制度和实践往往被作为批判的对象或改造的对象。这是一种不讲（不追究）道理的做法，也是一种意识形态的做法。这样导致的后果是，中国的法治永远缺乏正当性，似乎有哪一天，中国法治符合了"国际标准"，同国际接了"轨"，才算是法治了。而中国的法治，即使仅仅考虑到其13亿人口、资源相对稀缺、各地发展不平衡这些特点，也必定不会同美国的或其他任何一个西方发达国家的法治相同的。这样追求法治往往带来"反法治"的后果，因为这种追求往往留不下稳定的制度，不容许与美国或其他某国有不同的制度。

学术批评很少。由于学界是一个熟人圈子，②因此很少有公事公办、就事论事的、"只认理，不认人"的学术批评。这固然有中国人注重人际关系的传统，但也有历史上留下的政治后遗症，也缺乏"以学术为业"的追求。③ 但这种熟人圈子的另一面则是，一旦拉下脸批评的时候，批评往往又会变得过分，不大关注事实真相，更愿意上纲上线，义愤填膺，搞诛心之论，缺乏"和而不同"的学术风范。

发表是研究的一个指标。研究的另一项主要指标是获得的科研项目，包括"国家级"、"省部级"等级别的项目。获得一个项目，固然可以得到一笔研究经费，但数量并不大，因此今天已经不像10多年前那么出于财政的关注了。今天它的意义更多代表了学界或部门对项目申请人的某种承认。项目评审一般都由专家进行，但由于严格评审不大可能，作为一种替代指标，就如同发表和出版的情况一样，评审专家往往更看重项目申请人的知名度。尽管违反了项目评审的本意，但这种做法也不是完全没有道理的。

但是这种做法也带来了一些问题。除了有同出版、发表上相似的问题之外，

---

① 一个典型的个案分析，参见成凡："法学知识的现状偏差——以麻风病作为切入点"，载《法制与社会发展》2004年第6期。

② 关于学界如何构成一个熟人圈，参见［美］埃里克森著：《无需法律的秩序》，苏力译，中国政法大学出版社2004年版，第323页。

③ 更多的分析，参见苏力著：《批评与自恋》，法律出版社2004年版。

还有其他问题。这种体制必然导致中青年,特别是有更强研究欲望和更强精力的中青年无法获得科研经费,或无法独立展开研究。他们往往必须首先参与前辈或知名学者的项目,同前辈学者合作,慢慢积累学术声誉,才有可能获得科研项目。这就可能在一定程度上压抑了青年研究者的才华,耗费了他们的青春。

同前辈学者的合作还往往会不适当地夸大了一些知名学者的学术产出能力,会产生某种虚假的学术现象,仿佛这些学者仍然始终坚持在科研第一线,仍然著作丰富。事实上,许多研究项目,虽然是著名学者挂帅,实际上这些学者并没有参加调查研究或资料收集、分析论证,而往往只是组织写作,主持几次会议,最后编一本论文集,写个序或写一篇导论就可以署名主编了。这种状况不仅对参加这些项目的中青年学者不公平,对那些没有参加或无缘参加这些项目的研究者也不公平,而且对此后的学术评奖也不公平。

学术评奖。学术评奖本不应纳入研究的名下,因为这已经是研究成果出来之后的事。但是,一般各院校都把学术评奖视为最重要的科研指标之一。这种做法有一定道理。首先评奖毕竟对获奖者是一个激励,对获奖者此后的科研会有一定的影响(尽管影响不大,因为好的研究常常是学术兴趣使然,而不是奔着奖励来的);更重要的是,评奖也是向社会推荐学术科研、使之获得社会关注并被采用的一种方式。对于厂家来说,只有真正销售出去的产品才能算是真正的产品。在这个意义上,获奖仍然可以算作科研产出的一个要素。

但是由于前面所说的法学研究成果的产品质量控制的不完善,由于没有学术批评,也没有引证率的研究,因此,诸多评奖必定是很不完善的。尽管组成了评奖委员会,但是,评奖委员会的专家们没有时间也往往没有能力对大量的多学科的参评成果都一一在细致考察的基础上作出评价;社会科学成果评价标准也很难确定,因此必须借助上面所说的诸多替代性标识:研究者已有的学术声誉、项目的来源和等级、资助金额大小和项目成果的大小(出版著作的篇幅长短)、出版社或期刊的知名度,甚至装帧设计、印刷质量、文章题目或书名是否响亮甚至错别字多少等。所有这些标识都有一定的合理性,甚至目前还没有多少更好的替代,由此带来的研究成果评奖的可信度和公信力就比较低。即使所有的程序都公正,但在这种条件下,鱼目混珠、滥竽充数的现象,相对起有比较完善的产品质量控制机制条件下的评奖,就一定会更多。并且这样的获奖成果进而还会在一定程度上影响下一代新进学者,特别是一般学者的研究和产出。

这也就可以解说,为什么尽管中国人文社会科学的学术评奖种类繁多,但推出的真正经得起考验的成果并不多。说句过头话,许多奖励,除了获奖者自己记得,没有其他人记得。学术评奖往往失去了设计者所追求的功能。

六、体　　制

这就必须进一步分析影响法学院的教育和研究的一系列体制因素。包括宏观的、中观的和微观的，但我将主要关心宏观和微观的。在这一方面，法学院也面临着严峻的甚至长期的挑战。

宏观的体制问题，首先是教育投资。没有钱办不了法学院，更办不了好的法学院。目前中国法学院的资金仍有相当部分来自各级政府，但已经有相当一部分得依靠法学院自身的筹措，包括研究经费、社会捐助和各种学费。随着中国经济的改革发展，包括法律职业的发展，很可能后一部分的比例会越来越大。法学教育收费，特别是研究生收费，将不可避免，并且费用会而且应当上涨。因为，由于竞争和社会需求，法学教育将不可避免地越来越转向一种职业教育。职业教育自然不可能也不应当由国家来保证。国家财政总是有限的，因此应当把有限财政投到普通教育上，这不仅公平，而且也是更有效率的。因此，仅从这一点考虑，国家在法学教育上的逐步退出，既是应然，也是一种必然。但出于其他多种因素的考虑，这种退出有可能要持续一段时间，不会也不应是全部的。

退出的一个重要条件是法学院可能从社会上获得足够的替代资金来源，包括学费、研究项目和社会捐助。这从根本上要取决于中国经济的持续快速发展、法学教育的消费者有支付能力、社会对法律的需求增加、法律研究项目增多以及社会捐助的能力增强。因此，中国法学教育的发展，最终说来，要取决于中国经济的发展。

如果国家逐步退出，法学院逐步转向职业教育，那么我的预测是，中国法学教育的总规模至少在一段时间内可能会缩小，而不是继续扩大。法学院之间的竞争会激烈起来，因为社会的资源是有限的，有支付能力的消费也一定是有限的；同时也因为社会对高素质的律师要求也会越来越高。而目前中国许多法学院无法承受这种竞争，无法提供有竞争力的产品。因此，竞争的后果会是法学院的数量的减少，而不是增加，但法学院的产品质量却会随之增高。前面提到的法学院数量和招生过多的问题很可能因此而化解。

但中国的法学教育还不可能一下子完全交给市场，因为中国对法学教育还有另一种需求，即专业程度一般，因此市场价格不很高的法律人，中国的数十万法官、检察官中的绝大多数以及其他准司法人员都可以归入这一类。相当一部分法学院都有可能转向以较低的收费价格培养这样的法律人。这些毕业生将主要从事一些普通的法律事务，在司法系统和政府机关担任一般的公职人员，在基层法院或派出法庭担任法官,在中国社会基层向缺少支付能力的消费者提供服务。这方面的市场还是比较大的,尽管支付能力的消费者群体有限,但需求并不小。①

如果这种情况发生,那么,我认为,无论名称如何,也无论我们是否愿意,中国的法学教育都势必会出现更细的分工。就一些法学院而言,法学教育会更为标准化;而从法学教育总体来看,却会出现一个非标准化的现象。法学教育必须会向社会提供不同质量、不同用途的产品,以满足不同消费市场的需求。法学院会有一种强烈的分化,出现数量不多的精英法学院。这种分化甚至可能影响司法考试,不无可能,在现行的统一司法考试之上会出现另一种对法律专业职业水平要求更高的考试。

因此,这就会使我在前面提过但没有展开的法学院教育模式的问题逐渐地不再是一个问题。因为不同类的法学院的教育模式必定会不同,侧重点也会有所不同。你可以讨论法学院的教育模式问题,决策和努力也会在一段时间在一定程度上也会有影响,但必须注意,真正塑造教育模式的是消费市场,是竞争,而不是教育者的主观意图。

所谓的中观体制问题主要是指国家教育主管部门,通过各种教育决策,对大学乃至法学院的影响,如博士点的问题、法学院教育评估问题、科研项目和评奖问题等;也指大学与法学院之间的关系。这些问题很复杂,我在这里不打算一一分析。但是如果如上所说,宏观体制发生上述的变化,那么可以预测,法学院在任何大学中的重要性和独立性都会增加。

事实上,过去10多年来诸多法律系转为法学院的变化就是这一变化的前锋,并且这一趋势很可能会继续下去。这种变化很可能表现为,法学院对一个大学的声誉影响的权重日益增大;财政上对大学的依赖会相对减少;教员的工资收入与其他院系的差别会更大,并且为了吸引高水平的法律教师,也必须支付更高的收入;法学院因此在许多事务管理上也会更加独立,等等。但这种趋势不大可能导致法学院有分离主义倾向,相反对大学的其他依赖会加强。例如法学院在增加和支撑大学声誉的同时也会持续依赖大学声誉这种无形资产;法学教育的专业化、职业化也会促使法学院必须更多依赖大学的素质教育或通识教育;法学的多学科和交叉学科的研究也往往要依赖大学的其他院系。历史的经验表明,专业化和分工并不导致分裂,而是强调互补。

---

① 关于这一点,参见苏力著:《送法下乡——中国基层司法制度研究》,中国政法大学出版社2000年版,第9、10章;申爱山:"西部律师状况堪忧",载《法制日报》2005年9月8日。

如果这一变化为真，那么可以预测，或迟或早，为了更有效的市场竞争，中国的诸多政法大学（学院）的出路是，或者自身开拓更多专业，或者同其他大学合并，总之要适当压缩校内的法学院招生规模，最后转而成为精英法学院；如果不作这类调整，考虑到上面提到的宏观因素，则不无可能会被挤到后一类法律院校的行列。

在微观问题上，法学院面临的挑战非常多，也非常具体，操作起来必须非常当心。但最核心的问题可能是两个，即人事体制和管理。

人事体制的改革。包括招聘、辞退教员、教辅人员和行政人员的聘用、两种体制的转接问题、计划经济体制留下的养老保险和福利问题。这一体制改革在法学院的完成可能还需要10～15年左右的时间。因为，只有再过10年，像我这样的旧人事体制下的教员才会退休或接近退休，至少人数不多了，而按照新体制聘任的教员会人数越来越多，成为主导。人员构成一变，制度就会自然而然地发生变化。

这其中，教员的招聘、流动和管理最为关键，也最难。“21世纪什么最贵？人才”。法学院之间的相互竞争以及法学教学和科研水平的提升都必然激发进一步的人才争夺。其中最需关注的必定是教员的教学能力和研究能力。这就需要建立一个良好的质量评价体系。而且，这必定会冲击现有的法学教学和研究传统，引发新旧法学知识体系和人员的抵抗。法学院内部可能出现一系列新的有关资源分配的问题。包括新人与老人之间的待遇差别、职称上的竞争、人员的流动、老人对新人的接纳和认同、学术评价标准问题、新老学科的竞争、知识类型之间的竞争。弄不好，许多优秀的教学科研人才会被法律服务市场的高回报所吸引。

如果要向科研教学并重的法学院发展，不仅需要加强对新人的选拔，而且要强化对老人的制度激励。如何激励教员搞科研，如何推进有社会效用的科研产出，如何加快法学院教员的知识更新和知识转型，就会变成一个个很难的问题。这就需要一个有权威、懂管理、有一定学术眼光但不一定是学者的法学院院长。

需要这样的院长也是因为资金募集的问题。由于政府财政对法学院的投入会相对不足，法学院财政会逐渐相对独立，因此，财政问题就会变成法学院院长最重要的职责之一。法学院院长的职能也会因此发生重大改变。法学院院长很可能必须从目前更注重学术而进一步转向管理。甚至，由于中国大陆的法学院市场如此之大，市场的劳动分工完全可能导致一个比较职业化的法学院管理阶层的出现。

但这也有可能加剧法学院院长与教授之间的矛盾。在目前的体制下，甚至可能有另一种危险，即法学院院长利用自己的行政职务和社交机会在社会上获取学术声誉；也可能会利用法学院内新旧制度的转换而形成的不同利益群体，至少在一段时间内维护既得利益，而以牺牲法学院的长远发展为代价。现有的体制也容易迫使法学院院长采取这种更多照顾现状的立场。

因此，在这个转变过程中，法学院的领导层对于法学院的未来发展会变得格外重要。他们必须有长远的发展眼光，看到法学院的发展方向；他们可以作出妥协，但必须始终坚持向这个方向发展；他们必须学术眼光开阔、胸怀开阔，因此既能够发现和招聘到优秀人才，愿意并有能力鼓励学术人才；他们还必须在做这一切的同时兼顾既有的利益格局，防止发生重大的冲突，以保证制度的转换；他们必须有能力筹措资金；而且他们还必须有牺牲精神。由于这是一个改革的过程，因此改革的连续性又很重要。但问题是，有这种全面能力的人不多；如果有，也未必愿意干这个很可能吃力不讨好、相对于其他工作收益偏低的工作。因此，如何发现这样的人，如何支付这样的人去做好这样的事，并且制约他努力朝着这个方向前进，就变成一个很根本的问题。也许一定程度的理想主义、一定程度的意识形态承诺和追求，是这一转型期不可少的辅助性的制度。

七、机　　遇

尽管困难重重，但是，我国大陆法学教育还是充满了机遇，并且是空前的。

最主要的根据是中国大陆的社会转型和经济的快速增长。这种社会变迁要求更多的各类质量的法律服务，而经济的发展最可能将这种潜在的需求一步步转化为有支付能力的、实在的需求。

尽管中国教育界，由于种种原因，改革似乎比较慢，但这种改革，无论有没有公开叫响，实际一直在进行着。而且整个中国社会的市场经济导向的改革，也会逐步软化高校教育领域内某些改革的难度。至少目前更年轻一代的教员，如今已经更多感到高校人员的流动是一个必然，也已经基本形成了这样一种预期。至少在目前，在北京大学、中国人民大学和清华大学等法学院，中青年法学人才的引进已经主要不是靠有关收入、住房和职称的许诺了。

而且受市场收入差别的影响，以及温饱问题的解决，货币收入在年轻一代的法学毕业生中仍然是择业的一个重要考量，但却不是择业的唯一考量，兴趣和志向开始扮演了更重要的角色。10多年前，许多喜好学术的有才华的中青年教员为了改善自己的生活而走进了市场，而如今越来越多的本可以进入市场获取较高收入的有才华、喜欢研究的毕业生从一开始就选择了高校，仅仅因为他们喜欢研究和教学。这种依据个人兴趣的择业，这种市场促成的劳动分工，不但减少了法学院挑选人才的难度，而且在一定程度上也会降低法学院的人才成本（因为教学科研本身已经成为他/她的收入的一部分）。

当越来越多的这种志愿选择高校和学术的人才，包括一部分其他专业（如经济学、管理学等）的学术人才进入法学教育行列后，加上对外开放、对外和对内的学术交流更为便利以及互联网，都为中国法学的快速发展和提升带来了更大的可能。由于社会的需求会促使社会科学的法学研究成果、交叉学科的研究日益增加和普遍，从而丰富法学院的知识传统，由于科研经费的增加，以及由于社会科学的法学研究模式的影响力，可以指望这一发展会呈加速度趋势。

这些情况还会进一步打破法学教育资源过于集中乃至垄断于少数地方的状况，促使人才的流动、信息的传播，进而改变法学院的内部结构，便利法学院的管理。由于我国大陆的法学教育市场相当大，法学界的圈子也就比较大，熟人关系就会相对松弱，这也会有利于学术批评的开展。

事实上，近年来，由于各地的经济发展，以及博士点的增加，法学教育资源过于集中于北京的情况已经开始改变。这必定会进一步加剧各地法学院的学术竞争。地方政府对本地高校因此间接对本地法学院的财政投入，都会促使法学教育和研究的人才逐渐分布更均匀。许多地方的法学院都有可能在某个领域崭露锋芒，一枝独秀；未来的法学院可能更多只有比较优势，而不再可能占据全面优势。

法律职业的发展也会为法学教育的发展提供强有力的职业支持。法学教育与法律职业的联系会强化，法律职业会为法学院毕业生提供更多就业机会。法律职业的发展也还为法学研究提出了更为具体的中国的问题，因此使得法学研究有了更深的中国根基。甚至在10～20年后，法律职业人士的捐助有可能成为法学院的最重要的财政资金来源之一。

对中国问题的关注、对国外的了解以及随着中国经济社会的进一步发展，也一定会促使中国学者理解中国问题的正当性，增强学术自信心，增强对地方性知识的关注，弱化法律普世主义的意识形态，这些都会为中国法学产生自己的优秀研究成果创造了条件。

而且法学院的生源至少在一段时间内会保持一个较高的水平。原料的优秀当然不能保证产品的优秀，但仍然是产品优秀的一个先决条件。并且，可以指望，法学院的师资情况也会因此不断提升。

所有这些都构成了我国大陆法学教育进一步发展和提升的长期的、宏观的有利条件，尽管对于具体的法学院来说，这些因素未必是其发展的有利条件，甚至有些一定会在这场竞争中消失。

但是，这是一个问题吗？如果是，又是谁的问题？

（2006年第2期）

马克思法学在中国的命运

——论“回到马克思、检验马克思、发展马克思”

郭道晖*

党的十六届四中全会决定强调“必须坚持党在指导思想上的与时俱进,用发展着的马克思主义指导新的实践”。党中央还提出要“实施马克思主义研究和建设工程”。法学界一些学者也在根据有关部门的安排撰写马克思主义法理学教科书,这被认为是有深远意义的重要任务。不过,正如邓小平说的“什么是社会主义我们还没有搞清楚”那样,对什么是我们所要坚持和发展的马克思主义,在我们一些人中,也不能说都已经搞清楚了。为此,笔者就法学,特别是法理学、宪法学领域的马克思理论问题谈一些粗略的看法。①

一、千年第一思想家——马克思

改革开放20多年以来,我国法学有了长足的进步。在法理学教科书书名的变化上也有所反映:由“国家与法”到“法学基础理论”,再到“法理学”,乃至“法哲学”。“阶级斗争法学”的幽灵似已不再徘徊于字里行间。但也毋庸讳言,囿于所谓教科书的编写必须遵照已取得共识的、比较“稳定”的“主流”观点和体系,使得有些现行法理学教材的立论,仍多少显得拘束、古板,某些陈旧、错误观念的旧痕仍依稀可见。其中重要的就包括对马克思主义和所谓“马克思主义法学”的认知问题。

现今,在法理学和其他部门法学教科书中,虽然强调以马克思主义或马克思主义法学为指导,但是,对马克思的法学理论以及某些基本原理,或者说对马克思、恩格斯“语录”的阐释,却往往固守某些教条,乃至曲解马克思的本意,对读者不无误导之处;而在有些年轻的法学者和学生中,则走向另一极端,似乎马克思的思想、观点和方法都不时兴了。一些博士论文中大量援引的是诸如哈耶克、

---

* 作者单位:中国法学会。

① 本文所论马克思,当然也包括恩格斯;本文题为“马克思法学”和“回到马克思”,而不称为马克思主义法学或回到马克思主义,则是考虑到“马克思主义”已被泛化,被后人添加了非马克思的东西。

昂克尔、罗尔斯、德沃金等名家理论，这固然无可非议，他们的理论观点的确各有独到的和符合时代精神以及超越前人的地方，包括十七八世纪西方启蒙思想家的理论，都很值得我们这个法治与法学十分幼稚和蒙昧的国度借鉴。不过，在这些论文里，马克思却消失得无影无踪。

须知，2000年英国广播公司的网上投票结果，马克思是被评选为全世界"千年第一思想家"的。① 而在今日美国、日本，特别是"9·11"事件以后，马克思主义的书也特别畅销。日本神奈川大学经济系教授场昭弘认为，之所以出现这一现象，"人们不是想从马克思那里找到治疗资本主义的灵丹妙药，而是想把马克思主义当成取代资本主义的一种新的选择，从而重新评价马克思。人们是把马克思的书当成探讨资本主义之后将出现的新世界的教科书，感到有必要重读马克思。"②

以马克思主义为指导思想的中国法学界，在对待马克思的态度上，竟然出现如此反差，不免使人有些尴尬。这也是有其历史的和现实的缘由的。马克思的思想理论在青年法学者库存中缺位，不能归咎于青年学子；在某些自诩为马克思主义理论家的笔头上显得没有说服力，也并非马克思本人的过错。

单从法学视角来看，马克思读大学的专业就是法学，学生时代还写过一个洋洋大观的法哲学体系纲目，尝试建立一个体现时代精神的新的法哲学体系，为此他通读了罗马法全书及大量有关论著，撰写了300多页的论稿。后来他对黑格尔的法哲学的批判，特别是他创立的科学的辩证唯物主义与历史唯物主义，由于继承了人类历代文化的精华，突破了历代法学派别的阶级局限性和思维方式的偏颇，对廓清法学领域中唯心史观，揭示法的概念、本质、功能、目的等方面，有超越前人的伟大发现和精到的理论观点，使法学发生了科学的变革，其贡献是前无古人的，理当享有崇高的学术地位，不可抹杀。

我绝不是说在我们的著作或论文中一定要去"复制"、"粘贴"马克思的语录。何况马克思主要是从事哲学、经济学的研究和政治斗争，他们的法律观和法学理论，大多是散见于哲学与政治经济学和一些批判资产阶级法制和法学观的

① 据报载，1999年，由英国剑桥大学文理学院教授们发起，就谁是人类纪元第二个千年的"第一思想家"进行了校内征询、推选，结果马克思名列第一，爱因斯坦屈居第二。随后，英国BBC广播公司又在全球互联网上公开征询、投票，历时一月，结果仍然是马克思第一，爱因斯坦第二。——转见蔡德诚："马克思何以被西方评为千年第一学人"，载《同舟共进》2002年第3期。此外，2003年马克思又被德国评为历史上三位最伟大的德国人之一，载http://news.sina.com.cn/w/2003－11－29/10561213576s.shtml。

② "马克思为何再次受到关注"，载日本《经济学人》2005年4月5日。

论战性著作中,不能说已形成完整的法学理论体系。但他和恩格斯创立的辩证唯物主义和历史唯物主义的思维方法,是集中和发展了以往人类思想文化的精华,整体上比其他法学派别的思维方法要高明得多。

譬如在论到人权、应有权利、奴隶制度等问题时,西方学者对“应当”、“正义”、“公平”等理念,往往只是从超历史的伦理道德观念上去衡量,视为永恒不变的价值。罗尔斯在其《正义论》一书中,虽然承认不处死战俘而将他们变为奴隶,从而“排除了更坏的不正义”;但又认为“交换俘虏是一种更理想的安排”,因而认为不能用“历史的限制来证明世袭的奴隶制或农奴制是正当的”。[①] 这还是对待“应有权利”的超历史的唯心史观。而恩格斯在评价历史上的奴隶制时则指出,正是奴隶社会“才使农业和工业之间更大规模的分工成为可能,从而为古代文化的繁荣,即为希腊文化创造了条件”。“没有古代的奴隶制,就没有现代社会主义。”[②]人们对奴隶在人权上的悲惨处境可以生出“高尚的义愤”,但“这种诉诸道德和法的做法,在科学上丝毫不能把我们向前推进”。[③] “马克思了解古代奴隶主、中世纪封建主等的历史必然性,因而了解他们的历史正当性,承认他们在一定限度的历史时期内是人类发展的杠杆;因而马克思也承认剥削,即占有他人劳动产品的暂时的历史正当性。”[④]

如果按罗尔斯的“理想”来安排“交换俘虏”,历史上就可能不会产生奴隶制及因而导致的人类文明的大进步,而只会使历史倒退或永远停留在原始社会。

关于人权,现在我国法理学界大都承认它有三种存在形态:应有权利、法定权利和实享权利。但对什么是“应有”,往往只是从伦理意义上去解释。其实,按照马克思的唯物史观,所谓“应有”,不是像自然法学家所臆断的那样,只是抽象的超历史的人性所固有,而是在一定社会历史条件下所可能有;不单是因为它合乎人类天性与理性(这是必要条件),而是既合乎人类自然本性,更主要是社会本性的需要,合乎人类社会发展规律(这才是充分条件)。不完全是从伦理道德上以是否合乎公平或正义的“永恒价值”为衡量标准,因为公平或正义是随不同时代、民族和阶级而不同的。

---

① [美]约翰·罗尔斯著:《正义论》,何怀宏、何包钢、廖申白译,中国社会科学出版社 2001 年版,第 238 ~ 239 页。

② 《马克思恩格斯全集》(第 20 卷),第 163、196 ~ 197 页。本文所有注释中标明为第 1 版者,皆因该著作尚未出版第 2 版;否则标明为第 2 版。

③ 同上。

④ 《马克思恩格斯全集》(第 21 卷),第 557 页。

譬如我们常常援引马克思说的："平等地剥削劳动力，是资本的首要的人权。"[①]这话通常只被从贬义上理解为对资本主义人权的阶级狭隘性的批判。实则，历史唯物主义的人权观应当承认，"平等地剥削劳动力"这一资本主义的"人权"，促使形成公平竞争和生产力的飞速发展，因而是优于"不平等地剥削"的封建等级特权与超经济的剥削。这种资本主义的剥削，在这种生产方式的上升阶段，不但是资本家的"应有权利"，"甚至在和这种生产方式相适应的分配方式里吃了亏的那些人也会热烈地欢迎这种生产方式"。[②]

二、"马克思主义法哲学还剩下什么"

这里，我想插入一段故事：1991 年 8 月，我率中国代表团出席了在德国举行的"国际法哲学社会哲学协会（IVR）"第 15 次世界大会。会上一位原东德的法哲学教授克莱纳（Hermann Klemner）作了题为"马克思主义法哲学还剩下什么"的专题演讲，引起热烈的争论。他作这一报告时正值苏联"8・19"剧变事件的第二天。参加听讲的数百人拥挤一堂，比开幕式的人还多。克莱纳教授在报告中肯定了马克思主义的科学性和历史功绩，并认为不能因为十月革命开始的社会主义实验的失败，而要求曾经信奉并且现在仍然遵循马克思理论的人们对在实践中歪曲马克思主义的人的罪行负责。现实社会主义在其进程中即使"几乎全军覆没"，也不等于同时宣判了马克思主义理论的死刑，我们的研究目标应当是"拯救马克思主义于其追随者之手"。他还认为，马克思主义理论已经被其追随者弄成精神教条，这绝不是马克思的本意。他还认为马克思主义有某些"先天不足"，如对精神的作用与重要性重视不够，"对法学以及法哲学问题总是以附带的态度，当做派生的问题来对待，使后来理论上的教条主义和实践中的独裁者造成灾难性后果"。在他看来，马克思还"低估了资本主义的进步潜能及法律在这方面显露出来的可能性"，"对未来社会主义社会体系运作机制定性时采取了消极看法，不把它看做一种法的体制，导致某些马克思主义者产生低估主体权利、低估公民政治权利、甚至低估整个平等论的看法"。他认为，马克思主义法哲学本来是解放的哲学，最终却变成压制的哲学。他认为应当重建马克思主义法哲学，但重建并不是要抹杀过去合理的东西，不能把"马克思主义法哲学还剩

① 《马克思恩格斯全集》（第 23 卷），第 324 页。
② 《马克思恩格斯全集》（第 20 卷），第 162 ~ 163 页。

下什么”这个命题理解成“难道还有什么剩下的吗”?①

他的报告引起了与会者的极大兴趣,纷纷发言,形成两派对立观点,相互鼓掌捶桌。

有些西方学者对马克思主义法哲学多持否定态度,认为马克思法哲学本来是从黑格尔法哲学发展过来的,其所发展的部分至今都未得到证实,就像火车老是误点那样,未实现其预想目的。在他们看来,作为一个历史过程,马克思法哲学像古典音乐那样已成为历史的陈迹,只能作为一种古典哲学而存在;现在的任务是回到“黑格尔”。也有一位美国学者说,马克思预言资本主义必然发展到社会主义,现在却相反,是社会主义国家向资本主义发展了,可见,马克思主义不灵了。也有一些学者发言中多赞成克莱纳的观点,并认为近年某些按照马克思主义建立起来的政权所出现的变化对马克思主义既是挑战,也是考验和发展马克思主义的机会。现在仍有“以马克思主义为指导”的社会主义国家,应当让时间来证明马克思主义法哲学的价值,现在就作结论似乎为时过早。但他们对马克思主义和社会主义的前途则仍感茫然,反映了他们面对当前形势而产生的困惑心情。②

对克莱纳教授的上述讲话,尽管有各种议论,但比之全盘否定马克思的某些西方学者,他的看法却中肯得多。

马克思在中国的命运,特别是在今日一部分中青年学子或学者之中的影响,恐怕也应当说是败坏在某些号称他的追随者或者打着他的旗号的人之手。而他们所谓的“马克思主义”或“马克思主义法学”,却往往是被扭曲或被篡改了的马克思。

我国老一辈革命家和著名的文学大师夏衍,在1989年的一次谈话中,曾经很有感悟地把一句名言作了“修正”,他说:“讲‘十月革命一声炮响,给我们送来了马克思主义’,实际上不是马克思主义,实际是列宁主义和斯大林主义。”③这的确精辟地道出了马克思以后的某些追随者的悲剧。拿我们老一辈人来说,年轻时代参加革命时所能读到的马克思原著译本也是寥寥可数,其他大都是来自苏联理论家的“二手货”,如被作为经典看待的《联共(布)党史简明教程》、列昂节夫的政治经济学、米丁的辩证唯物主义哲学,以及主管意识形态的日丹诺夫的一些文化专制理论,等等,更不要说“文化大革命”时期中国的假马克思主义了。

---

① 郭道晖著:《法的时代呼唤》,中国法制出版社1998年版,第625~628页。

② 同上,第625~628页。

③ 转引自袁鹰:“‘我从来不悲观’——夏衍同志逝世十周年祭”,载《炎黄春秋》2005年第3期。

而我国中青年人所接触到的恰恰不少是变了调的“马克思主义”,青年人不相信它,无可厚非,而且可以说是理所当然。面对这样的“马克思主义”,如果马克思还活着,他也会重复他生前面对19世纪70年代末自诩为“马克思主义者”的法国青年所说的那句名言:“我只知道我自己不是马克思主义者!”①

三、我们如何对待马克思

现今的任务,首先是要“回到马克思”,廓清添加在马克思理论,包括法哲学思想中的迷雾和垃圾,还马克思“原汁原味”的本来面貌,然后以他之后的历史发展、特别是当代的实践来“检验马克思”,剔除他的理论中已过时的或原本就判断失误的或带有空想痕迹的某些具体结论,进而结合人类文明的当代实践来“发展马克思”。

(一)回到马克思

所谓“回到马克思”,是指回到马克思的原著原本,回到“原汁原味”的、真实的、完整的历史上的马克思,把被后人误解和歪曲的马克思的许多理论观点拨乱反正。下面仅就与法治和法学有关的观念、原理,略举几例。

1. 关于无产阶级专政的理论

马克思、恩格斯所讲的“无产阶级专政”,作为国体即是工人阶级统治,或“无产阶级专有的政权”(或人民主权)的意思。他们在《共产党宣言》中即提出第一步是要“争取工人阶级统治”,“争取民主”。至于其对敌实行“专政”即镇压,只是无产阶级专政(工人阶级统治的政权)的政治职能之一(还有经济建设和社会管理等更重要的职能),而且也只是限定在革命胜利刚掌权的短暂过渡时期,为了镇压敌对阶级的反抗而实行的策略。

到列宁时代,无产阶级专政却被定义为“直接凭借暴力而不受任何法律约束的政权”,②认为它是“马克思主义的核心”,“只有承认阶级斗争同时又承认无产阶级专政,才是马克思主义者”。其实,马克思主义的核心和最终目标是建立“自由人的联合体”,解放全人类。恩格斯在英国记者要求他以一句话概括马克思的毕生追求时,就引用了《共产党宣言》中那句名言:在那里,“每个人的自由发展是一切人的自由发展的条件”。

无产阶级掌握政权之后,一定时期内实行无产阶级专政固然有历史的必要

① 《马克思恩格斯全集》(第37卷),第432页。
② 《列宁全集》(第35卷),第237页。

性，但这只是“建立自由人联合体”、“实现全人类解放”这一伟大目标的一个短暂的阶段性的条件，而不是社会主义、共产主义的长期的根本目标。

当时，与列宁同时代的马克思主义者罗莎·卢森堡就曾指出，无产阶级专政“是一种阶级专政，而不是一个政党和集团专政——这是一种以人民群众最积极地和不受限制地参加政权，以无限民主为基础的最广泛、最公开的阶级专政”，“这种专政必须是整个阶级的任务，而不能由少数领导者以阶级斗争的名义来把持——也就是说，它必须通过群众的参与一步一步地进行；它必须处于群众的直接影响下，为完全公开的活动所控制；必须是人民群众的政治训练机会日益增多的产物”。①

新中国成立后，“无产阶级专政”虽然改称为“人民民主专政”，但却将“专政”误释为对敌人实行“杀、关、管”。其实专政（dictatorship）的本来含义是政治上的独裁，主要体现为实行人民民主，而不实行资产阶级民主制（但也不是不给资产阶级成员以某些民主权利，如选举权）；镇压敌人只是这个政权的一个政治职能。这种政治职能固然要以暴力为后盾，但正如马克思、恩格斯所指出的：“暴力（即国家权力）也是一种经济力量”②。（从法制上说，“专政”并不限于刑法措施，而主要是行政手段和经济手段，如新中国成立初期以《共同纲领》和行政法令宣布废除地主的封建土地所有制和没收官僚资产阶级的财产，而并不把他们都杀、关、管）。列宁后来也认为，专政主要不是暴力，而是工人阶级（通过共产党）“对政策的领导”；而且实行无产阶级专政也不一定要剥夺资产阶级的选举权。“剥夺资产阶级的选举权，并不是无产阶级专政的必需和必要的标志。”③

我国历史上曾有过的错误是把坚持无产阶级专政在时限上“发展”为整个社会主义历史时期（好几百年）的任务。在广度上，更把专政无限扩大化，变为对所谓的“资产阶级”（实际上扩大到全社会）实行“全面专政”，而且由阶级专政蜕化并强化为党专政和领袖个人专政。在手段上，则把“专政”理解为对敌人实行“杀、关、管”，把司法机关说成是“专政机关”，把司法强制手段都当成“专政手段”，等等。

可见，在“专政”的概念和原则问题上，马克思的思想已经被误解、修正甚或背离了。要坚持马克思就必须回到马克思在无产阶级专政理论上的本意，并将

---

① ［德］罗莎·卢森堡著：《论俄国革命》，1940年纽约版，第52～56页，转引自赖特·米尔斯编：《马克思主义者》，商务印书馆1956年版。

② 《马克思恩格斯全集》（第37卷），第491页。

③ 《列宁全集》（第35卷），第273页。

它放在恰当地位上。

2. 关于国家的理论与实践

与专政相关的还有对国家的看法:恩格斯曾提出国家有两种职能,即统治职能与社会管理职能。后一职能恐怕到共产主义社会也不会消亡。当然,那时可能是转化为社会自治的职能。列宁在《国家与革命》一书中,一方面过早地估计了国家的消亡;另一方面又过分强调国家是阶级镇压的机器,而把国家的社会管理职能看得过于简单(只是做"统计和监督")。

在我国,自古以来,"溥天之下,莫非王土;率土之滨,莫非王臣","家—国—天下"三位一体,国权、皇权至上。新中国从帝国主义统治下解放出来,对外强调国家的独立(这是必要的),对内实行国家权力的高度集中,有一定历史必然性,但后来一度发展到强调国家的绝对权威,以"国家利益至上"为辞,否定个人利益,陷入"国家高于一切"的国家主义的误区;进而把坚持执政党的领导等同于党包揽一切。这是不太妥当的。

什么是社会主义?顾名思义,就是要以社会至上为主义,社会至上即社会主体至上,人民至上,而不是国家(政府)至上。所以它更重要的性质是同国家至上的国家主义相对立的(希特勒的纳粹主义就是国家社会主义的音译,他推行的就是国家至上,领袖至上)。而我们过去只是强调社会主义同资本主义是对立的两极。其实,社会主义同资本主义固然有本质的区别,但也有许多可以相互借鉴和传承的地方。特别在反对封建专制政治上更是如此。何况马克思还曾强调资本主义是社会主义的物质前提。

马克思、恩格斯视国家为社会主义者不能不继承下来的一种"累赘"和"祸害",终将随着社会的发展逐渐复归于社会,最后逐渐消亡。而长期以来,在我国,国家权力的拜物教还在某些领域大行其道。实行市场经济,打破了"国家—社会"一体化的格局之后,出现相对独立的民间社会和社会利益群体的多元化,要求国家权力逐步地、部分地社会化、多元化。但有些权力者仍然固守国家集权主义,不肯向社会分权放权,不愿鼓励和尊重人民合法的政治参与权,甚至极力加以压制。这些也都是对马克思的理论和理想的背离。

3. 关于自由

前面已说过,自由本是马克思恩格斯的最高理想和共产主义的最终目标——"解放全人类"。解放即意味着从束缚下获得自由,建立"自由人的联合体"。他指出:"自由确实是人的本质,因此就连自由的反对者在反对自由的现实的同时也实现着自由。""没有一个人反对自由,如果有的话,最多也只是反对别人的自由。”[1]他还从哲学高度指出：“共产主义——是通过人并且为了人而对人的本质的真正占有。”而人的本质特征便是“自由的自觉活动”。“自由确是人的本质全部精神存在的类的本质”，争取自由的过程，就是争取人的本质的复归过程，也是人的解放过程。[2]

列宁对自由在评价上也有片面的地方，如把资本主义社会的民主自由说成是“欺骗”；过分强调民主集中制的集权一面，实即集权制。历史上有些社会主义国家的党的领导人则进一步把民主集中制变为个人独裁制。打着批判资产阶级自由的旗号建立和强化名为社会主义实为专制独裁的统治。

毛泽东在民主革命中曾极力称赞罗斯福的“四大自由”，而且认为“人民的言论、出版、集会、结社、思想、信仰和身体这几项自由，是最重要的自由。”[3]可是，在掌握国家最高权力以后，就很少或忌讳再从正面意义上肯定自由，特别是政治自由。“自由”完全成了贬义词。新中国成立前党的纲领是“建立独立、自由、民主、统一和富强的中国”[4]，新中国成立后的历次宪法序言中，“自由”二字也避而不提了。在批“资产阶级自由化”时，有些人把“自由”本身也否定了。甚至某次文艺晚会上歌唱《团结就是力量》这首革命的历史歌曲时，连其中的“向着自由”一语也犯忌讳，改成“向着胜利”。这时“最高指示”所强调的是“统一思想”、“舆论一律”、“言者有罪”、“高度集中”、“大权独揽”，最后导致“文化大革命”的“定于一尊”。

在法与自由的关系上，长期以来，法理学教科书和一些论著中，都很少论及法与自由的关系。只讲法的阶级性，而回避法的本质和最高理念是自由。谁讲自由是法的精神和价值所在，就被斥之为“超阶级的抽象观念之谬误”，甚至被诬为“资产阶级自由化”。现今一些法理学教科书虽然已把自由列入法的价值范畴来论述，但也还没有将自由提高到作为法的本体、本质要素和终极理念与目的来阐释。

马克思早就指出，法的本质是自由，“法典是人民自由的圣经”。“法律只是在自由的无意识的自然规律变成有意识的国家法律时，才成为真正的法律。”“哪里的法律成为实际的法律，即成为自由的存在，哪里的法律就成为人的实际的自由存在。”法律是否反映法的本质（自由），“就是形式上的法律和真正的法

---

① 《马克思恩格斯全集》（第1卷），第167页。

② 转引自杜光：“马克思是怎样论述自由的”，载《炎黄春秋》2004年第9期。

③ 《毛泽东选集》，人民出版社1967年版，第1008、1019页。

④ 同上。

律的区别”。①

自由不只是法和法律所追求的一个价值目标，更重要的是，自由是法的本体元素。离开自由，法就会是空洞无内容、无意义的虚构。法的本质即自由，可从以下两方面来考察：

无自由即无法律，因为不存在毫无自由的法律。历史上奴隶制的法律、封建专制的法律，虽然不给奴隶以人身自由和不给农民以土地自由，却要借助法律来保障奴隶主和封建主剥削、压迫奴隶和农民的自由。因此，剥削阶级的法律也是自由的法律，只是自由是作为统治阶级的特权而非普遍性的权利，是反对他人自由以保障自己自由的法律。所以说，没有任何法律绝对反对自由，只是反对他们所要反对的他人的自由。绝对不讲自由的法律是不存在的。即使希特勒暴虐的纳粹法律，也是维护其法西斯统治自由的法律。

反之，无法律亦无自由。正如古希腊哲学家西塞罗所说："为了得到自由，我们才是法律的臣仆。"尽管自由是人的本性所要求的，但这种"自然的自由"或应然的自由，如果没有法律的保障和制约，只能是受自然的必然性所摆布，而且不可能有免被他人侵犯的自由。

可是，新中国成立以来，由于对马克思的自由观的片面理解、误解甚至曲解，我国公民宪法政治自由权利的立法还不受重视，或者不受权力者的认同。迄今还没有制定出版法、新闻法、结社法以及学术等的自由保障法（只有由国务院或其部委制定的法规和规章，而那些主要是管理和限制这类自由的，虽然合理的限制也是必要的，但有些限制性规定则是有悖宪法确认的公民自由权利的）。在其他立法中，公民的自由也受到过多的不良限制。有的主管部门人员甚至认为："如果立了这些法，我们就不好管了！"这实质上还是人治思维，抵制依法行政。其实，自由的法制化，既是对自由的保障，也是对自由加以合理的和必要的法律限制，应当是更能妥善治理的。

由于长期以来，我们在极左路线的潜移默化下，把马克思主义歪曲成只是讲"专政"和"斗争"的哲学，自由被妖魔化了，以致出现这样的奇怪现象：我国一位著名的马克思主义理论家，谈到他直到20世纪80年代中期重读《共产党宣言》时，才特别注意到其中所强调的关于建立"自由人的联合体"和"每个人的自由发展是一切人自由发展的条件"的思想。他自陈过去长期没有注意到这一点，"恐怕与我们过去长期处于'以阶级斗争为纲'的时代有关"。②

---

① 《马克思恩格斯全集》（第1卷），第176页。

② 吴江："试解'共产主义'之谜"，载《炎黄春秋》2005年第3期。

不仅我们自己如此，由于我们对马克思主义的误释，在国外也造成对马克思主义的误解。1999年，我在日本名古屋一所大学作学术演讲，在回答听众对我国批“资产阶级自由化”提出质疑时，我说，这个口号后来被解释为“有特定的含义”，即专指不得反对宪法确认的四项基本原则，而不能理解为或以此来否定自由。我说，共产党人本应当是最讲自由的，共产主义的最终目标本来就是使每个人都得到自由的发展，所谓“全人类解放”也可以说就是追求人人都能获得最大限度的自由。我就举出马克思、恩格斯在《共产党宣言》上关于自由的那段经典语言加以论证。一位日本著名法哲学教授很惊叹地对我说：“马克思也说过这样的话？如果是这样，那马克思主义还有什么可怕的？我也可以信仰马克思主义。”

可见，在自由这个共产党人的最终目标和美好理念上，回到马克思的本来追求，清除后人加在它身上的污泥浊水，还任重道远。

4. 关于民主与法治

马克思、恩格斯认为“工人革命的第一步就是使无产阶级上升为统治阶级，争得民主”(《共产党宣言》)。恩格斯在晚年还很重视资产阶级的“民主共和国”，认为那也是无产阶级在夺取政权以前可以利用的民主；而且在建立工人阶级的国家时，也是一种可能的选择。他还特别重视运用普选权进行合法斗争，使之“由向来是欺骗的工具变为解放的工具”。① 他们还特别强调党内民主。1889年恩格斯在批评丹麦党把持不同观点的党员开除的做法时，曾经指出：“工人运动的基础是最尖锐地批评现存社会，批评是工人运动生命的要素，工人运动本身怎么能避免批评，想要禁止争论呢？难道我们要求别人给自己以言论自由，仅仅是为了在我们自己队伍中要消灭言论自由吗？”②1892年，他在致培培尔的信中告诫要防止党的报刊“国家化”，即中央集权化的弊病时，又指出：“你们在党内当然必须拥有一个不直接从属于执行委员会甚至党代表大会的刊物，也就是说，这种刊物在纲领和既定策略的范围内，可以自由地反对党所采取的某些步骤，并在不违反党的道德的范围内自由批评纲领和策略。你们作为党的执行委员会，应该提倡甚至创办这样的刊物。”③

列宁在革命时期强调党在革命斗争中实行集中制，认为只有党的权力的高度集中和党员、党组织的铁的纪律与组织性，才能对付比无产阶级强大百倍的敌

① 《马克思恩格斯全集》(第22卷)，第602页。
② 《马克思恩格斯全集》(第37卷)，第324页。
③ 《马克思恩格斯全集》(第38卷)，第517～518页。

人。在建党时，当马尔托夫批评列宁的集中制是“专制的官僚主义的治党方式”，是“奴隶束缚制”、“过分的、可怕的集中制”时，列宁反驳并申明他主张的集中制是“民主的集中制”。这里，“民主的”只是一个形容词，仍落实在集中制。对民主，列宁较着重于批判资产阶级民主的消极方面，而忽视其反专制的理念和民主的某些程序和形式的可借鉴性（如权力的分立与相互制衡，以致我们至今还误将它当成是“资产阶级”的专利）。

在掌握政权以后，列宁意识到从革命党到执政党的应有转变，开始比较重视人民民主和党内民主。1920 年 9 月，列宁主持的俄共第九次代表大会通过决议，要求“创办报刊（争论专页）来更经常更广泛地批评党的错误和开展党内各种批评”，“成立一个同中央委员会平行的监察委员会”。① 监委不对中央委员会或同级地方党委负责，而只对党的代表大会负责，它的任何委员都不得在任何人民委员会部、任何个别主管机关及任何苏维埃政权机关中兼职。列宁还主张国家各级检察院实行垂直领导，②设立工农监察院，等等，加强对国权和党权的监督。③

毛泽东在反对国民党专制政府的斗争中，提出过“废止国民党一党专政”，实行“新民主主义宪政”的口号。认为只有实行民主，让人民来监督政府，才能跳出历代王朝兴亡的周期率，才不会人亡政息。这实质上是主张民主的法治。但掌握政权以后，他没有按他原来说的做，而是习惯于个人专断、人治，是个人专权与“群众专政”相结合，领袖的绝对权威与群众运动的“大民主”相结合，实质上是“人治底下的群治”或“用群众运动形式包装的人治”。最后导致“文化大革命”的一场浩劫。④

5. 关于对公有制的曲解

长期以来，有一种错觉，以为只有“国有制”和集体农庄或人民公社那样的“集体所有制”，才是“公有制”；只有国有制在国民经济中占有绝对或相对大的比重，才是体现了“以公有制为主体”；而且把国有制成分的多寡看成是社会主义的标志，这是对马克思关于“废除私有制、建立公有制”的曲解。列宁在起初也不明确，只是遭遇军事共产主义的失败后，才开始实行新经济政策。斯大林则完全改变了列宁的这一进程，把国有制、计划经济作为统治一切的集权的、垄断的权力经济。

---

① 《列宁全集》（第 39 卷），第 288 页。

② 《列宁全集》（第 43 卷），第 194 ~ 198 页。

③ 同上，第 373 ~ 377 页。

④ 郭道晖：“毛泽东邓小平治国方略与法制思想差异比较”，载《法学研究》2000 年第 2 期。

其实,所有制是政治经济学的概念,从法学的视角审察,应属于所有权范畴。而所有权,就不限于非公即私两种,有的属个体私有(如私有资产、资本),有的属个体或群体“共有”,如夫妻、家庭的共有财产(属于“共同共有”,各共有人对共有财产享有平等的所有权,在共同关系结束后可以平分为双方各自所有)、合伙人的共有财产(属于“按份共有”,作为集体财产,经各合伙人同意可以分割,按各合伙人的出资份额分享权利)。“共有”不同于“公有”,公有是为共同体(集体组织或国家组织)所独有,不容分割为个人或群体所有;而共有则可以析分归每个共有人所有。如股份公司中既有纯属于股东的私人所有的股份,也有属于公司法人独有的财产,后者即股东公有,由公司法人经营处分,在公司解散前不能分割给股东们个人所有。纯国有制企业则是这种“公有”制,名义上属于全民所有,实际上人民并不能直接分享(只是间接通过其盈利与缴税转化为国家财政收入,再由国家举办公益事业和福利救济事业,使人民得益)。

至于马克思、恩格斯所要废除的私有制,是针对生产资料为少数资本家私人垄断,作为剥削多数劳动群众的手段、而劳动者却同生产资料所有权分离(成为无产者)的这种弊病而提出的。他们要求建立的公有制,实际上是指共有制,是使生产资料和所有社会资源都能为全社会每个成员个人分享,劳动者同时又是“有产者”。这种所有制就是马克思所说的“以自由劳动者的协作以及他们对土地和劳动本身生产的生产资料的共同占有为基础”,“重新建立个人所有制”。[①]它是“非孤立的单个人的所有制”,而是“联合起来的社会个人的所有制”。[②] 这种所有制是要求为人人所有,即能具体落实到每一个人所有,而不是抽象的所谓“全民公有”或国家垄断(实际上很容易蜕化为“官有”或权贵效益者所有)。

就“共产主义”的词义而言,马克思追求的是“共产”主义,而不是“公产”主义,就是追求社会主体人人共有和分享。这种联合起来的社会个人所有制或社会所有制的构想,就是建基在社会至上、每个人得到自由发展的理念上和社会发展的必然性上。

马克思在《资本论》里,不止一次论及股份公司是“由资本主义生产方式向社会主义共同生产方式的过渡形式”、“过渡点”,是资本的“自行扬弃”的结果。它取得了社会资本的形式,而与私人资本相对立。恩格斯更具体地指出:“究竟什么是资本主义私人生产呢?那是由单个企业家所经营的生产;可是这种生产已经越来越成为一种例外了。由股份公司经营的资本主义生产,已不再是私人

① 《马克思恩格斯全集》(第20卷),第143页。

② 《马克思恩格斯全集》(第48卷),第22页。

生产,而是为许多结合在一起的人谋利的生产。"①股份制扩大了资本占有的主体,使之具有公共性。股份公司使职工和社会上人人都可以参股,都成为股东,都拥有生产资料和都能参与利润的分配。现今美国2.75亿人口中的60%都是持股股民,这意味着除去非成年人,几乎所有社会成员都是股民了。②

这样,股份制企业的资本所有者已不只是个体资本家,而是社会群体,或"直接联合起来的个人资本家"。虽然不能说就是社会主义,但也可以说是资本主义社会中孕育着过渡到社会共有制(社会所有制)的某种形式要素。

当然,指出公有制的社会所有性,以区别于国有制,并不意味着在现时的中国就要完全废除国有制或将国有企业都转化为民有企业。保留那些影响国计民生的重要企业为国家所有,在很长时期仍然是必要的,有些也可以采取由国家控股的综合所有制形式,以克服国家垄断一切的局面。

至于社会主义与资本主义的关系,我们往往只记住两者是"根本对立"的,而忘记了马克思强调的"资本主义是社会主义的物质前提",二者是有某些共同之处和可以相互传承的因素。现代资本主义社会的本质虽然没有根本改变,但也是在逐渐进行量变或部分质变。不仅高度发达的资本主义社会的生产力,是建设社会主义的物质前提和不可逾越的阶段,其经济基础中的某些组织形式和上层建筑某些要素,资本主义与社会主义之间也是可以相互借鉴的。随着经济和科技文化的飞速发展,特别是全球经济一体化的发展和信息社会、知识经济的形成,资本主义国家和社会主义国家都出现了社会多元化利益群体。资本主义国家的政府为了缓和社会两极分化导致阶级斗争加剧的情势,并避免和克服市场失灵及政府失灵的弊病,一方面强调政府的"服务行政"和"给付行政"的职能,借鉴和吸收了社会主义的一些社会政策,建构"福利国家",使法律的社会性、人民性有所体现。有的西方学者称,当代资本主义之所以并未"垂死",相反却充满活力,一个重要原因是实行和实现了《共产党宣言》中所提出的十项社会政策(特别是累进税制和社会保障制度)。这方面在社会民主党曾经执政过的国家,如北欧和德国,尤为突出。当代英国法学家韦恩·莫里森(Wayne Morrison)在其所著《法理学》一书中说:

"社会主义的批判力量帮助西方国家对它们的法律秩序进行了重新修正。马克思的《共产党宣言》列举了革命成功之后要立即着手进行的十点社会改革计划,但是没有经过马克思所希望的革命,它们就在西方国家产生了巨大效

① 《马克思恩格斯全集》(第22卷),第270页。
② 蔡德诚:"马克思何以被西方评为千年第一学人",载《同舟共进》2002年第3期。

果。”“马克思的许多洞见，其影响越出了他的政治上的直接追随者，被吸纳到激发社会民主和自由思想的批判性对话之中。……与以任何决定论方式证明为什么资本主义必然消亡方面相比，马克思在唤起资本主义的潜能方面更为成功。”①

由于资本主义自身发展的逻辑必然性，加上吸取了社会主义的某些社会政策，因而也增强了它克服其内在矛盾与弊病的自我调节能力，这种调节过程也是不断改革资本主义自身结构的量变过程，其结果不仅延长了资本主义的寿命，也为未来社会主义社会创设了物质前提。只要考察一下自十八九世纪的自由放任的资本主义，发展到今日全球化条件下的现代资本主义，就不能不承认资本主义已经发生了多么大的部分质变。而资本主义这种渐进的改良，也是一步步地在“长入”某些社会主义因素，而为资本主义自己的逐步灭亡自掘了坟墓。这就是历史的辩证法。

现实的社会主义也在从自己的实践教训中不断自我调整，也开始注意吸取资本主义的某些有益的经验，譬如实行市场经济，改变国有经济一统天下的局面，还权于社会，等等。2005 年 2 月我国国务院发布的《关于鼓励支持和引导个体私营等非公有制经济发展的若干意见》，允许民有经济“进入垄断行业和领域”，包括电力、电信、石油、铁路、民航等。在关于“十一五规划的建议”第 23 条又提出：“深化垄断行业改革”，“大力发展个体私营等非公有制经济，鼓励和支持非公有制经济参与国有企业改革，进入金融服务、公用事业、基础设施等领域”。这都标志着在经济上突破国有经济的垄断，开始了民有经济向垄断领域的渗入。这不应当带着对私有的恐惧看做国有经济向私有经济的转化，倒可以说是从“国有”垄断一切的局面，向社会所有制回归的一个起步。虽然这还远不是马克思、恩格斯所预想的“联合起来的社会个人的所有制”（当然更要排除那些借国有企业转型掠夺国有资产变为私有的权贵资产者集团）。

可是，国务院的这个“意见”却受到一些社会人士的坚决反对，指为违反宪法和将国家引入资本主义歧途。② 过去在实行股份制的初期，法学界也有人认为是搞“私有化”；现在制定物权法，也有人认为是走资本主义道路，违反宪法，这表明对公有制的误解的旧思维还在一些人头脑中挥之不去。

---

① ［英］韦恩·莫里森著：《法理学》，李桂林等译，武汉大学出版社 2003 年版，第 284、286 页。

② 105 人联合署名的向中共中央、全国人大、国务院的建议书：《对于〈国务院关于鼓励支持和引导个体私营等非公有制经济发展的若干意见〉的意见》。建议书指责国务院发布的这个若干意见违背宪法关于基本经济制度的规定，和关于社会主义初级阶段分配制度、巩固人民民主专政、加强国家安全的要求，建议立即撤销该若干意见。

6. 回到完整的马克思

有人质疑:是回到早期的马克思还是晚期的马克思?提出这种问题是基于长期以来,理论界曾人为地把马克思分为早期“不成熟”的马克思和中后期“成熟”的马克思,从而以被歪曲了的视点去加以评价。他们认为早期马克思的人本主义和人权思想及倡导民主自由等只是民主主义的,非共产主义的;而阶级斗争和无产阶级专政才是所谓“成熟”、“正统”的马克思主义。在法学界,有的号称“资深的”、“权威的”法学家动辄挥舞阶级性大棒,逢“人”必反,指斥倡言人性、人权、人道、人本主义以及“法的本质是自由”等理念只是资产阶级的或早期马克思的民主主义观念,不足为据,应予扬弃或批判。

当然,早期的马克思同后期的马克思的思想理论是有差别和发展的;但二者却是有延续性的,不能割裂。早期他较多地从哲学和法哲学的高度研究和追求人权和人性的自由和解放,中后期则转入经济学的研究。二者之间正是“由抽象概念上升到具体概念”的思维过程,是一个与时俱进的过程,有着历史的和逻辑的联系。

早期,他在《1844 年哲学经济学手稿》中,对人的本质的异化、劳动的异化的深刻揭示,渗透了人本主义和辩证法思想,为他后来撰写《资本论》打下了思想理论基础。他在《黑格尔法哲学批判》和《论犹太人问题》等著作中,对市民社会中的人权(私权利)与公民权(公权利)的明晰区分,对于我们今天研究宪法上公民的政治权利和建构公民社会,具有很重要的启蒙意义和现实指导意义。① 可惜我们法学界包括宪法和法理学界很少人关注(有的人甚至没有读过)马克思这些光辉著作。这也是他们过去把人权说成是“资产阶级口号”,把“异化”只归结为资本主义范畴的特殊现象,以所谓“超阶级的抽象人性论”来否定人本主义的普世价值,以及至今还分不清作为私权利的人权同作为公权力和政治权利的公民权的区别及其重要意义。这都应当说是徒有坚持马克思主义之名,而对原汁原味的马克思理论无知的结果。其中还存在对马恩的思想理论采取实用主义态度,只片面摘引符合自己口味的语录,而抹杀、扭曲马克思完整的主导思想。

所以,所谓“回到马克思”应当是回到“完整的马克思”。

(二)检验马克思

任何真理都要经受实践的检验,马克思主义也不例外。实践不止是当时的实践,更要以历史发展过程和现时的,以及可以预见的未来发展来检验。马克思的时代还多少属于自由资本主义时代,相对于今天来说,还是比较原始的资本主

① 郭道晖:“论公民权与公民社会”,载《法学研究》2006 年第 1 期。

义时代。那时主要的资本主义国家英、法、德、美的生铁产量加起来才 824 万吨（1866 年），不到现在中国钢产量一亿多吨的一个零头。那时马克思更没有看过电视，玩过手机，即既非知识经济，也非信息社会时代。但他却预见资本主义的丧钟已经敲响，全世界革命会同时发生。这表明马克思对世界革命的预期、对资本主义生命力的估计，以及对未来国家和法的"消亡"前景的过于简单化预测，确有某些空想的成分。

恩格斯晚年也承认说："历史表明我们也曾经错了，我们当时所持观点只是一个幻想。""当时欧洲大陆经济发展的状况还远没有成熟到可以铲除资本主义生产方式的程度"，资本主义经济"还具有很大的扩展能力"，工人阶级自身还没有成熟到"以一次决定性的打击取得胜利"，"在 1848 年要以一次简单的突然袭击来达到社会改造，是多么不可能的事情"。[①] 所以，作为他们的后继者，需要对他们的某些原理和具体结论加以时代的检验。

此外，马克思、恩格斯也自认他们在批判论敌时也有疏失。譬如，关于经济基础决定上层建筑的原理，恩格斯在晚年为此带有自我批评地作了澄清。他说了他和马克思在过去把重点放在从经济基础上去探索政治、思想与法权观念的由来。"但是我们这样做的时候为了内容而忽略了形式方面，即这些观念是由什么样的方式和方法产生的。这就给了敌人以称心的理由来进行曲解和歪曲。"[②]这导致人们把经济基础理解为决定上层建筑的唯一根源，而忽视其他社会因素对上层建筑的影响。

事实上，上层建筑中诸现象也能自相作用，有时彼此还有决定性的作用。如不同的历史文化传统和习惯，在某个法律现象上起了决定性的作用。同属资本主义经济，英美法系与大陆法系就有很大区别，这就不简单是由经济基础决定的。也如恩格斯指出的：在英国立遗嘱的绝对自由，同在法国对这种自由的严格限制，就很难证明"在一切细节上都只是出于经济原因"。[③]

所以，恩格斯指出，如果否认一切因素的交互作用，"说经济因素是唯一决定性的因素"，并将之应用于任何历史时期，解释任何社会现象，那么"就会比解一个最简单一次方程式更容易了"，但这就把"经济基础决定上层建筑"的命题"变成毫无内容的、抽象的、荒诞无稽的空话"，"要不闹笑话是很不容易的"。[④]

所谓经济基础决定上层建筑只是从"最终"意义上立论的，不能用来套用于

---

① 《马克思恩格斯全集》（第 22 卷），第 598 页。

② 《马克思恩格斯全集》（第 39 卷），第 94 页。

③ 《马克思恩格斯全集》（第 37 卷），第 488 ~ 489 页。

④ 《马克思恩格斯全集》（第 37 卷），第 461 页。

任何上层建筑诸现象，用来解释每一社会现象的各个过程和不同环节。恩格斯反复强调过，上层建筑许多因素相互间也起着“交互作用”，甚至是决定作用（恩格斯特别提到宪法对历史的进程的决定作用）。经济基础只是在“最终意义”上是决定性因素。上层建筑现象是十分复杂的。

当然，检验马克思，不是去解构马克思，全盘否定实践业已证明是普遍真理的马克思理论。

四、发展马克思

（一）什么是“发展”和沿着什么方向发展

我们需要通过检验来坚持马克思的理论中符合客观真理和适应当今时代的东西；同时，既然要以马克思主义来指导我们的当代法学研究和法治建设，也就需要对马克思150多年前的理论进行革新，也就是说，马克思主义也要现代化，要发展马克思。这又涉及我们要坚持和发展的是什么样的马克思主义，什么才算是坚持了马克思主义的正统的问题。

关于“发展马克思主义”，过去苏共和中共中央领导人每提出一个方针或策略口号，理论界是不吝惜都奉上“对马克思主义的重大发展”等桂冠的。实则，真属于“发展”，应当是在马克思的基本原理上有所创新，如列宁的一国社会主义革命先胜论、①毛泽东的新民主主义论以及邓小平的社会主义条件下的市场经济论，等等，的确是结合本国实际和时代特征，给马克思理论宝库中增添了超越前人的新东西。至于那些只是结合新形势、新情况对马克思的某一理论观点的阐释或解读，虽然也是有必要和重要的，但谈不上“发展”，有些还可能是一种背离。至于不是回到马克思再在其基础上发展马克思，那就只能是背道而驰，越走越远。

发展马克思当然不反对去重新发现马克思，即发现过去我们未曾理解和注意到的马克思原著中潜在的微言大义，加以解读和发挥；或者结合当今的实践，对马克思的理论加以合乎逻辑的引申。

譬如，关于全球化，现在被认为是“我们这个时代的最大挑战”。而马克思、恩格斯在《共产党宣言》中早就指出资本主义是世界性现象，并预言过，由于资

① “先胜”是有别于马克思预想的各国同时“胜利”。但斯大林后来把这个命题偷换为一国社会主义“成功”，是不确的。能否真正建成社会主义社会，还需有国内条件（生产力的高度发展和经济基础与上层建筑的根本变革），更需要一定的国际条件。在当今进入全球化时代，更是如此。

产阶级开拓了世界市场，"使一切国家的生产和消费都成为世界性的了。……过去那种地方的和民族的闭关自守和自给自足的状态已经消逝，现在代之而起的已经是各民族的各方面互相往来和各方面互相依赖了。……民族的片面性和狭隘性日益不可能存在，于是由许多种民族的和地方的文学形成了一个世界的文学"①（这里"文学"一词，据原中文编译者所注，是泛指科学、艺术、哲学等方面的著作，当然也可引申到法和法学）。不过，马克思对法的全球化问题，限于那个时代尚未显现这方面的萌芽，而没有论及。我们法学界一些学者起初也因拘泥所谓"国情"和所谓传统的马克思主义阶级和阶级斗争观，不认同法的国际接轨，更不认为未来会出现世界性的法或法的全球化，以及出现"全球公民"（球民）和"全球公民社会"；也很少论及权力的多元化和社会化（于国家权力之外，还形成社会权力、超国家权力、国际社会权力等）；对法，也多是着眼于国家的法和"国家与法"的关系，而很少研究社会与法和社会的法。事实上，这些方面已成为世界法学的热门话题，我国社会学、政治学界也开始在关注这方面问题，因为它确已逐步显现其某些现实性的苗头（如联合国的宪章和世界人权公约；欧盟的宪法和欧盟议会与人权法庭，等等）。② 如俄国科学院远东研究所所长米哈伊尔·季塔连科院士所说："全球化不仅使政治金融、文化联系和交流具有世界性，同时消除了国界，需要重新诠释'国家主权'、'独立'、'人权'、'公民社会'等概念，它还在摧毁着过去的种种传统和国家法准则，动摇着许多国际组织的地位，包括联合国的地位。"③

虽然，他这些论断未免过于乐观和超前，但也确实是未来历史发展的必然趋势。我们要发展马克思法学，就不应当回避这一具有重大意义的课题。

（二）在扬弃中必须坚持马克思理论的灵魂和思维方法的"正统"

毫无疑问，在当今信息化、全球化时代，对马克思150多年前的理论加以现代化的革新过程中，人们可能要扬弃马克思著作中不少东西，这是必要的并且是不可避免的。但唯独有两个伟大灿烂的亮点是永放光辉的：

一是前述马克思毕生为之奋斗的理想，这就是《共产党宣言》上所昭示的，要建立一个"自由人的联合体"，在那里，"每个人的自由发展是所有人的自由发展的条件"。这是真正正统马克思主义的灵魂，也是社会发展的必然归宿。

二是马克思创立的辩证唯物主义与历史唯物主义思维方法。

---

① 《马克思恩格斯全集》（第4卷），第469～470页。

② 郭道晖著：《法理学精义》，湖南人民出版社2005年版，第12章第3节"全球化与法"。

③ 《参考消息》2004年2月1日。

正如恩格斯在《德法年鉴》中指出的："方法就是新的观点体系的灵魂。"①19世纪俄国马克思主义者普列汉诺夫在评价马克思的理论时，也指出："一般说来，马克思、恩格斯在唯物主义方面最伟大的功绩之一，就是他们制定了正确的方法。"他还说："现在马克思主义知识产生了许多无知识的人。自然，这一点应该受责备的不是马克思，而是那些假借马克思的名字胡说八道的人。但是要避免这类胡说，就必须了解历史唯物主义的方法论的意义。"②

另一位马克思主义者卢卡奇在其《历史和阶级意识》一书中说得更彻底，认为马克思主义的"正统仅仅是指方法"，"正统的马克思主义者并不意味着无批判地接受马克思的各种研究成果"，只要坚持了唯物辩证法，即使放弃了马克思主义的一些过时的旧命题，仍不失为"正统的马克思主义者"。③

卢卡奇这话虽只是从一个角度(方法论)诠释马克思主义但也有他的道理在，有助于我们在研究和运用马克思主义时，把握住这个核心和灵魂，就既不至于动摇对马克思真理的坚持，也不至于在坚持、检验和发展马克思主义及马克思主义法学上，犹疑顾虑、畏缩不前了。

马克思主义是一个开放性的体系。马克思就是吸收了前人和他那个时代的先进思想文化的精华而创立了马克思主义。我们要研究和推进当代法学，面临两项任务：一是坚持马克思理论的核心与灵魂，即关于建立自由人联合体的理想目标和辩证唯物主义及历史唯物主义的思维方法；二是广泛借鉴和吸收古今中外各国的先进法文化的成果，特别是结合当代人类现代化的伟大实践和未来全球化发展的趋势，使马克思主义的一些原理也现代化。有此二者，我深信，我们所谓"幼稚的法学"就一定能够走向成熟，而且形成独树一帜的法学学派，屹立在当代世界法学的伟大潮流之中。

(2006年第4期)

---

① [苏]普列汉诺夫著：《马克思主义的基本问题》，张仲实译，人民出版社1957年中译本，第21~22页。

② 同上。

③ [匈]卢卡奇著：《历史和阶级意识》，杜章智等译，商务印书馆1996年版，第47~48页。

“和谐社会法治文化”命题的理论与实践

孙育玮*

“构建社会主义和谐社会”是当代中国最具深刻内涵和整合力的战略目标，而“依法治国，建设社会主义法治国家”是已经被宪法确认的治国基本方略。如何将二者结合起来进行深度的把握，是法学理论工作者需要探讨的课题。通过对构建社会主义和谐社会和推进中国法治的相关性思考，笔者认为有必要提出“和谐社会法治文化”这样一个整合性的命题概念，通过对该命题概念、理论内涵及其实践对策的探讨，将有助于深化对上述两方面理论与实践的认识和把握，有助于促进我国法学理论的发展。

一、“和谐社会法治文化”命题概念的形成用意

学术理论的存在，需要由重要的理论概念和命题来支撑。同样，学术理论的推进和深化，也必须要有新的理论概念、理论命题的提出和形成。笔者认为，构建社会主义和谐社会，必然需要构建和培育与其相适应并作为其重要保证的法治和法治文化。作为此判断含义的一个浓缩，本文试图把“和谐社会法治文化”的概括，作为推进和深化我国法学理论的一个必要概念或命题予以提出，①并作初步的探讨。

（一）“和谐社会法治文化”命题概念的促成因素

“和谐社会法治文化”命题概念的思考和形成，受到以下因素的直接影响：

1. 党的十六大，特别是十六届四中全会以来，我国“构建社会主义和谐社会”重要理论决策的提出和社会实践的展开，为法学理论的研究提出了新的要求，同时也为其拓展出新的理论空间，从而直接触发着法理学工作者必然要思考

* 作者单位：上海师范大学法政学院、上海师范大学都市文化研究中心。

① “和谐社会法治文化”的概括，形式上是一个复合性的概念，但笔者更倾向于将其作为一个理论的命题来看待。因为，这一概括，至少应当内含如下的命题判断，即和谐社会的构建需要与其相适应并作为其重要保证的和谐社会法治文化，而和谐社会法治文化应当是和谐社会的内涵要件和重要体现。因此，笔者把它作为一种命题性概念，为了叙述和使用的方便，暂且称其为命题概念。

我们的法治和法学理论如何与和谐社会的建构与发展相适应。

2. 自20世纪中叶以来,当代文化哲学的新转向,启示我们必须从人类文化自觉的高度和深度认真反思和对待人类社会的发展,必须更加关切人类社会生存的历史命运,关切人类社会的未来走向。在这样一种人文大潮下,我们中国的现代化究竟应当怎样走,我们整个民族的文化应当怎样存在和发展?这不能不成为当下中国影响全局、关乎长远的时代性课题。

3. 自改革开放以来,法律文化的研究在我国已经引起了法学家们相当程度的关注,这在法理、法史乃至部门法等领域都有着明显的成果和表现。但这一研究是否需要超越以往的一般性研究而有更高层面上的深入和拓展,是否需要更有实践针对性和实践指导性的法文化理论突破和理论关照?

4. 近读邓正来先生关于中国法学向何处去的文章,[①]深深被其文中所提出的带有影响中国法学全局性的走向问题(邓文称为"中国法律理想图景"问题)所吸引,更加触发了笔者对中国未来新型法治与法治文化(包括法学理论)的思考。

5. 前不久在北京召开的第22届世界法律大会所传达出的信息值得高度关注和耐人寻味。笔者认为,这次会议最有意义的价值,就在于它积极鲜明地倡导了国际和谐社会与法治相依共存的法治文化理念,我们应该从人类当今文化走向的角度去解读它。因为无论是"国际和谐社会与法治"的会议主题,还是胡锦涛主席到会所作的重要讲话,抑或是会议本身展开的多方面内容,都清楚地表明,世界范围的法学家和政治家们正在就国际和谐社会所需要的法治理念、理论、原则、制度和对策,在不断增进的交流与对话中寻求人类更多的法文化共识和法文化智慧,以应对人类共同面临的问题和挑战,这是人类社会文明和法律文明发展的重要体现,同时也是人类社会文明和法律文明发展的基本走向。

上述因素或事件,都促成了笔者反复思考一个问题,即如何把当代中国和谐社会建设的理念与实践和当代中国法治和法学理论的进一步发展有机地整合起来,进而找到一个理论整合的支撑点、凝聚点和突破点,因此便有了本文"和谐社会法治文化"这样一个命题概念的提出。

(二)"和谐社会法治文化"命题概念的提出用意

任何理论命题的提出,总是要服务于一定的研究目的。前述对"和谐社会法治文化"命题概念形成动因的交代中,实际上已经可以透视出笔者的某些意向。不过,作为法学理论上一种严肃的研究和探讨,仍有必要对该命题概念的提

① 邓正来:"中国法学向何处去",载《政法论坛》2005年第1~4期。

出目的作出更为清晰明确的说明。笔者认为，提出“和谐社会法治文化”命题概念的用意和目的，主要在于以下三点：

1. 致力于整合。即试图通过对该命题概念所应有理论内涵的探讨，把当代中国和谐社会建设的理念与实践与当代中国法治和法学理论的进一步发展有机地整合起来加以思考和把握，进而达到学理层面上的相互融会、相互贯通和相互支撑。

2. 致力于提升。即试图通过对该命题概念所应有理论内涵的探讨，把对和谐社会价值属性和法治属性的认识以及对法治服务于和谐社会使命的认识提升至新的层次，把对法律文化的一般性研究提升至法治文化和文化哲学指导下的更深层次的研究，把国家法制建设和公民法律素质的提高牢固建立在提升国民法治文化水准和底蕴的基点上。

3. 致力于创新。即试图通过对该命题概念所应有理论内涵的探讨，能够有助于在一个新的理念视域、实践背景和价值取向下，探寻中国未来包括法治与法学理论在内的广义法治文化的新的路径、形态和模式，并以中国社会主义和谐社会法治文化—这种新的路径、形态和模式，为“和谐世界”的法治文明、法治文化作出中华民族应有的贡献。

应当指出，上述三点用意目的仅仅是笔者本人的一种探讨性思考，其目的内容的真正实现却远非笔者个人的智识和能力所能及，而是需要学界同人的共同努力。但问题在于，我们是否应当作出这种努力和尝试。

二、“和谐社会法治文化”命题概念的理论内涵

学术命题的理论内涵是必须借助于特定语词或词组所表达的概念含义来加以揭示的。因此，关于“和谐社会法治文化”命题概念的理论内涵，需要从三个基本概念方面加以解析：一是关于“和谐社会”的理论内涵，二是关于“法治文化”的理论内涵，三是将前二者组合成一个新的命题概念的“和谐社会法治文化”所应有的理论内涵。

（一）关于“和谐社会”

1.“和谐社会”是一个有着明确内涵要义的概念。

我们所要构建的“和谐社会”，首先，具有历史大前提的社会主义和谐社会。其次，这样的“和谐社会”应当具备六个方面的基本要件，即应当是“民主法治、公平正义、诚信友爱、充满活力、安定有序、人与自然和谐相处的社会”。中央所作的这种概括，目前已经得到社会的广泛认同。笔者所要强调的是，在六项基本

要件中,民主法治被放置在了首位,足见其地位之重要和针对中国历史国情之必要,但绝非是仅此一项与法治有关,相反其他各项要件的实现无不与法治紧密关联,其道理同样应当显而易见。

2.“和谐社会”是一个体现着务实开拓精神的概念。

理论上讲,“和谐社会”可以有广义和狭义不同的把握。广义上理解的和谐社会,可以是我们更加长远追求的理想社会,在此意义上,全面建设的小康社会也可以是实现这一伟大社会理想的重要战略阶段。但狭义上的和谐社会,即我们目前阶段所要努力构建的社会主义和谐社会,又是小康社会的重要目标之一,是全面建设小康社会的重要内容。因此,“和谐社会”这一概念,既体现着对建设中国特色社会主义和小康社会实践要求具体化的务实精神,又体现着我们对人类未来美好社会的憧憬追求和不断开拓。

3.“和谐社会”是一个凝结着中华民族优秀文化精华的概念。

拥有世界上最多人口的中华民族,为什么能够在漫长的历史过程中,历经磨难而不衰,屡处逆境而不散,这完全得益于中华民族有自己绵延不断的传统文化,而追求和崇尚和谐社会的思想正是中华民族优秀文化传统的精华之一。如李瑞环在他不久前的一篇文章中所说:“和的思想、和为贵的思想,源远流长,世代相传,潜移默化,渗透到社会生活的许多方面,成为中华民族普遍的价值观念和理想追求。……这个思想一旦引起人们的重视,一旦成为研究部门的课题,一旦引入决策机关的指导观念,一旦与现实问题深入联系,必然会放出灿烂的光芒。”①的确,“和谐社会”概念的提出,正是吸收和发扬了这一优秀文化的价值理念。

4.“和谐社会”是一个充满着开放包容性的概念。

中国的和合思维与和谐思想中,有一个非常重要的观点,即它并不否认差别和矛盾,而是在承认差别和矛盾的基础上,主张“和而不同”。这种“和而不同”不仅适用于处理国内关系和国内事务,而且同样适用于处理当今全球化趋势和充满文化多样性背景下的国际关系和国际事务。正因为如此,我们不但在国内明确提出了“构建和谐社会”的重大决策,而且也在重大的国际场合明确提出了“构建国际和谐社会”的积极主张。可以断定,“和谐社会”理念的世界性意义,也必将在国际社会的交往和实践中日益显现。

(二)关于“法治文化”

1. 法治文化是在文化研究、法律文化研究和法治研究的多重语境基础上产

① 李瑞环:“弘扬‘和’的思想具有重要的现实意义”,载《光明日报》2005年9月28日。

生的特定文化概念。基于对文化和法治内涵的理解,笔者给"法治文化"的概念作如下的定义:法治文化是指与法治紧密关联,体现着法治的精神和理念、原则和制度、运作实践和生活方式,与人治文化相对立而存在的进步文化形态,其实质和核心是一种现代人的法文化共识、价值取向和行为方式。对于这一概念的界定,笔者想强调的是:法治文化不是一个中性描述意义上的一般法律文化概念,而是一个有着鲜明价值判断和价值取向的概念,它是一种与人治文化相对立而存在的先进文化、进步文化形态,它将引领并主导着现代法治社会的发展进程,是我们需要着力倡导和培育的主流性法律文化。

2. 法治文化内容的结构要素,在广义上可以涵盖着法治精神意识、法治规范制度、法治行为方式和法治物质载体四个方面,在狭义上则往往突出地强调其法治精神意识这一内在主导的方面。如同对其他文化现象的研究一样,研究者可以基于研究角度和研究目的的不同,分别对法治文化作出广义、中义和狭义不同范围的界定。本文所论及的法治文化,总体上是在包括了上述四个方面要素在内的广义意义上使用的。

3. 法治文化担负着对法治本身的支撑论证功能,对法治社会的整合建构功能,对行为主体的内化支配功能和对社会关系的有序导向功能。

4. 在法治文化与法律文化两个概念的关联比较中,提出法治文化概念的目的,在于突破对法律文化的一般性研究,更加突出围绕法治目的、聚焦法治问题、揭示法治规律的现实性针对性研究,以便能够尽快形成足以引领并主导我国现代法治发展的先进性、主流性法律文化。

5. 在法治与法治文化两个概念的关联比较中,提出法治文化概念的目的,在于不满足于对法治的一般性研究,而是在继续重视法治规范制度建设的同时,更加关注法治精神意识和法治行为方式层面的建设,以便能够为我国现代法治的形成提供更为持久的精神动力、文化底蕴和行为保证。

(三)关于"和谐社会法治文化"

关于这一点,显然应当从"和谐社会"与"法治文化"二者紧密关联的相关性上来解析和挖掘它所应有的深刻内涵。笔者认为,这里的理论内涵反映在如下两个方面:一方面,和谐社会建设成为法治文化的价值目标、生成条件和实践舞台;另一方面,法治文化成为和谐社会的精神取向、制度保障和素质支撑。

首先,和谐社会建设成为法治文化的价值目标、生成条件和实践舞台。

1. 和谐社会本身构成法治文化的价值目标。和谐社会不但是我们所憧憬理想社会的美好远景,更是我们在社会主义初级阶段全面建设小康社会的现实目标。和谐社会的价值理念不但构成我国法治文化的总体价值取向,而且和谐社会内涵的六项要件必将成为我国法治文化价值目标和价值准则的重要着眼点。

2. 和谐社会建设为法治文化创造生成条件。法治文化的形成需要依赖于一定的社会历史背景和具体的生成条件。改革开放以来,我国市场经济体制的逐步确立、民主政治的有序推进和理性文化的明显进步,已经为我国法治文化的形成奠定了较好的背景条件。和谐社会建设的提出与展开,必将进一步促进我国物质文明、政治文明和精神文明建设的协调发展,也必将为我国法治文化的形成创造出更加充分有利的生存条件。

3. 和谐社会实践为法治文化提供广阔舞台。和谐社会建设不但是重要的价值目标,更是一场丰富深刻的社会实践。这一实践过程,不但从总体上检验和丰富着中国特色社会主义理论,同时也为我国的法治文化提供了一个广阔的舞台。通过这一舞台,不但可以让具有中国特色的法治文化充分地发挥作用,同时也必将使其不断地经受和谐社会实践的检验并推动其不断地向前发展。

其次,法治文化成为和谐社会的精神取向、制度保障和素质支撑。

1. 法治文化构成和谐社会重要的精神取向。社会现代化的和谐发展,不但需要有其物质基础方面的硬件指标,更要有其软件精神文化的力量作为其存在之魂。而作为人类先进文化的法治文化,必然也必须成为和谐社会之魂的有机组成部分,成为社会主义和谐社会的重要精神取向。这一点,在和谐社会的内涵要义中不但得到了首要要件的明示,而且也将法治文化精神蕴涵在了其他各项要件之中。

2. 法治文化提供和谐社会长久的制度保障。法治文化,不但作为精神意识构成和谐社会的魂,而且作为规范制度形态,即良好的制度性安排,“更带有根本性、全局性、稳定性和长期性”①,它将为和谐社会提供长久的制度保障。试想,社会主义和谐社会的六个方面要件,有哪一方面不需要良好的制度性安排,有哪一方面不需要纳入法治化轨道来使之和谐而有序地发展。

3. 法治文化凝铸和谐社会主体的法律素质。法治文化不仅仅表现为社会的精神理念和规范制度,还更要将这种精神理念和规范制度转化及内化为社会主体自觉的价值信念和行为方式、凝铸为行为主体的法律素质。由于文化是人类社会的特质现象,人不但是文化的创造者和传播者,更是文化的实践者和承载者,因此在统一的社会主体人身上,文化涵养着人的素质,素质体现着人的文化;又由于社会一切方面的现代化最终都将取决于人本身素质的现代化,因此可以

① 《邓小平文选》(第2卷),人民出版社1994年版,第333页。

说，由法治文化涵养、凝铸而成的现代公民法律素质，将是保证我国社会法制现代化与和谐社会构建成功的一个基础性决定性因素。

总之，和谐社会与法治文化，二者紧密关联，相辅相成，无论在理论上或在实践上，都应当把二者有机地统一起来加以把握。

三、"和谐社会法治文化"命题概念的实践对策

对于"和谐社会法治文化"的命题概念，不仅需要说明其理论内涵，同时还应探讨其实践的对策，因为理论的目的全在于应用。针对我国当前社会的实际和培育和谐社会法治文化的需要，笔者认为，其实践对策的重点应在法学理论、法律制度和法律素质三个方面，力求有所突破。

（一）应当以构建和谐社会为使命，努力创新我国的法学理论

1. 以构建和谐社会为使命，肩负起双重历史责任。2005 年 9 月在北京召开的第 22 届世界法律大会启示我们，中国积极主张和倡导的"和谐社会"、"和谐世界"的理念，正在逐渐影响着国际社会。中国的法学和法学家们，不但有理由、有责任首先把国内的事情办好，努力构建我们中国的社会主义和谐社会与法治，而且也有理由在构建国际和谐社会与法治的过程中，自觉地肩负起时代赋予的使命和世界性的历史责任。而要能够肩负和胜任起国内国际这样双重的使命和责任，就必须努力创新我们的法学理论。法学理论是法治文化中最具理性指导力和影响力的部分，它不但要为法治构建和发展提供理论指引，而且将系统深刻地影响人们的法文化观念，然而目前我们的法学理论虽然较改革开放前已经有了历史性的进步，但现状仍不能令人满意（如前述邓正来文章中所提到的问题）。

2. 坚持文化创新的两个重要理念。关于文化及法文化（包括法学理论）的创新，笔者曾在以前的一篇文章中赞赏并主张过两位学界大师提出的两个重要

理念，[①]即费孝通先生所倡导的“文化自觉”[②]和张岱年先生所力主的“综合创新”。[③]“文化自觉”，意味着要有对自己文化的“自知之明”和对外来文化的准确把握，有“文化转型的自主能力”和“文化选择的自主地位”；“综合创新”，意味着要“兼取中西文化之长而创造新的中国文化”。我们应该本着“文化自觉”和“综合创新”的理念原则，认真审视、总结和规划我们的法学和法学研究，[④]以便能够努力探索出既吸收人类法文化精华，又继承本民族法文化优秀传统；既反映时代特点要求，又具有中国特色、中国风格和中国气派的法学理论和法治文化。

3. 认真研究中国的现实问题，认真发掘和总结我们中华传统法文化中的先进性资源。改革开放以来，在积极追赶现代化的过程中，我们较多地关注、介绍和吸收了西方文化的许多东西，包括法学的理论。这固然有其重要性和必要性

---

① 孙育玮：“亚洲法治社会建构与发展的理念追求”，载徐显明、刘瀚主编：《法治社会之形成与发展》（第四届东亚法哲学会议文集），山东人民出版社2003年版，第264～269页。

② 1998年12月14日在香港举办的“中华文化与21世纪国际学术研讨会”上，费孝通教授在其题为“中华文化在新世纪面临的挑战”的演讲中正式提出了这一概念，并对其含义、意义、要求作了深刻阐释，受到了与会者的普遍赞同，并形成了标志会议成果的一个重要理念。费孝通教授认为：“文化自觉，意思是生活在既定文化中的人对其文化有‘自知之明’，明白它的来历、形成的过程、所具有的特色和它发展的趋向。自知之明是为了加强对文化转型的自主能力，取得决定适应新环境、新时代文化选择的自主地位。”“‘文化自觉’是一个艰巨的过程。首先要认识自己的文化，根据其对新环境的适应力决定取舍。其次是理解所接触的文化，取其精华，吸收融会。”他还认为：“从文艺复兴到19世纪，西方出现过‘人的自觉’，写下了人类文化发展的重要篇章。”而“21世纪将开始出现‘人类文化的自觉’”。同时他满怀深情地希望“在新一页人类文化发展史上，应该有中华民族实现文化自觉的恢弘篇章。”参见方克立等主编：《中华文化与二十一世纪》（上卷“代序”部分），中国社会科学出版社2000年版，第2～7页。

③ “综合创新”是我国著名的哲学家张岱年先生早在20世纪30年代就曾经提出的，20世纪80年代针对新一轮文化大讨论先生又再次重申这一理念，他说：“我反对东方文化优越论，也反对全盘西化论，主张兼取中西文化之长而创造新的中国文化。我这种主张可以称为‘综合创新论’。”参见张岱年：《文化与哲学》，教育科学出版社1988年版，“自序”部分。中国学者方克立先生在阐释张先生的理念主张时认为：“到21世纪，时代主潮既不是西方压倒东方的西方化，也不是东方压倒西方的东方化。在未来发展的过程中，固然少不了风云激荡的对立冲突和竞争，但世界新型文明的主要潮流，却是东西文明的交流对话、综合创新，从而创造多元化与一体化并存、世界性与民族性共荣的世界新型文明。”“综合创新”的主张“有利于化解东化论与西化论的尖锐对立，在承认差异、矛盾的基础上，鼓励多元文化并存与它们之间的和谐统一。这种综合创新的文化观，继承和发扬了我国古代‘和而不同’、‘有容乃大’的传统，以本民族文化发展为主体目标，对其他民族文化均采取学习借鉴、吸收消化、辩证扬弃的态度，表现出极大的开放性、包容性和创造更新能力。”方克立：“21世纪，能否淡化东化与西化之争”，载《中华文化与二十一世纪》，中国社会科学出版社2000年版，第42～43页。

④ 笔者注意到，不久前由吉林大学理论法学研究中心举办的“中国法学的反思与前瞻学术论坛”，就是这一审视、总结和规划的很好的意向与举措。

的一面，但与此同时我们也在相当程度上自觉不自觉地陷入了一种以西方发展道路及其理论为蓝本的“西方现代性范式”（邓正来先生语）。相比之下，我们对中国的国情和中国的问题研究得不够，对中华传统法文化中先进性资源的研究就更不够。应当说，在如何关注和解决中国的现实问题，如何看待、发掘和利用中华传统文化先进型资源方面，“和谐社会”理论概念及其重大决策的提出，为我们树立了很好的范例。这一范例启示我们，中国现实社会最迫切需要解决的重大问题，也正是我们理论创新的用武之地。因此，法学理论的创新，也必须是要在运用人类法治文化智慧来解决当代中国法治所面临的重大现实问题的过程中产生。这一范例还启示我们，我们中华传统文化（包括其法文化）本身是一笔宝贵的精神财富，其中绝不仅仅只是有保守负面的东西，同时也有着许多民族性、先进性的资源有待我们去深入发掘、研究和利用。就中国传统法文化的民族性、先进性资源而言，“譬如，重惜民命的民本主义法律观念；注重教化、综合为治的一贯传统；法、理、情相统一以缔造和谐的法律环境；引礼入法，法律与道德相互支撑等，都是可以跨越时空，具有强大的生命力的，是可以为现代法治提供历史借鉴的”。① 因此，在培育我国和谐社会法治文化的过程中，我们绝不可忽视这一很重要的方面。

（二）应当以公民权利保障为核心，进一步完善我国的法律制度

作为制度形态的文化，是广义文化范畴内至关重要的组成部分，它具有极强的规制性、全局性、权威性和稳定性。作为我们所要积极倡导培育的广义的和谐社会法治文化，就更加需要有良好完善的法律制度。在本文所理解法治文化的思维框架内，笔者将这种“良好完善的法律制度”归类称其为“法治规范制度”。对此，笔者想强调以下三点：

1. 以公民权利的保障为核心。符合法治要求的法律制度体系的形成，必须要确立一个明确的价值基点，即以何样的价值为中枢、为核心来构建这样的法律体系。笔者认为，这一价值中枢或核心，就应当是公民的权利保障。因为确立这样的基点，不但符合法律文明进步的历史走向，符合保障人权的现代法的理念，符合法律调整的内在目的；同时也符合我们中国的国情实际和构建社会主义和谐社会的迫切需要，也有利于把“以人为本”的价值理念在法律生活的领域加以具体化。当然，必须指明的是，“以公民权利的保障为核心”不是要绝对地排斥公共权力行使和设定必要法律义务的必要合理性，而是要明确地排斥目前现实生活中在许多方面仍然顽强存在的“以权力为核心”和“以义务为重心”的思维

① 张晋藩：“中国传统法文化论纲”，载《光明日报》2005 年 7 月 12 日。

模式、管理模式及行为模式。

2. 以制定完善的良法为前提。法治的存在需要以良法的存在为前提，这是早在古希腊亚里士多德的法治经典定义中就已指明的。马克思早在他 1842 年的法学论著中也曾明确地使用“形式上的法律”和“真正的法律”的概念来对现实的法律作出区分和评判，并且把“由必然性产生”和“由人民的意志所创立”作为真正的法律的两条根本性标准和保证。[①] 改革开放以来，我国在厉行法治和健全法制框架指导下的立法，可以说是成就斐然，举世公认。但即便如此，我们仍不能断言说我国目前的法律制度已经很良好、很完备。事实上，我们还只是初步确立起了适应法治要求的法律制度的基本框架，而像民法典、社会保障法、新闻法、出版法等一些非常重要的法律我们还未制定出来，已经制定的法律也有待依据变化了的情况而进一步地修改和完善。因此，距离构建社会主义和谐社会的要求，距离 2010 年形成中国特色社会主义法律体系的既定目标，我们的任务仍很艰巨。值得肯定和令人欣慰的是，在最近关于我国物权法和个人所得税法的立法实践中，全国人大常委会所采取的致力于进一步推进立法科学化、民主化的重要举措（物权法草案在全国范围征求意见，个人所得税法修改首次在全国人大常委会引入立法听证会并现场电视直播），均收到了很好的社会效果，受到了社会各界的广泛好评。这应当是我们今后继续坚持和努力的发展方向，因为如此才能确保我国逐步建立起完善良好的法律制度。

3. 以公正的法律实施为重点。法治不但要以良法存在为前提，更要以良法的公正实施为目的、为保证、为重点。随着我国无法可依的问题得以基本解决，法律实施和法律实效的问题日益凸显，成为影响法治的主要矛盾。从近年来人民群众投诉于国家机关的来信、来访统计比例大幅上升的事实看，一方面说明有群众维权意识增强和社会进入矛盾高发期的正常合理因素，但另一方面不可否认的是，它在很大程度上也反映出目前我们执法与司法的状况并不能令广大群众满意，甚至于某些案件（如震惊全国的孙志刚被收容致死案、佘祥林“杀妻”冤案等）所暴露出的问题实在令人堪忧。虽然说整个法律的实施，是包括着国家机关及其公职人员的执法司法和公民群众的普遍守法两个基本的方面，但前者即掌握并行使公共权力的执法和司法者却始终处在决定和影响法律实施的主导方面。因此，作为一个必须满足法治要求的和谐社会，就必须要实现执法和司法的公正。因为只有执法和司法公正，才能维护社会公正，而这显然是整个社会和谐的基础。以司法为例，正如有学者所言：“如果司法是公正的，即使社会上存

① 《马克思恩格斯全集》（第 1 卷），第 72、184 页。

在不公正的现象，亦可以通过司法的矫治来恢复公正；但若没有司法的公正，就绝对不可能有社会的公正，也绝不可能有社会的和谐。因此，司法公正是构建和谐社会的基础性保障，是维护社会公正与社会和谐的制度保障底线。”①所以，在构建和谐社会和培育和谐社会法治文化的实践中，我们还必须进一步强化法治政府建设和抓紧推进司法体制改革，尽快配套完善一系列相应的制度，以确保公正执法和公正司法。

（三）应当以更有成效的法治宣传教育为依托，尽快提高全体公民的法律素质

培育和构建和谐社会法治文化，除了要创新法学理论和完善法律制度以外，另一个至关重要的方面就是要“加强法制宣传教育，提高全民法律素质”。② 改革开放后，自 1986 年开始在我国正式开展的由政府主导、全社会广泛参与的法治宣传教育活动，是一项旨在提高全体公民法律素质的社会基础工程，至今已满 20 周年。这项具有中国特色的重大法治宣传教育工程，令世界瞩目，其历史作用无可替代。现在的问题是，如何在认真总结以往实施四个五年规划的基础上，把即将开始的第五个五年法治宣传教育工作抓得更有成效，更有助于全民法律素质的提高。对此，笔者想提出以下几点：

1. 建议把普法的名称统一于“法治宣传教育”。自 1986 年我国实施普法教育以来，这项活动在 20 年的历程中曾经出现过四种不同的名称，分别是：(1)“一五”时期(1986～1990 年)的“普及法律常识”(人们简称其为“普法”，现在仍然在习惯中被沿用)；③(2)“二五”至“四五”时期(1991～2005 年)的“法制宣传教育”；④(3)2005 年全国普法办和司法部一度采用过的“普法依法治理”；⑤(4)目前尚在

① 郑功成：“司法公正是构建和谐社会的基础性保障”，载《光明日报》2005 年 4 月 22 日。

② 《中国共产党十六大政治报告》。

③ 1985 年 11 月 5 日中共中央、国务院转发中央宣传部和司法部《关于向全体公民基本普及法律常识的五年规划》的通知，1985 年 11 月 22 日《全国人民代表大会常务委员会关于在公民中普及法律常识的决议》。

④ 各次中共中央、国务院关于批转中央宣传部、司法部相关规划的通知，全国人大常委会的相关决议及其他中央重要文献。

⑤ 2005 年 1 月 17 日全国普法办公室、司法部关于印发《二○○五年全国普法依法治理工作要点》的通知。

讨论中的"法治宣传教育"①。笔者认为,中国的文化传统中是很重视"名副其实"和"名正言顺"的,况且对于一个有着很强政治社会意义的重大社会工程的名称而言,就更应该细细斟酌,以使其名称更能准确地表达它所应代表的事物及其意义。据此,笔者认为,"普法"("普及法律常识")的称谓无论在内容范围和要求层次上,显然已经远远不能跟上形势发展的需要,已不宜在正式文件或机构名称上继续使用。② 而"普法依法治理"的提法,虽然有将法制宣传教育与依法治理实践有机结合的合理性和良好意向,但也不宜作为一个整体性的名称称谓,因为作为日常主抓法治宣传教育的部门(包括党委的宣传部和政府的法宣部门),事实上都无力完全承载起"依法治理"这样的全局性任务之重,硬要去做,实践操作中就难免有诸多理不顺之苦。那么剩下需要斟酌的便是"法制宣传教育"和"法治宣传教育"的名称哪个更好,显然是后者要优于前者。理由之一,是"法治"的概念比起"法制"来要更为丰富和深刻,更加有利于引导和培育人们的法治精神和法治理念,形成社会良好的法治氛围;理由之二,是能够与党和国家已经确定的"依法治国"方略和"依法执政"理念高度地协调和吻合,有利于相得益彰,互相强化;理由之三,是从实际生活层面看,广大民众接受起来已经并不困难,甚至于我们的许多媒体频道(如央视"法治频道")、栏目、刊物、研究机构的名称等,早已走在了现有"法制宣传教育"的前面。虽然由"法制宣传教育"改为"法治宣传教育"只是一字之差的改动,但相信这一字之差改动的社会意义,会像前些年基于"法治"和"法制"概念的大讨论后国家把原来的"建设社会主义法制国家"改为"法治国家"一样,也会像最近在讨论制定国家"十一五"发展规划过程中把原来的"计划"改为"规划"一样,它们的社会意义会远远超过一个字的文字改动本身。

2. 建议制定一个更加明确务实、积极进取的五五法治宣传教育规划。未来的五年,是我国全面建设小康社会的关键时期,是我国同时实施"十一五"发展规划和第五个五年法治宣传教育规划的开局之年。法治宣传教育是实施法治的内在要求和重要保证,是一项在党的领导下,由政府主导、全社会共同参与的社

① 笔者在主持上海市"五五"普法规划课题的研究与起草过程中,曾与司法部宣教司参与起草国家"五五"规划的同志座谈,建议能否考虑把普法的名称统一改为"法治宣传教育",以后在2005年7月正式向部里汇报的反馈意见书面稿中又明确重申了这一意见。事实上,司法部于2005年7月起草并下发征求意见的《关于在公民中开展法治宣传教育的第五个五年规划(草稿)》,已使用了这一名称,尽管目前尚未确定,但毕竟说明国家主管部门已经认真考虑过这样一种意见。

② 目前国家还仍然保留有"全国普法办公室"的机构名称,地方也还有"普法领导小组办公室"之类的名称。

会公益性事业，是构建社会主义和谐社会和培育和谐社会法治文化的基础性工作。为了在未来的五年，使法治宣传教育能够在传播法律知识、弘扬法治精神、提高公民法律素质和推进社会法治化进程方面发挥更大的作用，应该制定出一个更加明确务实、积极进取并与国家“十一五”发展规划相适应的“五五”法治宣传教育规划。对此，笔者认为，“五五”法治宣传教育规划应该在实现“四五”规划的基础上，精心组织，循序渐进，明确提出“确立三个重要理念，实现三个进一步提高”的具体目标：(1)针对公民而言，确立法治文化的重要理念，实现公民法律素质的进一步提高。(2)针对政府而言，确立依法执政的重要理念，实现法治政府建设水平的进一步提高。(3)针对社会而言，确立和谐法治社会的重要理念，实现社会法治化管理水平的进一步提高。

3. 建议实施更加强而有力、落实到位的组织领导。经过20年法治宣传教育实践的摸索，目前我国已经总结出了“党委领导、人大监督、政府实施、各部门齐抓共管，全社会整体参与”的法治宣传教育领导和工作格局，这应当是一个不小的成绩和经验。而且应当承认，以往20年法治宣传教育的显著成效，得益于党和国家及社会的高度重视，甚至当年“一五”普法时举国上下全民启动的感人场景至今还让笔者难以忘怀。但是笔者也发现，后来的法治宣传教育工作虽然每次也都照例由相应机关和机构作规划、作转发、作决议，但是自上而下真正重视的程度、组织领导的协同力度和社会实际收效的程度，似乎都有减于当年（当然也有条件、特点变化的因素，不能完全在一个层次上作类比）。现在的问题是，如何在面对更高要求的形势下，实施对新一轮法治宣传教育更加强而有力、落实到位的组织领导。这种到位的组织领导，需要解决具体组织协同的机构、机制、人员、经费及其制度化保证和制度化的监督（如法治教育立法的问题、人大的监督问题等），而不是仅仅满足于经验式总结的纸面上。

4. 建议更加重视发挥社会资源力量广泛参与的重要作用。整个中国的现代化之路，始终需要形成国家与社会、政府与民间的良性互动，忽视或削弱了哪一方面都不可能成功。我国的法治宣传教育是政府主导下全社会共同参与的公益性事业，既然是全社会共同参与的公益性事业，那么，除了要重视政府资源力量的组织领导作用以外，还要更加重视引导和发挥社会资源力量自主参与法治宣传教育的重要作用。其中包括，要更好地鼓励、调动和引导各种人民团体、社团行业组织、文化事业产业、中介服务机构、社会服务机构等的热心介入，并让它们在未来的法治宣传教育中扮演更重要的角色；同时，由政府推动、民间配合，引入某些适当的市场机制而又有益于法治宣传教育的项目建设运作和活动运作，也应继续积极尝试和探索。这些都将有利于社会资源的整合，有利于法治宣传教育深入持久地发展。

5. 建议以清晰的指标要素引导公民提高法律素质。法律素质是一个内容十分丰富的概念,今后的法治宣传教育应当像具体解析和谐社会要件或公民道德各层次要素那样,以清晰的指标要素来引导公民提高法律素质。笔者认为,法律素质的内容可以概括为是一个“三维结构涵盖十项要素”的有机整体。“三维结构”,即法律知识、法律意识和法律行为,是总体把握的一个基本分析框架;“十项要素”是“三维结构”的具体化,它们包括:(1)法律认知,主要反映对法律知识的认识和了解;(2)法律情感,主要反映对法律所持的心理态度;(3)法律理念,主要反映所持深层的法治观念乃至法律信仰;(4)法律遵守,主要反映自觉守法和养成行为习惯的程度;(5)法律运用,主要反映用法解决实际问题的意识和能力;(6)法律评价,主要反映对现实法律现象善恶是非、良莠好坏的评判;(7)法律维护,主要反映抵制违法行为、维护法律尊严的觉悟;(8)法律关注,主要反映对公共法律问题的关心和注意;(9)法律期待,主要反映对未来法律前景的希望与建议;(10)法律参与,主要反映对公共法律生活的热心与投入。这十项要素既包含了我国自普法教育以来一直强调的公民学法、知法、守法、用法、护法的基本要求,又有法律情感、法律理念、法律参与等更高层面的要求;既有围绕自身权益的必备要素,又有围绕公共法律生活方面的素质要求。这样提出公民法律素质的内涵要素,既有利于我国公民法律素质的现实培养,又有利于引导公民法律素质不断提升的未来走向,将符合构建和谐社会和培育和谐社会法治文化的需要。

(2006 年第 6 期)

论中国法的现代性十大困境

周永坤*

一、问题与方法

法的现代性是与法的现代化密不可分的概念。法的现代化是一个注重过程的概念,它是对法的现代性获得的过程的描述。从这个意义上说,法的现代化概念是依附于法的现代性概念的:有什么样的法律现代性的预设,就有什么样的法律现代化进程的图景。法的现代性是一个价值关涉的概念,它是相对于"法的非现代性"或"法的传统性"而言的,它承载着人们的法律理想,是一个对"当下"的法律具有评价与批判性功能的概念。笼统言之,法的现代性就是现代法所具有的属性。现代法是一个韦伯所谓的理想类型的概念。现代法、古代法都是理想类型的法,是从概念上对一类经验性事实的把握,现代法则是人对"现代的法"的共同的把握与想象。当我们把现代的法作为一个"法的理想图景"来追求的时候,法的现代性就是一类法的价值体系。

法的现代化与现代性的研究在中国已经有十多年的历史。应该说,法的现代化与现代性的研究本身就是一个值得赞赏的课题,因为它潜在地肯定了一个命题:中国的法律需要变革,它不是世界上"最高类型的法"。考虑到自诩为"最高类型的法"这一心态曾经统治了中国近40年,提出法的"现代性"命题本身就具有重大的理论与实践价值。这一课题进入研究者的视野本身表明,我们承认中国的法律与西方法律的对比不仅是一个地域性的差异,而且是一个时代性的差异,它们处于法律进化过程的不同阶段。这一研究本身表明我们对外部法律世界的态度发生了重大变革:由姓资姓社的二元对立走向批判性的认同与学习。十多年来,这一研究无疑取得了重大进展,但它的缺陷也是明显的:一是对法的现代性的基本属性的研究不够。① 如前所述,法的现代化的研究是建立在法的现代性的认识之上的,对于现代性这一基本价值的模糊就难以达到现代化研究的基本目标。二是这一研究总体上对中国现实的法律问题关注不够,更多地集

---

* 作者单位:苏州大学法学院。

① 对法的现代性的研究,参见公丕祥:"韦伯的法律现代性思想探微",载《学习与探索》1995年第5期;葛洪义著:《法律与理性——法的现代性问题解读》,法律出版社2001年版。

中在对史的描述上。

基于这一认识,本文从法的现代性的基本认识入手,提出与此相关的中国法的现代性的十个理论问题,以求教于大方之家。

现代性概念的核心是“现代”。“现代”本身是一个表征时间的词,任何“现代”都不过是时间序列中的一个时段,它与价值无关。在这个意义上,任何“现代”都没有意义:任何一个生活在当下的人都不可能生活在“古代”。但是,当“现代”与“性”相连的时候,它就承载了一定的价值,它是对前现代的颠覆。例如,在下作为1966年的中学生与美国当年的校园造反派一样都生活在“现代”。但是,如果要问,同样生活在1966年的红卫兵和美国学生,他们的思想与生活的现代性如何,那就可以说,我等红卫兵仍然生活在“古代”。

那么,现代是一个什么样的语境?它是指在科学技术和人文主义精神支撑下生发出来的一个不同于古代的社会,这是一个在物质、制度、精神层面都与古代不同的社会。就其制度层面来说,就是以理性和个体自由为目标建构起来的一系列制度,主要是民主的政治制度、自由的经济制度以及与此相关的形式化的官僚管理系统,等等。就其精神来说,就是对人的尊重,对个体的尊重。这样一个社会自然发育出一套不同于古代的法律,同时这一法律成为现代社会生发的制度与精神力量,成为现代社会的一个重要组成部分与标志。

那么,现代法律的核心特征是什么呢?这一特征是在经验的基础上建构起来的。我们首先应当寻找法的现代性的经验之维。现代性法律价值的经验之源只能是生活在“当下”的一部分法律经验。问题是,在法律多元的星球上,谁的法律是“现代”的标本?现代性既然是建构起来的概念,那它是由谁建构起来的?它不可避免地带有建构它的主体的意识。毫无疑问,如果由拖着一根长辫子的满清士大夫来建构,则大清律例中的绝对君权、人口买卖、严刑峻法就成为现代法的精神;如果由江青、张春桥等人来建构,个人崇拜、阶级特权、运动治国将是现代法的“不二法门”。如此说来,现代性岂不是一个人言人殊的东西?当然不是。现代性是建立在科学以及所生发出来的社会之上的,它是建立在人的理性交往和理性论辩基础上的,它由数代人的共识支撑。因此,现代法就有一些基本的特征。由此可知,法的现代性问题是建立在这样一些基本认知之上的:与自然界一样,社会(包括法律)具有某些共性,社会是一个由低到高的运动过程,自由与法律存在应然的关联,等等。

对于法的现代性究竟包括什么,国内学者少有论及。葛洪义教授将它归纳为八点:公开性、自治性、普遍性、层次性或称道德性、确定性、可诉性、合理性、权威性。[①] 这有相当的合理性。但是,这样的表述也存在一些问题:它主要集中在法的形式方面,对法的精神的现代性关注不够。如果我们将法的现代化看做一个广义的合理化运动,那么,法的现代性问题就是一个法的合理性或(现代语境下的)正当性问题。如果我们将现代的法律理解为正义,则依据罗尔斯关于正义的理论,法的现代性问题可以分为实质现代性、形式现代性与程序现代性;如果按照自然法的思维,法的现代性问题其实是一个理想的法律图景,那么,法的现代性就可以沿用富勒的实体自然法与程序自然法的分析理路,将法的现代性分为实体的现代性与程序的现代性,或法的外在现代性和内在现代性。我们也可以仿效韦伯的方法将法的现代性归纳为三个大的方面:价值合理性、目的合理性和工具合理性。这里的价值合理性是指法律本身承载的价值是合理的,如自由、平等、人权等;目的合理性是指法律所要达致的目的本身是合理的,例如,法律可以为统治服务,可以为经济发展服务,也可以为人的发展服务,当这些目的本身发生冲突的时候,选择何种目的;工具合理性是指法律作为手段本身是合理的,例如,什么样的法律能够有效地达致和谐的目标,大量的死刑是不是合适地达到巩固统治的目的等。在这些方面,现代法律与古代法律都有一些不同的要求。

依据这样一些对法的现代性的理解,我们可以对法的现代性中的中国问题进行观察与评价,本文将这些问题归纳为相互关联的“十大困境”。当然,不仅仅是这十个问题。

二、十 大 困 境

(一)老师打学生的尴尬

前已论及,法的现代性其实是一个以西方的法律价值为标准的对“当下、本土”的法的批评性审视。因此,法的现代性对于中国来说就意味着双重的批判与否定:从时间维度来说,是对古代法的批判与否定;从空间维度来看,是对自身的否定而承认外来文化的优先性。前者容易解决,辛亥革命与五四运动早已将历史的法律“埋葬”,[②]但是后者却不容易解决。这源于中国现代化过程中的特殊经验。

---

① 葛洪义著:《法律与理性——法的现代性问题解读》,法律出版社2001年版,第5页。

② 当然,这一否定其实只是表层的,在观念深处,死人会以不同的形态出现在现代人的聚会中。例如,个人崇拜、权力集中、蔑视规范、“计划调解”,等等,莫不是披着现代衣冠的东西。

在现代性运动中，中国处于被迫依照西方的价值进行改造的被动地位，而在这一过程中，西方人在中国确实行为不端：老师老是打学生甚至抢学生。接受强盗的价值无疑是一个痛苦的过程，这一点对于一个历来自认为是天下中心的民族来说尤甚。于是我们经历了"师夷长技以制夷"到君主立宪再到法律的全盘西化的转变。但是这一问题从来没有真正解决，民族主义一直是中国法律现代性获得的障碍。只要西方大国与当下中国存在利益纠葛的时候，只要西方以人权为批评口实的时候，民族主义就是一个事实上的障碍或被有意无意地利用的障碍。当我们把义和团作为革命英雄来歌颂的时候，我们常常忘记了在对外关系中我们应当遵守的现代法律规范；当我们把"反帝反修"作为旗帜的时候，我们同样会将接受国际社会普适性的规范视为畏途而视无法无天为革命；当我们高祭黄帝的祖灵的时候，我们就不自觉地滋生种族主义这一古代性幽情。由于痛苦的民族经验，也由于西方世界是一个"功利"的世界，西方善意的"导师行为"与恶意的伤害行为在许多场合无法分辨，而当统治者认为西方的行为会危及自己的统治的时候，问题就更加复杂化。这种"敌友难辨"的困境不但导致学习的艰难，而且导致有良知的知识分子境遇的尴尬：他们会受到官方与民意的双重挤压，轻者被批为崇洋媚外，重者将他们作为内奸来惩治。胡适等自由知识分子的遭遇就是证明，而"文化大革命"中，全中国大概没有一个人敢于正面评价西方世界，更没有一个人敢冒天下之大不韪主张学习西方的法律，因为那将使你身首异处，而且株连九族，永世不得翻身。现在呢，主张移植西方法律的则被批为资产阶级自由化。

（二）普适性原则与地方性知识何去何从

中国的法律现代性转型始于清末，在亚洲是名列前茅的，中国曾经是亚洲第一个共和国。但不幸的是"烧了夹生饭"。先是学正统的西方，1949年以后学苏联为代表的变态的西方，学这一实质为反现代的"现代模式"当然不会成功，它的结果是"文化大革命"。改革开放以后再学正统的西方。这已属不幸。更为不幸的是，在中国法律再向现代转型不久、现代性任务还远没有完成时，半路上杀出个"程咬金"——后现代。后现代思潮本身并无不妥，它实在是对片面的现代的反思，它所强调的非确定性、知识的地方性等，是与现代性本身互补的，它有弥补片面现代性缺陷的作用，这对于过度现代化的西方是很有用的。但是它在中国却成为一股强烈的反现代思潮，它与强大的"前现代"思潮实现了"短路"式的结合，构成对中国法律现代性转型的强大冲击。它的力量在于，这是一个"科学"、理性旗号下的思潮，而科学在现代是最具权威性的话语，它往往使人失去反思能力；它的力量也在于它依附于"中国特色"，而中国特色是一个几近宗教化的意识形态；同时它也迎合了法治消极主义思潮，迎合了无意识的民族主义思潮，有相当的社会基础；它更与权力主体自发的反法治情结相契合，为权力者所青睐。这一思想近几年日益强盛，它与无意识的前现代思潮、潜在的阶级斗争为纲思潮三足鼎立，使法的现代性毫无还手之力。

这一思潮的知识基础其实也是西方的，在中国最为叫座的是纪尔兹的地方性知识理论。其实，人们似乎并没有真正理解纪尔兹的理论。纪尔兹是将诠释学理论用于观察法律的一位学者，纪尔兹理论的核心——文化的"地方知识"属性，是一个认识论的结论。它教导人们，所有的文化都是地方性的，它的目的在于批判西方文化中心主义，它强调的是文化间的相互理解与尊重。纪尔兹认为，法学的诠释学转向所需要的"不只是地方知识，我们更需要一种方式，可借以将各式各样的地方知识转变为它们彼此间的相互评注——由一种地方知识的启明，来照亮另一种地方知识所隐翳掉的部分"。① 可以这样理解，法律诠释学的理论旨趣在于"比较"，在于从比较中解开"一个个谜团"。这个理论的功能不在于强调不同文化间的文化壁垒；恰恰相反，它的功用在于加强不同文化间的理解与沟通。作为一个西方的人类学家，他的直接目的在于使西方人理解非西方的法律。他强调将西方人"那种版本的议会人心灵（council－man mind）与其他种类的地方知识并列以观"。它可以"迫使我们心不甘情不愿地认知到关于'如何将事物陈述为法律可操作形式'之种种相异的观点（如咨里人的观点）——就算这些观点比我们的观点更为教条，它们也并没有比较不合逻辑"。② 特别应当指出的是，克利弗德·纪尔兹本人反对把这种理论用于论证不同文化是否可以相互流动的问题。他对"西方的法学观念是否可以有益地应用于非西方的环境"这样的争论持批评态度。③

地方性知识论者以"法律是地方性知识"来论证学习（起码是移植）西方法律的不可能性，这在逻辑上是不能成立的。因为"法律是一种地方性知识"这一认识结论本身并不能得出"学习外来文化的不可能性"这一结论：从一个知识属性的判断，不能得出否定人的学习能力的判断——学习外来文化是人的能力问题。论者将我国实践中的某些不成功归因于学习西方法律，认为那是因为不合中国国情所造成的，这样的论证不够严密。因为造成这种状况的原因是多样的，将它与国情联系起来实质隐含了一个前提：文化的相互学习是不可能的。而这

① ［美］克利弗德·纪尔兹著：《地方知识——诠释人类学论文集》，杨德睿译，麦田出版社2002年版，第325页。

② 同上，第249页。

③ 同上，第231页。

是需要论证的。从经验来看,学习外来法律不乏成功的先例。且不说俄国16世纪开始的"罗马化运动",也不说日本明治维新以后法律的"脱亚入欧",就说中国。我们历史上不是成功地引进了西方的许多法律,并且基本上得到了实施吗?这一法律在我国台湾地区不是还在生效且运行得还可以吗?我们现在的问题不是学习西方过度,而是学习西方不够,没有学到最为重要的东西。当然,这也是因为社会缺少这些法律生效的条件。怎么办?办法不是退回去,而是更为广泛地引进西方的法律,因为法律具有体系性,单独引进某些法律确实存在该法律与法的体系与精神不合的问题;同时,社会是可以改造的,我们可以创造这种法律生效的社会条件。

(三)国家主权与法律全球化的消长

现代化运动是与全球化同时展开的,现代性的一个重要面向是社会在空间上全球性的获得。与社会属性的全球性获得的同时,法律的全球性也成为法律现代性的一个重要方面。法律的全球性表现在两个方面。一是法律在全球性的事务中发挥其作用,这是前现代的法律所不具备的,前现代的法律都是某一人类团体的:家庭、部落或者国家,它不可能是全球的,不可能在全球性的事务中发挥作用。在不同的人的集团之间,法律无能为力。二是法律形成一个全球性的网络,法律本身取得了全球性品格。这又起码表现在两个方面。一是已经有了一批全球大部分人类(虽然不是全部)都承认的共同的规范,这主要是联合国的重要国际人权文件和WTO规则,这可以看做全球性的宪法;二是形成了全球性的处理不同的法律之间关系的规范,这些规范使不同的规范之间形成一个体系,使得法律有可能作为一个整体处理位于全球不同地区的法律问题。

法律的全球化产生了一个重要的后果:国家主权的衰落。国家主权本身是一个现代性问题,但是它在发展的过程中显现出与世界性的法秩序的某种冲突。主权已经被分解为不同的层次:国家下的主权、国家主权、超国家主权、全球性主权。[1] 这给法的现代性的取得提供了很好的外部法律环境。但同时,也增加了国家对外部的猜忌与焦虑情绪,这一外部世界的"进攻"态势使政治家产生一种压迫感,这反而会强化国人与西方之间的对立情绪,加大法律现代化的难度。当理论界持绝对主权观念的时候,这一阻力将明显增大。

(四)平等与身份的对峙

平等与否是现代法区别于古代法的主要特质之一。这一传统其实是在古希腊罗马就基本奠定了的。早期古希腊罗马社会存在被保护人和外邦人,他们不

---

① 周永坤:"全球性时代的人权",载《江苏社会科学》2002年第3期。

享受城邦法律的权利，在几个世纪的进化中，这一弊端被革除。

早期古希腊罗马被保护人的地位相当于中世纪的农奴，主人不仅有管理权，而且有司法权，他可以处死被保护人。城邦成立以后，各家的被保护人有了沟通的机会，他们在一起发泄对主人的不满，他们的目光扩展到了家以外，扩展到了对宗教、法律、祭祀的比较性的认识，于是激起了追求自由的欲望。不过，主人长期认为他们的统治是天经地义的，是不可改变的。“但总有这么一天，主人不再相信他的权力是合法的，于是这种权力渐渐地衰落以至于消失。”最初他们居住在主人家里，种主人的地，后来，主人分给他们一块地，让他们种，当然是为主人种（承包权），后来变成了交租，他们自己获得一分收获。他们可以“占有”土地（这是使用权了），但是不能有所有权，因为他们不具备享有土地所有权的身份。再后来，他们成为享有土地所有权的农民。奴隶则由乡村的奴隶变成土地的奴隶，再成为拥有土地的农民。这一步是在梭伦改革时达到的。[①] 克里斯提尼的改革使已解放的人实现了平等：他们属于人人都能平等参加的新部落，民众一律平等，不再有特权。教士及首领由家传改为年制。

几乎相同的事件发生在罗马的塞尔维乌斯时代。他通过变法将“敌人的”土地分给平民，这使平民成为土地所有者，在此前是不可想象的。他公布了一项法律，从此，平民与贵族有了同样的法律，在此前，法律只属于贵族。同时，他在保留旧部落的同时，创造了四个新部落，实行按地区划分居民，这使两个阶级混合，平民真正加入了城邦。此时，罗马人不再依身份分成两个阶级，而是依财产的多少分成等级。后来，贵族再次掌权，塞氏被杀，贵族将分给平民的地收回，将平民的法律取消，但是平民的公民身份却保留了下来。于是平民“用脚投票”，他们出走圣山。但是平民没有建城的教士，没有社会法律的基础（宗教），无法实现生活的社会化与组织化，他们需要贵族；同样贵族也需要平民，失去平民他们没有足够规模的军队抵御外敌。于是他们妥协，设立了平民保民官。[②] 平民保民官可以制定适用于平民的平民条例。这样，罗马就存在两个法律：一是贵族的元老——长官法；二是平民的平民条例。贵族以宗教习俗主张他的权利，平民

---

① ［法］库朗热（Fustel de Coulanes）著：《古代城邦——古希腊罗马祭祀、权利和政制研究》，谭立铸等译，华东师范大学出版社 2006 年版，第 249 页。

② 在罗马，平民保民官具有神性，贵族的手若碰到他，就犯下了“大不敬”之罪。法律规定：“任何人不得施暴于护民官，不得殴打他和杀害他。凡犯下这样罪的人就是大不敬，他的财产充公给刻瑞斯神庙用，而任何人皆可对他格杀勿论。无论官员或什么特别人物，遇见护民官时不得有任何举动。”参见［法］库朗热（Fustel de Coulanes）著：《古代城邦——古希腊罗马祭祀、权利和政制研究》，谭立铸等译，华东师范大学出版社 2006 年版，第 277 页。

则以“自然权利”作答。这一问题的解决得益于战争。首先在军队中贵族与平民的畛域开始模糊乃至取消。经验使特权者认识到,不如唤起平民,使他们进入贵族城邦,与贵族一同分享城邦的法律、制度与爵位。最后双方达成妥协:由贵族担任立法者,但是法典在公布及定稿之前应先征求大众的意见和各阶级的认同。从此以后,法律为各阶级所公认,平民与贵族出现在同一个法庭上,行同样的手续,按同样的法律进行审判。

西方现代人的平等正是受到古希腊罗马人的启发,他们“复活”了西塞罗的自由平等精神,并将它以法律的形式公布于天下。这就是1787年的美国宪法与1789年的法国人权宣言。现在,国际人权法已经将人的平等作为基本的出发点。因此,可以肯定地说,平等是法律现代性的最重要因素。

但是,1949年以后我国的法律是建立在阶级之上的,这一法律将人划分为不同的阶级,它假设不同阶级的人具有不同的属性,并以此为标准分配利益:物质的、政治的、精神的无一例外。法学则为这一等级式的利益分配格局给予“法理”的证成。这是令人悲哀的。改革开放以来,原先的敌对阶级的区分不再有意义,但是工人阶级与农民阶级的分野仍然不可逾越。目前,我们法律中的不平等与歧视现象起码有:户籍、地方、血型、年龄、身高、性别、所有制、阶级、信仰、政治等不一而足。就歧视涉及的领域来说,可以说无所不在:经营、就业、教育、政治、获取报酬、社会保障、医疗保险等方面。从时间上来说,可以说是从出生到坟墓。一生下来,你的身份就确定了。你的父母是城市居民,那么你就可以从城市的法律中获取利益;如果你的父母不幸是农民,那么一切免谈。最不能理解的是,人死了也不能平等。2003年12月4日最高人民法院作出《关于审理人身损害赔偿案件适用法律若干问题的解释》(2004年5月1日起生效),该解释第29条竟然明目张胆地规定:“死亡赔偿金按照受诉法院所在地上一年度城镇居民人均可支配收入或者农村居民人均纯收入标准,按二十年计算。”这导致了对法律公正性、权威性的严重伤害,对当事人也构成精神上的再一次伤害:他死去的亲人是贱民。这已经导致了严重的后果。[①] 真正难以理解,作为正义化身的最高人民法院的大法官们竟然作出令中世纪的法官都会齿寒的解释,他们完全可以通过解释来弱化法律中的不平等因素,但是他们却作出了相反的选择,这是令人深思的。[②]

这种身份的法律使农民进一步贫困化、边缘化,使农民及其子弟失去自尊与自信,对他们的善良人格的养成形成了严重的负面影响;使他们对他们所生活的社会失去了认同感,使他们对城市产生冷漠乃至敌视,这是现代中国之大患。诚如库朗热在评价早期特权的古希腊罗马社会所言:"但凡人所构想和建立的社会组织,没有不变的道理。这种组织本身就有致死的疾病,那就是巨大的不平等,对于自己丝毫没有益处的社会,人们只想摧毁而后快。"[③]一个在规范上将人等级化的社会要实现真正的稳定是不可能的——除了"兵临城下"式的沉默。

有必要指出的是,社会的分层是不可避免的,问题在于,法律是强化这种分层,将这种分层规范化、恒定化;还是使它具有流动性,以法律规范性来弱化社会分层,对弱者予以照顾。但凡一个正当的法律的主要倾向是后者,现代的法律只能选择后者。但是,我们的法律为了实现"现代化"——工业的现代化,却作出了反其道而行之的选择,他们以法律的形式扩大城乡差别并"固化"这种差别。这实在是令人伤心到极点的事。[④]

① 安徽凤阳县一副镇长张运武出车祸,在确定死亡赔偿金时,因其是农村户口,只能按照农村标准。当年安徽省2003年城镇居民可支配收入为6778.03元,而农村居民纯收入为2127元。这样,张副镇长的实际死亡赔偿金就因为他的农村户口而只能享受"农民"待遇(据《安徽法制报》2004年8月29日报道)。2005年,湖北省城镇居民人均可支配收入为8023元,农村为2890元,按20年算,二者相差106,660元,一个农民生命的价值是一个城里人生命价值的35%,1/3略强。无奈,有的死者的家属为已死的人来个"农转非",看来城市的鬼比农村的鬼也要值钱些。还有更绝的,同一次车祸中遇难的三位同学的赔偿标准竟然也不同。2005年12月15日凌晨,14岁的女中学生何源与其他两位同学同坐一辆三轮去上学。途中发生车祸,三名中学生同遭不测。事发后,三名女孩的家人先后与肇事司机挂靠单位——重庆铺金公路运输有限公司进行协商。不久,何源两同学的家人先后与公司私了,各得20余万元赔偿。而何源的父母只能获赔5.8万元(据《中国青年报》2006年1月24日报道)。若何源同学在天有灵,她能认同这个社会与法律吗?

② 令人欣慰的是,一些地方的法官们不遵守这样的"法律",他们以各种理由按同一标准确定死亡赔偿金的数量。江苏省常州市中院于2005年更是发出一个"意见",要求法官按同一标准确定死亡赔偿金。这表明法官的现代性意识在增强。

③ [法]库朗热(Fustel de Coulanes)著:《古代城邦——古希腊罗马祭祀、权利和政制研究》,谭立铸等译,华东师范大学出版社2006年版,第227页。

④ 在经历了半个多世纪的偏执以后,最近我们似乎认识到了这一点,采取了一些措施,其中之一是取消农业税,当然,这是很不够的。这一等级制度的核心——农民与居民二分的权利分配制度——还没有看到改变的希望。

（五）社会至上与保障权利的对抗

个人权利的尊重是现代法的精神之所在。古代的法律无一不是以社会利益（在专制的地方就是统治者或统治集团的利益）为原则的法律。

古代城邦依宗教而立，正是由于宗教，城邦获得了自己的力量，它对民众有绝对的权力，公民没有丝毫的自由。公民的身体属于国家，有保卫国家的义务；公民财产受国家支配，城邦若需要钱，"可令女人献出她们的珠宝首饰，令债权人让出他们的债权，令橄榄种植者无偿献出自己制的橄榄油"。私人生活也然。多数希腊城邦制裁晚婚者。有的法律禁止人饮用纯酒，有的法律规定人的服饰、发型，雅典法律禁止女人旅行携带三件以下的裙子，有的法律禁止剃胡须。在拜占庭，家里有剃须刀要受罚；而在斯巴达，则规定必须剃须。国家独揽教育大权，雅典曾有法律规定不得讲授哲学，人无信仰的自由，他必须服从本邦的宗教。为了城邦的利益，城邦可以流放无罪的人，只要他觉得某人可能有损于城邦的利益：阿里斯第德（Aristide）被流放只是因为他品行优秀而获得许多民众的信任，有危及国家利益的可能。这叫"防微"（这类似于今天的社会防卫措施）。一些地方可以处罚"无公民品德"的人。古人认为，在面对国家利益时，可以放弃所有的法权、正义和道德。① 现代社会与古代不同的是，个人权利是至高无上的法律。洛克说过，一个将军可以命令他的士兵坚守毫无希望的阵地，但没有权力拿走他的一分钱。这就是现代法律的原则。在黑格尔等大家的法哲学体系中，所有权是法律的开端。

但是，在我国，个人利益服从集体利益，集体利益服从国家利益是不可动摇的政治信条。虚幻的社会利益仍然是法律的精神原则，个人权利只有在社会利益许可的条件下才有存在的正当性。这正是中世纪的信条。这一精神在立法与司法中随处可见。这只要看看我们的宪法就可以了，只要看一看民法至今无法制定就清楚了。为了中国的工业化，农民的土地权利可以不顾；为了发展经济，不同意拆迁的居民成了"钉子户"，成为打击的对象；为了社会稳定，严刑峻法成为选择；为了严打、为了反腐败，违反法律的双规可以存在。佘祥林冤案平反后，一位名牌大学的法学家竟然说，佘祥林蒙冤只有一个母亲的眼泪，而平反后却有二十几个母亲的眼泪（指那些受到惩治的冤案制造者的母亲的眼泪）。言下之意是：平反是得不偿失的事。高楼堕物与高楼抛物案发生后，法院与学界几乎众口一词地要实行所谓的"推定"，他们想到的是稳定与发现罪犯、惩治罪犯（宁可

---

① ［法］库朗热（Fustel de Coulanes）著：《古代城邦——古希腊罗马祭祀、权利和政制研究》，谭立铸等译，华东师范大学出版社2006年版，第214页。

错杀一千,不可放走一个),等等。那些无辜受罚的人的权利没有人考虑过。法律成为一种恶的手段被使用,人的权利成为社会无情的牺牲品。这在现代法治国家是不能容忍的。

(六)单位金字塔与公共交往理性的不和谐

前面说到的私人权利是一个私人领域,存在一个公权力不能进入的私人领域是现代社会的特点之一,保护私域的神圣不可侵犯是现代法律的重要特征。然而这还不够。现代社会还有一个公众参与的公共领域,公共领域的法律化是法律现代性的标志,也是现代法律人民性的体现,是促使现代法律不断进化的重要制度保障。具有政治功能的公共领域首先在18世纪的英国产生,一些社会势力为了影响公共当局的决策,求助于具有批判意识的公众,使自己的要求得到这个新论坛的认可。从那时,"民意"、"人民的普遍呼声"以及"公众精神"成为反对党可以诉诸的实体。[①] 公共领域可以分为私人聚集的领域和公共权力领域。所谓私人聚集的公共领域是作为公众聚集以迫使公众舆论获得合法化的场所,这个公共领域和公共权力领域是相分离的。可以这样说,前一个公共领域是权力体制内的,后一个公共领域是权力体制以外、法律以内的,这是法律与公共权力相抗衡、借公众以"驯服"权力的重要手段。这个公共领域的存在正是公共交往理性得以实现的渠道。缺乏这一渠道,公共交往的渠道不畅,就使社会失去它的法治特质:"人民的参与,就是法治。这样,法治也就意味着人民的参与或人民的最终统治。"[②]当然,它的后果就不仅是法律现代性的障碍,而且关涉社会最低限度的要求:稳定。

我国的传统社会是一个金字塔式的社会,从规范的视角来看,它的基本特质是人治,这二者是"匹配"的。由于传统社会统治权力的有限性,它对基层社会采取的是"放任"的态度,因此中国古代存在"乡绅自治"这一现象。民国时代,现代市民社会开始养成,但还只是一个开端而已。1949年以后,这一金字塔结构没有改变,所不同的是,它的基本原子不是家庭,而是在权力掌控下的"单位"。这一结果就是,金字塔结构得以强化。[③] 在这一结构下,不但私人领域不

---

① [德]哈贝马斯著:《公共领域的结构转型》,曹卫东等译,学林出版社1999年版,第75页。

② 同上,第91页。

③ 这一强化起码表现在三个方面:传统社会的基础是家庭,家庭是自治的,单位社会则不同,它的原子是单位,单位是政治的延续,且其本身具有政治性;传统社会政治统治机构只到县一级,乡(含乡)以下是自治的,而现代单位社会是一直深入到每一人的;传统社会的政治统治受制于儒家的精神权威,而现代单位社会是政治权威与思想权威合一的。

存在,[①]公共领域更加无法存在。用哈贝马斯的公共领域两分的观念来看,我们不但公共权力领域——公民参与和批评公权力的领域严重匮乏,私人聚集的公共领域更是难觅。[②] 这方面的主要例证是:选举制度的严重变形,宪法规定的诸多公权利的虚置(言论、集会、结社自由,出版自由、宗教自由等),非政府组织的缺乏,工人自由组织工会的权利与集体谈判权利的缺失,信息渠道被管制,舆论"被指导",等等。

(七)政治权威与法律权威的抗衡

政治权威在任何社会都是必不可少的,它是社会组织化有序化的必要条件。古代与现代最大的不同点在于:政治权威与法律权威孰大孰小。古代社会的最大特点是政治权威对于法律权威的优势地位,法律是实现政治权威的工具,而现代社会的一个标志性要素是政治权威走到法律之下。[③] 但是,个人崇拜在"文化大革命"及其以前是我国政治的主旋律,片面的"党的一元化领导"造就了蔑视法律的政治权威。未经任何法律程序,依据宪法程序产生的国家主席刘少奇死于非命;法律规定的诉权,政治权威的一纸命令、通知、纪要就可以使之悄无声息地消失;政治权威的一声"严打",判刑就"顶格",这实际上破坏了整个刑法体系。[④] 改革开放以后,还有一个县委书记公然质问人大代表:是宪法大还是县委大?在他的眼里,县委(其实就是他自己)无疑是大于宪法的。大而言之,我国的法律许多是权力意志的产物,权力主体不高兴,需要的法律不能出台,而权力需要什么样的法律,就会出台什么样的法律。这从我们一些关于公民宪法权利的法律和控权法律出台难、出台的法律的内容与宪法精神存在很大差异,甚至完全对抗而得不到纠正中得到确证。如果权力主体不高兴,任何法律都可能虚置。具有最高效力的宪法从来没有(合法)进入"法律规范"体系——被法院适用是最有说服力的一例。

(八)法律工具性主张和规范性需求的紧张

政治权威性统治需要的不是法律的权威,而是权力的权威,权力要求将法律

---

① 在"三面红旗"下,个人财产不受保护,国家及其代表可以随意拿走公民的任何财产。在吃食堂的时代,邻居可以"合法"地拿走你家赖以生存的口粮;"文化大革命"中,红卫兵可以不经任何法律程序拿走你的东西甚至是你的生命。即使是现在,警察可以自由进入住宅打击"夫妻看黄碟",而我们的法学家还在为之作正当性论证。

② 当然,这里的公共领域是指处于金字塔结构以外的公共领域,与权力对话和批判权力的力量存在的公共领域,而不是在金字塔结构之中,担负"展示与操控"职能的伪公共领域。

③ 当我这样说的时候,有一个例外,古希腊罗马许多时候(不是全部)法律的权威是高于政治的权威的。这个例外告诉我们,政治制度中人选择的可能性是很大的。

④ 虽然"顶格"仍然在"法定刑"内,但是其实改变了整个"罪刑相当"的刑罚体系,变成了统一从重量刑,结果是破坏了整部刑法。

作为工具来使用,这就是法的权力工具性主张的源头。几千年来,中国流行的法观念都可以归入这一类。儒家和法家都把法律当做“人主”治理天下的工具,不同仅发生在对于法律的工具性地位的理解上:儒家主张道德的第一性,而法家则主张法律(主要是刑赏之法)的第一性,“王法”则是这一观念的通俗说法。1949年以后,法律成了阶级统治的工具,按照权力主体的计划发展经济的工具、建立和谐社会的工具等,不一而足。提法虽有不同,其实质是同样的:法律是政治权力的工具,是达致政治权力所确立的目标的工具。但是,现代法律自有其目的,那就是“一种很有分寸的、理智的目的,那就是:使人类行为服从于一般性规则的指导和控制”。① 这一目的本身就内在地包含了对权力目的的约束。这表明,两个目的之间存在难以调和的冲突,法律的工具性使用必然构成对法律的内在属性的伤害。这就是为什么中国历代王朝最后都不得不违反自己的法律的原因。对于现代法律来说,这尤其重要。所以,富勒将遵守“程序自然法”作为法之为法的要件。他认为程序性的道德与康德的“绝对命令”相似。他自己就将内在道德的一项——法律不得自相矛盾——称为“一项绝对命令”,因为如果被称为法律的东西“呈现为一系列散乱的、毫无章法地行使国家权力的行为,公民便无法根据法律来调整自己的行为”。②

我国意识形态中法律的权力工具性主张在许多方面削弱了法律作为法律存在的必要条件。例如,1954年宪法刚刚制定,就被权力主体抛弃,因为宪法所规定的规范性要求和稳定性要求与权力主体确立的合作化运动等“社会主义”改造的目的不一致;法律本身要求不矛盾性,要求内部有解决位阶的制度,我国的法律相互矛盾得不到纠正的比比皆是:现代法律要求侵害性法律不得溯及既往,我国最早的单行刑法——惩治反革命条例就是一个彻底溯及既往的法律,1979年刑法规定从旧兼从轻原则,可是不久,人大常委会自己就制定了溯及既往的刑事特别法;法律的规范性要求法律是公开的,但是,权力主体为了在法律以外推行自己的主张,秘密法就成为公开的秘密;法律的规范性要求法律必须是明确的,我国的法律长期以“宜粗不宜细”为原则;为贯彻权力意志,法律的连续性被无情地打断:1949年2月的文件是大中断,“文化大革命”又一次中断,这些背后都有权力意志内在地与法律的连续性的冲突;权力意志倾向于个别调整,法律的一般性就成为它变革的对象,从1949年起一段相当长的时间内我国缺乏起码的民刑成文法律与判例就是一个证明;法律的规范性诉求要求官方行为与法律的

① [美]富勒著:《法律的道德性》,郑戈译,商务印书馆2005年版,第170页以下。

② 同上,第130页。

一致性,而权力的冲动常常使政治权威的行为与法律严重背离。

总之,只要法律没有自主性,它成为外在于自己的某一社会主体的工具,法律便不能满足最低的规范性诉求。

(九)“刀把子”定位和司法独立难协

上面一个问题在司法中的延续就是司法工具主义。司法是政治权威的工具在中国不仅是一个制度性和观念性事实,而且长期是一个禁区。在“反右”中司法独立已经牢不可破地被定性为资产阶级的制度。这其实是政治权威对法律的自发性抑制的表现。只要法院的工具性地位不能破除,法院就不可能取得自主性,法院就不可能成为解决纠纷的最终权威,当然,政治权威就不可能走到法律之下,从而实现法治,实现法的现代性的重要方面——控制政治权力。法院的“刀把子”定位在以下几个方面与司法独立不协调:在制度上,长期以来法院是政治权力的下属机关,要向人大报告工作,它事实上也是行政的下属机关(通过党的组织制度的过滤);在工作上,法院成为为政治权力服务的工具:为镇压敌人服务,为严打服务,为经济建设保驾护航,为和谐社会服务。在人事上,法院的工作人员主要不是依据专业来选择与竞争,而是由政治权力来决定,当然,其标准主要是对权力的忠诚而不是对法律的忠诚与业务素质。所以,《法官法》只对小法官有用,对大法官、对“带长”法官就不管用;在程序上,各种政治权威通过诸多合法与不合法的渠道可以轻而易举地命令法官,不需要承担任何责任。更为不解的是,许多地方动辄给法院下达非审判任务,将这一工具用于非法律工作。① 政治权威与司法独立不谐的一个重要表现在于法官奖惩制度上,中国的法官可以由政治权威免职,不需要经过法律程序;法官的薪酬大部分是“奖金”之类非工资收入,而这些收入是由行政首长说了算的。所有这些都将法官牢牢地置于行政权威的掌控之中。

(十)法律统一与地方利益的冲突

法律的不矛盾性是所有法律的要求,更是现代法律形式合理性的最低要求。一个内在矛盾的法律体系使民众无所适从,无法达到法治的基本要求。我国法律的不统一已经相当严重。原因很多,一个重要原因是地方利益对统一法律的威胁。我国是一个单一制的国家,原来我国的法律虽然不多,却是高度统一的,那时统一的根基是中央的高度集权。改革开放以来,为了调动地方的积极性,同

---

① 这类工作无所不包。例如,四清、扶贫、绿化、招商引资、打扫卫生等。更为离谱的是,某县为了发展养牛业,县委要求县级领导干部带头,每人养四头牛,法院院长也不能例外。法院院长苦于没有时间,无奈只得雇人养了四头牛(据《人民法院报》2004年8月19日报道)。

时便于对传统的体制进行“各个击破”,中央的政策鼓励各地进行体制创新,地方制定法律和适用中央法律中的“裁量权”得到承认。于是1954年宪法所确立的中央一级立法体制被打破,地方取得了立法权。由于宪法没有划分中央与地方立法权限的内容,导致中央与地方立法事项的重复,这不可避免地产生中央立法与地方立法的矛盾与不统一。进入20世纪90年代以来,吸引外资、发展地方经济的压力加大,各地利用立法权竞相制定吸引外资的政策法律,使地方立法与中央立法的不统一现象逐步加深。由于我国缺乏对法律(广义)的规范审查制度,矛盾的法律无法通过司法途径消除,使这一态势几乎失控。如果说在立法领域法律的不统一还不够严重的话,那么,它的后果将通过执法与司法得以放大。各地为了地方利益恣意解释法律、对法律作有利于本地当事人的理解的现象屡见不鲜。法律不统一、因人而异现象的大量存在,对人们的法律信仰的形成、法律权威的确立产生严重的负面影响。

三、结论:实现法的现代性需要确立手段论社会主义观念

如果从1902年清廷变法开始,我国的法律现代化运动已经有一百多年的历史,取得的成就是有目共睹的。但是,实事求是地说,与其他国情类似的国家——例如日本和俄国——相比,我们是不能算成功的。远的不说,只说1949年以来的情况。可以这样说,从1949年到改革开放以前的30年,我国处于“法治黑暗时代”。这一时期我们没有事实上的宪法,①也没有民刑等基本的法律,甚至没有基本的诉讼程序法,更有“文化大革命”开始后十多年明目张胆地无法无天。这无论如何都是历史的倒退(起码在法治方面是如此)。我们现在的进步事实上都是改革开放以来才取得的。如果回顾一下改革开放以来的历史,我们就会发现一个简单的事实:法律上的每一进步都与社会主义观念的进步存在逻辑上的关联。1979年以前的失败在于斯大林式的社会主义在作怪,正是这一阶级斗争为纲的社会主义对法律构成了内在的排斥与破坏。改革开放以来,法律方面的实质性进步是邓小平在1992年年初对计划经济社会主义的突破以后取得的。正是市场社会主义观念的引入才有以后历次宪法修正案的出台;正是

① 1954年宪法在通过后不久事实上就被搁置;关于1975年宪法,不说它的效力,就是从内容上来说,一个以肯定“文化大革命”这样一个否定人类基本文明的运动为主旨的文件能不能叫“宪法”本身是值得怀疑的;1978年宪法与1975年宪法没有实质性的进步,它还规定“革命委员会”这样完全反法律的机构。在1979年以前,我国没有民刑等基本的法律。这无论如何也是历史的倒退。

市场社会主义观念的引入，才会有加入 WTO 的举动；正是市场社会主义观念的引入，才会有今天的一系列法律上的进步。这一成败得失告诉我们，在一个以社会主义立国的国家，法的现代性的实现有赖于社会主义观念的进步。

任何固定的、以“实存”为基础的社会主义观念——包括阶级斗争为纲的社会主义观念，都是负面意义的意识形态，它对社会的进步构成阻滞。要使中国法的现代性获得正当性，必须对这一社会主义观念进行彻底更新：从“目的论社会主义”走向“手段论社会主义”。

所谓目的论社会主义，是将社会主义本身作为目的的社会主义；所谓“手段论社会主义”是将社会主义作为手段，它服务于更高的目的——人的自由与解放的社会主义。在这一观念下，凡是现代与人的自由与解放相适应的制度和观念都是社会主义的，而任何与这一目的相背离的制度和观念都不是社会主义的。

“目的论社会主义”是建立在对马克思恩格斯思想的误解与曲解之上的。在马克思恩格斯那里，无产阶级专政、社会主义等社会发展阶段都是实现人的自由的手段，自由才是马克思恩格斯终身为之奋斗的最高社会理想，是马克思主义的目的之所在。①

可是，长期以来我们注重手段而忘记了目的，以至于将手段当做目的，更甚者以手段（社会主义）排斥目的（人的自由与解放），这就是斯大林式的社会主义思想。这一社会主义在本质上是反法治的。只要我们将社会主义理解为实现人的自由的手段，依据人的自由来想象与发展社会主义观念，社会主义就会与法律的现代性相一致，因为现代法律的基本精神正是自由。事实上，依据人的自由发展社会主义观念，正是我们二十多年改革开放的最大成果。我们已经跨出了两

---

① 早年的马克思就指出自由是人的本质，社会的发展是人的自由不断实现的过程。他说：“自由确实是人的本质，因此就连自由的反对者在反对自由的现实的同时也实现着自由……没有一个人反对自由，如果有的话，最多也只是反对别人的自由。可见，各种自由向来就是存在的，不过有时表现为特殊的特权，有时表现为普遍的权利而已。”《马克思恩格斯全集》（第 1 卷上），第 167 页。在描述他们理想的社会的时候，他们指出，“代替那存在着各种阶级以及阶级对立的资产阶级旧社会的，将是一个以各个人自由发展为一切人自由发展的条件的联合体。”《马克思恩格斯全集》（第 4 卷），第491 页。在《资本论》中，马克思再次强调了同样的观点：未来的社会是“以每个人的全面而自由的发展为基本原则的社会。”《马克思恩格斯全集》（第 23 卷），第 649 页。恩格斯的晚年仍然念念不忘他的崇高理想：“代替那存在着阶级和阶级对立的资产阶级旧社会的，将是这样一个联合体，在那里，每个人的自由发展是一切人的自由发展的条件。”《马克思恩格斯全集》（第 39 卷上），第 189 页。在谈到人与国家（包括社会制度）之间关系的时候，马克思认为，要使人能够自由地从事自己的活动，就必须“使国家制度的实际体现者——人民成为国家制度的原则。”《马克思恩格斯全集》（第 1 卷），第 315 页。这些都清楚地告诉我们，在马克思恩格斯那里，人的自由是目的，是他们终身为之奋斗的目标，而无产阶级专政、社会主义、共产主义这些社会形态都只是实现人的自由的手段，他们必须以人的自由即人权为原则。关于这一严肃命题的详细论证笔者将另文专论。

大步:从计划经济社会主义到市场经济社会主义;从人治社会主义到法治社会主义。试设想,如果没有社会主义观念的这两大飞跃,我们还是坚守计划经济与人治社会主义,会有今天的政治与社会进步吗?同样,市场经济是法治存在的基本前提条件,计划经济不可能产生权利要求及其在此基础上的现代法。在毫无市场的共同体里,人的关系不是建立在个人缔结的"法律事务"上,而是建立在命令和法的禁止的原则上。"在法律制度的统治下,交换是一种'法律事务':获得、转让、放弃、履行权利的要求,随着市场的任何扩大,法律事务也就增加。"①

只要我们坚持"手段论社会主义",任何与人的自由与解放相背离的制度与观念都理所当然地在变革之列。接受了这一观念,我们判断一项立法的正当性问题的逻辑关系就会发生根本性改变:不是看这一立法与一个固定不变的社会主义图景是否符合,而是看它与人的自由的关联。如果它与人的自由一致而与社会主义图景不一致,那么,应当放弃的不是与自由相一致的法律,而是过时的社会主义图景,因为前者才是真正的社会主义。这样的社会才是一个朝气蓬勃的社会,才是一个不断进取的社会,才是一个能"持续发展"的社会。套用一句时髦的话:这才是科学发展观。

社会主义还需要发展吗?答案是肯定的。为了实现法的现代性,使社会主义服务于人的自由与解放,社会主义观念需要实现第三次飞跃。② 这第三次飞跃是什么?这要看现实的社会主义观念中对法的现代性、与人的自由冲突最严重的是什么。

在法学界,一个共识性的事实是,"'自由'在法的意义上是权利,现实的或潜在的权利"。③ 自由是一种社会性存在,人的自由的规范表现就是权利。我国宪法也已将保障人权作为国家服务的目标。在所有的权利中,财产权无疑是最为重要的权利之一,没有财产权,人的生存、人的其他自由的活动都不可能或没有意义。所以财产权的保护是改革开放的重大成果之一,这一成果已经记录在

① [德]马克斯·韦伯著:《经济与社会》(下),林荣远译,商务印书馆1998年版,第21页。

② 第一次飞跃是从计划经济社会主义到市场经济社会主义的飞跃,第二次飞跃是从人治社会主义到法治社会主义的飞跃。

③ [德]马克斯·韦伯著:《经济与社会》(下),林荣远译,商务印书馆1998年版,第21页。

宪法之中。[①] 下一步需要做到的是:实现同质的权利同等的保障,特别是财产权的平等保护。权利的平等交换是现代法律的基本原则,不同权利的"含金量"如果不相等,就不可能进行法律意义上的交换,也就不可能有真正意义的市场经济,同样也不可能有人的自由。要做到这一点,就要从"公有"的社会主义观念中解放出来,实现所有财产权"等价"的社会主义。实现社会主义从"国家办工厂"到"国家税收"的转变——国家用税收来贯彻社会主义政策。这才能有真正的市场经济,才会有真正意义上的现代法律,同时有社会主义。如果我们确立"手段论社会主义"观念,就再也不会争论什么财产权的平等保护与社会主义是否相一致这样的伪问题,而应当争论:财产权的平等保护与人的自由发展是否一致这样的问题。申言之,如果我们确立了这一观念,上述面临的法的现代性困境将会迎刃而解。

(2006年第6期)

① 人们不会忘记,中国的改革开放是从安徽凤阳的小岗开始的。从法律上讲,小岗改革的实质是什么?是公民争取财产权的斗争:维护公民对土地使用权的行使方式——由大家在一起使用土地到家庭使用土地,仅此而已。但是为了这一点,却要付出自由甚至是生命的代价,这是哪门子社会主义?现在,又有人认为物权法(草案)的相关规定违反了社会主义,他们脑子中的社会主义其实还是斯大林式的社会主义,是属于"目的论社会主义"一类的。在他们眼里,人的自由与权利是不屑一顾的,他们对社会主义的观念才是不能碰的。请这些"教授"看一看房龙先生的《宽容》吧!以自己的陈腐观念来指责人类最为一般的规范(财产权规范),真是愚蠢而蛮横至极。

“信仰法律”的提法有违法理

刘　焯*

自伯尔曼这位美国法学家的《法律与宗教》一书被译成中文出版后,该书中“法律必须被信仰,否则它将形同虚设”①那句话就不胫而走,并范围广泛、时间长久地兴奋着一部分中国法律人的神经。笔者最近上“百度”点击“法律信仰”,其搜索结果是出现了251,000条相关信息。而由许章润教授主编的论文集《法律信仰:中国语境及其意义》则可以说是中国法律人关于这个问题的精英话语集结。主编以“理念”、“语境”、“实践”三个部分将其中的论文作了归类,其目的主要是表明作者们对法律信仰的关注和研究角度有所不同。但正如主编所说,各位作者的“用力方向则一,追求的旨趣相同”。那就是“借由探索法律的信仰之维,谋求建设中国文明的法律的精神家园,从而在理论与实践的互动中,最终砥砺成形汉语文明法律智慧的神圣品格”。然而,集子读毕,掩卷揣摩,一个令笔者有些不安的疑问竟日渐强烈起来:法律能够被信仰吗?被信仰的那个法律是现世的吗?为解开内心的疑惑并就教于同人,笔者惶惶然撰就此文。

一

信仰原本是描述人类宗教感情的概念,表达的是对属于彼岸世界的事物或情境的向往。论及信仰,便是指某个人的或某个人类群体的信仰;而被信仰者,多为一些超验的观点或实体。比如说某人信仰上帝、信仰真主安拉、信仰主权在民、信仰共产主义等。中国的权威工具书《辞海》解释“信仰”说:“对某种宗教或某种主义极度信服和尊重,并以之为行动的准则。”西方文化中“信仰”被理解为“自愿地把某些一直没有或不能得到理性或经验支持的观点作为真理”。“……对康德来说,信仰就是接受先验理念、上帝、自由和灵魂不朽。它们超越了经验的王国,不是理论知识的对象。”②信仰缘起于人对现俗世界或周遭的不满以及对美

* 作者单位:中南财经政法大学法学院。

① [美]伯尔曼著:《法律与宗教》,梁治平译,生活·读书·新知三联书店1991年版,第28页。

② [英]尼古拉斯·布宁、余纪元编著:《西方哲学英汉对照辞典》,人民出版社2001年版,第361页。

好生活和世界永无止境的追求与向往。迄今为止,人类最为著名的三大宗教——基督教、伊斯兰教和佛教,其各自的历史都显示其最初的追随者和信仰者大都为受奴役、受压迫的社会下层人士和贫苦民众。

信仰的发生表明了人的需要的多重性,人有物质的需要,也有精神的需要。人不是行尸走肉,在满足物质需要之外需要一个精神家园,以安置自己的灵魂和抚慰自己的心灵,信仰就成为这种精神需要的必然且自然的产物。对有些人而言,其精神需要的满足甚至还是首位的,这就是为什么历史上、现实中都不乏为了心中的信仰而节衣缩食、风餐露宿乃至赴汤蹈火、不惜舍命之人士的理由了。哲学家贺麟说:“有宗教信仰的人,自有安身立命之所,不会在人生道(路)上,徘徊歧途、莫知所可。他的精神有安顿、有寄托,做事自觉有神圣的秉承,有牺牲的勇气。”①又岂止是有宗教信仰的人呢?那些真正怀有信仰者(包括对主义的或对价值的信仰)莫不如此!依着信仰,人就有了滋养其现世生活的养料和灵魂升华的渠道,有了自己生活的目标和意义以及支撑其生命的原动力。所谓“有了信仰也就有了力量”。(沈从文语)

信仰应当是属于精神领域的、纯粹的东西,如果要说信仰有什么功利性,那么在笔者看来,这种功利仅在于它使信仰者精神获得支撑与愉悦,人生获得意义与动力,这种功利与“理性人”意义上的功利是不同的,后者往往会因为利害的计较与权衡而在行动上采取机会主义。

信仰不同于信任,信任是对事物品质的真实性或对方行为的无害性、可靠性不怀疑。从最为广泛的意义上讲,信任的主体可以是人,也可以是物;被信任的对象可以是人,也可以是物。信任并不专属于人类这种生灵,动物也可以发生信任,当某个动物受到人的保护或有了人不加害于它的经验后,它会对特定的或不特定的人产生一定的信任,表现为不惧怕人、不躲避人,与人嬉戏,甚至表现为对人的忠诚。当然,就人类而言,信任应当是信仰的起码前提,只有先有了对对象的信任,而后才可能继发信仰,若连信任都不肯给予对象,那么信仰对象就成为无稽之谈。

同时,信仰也不同于知识,托马斯·阿奎那专门区分了二者并认为:知识具有强大的逻辑说服力,并且具有显而易见的正确性。而信仰则是在没有足够证据支持的情况下相信某种事物的真实性。理智本身并不足以证明主体通过信仰而认定是真实可信的事物,基督教信仰是超越理智的。② 换句话说,即信仰特别

① 许章润等著:《法律信仰:中国语境及其意义》,广西师范大学出版社2003年版,第75页。

② [加]许志伟著:《基督教神学思想导论》,中国社会科学出版社2001年版,第8页。

是宗教信仰不是以科学知识为基础的,它建立在某种超验信念的基础之上,被人们信仰的那个对象往往是无法通过实证经验而证明的。信仰者自愿地对其信仰对象的真理性、完美性和正当性深信不疑,奉其为至善、至美、至尊、至高无上。信仰的关键是信,笃信;继而才是仰,敬仰。因为这种信,继而那个对象就在信仰者心中获得了无比的崇高性和神圣性,以至于由信仰者尊奉为终极,永志追求与服从。

另外,"信仰是个自为的领域"①,具有强烈的主观因素。一个人究竟是信仰还是不信仰,信仰什么,是其主观选择的事。换句话说,使人对其怀有深信不疑的崇高感和神圣感的那个对象究竟有没有,或是谁、是什么,纯粹是每个人自己的事情,由不得别人的。可见,信仰是不可要求更不可强制的。这也表明信仰与忠诚不同。忠诚是可以要求的,也可以强制。例如一个政治组织可以要求其成员对它绝对忠诚,否则,即可对其施以处罚。再如法律可以强制人们忠诚。现行的中国婚姻法就明确要求夫妻双方相互忠诚,从而使得这种忠诚成为一种具有强制性的义务。

二

迄今为止,人类所讨论和指涉的法律无外乎是两大类:自然法与实在法。

自然法观念有着悠久的历史,它发端于古希腊,横亘两千多年,其间虽历经古典的(古希腊和古罗马)自然法、中世纪神学的自然法与近代启蒙的(理性的)自然法等几个时期,但一直以来关于"'自然法'的各种论辩都涉及何为'正确的'、'真实的'、'公平的'法这个问题"。而"自然法的概念是法律或者裁决的公正性问题的代名词"。② 自然法一直延续不变的核心和主旨是:它是正义的原则和理性的体现,是指导政治权力和现实生活的指南,是一切实在法获得正当性评判的标准和根据。

"'自然法'的思想其实就是国家与人类共同生活的基本价值之间随时可能发生的、可得到历史印证的冲突的产物。"③为了实现对国家权力和现世实在法进行监督和制约的梦想,自然法的思想家们"借助"超实证的理想的自然法为人们提供了一个建构、检验和监督实在法的标准,特别是"18 世纪自然法学派的法

① [丹]克尔凯郭尔著:《基督教的激情》,鲁路译,中央编译出版社 2001 年版,第 54 页。

② [德]伯恩·魏德士著:《法理学》,丁小春、吴越译,法律出版社 2003 年版,第 198 页。

③ 同上,第 119 页。

学家认为,一种全涉且完善的法律体系可以根据那些可以经由理性而被发现的自然法(即理想法)原则得到建构”。①

自然法不是描述现实世界中可证明的事实,自然法本身只具有超验的性质,包括自然法理论持有者在内的人们无论如何都不能经验地为人们明示自然法的现实存在。一如科殷所说,“在我们论述自然法时,永远不可能是谈论一个完整的、随时随地都可以应用的制度,而仅仅是涉及正义的一些原则。”②事实上当人们宣称自然法如何时,只是在表明一种关于法的正义性、正当性的主张和应然,如同人们高歌人权、自由、平等、主权在民这些价值一样,它不是在陈述一种事实,而是在表达一种主张和立场。自然法不过是被以“法”冠名的正义原则和道德标准,由于这些正义原则和道德标准与人类的普遍良知相一致以至于获得了人们的尊重与承认。

然而超验的与经验的毕竟是不同的,自然法必须经过实证化即经过实在法的过渡与转换才能应用于特定的生活情景,成为真正属于人间的、现实的秩序。

实在法不同于自然法,它是经验主义和现世主义的。对于实在法,人们惯常将其与国家法相等同,主要指国家制定法和国家判例法。无论是就国家制定法还是就国家判例法而言,实在法都具有实在的性质,都是实在的,即它始终都是一种人间秩序和制度,是人类用以规范自己的行为以防止其在彼此无休止的相互侵斗中毁灭自身的一套行为规则体系,“是一种实践”(波斯纳语),它绝对属于现俗的世界。

如果说自然法是一种完美的超验的标准,那么实在法就始终是有缺陷的。作为人的作品,实在法会因为人自身的缺憾性比如人的非全知全能性、人的功利性和机会主义品性等而宿命地带有片面性和非至真性。而且,实在法还因为国家权力的介入而带有暴力性和强制性,暴力和强制从本质上说是与人的人道本性和无所拘束的本性要求相违背的,它算不上善与美。还是哲人说得好:世上本不存在完美的事物,凡存在的事物都是不完美的。世俗的实在法自然也不能例外。

另外,实在法作为一套规则体系和人类生活的必需品,其工具的品格和属性是无论我们怎样觉得不爽、不好听、不自在——尤其是在高歌和倡行法治的背景下也抹不掉的一种事实,只是这种工具有时很好地服务于人类正义的事业,满足人类的正义需要,有时却成为邪恶力量的帮凶,比如在法西斯政权下。不过作为

---

① [美]罗斯科·庞德著:《法理学》,邓正来译,中国政法大学出版社2004年版,第47页。

② [德]H. 科殷著:《法哲学》,林荣远译,华夏出版社2003年版,第171~172页。

人类的普遍愿望,人们希望它是且永远是前者。拉德布鲁赫说:“法律是有意识服务于正义的现实。”[①]其实,在这句话前面应妥当地加上“应当”二字。

三

如此说来,伯尔曼那句煽情的名言“法律必须被信仰,否则它将形同虚设”本身就变得不那么简单和理所当然了。

我们应当注意到,伯尔曼在喊出“法律必须被信仰,否则它将形同虚设”之前,就强调说他是在“最广泛的意义上来谈论法律和宗教的,即把法律作为社会中权利与义务的分配结构和程序,把宗教作为社会关于生活的终极意义和目的的直觉知识,以及对此终极意义和目的的献身”。[②] 而在他说完这句名言之后,立即补充说:法“它不仅包含有人的理性和意志,而且还包含了他的情感,他的直觉和献身,以及他的信仰”。[③] 在伯尔曼那里,法律本身就包含了宗教意义和信仰内容,法似乎没有完美的自然法和欠缺的实在法之分,没有恶法与良法之别,对道德性和正义原则的坚持是法“固有”的和一贯的品质,“理论家能够仅凭推理和观察证明,基本的法律价值和原则合乎人性和社会秩序的要求”。[④] 因此他一再地强调要把法律视作生活的目的和终极意义。[⑤] 伯尔曼这种有违经验事实的偏颇之见已无须多辩。因此,依笔者所见,将伯尔曼的这个名言视为激情下的一种愿望或呼吁(苏力称为“有理由的情绪和期冀”)尚可,倘若对此不问就里地深信不疑,奉为真理,则不免幼稚甚至荒谬。

根据上文对信仰和法律的分析,除非我们将法律视为超验、完美的自然法,否则,一旦进入实在法层面,法律就是不可能也不应该被信仰的。非但不可能不应该被信仰,而且若“要求”(尽管信仰本身是不能要求或强制的)或倡导人们去信仰法律——将其作为人生的终极目的和意义,则荒谬性及与倡导者意愿相违背的重大危险就会立即显现出来。

就自然法而言,因其为一套超验的正义原则,它合乎和反映了人类的普遍良知和基本道德,本身表现为人类生活的目的和意义或这种目的和意义的一部分,

---

① [德]拉德布鲁赫著:《法哲学》,王朴译,法律出版社 2005 年版,第 34 页。

② [美]伯尔曼著:《法律与宗教》,梁治平译,生活·读书·新知三联书店 1991 年版,第 26 页。

③ 同上,第 28 页。

④ 同上,第 53 页。

⑤ 笔者统计了一下,在这本不到 10 万字的小册子里,作者至少前后五次表达了“把法律作为生活的目的和终极意义”这个观点。

因而值得信仰和可能被信仰。与其说,自然法是被信仰地存在的;毋宁说,自然法的约束力来源于人们的信仰。

实在法就不同了。即便是服务于人类正义事业的、满足人类自由、平等、人权等需要的良法,它也依然是屈从于人的需要,它的工具或手段的性质是始终无法摆脱和祛除的。恐怕不会有谁否定:工具与目的之间,目的是上位的,工具是下位的,是为目的服务的,而目的不过是人的目的。由此,作为有理想、有追求、有灵性的万物精灵——人类,怎么可能本末倒置地对为自己服务的工具产生出"信仰"来?它神圣在哪里?此其一。实在法具有暴力性、强制性这种有违人道和人类本性的属性,人们又信仰它什么?此其二。其三,只有真正完美的事物才足以引起人们的向往和信仰,而实在法无法克服的缺陷显而易见。工具就是工具,它构不成"人们生活的终极目的和意义"。一俟我们将激动人心的"法律信仰"转换为直白的表达:信仰满足人类生活需要的一套规则体系并永志追求,或者法律这套规则体系是我们生活的原动力,再或者我们为法律而活,它便显得是多么的不可理喻和荒谬不堪。遗憾的是,我国学者大多都是在不分自然法与实在法甚至就是在实在法的意义上来号召(笔者不忍说是"要求")人们信仰法律的。

当然,笔者注意到学者们在论及或倡导法律信仰的时候,一般都给那个"法律"加上诸如符合社会正义的标准和价值、满足人们的利益需要或能带来好处等限制条件,更有学者为此提出了法律信仰的四种类型。笔者在此仅就"类型论"作些分析,因为解决了类型论的问题也就基本上同时解决了前者的问题。按有关学者的解释,法律信仰可分为传统型、合法型、工具合理型和价值合理型这四种类型。①

所谓传统型法律信仰,是指法律信仰建立在人们对传统的认同、尊重和信仰的基础之上。从这个界定本身就可发现这种情形不是法律信仰,而是"传统信仰",人们的"信仰"所指实质并非法律而是它的基础——传统,一旦传统被否定,法律信仰就不复存在。法律只是附丽于传统、叨光于传统,获得一个看似被信仰的假象,恰如有关学者本人所言:这种法律信仰只是"爱屋及乌的效应"。

与此理相同,价值合理型法律信仰也不能成立。关于价值合理型法律信仰,作者论道,由于人们追求或信仰的绝对价值有所不同,因而可有宗教的、伦理的、美学的信仰等,"当法律与宗教、伦理、艺术融为一体,或包含宗教的、伦理的、美

① 许章润等著:《法律信仰:中国语境及其意义》,广西师范大学出版社2003年版,第65~80页。

学的绝对价值，人们以信仰宗教、奉守伦理、追求美的方式认同、信仰、追求、护卫法律时，即构成价值合理型法律信仰。”可见，唯有法律吻合于人们所怀有的某种绝对价值时，人们才会以移情的方式“信仰”法律，说到底，人们最终信仰、追求、捍卫的是自己的那套绝对价值而不是法律本身。

所谓工具合理型法律信仰，是指当法律对人们实现利益最大化具有工具价值时，法律自然就会成为人们追求、信赖、尊崇的对象，进而形成法律信仰。对此我们可以反过来理解，当法律不能成为人们实现利益最大化的有用工具时，人们立即就不信仰法律，法律信仰就无由产生。再进一步推论：当法律成为损害人们利益的帮凶时，人们就背叛法律、憎恨法律。在这里，相关学者的一个显而易见的疏忽是将信仰与信任等不加区别地混用了。① 如本文所述，信仰与信任是不同的。相关学者这里所说的法律“信仰”实际上应当确切地表达为法律“信任”。笔者在此确无文字游戏之意。因为信仰本质上应当是超越成本算计之理性的！信仰本身太高贵、太纯粹了，它表达的是人的一种精神境界，是人对某一对象的笃志追求甚至万死不悔。无论是什么信仰（即便包括有些作者说的“世俗信仰”），就信仰的本义而言，都是与各种形式朝三暮四、南辕北辙的，否则，就不叫信仰或者说是对信仰的轻慢。信任则不然，它倒经常与现实好处至少是无害处相联系，一方若从对方获得了无害性甚或有利性的经验后，便常常给予对方信任。同时，若一方从对方获得了有害性包括无利性（如对方欺诈或不兑现事先的利润约定、奖金承诺）之经验后则可能不信任对方或者收回曾经给予的信任。一定是洞悉到信任与信仰之不同，所以才有学者明确地指出：“从信任到信仰往往需要借助某种超验的信念”。②

什么是合法型法律信仰？相关学者认为，“如果一项法律是由合法的政府依照合法的程序制定出来的，即使这项法律存在明显的缺陷，人们也可能自觉服从该法律。所谓合法型法律信仰，是指人们基于对法律的合法性——正当性——的认同而产生的对法律的信仰。”相关学者举例说，这种法律信仰的典型表现即“苏格拉底自觉服从合法制定的、邪恶的城邦法律和依法作出的、不公正的法院判决，拒绝越狱的行动”。③ 笔者认为，和混淆信仰与信任一样，相关学者在此混淆了信仰与信从的界限，信从法律正是出于信任和认可法律而选择服从

① 其实，相同的问题在其他一些学者那里也存在。参见许章润等著：《法律信仰：中国语境及其意义》，广西师范大学出版社 2003 年版，第 10 ~ 11、157 页。

② 许章润等著：《法律信仰：中国语境及其意义》，广西师范大学出版社 2003 年版，第 143 页。

③ 黄文艺：“法律信仰的类型——兼析中国人的法律信仰如何形成”，载许章润等著：《法律信仰：中国语境及其意义》，广西师范大学出版社 2003 年版，第 78 页。

法律。至于苏格拉底的赴死,更与对有着"合法"基础的"邪恶的城邦法律"的"信仰"无关,否则,苏格拉底会认为自己罪有应得、死有余辜,可苏格拉底至死也没有承认自己有罪。与作者的认识相反,苏格拉底的慷慨赴死与其说是一种"合法型法律信仰",毋宁说是一种对邪恶法律和不公正判决的高傲蔑视和抗议,是一个正直的哲学家和敢于负责的城邦公民对自己曾经的承诺——服从城邦法律的履行和信守。①

实在法不仅不可能被信仰,而且,它本身也不应该被信仰,要求或倡导"法律信仰"事实上会带来危害法治的巨大危险。

首先,由于实在法与国家权力相联系,它经由国家权力而产生并以国家权力为支撑,其实效的基本且必备的保证是国家权力或者说国家暴力的威慑。因此,当我们"要求"、倡导人们信仰法律时——何况普通民众并没有什么超验的自然法的概念,基本上就是要求民众信仰国家的法律——事实上我们的法学家们也的确是在这个意思上(已有学者明确将对法律的信仰与对"民族国家的忠诚"联系了起来,认为法律信仰的本质是以宪法爱国主义为核心的法律爱国主义②)来论说的。笔者不否认法学家们的善良愿望:通过对法律信仰的倡导和论说来唤醒民心,使其"树立"起对我们国家法律的信仰来,进而使法治得到有效推行。然而良好的愿望并非就能成为事实,当我们要求民众"信仰"国家法律时,实质上就已经不自觉地走向了我们所向往的法治的反面——掉进了要求或倡导人们信仰权力的陷阱。

其次,要求和倡导法律信仰的一个最大弊端和危险是使国家法律丧失了不断改革和完善的可能,甚或暴虐地推行恶法的可能。因为根据我们对信仰的理解,当把法律提到要"信仰"的高度,事实上就意味着认定和宣告国家法律的至真、至善和至美,那么也就由此否定了人们对国家法律保持警惕和反思的必要性,否定了人们对国家法律持有怀疑主义和批判精神的合理性与正当性。一旦法律容不得怀疑和批判,法律也就丧失了不断改革、完善和进步的可能与动力。一旦人们放松了对国家法律的警惕——放松了对国家权力的警惕,那么权力的劣根性而致的国家制定或推行恶法的危险就现实地存在了,而恶法从来就与法治不相容。

① 苏格拉底的朋友和学生曾经计划帮助他越狱,但他拒绝了。有关详情读者可参见《苏格拉底的最后日子——柏拉图对话集》,余灵灵、罗林平译,上海三联书店 1988 年版;[美]斯东著:《苏格拉底的审判》,董乐山译,生活·读书·新知三联书店 1998 年版。

② 许章润:"编者说明"、"法律信仰与民族国家",载许章润等著:《法律信仰:中国语境及其意义》,广西师范大学出版社 2003 年版。

值得提起的是，与很多一味地要求人们信仰法律的作者不同，有学者在论及法律信仰时指出，对法律要在信仰与不信仰之间保持一种“必要的张力”，即既怀疑它，又信仰它，并意味深长地说道：“如果没有怀疑，还谈得上什么信仰呢。”①可是，笔者细加推敲，发现“辩证法”在这里似乎是不适用的。的确，就一般道理而言，没有怀疑就没有坚信，世上之所以各个宗教都表现为一神教，正是因为信徒们怀疑和否定其他宗教的真理性、至善性；正是因为对其他主义的怀疑和否定，才有了赴汤蹈火、万死不辞的共产主义者。可见怀疑与信仰是并存的，但是，更为关键的是，人们怀疑的具体对象与信仰的具体对象是无法同一的，我们似不可能对同一个对象在怀疑它的同时又信仰它，在否定其至真、至善、至美的同时，又笃信它至真、至善、至美，这不仅有悖常情，也有违逻辑，这个道理之于实在法这个对象也是如此。由此可以看出，信仰与“爱”的情感也是不同的，人们可以同时将爱与恨给予同一个对象，爱是可以包容的，人们甚至常常是在深知甚或不满对象缺憾的条件下爱一个对象。

行文至此，已近尾声，笔者最后想说的是：“法律信仰”这个观点和概念本身欠稳妥也不严谨，当下法律人所说的法律信仰可以也应当以“法律信任”、“法律忠诚”之类的提法和概念来取代它。伯尔曼对《法律与宗教》这部演讲集的定位是“只求适时，不求不朽”。笔者以为载入其中的名言“法律必须被信仰，否则它将形同虚设”不朽恐谈不上，但它的确适时地引起了中国法律人对这样一个问题的广泛关注和研究——人们对法律的观念和态度将如何影响国家法律的实效。

（2006年第6期）

① 许章润等著：《法律信仰：中国语境及其意义》，广西师范大学出版社2003年版，第135～138页。

2007 年

法律技术的正当性基础

胡玉鸿*

时下,法律技术的研究业已成为中国法学界的热点问题之一。所谓法律技术,是法律职业者在解决案件过程中,针对法律文本的理解、法律事实的发现及以法律的具体适用所采取的方法或手段,从而使法律问题的解决具有科学性、合理性与权威性。然而,要使法律技术果真能扮演这一角色,其自身又必须拥有正当性。简单地说,法律技术的正当性基础,是追问这样一个基本问题,一种法律技术从何种意义上说,它是正当的、合理的?实际上,法律技术作为人们在司法过程中的一种试错过程,未必每一种方法都具有正当性。因而,具有正当性基础的方法得以保留,而不合理的方法则被淘汰或被遗忘。那么,法律技术的正当性基础何在呢?以下笔者就事物本质、法律原理、司法经验、社会常识四个方面,对之加以展开论述。

一、事 物 本 质

法律的基础,或终极依据,德国学者用"事物本质"一词作了极好的概括。什么是"事物本质"呢?德国学者德昂伯格有一段表述:"即使生活关系仍然包含着自身的标准和秩序,即使它或多或少地有所发展。人们将这种蕴藏在事物内部的秩序称为事物的本质。"①质言之,所谓事物本质,是指存在于事物内部的固有、常态的秩序,它能够为理性的人们所理解、掌握。"举例来说,当我们遇到一产生于契约的法律问题时,我们首先必须弄清缔约双方想通过契约做什么交易,也就是弄清'交易的性质'。"②不仅如此,事物虽然处于不断的发展变化之中,然而事物的本质并不会轻易地发生改变。立法者只有对事物的本质有着切

* 作者单位:苏州大学王健法学院。

本项研究属作者承担的司法部法治建设与法学理论研究重点项目《公正司法视角下的司法技术研究》(课题编号 05SFB1003)的阶段性成果。

① 转引自[德]伯恩·魏德士著:《法理学》,丁小春、吴越译,法律出版社2003年版,第393页。

② [美]约瑟夫·熊彼特著:《经济分析史》(第1卷),朱泱等译,商务印书馆1991年版,第168页。

实的了解,才能够作出科学而合理的立法决定;执法者同样只有明晰事物的本质,才不会被法条的字面含义所限,而将具有相同本质的事物用同样的法律规则来加以处理。

在法律技术的适用中,合理的方法必须是符合事物本质的方法。换句话说,所有的法律技术都不能违背基本的"事理"、"情理",否则这种方法就是武断的、专制的。对此德国学者魏德士明确指出:"如果适用者认为解决某一问题的方法……是具有说服力的、公认的,并且根据事物的状态而言是'理智的',也就是得到主体之间认同的,那么'事物本质'就是常常使用的论据。"①例如,在德国判例中,就有个法律渊源识别遵循"事物本质"的适例。一位妻子提起离婚诉讼,在其有过错的丈夫作了下列承诺以后,妻子撤回了她的诉讼:"丈夫承担在今后不单独进行业务旅行或娱乐旅行的义务。"虽然此项承诺旨在防止丈夫实施有害婚姻的进一步行为,以维护婚姻,双方当事人的意图在道德上均无可厚非,然而,帝国法院认为,这一承诺是违反善良风俗的,因为对丈夫的行动自由作出这样的限制,从根本上违背了婚姻的道德本质。② 也就是说,对丈夫不忠行为的防范,不应当损及婚姻的社会观念:男女结合的目的不在于丧失各自的自由,而是为当事人的身心健康及自由个性提供更好的发展余地。

更为重要的是,事物本质在一定程度上也就是人的本质,因而,以事物本质作为法律技术的正当性基础,也就是体现了法律对人的尊重与关怀。德国学者科殷就明确指出,事物的本质"包括人的本质,他的天然的能力、本能冲动、意志目标等,这些品质在不同的年龄阶段上都会有所表现。然而除此之外,它本身也还包括人的各种活动领域和共同体所固有的、独特的客观规律性"。简单地说,在法律的场合,事物的本质既是对人自然本性的一种概括,也是对人类法律秩序规律性的一种表述。所以,"在社会的生活中,这种'事物的本质'是建立在人的本性及其生存的世界的本质之上的"。③ 拉伦茨也认为,事物的本质不只是个"纯粹的事实",它们更包含"度量该生活关系中的个人行为的尺度"。在法律行为的解释中,就必须将"事物本质"的原理纳入其中,就特定当事人的行为与常人的需求与行为习性是否相当而判断该行为在法律上是否具有可责性。例如奥地利就有过这样一个判例,一汽车司机因为内急,所以在未及缴纳停车费时就将车子停放而冲向厕所,对这样一种"违法"行为,奥地利法院作了一个极具人性

① [德]魏德士著:《法理学》,丁晓春、吴越译,法律出版社 2005 年版,第 381 页。

② [德]迪特尔·梅迪库斯著:《德国民法总论》,邵建东译,法律出版社 2000 年版,第 515 页。

③ [德]H. 科殷著:《法哲学》,林荣远译,华夏出版社 2002 年版,第 149~151 页。

的判决。该法院指出:"内急对汽车驾驶人而言,是一种无法预见的紧急状况,迫使驾驶人未及遵守于收费停车格位停放车辆应先预缴停车费之义务,便刻不容缓地冲到厕所,此乃不得不然之行为"。(奥地利行政法院1984年5月25日裁判)[①]其他如以不合乎人的尊严获取的证据无效等法律规则,也同样印证着"事物本质"与人的本质的相通,并成为制约法律职业者行为的重要准则。

二、法律原理

法律技术是在法律适用时所采取的为实现法律目的、达至社会正义所采取的技术或手段,因而一个不言自明的道理就是,法律技术不得与法律原理相悖。法律原理也可简称为法理,是指体现法律存在的依据、表达法律的精神并进而为社会上人们所普遍接受的规范和道理。查士丁尼在《法学总论》所宣示的法律基本原则"为人诚实,不损害别人,给予每个人他应得的部分",[②]就可以视为是一种基本的法律原理。这种法律原理,或称为"自然正义",或云"条理",或名为"根本理念",正如人们所指出的那样,"每一个法律体系,至少在暗中,必蕴藏某种价值系统,透过法条而表现出来。根本理念,即是价值系统的总纲。根本理念,可能只是约定俗成的自明之理,如美国,代表其社会中固有价值之种种原则,并未包含在一部特定的法典里面,而是由宪法的原则、习惯、法院的判决以及一些机构所呈现的悠久历史传统中,点滴汇聚,精炼而成。"[③]所以,法律原理并不仅仅是写在法条上,或者由学者编纂而成,它还包括在历史的长河中经过岁月的流变,所逐渐形成的为人们所公认的法律基础性原理。

在制定法业已成为法律主流形式的时代,似乎法律原理业已失去了其重要意义,但实则不然。我国台湾学者林纪东先生就曾指出,在成文法时代,法律原理(林先生称为"条理")不仅没有消失,而且"条理之地位日臻重要,且将取成文法而代之,为现代最主要之法源"。林先生主要论及了这其中的三个原因:一是从政治上来说,现代政府已经从有限政府转向万能政府,人们期望政府在社会生活中扮演更为重要的角色,在此一背景之下,当然不能以细密的法律条文来束缚政府的手脚,而更多的是通过法律原理的应用,规定抽象的、概括的法律条款,使

---

① [奥]鲁道夫·维瑟著:《法律也疯狂》,林宏宇、赵昌来译,商周出版社2004年版,第61页。

② [古罗马]查士丁尼著:《法学总论》,张企泰译,商务印书馆1989年版,第5页。

③ 释昭惠:"戒律与政治、法律原理之同异",载台湾辅仁大学宗教系编:《东方宗教讨论会论集》新4期。

政府能够因时制宜、因地制宜；二是从思想上来说，文化进步的必然结果，是人们不愿受传统的束缚以及机械法治的约束，因而法律原理更多地给人民以自由，符合时代的思想文化特征；三是从社会上来说，20世纪以来，"社会关系较前代为复杂，且又变化多端，欲以有限之法条，适应无穷之人事，在势显不可能，成文法既穷于应付，故条理将取而代之，而为最主要之法源矣。"①自然，林先生所言无限夸大法律原理的作用，这是不正确的，但是，法律原理并不因为制定法的存在而丧失其功能和意义，这是可以理解的。

那么，法律原理在法律技术上扮演着什么样的角色呢？首先，一种法律技术的正当性根本上源于其与法律原理的一致性。以"类推"为例，我们都知道这是司法过程中常用的一种法律技术。那么，类推是否具有正当性呢？答案是肯定的，因为类推本身就是建立在"相同的事情同样对待"这一法律基本原理之上。②对于类似的行为给予同样的法律处理，这当然是使公正得以彰显的方法。德国学者恩吉施曾以罗马法为例来说明类推的问题。他指出，根据罗马十二铜表法的规定，"四足动物"的所有者，对动物因其野性引起的损害负有责任，但如果是两脚动物（如非洲鸵鸟）造成损害了，动物所有者应当承担责任吗？罗马法学家对此作了肯定的答复。恩吉施引用另一位德国法学家巴托洛迈奇克的话来对此进行解释："责任规定的法政策的目的是为动物确定特殊的责任，虽然动物能任意地行为，但它们不具有人的理性的能力，因此，根据其动物属性极易会造成严重的损害"，③因而这样的类推适用就是合理的。当然，刑法中能否适用类推，类推是否可以分为法律类推与事实类推等问题，在学术界存在较大争论，兹不涉及。

其次，在应当优先适用何种法律技术上，可依法律原理作为判断的标准。例如，我们前面提到的法律注释方法与法律解释方法就是如此。当使用法律注释的方法即可明确法律条文中概念的意义时，就没有必要使用法律解释的方法，因为法律解释是在法律对某一事项定位出现"沉默"而引发歧义时，才正式进入司法的场合。这正如卡多佐所言道的："有时宪法或制定法的规则很清楚，因此，

① 林纪东著：《"中华民国宪法"释论》，台湾大中国图书公司1981年改订第41版，第17～18页。

② 自然需要明确的是，这里所指的"相同"，是在本质或核心方面的类似，而不是各方面都一模一样。对此拉伦茨曾有个清楚的说明，他指出："二案件事实彼此'相类似'，此意指：二者在若干观点上一致，其余则否。假使在所有可能的角度上，二者均一致，则两者根本就是'相同的'。有关的案件事件既不能相同，也不能绝对不同，它们必须恰好在与法评价有关的重要观点上相互一致"。参见［德］卡尔·拉伦茨著：《法学方法论》，陈爱娥译，商务印书馆2003年版，第258页。

③ ［德］卡尔·恩吉施著：《法律思维导论》，郑永流译，法律出版社2004年版，第181～182页。

这些困难就会消失。即使出现困难时，它们有时也缺乏与创造能力相伴随的某些神秘因素。只是在宪法和制定法都沉默时，我们才踏上了这块神秘的土地。"①因为按照法律理解的基本规则，"对具有本来的、规范的、常见的、一般的、公认的、普遍的和通用的含义的宪法文字显然应作一般理解，而不作专业解释"。② 所以，在不需要进行法律解释的场合而使用法律解释的方法，就是对法律原理的违反。

最后，在法律规则、原则缺位时，可以根据法律原理来作出判决。例如人的尊严是现代法律的伦理准则，保障人的尊严的实现自然也是法律的一项基本原理，因而，在司法实践中，人的尊严往往作为一项法律之上的规范而成为司法实践的依据。奥地利宪法法院就曾作过一判决，认为警察违法使用警犬来执行勤务，侵犯到人权，严重蔑视当事者身为人的尊严，"此乃一种不人道、蓄意侮辱的行为"。法院认为，即使让执勤的狗以尽可能缓和攻击性的方式去追捕对方，即致使当事人无法攻击、抵抗或逃跑即可，"但基于打斗时狗通常都会占上风，再加上动物之不可捉摸性，姑且不论放狗执行勤务的意图为何，从受攻击者的角度来看，这将使受攻击者觉得自己被当做狗一样对待"。③ 这一判例很具有典型意义。表面上看，警察在这类事件中，并未直接作为侵犯人的尊严的主体，然而当将人作为可以被狗捕获的"猎物"时，这就是一种典型的对人的不尊重。从法律渊源识别的方法上而言，这实际上就是将人的尊严规范直接作为法律的渊源而在司法实践中适用。

三、司法经验

从司法经验的角度来说，法律技术既是司法经验的总结与概括；同时，一种法律技术的适用也必须与先在的司法经验相吻合，这同样是保证法律技术正当性、合理性的基本前提。

人类的法律制度都是不同时代的人们智慧和经验的结晶，这在一向以习惯、判例作为法律基础的英美法系是如此；在一直主张法典编纂的大陆法系也是如此。"罗马法律体系是在几个世纪漫长的历史过程中，由无数人一步一步地逐

① ［美］本杰明·卡多佐著：《司法过程的性质》，苏力译，商务印书馆1998年版，第7页。

② ［美］詹姆斯·安修著：《美国宪法判例与解释》，黎建飞译，中国政法大学出版社1999年版，第7页。

③ 奥地利宪法法院1989年10月11日裁判，转引自［奥］鲁道夫·维瑟编：《法律也疯狂》，林宏宇、赵昌来译，商周出版社2004年版，第201页。

渐地形成的,每个人都将其活动建立在经验和先例之上,总是受到既有的状态的影响。"[①]在漫长的法律过程中,法律职业者不仅以其对法律的创造性理解与裁判,丰富和完善了法律的内容,也积累起体系齐备、种类繁多的法律技术,从而使得司法活动能在常规的技术手段指引下,达到解决案件的最佳效果。卡多佐将司法过程中的方法作为限制法官自由裁量的基本准则,认为"这些限制是由多少世纪的传统建立起来的,是其他法官——他的前辈和同事——的范例建立起来的,是这一行当的集体判断建立起来的,以及,是由遵从通行的法律精神的义务建立起来的"。[②] 虽然这并不排除法院能够在空隙中立法、在解释中创造,然而,一个方法的正当性正是通过其延续历史、踵继前贤而得以证明的。我们可以对先在的方法进行修正甚至废除,然而这必须是有更好的理由和更现实的需要才行。例如遵循先例历来是英美法系的重要法律技术,它意味着法官必须以已往的判例作为判决的基础,从而保证判决"历时性"的公平。[③] 司法的经验已经告诉我们,只有对两个类似的案件作出同样的判决,才能满足人们对公平、正义的情感需求。[④]

从法律发展的历史可以看到,案件由单一到多样、立法由简单到复杂,而法律技术也随之而不断演进,形成为今日蔚为大观的综合体系。就这样一种意义上来说,法律技术不是由谁在理论上构想出来的,而是在司法过程中逐渐摸索而形成的;一种成熟的法律技术,也必然是积累了一代代法律职业者的智慧与经验,才得以形成今日的内容框架。所以,承认法官有自由裁量权,甚至承认法官有创造规则、发明方法的权力,并不意味着法官可以"为赋新词强说愁",任意性地去抛开经验,创造方法。实际上,如果将司法视为是一种常规性的秩序,那就正如社会学界所提出的中肯意见那样,"当我们说到'秩序',我们意指诸事件以或多或少有规律的序列或模式发生,因而我们能够作关于一事件与另一事件在

---

① [意]布鲁诺·莱奥尼等著:《自由与法律》,秋风译,吉林人民出版社 2004 年版,第 211 页。

② [美]本杰明·卡多佐著:《司法过程的性质》,苏力译,商务印书馆 1998 年版,第 70 ~ 71 页。

③ 法律上的公平实际上可以分为两类:一类是横断面的,例如我们常言的"法律面前人人平等"就是对现实中的人,法律应当保证人与人之间的公平待遇,不得厚此薄彼;但另一类则是历时性的,也就是通过时间的延续来证成、保障其公平,例如我们常言的"代际公平"就是如此。

④ 卡多佐曾引用 W. G. Miller 的一段言辞,生动地表达了感受判决前后一致的人的心态:"如果有一组案件所涉及的要点相同,那么各方当事人就会期望有同样的决定。如果依据相互对立的原则交替决定这些案件,那么这就是一种很大的不公。如果在昨天的一个案件中,判决不利于作为被告的我;那么如果今天我是原告,我就会期待对案的判决相同。如果不同,我胸中就会升起一种愤怒和不公的感觉;那将是对我的实质性权利和道德权利的侵犯"。参见[美]本杰明·卡多佐著:《司法过程的性质》,苏力译,商务印书馆 1998 年版,第 18 页。

特定时间和特定条件下之关系的陈述,而这项陈述必须是在经验上可证实的”。[①] 由此而言,如果一种法律技术在司法经验上——或者法律技术本身就是司法经验的产物,或者这种方法被经验证明为恰当——不能得到证明,那么这种方法的合理性就会大打折扣。司法中的经验当然可以包括个人的经验,但是,作为一个司法体系的经验、一种司法传统的经验,比起单个人的经验而言,具有更强的合理性与正当性。这正如学者所指出的那样:“作为一种审慎的政策,法律中的经验,需要有确实的根据。情感、个人意见和推测——无论怎样真切或正确——简直无足轻重。直接或间接感觉到的事物,和具体观察到的可能发生的事物,才是重要的。具有特殊范围的经验——即在某一上下社会关系中能认出其范围的经验——比起被‘认识’得模糊的和个人的经验来,要好一些、多一些。具有明显效果的经验,比起较难显示效果的事例中的经验来,又是较确定的,从而又是较真实的。”[②]以此立论,法律职业者除非有特别的理由选择采用新的方法,否则应当以为集体的、传统的、历史的司法经验所证明的法律技术为准。

或许正是司法经验往往是保证司法权威的基础,因而司法更多地与经验联系在一起。在人们的心目中,“较长的司法审判经历,通常能够使法官积累起许多独特的经验。这种经验对于法官认识冲突事实,缓解冲突的烈度以及恰当有效地解决冲突,都能够产生事半功倍的效果。实践中,许多冲突的解决并不在于程序形式的有效,而取决于法官以经验为支撑的直觉,以及在这种直觉基础上所选择的行为。”[③]换句话说,一个没有经验的法官可能无法找到解决案件的恰当方法,或者在众多的方法之间无法作出正确的选择。另外,法律科学具有明显的实践性特征,“正如 Richard Wilson 指出的那样,孤立地以讲座或阅读的方式传授律师从业技能,就如同通过阅读汽车操作手册来学习驾驶技术。”[④]只有经过实践的历练,我们才可能真正习得司法的技能与方法。

四、社会常识

司法虽然具有精英化的性质,但法律本身是一种大众化的事业,因而,司法活动必须吸纳社会的观念,保持判决与社会合理态势的互动;同样,作为法律职

① [美]殷克勒斯著:《社会学是什么》,黄瑞祺译,巨流图书公司 1985 年版,第 42 页。

② [美]汉斯·托奇主编:《司法和犯罪心理学》,周嘉桂译,群众出版社 1986 年版,第 50 页。

③ 柴发邦主编:《体制改革与完善诉讼制度》,中国人民公安大学出版社 1991 年版,第 133 页。

④ [美]刘小提:“亟待完善的中国法律教育”,载中国人民大学法学院编:《走向世界的中国法学教育论文集》,中国人民大学法学院 2001 年印行,第 767 页。

业者使用的法律技术,也同样必须符合社会常识。

在一定意义上,社会常识可以简单地定义为社会上一般人所共持的信念和平均化的知识水准。社会常识与法律的关联,首先是体现在立法上,法律以"中人"或者说"普通人"作为调整的对象,尽可能地采纳社会的一般观念来作为定规立制的根据。例如对私有财产的保护,就符合人具有自利心这一基本常识,也是维持社会和平的先决条件。当财产打上了"你的"或"我的"的印记时,人们就不会因为产权不明而发生争执;当每个所有者都力求使自己的财产增值而达到效用最大化的时候,社会的发展才有了可靠的心理基础;其次是体现在司法上,司法者必须清晰地知晓社会常识,使法院的判决能够符合一般人的心态。例如,法律虽然不言及人的"自控能力",但是在司法中,行为人在当时能否控制住自己的感情,应当成为衡量罪刑轻重的准据。正如哈特所举例说明的那样,"人们在面对一个开着的钱箱时具有自控力,但在面对一个与人通奸的妻子时则不然",所以,司法的任务并不是完全根据行为的客观结果来作出裁断,而是要通过询问一个"有理智的正常人"在此情况下是否会丧失(如被激怒)自我控制,以限制对行为人的"心理状态"进行调查。① 这自然会增加法官在事实发现上的困难,然而这却是一种更为人性化的执法方式。实际上,司法史上的格言"审判别人者,必先审判自己",也就是将自己置于被告的同一类型的生活体验中,审察自己所作的判决是否符合"人之常情"。再者,社会常识也是评价法律的基本依据。无论是对立法的评价,还是对司法的评价,人们最为有力的武器就是社会常识。当一个法律上的规定有悖于人情,当一个司法上的裁决不符合常理时,人们对之自然会予以负面的评价,而同时又因为社会常识本身的凝聚力量,这种负面评价就会形成强大的社会舆论。

法律技术要符合社会常识,这有太多的例子可以证明。例如,逻辑推理的三段论的问题就是如此。虽然在很多人看来,简单的三段论推理在现代法律的适用中已经不起作用,因为作为大前提的法律的文本、法律的事实都处于极不确定的意义之上。但是,三段论永恒的魅力就在于只要大前提、小前提正确,任何一个心智正常的人都会信服这种推理模式。同时,并非任何事实与法律都处于高度的不确定性上,事实可以通过发现而变得明朗,法律可以通过理解而回归清晰,因而逻辑推理并不会失去它的作用与功能。也正因如此,卡多佐法官将逻辑的方法(他也称为"哲学的方法")视为是所有法律技术中最该优先适用的方法。在卡多佐看来,人们对逻辑推理的尊敬"超过对其他每一个与之竞争的原则的

① [英]H. C. A. 哈特著:《惩罚与责任》,王勇等译,华夏出版社1989年版,第32页。

尊敬,这是恰当的,并且无法以诉诸历史、传统、政策或正义来作出一个更好的说明。一切造成偏离的力量的出现也许都是想与类推争夺支配力,并且也吸收了类推的力量”。[①] 当然,逻辑的力量还是可以说明的,因为它是建立在一般人的推理能力基础之上的,只要人们有正常的心智,当然就会同意这种纯粹逻辑的推导,因而为裁判的说服力提供强有力的支撑。

法律解释也必须依据常识进行,这实际上也是一个司法的“常识”。从理论上来说,法律解释无论使用何种规则,而其所凭借的也无非是两个东西:一是语言;二是事理。法律解释是针对文本的解释,对文本的解读离不开语义、语法等基本要素,因而法律职业者在解释法律时必须以符合社会常识的语法规则来对法律条文进行解读;“事理”则要求对法律条文的解释应当与社会常态的现象相符,不得与情理相悖。英国法官谢伊尔指出:“如果法律直接规定了普遍影响当事人的事项,其文字意义就依附于民众和字典赋予它们的含义。如果一项已通过的法律规定特别的贸易、公务或交通,其文字就依附于人们所熟悉的贸易、公务或交通知识。”[②]这里所提到的解释规则,也不外乎就是法律解释应当结合人们的通常理解来进行。如果得出的解释结论与民众对语词的理解有天壤之别,这显然就无法说服当事人接受法院的裁判。富勒也特别强调“常识”对法律实践的意义,指出:“在某些时候,获得清晰性的最佳办法便是利用并在法律中注入常识性的判断标准,这些标准是在立法会堂之外的普通生活中生长起来的。”[③]总之,离开社会常识的解释是危险的,法官应当熟悉社会生活,并从中汲取营养。

以上笔者从事物本质、法律原理、司法经验、社会常识四个方面,简要地叙述了法律技术正当性的基础。自然,也会有许多其他的因素制约着法律技术的提炼与运作,本章难以对此一一作出归纳。但是,以上列举的事项就足以说明,法律技术并非是法官滥用自由裁量权的“保护伞”,它需要接受多方面的限制和约束,从而使方法的运用能够真正地为实现司法公正、保障人权服务。

(2007年第7期)

---

① [美]本杰明·卡多佐著:《司法过程的性质》,苏力译,商务印书馆1998年版,第17页。

② 转引自[英]鲁珀特·克罗斯著:《法律解释》,孔小红等译,西南政法学院法学理论教研室1986年印刷,第89页。

③ [美]富勒著:《法律的道德性》,郑戈译,商务印书馆2005年版,第76页。

中国法治历史进程的回顾与展望

李步云*

在当代中国,法治也常被人们称为"依法治国"和"法治国家"。法治是全人类的共同价值追求,是最理想的一种政治法律制度模式,是各国人民通向民主、自由、幸福、安康的必由之路。以中国共产党的十一届三中全会为标志,当代中国的法制建设,经历了两个历史发展时期。

从1949年到1978年的前28年,曾经历法制初创(1949~1956年)、停滞不前(1957~1966年)和彻底破坏(1966~1976年)三个阶段。它的基本特征是实行社会主义的"人治"。其主流意识形态可概括为五个主义:一是法律虚无主义——认为法律可有可无,主张以党代政,以党代法。二是法学教条主义——把"马恩列斯毛"的话句句当真理;将领袖人物的语录编辑和注解,就是马克思主义法学。三是法律经验主义——否认理论的价值,拒绝借鉴古今中外的法律文化遗产与成果。四是法律工具主义——否认法律的伦理价值,仅仅将其视为工具;认为法律束手束脚,往往以党的政策和长官意志替代法律。五是法律实用主义——强调法律为无产阶级专政服务,不能正确处理法律和政治的关系,不尊重法律应有的尊严和权威。

从1978年到2006年的后28年,作为改革开放新时代的重要内容,中国开始了依法治国的历史性进程。在此期间,它以1996年为界,大致经历了先期的理论准备和法治实践,以及后期的正式确立依法治国方略并进一步推进法治国家建设这样两个发展阶段。

1978年后的早期法治实践,有四件大事将作为标志性事件载入史册:一是党的十一届三中全会。"全会公报"指出:"为了保障人民民主,必须加强社会主义法制,使民主制度化、法律化,使这种制度和法律具有稳定性、连续性和极大的权威,做到有法可依,有法必依,执法必严,违法必究。从现在起,应当把立法工作摆到全国人民代表大会及其常务委员会的重要日程上来。检察机关和司法机关要保持应有的独立性;要忠实于法律和制度,忠实于人民利益,忠实于事实真相;要保证人民在自己的法律面前人人平等,不允许任何人有超于法律之上的特

* 作者单位:东南大学法学院。

权。”①二是1979年《中共中央关于坚决保证刑法、刑事诉讼法切实实施的指示》。它强调,刑法等7部法律通过后,“它们能否严格执行,是衡量我国是否实行社会主义法治的重要标志”。这是新中国成立后包括党的十一届三中全会以来,在党和国家的重要文件中第一次使用“法治”这一概念。这一文件在确立一系列法律原则的同时,决定“取消各级党委审批案件的制度”,取消“文化大革命”中“公安6条”所规定与实行的所谓“恶毒攻击”罪和“反革命”罪,宣布对“摘掉了地、富、反、坏分子帽子的人”,“应保证他们享有人民的民主权利”。②三是对林彪、江青反革命集团的审判。应中央有关领导同志的要求并最后定稿的、以“特约评论员”名义撰写的“社会主义民主和法制的里程碑”一文,发表在1980年11月22日《人民日报》。该文总结的这次历史性审判的5条现代法律原则是:司法独立、司法民主、实事求是、人道主义和法律平等。该文最后说,“对林彪、江青反革命集团的审判,是我国民主和法制发展道路上的一个引人注目的里程碑。它充分体现了以法治国的精神,坚决维护了法律的权威,认真贯彻了社会主义民主和法制的各项原则,在国内外引起了强烈反响,具有除旧布新的重大意义”。这也是最早提出“依法治国”的重要中央文献。四是1982年宪法。它在序言的最后一段这样强调要维护宪法与法律的尊严与权威:“本宪法以法律的形式确认了中国各族人民奋斗的成果,规定了国家的根本制度和根本任务,是国家的根本法,具有最高的法律效力。全国各族人民、一切国家机关和武装力量,各政党和各社会团体、各企业事业组织,都必须以宪法为根本的活动准则,并且负有维护宪法尊严,保证宪法实施的职责。”这部宪法还恢复了被1975年宪法和1978年宪法取消的司法独立和法律平等原则。

必须充分肯定,依法治国思想是邓小平理论的重要组成部分。尽管在邓小平的著作中没有“依法治国”4个字,也没有法治国家的提法,但他却为依法治国方略奠定了坚实的理论基础,也为法治国家的建设勾画出了一个初步的蓝图。虽然在他的著作中只有一次提到“法治”一词,但却十分重要。他在回答日本公明党委员长竹入义胜的提问时曾说,我们在进行经济体制改革的同时,也要进行政治体制改革,后者主要解决两个问题,即“正确处理好法治和人治的关系,正确处理好党和政府的关系”。在这里,邓小平已经把法治问题提到政治体制改革的战略高度。虽然他在这里没有具体分析如何处理两者的关系,但从他的整个思想体系看,他是主张法治和反对人治的。他在这方面的理论贡献主要表现

① 转引自张懋、蒋惠岭著:《法院独立审判问题研究》,人民法院出版社1998年版,第332页。

② 同上,第333页。

在以下两个方面。

首先，邓小平提出了这样一个问题：一个国家的兴旺发达和长治久安，关键的、决定性的因素与条件，是要依靠一两个英明的领导人，还是应寄希望于建立一个良好的和有权威的法律和制度？他的回答是后者。几千年来，正是中外历史上的思想家和政治家对这个问题的不同回答，因而形成了是搞法治还是搞人治这样两种完全不同的治国方略。这个问题"马恩列斯毛"从来没有提出过，但邓小平却提出来了，并作出了深刻与科学的回答。邓小平在自己的著作和讲话中反复论证过这个问题。他说："我们过去发生的各种错误，包括'文化大革命'这样的严重错误在内，固然与某些领导人的思想、作风有关，但是组织制度和工作制度方面的问题更重要。这方面的制度好可以使坏人无法任意横行，制度不好可以使好人无法充分做好事，甚至会走向反面。即使像毛泽东同志这样伟大的人物，也受到一些不好制度的严重影响，以致对党对国家对他个人都造成了很大的不幸。"他还说："由于毛泽东同志没有在实际上解决领导制度问题以及其他一些原因，仍然导致了'文化大革命'的十年浩劫。这个教训是极其深刻的。不是说个人没有责任，而是说领导制度、组织制度问题更带有根本性、全局性、稳定性和长期性。"①邓小平同志曾在不同场合和从不同角度进行论证并一再强调，不能把一个国家的兴旺发达和长治久安的希望寄托在一两个领导人的身上。如1988年他说："我有一个观点，如果一个党、一个国家把希望寄托在一两个人的威望上，并不很健康，那样，只要这个人一有变动，就会出现不稳定。"②这一年他还说过："一个国家的命运建立在一两个人的声望上面，是很不健康的，是很危险的，不出事没问题，一出事就不可收拾。"③不久，他又指出："我历来不主张夸大一个人的作用，这样是危险的、难以为继的。把一个国家、一个党的稳定建立在一两人的威望上，是靠不住的，很容易出问题，所以要搞退休制。"④他在回答意大利记者法拉奇的问题时指出，我们今后可以避免"文化大革命"悲剧重演，办法就是"认真建立社会主义的民主制度和社会主义法制"。⑤ 这是邓小平关于健全民主与法制的理论依据和指导思想，是他的民主与法制思想的精髓和灵魂，为后来正式确立依法治国的治国方略奠定了坚实的理论基础。

其次，自1978年以后，邓小平提出了一系列健全社会主义法制的基本原则。

---

① 《邓小平选集》(第2卷)，第333页。

② 《邓小平选集》(第3卷)，第272～273页。

③ 同上，第311页。

④ 同上，第325页。

⑤ 《邓小平选集》(第2卷)，第348页。

他说："没有民主，就没有社会主义，就没有社会主义现代化。"要通过政治体制改革，克服"官僚主义现象、权力过分集中现象、家长制现象、干部领导职务终身制现象和形形色色的特权现象"。他指出："搞四个现代化一定要有两手，只有一手是不行的。所谓两手：即一手抓建设，一手抓法制。"他把健全法制的基本要求概括为16个字，即"有法可依，有法必依，执法必严，违法必究"。他强调要维护法律的稳定性和权威性，要坚持法律平等原则和司法独立原则，"必须使民主制度化、法律化，使这种制度和法律不因领导人的改变而改变，不因领导人的看法和注意力的改变而改变"。"公民在法律和制度面前人人平等"，"不管谁犯了法，都要由公安机关依法侦查，司法机关依法处理，任何人都不许干扰法律的实施，任何犯了法的人都不能逍遥法外"。"党要管党内纪律的问题，法律范围的问题应该由国家和政府管。党干预太多，不利于在人民群众中树立法制观念。"①他提出的这些法制原则，实际上就是后来讲的建设"法治国家"的基本标志和要求。

后邓小平时代的领导集体，在依法治国、建设社会主义法治国家的问题上，从五个方面发展了邓小平理论。一是通过执政党和国家的民主方式与程序正式将这一治国方略和奋斗目标确立下来。1996年3月八届人大四次会议的一系列文件包括《国民经济和社会发展"九五"计划和2010年远景目标纲要》，已经郑重地将"依法治国"作为一项根本方针和奋斗目标确立下来。1997年党的十五大报告，对依法治国方针的科学含义、重大意义和战略地位作了全面而深刻的阐述。1999年3月又将这一治国方略和奋斗目标庄严地记载在宪法中。二是党的十五大对依法治国的重大意义作了如下概括："依法治国，是党领导人民治理国家的基本方略，是发展社会主义市场经济的客观要求，是社会文明进步的重要标志，是国家长治久安的重要保证。"由此正式将依法治国提升到"治国方略"的战略高度。党和国家其他的一系列方针、政策都不能称为"治国方略"。这是因为：首先，法治作为人治的对立物，对于治国安邦具有全局性和根本性意义。其次，在现代法治社会里，任何国家的重大方针政策都必须通过宪法和法律的形式加以认可与具体规范，并运用宪法与法律的权威与机制保障其实施。三是在党和国家的历史性文献中，第一次正式采用"法治国家"这一概念，并对它的科学内涵作出了重要的丰富与发展。例如，提出了"科学执政、民主执政、依法执政"的理念，将"国家尊重和保障人权"写进了宪法，等等。四是党的十六大正式提出"政治文明"的概念，将民主、法治、人权的宪政制度的建设内容，从以往"精

① "依法治国的里程碑"，载《人民日报》1999年4月6日。

神文明"的概念和范畴中独立出来,成为与物质文明、精神文明并列的一种文明形态,从而摆脱了法律工具主义的旧思维和将法律制度与法律思想混为一谈的错误观念,并提升了它的战略地位。五是党的科学发展观、构建和谐社会等理论与战略思想的提出,为依法治国方略和法治国家建设提供了新的理论指导。1995年,笔者在"现代法的精神论纲"一文中即已提出"现代法的人本主义"概念。文章指出:"一切从人出发,把人作为一切理念、行为与制度的主体,尊重人的价值与尊严,实现人的解放和全面发展,保障所有人的平等、自由与人权,提高所有人的物质生活与精神生活水准,已经或正在成为现代法律的终极关怀,成为现代法制文明的主要标志,成为现代法律创制与实施的重要特征,成为推动法制改革的巨大动力。"①现代法的伦理价值,核心是实现"以人为本"的价值观和正义公平的伦理观;现代法的工具价值,核心是促进经济、政治、文化、社会更好、更快地发展,以满足人民日益增长的需求,造福人类。"全面、协调、可持续"发展,是中国与世界历史与现实实践经验的总结,是"发展"理论在方法论、认识论上的哲学概括,对立法、执法、司法具有普遍而重要的指导意义。构建和谐社会作为创新理论,对法治国家建设的指导意义在于,社会和谐能为法治建设提供重要条件,其一系列重大政策主张,将成为立法、执法、司法的重要指导原则。而由现代法自身的规范性、正义性、利益性、民主性、权威性等特性所决定,法治国家建设是构建和谐社会最根本的保证。

前面,我们着重从观念层面上回顾了依法治国、建设社会主义法治国家的治国方略和奋斗目标在我国确立与发展的历史性过程。还必须指出的是,这后28年,在法治实践上,在立法、执法、司法和法律监督以及法学教育、法制宣传等各个方面,都取得了举世公认的成就与进步。但是,我们必须承认,我们要实现建设法治国家的目标,还有很长的路要走,任务将十分繁重而艰巨。为此,胡锦涛总书记2007年6月25日在中央党校的重要讲话中明确提出,要"全面落实依法治国基本方略,弘扬法治精神,维护社会公平正义"。

人类社会发展的客观规律、民主法治人权的时代精神、人民群众的根本利益和愿望,是决定当代法治发展和进步的根本动力。人民经济文化生活水平的迅猛提高、市场经济体制的日益完善、民主政治建设的不断进步、公民社会的逐步形成、理性文化的普及,是推动当代中国法治发展的现实条件。未来几十年里,将我国建成法治国家,是毋庸置疑的。主观上,这一历史进程的快慢,将取决于法律理论与实务工作者的责任感和智慧,更将取决于政治家们的理性判断与胆

① 该文刊登在《法学》1997年第6期。《新华文摘》1997年第10期全文转载。

略。社会主义法治国家不是一个空洞的和抽象的概念。作为现代社会一种最文明的国家模式和政治法律制度类型，它应当具有一系列基本原则和要求。根据人类的共同经验和中国的具体国情，可以将它们概括为下列10项。“全面落实依法治国基本方略”就是要从这10个方面，在弘扬法治精神的同时，要从制度上进一步加强、健全和完善。在未来5年至10年内，如果能在若干关键性问题的解决上取得实质性进展，将有力地推动法治国家建设的历史性进程。

(一)法制完备

要求建立一个门类齐全(一张“疏而不漏的法网”)、结构严谨(如部门法划分合理，法的效力等级明晰，实体法与程序法配套)、内部和谐(不能彼此矛盾与相互重复)、体例科学(如概念、逻辑清晰，法的名称规范，生效日期、公布方式合理)、协调发展(如法与政策、法与改革协调一致等)的法律体系。所谓“法律体系”有它自身的要求。它表明，一国的法律规则千千万万，但并非是杂乱无章地拼凑在一起，而应是一个有机联系的统一整体。前面提出的“20字”就是对法律体系基本特征的概括。只有具备这5条，才能做到“法制完备”。现在的主要问题有三个。一是执政党提出，要在2010年建立起社会主义的法律体系。十届全国人大提出的本届立法规划为67件(包括制定与修改)，尚未包括新闻法、出版法、结社法等重要法律在内。这些法律同政治体制改革的关系十分密切，因而难度很大。但是，没有这些法律，所谓“法律体系”是不完备的。人们期待通过这些法律的制定和选举法的修改，在扩大信仰、表达、结社、选举这“四大自由”的自由度方面取得显著的进展。二是围绕构建和谐社会而需要采取的一系列政策调整，其中成熟和稳定的部分，必须通过法律加以认可、规范和保障。三是在立法中如何避免部门保护主义倾向，如何正确处理好中央与地方的权限划分与利益平衡，也是重要课题。

(二)主权在民

要求法律应体现人民的意志和利益；法制应以民主的政治体制为基础；实现民主的法制化(民主权利的切实保障、国家政治权力的民主配置、民主程序的公正严明、民主方法的科学合理等)和法制的民主化(立法、司法、执法、护法等法制环节要民主)。主权在民是主权在君的对立物，是现代民主的核心和基础，因而也应是现代法治的灵魂。在一个政治不民主的社会里，不可能建立起现代法治国家。法律的人民性是主权在民原则在现代法律制度中的集中体现，而民主的法制化与法制的民主化则是主权在民原则在现代法律制度中的具体实现与展开。现在的主要问题：一是现代法律的人本主义或以人为本的法律观，其一系列科学内涵，如人的价值高于一切；人是目的，不是手段；人是发展的中心主体；崇尚和彰显人性；坚持人的独立自主；权利优位于义务；权利优位于权力等原则，应在立法、执法、司法等领域得到贯彻落实。二是如何进一步提高法制民主化水平，如立法中的信息公开与民众参与程度；司法中律师的作用以及检务公开、审判公开、克服行政式管理模式等。

（三）人权保障

人权是人作为人依其自然的和社会的本性所应当享有的权利。其内容包括人身人格权、政治权利与自由以及经济社会文化权利。人权是人的尊严和价值的集中体现，是人的需求和幸福的综合反映。否认人在社会中应当享有本属于他自己的权利，就是否认他的做人的资格，使人不称其为人。人不是为国家与法律而存在，而是国家与法律为人而存在。法律主要是通过规范所设定的权利与义务来保障和调整各法律主体的利益。权利与义务问题实际上是一个人权问题，法律权利是人权的法律化。全面地、充分地实现和保障人权，是现代法律的根本目的。这同古代法律的作用与目的有原则上的区别。2004 年，“国家尊重和保障人权”被规定在宪法中，从而开辟了中国保障人权的新阶段。当前及今后一段时期里需要解决的主要问题：一是完善收入分配制度，规范收入分配秩序，提高城市居民尤其是贫困农民的生活水平，建立与完善城乡各类社会保障制度。民生问题是当前中国最大和紧迫的人权问题。二是以死刑核准权收归最高法院管辖为契机，尽可能减少死刑；取消劳动教养制度；加大刑事诉讼法修改力度，明确确立“无罪推定”原则，明确规定非法获取的证据没有法律效力，以及采取其他措施，进一步完善对犯罪嫌疑人的权利保护。三是在作出保留与解释的条件下正式批准加入《公民权利和政治权利国际公约》。它将有利于提高我国在国际上的声誉，有利于促进我国人权有关领域的保障力度。

（四）权力制衡

在公法领域，国家权力主要表现为职权和职责。“衡”指权力平衡。在执政党与国家机构之间，政府与社会组织、企事业组织之间，领导个人与领导集体之间，中央与地方之间，应按分权与权力不可过分集中的原则，对权力做合理配置。“制”指权力制约。其主要内容是以国家法律制约国家权力；以公民权利（如公民的参政权，议政权，检举、批评、罢免权，新闻、出版自由权等）制约国家权力；以国家权力制约国家权力（如立法、行政、司法权之间，公检法之间的权力制约以及检察、监察、审计等方面的监督）；以及以社会权利（如政党、社会团体、行业组织的权利）监督国家权力，来达到防止和消除越权与不按程序办事等权力滥用和权钱交易、假公济私、徇情枉法等权力腐败现象。当前建立权力制约体系仍然需要全面加强。例如，现在人们对检察机关的职权意见分歧较大。但笔者认为在其职权配置可以研究，在其自身加强外部监督与内部监督前提下，检察机关的法律监督职能只能加强，不能削弱。在权力制约体系中，建立以违宪审查为主要内容的宪法监督制度刻不容缓。这是中国宪法制度一大缺失，是未来提高宪法权威、监督政府权力的关键所在。依法治国，重在依宪治国；要树立法律的权威，关键在于树立宪法的权威；依法治国，主要是治官，特别是高官。建立一个同现在全国人大九个专门委员会的性质与地位大体相当、最后决定权在全国人大常委会的宪法委员会，它不会影响与妨碍党依法执政，只会提高执政党在国内与国际的声望和地位。

（五）法律平等

包括分配平等和程序平等。实体法应体现与保障社会共同创造的物质与精神财富在全体社会成员中进行公平分配。程序法应体现与保障法律面前人人平等，在民事、刑事、行政等诉讼活动中，原告与被告双方诉讼地位和适用法律一律平等。适用法律平等包括对任何人无论其受保护或受惩处都适用同一法律规则，不因其性别、民族、财产状况、社会地位和宗教信仰等的差异而有区别。现在执法与司法中的腐败现象仍然比较严重。办人情案、关系案、金钱案是现在诉讼当事人难以享有平等权利保护的关键所在。犯罪人不论地位多高、功劳多大，坚持一律依法惩处，对维护法律尊严至关重要。法院地位具有独立性与中立性，审判权本质上是一种判断权，必须贯彻“诉讼两造地位平等”原则，无论诉讼双方是中国人与外国人，是“官”与“民”，还是公诉机关与刑事被告人，法院必须也只能依照法律和事实判案，不能偏袒某一方。

（六）法律至上

指法律应具有至高无上的权威。这不是讲“法律万能”。它是指法的遵守，而不是指法的作用。法律至上也不是说法律不能修改，这是两个完全不同的问题。宪法和法律被制定出来后，在尚未修改之前，任何组织特别是任何个人都必须切实遵守。法律至上同人民意志和利益至上不仅不矛盾，而且是它的体现和保障。若国家没有体现人民意志和利益的法律，这种法律没有至高无上的权威，人民意志和利益至上是无从体现和保障的。法律至上原则适用于所有组织和个人，但其核心思想与基本精神是反对少数领导者的个人权威至上、权大于法。在任何社会里，影响法律权威的主要障碍是掌握国家权力的人往往不愿意和不习惯按法律办事，他们总是不喜欢用法律来束缚自己的手脚，这有人性与权力具有脆弱性和容易异化的深刻根源。当前克服权大于法的现象需要运用政治、法律的多种手段方可解决。现在如何对各级国家机关、执政党各级组织的“一把手”加强权力制约和监督力度，已经引起各方面的重视。应彻底清除“家长制”的残余观念和做法，从国法和党规上进一步有效规范各个领域主要负责人的权力运作。如应切实实行委员会制度，一切重大事项都应实行不记名表决制。

（七）依法行政

有的西方学者认为法治就是指政府依法行政。这种归纳未免有失偏颇，但也足见其重要性。为了适应现代经济、科技、政治与社会生活的日益发展与复杂多变，国家的行政职能有扩大趋势。它必须迅速决策与行动，必须实行首长负责制，故而同立法机关相比较，行政部门较易违法。司法机关具有中立性，它在诉讼两者之间作出公正的裁决，不涉及自身的利益。行政机关同行政行为相对人之间是一种管理者与被管理者的关系，这也容易使行政机关遵守法律更为困难。在我国，大约有80%的法律法规，需要通过行政机关去具体贯彻实施。每个公民几乎天天要同行政机关打交道，其利益同行政措施息息相关。因此依法行政是法治国家的一个重要标志。依法行政要求一切抽象与具体的行政行为都要遵循法律。2004年3月，国务院颁布了《全面推进依法行政实施纲要》，明确提出了建设法治政府的任务，并争取10年内基本实现这一目标。这是一项复杂艰巨的系统工程，要下大力气才能实现纲要所提出的具体目标，包括：健全行政管理体制、坚持科学民主决策、完善行政法规体系、加大严格执法力度、健全纠纷解决机制、加强行政权力监督、提高干部法治理念等。

（八）司法独立

它是现代法治概念的基本要素之一，是一个具有普遍性的法治原则。它建立在近代分权理论的基础上，是权力分立与互相制衡的制度安排与设计，其成效已为100多年来的实践所充分证明。它本身并非目的，其作用在于保证司法机关审理案件做到客观、公正、廉洁、高效，同时防止国家权力过分集中于某一机构或某一部分人之手而滥用权力。实现这一体制，除需建立内部与外部的有效监督机制、提高审判人员素质、完善科学的司法组织与程序外，杜绝来自外界的任何组织与个人的非法干扰是决定性条件。在社会主义制度下，由于政党制度的特殊性质和状况，防止某些党组织非法干涉法院的独立审判成了特殊的难题。在由计划经济向市场经济的转变过程中，在各方面利益配置发生剧变的情况下，诸如权钱交易、地方保护主义等腐败现象对司法独立的冲击，也是一个需要在很长时期里花大力气才能解决的问题。其中，修改现行《宪法》第126条是很必要的。该条规定："人民法院独立行使审判权，不受行政机关、社会团体和个人的干涉。"此处的"干涉"是个贬义词。对司法机关、执政党领导、各级人大要监督，但也不能"干涉"。为了克服地方保护主义，恢复以前曾经有过的"大区"法院的建制，可能是重要措施之一。

(九)程序正当

法律程序是法的生命存在形式。在一种法律制度下,只有实体法而无程序法是不可想象的。如果法的制定和法的实施(适用与执行等)没有一定过程、规矩、规则,这样的法律制度将是僵死的,这样的社会将充满立法者和执法者的恣意妄为。公正的法律程序体现法律的正义。它既体现立法、执法、司法、护法等国家权力的科学配置和程序约束,也体现公民权利在程序中应有的保障。同时,程序正当也是科学地制定与实施法律的重要条件。就好比工厂需要有科学的生产规程才能生产出好的物质产品一样,司法机关也需要有科学的办案程序才能作出正确的判决与裁定。十分重视法律程序的正当性,是西方法治社会的一大特点。美国联邦最高法院法官威廉·道格拉斯说:"权利法案的大多数规定都是程序性条款,这一事实绝不是无意义的。正是程序决定了法治与恣意的人治之间的基本区别。"①在中国重实体法、轻程序法的特殊历史与现实条件下,将其列为法治国家的基本标志之一是十分必要的。程序正当包括民主、公开、公正、严明。明显违反立法程序和司法程序的法律、法规或判决、裁定,不应具有法律效力。我国对现行刑事、民事、行政三大诉讼法的修改已提上议事日程,通过法学家们的研讨,促进决策部门将它们修改好,程序正当原则有望得到进一步落实。实践证明只要法治理念加强了,很多问题并不难解决,超期羁押问题的解决就是例证。

(十)党要守法

近代以来的世界各国,通常是实行政党政治。将政党制度规定在宪法中或者制定专门的法律来规范政党的活动,这种情况虽然相对较少,但是政党(特别是执政党)的活动要受法律的严格约束则已成为习惯,否则选民就不会投票支持这样的政党。在中国,作为执政党的中国共产党应当领导人民制定和实施法律,在法治建设过程中执政党要总揽全局,协调各方。但是,党组织必须在宪法和法律的范围内活动,不能以党代政、以党代法。这是在中国建设社会主义法治国家的关键一环。认为党的优势是建立在权力上,认为党掌握的权力越大越集中甚至把国家权力机构只当做摆设,执政党地位就越巩固的看法是不正确的。执政党的政治优势应当建立在群众拥护上。那种认为执政党的权力高于一切、执政党可以凌驾于国家权力之上的看法也是不正确的。执政党是国家的一部分。执政党是在国家机构之内掌握领导权,而不是在国家机构之上或之外或完全撇开国家机构实施领导。那种认为执政党的政策高于国家政策或可以代替国

① 转引自季卫东:"法律程序的意义",载《比较法研究》总第26期。

家法律的看法同样是不正确的。党的政策是党的主张,国家法律是党的主张与人民意志的统一。执政党的政策只有通过国家权力机关严格的民主程序被采纳,才能上升为国家意志并变为法律。现在的中央领导集体已经提出一系列进步的理论和方针,如"立党为公,执政为民";"情为民所系,权为民所用,利为民所谋";"民主执政、科学执政、依法执政";"以人为本",建设"和谐社会"等。如果能够依照这些原则与方针,制定与落实改革执政方式的各种具体措施,真正做到"党要守法"是完全可能的。

(2007 年第 9 期)

“以人为本”重在以人的自由为本

郭道晖*

一、“以人为本”是执政者的政治理念和行为准则

(一)口号的命运

大凡一个本来正确的、有针对性的命题或者口号被广泛推销、无所不至的时候,它的命运就往往因被滥用而成套话,变得庸俗、走样乃至荒诞。譬如“依法治国”的客体——“国”,本是指国家机器,本旨主要是依法管治国家权力、依法治官,却被解释为限于依法治某一地域(省、市、县、乡、村等)或某一社会事务(治水、治路、治家等),甚至扭曲为专门治人。

“和谐社会”本来有两个关键词:“和谐”与“社会”。现代意义的和谐社会本应是建立在公民社会之上,其重心在于国家与社会、执政党、政府与人民群众之间的和谐,其核心是公民权利与国家权力的平衡,国家与社会的二元格局的相互协调、互补互动,以及社会主体之间的权利平衡,等等。现在无处不讲“和谐”,诸如和谐企业、和谐社区、和谐宾馆、和谐家庭……还有所谓“和谐铁路”、“和谐长江”之类,唯独没有了“社会”,不讲公民社会与政治国家的协调互动,公民权利与国家权力的平衡互控;而“和谐”也只宣扬“和为贵”,抹杀社会矛盾和正当合法的社会冲突。至于“以人为本”,现在有些人也将它片面地置换为“人性化”,甚至庸俗化为以人的生物性为本。譬如一些法律实务部门将“以人为本”低级化为照顾囚犯的性生活等“人性”需要,允许其在监狱结婚或回家留宿,这被说成是刑事监管“以人为本”的“人性化”体现;而对更大的违反人性的酷刑和侵犯人权的冤案却很少过问。又如一位外资企业老板花40万元将工厂的57个厕所修理一新,也被我国媒体渲染是“以人为本”的先进管理。[①]

还有论者提出要“以党员为本”,认为这是“党的先进性建设的基本原则”,“是以人为本在党的建设中的具体体现”,“任何离开党员个体发展的党的先进性建设都是毫无意义的”,其中把党要“着眼于党员权益的保障,着眼于党员素

---

* 作者单位:中国法学会、湖南大学。

① “什么是‘以人为本’——访华翔集团副总裁张才林”,载中国办公网。

质的提高，着眼于党员生活环境的改善和生存质量的提高”视为“坚持以党员为本的价值取向”的“十分重要的途径”，其中甚至包括“对下岗失业群体中的党员进行免费培训”，“开展贫困党员脱贫示范行动”，等等。① 这简直把执政党当成一个自谋自利的私益社团了。虽然这对治疗那些漠视党员权利的党组织和党的官僚不失为一剂药方，但说这就是保证党的先进性和体现“以人为本”的核心价值，则未免言过其实。党的先进性主要看它的理论基础的科学性、政治纲领路线的人民性和“立党为公”的精神感召力，以及党员为人民服务的品德，后者也不能靠特殊化地善待党员权益来促进。

总之，以上所列这些说法和举措虽也多少体现了对人的关怀，不无可取，但将它提升到“以人为本”的政治思想准则的战略高度，未免有失中肯。

我国长期以来习惯于搞运动的方式，上面一个政策、一句口号，往往一呼百应，全国全民动员，官民上下贯彻。如同过去毛泽东讲一句“阶级斗争一抓就灵”，于是全党全国全民就无时无处无事不讲阶级斗争那样；现在也是全党全国全民，地无分东南西北上下，人不论士农工商官民，也不论各种不同专业领域和范畴，都大讲和谐；些许生活琐事，也“上纲”为“以人为本”。这种习惯动作，大有改弦更张的必要。

（二）为什么提出“以人为本”

要准确领会和把握“以人为本”的当代要义，先要追问其对现实中国的针对性：为什么要提出“以人为本”的理念？“以人为本”不是什么创新的口号，可以说自古有之。中国儒家提倡“仁者爱人”的仁政、“民为邦本”的政治理念；西方文艺复兴时期的人文主义，都可以说是“以人为本”的老祖宗。问题在于，当代中国的执政党为什么要重提这个口号？

当代中国，笔者认为从消极意义上说，应当是要拨乱反正，继续清除“以阶级斗争为纲”即“以阶级为本”的余毒；从其积极的现实针对性而言，则应当是要改变长期以来“以官为本”的积弊，转到“执政为民”、“以民为本”，即“权为民用，情为民系，利为民谋”。② 从政治理念上看，党是人民的工具。正如邓小平所指出的：“同资产阶级政党相反，工人阶级的政党不是把人民群众当做自己的工具，而是自觉地认定自己是人民群众在特定的历史时期为完成特定的历史任务

① 南俊英：“以党员为本：党的先进性建设的基本原则”，载《河南社会科学》2006年第6期。

② 此句原文是：“权为民所用，情为民所系，利为民所谋”。按愚见，窃以为此格言文字表述上尚可精确些，此三词语均应删去“所”字，因为语法上“为民所用”的意思是“民”为主格，即“用权者是人民”。这有违“党和政府为民用权”的原意，故似应改为“权为（入声）民用”，或“权为（入声）民而用”，这样主格才是执政党和政府。余类推。

的一种工具”，“确认这个关于党的观念，就是确认党没有超乎人民群众之上的权力”。① 因此“以党员为本”观念是将党民（党群）关系本末倒置。从政治哲学上看，在过去的阶级斗争时代全盘否定普遍人性，只承认阶级性。我们现在强调“以人为本”，固然要恢复人性论的名誉，强调尊重人性，但也不能只是停留在人的生物性，只求满足延续个人和人类免于饥饿和进行繁殖的生命需要上。对人权和人性，不能只强调人的自然性需要的一面，而忽视人的社会性需要，忽视保障政治人权的重要性，忽视尊重和保障人的自由发展。

“以人为本”的理念应当与时俱进。应当区别于中国古代所谓“爱民如子”的“仁政”，局限于把人民当“子民”而君临天下；而是在“主权在民”的前提下，尊重和保障国民的公民地位，变官本位为民本位。总体上说，“以人为本”是执政者一项重要的政治理念和行为准则，而不是一种权宜的手段或事务（如修厕所、改善生活条件以激发工人的生产积极性；满足罪犯的人伦要求以促进其改造；照顾党员的权益以调动党员为人民服务的先进性）。它涉及政治、伦理、法制和社会哲学与法哲学诸多方面的一些根本观念和体制的更新、变革。

首先，在政治制度上，“以人为本”首先要明确以什么人、以哪种人为本。当代中国这个口号的指向，在政治体制上应扬弃以某一个阶级为本，否定权力压倒一切的“以官为本”，否定以“一人专制”的人治为本。应转而实行以人民共同意志体现的法律至上和人人平等自由的法治为本，以公民社会为政权基础的民主政治为本。

其次，在政治伦理上，“以人为本”要以每个人为本，即以人人为本：（1）要扬弃只强调国家至上、集体至上，抹杀个人权益的国家主义本位观，树立个体的人权和公民基本权利高于国家权力，不受任何权力侵犯的宪法原则。即使因国家或集体正当公益而要求牺牲个体利益时，也要给个人相应的补偿或赔偿。（2）要否定以人的身份为本，改变以不同社会地位和身份给予差别对待的歧视政策；改变人身依附的上下级“猫鼠”关系；改变受雇佣者对主人的奴隶或奴才地位；反对把人当“驯服工具”或御用工具。要尊重人的独立人格和自主自由。（3）要改变以物为本、人受物的统治的处境。在金权拜物教下，使人的劳动异化、人的本质异化，使人不成为人，而只是金钱、权力、生产机器的附属物。要尊重人的尊严，人不能只是动物人、经济人，而且是政治人，是文化人，是要求全面发展的自由人。（4）要改变以“公有为本”、以“公家”为本的所谓“大公无私”的公有观，这种“公有”并非让人人皆有，而是抹杀私人所有和人的个性。过去的

① 《邓小平文选》（第1卷），第218页。

计划经济和集权政治把所谓公有制绝对化为一切国有，实际上变成官有、“第一把手”所有。这种“公有观”甚至在意识形态上也如哈贝马斯所批判的那样，把人们的“思想国有化”，将思想“定于一尊”，强制“舆论一律”。实行“以人为本”，则应当是允许“人人言殊”、“百家争鸣”。

最后，在哲学思想上，对人性的本质和需要，既要承认人的自然性，也要重视人的社会性；既要承认人性的普遍性，扬弃只讲阶级性这一特殊性的片面观点；又要保护人的个性及其多样性，鼓励人们的个性发展；还要实现人类的本质的复归，在全球化的条件下，日益提升人的普世价值。西欧历史上的人本主义，是针对“神本主义”的。所谓“以神为本”的“神”不过是人的意志的一种客体化、人格化和异化。现代神本主义是一种对权力、特别是对统治权的拜物教。现今这种神本主义也还有余威和流毒。

弘扬以人为本，就是要反对神化任何个人和任何思想，容许普通人拥有保留个人思想、发现新思想和发展真理的权利和批判过时的、错误的旧思想的权利。马克思主义尊重杰出的个人包括领袖人物在历史和现实中的重大作用，但绝不能把他们视为垄断真理、不受历史实践与认识局限的“超人”和不受法律和人民监督的特殊公民。

总之，“以人为本”是治国平天下、总揽全局的一种政治理念和理想，是一种政治伦理哲学和行为准则，而不是或主要不是限于日常事务；其奉行的主体是作为执政者的党与政府，重点不是对各行各业的公民作普遍的要求；其针对性是旨在改变过去执政者“目中无人”，恣意侵犯人权，阻碍人人自由的全面发展的现象，转变为以民为本。能做到这点，就大体上功德圆满。无须扩大解释，过度联系，否则反而会背离其核心价值。

二、“以人为本”要以个体人和所有人为本

对“以人为本”的理念做深层次思考，需要回答两个问题：第一，以什么人为本？第二，什么是人之本？

（一）以100%的全民为本

过去“阶级论”者批判人性论的理由是把人抽象化，而不问社会人群是分裂为不同阶级的。这个观点并不全错，错在他们只看到阶级性，而否认人的其他特性和共同性。我们现在讲以人为本，不能在泼脏水时把小孩也泼走，也要对以什么人为本作具体分析。

前已指出，以人为本不能以某一阶级为本、某一政党为本、某一个领袖为本，

或以国家权力为本、以官为本。以人为本的“人”，也不能限于某一群体的人，更不能以特殊利益集团或权贵资产者集团为本。需要说明，提倡“以人为本”并不是要否定政党在治理国家和社会中的重要作用，而是强调政党只是人民的工具，而不是本体，本体是人民。

所以，“以人为本”在宪政体制上的体现应是“以民为本”。而所谓“民”，不应只限于我们过去“划清敌我界限”或“两类矛盾”的政治原则与概念下的“人民”，也不应限于所谓“最大多数人”，或所谓“团结95%以上的人”，而应当是以“全民为本”，即以100%的国民和公民为本。也就是说，只要是人，包括外国人，都要尊重和保障其人权，不得非法侵犯。不能把另5%划为异类，打入另册。须知，这5%在我国就相当于3000万人（以过去全国6亿人口计）或6500万人（以现在的13亿人口计）。置数千万人的人权和宪法权利于万劫不复的境地，这是何等可怕的历史过错！这里需要指出，作为执政党和政府，是全民拥戴并由全民选举产生的（我国国家领导人是由全国人大选举产生的，而全国人大是代表全民的），就要对全民负责，而不只是对95%的人负责。即使是对“阶级敌人”、死刑犯，作为执政者也要依法保障其应有的人权和未被剥夺的法定权利（如人格权、诉讼权及其他未被法院裁决予以剥夺的民事权利）。乃至对战争中的“敌人”（如敌方士兵、俘虏），也不容使用灭绝人性的手段（如用化学、生物武器）去屠杀、虐待他们。那种所谓“凡是敌人拥护的，我们就要反对”的形而上的武断，那种“以我划线”、按自己的标准去“团结一切可以团结的人”的做法，都是同“以人为本”精神相悖的。

（二）以每个个体的人为本

我国古代孔子主张“仁者爱人”、“有教无类”，墨子主张“兼爱”，法国大革命中提出“博爱”的口号，都是体现“有爱无类”、“以人为本”的精神。古代帝王要“兼并天下”，我们“以人为本”则是兼爱天下、兼容天下、兼善天下。作为以“解放全人类”为己任的共产党人，我们应当有海纳百川、兼容异己的政治胸怀，而不是荡平天下，搞“横扫一切”的斗争哲学。我们应当依宪法和法律去“团结一切必须团结的人”，以“泽被万民”，保障所有人的没有被法院宣判剥夺的、合法的权利。

“以人为本”要以每个个体人为本。不能像有的论者片面主张的“以中华民族的整体利益为本”。该论者是在回答记者“如何看待近年我国矿难不断”的问题时，认为：“如果你是一个彻底的以人为本的拥护者，你就不仅要看到某一个人，还要看到全人类……要从国家和最大多数人群的根本利益的角度来看待这些问题。”“如果中国照搬发达国家的模式，在煤炭行业采用高投入的办法确保职工的安全,那么就会带来一系列其他的问题,比如国家会出现煤炭供应不足,会错过发展的时机。”他以此说明“矿难是不可避免的”。按此逻辑理解,不顾安全,牺牲数以千、万计的无辜矿工,是符合“中华民族的整体利益”的。① 这种“为大我可以牺牲小我”的所谓“根本利益”观和“全人类”观,虽不无片面道理,但称为“彻底的以人为本”,实在令人困惑。这使我想起我国近代杰出的思想家严复在他所译《法意》(即孟德斯鸠《论法的精神》)的按语中所说的:“故为政有大法:凡遇公益问题,必不宜毁小己个人之产业,以为一群之利益。”强调小己的私利,不容国家以公益为由随意牺牲、剥夺。接着他又引卢梭在《社会契约》中的名言:“国家之安全非他,积众庶之安全以为之耳。”而且他引申说:“独奈何有重视国家之安全,而轻小己之安全者乎?”②他还特别指出:就公民个人而言,出于爱国之心,宁毁家以纾难,以求国家之安全,固然令后人顶礼敬爱;但就执政者而言,“谓以谋一国之安全,乃可以牺牲一无罪个人之身家性命以求之,则为违天灭理之言”。③ 他认为“侵人自由,虽国君不能”,尖锐地抨击侵害个人自由、安全的“主治当国之人”是“逆天理,贼人道”!④ 100 年前的严复是何等慎思明辨!他比之那些侈谈国家利益至上,为国家“大我”之公益可以任意牺牲“小我”权益的权力者“违天灭理”的所谓“爱国主义”,不知高明多少!

我国自改革开放以来,一直奉行以经济建设为中心的方针,把发展生产力放在首位,已取得了世所公认的成就;但由于单轨运行,忽视统筹兼顾科学发展观和“以人为本”的行为准则,带来贫富两极分化和生态环境的严重破坏,从长远看也是得不偿失的。这也是“见物不见人”,只顾“以物为本”、“以生产力为本”造成的偏差。

(三)每个人与所有人的基本人权至上

总之,“以人为本”中的“人”,应是指“每个人”,其内涵包括作为个体的人和作为总体的人,即人人、所有人。

作为个体的人,无论作为自然人的个人,还是作为政治人的公民,他们的人权和基本权利是至上的,不受任何国家权力的非法侵犯,也不得以国家、集体或多数人的名义予以剥夺。民主的多数决原则只能适用于公共领域,不能适用于私权领域,比如说不能以选民的多数去决定剥夺个人的生命,不能决定某人与哪个人结婚或离婚,也不能以多数人投票同意的“民主”去剥夺少数人合法的私有

① 转引自若甫:“‘彻底的以人为本’是以什么为本”,载《江南时报》2005 年 12 月 28 日。

② 严复译:《法意》(卷二十六),“按语”部分第 21 页。

③ 同上,“按语”部分第 21 ~ 22 页。

④ 《严复集 · 论世变之亟》,中华书局 1986 年版,第 1 页。

财产,①当然更不能决定个人的思想、信仰和爱好。在私人领域,个人自由应高于公共领域的民主。

作为总体的人,是指全人类。只要是人,是区别于其他动物、具有人的本质特征的自然存在和社会存在,即使他是有残疾的人、精神病人或者是敌人、罪人、异己分子,人人都享有作为人的人权和基本权利,未经法律剥夺,一概不得侵犯。即使是国会或人大,也不能制定剥夺基本人权的宪法、法律。

三、自由是人的最高本质

(一)人本身及其自由是人的最高本质

"以人为本"还须进一步追问:人以什么为本?或以人的什么价值为本?只有抓住了人之所以为人的本质,才不致偏离人的核心价值。

马克思认为,人的本质是社会关系的总和。这是针对将人仅仅归结为其自然性或人与自然的关系而提出的命题。人不只是一种自然存在,更重要的是社会存在。马克思还指出:主体是人,客体是自然;人是人的最高本质,人的根本就是人本身。这说明,"以人为本"就是要使人的一切行为和行为目的符合人的"最高本质"——确认人是一切社会关系(包括人与自然的关系)的主体;人自身是衡量一切事物的尺度和标准;满足人的物质与精神需要是人的一切活动的出发点与归宿。从中也可逻辑地得出结论:人的自主性与自由是人的最高本质要求;人是目的,而不只是手段;一切为了人和人的需要。所以,"以人为本"就是要坚持以人为万事万物关系的最高主体,以人的价值为根本尺度,以人的需要为最终目的。②

人的需要是一个价值函数,不同的人基于其所处的社会关系中的地位的不同、价值观的不同而有不同的需要。这些需要构成一个价值链,视不同的人、不同的处境和不同时空条件而有轻重缓急的排列顺序。作为一个真正的、完整的社会人而存在所必具的价值函数有哪些?什么是最核心的价值?就人权作为普

---

① 如2007年北京市酒仙桥地区在搞拆迁时,区建委和街道办事处采取全体住户(包括有产权和无产权的共5473户)以投票表决的方式,不顾其中707户有房产权的住户的反对,按多数票决制决定旧房同时一律拆迁,号称"同步拆迁模式"。这是将所谓的"民主"置于人权(财产权)之上,用所谓"多数"来压制少数的典型案例。参见《文摘周报》2007年6月12日第1版。

② 公元前5世纪,以普罗泰戈拉为代表的古希腊智者学派,已经提出"人是万物的尺度,存在时万物存在,不存在时万物不存在"的著名论断。德国古典哲学家康德指出,任何人都没有权利仅把他人作为实现自己主观目的的工具。每个个人都应当永远被视为目的本身。

世价值而言,生命、自由、财产、安全、人格尊严、追求幸福等权利,无疑是所有人最基本的需要,是满足人要生存、要温饱、要发展这些人性的基本需要的基本价值元素。

问题还在于,在这个基本价值链条中,什么是最重要、最根本、最主导从而决定其他价值的元素?历来进步的思想家几乎都认为,人的"最高本质"或最主导的价值就是自由。以人为本就是要以人的自由发展为本。这是因为,自由是人类与生俱来的本性。人之异于禽兽者,在于最初的原始人类能直立行走,从而解放了双手而享有获得劳动和制造工具、战胜自然力、免受自然的侵害的相对自由。一般禽兽只能被动地接受现成自然物的赐予,而人类却可以掌握自然规律,主动向自然索取和改造、利用自然为人类服务。因此可说,这种自由是人类脱离动物界成为"万物之灵"开始就有的自然本性。在这个意义上,它成为"天赋人权",只是相对于禽兽而言,是人类的自然特权。所以卢梭说:对人而言,"自由乃是他们以人的资格从自然中所获得的秉性"。[①] 康德也说:"天赋人权只有一项,就是那与生俱来的自由。"[②]自由是"每个人据其人性所拥有的一个唯一的和原始的权利"。[③] 毕竟人是社会动物,自由作为人权虽不能脱离人的自然性,但自由主要属于社会关系范畴,是相对于他人而言的生存状态,即不受任何其他社会主体的干扰、束缚,自由、自在、自主地活动。

"自由"是马克思主义法哲学中的一个核心范畴。马克思指出:"自由确实是人的本质,因此就连自由的反对者在反对自由的现实的同时也实现着自由。"[④]"自由不仅包括我靠什么生活,而且也包括我怎样生活,不仅包括我做自由的事,而且也包括我自由地做这些事。"[⑤]"没有一个人反对自由,如果有的话,最多也只是反对别人的自由。可见各种自由向来就是存在的,不过有时表现为特权,有时表现为普遍权利而已。"[⑥]在《共产党宣言》中,马克思、恩格斯进一步明确提出建立"自由人的联合体"的人类理想社会,"在那里,每个人的自由发展是一切人的自由发展的条件"。总之,自由是人之所以成为人的必要条件,是人的本质的完整性的基础。自由使人成为人格独立自主的主体,从而是激发人的

---

① [法]卢梭著:《论人类不平等的起源和基础》,李常山译,商务印书馆 1986 年版,第 137 页。

② [德]康德:"权利的科学导言",转引自黄枬森主编:《西方人权学说》(上),四川人民出版社 1994 年版,第 188 页。

③ [德]康德:"正义的形而上学因素",转引自[美]E. 博登海默著:《法理学:法哲学及其方法》,华夏出版社中译本 1987 年版,第 273 页。

④ 《马克思恩格斯全集》(第 1 卷),人民出版社 1995 年版,第 167 页。

⑤ 同上,第 181 页。

⑥ 同上。

主观能动性和创造力，促使人类文明的发展的动力。

自由总是针对某种不自由而言。自由这一基本人权，就是作为一种政治上的反抗权而提出的。社会主义的自由，也就是要求打破旧有的计划经济和集权统治，进行经济体制与政治体制的改革，以求得社会生产力的解放和发展。而人是生产力中最活跃、最革命的因素，因此，自由也就是要求人的解放，从一切束缚人的自主性、主动性、创造性的某些旧的生产关系、社会关系、政治关系、习惯与传统中解放出来。令人遗憾的是，中国是一个缺乏自由传统的国家。历史上长期的专制统治，严重压抑了人的自由。古往今来，自由在中国不但没有形成中华文明的主心骨，而且如严复所言：自由是“中国历古圣贤之所深畏，而从未尝立以为教者”。① 到他所处的时代，即使倡言西政者日众，士大夫仍然对“自由”一词“惊怖其言，目为洪水猛兽之邪说”。②

可惜严复的慨叹至今遗憾犹存。新中国成立以来迄今，自由仍多少是当做禁忌词受贬，除外贸领域使用“自由化”一词外，别的领域、特别是思想政治文化领域，这个词是人们不敢迈进的雷区。不尊重人的自由，漠视人的自由，把自由视为“洪水猛兽之邪说”，仍大有余荫。这种状况与张扬“以人为本”的理念是背道而驰的，应当从观念和体制上下决心改变。

（二）自由是其他人权价值的前提和动力

自由权在价值位阶上高于其他人权。下文仅就自由权与生存权、财产权的关系，略加阐述。

1. 自由权与生存权

“不自由，毋宁死。”自由历来是作为比人的生命具有更高价值的追求目标。生存权（其中生命权是其必要内涵，但非充分要件）固然是一项基本人权，没有生存权，其他人权就没有存在的意义。但基本人权不一定就是首要人权，正如基本矛盾不一定是主要矛盾一样。因为没有自由权（特别是人身自由、政治自由和思想言论自由），就只会是像动物般、奴隶般地生存。更重要的是，为了争取和保障生存权，不能靠生存权自身，而在于首先争取享有政治自由权，去排除侵犯生存权的各种障碍，否则就不能保障人民的生存与生存权。马克思、恩格斯在《共产党宣言》中就指出，无产阶级谋取解放的第一步是“争取民主”，争取工人阶级的统治，即首先获得政治自由，进而为未来建立“自由人的联合体”、实现人类的彻底解放创造条件。可见，政治自由权是获得生存权的首要前提。

---

① 《严复集 · 论世变之亟》，中华书局1986年版，第2页。

② ［英］穆勒著：《论自由》，严复译为《群己权界论》，上海商务印书馆1903年版。

同样,没有经济自由,生存权也会归于泡影。有些论者常常讲:如果农民连饭都没有得吃,民主、自由对他有什么用?这种说法,一是以为农民只要求满足动物般生存的需要就够了;二是无视农民生存权受到威胁,主要是由于他们的经济自由权受到压制。人民公社时代,对农村老太太养几只母鸡下蛋到市场去卖,想换点零用钱,也要"割资本主义尾巴"。凤阳县的 8 户农民为免于饥饿,偷偷写下血书,带头实行包产到户,就是把经济上的自由作为首要权利来争取,其生存权才有保障。

改革开放以来,大部分农民的温饱权有了基本保障,这也是在农村首先破除了压制农民经济自由权利的种种束缚,使之享有某些经济上的自主与自由(联产承包、自由贸易与办乡镇企业),才使得农民逐步摆脱了贫困处境。而现今产生的"三农"问题,也主要是农民还缺乏对土地、村民自治的自主权。

可见,自由本身固然不能当饭吃,但历史已经证明没有自由就一定没饭吃。中国正在进行的改革的一个重要目标应当是给每个个体和群体以最大限度的自由,从而达到解放生产力、发展生产力和促进人的本质的全面发展的目的。一个充满自由的社会才是一个具有活力的社会,才是一个有发展前途的社会。

2. 自由权与财产权

财产权是一项基本人权。"以人为本"的基础是让每个人都拥有产权,都成为有产者,农民"耕者有其田",市民"住者有其屋",知识分子有其知识产权,企业主有其资本……霍尔巴赫说,只有财产所有者才是一个公民。狄德罗说,是财产所有权造成公民。马克思说,财产所有权是抽象的自由的感性化身。奴隶主认为占有奴隶这一"财产"就有自由,谁家奴隶越多,自由就越多。英国地主说,"土地就是自由",谁家拥有的土地多,自由也就越多。在资本主义社会,资本就是自由。资产阶级自由这一人权的实际应用就是私有财产这一人权。私有财产这项人权就是任意地、和别人无关地、不受社会束缚地使用和处理自己财产的权利。这项权利就是自私自利的权利,这种个人自由和对这种自由的享受,构成了市民社会的基础(当然,到现代,财产权也不是一项绝对的权利,要受一定限制)。

我们过去惯于把私有财产及其自由视为资本主义社会的专利,而无产阶级似乎只能永远是无产者,才最革命。实则这是天大的谬误。我国是社会主义国家,但迄今无论在国有还是私有企业中,工人都仍然是雇佣劳动者,没有私产。过去连自己最基本产权——劳动力这个"人力资本"(他的双手以及技能)也不完全归自己所有,归自己支配,而是由"领导"和行政权力支配。如果"我"没有

“领导”批准就不能自由地换工作,“我”就不是我的,“我”就是他人的。①

中国的知识分子也有类似命运。知识分子是讲究清高和骨气的,是社会上的“自由职业者”,但也需要有独立的物权条件和人才自由流动的社会环境作为保障。所谓“合则留,不合则去”,能自由选择。所以,知识界有的学者指出,陶渊明不为五斗米折腰,辞官而退,毕竟还有“采菊东篱下,悠然见南山”的生活条件。知识分子以其知识和“脑力资本”为立身之本。但是解放后知识分子只能依靠所属“单位”发给的个人工资来维持生活,全国统一的户口、人事、档案等制度,织成了一张严密管束之网,每个人都不能离开这张网而独立生活。所谓“皮之不存,毛将焉附”,把知识分子只当做依附于某个阶级的“毛”,不拥有自己的“皮”,更何谈“骨”!他的“脑力资本”也不能自主支配,要服从“组织”调遣,自由思想与独立精神也就失去了经济和社会基础。要求他们完全摆脱“驯服工具”或“御用学者”的处境而特立独行,除极少数人以付出极大牺牲为代价可以做到外,一般人是难以高攀的。可见,有财产权才有自由权,有自由也才能获得和享用财产。如果要“以人为本”,那就要尽最大可能促进和保护每个人有自己的私人产权。个人产权是“以人为本”之“本”,如果没有这个“本”,就没有选择职业和居住的自由,没有免于饥饿的自由,没有免于匮乏的自由,没有免于恐惧的自由,没有维护自己人格尊严的自由。反之,没有这些自由,也就不可能获得和享用其私有财产。

人人都有了财产权和财产,无产者都能成为有产者,也就不会出现过分悬殊的两极分化,社会也才能安定。此即古人所谓的“有恒产者有恒心”。② 在2007年3月全国人大会议之前,一些人士、包括个别法学者发表声明反对通过《物权法》,其理由是该法将私有财产同国有财产予以平等保护,违反公有制为主体的宪法原则。他们仍然视私有财产为异类而排斥其发展的自由。这不但是对物权法这一立法的误解,而且是对私有财产的自由的惯性恐惧。物权法并非以物为本,而是以人们的对物的产权——所有权为本。2007年年初,北京大学校内电视上通告住在蓝旗营小区高楼公寓房的教授们去领产权证,称为“大喜事”。的确,这些教授们从教一辈子,到今天才算有了归自己所有的住房,岂非落实“以人为本”的“大喜事”!我想那些对物权法有非议的教授大概也不会反对领取他们的产权证吧。

---

① 陈志武:“个人产权是以人为本的基础”,载《证券日报》2004年11月1日。

② 据报道,1964年新加坡原总统李光耀在一次出行时见到市民正在闹事,而一位居民则慌忙将其破旧自行车搬回家,以防被打砸抢。李光耀由此感悟到如果市民都有房产,那么他们就更怕乱怕暴动,不会去闹事了,社会就安定了。这正是他后来推行“居者有其屋”政策的动因之一。

四、重温马克思伟大的人本主义思想

在本文的以上诸节中已经提到一些马克思有关人的“最高本质”是人本身、是人的自由的论说。其实,人本主义思想是贯穿于马克思一生的一根红线。马克思从1848年开始写作的一本关于“国民经济学”的手稿——《经济学哲学手稿》,其内容和意义不只是奠定了马克思经济理论的雏形和基础,而且涉及国家、法权、道德、美学、市民生活诸问题。其中最突出的是,其提出:在资本主义条件下劳动的异化和人的本质的异化;“共产主义作为完全的自然主义——人本主义、作为完全的人本主义——自然主义存在”;“自然的人化和人化的自然”;“动物只生产自己本身,但人类再生产着整个自然”;“人类能够依照任何物种的尺度来生产……所以人类也依照美的规律来造型”。这体现了马克思的对人和人类高度的人文关怀。一些命题如:“劳动者越多创造价值,他就越加失去价值”;“劳动生产了美,但是给劳动者生产了畸形”;“如同最优美的音乐对于非音乐的耳朵没有意义、不是对象一样……对于饿极的人们并不现存着食物的人的形式,只不过现存着它作为食物的抽象的定在而已”,这样一些体现出对人和人类的关怀的表述以及对美的本质的深邃阐述,俯拾即是,美不胜收。那种以为马克思只讲阶级斗争和专政的人,从这本书中可以看到另一个真实的马克思。

在《黑格尔法哲学批判》和《论犹太人问题》等著作中,马克思对市民社会中的人权(私权利)与公民权(公权力)的明晰区分,对于今天我们研究人权、宪法上公民的政治权利和建构公民社会,具有很重要的启蒙意义和现实指导意义。后来在《资本论》第1卷中,他大量援引和揭示的、反映当时无产者受原始资本主义积累过程中的残酷剥削与压迫的种种现实资料(如批判资本主义原始积累时“对被剥夺者的血腥立法”以及诸如“资本就是从头到脚,每个毛孔都浸透了工人的血汗”,“为了百分之三百的利润就不怕上绞刑架”),使人读之不能不引发心灵的极大震撼,并为马克思对社会弱势群体的博爱情怀和为其命运的抗争与呐喊而热血沸腾。

虽然,马克思那时只是针对资本主义原始积累的反人性的罪恶予以批判,而我国现今一些权贵资产者对城市居民的房产和农村土地的野蛮掠夺,黑煤矿、黑砖窑老板对劳工和未成年人实施奴隶般的压榨,不是也在再版这类血淋淋的景观吗?而当地的党政官员不闻不问,甚至与之勾结、狼狈为奸,他们还有一丝一毫“以人为本”的人道主义吗?!对这类丑恶现象应该采取有效措施进行遏制。

(2007年第9期)

“监督”与“制约”不能混同
——兼论司法权的监督与制约的不同意义

葛洪义*

在我国,“监督”一词的使用频率远远高于“制约”。“监督”不仅经常出现在法律法规和国家机关的其他正式文件中,而且也经常在领导人的正式讲话和公共话题的讨论中使用,而“制约”一词则很少出现在正式法律文件的文本中。但是,这种语词的使用习惯,或许可能会导致一些误解,使人们误以为“监督”是权力约束的主渠道,并忽略“监督”可能产生的问题。对于司法权的实现而言,这两个概念具有完全不同的法律意义及后果。

一

在早年的一些无产阶级政党领袖看来,“监督”是人民群众参加国家事务管理,保证国家机关纯洁性的一个重要渠道。如列宁反复说过:“工人阶级,在他们还没有争得权利选举自己的代表参加法律的制定和监督法律的执行以前,永远也不能可靠地从根本上改善自己的景况。”①

“与俄国的落后性及其专制制度相适应的,是人民在官吏面前完全无权,特权官僚却完全不受监督。”②“使所有的人都来执行监察的职能,使所有的人暂时都变成‘官僚’,因而使任何人都不能成为‘官僚’。”③这些论述当年对我国国家政权的建设具有重要的指导意义,即使在今天,加强对国家机关的监督,也是政权建设的重要组成部分。在我国的国家机构中,各级人民检察院被确定为专门的“法律监督机关”,各级人民代表大会拥有对“一府两院”的监督权。2006 年 8 月 27 日,全国人大常委会还鉴于当前国家的形势,通过了《中华人民共和国各级人民代表大会常务委员会监督法》(2007 年 1 月 1 日正式施行,以下简称《监督

* 作者单位:华南理工大学法学院。
本文受到 2004 年度国家哲学社会科学基金课题《司法权的监督与制约机制研究》项目基金的资助。
① 《列宁全集》(第 4 卷),人民出版社 1984 年版,第 243 页。
② 《列宁选集》(第 1 卷),人民出版社 1995 年版,第 148 页。
③ 《列宁选集》(第 3 卷),人民出版社 1995 年版,第 210 页。

法》)。许多国家机构的名称也使用“监督”一词,例如,食品药品监督局、质量技术监督局等。在历次中央全会的文件中,都会强调加强对权力的监督。可见,“监督”不仅是国家机关正确行使权力的保障,而且也是人民当家做主的根本政治制度的体现。以往“监督”多是用于上级对下级的工作、生活等方面问题的监视和督促,现在则用来指人民群众、国家机关对有关各级国家机关工作的监察和督促。但是,“监督”一词的主要含义是始终一贯。

第一,它是权力高度统一前提下的工作职能分工而非权力制衡。首先,我国《监督法》的基本精神就是:在一切权力属于人民,人民行使权力的机构是人民代表大会的前提下,各级人大常委会行使监督权。监督是保证完成特定工作的一种措施;其次,监察机构、检察院等监督机构与其他国家机构之间不存在严格的权力制衡关系,监督机构的权力范围一般是没有限制的,可大可小;最后,社会各界和人民群众根据一切权利属于人民的根本政治原则,同样享有就任何事项发表监督意见的权利。

第二,监督不是一项日常工作,而是具有可选择性的工作。《监督法》规定人大常委会要有计划地选择若干重大问题听取和审议“一府两院”的专项工作报告,并可作出决议。受监督机关应当在决议规定的期限内再次报告执行情况。《监督法》又规定各级人大常委会五分之一以上组成人员书面联名,可以提出撤职案,由主任会议决定是否提请常委会会议审议;或者由主任会议提议,经全体会议决定,组织调查委员会,由以后的常委会会议根据调查委员会的报告审议决定。而监察机构和检察院也实际上具有这种监督方面的选择权,如监督谁,监督什么,什么时候监督等,监督机构的权力相当大。

我国《监督法》所指的监督是一个狭义的监督,并没有包括目前我国法律上已经规定的检察机关的法律监督权,政府监察部门的监督权,以及更为广泛存在的舆论监督、群众监督、社会团体的法律监督等。但是,所有的法律监督都具有上述共同的特点,即权力统一前提下的监督和有选择的监督。其优点在于:监督具有统一性,保障中央及法律的统一;具有突然性,可以出现在有关国家机构毫无准备之时;具有可选择性,选择典型和代表性问题进行处理,惩罚个别人,教育多数人。其不足在于:不好把握监督的“度”,容易在到位与越位问题上徘徊,处理不好,会有代替有关国家机关行使行政权、审判权、检察权之虞;自由裁量权太大,监督什么具有可选择性的结果必然是赋予监督者重要的监督对象和事项的选择权,难以控制监督者的行为,导致应该监督的放弃监督,或者应该重点监督的反而没有受到监督等监督失灵问题。而且,更重要的是,监督者可以凭借手中掌握的举报材料和调查材料,与被监督者进行权力交换,从而滋生新的腐败现象。近年来,有些检察机关、监察机关,甚至媒体记者,凭借手中材料敲诈勒索的案件时有发生,与此不无关系。

二

对“监督”一词的讨论,具体运用到司法权的行使过程中,具有重要的意义。加强“监督”一般与加强中央集权是一致的。例如,我国宋朝建立之初,大力提高监察之权,设立御史台负责“纠察官邪,肃正纲纪。大事则廷辨,小事则奏弹”。[①] 这种措施被周谷城先生作为宋初巩固统治政权的与集中兵权、削除藩镇、以文臣知州事、设立通判之官等并列的重要措施。[②] 周谷城先生同时指出:“监察之权太大了,也有流弊,往往使执政的人不敢放胆做事。”[③]再看我国现代政府管理体制,各类质量、技术、食品、药品等监督管理部门,其实无一或主观或客观上不是为了加强中央的控制能力。由此,也就不难理解为什么检察系统要垂直领导。可见,“监督”一词有其特定功能,主要是为了统一政治权力。而司法机关则决然不同,它是民主体制的组成部分,对司法权的约束必须符合这个根本原则。

人们现在经常谴责司法腐败行为。但是,用什么方法才能有效约束司法腐败现象则是见仁见智。以往,人们倾向于更多地使用监督手段,通过监督来达到约束司法权的目的。笔者认为,人都是会犯错误的,应该允许法官做出他人认为不正确或不太正确的判断,所以在制度上应该营造一个有利于法官工作的宽松氛围。如果司法制度不是建立在对法官信赖的基础上,而是处处从防止法官犯错误出发进行制度设计,那么,除非我们可以找到一个永远正确的司法裁判之神,否则,必然强化司法机关内部的行政隶属关系,即下级服从上级,基层法院服从中级法院,中级法院服从高级法院,高级法院服从最高法院,甚至还不够,最高法院服从中央政法委,中央政法委服从政治局,一级服从一级。这种服从模式,同样不是以裁判内容的正确与否为标准排列,而是以权力的大小为排序的逻辑。因为谁都可能犯错误,基层法院的法官会犯错误,最高法院的法官就不会犯错误?在历史上,许多错误甚至罪行都是权力集中的结果,而权力之所以集中,很大原因就是不相信人民,不相信他人,不相信基层,总是担心别人犯错误,从来不

① 《宋史·职官》(四)。

② 周谷城著:《中国通史》(下册),上海人民出版社1957年版,第20页。

③ 同上,第19页。

想自己也同样会犯错。这是传统的理性主义的专制性的反映。司法权的产生，恰恰是针对这个问题的，是反专制而尚民主的。因此，一方面我们必须建立一个防止并能够严惩法官违法犯罪行为的机制；另一方面则需要建立一个能够给予法官平等的充分信任的制度，使法官能够在自己的职权范围内按照司法程序大胆、有效地行使司法权。司法权的强大，依赖的是一支忠于法律、精于业务、善于说理的法官队伍以及相应的司法制度和体制，除了法律，法官不应该有任何上级。

基于这个考虑，"监督"司法权固然是必然的，但是信任司法机关就更为重要。司法权在中国面临着许多问题，其中许多又是具有中国特色的问题。但是，建立一个完善的对司法权进行监督和制约的机制，是其中最重要的决定性的问题之一。这个制度不能完全消除司法腐败，任何制度都做不到，但是，它一定可以有效控制司法权的正确行使，保证一个强大的司法权同时是健康和值得信赖的。这就必须考虑建立司法活动内在的工作机制和权力约束机制，既要防止司法官员滥用权力，又要鼓励他们积极行使自己的职权。换言之，发展司法权，首先必须创建一个能够有所作为的司法权，而不能因为不恰当的监督与制约机制使其对其他公共权力无能为力；其次要防止滥用司法的权力。为此，一方面，对司法权的约束应该吸取古代中国政治法律文化中监督的精华并加以发扬光大；另一方面，也必须发展出具有中国特色的与现实中国社会条件相适应的权力约束制度，以真正有效地约束司法权。鉴于此，正确认识"制约"一词就具有重要的意义。

三

研究司法权的监督与制约问题，不能定位于如何发展一个重重束缚下的无所作为的司法权，而是需要摸索如何建立一个有效的、强大的且可以避免陷入腐败旋涡中的司法权。这就涉及"制约"一词。"制约"在此主要指权力制约。权力制约是一个与分工、分权相联系的工作机制。以往，因为它与西方国家分权体制有关，因此，人们谈到这个问题的时候往往比较谨慎。实际上，西方国家的分权体制指的是国家根本权力的分割，制约则是这些分开的权力之间的相互约束。在我国目前政治体制下，尽管权力最终统一到全国人民代表大会，但是，就具体的职权而言，我国国家机关之间一直广泛存在分工：法院与检察院、公安机关之间有分工；司法机关与行政机关有分工；人民代表大会与政府、司法机关也有职权的不同。这些不同，决定了国家机关相互之间职能上的相互掣肘和约束。权力制约的优点是:(1)经常性。属于日常工作中因分工而产生相互约束,例如检察机关不起诉,法院就不能自行抓人来审判;检察院可以起诉,但是它无权定罪。这些都是法院、检察院的日常工作,不做就是失职,而且做的时候是分工去做,彼此构成约束。(2)有效性。是两个或两个以上国家机关或者同一个国家机关内部不同部门之间的博弈,可以有效构成相互之间的约束。百姓监督国家机关的权利,某个国家机关监督另一个国家机关的权力,只有通过现实的政治博弈才可以享有,物质的力量只有依靠物质的力量才能够打破,没有均衡的力量对比,就不可能进行有效的制约。这个博弈的机制就是建立在权力分工的基础上。要求司法机关主动约束自己的行为或者主动接受监督,尽管并非绝无仅有,也是非常不现实的,如果相信任何司法官员都可以这么做,那就几近痴人说梦了。(3)民主性。通过工作分工,形成了一个广泛的决策参与机制,保证了法律的实施。其不足则在于:群众参与比较有限,无法涵盖各类权利主体,有时候还会导致效率低下。

司法权的运行必须建立在内部工作的有效约束机制的基础上。司法权是一种被动的、中立的裁判权,因此,司法制度本身从设定之初就是一种受到外部广泛控制的权力。司法机关必须依法办案,司法机关的权力必然受到法律法规制定机构的约束;司法权作为一种被动的权力,也受到诉讼当事人的约束。司法机关必须在当事人诉讼主张或公诉机关起诉的基础上开展工作并进行裁判。当事人主张和公诉人请求之外的事项,司法机关无权介入;司法权是公开行使的权力,必然受到媒体和社会公众的广泛关注,也受到司法机关内部业内人士的监督和制约;司法机关无权任命法官,法官由议会(中国的各级人民代表大会常务委员会)任命,也是一种制约,等等。由此可见,司法权是一种本来就受到广泛监督和制约的权力。那么,为什么还会出现各种司法腐败案件呢?主要根源不在于其他公共权力机构、公众对司法权的监督不够,而在于其内部的工作机制不完善以及独立性不足,在于它没有坚定地把依法说理作为制度建设的出发点并作为法官行为的根本准则。所以,对司法权的制约需要建立起比较完善的内部工作过程中的权力制约机制。当然,这并不是说"监督"不重要。对司法权的约束,需要发挥监督与制约两个方面的作用。事实上,两者是不能互相取代的。监督主要是上级对下级或者下级对上级的监察与督促;制约则主要是平级或权力均衡状态下的互相约束。日常工作中的制约机制是司法权正确行使的主要保障,我们不能依靠随机的、不确定的"监督"来保证司法权"肌体"健康,而是要通过经常性的工作,把制约落实到每个决定形成的具体环节上,使每个司法决定都能够制度性地产生;广泛的群众监督和舆论监督,也可以有效地促使问题的及时提出和解决。之所以强调制约是一种正常的工作机制，是因为中国未来的理性化与民主化的社会常态需要一个健康的、稳定的制度和体制来体现、修复和保障。我们必须学会在体制内解决我们所面临的各种问题，而不是动辄启用体制外的力量。实践证明，体制外的力量若不是通过体制内的力量发挥作用，很可能会成为一种破坏性的力量，造成的损失远远大于可能获得的有限的收益。更何况不恰当地发挥监督的作用，可能会导致对民主与理性的体制性破坏。

（2007 年第 10 期）

追求理性的学术论辩

周永坤*

引子:“崔文”吹皱一湖秋水

在久违了学术批评、习惯于“自说自话”的中国法学界,最近发生了一件值得关注的事情:《中国法学》2007年第2期发表了最高人民检察院朱孝清先生的长文(以下简称“朱文”),①该文对讨论了多年的学术问题——主要是检察权的范围问题——进行了较为全面的研究。文章第六部分以其独到的内容受到了中国人民公安大学崔敏先生的关注,崔先生在《法学》2007年第7期发文(以下简称“崔文”)对“朱文”提出了批评。② 随后最高人民检察院研究室的王守安先生在《法学》第9期发文(以下简称“王文”)对“崔文”进行了批评。③ 虽然论辩中有些用语显得激烈,但是总体上维护学术尊严的思想值得赞赏;在学术批评方面,双方对“客观理性”的学术批评的渴求也是值得肯定的。

几千年来的中国“长传统”中和几十年来的中国“短传统”中都甚少学术论辩的因子,人们习惯于将对手从对话领域逐出的霸道做法或“左右逢源”的圆滑态度,这大概是中国思想落后于西方的重要原因,④因此发展中国法学的重要一环当是发展学术批评。但是学术批评如果缺乏“客观理性”是不行的,它很容易变异为“鸡同鸭讲”、“自说自话”,这只能制造虚假的繁荣,于学术无补;或变异为相互指责,甚至是“文化大革命”式的大批判,这就反而有害于学术了。改革开放以来,我国学术取得了极大进步,但是学术批评始终不正常:真正称得上“学术批评”的成果本身并不多,且少得可怜的学术批评还常常化为意气之争,甚至蜕化成“棍子”。自从法治国家(1999年)与人权(2004年)入宪以后,“打棍子”的现象基本绝迹了,但是学术批评的规则并没有确立起来,这正是中国学术

---

* 作者单位:苏州大学法学院。

① 朱孝清:“关于中国检察制度的若干问题”,载《中国法学》2007年第2期。

② 崔敏:“为什么检察制度屡受质疑——对一篇重要文章中某些观点的商榷”,载《法学》2007年第7期。

③ 王守安:“学术批评应当客观理性——评‘为什么检察制度屡受质疑’一文”,载《法学》2007年第9期。

④ 《邓小平文选》(第2卷),人民出版社1994年版,第181页。

(不仅仅是法学)的痛处。让我们就从这里讲起。

一、何谓理性的学术论辩

理性论辩的理论早在古希腊之修辞学和论辩术的传统中就存在,我们现在所讲的辩证法其实就是古希腊人的论辩术,是在论辩中发现真理和正义的方法。理性论辩当然离不开亚里士多德在《工具论》中阐述的逻辑规则。"客观理性"的论辩其实就是遵守规范的论辩。理性的论辩犹如"拳击运动",没有规范的双方"boxing"则是打架斗殴。因此,建立学术论辩的规范是论辩理论的核心。说到论辩规则,哈贝马斯和阿列克西的大作是不能越过的。

哈贝马斯思想的核心是"交往理性",其具有三大特点:(1)交往理性是建立在"主体间承认"的基础上的。(2)它不是行动规范的源泉,它只是在要求主体是"自主的"、"真诚的"这个意义上与规范相连。(3)交往理性只是使一种有效性主张的取向成为可能,但其本身并没有给实践理性任务的完成提供有确定内容的导向。① 可见这个"交往理性"的核心就是"商谈"。

在交往理性的哲学思维下,哈贝马斯建立了自己独特的法律理论——商谈的法律理论。他的商谈法律理论是建立在对形式法治理论与福利国家法律理论的超越之上的。在哈贝马斯那里,法律范式分为三种:自由主义(形式主义)法律范式、福利国家法律范式和程序主义法律范式。他认为形式主义法律范式是建立在"私人主观权利"之上的,福利国家的法律范式是作为自由主义法律范式的替代物而产生的,这两者都有缺陷。通过从"权利保障"和"法治国家"这两个视域对上述两大法律范式作全面而深刻的剖析后,哈贝马斯得出的结论是:不管是自由主义法律范式还是福利国家法律范式都已经不再令人信服了。据此,他提出了程序主义法律范式,即商谈的法律理论,②而他的商谈法律理论的起点就是商谈原则。

哈贝马斯提出的商谈原则是:"有效的只是所有有能力的相关者作为实践商谈的参与者有可能同意的那些规范。"根据该原则,每一种行动规范的有效性一般来说都取决于那些作为相关者而参加"合理商谈"的人们的同意。③ 这其实

---

① [德]哈贝马斯著:《在事实与规范之间——关于法律和民主法治国的商谈理论》,童世骏译,生活·读书·新知三联书店2003年版,第4页以下。

② 同上,第540页以下。

③ 赵祥禄:"哈贝马斯的道德商谈方法解读",载《福建论坛》(人文社会科学版)2006年第11期。

就是早在公元前460年古罗马的那个不知名的平民保民官所高喊的千古绝唱："一切高悬于我们头上的法律都必须是我们自己制定的！"也即"法律有效性问题"的一个回答：法律的有效性是植根于权力、上级规范抑或是共识？哈贝马斯的回答是"共识"。据此，理性论辩的规范只能是参与论辩的双方都同意的规范，这也就是康德主张的伦理规则的"可反身性"理论或黑格尔的"可对象化的意志"理论。当然，在哈贝马斯这里，它是程序性的——排除任何主体的"特权性"。

为达到有效的商谈，哈贝马斯建立了一种理想的交往共同体，在该共同体内，论证的各方在排除压制的条件下，通过平等的、自由的辩论来达到规范的共识。哈贝马斯说："论证各方所不能避免的预设是，交往规则的结构除了要求提供较好论据的压力之外，排除了所有内在的或外在的压制。"具体说来，理想交往共同体中的参与者要遵循以下3条商谈规则：(1)任何可言说者均可参加论辩。(2)A. 任何人可以质疑任何主张；B. 任何人均可在论辩中提出任何主张；C. 任何人均可表达其态度、愿望和需求。(3)任何言说者均不因受到论辩内或论辩外的某种强制的阻碍而无法行使其在规则(1)和规则(2)中所规定的权利。① 其中，规则(1)规定了潜在的言谈者的普遍性；规则(2)保证了所有的参与者在论辩中的平等机遇和程序性权利；规则(3)则保证普遍进入商谈的权利和平等参与论辩的权利所必须具备的条件：上述两条不能被强制剥夺。这可以看做理性论辩的程序性要件。

阿列克西提出的"普遍的证立规则"可以看做哈贝马斯上述理性论辩规则的延伸："任何言谈者必须应(他人的)请求就其所主张的内容进行证立，除非他能举出理由证明自己有权拒绝进行证立。"②他认为这一"普遍论证规则"是与理想言谈情境密切相关的，"如果有谁要对某事进行证立，那么其至少就证立而言，要在表面上把他人当做具有同等地位的谈话伙伴，自己不要施加强迫，也不要依附于别人施加的强迫。"③对于合理的论证，阿列克西提出了5点具体要求：(1)谁要是诉诸普泛听众，他也是在诉诸自身，因为其自身也是听众的一员。(2)谁要是一个党人(有派别的人)，假如其真诚，那他也只能说服那些其本人算做成员的那个党派，如果想说服一切人，那他必须是无派性的人。(3)如果谁想

① 转引自[荷]伊芙琳·T. 菲特丽丝著：《法律论证原理——司法裁决之证立理论概览》，商务印书馆2005年版，第61页以下。

② [德]罗伯特·阿列克西著：《法律论证理论——作为法律证立理论的理性论辩理论》，舒国滢译，中国法制出版社2002年版，第162页。

③ 同上，第163页。

说服所有的人,那他只能提出任何人都可以接受的规范。(4)在特定听众面前的论证和在大众面前的论证不存在任何差别:讲话者必须依靠听者一开始对他所认可的东西。(5)基于结果的暂时性,理性批判必须是开放性的和宽容性的。①

毫无疑问,一个理性的论辩必须遵守形式逻辑,即论证必须遵守形式逻辑推理的4个规则:同一律、不矛盾律、排中律与充足理由律。在这一方面,阿列克西提出了3条:(1)任何言说者皆不得自相矛盾。(2)任何言说者,当他将谓语F应用于对象a时,也必须能够将F应用于所有相关点与a相同的其他对象上。(3)不同言说者的词汇不得使用不同的词汇。第1条要求的是逻辑的连续性,第2条要求的是普遍化,第3条关涉的是表达的一致性。②

在论证责任的分配方面,比利时哲学家佩雷尔曼在他的修辞理论中提出"惯性原理"是值得注意的。所谓"惯性原理"是说,过去一度被承认的观点,若没有足够的理由不可以加以抛弃,佩雷尔曼并认为它具有"论证责任规则"的意义,这个原则构成了"我们(人类)知识生活与社会生活稳定的基础"。③ 如果我们同意上述规范,则我们就可以对这场论辩中的规范性问题进行分析。

二、平等的论辩参与权与少数人的权利

学术论辩首先涉及的是"进场"问题:谁有权进入论辩?这一点,无论是哈贝马斯还是其他人都强调"论辩的普遍性原则"或"平等的参与权"。学术具有大众性,大家具有平等的参与权才可能有真正意义上的学术和学术论辩,如果只允许一种观点出场,就不是学术,也不构成真正意义上的学术论辩。对于这一点,相信"文化大革命"的过来人是不会反对的。

先来看"朱文"。"朱文"一开头就说:"近几年来,特别是在司法体制改革过程中,对我国检察机关的性质、职能等问题提出质疑的声音时有所闻。它与广大人民群众要求强化法律监督的呼声和党中央把强化法律监督作为司法体制改革重要内容的精神形成强烈反差。"这一论断把不同观点的人(哪怕是极少数)置于"人民群众"和"党中央"的对立面。说得严重一点,就是以"人民群众"、以

① [德]罗伯特·阿列克西著:《法律论证理论——作为法律证立理论的理性论辩理论》,舒国滢译,中国法制出版社2002年版,第212页。

② [荷]伊芙琳·T. 菲特丽丝著:《法律论证原理——司法裁决之证立理论概览》,商务印书馆2005年版,第63页。

③ 同上,第215页。

"党中央"的代言人自居,在中国的政治格局中,这就意味着其他人只能闭起嘴巴。一个将他人逐出"场子"的文章,其实是在"结束论辩",而不是"论辩",这与"朱文"自己所宣称的"以求教于同人"的目的不符。[①] 即使退一步说,他允许"要求强化法律监督"的人参与论辩,这也与理性论辩的规范不符——任何人有平等的话语权。即使这不违反理性论辩的规范,这样的说法也欠妥——"相同意见的论辩"本身在修辞上就有问题。不过,如果我的理解是对的话,那么,哈贝马斯所论证的合理论辩的3条规则肯定是被违反了。因此,我以为,反驳"朱文"的"崔文"不仅是在为自己——同时也是在为"质疑检察制度"的所有的人——争取"论辩参与权"。

如果"朱文"、"王文"的作者不同意哈贝马斯提出的商谈规则,那也没有关系。其实,哈贝马斯的商谈规则就蕴涵在现代民主原则中。"民主原则是商谈原则和法律形式相互交叠的结果",[②]即商谈原则不但是有效商谈的原则,也是民主社会的构成性要素,不遵守商谈原则,不但有效的商谈不可能,民主也将落空。参与论辩,特别是参与有关法律问题的论辩,是公民的一项基本权利,它是先于民主制度本身的:因为没有商谈的权利,民主作为制度就不可能存在。如果按照程序民主观的理解,民主就是程序,失却参与的程序性权利,民主无疑是镜花水月。不唯如此,参与法律论辩也是法治的题中应有之义。哈贝马斯早已指出,人民的参与在政治上成为法治的一个突出特征,可以说,"人民的参与,就是法治。这样,法治也就意味着人民的参与或人民的最终统治。"[③]杜维明认为,公民道德有两个成分或条件:一是公民必须要有某种归属感,对一个团体的认同、参与、忠诚、团结一致;二是话语权,能够影响政府的决策,或者说是一种参与。中国"所面临的通向社会道德的阻碍,是关于第二个条件话语权的问题"。[④] 我揣摩,只要承认民主法治,即使是社会主义民主和法治,哈氏和杜氏的这一论断也是很难被驳倒的。

至于"王文",则似乎比"朱文"更极端些。"王文"四个二级标题使用的都是反问句,它的结论很明显:"崔文"是"有意曲解"、"刻意打棍子"、"自我敏

---

① 当然,如果将"同人"限于"相同意见的人"就不至于产生本文所说的矛盾,不过,"相同意见的求教"似乎多此一举。

② [德]哈贝马斯著:《在事实与规范之间——关于法律和民主法治国的商谈理论》,童世骏译,生活·读书·新知三联书店2003年版,第148页。

③ [德]哈贝马斯著:《公共领域的结构转型》,曹卫东等译,学林出版社1999年版,第91页。

④ "全球化时代的人文关怀——杜维明与桑德尔关于不同文明和文化多样性的对话",载《文汇报》2007年7月15日。

感”、“有意攻击”，通篇都是对论辩者意图和人格的否认，学术的成分太过稀薄。其实，这里涉及一个现代宪政的大问题：少数人的权利问题。

“崔文”列举了“朱文”中“十顶吓人的大帽子”：挑战马列主义在我国的指导地位、把攻击矛头指向我国人民代表大会、诋毁我国的政治制度、影射诋毁共产党的领导、恶狠狠地攻击检察制度、削弱以致取消党对司法领域监督权，等等。[①] 这些是不是“帽子”、是不是“吓人”，当然人们可能有不同的理解，也请论者自己看看是不是“帽子”。如果论者不认为是“帽子”，一个简单的办法就是自己戴上试试。“王文”认为“崔文”将“少数”变为“都”即全部的论证是不是有道理，请有兴趣的朋友可以去看一看。因为文章是写出来给人看的，它的含义有一个语法标准和社会标准，这里存而不论。我们姑且认定“王文”的结论（“朱文”只批“极少数”）是对的，问题是，某人是不是“极少数”是由论者设定的，是不特定的，是没有客观标准的，其结果就是，不同意论者意见的人就可能属于“极少数”。因此，潜在受到伤害的实际上是全部（当然，同意“朱文”观点的人暂不在内）。这一结果可能是连“朱文”作者自己都没有想到的。看一看我们的教训吧！“反右”、“文化大革命”，哪一个不是打击“少数”、“极少数”？50 万对 6 亿肯定是“极少数”。打击“极少数”的严重后果绝不仅仅在于给“极少数”人带来的痛苦，最严重的当是带来“人的未来处遇的普遍不可预期”。只要允许打击学术观点上的“极少数”，任何人的将来都是不可预期的：谁能保证不会某一天风一转，您自己也成了“极少数”？这在“文化大革命”中还少吗？所以，我认为，“崔文”为“极少数”人争利益的“受惠者”，其实包含了“朱文”与“王文”的作者在内。因为这里争论的问题的实质是法治原则问题，允许打击学术上的“极少数”违背法治原则，而法治原则被违反，受害的是不特定的公民。

这还是其次，作为理论论辩，我更为关心的是，即使“朱文”指的“极少数”真的只是“极少数”，这样的“帽子”（抑或“罪名”？“称呼”？“批评”？我想不出别的更为贴切的词）戴上是否得当？或者“极少数”人是不是没有讲话的权利？作为一般政治原则，保护少数是现代宪政所必不可少的，不能因为是少数就可以被任意处置。因为少数不是罪恶，少数人也是公民，是宪法权利的享有者。给“极少数”人——哪怕是一个人——戴“帽子”，对于学术对手也是不公平的，也是违反理性论辩原则的。

再从改革开放的大局来看，在学术批评中打击“极少数”也不是明智之举。

---

① 崔敏：“为什么检察制度屡受质疑——对一篇重要文章中某些观点的商榷”，载《法学》2007年第7期。

改革开放需要全民的智慧,有许多禁区需要突破,而正确决策的一个重要来源就是"异端"。100个新主意中可能有99个都是错的,那没有关系,不理它就是了,但是,如果不允许"极少数"人发表意见,则彻底断绝了进步之路——那唯一一个"对的"意见也失去了生长的条件。许多在今天认为"重要创新"的东西,在历史上哪个不是异端?如果我们当年不允许"极少数"人的意见发表,哪来今天的进步?①

三、理性论辩当尊重他人自己的理解

理性论辩的另一个重要问题是如何理解他人。理性论辩的目的与"公诉"不同,它的目的不是将对方"归罪"而是在论辩中发现公平、正义、真理等,因此,理性论辩中对论辩对手的意思的理解必须建立在对方的原意之上,建立在论辩对方的理解之上,切不可在"维民所止"里读出什么深意来。"朱文"在3个地方使用了"别有用心"一词指责持不同观点者。"崔文"则引用历史典故说明它的可怕,同时引用《邓小平文选》和《关于党内政治生活的若干准则》来加以反对,说这"不仅违反了党内政治生活的基本准则,更是直接背离了'百家争鸣'的方针。""王文"则用科学和刑法理论来加以反驳。对此,我首先要说的是,"别有用心"这种追究动机的做法溢出到了理性论辩之外,违反了理性论辩的规范。首先,它违反了前述哈贝马斯理性论辩的第3条规则:任何言说者均不因受到论辩内或论辩外的某种强制的阻碍而无法行使其在(1)和(2)中所规定的权利。指责对方"别有用心"其实就是一种论辩外的强制,剥夺他人"持有和提出"不同主张的权利。其次,它也违反了前述阿列克西所列举的5大原则中的(3)和(5),即"如果谁想说服所有的人,那他只能提出任何人都可以接受的规范"和"基于结果的暂时性,理性批判必须是开放性的和宽容性的。"②说它违反(3)是因为我相信"朱文"的作者不会同意别人说他"别有用心";说他人"别有用心"的"不宽

---

① 2006年第12期的《上海党史与党建》刊登了中央党校原副校长龚育之访谈录。在谈到如何看待马克思主义中国化进程中的"异端"问题时,龚先生说,其实,马克思主义中国化,要创造出来一些习惯上不认为是马克思、列宁的东西,在持马克思主义传统观点的人看来,有点"旁门左道",有点"另类",有点"异端"。而真正的创新,恰恰就是从这里创造出来的。毛泽东思想中就包含着许多重大的甚至被某些马克思主义者认为是"异端"的创新。比如,毛泽东创造了一条在偏远的农村开辟革命根据地、以农村包围城市、最后夺取城市的新道路,等等。

② [德]罗伯特·阿列克西著:《法律论证理论——作为法律证立理论的理性论辩理论》,舒国滢译,中国法制出版社2002年版,第212页。

容性”似乎不用争辩。最后,它还违反了另一个论辩规则:“普遍论证规则”,即“任何言谈者必须应(他人的)请求就其所主张的内容进行证立,除非他能举出理由证明自己有权拒绝进行证立。”①退一万步讲,它也违反理性论辩应有的礼仪:尊重他人。②

从具体论述层面上看,“王文”也欠考虑。首先,“崔文”主张的是不应该指责“对检察制度提出质疑的学者‘别有用心’”,而“王文”论证的结论却是“存在‘别有用心’”。“王文”的这一结论其实是与“崔文”的主张相容的。或者说,“王文”的立论(“存在‘别有用心’”)并没有驳倒“崔文”的观点(不能指责“对检察制度提出质疑的学者‘别有用心’”),这在逻辑上叫“证不出”。更有一点可能令“王文”作者始料未及的效果是:因为“崔文”主张,追究学者“别有用心”不对,它与“腹诽”和“莫须有”存在关联;“王文”驳倒了“崔文”的主张,即证明应当追究“别有用心”,起码在给人的印象上,“王文”同时证明了“腹诽”和“莫须有”的合理性。其次,他用以反驳的例子是刑法上的,这会产生一系列的“错误类推”。起码在角色定位上似乎是欠妥当的:在这种类比的潜台词中,自己是高高在上的检察官,而论辩对手只是阶下囚,这公平么? 并且,您证明了“犯罪动机”或“目的”在刑事诉讼及定罪量刑中的意义(我相信作为刑事诉讼法专家的崔先生绝不会否认这一点),又能说明什么呢? 您论辩的对手不是您的犯罪嫌疑人啊! 再退一步说,即使论辩对象与犯罪嫌疑人具有“同质性”,这样的推理也是要不得的。因为对于犯罪嫌疑人动机的认定不是随意的,它是建立在相关犯罪事实基础之上的。不知“王文”的作者是否能拿出相关的证据证明那些“极少数”人是“别有用心”? 我相信,证明一个“归类(质疑检察制度的一类人)”的人群的动机如果不是绝对不可能,也是肉眼凡胎之人所难以完成的,因为他们的动机是多元的。

还需要说明的是,论者的“别有用心”论是建立在这样一个概括之上的:“在持论者看来,由中国宪法所规定、被中共中央第一代领导集体决定建立、第二代领导集体决定重建、在此后的中共中央有关文件中多次指示应当予以加强与完善的检察制度,简直是一个祸国殃民、罪大恶极、早该寿终正寝的制度! 这除了说明其别有用心外,恐无其他合理的解释了。”且不说前面部分“以势压人”的“非理性”,这样的行文也是没有意义的:试问,1949 年以后延续至今的重要的

---

① 同上,第 162 页。

② 说一句题外话,不能把学术争鸣与对敌斗争混为一谈。“诋毁”、“影射”、“恶狠狠地攻击”之类词语,都不适合于学术争鸣,“反右”、“文化大革命”的教训应当永远记取。“冷战”思维只能造成“不和谐”,绝对没有学术发展。

“组织性”制度，哪一个不是“由中共中央第一代领导集体决定建立、第二代领导集体决定重建、在此后的中共中央有关文件中多次指示应当予以加强与完善的”？刘少奇的案子还是毛主席亲自定的，并且由中共中央文件确定永远不得平反的呢！说他人认为检察制度“简直是一个祸国殃民、罪大恶极、早该寿终正寝的制度”，最好指明引文的出处，否则就有强加于人之嫌，违反起码的理性论辩规则。

单单依据质疑“检察机关的宪政地位”的言论来证明言者“别有用心”——“诋毁我国的政治制度”、“影射诋毁共产党的领导”、“与西方敌对势力”如何云云——不能不说是一个理性人所难以接受的。虽然我担心也被归于“自我敏感”一族，但我还是要说：“崔文”的担心恐非杞人忧天。还有一点请“别有用心”的主张者注意的是，不知您有没有接受“反唇相讥”的准备？

四、论辩的开放性与暂时性

“朱文”与“王文”所批判的是那些“对我国检察机关的性质、职能等问题提出质疑的声音”，“朱文”较为严厉的话也是针对这一思潮中的“极少数”人说的。“崔文”在列举了质疑检察制度的四个方面以后，认为人们提出的质疑是有道理的，质疑是“补台”。问题出在后面，“崔文”将批评的对象转向“宪法的规定是否一概不许讨论”，这可能有点“以偏赅全”，在这一点上，我认为“王文”的反批评是有道理的。但是，“王文”试图通过证明一个“不允许质疑”的观点来证明“朱文”的打击“极少数”的主张是对的。这提出了一个理性论辩的规范性问题：是不是允许存在“总结性”的论辩？为说清楚这一问题，让我们对双方的论辩过程作一点分析。

首先，“王文”将“崔文”所归纳的质疑检察制度的四个方面、或者“朱文”所批判的“对我国检察机关的性质、职能等问题提出质疑”的声音，归纳为关于“人民检察院的宪政地位”问题是否准确？这起码也是个值得商榷的问题。在我看来，大部分的质疑不是在质疑人民检察院的“宪政地位”，而是在质疑检察权、审判权、行政权的配置是否合理的问题，它只涉及具体权力配置的层面，并没有涉及“检察院的宪政地位”层面。当然，如果王守安先生能提出证据证明有人质疑“人民检察院的宪政地位”，我将认同。问题是，言说者应当承担举证责任，这是前述理性论辩规则的要求。在逻辑上，“王文”则可能犯了“以部分代替整体”的逻辑错误。他的论证逻辑是这样的：因为检察机关是人民代表大会这一根本政治制度的一部分，因此，“质疑检察机关在权力架构中的地位，实质上就是质疑宪法确立的我国的根本政治制度。”[①]即是说，对某一“机关在权力架构中的地位”的质疑，“实质上就是质疑宪法确立的我国的根本政治制度”。让我们按照这一逻辑进一步推论下去：因为检察机关是由一些小的部分所组成的——例如，王先生所在的最高人民检察院研究室，所以，如果质疑研究室在检察机关权力架构中的地位，就是质疑检察机关本身；如果质疑检察机关就是……

“王文”从反腐败的角度来论证法律监督机构的必要性是对的，[②]但是，当他这样说的时候，不要忘记，检察权也是权力。如果他前后一致地坚持自己“反腐败要对权力进行监督”的观点（这是理性论辩的规范），理所当然的结论就是：检察权也需要监督。而据我所知，这正是大多数“质疑”论者思考的起点，不允许质疑检察制度的理论其实就是违反了“反腐败要对权力进行监督”这一判断。因此，“王文”实际上违反了前述阿列克西提出的逻辑规则中的一条：“任何言说者，当他将谓语 F 应用于对象 a 时，也必须能够将 F 应用于所有相关点与 a 相同的其他对象上。”[③]

在这个问题上，“王文”似乎还有一处不妥，抬出领导人的话来压场，有明显的剥夺他人话语权的用意，这违反前述哈贝马斯论辩规则第 3 条，在逻辑上这叫“以人为据”，规避论证责任。即使不这样说，“己所不欲，勿施于人”的法律黄金律还是应当注意的，将心比心啊！试问，如果崔先生用同样的办法，提出胡锦涛总书记的“6·25”讲话中强调要做到“四个坚定不移”——其中第一个就是坚定不移地解放思想，第二个是坚定不移地改革开放，并据此批评“朱文”的“用心”是“破坏解放思想，破坏改革开放”，不知持论者听起来是否舒服？语录仗的时代早已结束，领导人的讲话是在特定的语境中讲的，而且领导人的讲话也不一定全对（尤其是关于学术问题的话），何况领导人的讲话有时还因需要与时俱进而前后有所变化呢？

让我们将论题再作一点延伸：如果我们承认“人民检察院的宪政地位”这一归纳是正确的，那么，“人民检察院的宪政地位”是否允许质疑？我的回答是肯定的。理由起码有两个：第一，宪法是在讨论中进步的。从 1954 年宪法以来，我国宪法先后三次大改（1975 年、1978 年、1982 年），1982 年宪法至今已通过 31 条修正案，其中的变动还很大。例如，1975 年宪法不是实行过“革命委员会（地方

① 王守安：“学术批评应当客观理性——评‘为什么检察制度屡受质疑’一文”，载《法学》2007 年第 9 期。

② 同上。

③ ［荷］伊芙琳·T. 菲特丽丝著：《法律论证原理——司法裁决之证立理论概览》，商务印书馆 2005 年版，第 63 页。

政府）”和“人民代表大会”、“议行合一”的地方制度吗？特别是1982年宪法修正案中的一些重要的内容，“坚持和实行依法治国，建设社会主义法治国家”，“国家尊重和保障人权”以及“公民合法的私有则产不受侵犯”等，无论就其重要性和争论的激烈程度来说，都远远比质疑“检察院的宪政地位”要重要得多、激烈得多。因为在宪法修改之前，法治、人权都被看成资产阶级的东西，而财产权问题更涉及什么是社会主义的大问题。如果上述那些重要的问题都可以讨论，并在讨论的基础上宪法已然作出了修改，“检察院的宪政地位”这样次要得多的问题为什么不能讨论呢？更何况，近几年来我们的思想又进步了不少呢！第二，应当区分宪法的修改和宪法问题的讨论这两件不同的事。宪法修改有禁忌，宪法讨论无禁区。即使有的国家的宪法规定某些条款不容修改，但它也不排斥公民评价该条款的权利。因为讨论宪法是公民先于宪法的权利——没有公民讨论权的行使就不会有宪法，讨论宪法的权利是宪法的逻辑前提。这就是美国宪法第一修正案成为“霸王条款”的理由，应该说，这适用于任何自称为“宪法”的东西。所以，参加宪法的讨论，包括提出对现行宪法的批评性意见是公民的权利。当然，也不是绝对没有限制，这个限制是表达自由的限制问题，如你不能诽谤、不能鼓吹恐怖主义等。不过，这超出了本文的范围。从理性论辩的角度来看，“王文”主张“人民检察院的宪政地位”不容讨论，这本身就违反了理性论辩的规则。如果他的主张是对的，也不能在理性论辩中提出——应当提起法律程序，追究质疑“人民检察院的宪政地位”的人的法律责任。

这一论辩过程告诉我们一个重要的论辩规则：任何理性的学术论辩都应当是开放的，且必然是暂时的，任何想作“总结性”发言以终止论辩的做法本身不但违反论辩规则，也不利于学术论辩的进行。

五、余论：走向理性的学术论辩

这一次的论辩暴露出了一个重要的问题：政治问题能不能讨论？从对《武训传》的批判开始，我国很长时间根本就不存在真正意义上的学术批评（只指社会科学，以下亦然），所有的批判都是打着学术旗号的政治批判，而中国的“政治批判”意味着置对手于死地，“文化大革命”是其顶峰。1978年的思想解放运动以来，法学界开展了关于法律平等、法治与人治问题等一系列大讨论，学术批判取得了长足进展，不过学术中寻觅异端的文章时隐时现。如果从观念上来寻找原因，我以为这源于一个前提性共识：学术是可以讨论的，政治是不可以讨论的，由此养成了寻找“异端”的习惯，由此就扣政治帽子。其实，这一前提是错误的。

在民主法治社会,政治是“众人的事”,讨论政治问题是基本人权中的“基本”。因为民主政治在本质上是“商谈”,没有商谈就没有民主的政治。单就法学来说,它讨论的几乎都是政治问题:政策与法的关系是不是政治问题?宪法问题哪一个不是政治问题?刑法中“取消反革命罪”是不是政治问题?民法中的“物权”是不是政治问题?诉讼法中“犯罪嫌疑人的地位与人权保障”是不是政治问题?行政法中“法治行政”是不是政治问题?经济法中“宏观调控的权限”是不是政治问题?国际法的“主权”问题是不是政治问题?要说一天也说不完。因为立法是政治问题,所以,所有关于法律正当与否的问题都是政治问题,政治问题不能讨论就没有法学。如果确立了“政治问题是应该讨论的”这一前提,在法学中寻找异端的做法就没有市场了。而“通过讨论作出政治决定”正是法治社会的基本原则。这告诉我们,由于法学“问题的政治性”,决定了理性的法学论辩需要一个前提——法治社会。我似乎在重复沈家本在近一个世纪前讲的老话。①

近年来,法学理性论辩又增加了一个“捣乱者”——利益,人们常常借学术之名争部门利益,这在涉及部门权力配置的学术论辩时表现得最为明显(绝无“影射”之意)。公检法三家权力的划分问题是我国宪法学与诉讼法学20多年来讨论的大问题,争论一直存在。不知从什么时候开始,只要看一看言者的身份就可以大致推知他讲些什么,这是很可悲的。② 久之积非成是,这种“屁股指挥脑袋的学问”已经得到相当一部分人的认同,这是非常有害的。学术必须是无私的、公正的,学术必须是讲给大家听的,不是讲给“部门内”的人听的。为部门争利益的“学术行为”违反前述阿列克西确立的学术论辩规则,这样的行为是不够“真诚”的,是利用学术之名而不是真正的学术。当然,我不是说为部门争利益的话不能说,但它们不应当在“学术舞台”上说,而是应当到“政治舞台”上去说,在中国,就是请您到人代会上去说,请您在立法辩论会上说。因为此时您的身份决定了您的言论,您是在“尽职”。这才够真诚,这才是尊重学术,敬畏学术,不要把学术当成“任意打扮的小女孩”。

---

① 沈家本:“寄文存·法学盛衰说”(卷三),载《历代刑法考》,中华书局1985年版,第2141页以下。

② 这一现象最近的一个例子发生在2007年9月召开的“中国法学会刑事诉讼法学研究会年会”上。在这次年会上,学者、侦查人员对公安机关的侦查权有不同的认识。有些人用学术为部门争利益。针对这种情况,龙宗智教授当面斥责了公安部的一位负责人:你作为政法大学的博士,岂能为了部门利益,如此歪曲事实、混淆视听,我们的“24小时内进行第一次讯问”的规定与拘留期限是一回事吗?面对龙先生的痛斥,博士无言以对,悻悻然离去。参见月思星念:“07年刑事诉讼法年会见闻二”,载 http://www.fatianxia.com/blog-list.asp?id=26146。

"利益法学"的产生与中国法学研究机构的总体结构——许多研究机构是部门设立的——有关,部门设立的研究机构,岂能不为"派饭"的人说话? 除非圣贤。在这个意义上,这种行为是可以理解的,但是"可以理解"并不等于它具有学术上的正当性。"利益法学"的根本解决之道当然在于改变这种学术研究组织结构本身。在这一结构改变之前,高校与社科院的独立研究者具有特殊的社会责任,他们应当担当起阻止"利益法学"蔓延的社会责任。

在上述两个问题(政治和利益)没有得到根本性的改变之前,阿列克西所提出的论辩规则之(5)对于中国的学术论辩是特别重要的:基于结果的暂时性,理性批判必须是开放性的和宽容性的。① 宽容要有"认识你自己"的睿智,要学习苏格拉底式的认识观。做到这一点不容易,本文是不是遵守了这一规范也还请大家监督。当然,宽容有一个例外:对于"非学术的政治批判"不宽容,一是因为它本身不宽容,对不宽容者当不宽容;二是因为如果对它宽容,学术将受到伤害。当然,这一"不宽容"也是学术的——请走下学术舞台,到应当去的地方去。

(2007年第10期)

① [德]罗伯特·阿列克西著:《法律论证理论——作为法律证立理论的理性论辩理论》,舒国滢译,中国法制出版社2002年版,第212页以下。

2008 年

法律体系形象之解构与重构

黄文艺*

一、法律体系的理想形象

法律体系(legal system)是现代法律话语中一个非常流行的概念。在法律学术领域,法律体系是法律学者们反复研究或分析的对象。特别是分析实证主义法学家,如凯尔逊、哈特、拉兹等人,喜欢对法律体系进行逻辑分析。① 同时,法律体系也是法律学者们研究其他法律问题的分析工具。例如,比较法学者运用这个分析工具进行比较法研究,将比较法的任务设定为法律体系的比较。在法律实践领域,法律体系概念则被用来描述和规划国家法制建设的目标、蓝图。当代中国法律学者大都从这个意义上来理解和使用法律体系概念,并力图为中国的法制建设设计出一个理想的法律体系。②

就笔者目前所掌握的学术文献来看,尽管各个国家、各个学科、各个流派的学者对法律体系概念的理解存在某些理论上的分歧或差异,但是在这些表面化的理论分歧或差异之下潜藏着关于法律体系的诸多前提性的理论共识。笔者把这些理论共识概括为以下几种观念:

第一,独立性观念,即认为每一种法律体系都是一种独立存在的实体,既区别于非法律的规范体系,也区别于其他的法律体系。不同的学者在这个问题上的分歧仅仅在于对法律体系独立性的基础的看法不同。在奥斯丁那里,法律体系独立性的基础在于政治社会的主权者,法律体系就是由这个主权者所颁布的所有法律组成。③ 在凯尔逊那里,法律体系独立性的基础在于基本规范,法律体

---

* 作者单位:吉林大学法学院。

① 关于分析实证法学对法律概念的研究,参见[英]约瑟夫·拉兹著:《法律体系的概念》,吴玉章译,中国法制出版社2003年版,导言第2~3页。

② 关于这种研究取向,参见关于法律体系问题讨论的几本会议论文集:刘海年、李林主编:《依法治国与法律体系的建构》,中国法制出版社2001年版;孙国华主编:《中国特色社会主义法律体系前沿问题研究》,中国民主法制出版社2005年版;中国人民大学法学院编:《2007年中外法律体系比较国际学术研讨会论文集》。

③ [英]约瑟夫·拉兹著:《法律体系的概念》,吴玉章译,中国法制出版社2003年版,第7页;[英]约翰·奥斯丁著:《法理学的范围》,刘星译,中国法制出版社2002年版,第218页。

系就是由可以从同一基本规范追溯自己效力的所有规范组成。① 在哈特那里，法律体系独立性的基础在于承认规则，法律体系就是由符合承认规则所设定的标准的所有规则构成。② 苏联和中国的学者看来，法律体系独立性的基础在于国家主权。苏联的一本法学理论教科书指出，独立的民族法律体系“表现了经济基础的统一，是该国国家主权的表现形式”。③ 中国的学者一般强调，法律体系是一个主权国家的全部现行法律构成的整体。“法律体系不仅是一个国家的社会、经济、政治和文化等条件和要求的综合性法律表现，而且是一个国家主权的象征。”④

第二，统一性观念，即认为法律体系是一个内部和谐一致的体系。按照有的学者的解释，这种统一性是指法律体系“在自身内部存在多种差别和多样性的基础上所要求和实现的协调一致的统一性。它具体表现为体系内的部门和部门之间、层次和层次之间、规范和规范之间，以及整体与部分、系统与要素之间的相互联系、相互配合和相互制约。这种协调一致的统一性是法律体系的本质特征”。⑤ 其实，法律体系的独立性观念和统一性观念在逻辑上是一致的。独立性是从对外的意义上说的，而统一性是从对内的意义上说。因此，法律体系论者对法律体系的独立性和统一性的基础的解释是相同的。奥斯丁、凯尔逊、哈特三人分别用主权概念、基本规范、承认规则来说明法律体系的统一性。

第三，结构性观念，即认为法律体系有其严谨的内部结构。也就是说，众多的法律规范不是杂乱无章地堆积在一起，而是按照一定的结构有序地组织在一起。凯尔逊是从规范的等级关系来描述法律规范体系的内部结构的。他认为，不同等级规范的统一体是由这样的一个事实构成的：较低层次的规范的创造为较高层次的规范所决定，最终所有的规范都决定于基本规范。按照他的分析，法律规范体系至少包括：基本规范、宪法、一般规范、个别规范等结构层次。按照中国学者的解释，法律体系的结构性包括横向的部门类别性和纵向的等级层次性两个方面。它的横向结构表现为并列展开的不同类别的若干法律部门；纵向结

① [英]约瑟夫·拉兹著：《法律体系的概念》，吴玉章译，中国法制出版社2003年版，第115～117页；[奥]凯尔森著：《法与国家的一般理论》，沈宗灵译，中国大百科全书出版社1996年版，第126页。沈宗灵先生将“basic norm”翻译为基础规范。

② 哈特著：《法律的概念》，张文显等译，中国大百科全书出版社1996年版，第96、101～111页。

③ [苏]C.C.阿列克谢耶夫著：《法的一般理论》（上册），黄良平、丁文琪译，孙国华校，法律出版社1988年版，第107页。

④ 张文显主编：《法理学》（第3版），高等教育出版社、北京大学出版社2007年版，第126页。

⑤ 孙育玮：“简论法律体系的几个问题”，载《学术交流》1994年第1期。

构表现为在法律或法的形式方面依地位效力的不同划分出的若干不同的等级层次，如主导部门法、基本部门法、次级部门法以及宪法、法律、行政法规、地方性法规等。①

第四，完备性观念，即认为法律体系应当是完备的。由于中国的法律体系论者一般把法律体系理解为部门法体系，因此一般用部门齐全来描述法律体系的完备性。用一位学者的解释是，部门齐全，是指凡是社会生活需要作出规范和调整的领域，都应制定相应的法律、行政法规、地方性法规和各种规章，从而形成一张疏而不漏的法网，使各方面都能有法可依。② 因此，中国学者对法律体系的研究集中在部门法的划分问题，并且提出了关于部门法划分的形形色色的观点。我们试图通过对部门法的合理划分，设计出一个完备的法律体系。

第五，建构性观念，即认为通过人的理性或主观能动性就能建构一个合理的、完善的法律体系，③或者认为，法律体系的形成是某一国家的法学工作者对现行法律规范进行科学抽象和分类的结果。④ 这种法律体系的建构性观念最典型地体现于当下流行的关于建构××法律体系的法律话语之中，如构建市场体系法律体系、循环经济法律体系、⑤公共卫生法律体系、⑥农村社会保障法律体系，⑦等等。这种观念还表现为一些法律史学者运用法律体系概念去研究古代法，建构起一个个“古代法律体系”，如汉代法律体系、⑧唐代法律体系、⑨宋代法律体系。⑩

第六，国家观念，即把法律体系仅仅理解为国家的法律体系。中国法学界给法律体系所下的一个经典性的定义是：“法律体系通常是指由一个国家的全部现行法律规范分类组合为不同的法律部门而形成的有机联系的统一整体。”⑪这种观念在很大程度上是国家中心主义法律本体论的必然产物。按照这种国家中心主义法律本体论，法律与国家之间存在内在的、必然的联系，法律是由国家确

① 孙育玮：“简论法律体系的几个问题”，载《学术交流》1994年第1期。

② 李步云：“实行依法治国，建设社会主义法治国家”，载《中国法学》1996年第2期。

③ 郑成良主编：《法理学》，吉林大学出版社1999年版，第76~77页。

④ 葛洪义主编：《法理学》，中国政法大学出版社2002年版，第258~259页。

⑤ 顾海波：“中国循环经济法律体系的构建”，载《学习与探索》2005年第6期。

⑥ 石东风：“构建我国公共卫生法律体系框架的探讨”，载《中国公共卫生》2004年第1期。

⑦ 邹本义、洪海：“中国农村社会保障法律体系的构建”，载《法学与实践》2006年第2期。

⑧ 刘笃才：“论汉代法律体系的几个问题”，载《当代法学》2004年第4期。

⑨ 徐忠明：“关于唐代法律体系研究的述评及其他”，载《法制与社会发展》1998年第5期。

⑩ 吕志兴：“宋代法律体系研究”，载《现代法学》2006年第2期。

⑪ 《中国大百科全书·法学卷》，中国大百科全书出版社1984年版，第84页；张文显主编：《法理学》（第3版），高等教育出版社、北京大学出版社2007年版，第126页。

立并维护的行为规则。这样,只有国家才会有自己的法律体系。

如果我们把这些理论共识合成在一起,似乎就可以描绘出一幅大多数法律体系论者都认可或支持的法律体系的理想形象,即民族国家所建构的独立的、统一的、结构性的、完备的法律体系。我们已经完全习惯于法律体系的这种理想形象,并帮助政府将其确立为法制现代化的目标。很少有人去追问或反思,我们为什么会塑造出这种形象? 更少有人去颠覆或解构这种形象。而这正是下文所要做的理论工作。

二、法律体系理想形象的前提性反思

在笔者看来,法律体系的理想形象所形成的主要原因在于:法律体系论者是从民族国家的政治立场和演进逻辑来观察、理解和描绘法律体系的,这一理想形象不过是人们所建构起来的民族国家的政治法律形象的一部分。近代以来,包括中华民族在内的世界上各个民族都面临着建立现代民族国家的历史任务。民族国家在其形成过程中,不仅要攫取政治上的最高统治权,而且要夺取社会规则的控制权。正是在这一过程中,法律体系的理想形象应运而生。从政治学的方面来观察,现代民族国家的形成过程就是它从各种地方的、民间的、传统的权威手中夺走暴力的控制权从而成为其统治区域内唯一合法地垄断暴力的组织的过程。用韦伯的话说,在过去,形形色色的团体——从宗族开始——都曾把有形的暴力作为十分正常的手段。今天正好相反,国家在其区域内垄断了合法的有形的暴力。国家被视为应用暴力权利的唯一的来源。只有当国家允许时,其他团体或个人才有应用有形的暴力的权利。① 用国际法的术语来描述,民族国家所独占的这种权力就是主权,即民族国家独立自主地处理自己的对内和对外事务的最高权力。②

从法学的方面来观察,在现代民族国家的形成过程中,它所创建的统一的、普遍的、理性的规则逐渐凌驾于各种地方的、民间的、传统的习俗或规范之上,最终成为独占"法律"的王冠和尊荣的规则。这个复杂的历史过程可以称作"法律的国家化"或"法律的民族化"。在这一过程中,作为民族国家之法律意识形态的法律实证主义和法律民族主义思潮破土而出。③ 法律实证主义坚持国家中心

① [德]马克斯·韦伯著:《经济与社会》(下册),林荣远译,商务印书馆1998年版,第731页。

② 周鲠生著:《国际法》(上册),商务印书馆1985年版,第75页。

③ [法]达维德著:《当代世界主要法律体系》,漆竹生译,上海译文出版社1984年版,第62页。

主义的法律概念，将出自国家的规则明确界定为“法律”，从而保证出自国家的规则能够独占“法律”的宝座。法律民族主义则坚持民族中心主义的法律观，反对超越民族国家的法律共同体观念，强调各个民族国家的法律的独立性和特殊性。

使国家规则独占“法律”王冠任务的理论辩护者和完成者是法律实证主义的开创者奥斯丁。在奥斯丁的时代，各种各样的事物都被冠以法律的头衔，法律概念的使用极为混乱。他的《法理学的范围》一书的根本宗旨就是要结束这种混乱的局面，给民族国家的正式规则戴上“法律”的王冠，同时把其他曾经冠以法律的头衔的事物剔除出法律的王国。在奥斯丁那里，民族国家就是他所说的“独立政治社会”，民族国家的正式规则就是“独立政治社会的主权者对其臣民发布的一般性命令”。这也是他所说的严格意义上的法的定义。为说明他的法的定义，奥斯丁在《法理学的范围》一书里用了较大的篇幅来解释“独立政治社会”概念及与之相关的“主权者”概念。他认为，一个特定的社会构成独立政治社会必须具有两个显著标志：一是该社会所有人都习惯性地服从于特定的优势者；二是特定的优势者并不习惯性地服从于任何其他人。这个特定的优势者就是独立政治社会的主权者。① 根据奥斯丁的解释，主权者具有四种属性：第一，最高性，即主权者的立法权力并不来自于法律，也不能被法律所废除；第二，无限性，即主权者在行使立法权力时可以制定任何法律，并且不受制于任何法律义务；第三，唯一性，即任何独立政治社会只有一个最高的、无限的立法权力；第四，统一性，即这种立法权力只掌握在一个人或一个机构手中。②

不过，民族国家夺取社会规则控制权的斗争，并不由于国家的规则独占“法律”的头衔而结束。更为艰巨的任务是，在社会生活的各个领域都确立起相应的法律规则，即建立起一个独立的、统一的、完整的法律体系。只有这样，国家正式法才能真正压倒或取代各种地方的、民间的、传统的习俗或规范，而确立起国家正式法对社会关系全面的、排他性的支配或控制，从而最终确立起民族国家对其领土和人民的绝对统治。正是基于这样一种理论的和实践的逻辑，建立一个独立的、统一的、完整的国家法律体系，是一个理想型的民族国家所不可或缺的要素。全球化理论家鲍曼正是按照这种逻辑来解释民族国家的：“‘国家’确切

① [英]约翰·奥斯丁著：《法理学的范围》，刘星译，中国法制出版社2002年版，第219~225页。

② 参见[英]约瑟夫·拉兹著：《法律体系的概念》，吴玉章译，中国法制出版社2003年版，导言，第10页；[英]约翰·奥斯丁著：《法理学的范围》，刘星译，中国法制出版社2002年版，第218、271~298页。

的含义一直指的是具有合法权利和拥有足够的资源在某一特定区域内制定和实施约束事务走向的规章和准则的代理机构。这些规章和准则希望和期盼将偶然性转化为确定性，将模棱两可转化为毫不含糊，将随意性转化为规整性——简而言之，将原始森林变成一个精心规划的花园，把混沌变为秩序。”①

这项任务的理论辩护者和完成者是凯尔逊、哈特等法律体系论者，包括中国的法律体系论者。凯尔逊、哈特通过法律规范等级体系理论、第一性规则和第二性规则结合的理论，确证了法律体系的独立性、自主性和结构性。但是，凯尔逊、哈特等人主要是从理论逻辑的层面来分析法律体系的结构的。这种结构分析对于说明民族国家法律体系的逻辑结构和社会存在具有重要理论意义，但对于民族国家如何建构一个符合现实需要的法律体系却没有太多的实践指导意义。相对于分析法理学的法律体系理论而言，中国的法律体系理论缺乏那种抽象的纯逻辑的理论旨趣，而只关注如何建构一个满足中国法制建设需要的法律体系。恰恰是这样一种注重实践取向的法律体系概念和理论，更强烈地蕴涵着一种民族国家的政治立场和思维逻辑。

至少是从辛亥革命以来，中国开始了建立现代民族国家的历史征程。到今天为止，这项历史任务在政治方面已经接近完成，国家政权已经取得了对暴力使用的合法垄断，国家权力已经深入到中国社会的基层空间。但是，在法律方面仍然任重道远。国家正式法对社会生活的全面控制还是一项未竟的事业。在相当多的地方，特别是在偏僻的农村地区，国家正式法的影响甚微，社会的秩序仍然主要靠各种地方的、民间的、传统的规范来维持。一方面，我们把这种状况归因于人们的法治观念淡薄，法律知识缺乏，因而必须持之以恒地开展普法教育运动。国家的“五五”普法规划提出了一个雄心勃勃的普法计划，包括法律进机关、法律进乡村、法律进社区、法律进学校、法律进企业、法律进单位。其实，这场普法教育运动的意图就在于帮助国家正式法进入甚或占据那些为地方的、民间的、传统的规范所盘踞的各个社会空间。另一方面，我们又将其归因于国家的法律体系不健全，法律制度不完善。学术界一直强调，建立部门齐全、结构严谨、内部和谐、体例科学的完备的法律体系，是依法治国的重要内容和前提条件。② 从20世纪80年代初提出“健全社会主义法制”到党的十五大提出“形成有中国特色社会主义的法律体系”，党和国家把建立完备的社会主义法律体系作为法治

---

① ［英］齐格蒙特·鲍曼著：《全球化——人类的后果》，郭国良、徐建华译，商务印书馆2001年版，第58页。

② 李步云：“实行依法治国　建设社会主义法治国家”，载《中国法学》1996年第2期。

建设的重要任务。我们提出这样的任务，绝不是为了体系而体系，而是为了实现国家正式法对社会关系的全面支配的法治理想。

三、法律体系理想形象的解构

然而，即使在走在民族国家发展前列的欧美国家，这种理想的法律体系过去没有存在过，将来更不可能产生。特别是随着全球化和现代化进程的快速推进，由于非国家的法律体系在外部的成长与挤压，使得民族国家原有的法律体系遇到了前所未有的冲击，从而离上述的理想形象越来越远。在笔者看来，残缺性、非自主性、异质化、碎片化将成为民族国家法律体系未来的主导性特征。

（一）社会的加速度发展与法律体系的残缺性

一般来说，在一个发展速度和节奏较为平稳因而社会关系更具稳定性、可预见性的社会中，凭借某些集中化的法律机构或权威人物，就可以比较容易地建立起一个能够满足社会需要的、相对完备的法律体系。相反，在一个急剧变化而且充满各种复杂的变数的社会中，一个或几个集中化的法律机构很难事先生产出一套调整各方面社会关系的相对完备的法律制度。这就是我们今天所面临的法律现实。

人类历史的发展就像是一辆不断加速前进的赛车。今天，我们所处的这个世界正在以前所未有的速度和规模发生着变化。当今一代人所经历的变化的数量相当于过去数十代人所经历的变化的数量。美国社会学家肯尼思·博尔丁曾经作了一个形象的描绘："今天的世界……与我出生时的世界其差别之大，一如我生时与恺撒当年。"①更为重要的是，这种变化并非原有社会在既定历史轨道上的继续和扩大，而往往是脱离既定轨道的突变与异变。美国著名的未来学家阿尔文·托夫勒使用"未来的冲击（futureshock）"一词来形容人在短时间内遇到这种过激的变化所引起的紧张情绪和迷失感，并以该词为书名撰写了一部著作来具体描绘这种剧烈的变化。

这种难以预见的加速度变化对立法者应对社会变化的能力提出了严峻的挑战。各种未见过、未听过的新事物、新现象、新问题在短时间内蜂拥而至，呈现在立法者的面前，等待着立法者的良策。然而，立法者则往往表现出明显的疲于应付或能力不足的局面。我们也经常埋怨立法者的行动过于迟缓，面对种种社会

---

① 转引自［美］阿尔温·托夫勒著：《未来的冲击》，秦麟征、肖俊明、施以平等译，贵州人民出版社1985年版，第7页。

问题,却还不赶紧立法;或者埋怨立法者缺乏足够的预见能力,一部新法律刚制定,就暴露出缺陷或漏洞。这些埋怨或许是对立法者过于苛刻的要求,立法者毕竟不是无所不知、明察秋毫的神。问题的根源还是出在社会过快的变化上。在这个时代,残缺性必然是民族国家法律体系的常态特征。

(二)国际法同国内法的一元化与国内法体系的非自主性

在国际法与国内法的关系问题上,学术界一直有"一元论"和"二元论"之争。按照一元论的观点,国际法本质上与国内法同为一个法律秩序的一部分,而且是高于国内法的,可以直接适用于国家。按照二元论的观点,国际法与国内法是两个完全不同的法律体系,而且每个法律体系都各有自己的适用场所。① 尽管有这样的争论,但是国际法与国内法的一体化已构成"二战"后世界法律发展的基本趋势。周永坤先生对这一趋势提供了有说服力的证据:(1)国际法效力优位的取得;(2)国际法向国内法的渗透;(3)国际私法中国民待遇原则的普遍化;(4)国际法强制力的取得与国际司法组织的建立。②

从本文所关注的问题来说,国际法与国内法的一体化表明,国际法对国内法的影响日益增强,而国内法的独立性不断衰减。从"二战"以来,国际法的发展呈现出越来越稠密化的趋势,不仅传统的国际法部门(如国际公法)的规模不断扩张,而且涌现出越来越多新的国际法部门(如国际环境法、国际人权法)。如今,国际法几乎已经形成了与国内法一一对应的法律部门体系。因此,国际法对国内法的影响力的增强不仅表现为国际法相对于国内法的强制力的增强,更表现为国际法的内容对国内法的渗透规模的增强,这意味着国内法体系的自主性在不断衰减。

(三)法律的非国家化与民族国家法律体系的非自主性

许多法律全球化论者都强调,法律全球化的一个显著标志是法律的非国家化。③ 在全球化时代,民族国家不再是世界舞台上的唯一主角。各种次国家、跨国家和超国家的社会力量在世界舞台上迅速崛起,与民族国家一同成为全球治理的主体。④ 其中,政府间国际组织、非政府性国际组织、超国家组织已经成为挑战民族国家权威的力量。这三类非国家的主体正在创造或发展着不同于民族国家法律的规则体系和秩序形式。尽管我们可以按照传统的国家中心主义的法

① [英]詹宁斯、瓦茨著:《奥本海国际法》(第1卷第1分册),王铁崖等译,中国大百科全书出版社1995年版,第31~32页。

② 周永坤著:《法理学》,法律出版社2000年版,第517~518页。

③ 张文显:"全球化时代的中国法治",载《吉林大学社会科学学报》2005年第2期。

④ 朱景文主编:《全球化条件下的法治国家》,中国人民大学出版社2006版,第142~165页。

律概念否认这些非国家的规则体系和秩序形式是法律,但我们无法否认它们在世界范围内发挥着越来越大的影响的事实,也无法否认它们已得到包括民族国家在内的各种行为主体的广泛承认和尊重的事实。[①] 鉴于它们的实际影响,越来越多的法律学者放弃了传统的法律概念,授予这些非国家的规则体系和秩序形式以"法律"的头衔。麦考密克在分析欧盟对传统的主权观和法律观的冲击时指出:"只有摆脱所有的法律必须来源于某个单一的权力中心(如主权)的观念,才有可能采取一种更宽泛、更开放的法律观。一种新的路径是体系中心的法律观,即强调法律的本质是一种规范体系,而不是某类特定的或排他性的权力关系。"[②]本文称这些规则体系和秩序形式为"非国家法"。

这些非国家法的存在并不仅仅是改变了传统的法律概念,而且对民族国家的法律及其体系产生了强大的冲击。这是因为在全球化时代,全球公共事务与国内公共事务出现大面积的交叉和重叠。[③] 从前属于民族国家内部的公共事务,如贸易、金融、人权、环境、卫生、体育等公共事务,现在越来越成为全球公共事务的一部分。这意味着,以全球公共事务为调整对象的非国家法与以国内公共事务为调整对象的国家法无法再像过去那样做到井水不犯河水,而必然出现复杂的相互作用。从非国家法对国家法的影响来看,越来越多的非国家法正在以各种方式进入民族国家的法律空间,撕裂或蚕食民族国家的法律体系之网。

(四)法律的区域化与民族国家法律体系的异质化

法律的区域化是全球化时代法律发展的重要潮流。欧盟法是当今最为典型的超国家的区域法。在欧盟法的巨大冲击下的欧盟成员国法律体系的发展变化,最鲜明地反映了全球化时代民族国家法律体系的发展走向。经过数十年的发展,欧盟已经形成了一套相当复杂和独特的法律。欧盟法的主体部分和主要渊源是各成员国通过多边谈判、协商而签订的各项基础条约,如《欧洲煤钢共同体条约》、《欧洲经济共同体条约》、《欧洲原子能共同体条约》、《欧洲联盟条约》、《阿姆斯特丹条约》,等等。上述条约被称为宪法性条约,发挥着犹如国内宪法性法律的作用。欧盟法的另一组成部分和渊源是欧盟的主要机构根据基础条约所赋予的权限所发布的各种规范性或非规范性的法律文件,主要包括规则(Regulation)、指令(Directive)、决定(Decision)、建议与意见(Recommendation and opinion)。在效力上,欧盟法对成员国具有直接效力,并且相对于成员国法

---

① 黄文艺:"全球化与法理学的变革和更新",载《法制与社会发展》2002年第5期。

② N. MacCormick, Beyond the Sovereign State, 56 *Modern Law Review*, 1993, p. 8.

③ 张文显:"WTO与中国法律发展",载《法制与社会发展》2002年第1期。

具有优先性。这意味着各成员国的法律体系已经丧失了自主性,不得不接纳那些并不与本国法相协调的欧盟法。欧洲的学者从不同角度指出了欧盟法的实践对传统法律体系概念的挑战。英国学者麦考密克指出,原来在领土范围内统一的、一元化的成员国法律体系开始被分割为不同的、多元权力管辖的法律体系。① 比利时学者霍克指出,欧洲一体化和全球化已使辨认和界定法律体系越来越困难,所谓"法律体系"的传统概念已经受到了挑战。② 从长远来看,随着全球化的持续而纵深的推进,随着各种非国家法的影响力的不断增强,民族国家的法律体系和法律秩序将呈现出越来越异质化,乃至碎片化的趋势。

(2008 年第 2 期)

① MacCormick 的观点,转引自朱景文:"欧盟法对法律全球化的意义",载《法学》2001 年第 12 期。

② Mark Van Hoecke:"全球化背景下的欧洲法律文化",载中国人民大学法学院编:《2007 年中外法律体系比较国际学术研讨会论文集》,第 1 页。

经验法则及其实务应用

毕玉谦*

一、经验法则的基本语境

经验法则，是指人们在长期生产、生活以及科学实验中通过对客观外界普遍现象与通常规律的一种理性认识，在观念上，它属于不证自明的公认范畴。理性认识是指在特定的条件下日常生活当中某些现象反复出现，或者形成定型化的因果关系，从而使人们产生规律性的感知。人们在生产以及科学试验当中获得的经验是日常生活经验的自然延伸。这些经验以具体性为内容，往往能够被简单地复制，并且具有动态特征。作为一种应然性与实然性的定在关系，除非有证据能够充分地证明，经验法则不适用于某一特殊情形，从而形成经验法则的例外规则，否则在欠缺强有力的反证条件下，为了获得某种证明效果，应当根据事物发展的常态对待证事实作出推论。然而，令人玩味的是，作为一种悖论，“凡事都有例外”在许多场合也被人们普遍接受为一种经验法则。

在学理上，有学者认为，经验法则是以一种知识或法则而存在的，成为逻辑三段论的大前提。人类就某具体事物关系的结论作出推理时，必须以经验法则作为大前提，而以某具体的事实作为小前提，从而以小前提的事实适用于大前提的经验法则，才能导出结论。因此，要想合理推断事物时，必须有一定的经验法则的存在才有可能。① 对此，笔者认为，这种观点未免过于绝对化。从抽象化概念的特征来看，经验法则确与抽象的法律规范有相同的特征，它们均来自于并反映日常生活的基本层面。但是，从逻辑的角度来看，则经验法则缺乏一般法律规范的本质属性，因为经验法则不能像一般法律规范那样产生适用法律的效果，反倒是，经验法则作为一种特殊的证明方法，透过不同的生活视角折射出作为小前提的具体事实，借以满足有关法律要件事实被得以证明的需要。在诉讼上，法律允许相对一方当事人享有对经验法则提出质疑和反证的机会，这就意味着，根据

---

* 作者单位：国家法官学院。

① 陈荣宗、林庆苗著：《民事诉讼法》，台湾三民书局股份有限公司1996年版，第487页。

经验法则所认定的事实存在被推翻的可能性。作为一种例外，只有当经验法则为有关实体法所确认，而作为适用某种合同法律关系的交易习惯时，这种特别的经验法则才能产生适用法律的效果。

经验法则与某一事实真相之间存在一种逻辑关系和证明关系。由于存在一种定型化的思维模式，在许多情形下，从表象上经验法则几乎等同于某一事实真相，但是，据此还不能够从逻辑上将经验法则表述为某一事实真相，这是因为，经验法则与事实真相之间实际上存在一种证明与被证明的关系，而这往往容易被人们所忽略。对某一案件事实真相的查明，只有在缺乏充分证据的情况下，或者获取充分的证据存在客观上的障碍、超出合理的成本等情形时，法院才有必要将经验法则作为一种证据对待证事实作出认定。

在证据法意义上，经验法则是法院依照日常生活中在特定条件下所形成的反映事物之间内在必然联系的事理作为认定待证事实的根据的有关规则。对此，我国台湾地区学者骆永家教授指出，经验法则是由日常的经验归纳而得出关于事物的因果关系或性质状态的知识或法则，包含属于日常的常识，以至于专门学科上的法则。[①] 这种事理作为事物及事物相互之间产生、发展和变化的一种定型化的常态模式，并非仅为法院的主观经验作用，它具有一定确实性和合理性作为其客观基础。解决纷争案件时所需要的经验法则，是社会日常经验法则当中一个必要而特殊的组成部分，其特殊性表现在：法院不仅要根据自身的生活体验，而且还要认知虽非经本人的亲身体验但为其他社会群体所普遍认知与接受的经验，甚至在个别情形下还要推测(或称推理)在某种特定的环境条件下应适用何种经验，这种推测也是建立在经验的基础上，也即根据某一些经验演绎出另一些经验。

根据属性不同，经验法则可分为一般经验法则与特别经验法则。由于一般经验法则是人们从日常社会生活或者法律生活中所体验、感知的事实，而这类事实构成要素之间的因果关系经过长期的反复验证，代表着一种类型事物发展的通常趋势或大致规律。正如有学者所言，经验法则是从结果总数抽离而得出抽象规则，其在观察典型事例经过时，始终一直被确认。[②] 它是以事实的盖然性作为其内容，由此而形成的规则，其本身自无证明的必要，因此，除非有相反证据，否则一般经验法则可不作为利用其他证据加以证明的对象。例如，酒后开车通

---

① 曹鸿兰等："违背经验法则之研究——以事实认定为中心"，载台湾民事诉讼法研究基金会编：《民事诉讼法之研讨》(四)，1993 年 12 月印行，第 142 ~ 143 页。

② Schneider, a. a. O., Rdnr. 332. 转引自姜世明著：《新民事证据法论》，台湾学林文化出版事业有限公司 2003 年版，第 213 页。

常影响驾驶员控制车辆安全行驶的能力,70岁的老人通常在精力上或体力上不及20~30岁的青年人等。但是,这并非等同于有关案件当中的待证事实,在存在与此相关的经验法则条件下失去了被证明的必要。例如,酒后开车通常影响驾驶员控制车辆安全行驶的能力这种一般经验法则,并不等同于凡是酒后开车就一定会造成交通事故这种结论。酒后开车通常影响驾驶员控制车辆安全行驶的能力这种一般经验法则仅能表明,酒后开车导致交通事故发生的可能性要大于不饮酒开车出现交通事故的可能性。然而,交通事故发生的直接原因还存在其他的可能性,如疲劳驾驶、机械故障、超速驾驶等。由此也可以演绎出这样一些一般经验法则:疲劳驾驶或者车辆年久失修通常会影响车辆行驶的安全性。于是,当发生某一交通事故时,如果没有充分的证据来证明导致该交通事故的直接原因时,假如存在司机酒后驾车的情形时,我们就有可能根据一般的经验法则来认定该起交通事故是因司机酒后驾车所致;假如存在司机疲劳驾驶的情形时,我们就有可能根据一般的经验法则来据此认定,该起交通事故是因司机疲劳驾驶所致;假如存在车辆年久失修有机械障碍的情形时,我们就有可能根据一般的经验法则来据此认定,该起交通事故是因车辆年久失修有机械障碍所致。假如既存在司机酒后驾车,又同时存在司机疲劳驾驶以及车辆年久失修有机械障碍的情形时,在无法判断原因的主次时,我们就可能会却倾向于认定,该起交通事故按照经验法则是因综合原因所致。实际上,这些都只不过一种推论、推定或者假设。也就是说,当事后又发现有充分证据证明该起交通事故的直接原因并非按照一般经验法则所认定的那样时,就应当及时改变这种推论、推定或者假设。

就特别经验法则而言,因其规则的形成是基于特别知识或经验所取得的事实,对这种事实本身在诉讼上仍可作为证明的对象,由其他证据加以证明或采取其他相应的证明方式如交付专家鉴定、提供书证等,以便使该专门领域内的经验法则转换为一定的经验法则,达到使社会普通成员所能认知的程度。因为,在观念上,经验法则虽然并非事实,但在审判上却用来推论事实存否的大前提,在三段论的位置上与法规相似,大凡事实真伪及存否、证据的评价、当事人辩论内容的明确等,均以经验法则作为大前提。①

一般经验法则属于包括法官在内的人们对于事物常态所能够体察和识别的公知范畴,它与社会群体当中的个体对于个别事物发展变化规律的认识所产生感悟的私知具有本质不同。对此,有学者认为,法院不得依其私知(privates

① 雷万来编著:《民事诉讼法》,台湾空中大学出版社2005年版,第200~201页。

Wissen)而作出裁判,所谓法院的私知是仅指法院在诉讼外所获得的关于具体的事实的认识,而不包括对抽象的事实的认识。这是因为,仅在就具体的事实依据私知作出裁判的情形,将有害于裁判的客观性及公平性;而经验法则的存在作为抽象的事实,它是客观、普遍的知识,故而无此等弊害。即使属于法院在诉讼外所获知经验法则,也可不待当事人的主张或请求而予以援用。① 因此,对于经验法则所背反的私知而言,它仅属于社会群体当中的个体在特定背景条件下对某一特定事物发展过程的一种具体认识,它不属普遍性的社会经验,因此,不宜套用人们对于普遍性的生活经验所产生的认识法则来对特定的案件事实进行推理和认定。

在通常的社会生活和民事交往过程中,从发生的盖然性而言,大多数或者绝大多数情形的发生符合经验法则,只是在少数或者个别的情况下才发生违背经验法则的特别情事。之所以会发生这种特别情事,主要是因为有不同的原因或者前提条件所致。因此,当采用经验法则来推论某一待证事实时,应当特别考虑适用该经验法则所具备的前提条件,因为经验法则的效用取决于它的具体性,鉴于具体的社会生活经验事实千差万别,因此,任何特定具体的经验法则都有其特别赖以产生的条件;另外,在考虑适用某一特定经验法则时,还应当注意是否存在与通常经验事实相背反的特别情事。一旦发现存在这种特别的情事,就会导致与此相对应的某一经验法则不得被适用。

二、经验法则的基本属性与把握

从理论上讲,按照相应的标准来划分,经验法则也应当有类型化的必要。按照盖然性高低的标准来划分,经验法则可以分为具有极高盖然性的经验法则、具有较高盖然性的经验法则,以及具有一般盖然性的经验法则。经验法则在盖然性上的强弱直接影响着法院对待证事实形成心证的状态,也影响着法院对于证据的自由评价。例如,从盖然性而言,票据上加盖的私人印章有被他人盗盖的可能性,或者说,私人印章有被他人伪造的可能,另外,私人在票据上或文件上的签字也有被他人伪造的可能。

实际上,这种对经验法则进行类型化的模式,虽然有助于在学理上进行比较分析,但是,在个案当中,有时也很难对于某一具体的经验事实在盖然性的高低

① 骆永家著:《民事举证责任论》,台湾商务印书馆股份有限公司1981年发行,第7页。

与强弱上作出明确划分。其原因在于，有些经验事实发生盖然性的高低主要取决于特定的周边环境和条件，而并非取决于人们事前或者事后对它所进行的主观认知和判断的内在逻辑。我国台湾地区学者曹鸿兰教授曾指出，既然某些经验法则具有心理性、主观性的部分，也就是很难有客观判断的成分，因此，探讨应该如何提高它的盖然性，以求尽量统一具有客观性的标准来提高裁判品质，保障当事人的权益，否则，法院的裁判就容易因承办法官的主观性的不同而出现差异，就无法做到公平、公正地判案。[①] 对此，笔者认为，这就要求法院在此情形下更多地观察和收集与本案特定环境和必要条件有关的一切有价值的信息和证据，其中包括从当事人所提供的所有书面或口头的言词当中探求其中的蛛丝马迹。比如，在常人看来，就价额不大的日用商品，买卖双方通常采用即时清结的交易习惯。在这种交易习惯的支配下，一手交钱，一手交货，互不拖欠。这是为常人所认知和接受的一种经验法则。假如交货的卖方事后声称买方当时并未交钱，或者买方事后声称卖方当时并未交货，在此情形下，如果相对方予以否认，在不能提出相关证据的条件下，只能采用经验法则来对此争端作出判断。实际上，这一经验法则在盖然性上的强弱取决于个案的不同情形。主要表现在三个方面：其一，卖方是否具有良好的商誉与经营习惯。卖方当时是否具有经营上的危机，因为，即便卖方具有良好的商誉与经营习惯，但当出现经营上的危机时，也不能够排除卖方会作出苟且之事。其二，买方是否具备正常判断事物的能力。在个案中，欠缺判断事物能力的情形主要发生在未成年人、老年智障者、患有健忘症之人等为买方的情形，另外，即使具有正常思维能力之人，在特定情形下，也会有疏忽大意的表现。其三，外界因素的影响。如交易发生时，天气突降暴雨或附近发生突发事件，引起交易双方注意力的转移，从而在交易双方之间引起是否交钱或者交货、是否足额交钱或者足量交货的争执。当然也并不能够排除这种争执是由第三方的盗窃行为所引发的。凡此种种，不一而足。

在实务上，判断某一经验法则在盖然性上的强弱，实际上涉及是否足以促使法院适用该经验法则对待证事实作出确认的问题。在个案当中，应查明因适用该经验法则而带来不利益的一方当事人是否能够提出对适用结果造成消极影响的证据或者事由。当查明反对适用某一经验法则的一方当事人未能提供任何有力的反证，且法院亦未能洞察和掌握任何与此相背反的信息时，那么就使得有关

① 曹鸿兰等："违背经验法则之研究——以事实认定为中心"，载台湾民事诉讼法研究基金会编：《民事诉讼法之研讨》（四），1993年12月印行，第116页。

经验法则具备极高的盖然性；当查明反对适用某一经验法则的一方当事人虽能提供一些反证，但仍缺乏必要的充分性，且法院虽有所迟疑但未能洞察和掌握任何确切的与此相背反的信息时，那么就使得有关经验法则具备较高的盖然性；当查明反对适用某一经验法则的一方当事人虽能提供有反证但仍缺乏应有的充分性，且法院虽有所疑虑但最终经过权衡还是倾向于不接受与此相背反的信息时，那么就使得有关经验法则具备一般盖然性，其发生的可能性在一定程度上仍大于不发生的可能性。

在法律上，原则上只能规定，除非有证据能够充分证明，否则对事实作出认定不得违背经验法则。我国最高人民法院《关于民事诉讼证据的若干规定》第9条是从当事人就特定事实无须举证的方面来体现这种旨意的。它规定，根据日常的生活经验法则能推定出的另一事实，当事人无须举证证明，但相对一方当事人有相反证据足以推翻的除外。法律上无法具体地规定各个经验法则的具体表现形态，因此，只有委于作为事实裁判者的法官根据日常生活当中的经验事实来作出判定。但是，就法官个人而言，由于每人的生活经历不同，即使有相似的生活经历但是却处于不同的社会环境，有时也难免对何为经验法则作出不同的解读。

虽然法律对何为经验法则未作出明确、具体的规定，但是，在法律上所存在的一种隐形定则则认为，如果认定事实违背经验法则，则视为违反判案的基本原则，也就是违背法律及其产生法律的基础。因为法律不能允许其适用是建立在错误的事实认定与产生这种法律所依存的客观环境不相吻合的前提之上。虽然立法者不得不委由法院根据公平正义的原则对个案当中所适用的证明责任分配规则作出判断，但是，如果法院就此所作出的判断结果明显违背个案当中的公平与正义，对于这种情形将视为违反法律。

经验法则受特定的社会背景状况所支配，这种社会背景状况包括经济发展的基本条件、市场供求关系、人们的消费心理、价值观念、文化素养、季节性变化带来的影响、地域的差异性所造成的影响、当地的风土人情、传统习惯、某一突发事件所带来的波动，等等。例如，在某一商品供不应求的市场条件下，如果没有证据证明存在争议的双方当事人曾就购销合同关系达成书面协议时，根据经验法则，凡主张先付款后交货这一事实主张的当事人，显然会获得证明上的优势，因为他所提出的事实主张符合在这种特定条件下所应当产生的经验法则。相较而言，凡主张先交货后付款这一事实主张的当事人，在证明上会处于一种劣势地位，因为他提出的事实主张，与该类商品供不应求的这种市场条件不相吻合，不符合在这种特定条件下所应当产生的经验法则。

在有些情况下，对案件事实的认定结果可以违背经验法则，这主要是因为，在某一案件中，有充分的证据足以证明，有关案件事实的发生并不是基于生活事实上的一种常态所使然。“法官可以在可应用的经验知识基础上假定所主张的事实是否发生过。因为建立在科学基础上的经验法则从不能给予一个绝对的肯定性，所以总是存在发生错误的可能性。”[①]关于经验法则的违背，我国台湾地区学者陈石狮教授比较偏向于把它看成是自由心证的内在限制，换言之，法官个人积累的经验法则的应用在适用法律、认定事实上，但是，如果这个经验法则经过判例采用公布的话，那么则会变成自由心证主义外在的限制，就有一种强制性。[②] 然而，人们在理论上和实务上通常会存在观念上的误区，往往忽略了经验法则的这种特殊属性。因为，从认识论的角度来看，在探索真理的道路上，哪怕多迈出一小步，就有可能会走向真理的反面。这是由真理的相对性所决定的。与此相关的观点，将在下文当中得以进一步阐释。

三、经验法则与相关证据在实务上的差异与契合

在认定案件事实上，经验法则与相关证据在功能作用上既相互关联，又互为区别，经验法则有其独特的表现形态与功能效用，主要表现在：

其一，在特定情形下，即使一方当事人无法提出相关的证据来证明为其所主张的事实，法院依然可根据与此相关的经验法则对待证事实作出判断。应当指出的是，这时所采用的经验法则必须是一种具有较高盖然性的经验法则（而在审理涉及身份关系的案件中，在此情形下则必须采用具有极高盖然性的经验法则）。换言之，这种事实发生的可能性远远大于其不发生的可能性，并且，通过法院根据个案所了解的各种信息以及亲身经历庭审活动而获得的直接感知，均促使法院能够获得这样一种内心确信：即这样一种经验法则并不是孤立发生的，因为在某一个案当中确实存在发生这种经验法则的内在因素和客观外在环境。因此，在几乎没有其他证据的情况下而仅仅根据经验法则也可以对待证事实作出判断，这种对事实真实性认识的确信度，不仅仅来源于某一经验法则，还来源于确定适用该经验法则的内在因素和客观外在环境。

---

① ［德］汉斯—约阿希姆·穆泽拉克著：《德国民事诉讼法基础教程》，周翠译，中国政法大学出版社 2005 年版，第 267 页。

② 曹鸿兰等：“违背经验法则之研究——以事实认定为中心”，载台湾民事诉讼法研究基金会编：《民事诉讼法之研讨》（四），1993 年 12 月印行，第 149 页。

其二,在特定情形下,当一方当事人所提供的证据不足以证明其事实主张,并且该事实主张已被确定为案件的待证事实时,法院可根据已有的证据,并结合与此相关的经验法则对待证事实作出判断。在此,法院采用的经验法则,既可为具有较高盖然性的经验法则,也可为具有一般盖然性的经验法则。在个案中,究竟采用何种类型的经验法则,才可满足有关待证事实所要求的证明标准,主要取决于两方面的因素:第一,取决于一方当事人所提供证据的证明力本身的分量以及与有关经验法则相结合而形成的证明强度。表现在一方当事人所提供证据的证明力虽不足以证明其事实主张,但结合与此相关的具有一般盖然性的经验法则就能够促使法院对有关待证事实作出判断时,在此情形下,则可采用具有一般盖然性的经验法则即能够满足产生内心确信的最低要求;而当一方当事人所提供证据的证明力虽不足以证明其事实主张,但只有结合与此相关的具有较高盖然性的经验法则才能够促使法院对有关待证事实作出判断时,在此情形下,则只有采用具有较高盖然性的经验法则才能够满足产生内心确信的最低要求。第二,取决于对方当事人提出反证的分量。当法院认为原告所提出的证据不足以证明其事实主张,且因为被告所提出的反证具有相当的强度,以至于结合与此相关的具有一般盖然性的经验法则,法院也难以对待证事实作出判断时,在此情形下就意味着,只有结合与此相关的具有较高盖然性的经验法则,才有可能促使法院对有关待证事实作出确信判断。

其三,通过当事人一方所提供的证据,当法院认为足以对有关待证事实获得内心确信时,这时,相应的经验法则便并不能确切地体现其证明价值与分量,因为,在这种情形下,对有关的案件事实的认定,既可符合与此相关的经验法则,也可违背与此相关的经验法则,从而使得经验法则的运用显得无举轻重。其原因在于:从本质上来讲,经验法则是事物发生的一种常态现象,它具有特定高度的盖然性。根据相对论理论,常态现象与非常态现象并存,它体现了事物的双重个性和两个极端的发展趋势。在特定的时空内或不同的环境条件下,无论是事物发展的常态现象或者非常态现象均有其必然性,在此基础上产生的是相对意义上的可能性。正如有学者所言,法官对不寻常情势的出发点,还要依据普通人的经验知识来判决。因此,法官是依照事物的一般规律形成其心证的。如果例外的情势得不到证实,法官只能被经验知识说服。这正好是具体的证明提供责任。对法官的临时心证来说,提供了例外性主张的人就应当负担提供证明。[①] 这种哲学意义上的“可能性”,在判断事物所涉及的认识论项下的证明范畴内就演变

① [德]汉斯·普维庭著:《现代证明责任问题》,吴越译,法律出版社2000年版,第16~17页。

为盖然性。

在世界上，如果不存在一定的前提条件，那种发生的盖然率具有100%的必然性的事物几乎是不存在的。因为究竟是否能够发生以及如何发生，取决于客观上所存在的特定前提条件。这如同在不谈及任何前提条件的情形下，将事物发生真实的可能性定位于100%的概率一样，显得荒诞不经。因此，从逻辑上讲，可能性的概率只能低于而绝不能等于100%。在此推论的前提下，当法院根据有关证据认为足以获得对某一待证事实的内心确信时，这便意味着，这种内心确信所显现的对某一事物真实性的认知，其盖然率已超过了与此相关的经验法则所具有的证明价值，从而使得个案当中的案件事实是在以非常态的情形得以发现和被裁判所认定。实践中所谓"法官对案件事实所作出的判断不得违背经验法则"的论断，在特定条件下存在谬误之处。也就是说，在特定的情形下，并不能够绝对排除事实真相是以与经验法则相背反的方向或形式出现的，更何况经验法则也可划分为具有不同盖然性的类型。例如，在近年来的市场经济条件下，我国各类商品的制造能力得到了飞速发展，甚至被誉为"世界工厂"之称。商业经济的发达使得各种类型的批发市场、零售市场遍布城乡各地，各种商品的生产能力已经普遍超过了社会的消费能力。在这种大的社会背景条件下，如果一个零售商称，他与一个普通消费者之间就某种商品预先订立过口头协议，假如该消费者予以否认时，在事后形成讼案的审理过程中，法院很有可能倾向于认为，该零售商主张的事实不合情理，也就是违反经验法则。但是，悉心的法院通过庭审活动或许能够查知这样一些事实情节，例如，作为原告的零售商与被告(即一普通消费者)之间在此之前曾经存在过交易行为，原告向被告提供的虽然是一双普通的运动鞋，但该双运动鞋的尺寸却并非适合于常人所穿用，另外，该消费者足部明显大于常人，且脚穿着的布鞋尺寸与该双运动鞋的尺寸相符，这些物证本身就会促使法院理性地认识到，通常的经验法则所支配的交易习惯并不适合该案情形，因此，该案所发生的事实属于经验法则的例外情形。依此，在该案的审理过程中，法院可依据业已查明的有关物证对双方当事人所争议的案件事实进行逻辑推理，进而可根据论理法则来取代经验法则对该案作出事实认定。为该项事实认定所还原的案件事实为：被告以口头方式向原告订购一双超常尺码的运动鞋，约定待原告从厂家订做货物向被告交付时，再由被告支付相应的价款。考虑到被告曾经是原告的客户这一因素，原告当时并未向被告收取定金。之后，在原告向被告交付这双运动鞋时，被告曾提出将这双运动鞋通过厂家调换为一双尺码相同的轻便旅游鞋时，因遭到原告的拒绝，于是，被告拒不承认事先曾与原告之间达成过购买运动鞋的口头协议。

四、在实务上采用经验法则所应关注的问题

在人类的世界中,经验法则无所不在,无时不有。它是人的主观世界对客观事物的本能反应。经验法则既可以国家的意志体现在一些实体规范当中,[①]也可根据当事人的意愿体现在当事人之间所签订的合同条款中,并且以更大的空间体现在人们的观念之中。在个案中,当法院在认定事实过程中逐步意识到发现案件事实真相缺乏必要的证据或者根据已有的证据仍显薄弱时,应当根据与此相关的经验法则来填补这种证据上的不足。从此意义上讲,自最初接触双方当事人所提供的案件资料、信息和相关证据时起至最终作出裁判时止,在实践中,为了认定案件的待证事实,法院自应有一个对经验法则进行发现、认知、选择、判断和采纳的过程。为此,笔者认为应当关注如下几个方面的问题:

在开庭前,通过阅卷应首先查明个案当中的法律关系以及法律关系的性质可能会涉及的经验法则,根据当事人所提交的证据有可能证明的事实,借以判断有关经验法则在本案发生盖然性上的大小与强弱。根据当事人的诉讼请求所依据的事实以及相对一方当事人的抗辩主张所依据的事实,制作询问提纲和准备询问的具体问题。特别应注重要以当事人间所争执的要件事实为切入点,初步掌握有关当事人所提出的事实主张与经验法则之间是否存在某种对应关系。

在庭审过程中,鉴于经验法则的种类繁多,在实务上,某一经验法则在个案当中盖然性的高低取决于法院根据证据评价所形成的心证来加以判定,通常由对待证事实主张适用某一经验法则的当事人提出动议,有时对方当事人还有必要提供与此相关的证据。对此,相对一方当事人应当加以反证或者反驳,有时这种反证或者反驳也需要提供与此相关的证据。法院应当对双方当事人所提供的

① 例如,在合同法律关系中,经验法则主要体现在合同法所要求遵循的交易习惯中,有关交易习惯的规定,可见诸于《合同法》有关条款的规定,如第24条、第35条、第60条、第61条、第78条、第92条、第125条、第136条、第158条、第171条、第211条等。但是,这些条款仅要求人们在履行合同过程中应当依据相应的交易习惯。而何谓特定情形下人们所应当遵守的具体交易习惯,如因此而产生争议时,只得提交对此争议享有裁判权的法院作出判定。另有一些实体法律规范则是根据相关经验法则而制定的,例如,《合同法》第35条规定:"当事人采用合同书形式订立合同的,双方当事人签字或者盖章的地点为合同成立的地点。"《合同法》第158条规定:"当事人约定检验期间的,买受人应当在检验期间内将标的物的数量或者质量不符合约定的情形通知出卖人。买受人怠于通知的,视为标的物的数量或者质量符合约定。"

有关证据资料和信息进行权衡和考量，并在此基础上对于该经验法则在个案当中盖然性的高低作出最终判定，以便决定是否能够适用该类经验法则。“根据一个经验规则，法官以自由的证明评价方法，从确定的案件事实中推出有争议的主张的真相，也就是说，他将这一主张视为已经得到证明；其结果是，给另一方当事人保留进行反证的机会。”①某一类具体经验法则能从众多的经验法则当中脱颖而出而被某一审理程序所选择，在许多情形下取决于某一程序所发现的事实以及当事人对证据进行辩论的结果。

在庭审过程中，即使在当事人对某一经验法则的适用不主动提出动议的情况下，如果法院认为该经验法则在个案当中具有强烈的适用性时，也可依职权对该经验法则加以引用，但在程序上应给予因适用该经验法则而对其产生不利益一方当事人陈述意见和进行辩论的机会。当某一经验法则的适用将导致对一方当事人产生直接不利后果时，法院应当使当事人有适当的预测并对此有充分辩论的机会。唯有借助这一机会，当事人才有可能及时提供证据以及对事实进行完全的陈述。只有在此基础上，法院才有可能奠定其是否采用该经验法则的心证基础。对此，因适用该经验法则将产生对其不利益的一方当事人，有权提出反证或者可供反驳的信息资料。否则，在一方当事人完全没有进行必要防御的情况下，法院如果直接引用某一经验法则而导致产生对其不利益的裁判后果，可视为法院有违反阐明义务的情形，且违背程序正义的基本原则。诚如有学者所言，如果采用了与当事人一方或双方预期相违背的经验法则，就会造成事实认定上的突袭，难以称为公正。②

法院在作出裁判时，应全面审查双方当事人所提交的诉讼资料和证据材料，认真评析庭审辩论意见及把握其中的主旨，洞察其中关涉个案特质的情节，贯彻自由心证原则，在对事实的认定上，除非有充分的反证，否则不得违背经验法则，不得存有武断、偏见的倾向。关于自由心证与经验法则之间的关系，我国台湾地区学者王甲乙教授指出，法官就事实认定，并没有所谓法定证据的约束。但是，应该依据经验法则以及论理法则，应该依据一种不成文法则来约束法官认定事实。③ 可见，经验法则是对法官就事实判断作出自由心证的一种内在规制。另

① ［德］莱奥·罗森贝克著：《证明责任论——以德国民法典和民事诉法典为基础撰写》，庄敬华译，中国法制出版社2002年版，第218页。

② ［日］高桥宏志著：《重点讲义民事诉讼法》，张卫平、许可译，法律出版社2007年版，第29页。

③ 曹鸿兰等：“违背经验法则之研究——以事实认定为中心”，载台湾民事诉讼法研究基金会编：《民事诉讼法之研讨》（四），1993年12月印行，第130页。

外，法官在采用自由心证对事实作出判断时，也不得违背论理法则。所谓论理法则，是指法官站在职业的角度采用逻辑推理对事实作出认定所应当沿袭的法律思维规则。关于经验法则与论理法则之间的关系，笔者认为，经验法则虽采用法则的概念来加以界定，但是它具有实体内容，而这种实体内容的载体是一种生活经验或常识，它是法官认知和识别的对象，并且是法院评价证据、判断事实的参照物。相较而言，论理法则则属于法院评价证据、判断事实的手段与思维方式，法院正是凭借这种法则来评断当事人的事实主张与经验法则之间的逻辑关系，进而对于作为认定案件事实的裁判基础作出甄别与选择。采用推理来判断事实的真伪，离不开对经验法则的选择与适用，因为，该法则所涉及的经验属于生活当中的常态现象，这种常态现象也表现为盖然性上的强与弱的问题。从经验法则的性格来看，它通常以具体的生活经验作为其内容要件，由于其本身的动态特征所决定，使之并非局限于一种抽象定性化的法则。由于日常生活当中的经验法则无法尽数并且千差万别，因此，在认知和适用时，应当关注产生某一经验法则的基础和背景，并且将其放置在与案件的要件事实所涉及的全部有价值的资料和信息框架范围之内，使得这种经验事实透过逻辑推理从而形成与待证事实之间的证明关系。

从国外长期以来的裁判实务来看，虽然仅以违背经验法则为由对原判决进行改判的事例并不多见，但是，基于经验法则在证明案件事实上的盖然性受论理性与主观心理性所使然，为了强化裁判文书的说服功能，在制作裁判文书的判决理由部分，应对不同诉讼请求项下依据经验法则对事实作出的认定进行必要的阐释。我国台湾学者邱联恭教授认为，经验法则的盖然性（证明力）是由法官根据证据评价，依据心证形成加以判定；而此项判定的内容即经验法则的盖然性高低的判断，实际上是与各该诉讼上证据的质量及证明的难易等因素相关，而受此类因素所影响、心证的形成具有相对性、个别性。这是自由心证所受的现实上的限制。① 笔者认为，经验法则的盖然性具有双重属性，其中一种属性表现为在日常生活当中的盖然性，另一种属性则表现为在个案当中的盖然性。即使是在日常生活当中，通常被人们视为具有极为高度盖然性的经验法则，在个案当中或许被认为具有较低度盖然性，反之，在日常生活当中有时被人们视为具有一般盖然性或者较低度盖然性的经验法则，在个案当中却有可能被认为具有较高度盖然性的经验法则。因此，经验法则这种具有双重属性的盖

① 曹鸿兰等："违背经验法则之研究——以事实认定为中心"，载台湾民事诉讼法研究基金会编：《民事诉讼法之研讨》（四），1993 年 12 月印行，第 135 ~ 136 页。

然性在日常生活当中与个案当中的表现形式可能会发生不对称性。笔者认为，这种现象的发生在很大程度上受制于法官的自由心证。因此，为使事实认定更具有说服力，以保障裁判的品质，关键在于要把握好经验法则与自由心证之间的平衡点与着力点。

（2008年第2期）

论推定概念的界定标准

何家弘*

一、英文语境中的推定概念

作为一个法律术语，中文的"推定"概念是从西文引进的——主要是英文，因此这个概念就不可避免地带有了翻译的痕迹。一方面，我们透过这个概念学习了英美法系国家证据法中关于推定的理论；另一方面，我们也附随这个概念引进了英美法系国家推定理论中的混乱。正所谓，学也西文，乱也西文。因此，我们要界定汉语中推定的概念，首先就要厘清英语中推定的概念。

在英语中，即使是在权威的专业文献中，推定概念的界说也不统一。但是，我们可以根据这些界说都以权威文献为载体这一事实而"推定"这些界说都至少在一定程度上具有正确性。这个相当谨慎的"推定"也是笔者在本文中讨论推定问题的前提之一。根据《牛津高阶英汉双解词典》中的解释，"推定"(presumption)一词具有"假设"的含义，推定就是"假设某事是真实的或属实的"。① 虽然《牛津现代法律用语词典》和《布莱克法律词典》的主编都是布莱恩·甘尼尔(Bryan A. Garner)先生，但是二者对"推定"一词的解释却有明显差异。《牛津现代法律用语词典》的解释为"推定是司法中适用的关于事实或法律之概率的预告"。②《布莱克法律词典》的解释为"推定是一种关于某事实存在的法律推断或假定，其基础是已知或已经证明的另一个或一组事实的存在。"③ 英美法系国家的法律学者对推定概念的解释也不尽相同。例如，华尔兹教授认为："推定是关于某事实存在与否的推断，而这推断又是根据其他基础或基本事

* 作者单位：中国人民大学法学院。

① Presume：suppose something to be true. Presumption：presuming something to be true or the case.《牛津高阶英汉双解词典》(第4版)，商务印书馆、牛津大学出版社1997年版，第1166页。

② Presumption：a judicially applies prediction of factural or legal probability. Bryan A. Garner：A dictionary of Modern Legal Usage (second edition, 1995)，(《牛津现代法律用语词典》)法律出版社2003年版，第689页。

③ Presumption：a legal inference or assumption that a fact exists, based on the known or proven existence of some other fact or group of facts. Bryan A . Garner：Black ' s Law dictionary (seventh edition), West Group, 1999, p. 1203.

实来完成的。”①艾伦教授则认为:“推定是法院和评论者用来描述规制一种证明过程诸规则的术语,这种证明过程是在一个已证明的事实 A——导致推定的事实,和在另一个推定事实 B 之间创设一种特定法律关系……在一项推定的事实和导致该推定的事实之见几乎经常存在一些推论性②的关系。例如,在例证的推定死亡的情形中,证明事实 A(7 年下落不明)就对事实 B(死亡)提供某种推论性的支持。在一些案件中,即使没有推定,理性的事实认定者仅仅根据事实 A 的证明就可以保证认定事实 B。”③英国诺丁汉大学的约翰·史密斯教授认为:“推定是事实认定者在某个或某组事实——称为 A 和 B——已经证明的基础上必须或者可以推定另外一个事实 C 存在的规则。”④

在剥离了上述界说中的修饰语言之后,我们便可以发现其使用的关键词包括假设(suppose)、预告(prediction)、推断(inference)、假定(assumption)、推断性证明过程(inferential process of proof)等。那么,这些为“推定”一词定性的关键词之间有何异同?在回答这一问题的时候,我们最好暂时抛开上述中文译词,而从其英文的本意去理解,因为任何翻译的语词都不一定与原文完全对应。在英语中,suppose 的含义是“认可为真实的或可能的”⑤;prediction 的含义是“事前声称某事将会发生”;⑥inference 的含义是“根据事实或者推理达致一种主张”⑦;assumption 的含义是“在有证明之前认可某事是真实的”⑧此外,人们在用英语解释推定和上述语词时,经常会使用另外两个语词,即 reasoning 和 deduction。其中,reasoning 的含义是“运用人的思维、理解等能力形成主张的行

---

① [美]乔恩·华尔兹著:《刑事证据大全》(第 2 版),何家弘等译,中国人民公安大学出版社 2004 年版,第 395 页。

② 此处英文为 inferential,我认为翻译为“推断性”更为合适。

③ [美]罗纳德·艾伦等著:《证据法》,张宝生等译,高等教育出版社 2006 年版,第 852 页。

④ Presumptions are rules whereby on proof of a certain fact or facts, say A and B, the trier of fact either must, or may, presume the existence a further fact, C. John Smith, *Criminal Evidence*, Sweet & Maxwell Limited, 1995, p. 47.

⑤ Presume: suppose something to be true. Presumption: presuming something to be true or the case.《牛津高阶英汉双解词典》(第 4 版),商务印书馆、牛津大学出版社 1997 年版,第 1536 页。

⑥ 同上,第 1156 页。

⑦ 同上,第 762 页。

⑧ Assumption: accept something as true before there is proof. Presume: suppose something to be true. Presumption: presuming something to be true or the case.《牛津高阶英汉双解词典》(第 4 版),商务印书馆、牛津大学出版社 1997 年版,第 74 页。

为或过程”,[①]可以根据不同语境而翻译为推理或推论;deduction 的含义是“从一般原理推导出一个具体事实主张”[②]也可以翻译为推理,但尤指演绎推理。

明确了这些关键词的含义,我们可以再回到上述推定概念的界说并得出下列认识。首先,英语中“推定”一词的含义具有一定的模糊性或多义性,因此人们既可以把它说成是一种假设或假定,也可以把它说成是一种推断或推断性证明过程,还可以把它说成是一种预告。其次,推定与人们对事实的认知有关,无论称为假设、假定抑或推断预告,都是以事实为认知目标的。最后,“推定”一词的本义就是对事实的预先假定,但是在法律语境中,人们往往强调这种预先假定的基础是事实之间的关系或者事实发生的概率。也许,威格摩尔教授就是在这种复杂的语意上才把推定称为“法律之蝙蝠”。至此,笔者已经模糊地感觉到英语中的“推定”(presumption)似乎并不完全等同于汉语中的“推定”。但这仅是一种感性认识,只有在考较汉语中推定概念之后才能上升为理性认识。

二、中文语境中的推定概念

我国学者大概自 20 世纪 80 年代后期开始“介绍性”研究推定问题。在 1983 年出版的“高等学校法学试用教材”《证据学》中,编写者还没有专门讲述推定问题,只是在“证明”一章中简单介绍了“有罪推定和无罪推定”的基本观点,而且不无偏颇地把英美等国关于“占有最近被盗窃之物者应推定为盗窃者”的法律规则划入“有罪推定”的范畴。[③]

陈一云教授主编的《证据学》是较早介绍到推定理论的教材。该书于 1991 年出第一版时就设专章讲述了推定问题。关于推定的概念,编写者说道:“法律上的‘推定’一词,为假定、推断的意思……法律上的推定,是法律明确规定,当确认某一事实存在时,就应当据以假定另一事实的存在,而这种被推定的事实不用加以证明……推定即法律上的推定,它是指根据法律的规定,基于一定的事

① Reasoning: act or process of using one's power to think, understand, form opinions; arguments produced when doing this. Presumption: a judicially applies prediction of factural or legal probability. Bryan A. Garner, *A dictionary of Modern Legal Usage*(second edition, 1995),(《牛津现代法律用语词典》)法律出版社 2003 年版,第 1241 页。

② Deduction: reasoning from general principles to a particular case. Presume: suppose something to be true. Presumption: presuming something to be true or the case..《牛津高阶英汉双解词典》(第 4 版)商务印书馆、牛津大学出版社 1997 年版,第 372 页。

③ 巫宇甦主编:《证据学》,群众出版社 1983 年版,第 98 页。

实,应当假定另一事实的存在。”该书于 2000 年再版时基本上保持了上述观点。①

在此后出版的证据学或证据法学教材中,编写者一般都专门讲述了推定问题,而且对推定概念的表述大同小异。试举几例:江伟教授认为,“所谓推定,乃指由法律规定或者由法院按照经验法则,从已知的前提事实推断未知的结果事实存在,并允许当事人举证推翻的一种证据法则。”②樊崇义教授认为,“所谓推定是指依法进行的关于某事实是否存在的推断,而这种推断又是根据其他基础或事实来完成的。”③卞建林教授认为,“所谓推定,是指依照法律规定或者由法院按照经验法则,从已知的基础事实推断未知的推定事实存在,并允许当事人提出反证予以推翻的一种证据法则。”④虽然在这些表述中,我们可以依稀看到英文中“推定”概念的影响,也可以隐约感觉到一些观点的差异,但是它们基本上都保持了中文中“推定”一词的本意,即“推断认定”。

然而,概念的界说是抽象和简约的。尽管人们在推定概念的界说上大同小异,但是在具体使用推定这个语词的时候就出现了明显的差异和不一致之处。例如,陈一云教授认为,推定与拟制是两个不同的概念,不能混淆,我国法律规定中使用的“视为”和“以……论”等用语都是拟制,不属于推定。⑤ 卞建林教授也基本上持这种观点。⑥ 但是,江伟教授认为,推定与拟制是有一定联系的。作为拟制的一种,“推定式拟制”在法律规定中经常使用“视为”等用语,以确定当事人的意思表示。⑦ 樊崇义教授也基本上赞成这种观点。⑧ 另外,有些学者在具体介绍各种推定的时候也出现了与自身定义相矛盾之处。例如,有些学者在定义中明确说推定是“从已知的基础事实推断未知的推定事实存在”,而且“涉及两种事实”是推定的“要素”之一,但是又说推定包括“直接推定”,即“法律不依赖于任何前提事实就假定某一事实存在”,这种推定“不依赖于任何基础事实”,如无罪推定。⑨ 既然推定必须由基础事实和推定事实组成,那么离开了基础事实

---

① 陈一云主编:《证据学》,中国人民大学出版社 1991 年版,第 162 ~ 165 页;2000 年版,第 178 ~ 181 页。

② 江伟主编:《证据法学》,法律出版社 1999 年版,第 124 页。

③ 樊崇义主编:《证据法学》,法律出版社 2001 年版,第 252 页。

④ 卞建林主编:《证据法学》,中国政法大学出版社 2000 年版,第 370 ~ 371 页。

⑤ 陈一云主编:《证据学》,中国人民大学出版社 1991 年版,第 162 ~ 165 页;2000 年版,第 179 页。

⑥ 卞建林主编:《证据法学》,中国政法大学出版社 2000 年版,第 371 ~ 372 页。

⑦ 江伟主编:《证据法学》,法律出版社 1999 年版,第 125 ~ 126 页。

⑧ 樊崇义主编:《证据法学》,法律出版社 2001 年版,第 258 ~ 259 页。

⑨ 卞建林主编:《证据法学》,中国政法大学出版社 2000 年版,第 374 页。

怎么还能称为"推定"呢？其实，在包括笔者在内的其他学者编写的《证据法学》教材中也存在类似的自相矛盾之处。① 于是，为了摆脱这种自相矛盾的尴尬，有些学者只好说"直接推定亦非真正的推定"。②

笔者认为，这恰恰表明了英语中的"推定"(presumption)与汉语中"推定"的差异。多年来，我们已经习惯于把英文中的presumption翻译成中文的"推定"，以至于我们自觉或不自觉地认为这两个概念就是完全等同的。但是通过仔细考较，我们可以看到presumption和推定并不能完全等同。在英文中，presumption的基本含义是"预先假定"；而在中文中，推定的基本含义是"推断认定"。因此，英文中一些相关范畴用在presumption上并无不当，但是照搬到中文的"推定"上就不太严谨了。譬如，presumption of innocence(无罪推定)在英语中的表达顺理成章，因为其含义就是"预先假定被指控者无罪"；但是，这个术语放在中文中就显得有些不妥，因为我们不能说"无罪推定"是"经推断认定被指控者无罪"。现在的问题是，我们一方面模糊地接受了英文中的presumption概念及其相关范畴；另一方面又不由自主地用中文中"推定"一词的内涵来阐释英文中的presumption，用"推断认定"来套用"预先假定"，于是就不可避免地出现了语言使用上的混乱。看来，中国的"蝙蝠"与美国的"蝙蝠"并不完全相同。

美国也有学者认为无罪推定和法律人讲的"证据性推定"不同。因为无罪推定不是根据由统计数据所支持的事实推断而得出的被指控者事实上更可能是无罪者而不是有罪者的结论。③ 由此可见，我们把presumption of innocence翻译为"无罪假定"更为合适。其实，中国学者过去也曾经在翻译介绍"无罪推定"原则时使用"假定"一词，例如，把法国1789年《人权宣言》中的表述翻译为"任何人在其未被宣告为犯罪以前，应当被假定为无罪"；把1976年生效的联合国《公民权利和政治权利国际公约》第14条的规定翻译为"被告人未经依法确定有罪以前，应假定其无罪。"④诚然，语言是约定俗成的，笔者无意也无力改变国人使用"无罪推定"术语的习惯，但是我们必须注意到presumption和推定的语义差异。当我们把presumption of innocence翻译为"无罪推定"的时候，我们应该知道这只是借用了中文中"推定"的语词外壳而已。毫无疑问，无罪推定是刑事司

---

① 何家弘、刘品新著：《证据法学》，法律出版社2004年版，第277页。

② 江伟主编：《证据法学》，法律出版社1999年版，第135页。

③ The presumption of innocence is not what lawyers call an "evidentia rypresum ption". It does not arise from factual inferences, statistically supported, that accused persons are in fact more likely to be innocent than guilty. 参见何家弘编：《法律英语》，法律出版社2006年版，第299页。

④ 巫宇甦主编：《证据学》，群众出版社1983年版，第98页。

法和刑事诉讼的一项重要原则,但是当我们研究司法证明中的推定问题时,无罪推定并不重要,甚至并不应该成为研究的对象。

在中文中,推定和假定是两个既有联系又有区别的概念。一方面,推定和假定具有相似之处,它们都不是严格意义上的事实认定,换言之,推定的事实和假定的事实都不一定是客观发生或存在的事实,都具有"可假性"。另一方面,推定和假定又有明显区别,前者属于证明方法的范畴,后者不属于证明方法的范畴;前者可以成为论证的结论,后者只能作为论证的前提;前者必须以一定事实为基础,后者则不一定以事实为基础;前者必须考虑结论的真实性,后者则不一定考虑,有时甚至可以故意违背客观事实。例如,我们可以说,假定人类能活到500岁,那我们自己就能有机会在数百年之后更加客观全面地评价中国今天的"改革开放"政策;假定人类的奔跑速度能够达到每小时500公里,那我们就不需要汽车等交通工具,就可以更好地保护环境。就客观规律或常识而言,这两个假定显然是不真实的,甚至是荒唐的,而为了说明某个问题或者某种观点,人们可以设立这样的假定,而且无须说明设立的基础或根据。但是,人们不能提出这样的推定,倘若提出,也一定要有事实作为根据。

在诉讼活动中,法官可以根据推定来认定案件事实或争议事实,但是不能根据假定来认定案件事实或争议事实。国内一些学者也曾经就推定和假定的区别作出了颇有见地的论述。例如,江伟教授认为"推定与假定是两个完全不同的概念","推定只有经反证才能推翻,假定只有经证实才能被肯定。推定无须证明其真,假定无须证明其假。推定只能适用于法院的事实认定上,而在侦查阶段则常常使用假定。"①虽然上述断言似乎有些绝对,但是这段话语的内涵确实值得研究者认真思考和体会。

综上,推定确实是证据法学领域内使用比较混乱的一个概念。不仅学理研究中的用语存在混乱,司法实践中的用语存在混乱,立法和司法解释中的用语也存在混乱。② 笔者认为,要想明确中文中推定的概念,我们也要厘清推定与相近语词的关系。在中文里,与推定相近的语词包括推言(推断论说)、推明(阐明查明)、推知(推想而知)、推理(从已知推导未知)、推测(据已知测度未知)、推断(推理判断)、推论(用语言表述推理)等。其中,我们主要应该明确推理、推断、推论与推定的关系。虽然这几个概念都属于从已知事实推导出未知事实的逻辑思维范畴,但是它们的语义重心有所不同。就司法证明活动而言,推理的语义重

---

① 江伟主编:《证据法学》,法律出版社1999年版,第124~125页。

② 龙宗智:"推定的界限及适用",载《法学研究》2008年第1期。

心是查明事实的思维过程；推断的语义重心是查明事实的思维结果；推论的语义重心是对证明事实的思维过程的语言论证；推定的语义重心是对事实的认定。就思维活动而言，推理是这些范畴的基础，推断、推论、推定都是推理的结果或者表现形式。因此，我们对这几个概念的考较也应该从推理开始。

推理是从已知的事实或判断出发，按照一定的逻辑规则和经验法则，推导出新的关于事实的认识或判断。推理是司法活动中查明和证明案件事实常用的思维方法，也是人类的思维能力和智慧的重要表现。例如，一个男子被人杀死了。侦查人员通过调查得知该男子的妻子与他人通奸。于是他们作出如下推理：

大前提：通奸的妻子往往会与奸夫合谋杀害亲夫；

小前提：这个妻子与他人通奸；

结论：她很可能与奸夫合谋杀害了亲夫。

毫无疑问，这个大前提属于或然真实性判断，其推理结论也属于或然真实性认识，但是，侦查人员最终就是根据这个推理查明了案件事实并捕获了罪犯。当然，法院判决不能仅仅根据这个推理，还得根据其他证据。

在某些语境下，推断和推理的含义是基本相同的，都是从已知事实推知未知事实的思维活动。但严格地说，二者的语义重心仍有差异：推理的语义重心是这种思维活动的根据和过程；推断的语义重心是这种思维活动的结论或结果。正是在这个意义上，我们可以说推断就是根据推理来进行判断或者作出的判断。在上例中，侦查人员可以根据上述推理作出判断：该妻子与奸夫合谋杀害了亲夫。至于推论的含义，我们可以解释为根据推理进行的论证或论说，或者用语言形式表达出来的推理。假如该案的侦查人员需要说服司法官员发布逮捕该妻子和奸夫的令状，则要用合乎逻辑的语言论证或说明其推理过程。由此可见，推断和推论都是以推理为基础的。就思维过程而言，一定是先有“推”而后有“断”和“论”；没有“推”就没有“断”和“论”；“推”是“断”和“论”的前提，“断”和“论”是“推”的结果或延续。就内容与形式而言，推理是推断和推论的实质内容，而推断和推论都是推理的表现形式。

就语词含义而言，推定也应该是以推理为基础的，是根据推理而作出的判定或认定。这里所说的“理”一般是指两个事实之间的伴生关系或者常态联系，因此当一个事实存在时便可以认定另外一个事实的存在。换言之，由于事实 A 与事实 B 之间具有伴生关系，所以只要有事实 A 存在，就可以认定事实 B。例如，很多国家的法律都规定，当一个人已经失踪若干年(4 年、5 年或 7 年)之后，法院便可以推定那个人已经死亡。这个推定中的推理如下：

大前提：多年音讯杳然下落不明的人一般已经死亡；

小前提：这个人多年音讯杳然下落不明；

结论：这个人已经死亡。

诚然，在这个推定中，推理的大前提也属于或然真实性判断，因此，这个推定的事实并不一定是客观事实，法院依法推定的死亡并不一定是真实的死亡。但是，这个推定是合理的，因为其依赖的推理是能够成立的。在此我们必须注意，推理是推定的基础，但是并非所有推理都可以转化为推定。例如，上述"妻子与奸夫谋杀亲夫"的推理就不能转化为推定。为什么呢？这正是笔者在下文将要讨论的问题。

三、界定推定概念的"三层递进"标准

目前人们在使用推定概念的时候，由于对概念内涵的认识存在模糊之处，所以对概念外延的把握就出现了偏差。这主要表现为两种不恰当地扩大推定概念外延的情况：其一是把推定扩大到法官在具体案件中所有运用推理认定案件事实的思维活动，例如把"妻子与奸夫谋杀亲夫"的推理称为推定；其二是把推定扩大到所有包含着虚拟成分或者具有或然性质的法律规定，例如把"无罪推定"混同为司法证明中的推定。这两种扩大都把一些本不应属于推定的东西挂到了推定的名下，于是就不可避免地造成了概念使用的混乱。因此，要走出概念混乱的误区，就要明确界定这个概念的标准。笔者认为，这应该是一组"三层递进"的标准。

（一）推定是对未知案件事实或争议事实的认定

推定属于司法活动中事实认定的范畴。推定的基本功能是给司法人员提供一种简捷的认定未知案件事实或争议事实的方法。虽然司法人员在具体案件中运用推定的时候会以法律规定为依据，但是这并不等于说推定解决的是案件中的法律问题。这些有关推定的法律规定就是要告诉司法人员应该如何认定案件或争议中的未知事实。如果某项法律规定并不涉及事实认定问题，而只涉及法律如何看待或规定的问题，那就不属于推定的范畴。这也正是区分推定和法律拟制的基本标准。

所谓拟制，即法律在特定情况下把某种事实视为另一种事实并发生相同的法律效果。例如，我国《刑法》第67条第2款规定："被采取强制措施的犯罪嫌疑人、被告人和正在服刑的罪犯，如实供述司法机关还未掌握的本人其他罪行的，以自首论。"这就是为了鼓励主动认罪而把如实供述行为拟制为自首行为。又如，我国《劳动合同法》第14条第3款规定："用人单位自用工之日起满1年不

与劳动者订立书面劳动合同的,视为用人单位与劳动者已订立无固定期限劳动合同。”这是为了保护劳动者的权益而把不与劳动者订立书面劳动合同的行为拟制为已订立无固定期限劳动合同的行为。

拟制与推定都可以表现为两个事实(A和B)之间的关系,但是二者确有区别。拟制的含义是明知A不是B,但是把A视为B。推定的含义是不知是否为B,但是根据A推定为B。换言之,在拟制的情况下,事实A和事实B都是明确的,是不需要认定的;但是在推定的情况下,事实A是明确的,但事实B是不明确的,是需要认定的,推定就是要根据事实A去认定事实B。虽然二者在法律规定中都可能使用“视为”的字眼,但是人们可以根据具体语境加以区别。例如,《民法通则》第15条规定,“公民经常居住地与住所不一致的,经常居住地视为住所。”这就是法律上的拟制,因为经常居住地实际上并不是住所,只是法律规定将其视为住所而已。另外,《民法通则》第66条规定,“本人知道他人以本人名义实施民事行为而不作否定表示的,视为同意。”这就属于推定,首先,在事实A为“本人明知且未否定”的情况下,事实B是不明确的,即本人可能是同意的也可能是不同意的;然后,根据经验法则,“本人明知且未否定”往往就是同意的,因此可以推定为同意。

顺便说明,笔者不赞成使用“推定性拟制”的说法。按照有关学者的解释,所谓“推定性拟制”,“是指那些当事人并未为意思表示,或意思表示不明确的情形下,基于规范上的要求,拟制有某种意思表示的存在,或将不明确的意思表示,拟制为有特定的内容”。这些学者也承认,这种拟制“与其他拟制迥然有别”,“实际上是一种法律上的推定”。[①] 笔者认为,这类法律规定就属于推定的范畴,不属于拟制的范畴,如上述《民法通则》第66条的规定。

(二)推定是以推理为桥梁的对未知事实的间接认定

就认识活动而言,司法人员在认定案件或争议中未知事实的时候可以采取直接认定的方法,也可以采取间接认定的方法。推定不是对未知事实的直接认定,而是间接认定。对未知事实的直接认定不属于推定的范畴。例如,在“死亡推定”中,法院根据某人失踪多年的事实间接地得出“其已经死亡”的事实认定结论;倘若法院直接根据这个人的尸体或者有关机构开具的死亡证明书来直接认定其已经死亡,那就不属于推定的范畴。另外,这种间接认定是以推理为桥梁的,即以一定的事实为基础,然后根据客观事物之间联系的规律推导出另一事实的存在。在此,前一个事实称为“基础事实”或“前提事实”(A);后一个事实称

① 江伟主编:《证据法学》,法律出版社1999年版,第126页。

为"推定事实"或"结果事实"(B);而推理就是连接这两个事实(A和B)的认识桥梁。

推定的依据一般表现为基础事实(A)与推定事实(B)之间的伴生关系或常态联系。一般来说,这种关系或联系并不具有必然性,并不是有A就一定有B,而只具有一定的盖然性,即有A就可能有B。但是作为设立推定的标准,我们应该要求这种关系或联系具有较高的盖然性,即有A就很可能有B。这也是评价一项推理能否转化为推定的主要标准,或者说,考查一项推定的设立是否合理的主要标准。例如,笔者在前面说过,"妻子与奸夫谋杀亲夫"的推理不能转化为推定,其理由就在于"妻子有奸夫"的事实与"谋杀亲夫"的事实之间不具有较高盖然性的伴生关系。诚然,这两个事实之间具有一定的伴生关系。在现实生活中,确实有些与他人通奸的妻子会谋杀亲夫,潘金莲和西门庆通奸后谋害武大郎就是一例;但是生活经验也告诉我们,许多与他人通奸的妻子不会谋杀亲夫,或者说,丈夫遇害不一定是有奸情的妻子所为。在犯罪侦查阶段运用这种推理来确定侦查方向并无不妥,因为其目的只是确定嫌疑人并发现收集证据。假如我们把这种盖然性不高的伴生关系作为推定的基础,规定"凡有奸情之女子的丈夫被杀便推定该女子为杀人凶手",那就很容易造就"杨乃武与小白菜"之类的冤假错案。

一些学者在给"推定"下定义的时候使用了推断某事实"存在与否"的表述。① 这种表述也许是不经意的,但是却引出了一个值得讨论的问题:对待证事实的推定是否可以包括否定性结论。换言之,根据一定事实作出的某事实并不存在的推断是否可以归入推定的范畴。在这个问题上,陈界融教授也许是同样不经意地举出了一个不同寻常的例证:"如果侵权行为人不在现场的事实在本案中得以证明,则可以此事实为基础事实,推定被告不是侵权行为实施者的待证事实。"②根据基础事实推断被告人就是实施侵权行为的人,这属于推定。但是,根据基础事实推断被告人不是实施侵权行为的人,这也是推定吗?在刑事诉讼中,"不在犯罪现场的证明"也是辩护方经常使用的一种证明被告人无罪的手段。这类证明也属于推定的范畴吗?毫无疑问,法官在民事案件或刑事案件的审判中可以根据已经证明的被告人不在现场的事实作出被告人不是侵权行为人或犯罪人的判断,而且这个判断也是以推理为桥梁的间接事实认定。其推理

① [美]乔恩·华尔兹著:《刑事证据大全》(第2版),何家弘等译,中国人民公安大学出版社2004年版,第395页;樊崇义主编:《证据法学》,法律出版社2001年版,第252页。

② 陈界融著:《证据法学概论》,中国人民大学出版社2007年版,第242页。

如下：

大前提：凡是不在侵权现场的人都不是实施侵权行为的人；

小前提：被告人不在侵权现场；

结论：被告人不是侵权行为人。

这个推理是能够成立的。然而，这个“推定”却让我产生了疑问。我们通常所讲的推定都是从一个事实的存在推导出另外一个事实的存在，而不是另外一个事实的不存在。那么，这种否定性结论的推断是否应该纳入推定的范畴？笔者的回答是没有必要。众所周知，推定的主要作用是减少不必要的证明和避免难以完成的证明，其直接后果是证明责任的免除或重新配置。首先，把这种否定性结论的推断设立为推定并不能起到减少不必要证明的作用；其次，这种推断是简单明确的，不属于难以完成的证明，不在行为现场的人就不是实施该行为的人，这种推断是没有必要设立为推定的；最后，这种推断也无所谓证明责任的免除或重新配置，因为这类侵权行为人本来就不该承担证明责任。笔者发现，当我回答这个问题的时候，我们的讨论实际上已经进入了第三个层面的界定标准——也是最为重要的标准。

（三）推定是关于这种事实认定的法律规定

作为一个法律术语，推定和推理、推断、推论等概念的重要区别就在于它是一种法律规定。明确这一点是很有意义的，因为它回答了一个堪称“推定概念混乱之源”的问题，即法官在没有法律规定的情况下根据经验法则对未知事实作出的推断[①]是否属于推定。在这个问题上，学者们的观点并不一致，尽管其间的差异有时因语言的精雕细琢而带有一定的模糊性。例如，在江伟教授和卞建林教授主编的教材中，作者没有正面回答这个问题，但是在对推定概念进行界定的时候都把“法院按照经验法则”进行的推断包括在内。[②] 在陈一云教授主编的教材中，作者虽然没有明言推定都是法律规定，但是在论述中显然把那些没有法律规定的法官推断排除在推定之外，并声称“推定即法律上的推定”。[③] 在樊崇义教授主编的教材中，作者一方面说“所谓推定是指依法进行的关于某事实是否存在的推断”；另一方面又说“推定既可依法律规定进行，又可按经验法则进

① 在推理、推断、推论三个概念中，推断与推定的语词含义和使用习惯最为接近，因此笔者在以下行文中用推断来代表推理、推论等概念与推定进行比较。

② 江伟主编：《证据法学》，法律出版社1999年版，第124页；卞建林主编：《证据法学》，中国政法大学出版社2000年版，第370～371页。

③ 陈一云主编：《证据学》，中国人民大学出版社1991年版，第178～181页。

行”,“法律没有规定,但在司法实践中习惯上运用的”也是推定。① 其实,笔者过去对这个问题的认识也具有一定的模糊性,因此在界定概念的时候不敢断然把法官在没有法律规定情况下作出的推断排除在推定之外,于是就使用了“由法官作出的”、“依据一定规则”等含糊的语言。②

经过三思,笔者认为将推定界定在法律规定的范围内是很有必要的。诚然,这是人为的约定,而且可能与人们在其他社会生活领域内使用该语词的习惯不尽一致,但是我们确有必要在法律领域内达成这样的约定。一方面,这可以有效地避免推定概念的使用混乱,特别是与推断等概念的混用。作为法律术语,推定应该有别于推断。推断是司法人员认定事实的一种思维方式;推定是以法律形式固定下来的推断;推断可以上升为推定;那些未能上升为推定的推断仍然可以由司法人员在具体案件中自主运用。另一方面,这可以提高推定设立的合理性和推定运用的规范性。在诉讼活动中,司法人员经常要运用推断来认定案件事实,因此推断的原理、方法和规则也是证据学中非常重要的研究课题。然而,司法人员可以进行的推断是复杂多样的,其中有些可以转化为推定,有些则不能转化为推定。如果推定与推断之间没有一个明确的界限,那就会使推定问题与推断问题混杂缠绕在一起,说不清,理还乱,既影响推定问题的研究,也影响推断问题的研究。只有摆脱了司法人员在具体案件中自主运用之推断的纠缠,推定的内涵和外延才会明晰,人们才可以更加专注地研究推定的规律以及推断转化为推定的条件,从而使推定的设立更加合理,使推定的运用更加规范。也许,在承认判例法为法律渊源的英美法系国家,明确这个界限是比较困难的,但是在尚未承认判例法的中国,明确这个界限则不仅是可能的也是必要的。顺便说明,这里讲的“法律”不仅包括立法机关制定的法律和颁布的立法解释,也包括司法机关制定的规则和颁布的司法解释。

在明确了推定属于法律规定的范畴之后,我们就进入了更有实质意义的讨论:法律为什么要把某些推断转化为推定,或者说,什么样的推断可以且应该上升为推定。从历史的角度进行考察——尽管我们无法准确地追溯每一项推定的形成过程,我们会发现推定一般都是从个别司法人员在审判中的推断开始,然后随着经验的积累和认识的统一而形成判例乃至法律规定。以“持有最近被窃财物的推定”为例,最初,某个法官根据某人持有刚刚失窃的财物且不能给出合理的解释便推断其就是盗窃者;后来,这种推断得到其他法官的认同并在判决中援

① 樊崇义主编:《证据法学》,法律出版社2001年版,第252、253、257页。

② 何家弘、刘品新著:《证据法学》,法律出版社2004年版,第275页。

引;再后来,这种推断就成为司法人员普遍适用的法律规则。由此可见,从法官的个别性经验上升到法律的普适性规则,是推定形成的一般规律。

那么,法律为什么要把法官的个别性经验上升为普适性规则?笔者认为,这主要是为了规范司法人员运用推断认定未知事实的活动。在司法活动中,法官经常会面对一些难以证明的事实问题。例如,某人失踪多年,下落不明,音讯全无,其配偶有意再婚或者其家人要继承其财产,因此要求法官宣布其死亡。但是,没有任何证据能够证明这个人已经死亡。面对这种难题,有的法官作出宣告死亡的裁判;有的法官作出不能宣告死亡的裁判。另外,同意宣告死亡的法官在失踪年限的问题上也有不同的认识,有的法官认为失踪 10 年才能推断死亡,有的法官认为失踪 7 年可以推断死亡,有的法官认为失踪 4 年就可以推断死亡,于是就造成了司法裁判的混乱。为了统一司法裁判,法律必须规范法官的这类推断行为,便明确规定失踪 7 年可以推定死亡。由此可见,统一规范司法推断行为是法律作出这类规定的基本考量。不过,在这层考量的背后,我们还可以探讨更深层次的问题,即法律为什么要规范这些行为,以及法律在什么情况下可以规范这些行为。在回答这些问题的时候,我们既要考虑认识论的要求,也要考虑价值论的要求。而这两种要求的相互交织也是造成推定问题复杂化的原因之一。

法律通过设立推定来规范推断行为的目的之一是要保证司法裁判的正确性。推断是司法裁判中的认识活动,而认识结论的正确性是司法裁判的基本要求。由于各类案件中的事实情况错综复杂,由于司法人员的认识能力和心理倾向等可能影响认识结论的个体性主观因素多种多样,所以需要法律来规范司法人员的推断活动,以保证不同的司法人员都能正确地认定案件事实或争议事实。为此,我们在考虑用法律的形式把某类推断设立为推定的时候,必须认真考查这类推断所依据的基础事实与推定事实之间的伴生关系。一般来说,只有当伴生关系具有较高盖然性的时候,法律才能够许可这类推断上升为推定。

法律通过设立推定来规范推断行为的目的之二是要保证司法裁判的公正性。在任何一个社会中,司法裁判都需要社会成员的认可或接受,而这种认可或接收的基础就是司法公正。司法公正有两层含义:其一是要求司法机关在司法裁决的结果中体现公平正义的精神;其二是要求司法机关在司法活动的过程中坚持公平正当的原则。前者称为“实体公正”;后者称为“程序公正”。实体公正必须建立在正确认定案件事实的基础之上,因此它与认识论对司法裁判的要求相契合。程序公正虽然也具有保障实体公正的作用,但是还具有独立于或区别于正确认定案件事实的功能,即保障诉讼活动当事人的正当权利得到平等的保护。通过法律的形式规范司法人员的推断行为,也是这种平等保护的体现。这就是说,诉讼活动的当事人在面对相同的事实认定难题时都可以获得相同的认定。

法律通过设立推定来规范推断行为的目的之三是要保证司法裁判的经济性。作为一种社会纠纷的解决机制,司法裁判也要考虑成本和效率的问题,也要努力追求司法成本的最小化与司法收益的最大化。把司法人员个别适用的推断上升为司法人员普遍适用的推定,一方面可以减少那些不必要的重复性证明活动,从而降低司法的成本;另一方面也可以避免个别难以证明的事实问题成为认定整个案件事实或争议事实的阻碍或拖累,从而提高司法的效率。除了上述三个目的性考量之外,我们在审查某类推断能否上升为推定的时候,还应该考虑该类推断的事项在司法活动中是否具有普遍性。从这个意义上讲,推定应该是在司法活动中具有普遍意义的推断。如果某类推断只在个别案件中才会运用,即使其盖然性很高,也没有必要上升为推定。

总之,推定是由法律规定并由司法人员作出的具有推断性质的事实认定。明确推定的概念,对于推定类法律规范的制定、审查和运用都具有重要意义,而这也正是我们研究推定概念问题的目的。

(2008年第10期)

指导性案例中具有指导性部分的确定与适用

张　骐*

自从中国最高人民法院于2005年10月26日发布《人民法院第二个五年改革纲要》提出规范和完善案例指导制度作为一项重要内容以来,全国各地法院的案例指导工作程度不同地有了很大的发展。但是,各地法院在实践中遇到了一系列方法论方面的问题亟待解决;最高人民法院在制作关于加强和完善案例指导工作的指导性意见时,也面临着与各地法院所提问题相关联的不同选择及不同观点。这些问题是:当确定了与待判案件具有相似性的指导性案例或参考性案例以后,法官怎样运用、参照指导性案例审理待判案件?指导性案例中的什么部分具有指导性?当我们寻找指导性案例的时候,我们期待着从指导性案例中发现什么样的对我们司法实践有价值的东西?我们参照、撷取指导性案例的哪一部分或哪几部分审理手边案件就算是做到相似案件相似处理了?这些问题关系到指导性案例作用的实际发挥以及未来中国指导性案例工作的整体发展。

2007年8月,笔者与最高人民法院中国应用法学研究所的郎贵梅、黄斌二位博士一同先后到3个省高级人民法院、3个市中级人民法院和5个区人民法院进行关于指导性案例使用方法的专题调研。结合那次调研,笔者拟在本文集中讨论上述问题。

一、裁判要旨与案例评析——判决书之外的指导性案例

中国法官在开始运用指导性案例时,最先进入他们视界的,是裁判要旨与案例评析。这两者实际上是指导性案例的添加物,并非案例本身。它们首先受到关注与中国长期以来以制定法为正式的法律渊源所形成的法律思维特点有着直接的关系。那么,裁判要旨就是我们所以为的裁判规则吗?裁判要旨在指导性案例的实践中具有什么样的功能?应当由谁来撰写裁判要旨?怎样撰写裁判要旨才能比较好地发挥它的作用?如果裁判要旨比较好地表现了裁判规则的话,

* 作者单位:北京大学法学院。

我们是否可以把我们的注意力集中于裁判要旨而不需要再去费心研读指导性案例本身？这些问题影响着各级法官及其他法律人的相应法律实践而有待于从理论上辨析、厘清，笔者将在下面逐一探讨上述问题。

这里需要首先解决裁判要旨与裁判规则的关系问题。关于裁判规则，最高人民法院的蒋惠岭法官认为，“裁判规则是指通过案例的裁判结论所确立的法律性质的规则，是案例的灵魂所在。”①裁判要旨，也称“判例要旨”，“裁判摘要”、“本案要旨”，或“示范点”，②马太广博士在谈到日本最高裁判所商法判例要旨时说，“判例要旨是法院判决书法定记载理由的主要意旨，是判例的精华、主眼及理由所在。”③虽然，论者们对裁判规则与裁判要旨的关系理解不尽一致。但马太广博士则认为判例要旨与裁判规则是没有区别的。而北京市高级人民法院的于同志法官则认为：“裁判规则主要表现为对案件争议焦点涉及的法律问题进行评析后形成的‘裁判要旨’，裁判要旨集中体现了指导性案例的核心内容。”④蒋惠岭法官也是把裁判要旨作为裁判规则的表现形式。

笔者同意蒋惠岭法官和于同志法官的观点。根据目前中国在指导性案例方面的实践、多数论者的意见和自己在这个问题上的理解，笔者对裁判要旨做如下界定：裁判要旨是通常被置于案例之前、以简洁的文字表现出的人们对指导性案例中所蕴涵的裁判规则的概括、归纳和总结；裁判规则是裁判要旨的内容，裁判要旨是裁判规则的形式。人们通常所看到的是裁判要旨，但所希望得到是通过裁判要旨所表现出的裁判规则。

裁判要旨的功能，在于方便后来的法官或法律界以简洁的方式认识、了解有关该指导性案例对法律的补充、发展以及对适用相互冲突的法律条款或模糊不清的法律条款的法律解决方案的基本点，以及指导性案例对法律、法规的替代或补充。裁判要旨在我国的作用是明显的。用法官的话说就是：“裁判要旨归纳精华，直奔主题。”⑤因此一些法官表示他们最喜欢看裁判要旨。⑥

裁判要旨在我国的指导性案例实践中受到特别关注，与许多以制定法为主

---

① 蒋惠岭：“认真对待作为‘动态法典’的案例”，载《人民法院报》2005 年 8 月 1 日。

② 系由成都市中级人民法院从他们整理出来的示范性案例中提炼而成。

③ 马太广编译：《判例所表现的商法法理——日本最高裁判所商法判例要旨（1962 ~ 2004 年）》，法律出版社 2004 年版，第 5 页。

④ 于同志：“谈裁判规则的归纳与生成”，载《人民法院报》2008 年 5 月 14 日。

⑤ 根据笔者 2007 年 8 月 23 日、24 日在昆明市中级人民法院和昆明市官渡区人民法院的调研所了解。

⑥ 根据笔者 2007 年 8 月 20 日、22 日在四川省高级人民法院和成都市中级人民法院的调研所了解。

要法律渊源的国家的情形比较相似。裁判要旨在这些国家得到重用有几方面的原因:一方面,是技术上和法律文化上的原因,即法官对条文的习惯性依赖。这是指大陆法系法律人的思考平台、话语平台,是制定法式的、条文式的;另一方面,可能也是一种历史上的无奈选择。美国耶鲁大学法学院教授米尔伊安·R.达玛什卡教授谈到,欧洲大陆国家在十六七世纪、近代资产阶级革命前夕,随着中央集权的官僚体制成为欧陆国家中占据主导地位的政府组织模式,法官成为效忠国家的专业人士,为了保证强有力的中央权威的完整性,"严格依循规则的治理被认为是必要的"。而这种"对规则的效忠也影响到人们对司法先例的态度"。法官在高等法院的判决"先例"中所寻找的是更高的权威所作出的类似于规则的表述,而案件的事实却被弃置一旁。孟德斯鸠将这种对待司法先例的态度称为"逻辑法律形式主义",指出先前的判决仅仅是一种"更加精确的法律文本";法律家们"试图在先前的判决中寻找具体的规则"。①

中国法官和法律人对裁判要旨、裁判规则的需要,虽然不会是由于上述的历史原因,但在逻辑上则不无相似之处。笔者认为,中国法官和法律人对裁判要旨及裁判规则的需要,主要基于两个原因:首先,是体制上"功能代位"的自然结果。中国法官对立法机关制定法律的权力和司法机关适用法律的职责坚信不疑,但是他们在审判实践中又必须不时面对立法机关没有提供明确法律规则的棘手纠纷和新的争议。在这种情况下,他们只好自己动手(仿佛他们是立法者那样)在解决纠纷的过程中形成他们(今后还将)需要的规则。其次,是法律文化和思维方式上的,即条文化的、规则取向的思维特点。长期以来,中国法律人所受的标准的法律教育和法律训练,是以条文化的规则为法律依据审理案件;成为法官审理案件依据的,或者是以制定法形式出现的各类法律和法规,或者是主要模仿制定法形式表达的司法解释,或者是在形式上类似于制定法的各种政策。普通法国家的那种事实与法律水乳交融的判例法在中国并不存在,因此即便有的中国法学院刚刚开始案例教学,所用的中国案例也大多是事实问题与法律问题油水分家的案例。因此,当我们想到指导性案例具有指导性的部分的问题时,主要想到的自然是从指导性案例中抽象出来的裁判规则和裁判要旨。

准确把握、提炼指导性案例中的裁判规则,是发挥指导性案例作用的一个重要基础,而裁判要旨常常是指导性案例得以影响后来案件的核心。所以,写好裁判要旨就成为发挥裁判要旨作用的一个重要条件。对此,于同志法官所提出的

① [美]米尔伊安·R.达玛什卡著:《司法和国家权力的多种面孔——比较视野中的法律程序》,郑戈译,中国政法大学出版社2004年版,第50~51、56页。

合法性、合理性和实效性三原则可以作为对裁判要旨的内容上的要求。① 在此，笔者试图从形式上探讨对裁判要旨的要求及可能存在的困难，以求有助于我们更好地撰写裁判要旨。

首先，裁判要旨应当具有规范性，即裁判要旨要用专业化、规范化的语言进行表述。裁判要旨是法律共同体成员研究、运用指导性案例的踏板，也是法官或法律人进行有关指导性案例对话的平台，因此，在表述裁判要旨的时候，语言应当规范、准确，以便大家准确、有效地把握具有指导性的部分。

其次，裁判要旨应当具有概括性，即裁判要旨要概括指导性案例的法律要点，尽可能包含案件中争议的法律和事实问题以及解决争议的规则与原则。② 这里涉及两个问题：其一，裁判要旨对法律和事实问题的概括要准确。笔者认为，刊登在《最高人民法院公报》2005年第10期上的"陈清棕诉亭洋村一组、亭洋村村委会征地补偿款分配纠纷案"③的裁判摘要，对案件争议的法律问题概括是比较典型的详略得当的概括。其二，裁判要旨对法律和事实问题的概括要全面。问题在于：有的案件的争议问题比较单一，因此在裁判要旨中比较容易概括；有的案件争议问题不止一个，如何概括为佳？笔者认为，既要避免冗长，也要避免挂一漏万，最好用有限的文字尽可能多地包含指导性案例中的法律信息。

最后，裁判要旨应当具有抽象性。这里的问题是裁判要旨需要抽象到什么程度？是否需要具备于同志法官提出的"立法语言的规格要求"？④ 笔者以为不能把它作为一种普遍性的要求。因为：第一，此种要求太高，不容易达到；第二，裁判要旨依附于指导性案例，指导性案例的特点同时也是它的优点，恰恰是与案件事实紧密联系的。而立法语言则是舍弃了具体案件事实的抽象语言，抽象程度一般高于指导性案例所需要的程度。因此，笔者同意蒋惠岭法官所做的论述，即"其抽象性程度只能比案情的具体化程度高一个层次"。⑤

裁判要旨的撰写者，即可以是作出该裁判的法官，也可以是研究此裁判的其他法官或从事法学研究的法律家或法学家。基层法院的法官们一般希望由承办法官以外的、有理论基础的人来撰写。⑥ 据笔者了解，在实践中，在多数情况下，

---

① 于同志："谈裁判规则的归纳与生成"，载《人民法院报》2008年5月14日。

② 根据笔者2007年8月20日、23日、27日分别在南京市中级人民法院、四川省高级人民法院和昆明市中级人民法院的调研所了解。

③ 参见《中华人民共和国最高人民法院公报》2005年第10期。笔者对此案的了解受惠于昆明市中级人民法院的法官。

④ 于同志："谈裁判规则的归纳与生成"，载《人民法院报》2008年5月14日。

⑤ 蒋惠岭："认真对待作为'动态法典'的案例"，载《人民法院报》2005年8月1日。

⑥ 根据笔者2007年8月21日在成都市彭州人民法院的调研所了解。

中国指导性案例的裁判要旨也确实是由承办法官以外的法官或其他法律工作者来撰写的。

在目前一些以制定法为主要法律渊源的国家,裁判要旨的特点及其直接目的,是从案例中提炼出类似于制定法规则的裁判规则。这种裁判要旨在这些国家的法律实践中的确具有重要的作用。但是,它并非没有缺点,例如:由于其不得不具有的概括性和抽象性,它“省略了基本的事实,或只给提示,而从不提供判决所根据的理由”①,因而降低、减少了指导性案例中与案件事实相联的生动与鲜活;有时还可能遗漏案例本身具有指导性的法律点。②

与制定法中的法律规则不同,在传统上以判例法为主要法律渊源的普通法系国家,判例法规则呈现一种可以随着对案件事实的不同把握而进行宽窄调整的情形,法官往往根据源于案件事实的实质理由来调整先例的范围;而制定法则不然,它具有更高的形式性或者说抽象性,如果“过分执著于细节事实上会弄巧成拙,使得制定法复杂化且难以解释和适用,并从而鼓励对实质推理的使用,以及不愿太认真地对待文本的态度。”③

所以,有时它要么过于宽泛,要么又过于狭隘。相比之下,判例法规则就具有更大的可以控制的灵活性,并且蕴涵了更为丰富的法律资源。

因此,笔者以为,我们最好具有超越裁判要旨的眼光;对通过裁判要旨把指导性案例抽象化的努力要保持适度的警惕,避免舍本逐末、过分执著于发掘指导性案例中的抽象规则,而忽视后面将要详细讨论的包括判决书说理与事实认定、案例评析等在内的指导性案例的其他方面的丰富资源。④

案例评析是另一种在判决书之外可能具有指导性的组成部分。它独立于判决书之外,是对判决书中的判决结论、法律适用、事实认定等问题的评论、分析和解说。在德国是出现在判例汇编中的评论,在其他大陆法系的国家,表现为对判例的注释。夏皮罗教授指出大陆法系的法官对判例法的依赖可以通过主要的上

① [德]K. 茨威格特、H. 克茨著:《比较法总论》,潘汉典、米健、高鸿钧、贺卫方译,贵州人民出版社 1992 年版,第 467 页。

② 笔者因此认为对指导性案例的裁判规则的概括不应是绝对的、一劳永逸的。

③ [美]P. S. 阿蒂亚、R. S. 萨默斯著:《英美法中的形式与实质——法律推理、法律理论和法律制度的比较研究》,金敏、陈林林、王笑红译,中国政法大学出版社 2005 年版,第 82、83 页。

④ 事实上,法官们也确实重视裁判要旨以外的法律资源。例如,法官们希望看到指导性案例的判决书原文,他们尤其重视判决书原文中的法律论证或推理部分,因为它可以为后来的法官提供审判思路,使他们了解对于同样的案件,别的法官是怎么判的。

诉法院判决理由的出版物得以印证，而这些出版物“几乎全是有注释的报告”。[①]那么，案例评析具有什么样的作用？谁来撰写案例评析？如何撰写案例评析？或者说案例评析最好是什么样的类型与风格？

案例评析在指导、帮助法官从事审判方面具有重要的作用。在我国，有时承办法官对棘手的案件作出了出色的判决，但是由于种种原因（例如没有时间）未能把判决在适用法律或对法理发展具有重要意义的问题进行足够充分的说明和论证。案例评析则可以对这些案例进行充分的评论、分析和解说，从而有效地利用案例资源，帮助后来的法官从指导性案例中得到足够的启发和指导。笔者在调研中遇到的许多法官都对案例评析的作用给予了积极的评价。有些法官讲，他们对案例评析的关注甚至超过了对判决书本身；有的法官甚至表示，他们主要看评析，而不是裁判文书，他们看评析中的方法，原《人民法院案例选》的编辑杨洪逵先生所做的“案例评析”对他们审理案件非常有启发。[②] 冯象先生在谈到杨鸿逵先生所写的案例评析时说：“许多《最高人民法院公报》上的‘典型案例’，到了他的手里，才获得了完整的表述。”[③]根据夏皮罗教授的研究，在大陆法系国家，“基于对学术权威的敬重这一民法法系的特征，这些由著名的法律学者作出的注释，在建构法律原则方面，经常与判决理由具有相同的影响力。”在这些国家，最重要的判决以及几乎涵盖法典每个条款的判决注释对于理解法律具有非常重要的意义。[④] 而这些作者是一些著名的法学家，“他们中的一些人是法学教授，其他人则是高等法院的法官。他们对法院所作出的模糊意见作出一个经过扩展的详细解释，揭示它基本的推理过程，将其与过去的判例相互对应，并在法律推理和公共政策方面进行评论。”[⑤]

我们可以将当代中国的案例评析的类型分为两种：一种是置于判决书后面的篇幅不大的短文型案例评析，例如《人民法院案例选》中的案例评析；另一种是论文型的案例评析，例如最高人民法院和最高人民检察院联合编辑、法律出版社出版的《中国案例指导》丛书，该丛书于2005年8月出版了2卷本的第1辑。

① ［美］马丁·夏皮罗著：《法院：比较法上和政治学上的分析》，张生、李彤译，中国政法大学出版社2005年版，第191页。

② 还有法官认为，最有指导意义的，是案例评析。根据笔者2007年8月20日、22日和23日分别在昆明市中级人民法院、成都市中级人民法院和成都青羊区人民法院的调研所了解。

③ 冯象著：《木腿正义》，北京大学出版社2007年版，第142页。

④ ［美］马丁·夏皮罗著：《法院：比较法上和政治学上的分析》，张生、李彤译，中国政法大学出版社2005年版，第191页。

⑤ 同上，第202页。

从方便广大法官使用的角度考虑,笔者以为第一种形式对法官使用来说更为便利。①

对于案例评析的风格,笔者以为,案例评析可以有多样化的风格,短文型的评析容易平实、便于阅读,论文型的评析则可以深入、全面。当然,短文型的评析也可以深入,论文型的评析也可以平实。不过有法官建议:"案例评析不要高、精、尖。"②这是可以理解的。因为平实的案例分析有助于广大法官在有限的时间内尽快地理解其中的要点。法官们希望,在一般情况下对案件事实的叙述要精练,对适用法律的评析部分要加强。③

二、判决书中的指导性案例——不应被忽视的"富矿"

判决书,是记载法院对特定案件事实适用法律的情况和决定的法律文书。我国研究者在研究中国指导性案例、思考中国指导性案例的发展途径时,多数并不把注意力放在判决书上,而是集中在裁判要旨或案例评析上。个中原因已经在前面做了分析。另一方面的原因,则是在于中国法院的判决书与普通法系国家判决书的历史上的区别。在普通法系国家,判决书是判例法的载体;法律家们在承载着判例法的判决书中还具体区分具有不同法律意义的判决理由和附带意见。而中国的指导性案例并不具有判例法那样的效力,由于历史、文化和体制上的原因,中国的判决书也完全不像普通法系国家的判决书那样详细。但这并不意味着当代中国法院的判决书在指导性案例中没有意义。事实上,中国的法官同样关注判决书。因为中国指导性案例的作用主要是指导和参考,而不是依据;也就是说,在理论上、体制上,法官审理案件的依据是制定法的条文,而不是指导性案例,法官是依法判案而不是依(案)例判案,判决书中的一些特定部分可以对法官的审判实践提供重要的指导性参考。那么,判决书中的哪些部分是可能具有指导性的部分?如何辨识、分析这些部分?以及怎样通过改进判决书的写作来奠定未来指导性案例的基础?在判决书中,有三个部分可能具有指导性。它们是:法律说理、事实认定和判决结果。这里所说的法律说理是指在判决书中所存在的或所表现出来的有关本案的法律论点、法律理由和法律论证。其中的

---

① 冯象先生认为案例评析只有"突出要点",才能起到指导作用。冯象著:《木腿正义》,北京大学出版社2007年版,第145页。

② 根据笔者2007年8月27日在南京市中级人民法院的调研所了解。

③ 根据笔者2007年8月23日、24日分别在昆明市中级人民法院和昆明市官渡区人民法院的调研所了解。

法律论点是指有关适用法律的观点或体现为判决结论的法律观点；法律理由是支撑判决结论的观点；法律论证是对如此适用法律的说明、说理，对判决思路及对法律条文的说明、解释。事实认定包括对案件事实的认定方法、认定规则与原则。

为什么判决书中的法律说理可能具有指导性？笔者以为，从法律渊源上讲，指导性案例只具有第二位的意义。所以，许多中国法官对指导性案例的期待，主要不是期待寻找指导性案例中的规则性因素，即不是指望在指导性案例中会出现有关某一争议问题的规则或规定；他们更重视案例中论理性的因素，即期待从案例中得到关于适用法律的理由、对法律的解释、法律说理及判决思路方面的启发，甚至把这作为"（对）法律的补充、法官的造法"。[①] 他们需要指导性案例帮助确定待判案件或案件事实的性质。[②] 而他们在阅读案例时，关注判决理由、法律适用是否与他们对法律的理解相符合，期待指导性案例"为法官裁判案件方面提供思路和思考上的帮助"。[③] 张千帆教授认为，先例判决的判决理由比判决结论更为重要，因为判决结论仅适用于特定案件，而判决理由却可以举一反三地适用于其他类似但不完全相同的案件。[④]

正因如此，一些法官认为最高人民法院业务庭编的《审判与指导》丛书对审判工作（更）有针对性，因为这类《审判与指导》在为法官提供规则性帮助的同时，也满足了法官理解法律适用的论理的需要。[⑤]

案件事实是确定案件性质的基础。有时，对案件事实的查证十分困难。所以，指导性案例中关于证据采信、证据使用方法及事实认定的规则与原则的部分，为后来法官审理某些案件提供了一种参考思路，因而具有指导性。同时，待判案件的承办法官不仅需要这部分内容指导自己认定待判案件的事实，而且需要通过这部分内容向对疑难案件处理具有讨论、监督职责的审判委员会说明，取

---

① 一位法官认为：案例的判理部分最重要，是灵魂，就是法律的补充、法官的造法。根据笔者2007年8月23日、24日分别在昆明市中级人民法院和昆明市官渡区人民法院的调研所了解。

② 有法官指出："我看案例主要是看它的切入点，这是闪光的地方；之所以寄予期望，是因为，在运用法理和逻辑时出现问题，每个法官都有不同，需要高质量的案例给法官一个引导、指向标。"根据笔者2007年8月20日在成都青羊区人民法院的调研所了解。

③ 另一位法官说"我看别人的案例，（是）学习别人对法律的理解、适用。在案情相似的情况下，回到案由上，看对判决的说理。怎么作到准确地适用法律条文。"根据笔者2007年8月20日在成都青羊区人民法院的调研所了解。

④ 张千帆："再论司法判例制度的性质、作用和过程"，载《河南社会科学》2004年第4期。

⑤ 根据笔者2007年8月27日、28日分别在南京中级人民法院和南京白下区人民法院的调研所了解。

得他们的认可。①

先前案例的判决结果同样可能具有指导性,或许我们可以将此称为指导性案例中的结果主义。这往往是在涉及适用法律解决争议的过程中,出现了需要进行道德考量的时候,案件的判决结果及形成判决结果的过程可以给法官解决棘手案件以启发。② 例如,四川省成都市彭州法院审理的一起汽车事故保险案,儿子在修车过程中误把父亲轧死。父亲是否算汽车事故赔付中的第三人?如果父亲算第三人,家属可以得到保险赔付;如果父亲不构成第三人,则亡者家属无法得到赔付,这于情于理和道德不妥。法院参考了国内和国外的四五个类似案例,这些类似案例对亲属也按照"第三人"给予赔付。法院为了"防止道德风险",参考国内外案例,判决将亡者作为第三人,按照保险合同给予赔付。③ 在知识产权案件中,由于判决结果对后案法官把握赔偿尺度具有一定的参考作用,所以它同样比较重要。④

有关填补法律空白、发展法理的判决结果及其说理具有指导性。对法律没有规定的问题,指导性案例可以填补法律空白;或者虽然法律有规定,但是规定模糊,法官没有办法将某些"非典型"的案件适用于该法律规定。因此,这几种先前案例的判决结果对待判案件的法官就具有指导性或参考性。例如,一个是否可以认定为自首的先前案件,犯罪嫌疑人有自首意愿,但没有主动到公安机关投案,而是由家属带着公安人员到家里对其采取法律措施。对于这种情况,能否将犯罪嫌疑人的行为认定为自首?刑法典和现行的有关司法解释都没有规定。四川的法院认定为自首。四川省高级人民法院将上述案例编选进《案例指导》中。四川省高级人民法院的法官认为,"这种有关案件定性的案例,在法理方面是有发展的,对本辖区的法院和法官审理类似案件会起到一种指导作用。"⑤笔者赞同这种观点。

如果我们同意判决书中存在具有指导性的部分,那么我们如何确定、如何把握那些具有指导性的部分?由于判决结果相对比较确定,不容易出现歧见,因此对判决结果的辨析不太成为问题;容易出问题、因而需要研究的是:怎样界定指

---

① 笔者在江苏省高级人民法院和昆明市中级人民法院的调研笔记。四川省高级人民法院的一位女法官甚至认为有关对案件事实的认定、认定的规则与原则、如何运用法律经验认定有争议的案件事实,是案例的精华。根据笔者 2007 年 8 月 20 日在四川省高级人民法院的调研笔记。

② 根据笔者 2007 年 8 月 28 日在南京白下区人民法院的调研所了解。

③ 根据笔者 2007 年 8 月 22 日在成都彭州人民法院的调研所了解。

④ 根据笔者 2007 年 8 月 23 日在云南省高级人民法院的调研所了解。

⑤ 根据笔者 2007 年 8 月 20 日在四川省高级人民法院的调研所了解。

导性案例中法律说理的范围和具有指导性的对案件事实的认定？有法官就提问：判决中引用的案例，其（指导性）效力或既判力是及于判决书的主文（结论）中的事实呢？还是判决书中“经审理查明”的部分？还是判决书中已经认定的部分？说到事实，是对当事人诉辩双方提出的事实的一种尽量客观地描述、历数吗？

这位法官认为，“本院认为”部分是对指导性案例中蕴涵的具有法律意义的事实的认定，但不同的法官对这部分有不同的叙述，叙述的角度、内容等都是不同的。① 一位高级人民法院的法官同样表达了对判决书中“本院认为”部分的重视：“基层法院在同样事实的基础上同样判决。（他们）引用（指导性案例中的）‘本院认为’部分的观点。”②

辨析判例（或者指导性案例）中的法律观点、法律理由的过程也是对判例或指导性案例进行解释的过程。中国法官遇到的上述问题，民法法系国家的法律家也同样遇到。德国法学家拉伦茨指出：“可能被视为‘判例’的法院裁判，同样也需要解释。它们需要解释的程度，恐怕还高于法律。因为它们与案件事实紧密相关，因此，显现在裁判中的准则，其适用范围如何，能否适用于其他事例，将更滋疑义。”③对于如何确定判例的说理范围，拉伦茨认为，“解释法院裁判主要涉及：理解法院的思考过程，清楚地表达其中的思想并划定其界限，及区别支持裁判的主要理由与‘装饰性的附件’。”判决理由对于法院就该案件的裁判具有决定性的意义（只要它不是“旁论”），这样，解释裁判的目标只能是：探求法官实际上的意见。④

拉伦茨所论说的区别支持裁判的主要理由与“装饰性的附件”（或“旁论”）的问题，在普通法系国家已经被研究、实践多年。在普通法系国家，法官使用区别技术以实现“遵循先例”的原则。其区别技术包括狭义的区别技术和广义的区别技术。其中广义的区别技术是指在判例中区别判决理由（大体相当于拉伦茨所说的“支持裁判的主要理由”）与附随意见（大体相当于拉伦茨所说的“装饰性的附件”）的技术。在美国，法官只对争讼的事实作出处理。争讼的事实是与本案直接有关的案件事实。在一个判例中，法官对与本案直接有关的案件事实发表的法律意见是判决理由，对后来的法官审理类似案件具有约束力，而法官对

---

① 根据笔者2007年8月27日在南京市中级人民法院的调研所了解。

② 根据笔者2007年8月20日在四川省高级人民法院的调研所了解。

③ ［德］卡尔·拉伦茨著：《法学方法论》，陈爱娥译，商务印书馆2003年版，第232页。

④ 同上。

与案件事实并非直接相关的问题所发表的意见则只是附带意见,不具有约束力。① 拉伦茨在其《法学方法论》中对确定判决主要理由的方法,提出了与普通法系法律家相类似的观点,他认为,法院在判决书中经常会表达超越裁判该案件所必要的法律见解。在此,后来的法官解释案例的任务即在于:将原本过宽的法律见解的表达限制在当时法院所意指较为狭窄的适用范围上,而法院的"意指"可以通过考察直接关联的案件事实得到。承办当前案件的法院经常会说明,先前的裁判对当下的裁判而言并非"判例",以致采取过宽的表达方式。②

目前中国的判决书中可能没有太多与其他国家判例中的判决理由和附随意见直接相对应的内容。但随着建立在社会经济不断发展基础之上的案情的日益复杂以及法官法律素养的日益提高,法官在判决书中表达比较多的法律见解,以至于需要对其主要的判决理由进行界定的情形,应当也会出现。在当下需要我们作出区别的是:在指导性案例中,哪些部分是需要受到特别注意、具有指导性、不能忽略的?哪些是可以忽略的?笔者认为,这涉及案件事实和法律说理两个要素。③

对案件事实的认定,应当是以案由为线索,以诉讼标的为核心,来确定案件事实的范围。美国法学家卡尔·卢埃林在谈论美国判例法的方法时,讲到了在研究判例的事实时需要注意的两类问题:首先,什么是具有重要意义的事实(类别)以及它们对于法院的重要意义何在?其次,当案情不那么一致时,什么样的事实或程序配置导致了法院措施的不同?④ 卢埃林的观点也许对我们研究中国的指导性案例的事实部分有所启发。一个案件的事实可以有很多,如果眉毛胡子一把抓,不仅缺乏效率,而且不得要领。确定、衡量案件事实在解决争议中所具有的法律意义,应当是我们确定案件事实范围的一个基本方法。

而对判决书中法律说理的范围的界定,同样需要通过具体案由,来寻找法官对诉讼标的的判决以及针对判决结论的法律观点、法律根据以及与之直接相关的说理。而这有赖于对判决书的文本分析。拉伦茨认为,判决书是了解法官意

---

① K. N. Llewellyn, *The Bramble Bush*, Ocena Publications, 1960, pp. 42, 43, 45.

② [德]卡尔·拉伦茨著:《法学方法论》,陈爱娥译,商务印书馆2003年版,第232页。这种由后来法官确定判决理由的方法,与普通法系国家的判例法方法有很大的相似性。例如美国法学家列维就指出,"重要的是现任法官在试图将法律看成一相当连贯的整体时,其所构想的具有决定性的事实的分类。"[美]艾德华·H. 列维著:《法律推理引论》,庄重译,中国政法大学出版社2002年版,第5页。

③ 笔者在这里说两个"要素",而不是两个"部分",意在表明事实与法律在一个案件中有时可以分开,有时无法分开。

④ K. N. Llewellyn, *The Bramble Bush*, Ocena Publications, 1960, p. 49.

见的书面资料。对了解法官意见具有决定性的是字义及意义脉络。就字义而言,特别应注意法律的语言用法;意义脉络则包括待判的案件事实。还有,如果在说理的脉络中出现矛盾、漏洞,应当研究在可能的字义及意义脉络范围内,是否有一种足以排除矛盾并弥缝漏洞的解释存在。假使确有此种解释,而且也有其合理意义,则应依照此种方式来解释判决。因为,在有疑义时应假定:假使说理有瑕疵,法院仍然会努力作逻辑一贯的思考,形成无漏洞的思想脉络。① 用卢埃林的话,就是用“某种目的把案件细节串联起来”。② 笔者认为,诉讼标的、争讼的关键问题或者对争讼关键问题的解决,就是可以把案件细节串联起来的红线。

判决书是对判决的正当性证明,③也是形成指导性案例的基础。不同层次的判决书风格可能各有不同,它们对事实认定和法律推理等方面的表达也会各有千秋。④ 从发展指导性案例的角度来看,判决书应当包含有关使判决得以作出的案件事实和法律推理的完整的陈述;⑤而且,判决书中对事实认定与证据采信的陈述应当全面、公平;法律推理应当准确、清晰、完整。

三、指导性案例的适用

当我们确定了指导性案例中具有指导性的部分以后,如何使用它们?是否需要引用它们?为什么需要引用它们?指导性案例具有什么样的效力?如何保证指导性案例的指导性作用的发挥?指导性案例如果与司法解释不一致,应当适用哪个?

(一)指导性案例的使用与引用

笔者通过研究调查问卷以及在调研中发现,虽然许多法官在审判实践中

---

① [德]卡尔·拉伦茨著:《法学方法论》,陈爱娥译,商务印书馆2003年版,第232页。

② K. N. Llewellyn, *The Bramble Bush*, Ocena Publications, 1960, p. 40.

③ K. N. Llewellyn, *The Bramble Bush*, Ocena Publications, 1960, pp. 37, 38.

④ 笔者感觉,中国有些法官的判决书的风格有点像意大利的法院判决。夏皮罗教授指出:在意大利,由于用学术方法研究法律的支配地位,也由于教授拥有比法官高得多的地位,法官会努力使他们的判决尽可能的类似于学术著作,审理中的案件的具体事实情况倾向于被一笔带过,在判决意见中一般也会忽略案件的特殊方面而强调案件具有普遍性的方面,以期作出一个“massina”,也就是具有普遍性的法律建议(相当于我们后文要谈的“裁判要旨”并尽可能的是其与学术著作和文章中提出的格言相类似)。[美]马丁·夏皮罗著:《法院:比较法上和政治学上的分析》,张生、李彤译,中国政法大学出版社2005年版,第204页。

⑤ 就像法国法院的一审法庭判决一样。[美]马丁·夏皮罗著:《法院:比较法上和政治学上的分析》,张生、李彤译,中国政法大学出版社2005年版,第201页。

使用指导性案例或参考性案例，但是，他们对指导性案例的使用具有任意性。全国法院系统目前对于在审判工作中是否使用与引用、如何使用与引用指导性案例并没有统一的规定，而是由法官自己决定；同时，法官对指导性案例的使用并不在判决书中体现出来，而是隐含在判决书中，或“外挂”于判决书，笔者称为对指导性案例的隐含性使用。① 实际上，几乎所有接受调研的法官都说，即使他们使用了指导性案例，一般也并不在判决书中引用、不在判决书中说明。他们多数是在案件卷宗（如合议笔录）中写明，或者是在审理报告中写明其他案件对类似案件是如何裁判的。② 在这一点上，中国的情形与法国有些相似。在法国，法院把先例的结果吸收进承办法院自己的推理中，而不直接引用先例；而且这样使用的先例会在遇到类似案件时被再次使用。③ 笔者认为，如果法官在审判中使用了指导性案例，或者法官在审判中对当事人提出的先前案例没有予以采纳，都应当在判决书中说明。④ 在判决书中引用承办法官实际使用的指导性案例的意义至少有四点：其一，可以使当事人全面了解裁判者作出判决的真实理由，这既是司法公正与公平的需要，也是司法为民的需要；其二，在判决书中对实际使用的指导性案例加以引用和说明，可以保持人民法院在法律适用方面的一致性和连贯性，坚持法治原则；其三，这样可以增加裁判文书说理的力度，提高司法效率；其四，这样做有利于法官、检察官、律师和法学工作者整合司法资源，为以后的司法、立法工作提供很好的经验。

在中国的司法实践中，谁来决定是否使用指导性案例呢？我们可以说是由待办案件的承办法官决定的。但是，承办法官在决定是否引用指导性案例时并不是完全自主的。在我国，法院的科层制结构对指导性案例的使用有着不可忽视的影响。

① 据笔者在南京市白下区人民法院的调研所了解。一位基层法院的副院长指出，在实践中，指导性案例只是在形成判断的时候，作为支撑，不会作为理由；（也）不向当事人或社会说明。目前使用指导性案例带有选择性。法官自由选择的权力比较大。案例指导仅仅是一种帮助。

② 一位法官说：（对于）当事人提交的案例，可以作为证据列明，但是我不好说采用。我们针对他提出的陈述理由，在“本院认为”中加以回应、交代，进行实质交锋，案例的形式被隐去。这是由于现实的制度设计。因为假如我引用了上级案例，我的判决的正当性会受怀疑，我们是“据法裁判”，而不是“据例裁判”。根据笔者2007年8月21日在成都市中级人民法院的调研所了解。

③ John P. Dawson, *The Oracles of The Law*, William S. Hein & Co., Inc. Buffalo, 1986, p. 407.

④ 最高人民法院和最高人民检察院联合编辑、法律出版社出版的《中国案例指导》丛书对于在判决书中引用指导性案例已经表达了明确的肯定意见。参见该书2005年版第1辑，第2页。

(二)科层制、指导性案例的效力与指导性的保证

笔者在这里使用“科层制结构”的概念,是受美国耶鲁大学法学院教授米尔伊安·R. 达玛什卡著作的启发。他按照一定的标准,把政府事务管理的体制分为科层式理想型和协作式理想型两种。这两种类型并不必然地与哪一个实际的政府体制相对应,而是该书作者为了有效地进行理论分析所提出的。法国、德国的司法体系更接近科层式理想型,而英国、美国的司法体系更接近协作式理想型。达玛什卡教授认为科层理想型的一个重要特点是严格的等级秩序,他指出:“每一上层的梯队都承担着更大的责任,也享有更大的权势。级别相同的官员是相互平等的,但是,当他们之间产生争议的时候,这些‘同僚(homologues)’没有被授权通过协商和妥协来自行解决这些争议。他们必须把争议事项提交给共同的上级去处理。只有在这一权力金字塔的顶端(假定它不是由一个人占据的),意见分歧才不可避免地会通过协商来解决。”①对照上述分类,当代中国的司法体制更接近科层理想型而不是协作理想型。根据《中华人民共和国人民法院组织法》,最高人民法院监督地方各级人民法院和专门人民法院,上级人民法院监督下级人民法院的审判工作,最高人民法院对各级人民法院已经发生法律效力的判决和裁定,上级人民法院对下级人民法院已经发生法律效力的判决和裁定,如果发现确有错误,有权提审或者指令下级人民法院再审。② 各级人民法院院长对本院已经发生法律效力的判决和裁定,如果发现在认定事实上或者在适用法律上确有错误,必须提交审判委员会处理。在这样一种体制中,上级人民法院、本法院院长和审判委员会在包括指导性案例的使用等许多方面拥有很大的权威和职责。笔者调研了解到的情况是,在通常情况下承办法官自己决定是否引用指导性案例。但有时,下级法院的法官也会向省高级人民法院“请教”。③不仅上级法院对是否引用指导性案例拥有发言权,同级法院的审判委员会对此也有相当的决定权。有的法官就认为:“是否参考、如何参考(指导性案例),应

---

① [美]米尔伊安·R. 达玛什卡著:《司法和国家权力的多种面孔——比较视野中的法律程序》,郑戈译,中国政法大学出版社2004年版,第29页。

② 一位高级人民法院的副院长和一位法官在他们的文章中对这种上下级的监督内容讲得更为具体:“上级人民法院对下级人民法院的监督,就是监督其在审理和判决案件时认定案件事实是否清楚,适用法律是否正确……人民法院是否正确地适用了法律,既包括在实体上是否正确适用了法律,也包括程序上是否正确适用了法律。”参见张弢、陈飞霞:“西方判例制度东移的必要性和可行性评析——案例指导制度构建的框架和对司法实践指导的方法”,载《西南政法大学学报》2007年第4期。

③ 一位省高级人民法院的庭长告诉笔者:一般来说,是法官自己来判断;如果他们不能确定,他们会找我们。也有,把不是指导性案例的案例拿来做指导性案例用。根据笔者2007年8月20日在四川省高级人民法院的调研所了解。

当由审判组织决定。独立思考,通过审判监督(决定)。”[①]我们可以看到,上级法院,本法院的领导者对指导性案例的使用是有相当影响的。这构成了当代中国大陆指导性案例的一个特色。

指导性案例是否具有规范性效力?对于这个问题,无论做肯定的回答还是否定的回答都不会完全令人满意。如果我们做肯定的回答,则尚缺乏足够的、相应的、明确的法律依据;如果我们做否定的回答,则会面临学者或者法官这样的诘问:“如果指导性案例对于司法实践是可适用也可不适用,即可有可无的话,那我们怎么指望它发挥指导性呢?”笔者以为,在实践中,一些学者或法官的诘问可能不是一个非常严重的问题。因为,正如我们在前面所说明的,上级法院尤其是最高人民法院在法律适用上享有很高的权威,只要最高人民法院和高级人民法院通过一定的、严格的程序确定、编选了指导性案例,它们在很大程度上可能被适用。笔者的这一看法是可以得到支持的。一位学者和一位法官在他们的文章中指出的:“目前我国绝大多数下级法院和法官都有遵循上级法院判决的倾向,因为上级法院可以通过二审或者提审的方式,改变下级法院的判决。”[②]因此,只要指导性案例是由最高人民法院和高级人民法院通过一定的、严格的程序确定、编选的,它们是可能被在很大程度适用的。保证其适用的动力可能不在于它们自身的约束力,而在于科层制内上级法院的权威、指导性案例体系的权威性和指导性案例本身的说服力。

(三)指导性案例与司法解释的“同一论”与“交叉论”

这里其实有两个相互联系的问题:其一,指导性案例与司法解释是什么关系?其二,当一个特定的指导性案例与一个特定的司法解释发生矛盾的时候怎么办?[③]

我们可以先讨论指导性案例与司法解释的关系。笔者以为最高人民法院奚晓明副院长对当代中国大陆案例指导的经验总结和定位,对解决指导性案例的定性以及指导性案例与司法解释的关系具有很大的启发意义,他指出:案例指导作为上级法院指导下级法院审判工作的一种主要方式和重要手段,是对法院审判工作经验的成功总结,是法院长期坚持的工作方法;在民事审判和行政审判领域,要充分发挥案例指导制度解释法律的作用,最高人民法院对民事、行政审判的应用解释可以形成以成文的条文解释为主,以个案解释为补充的两条腿走路

① 根据笔者2007年8月23日在昆明市中级人民法院的调研所了解。

② 张晓永、孟凡平:“中国公益诉讼中的案例指导问题”,载《河北学刊》2007年第3期。

③ 根据笔者2007年8月23日在昆明市中级人民法院的调研所了解。

模式；发挥民事、行政案例裁判方法的指导功能；建立以审判为中心的案例指导工作模式。[①] 广州的秦旺法官在总结了当代中国大陆司法解释的经验后，建议“通过指导性案例及时掌握需要司法解释的纠纷类型，指导性案例应成为司法解释来源的重要依据。”[②]他的这个观点与奚晓明大法官的观点大体上是一致的。

笔者曾经在一篇文章中，把指导性案例定性于非正式意义的法律渊源，定位于司法解释的一种形式。[③]

笔者现在仍然认为指导性案例是一种非正式意义上的法律渊源；但是在指导性案例与司法解释的关系上，不再坚持它是司法解释的一种形式。笔者将自己原先的观点称为指导性案例与司法解释的“同一论”，现在则主张两者的“交叉论”，即有些指导性案例同时是司法解释，但是并不一定所有指导性案例都是司法解释；成为指导性案例与成为司法解释的程序是有区别的；只有经过了按照最高人民法院《关于司法解释工作的规定》发布程序的指导性案例，才同时是司法解释。

那么，当一个特定的指导性案例与一个特定的司法解释发生矛盾时应当怎么办？笔者以为，从程序公正的角度讲，最高法院的司法解释的效力应当高于指导性案例。因为，最高人民法院的司法解释的规范性效力是有明确的法律文件做依据的，例如1981年6月10日第五届全国人民代表大会常务委员会第十九次会议通过的《全国人民代表大会常务委员会关于加强法律解释工作的决议》、1997年7月1日发布的最高人民法院《关于司法解释工作的若干规定》以及于2007年4月1日将其取而代之的最高人民法院《关于司法解释工作的规定》；后两个法律文件都明确规定：司法解释施行后，人民法院作为裁判依据的，应当在司法文书中援引。指导性案例作为非正式意义上的法律渊源虽然具有合法性，[④]但是却缺乏像最高人民法院有关司法解释的规定那种层次的法律文件做依据。这是一个需要我们正视、有待解决的问题，希望以后会有一个更为规范化的方式解决此问题。但是从目前的体制上看，一般来说，如果一个司法解释与一个没有经过司法解释程序转化的指导性案例发生矛盾，前者的效力应当优于后者。但是，对此不宜绝对化。在实践中有这种情况：某一司法解释由于发布时间

① 奚晓明：“建立以案例审理为中心的案例指导制度”，载《河北学刊》2007年第3期。

② 秦旺：“论我国案例指导制度的构建和适用方法”，载葛洪义主编：《法律方法与法律思维》（第4辑），法律出版社2007年版，第215页。

③ 张骐：“试论指导性案例的‘指导性’”，载《法制与社会发展》2007年第6期。

④ 同上。

久不能适应新的形势而过时，新的案例更为公正、更符合法律的精神和原则，法官因此以新的指导性案例将旧的司法解释取而代之。① 在这种情况下，有必要通过一定程序维护新的指导性案例的权威性，而尽可能快地修改或废止旧的、过时的司法解释。

结语：改善对指导性案例的选择

在中国和其他国家的司法实践中都有，存在数个案情相同或相似而结果和说理却差别很大的指导性案例或先例的情况，法官在这种情况下面临着在不同的指导性案例或先例之间进行选择的问题。笔者以为，同一种案情的不同先例的出现，是很难避免的事情。美国法学家卢埃林（K. N. Llewellyn）曾经指出，先例学说具有双向性：对于同一个先例，一个学说因其有麻烦而要摆脱它，另一个学说则因其似乎有帮助而要利用它；先例既好又坏，这取决于法官个人的素质和能力。有经验的法官可以凭借手中的利器自如地运用先例，而没有经验的法官则处处受先例的限制。在后来的承办法院对其做清楚的认定之前，先例常常是模糊的。律师或法官需要对先例的权威提供有说服力的证明。②

在普通法系国家，尤其是在美国，虽然存在遵循先例的原则，但是并非对任何先例都一定遵循。法律家们发展出了十分精致的漠视先例、推翻先例、规避先例的方法。简单说来，法院如果发现某个判例在根本上有缺陷，就可以漠视之；作出判决的法院或者它们的上级法院可以以高度实质性理由推翻先例。③ 卢埃林曾经详细考察、分析了美国法官各种遵循先例和规避先例的方法和技巧，例如通过明确地缩小先例范围的方法规避"已判决"。④ 这些方法使美国的法官可以在众多先例面前进行较为合意的选择（并不总是公正和妥当的选择——笔者

① 江苏省高级人民法院审判委员会办公室主任戚更生法官认为，这样的指导性案例"反映了人民群众共同的价值观"，因此有效。根据笔者2007年8月27日在江苏省高级人民法院调研所了解。

② K. N. Llewellyn, *The Bramble Bush*, Ocena Publications, 1960, pp. 68-69.

③ 比如：过时、先前判例推理有缺陷、先前的法庭对先例的理解有误、或不符合新的道德观和社会意识；法官还可以使用"识别"技术来规避先例。参见P. S. 阿蒂亚、R. S. 萨默斯著：《英美法中的形式与实质——法律推理、法律理论和法律制度的比较研究》，金敏、陈林林、王笑红译，中国政法大学出版社2005年版，第100~103页。

④ ［美］卡尔·N. 卢埃林著：《普通法传统》，陈绪纲、史大晓、仝宗锦译，中国政法大学出版社2002年版，第89~102页。

注）。

笔者认为，从最基本的方面讲，在指导性案例的选择上，应当本着公正、公平的原则，选择更符合法律本意、仅与争讼问题有关的案例。同时，适用指导性案例的方法在很大程度上由有关法官、律师和其他法律家对适用指导性案例的正当性证明。这种正当性证明并不存在一个包打天下的法宝。它涉及逻辑、规则、政策、利益衡量、价值判断、制定法及实践等广泛的领域。用刘作翔教授和徐景和博士的话说，它涉及情势权衡的技术，包括："政策权衡、价值权衡、利益权衡、功能权衡等。"[①]对法律家个体来说，这是一个不断积累经验、提高能力的过程；对当代中国法律共同体来说，则是一个不断积累经验、增加共识的过程。

（2008 年第 10 期）

① 刘作翔、徐景和："案例指导制度中的案例适用问题"，载《湘潭大学学报》（哲学社会科学版）（第 32 卷）第 2 期。

改革开放30年与中国的法治建设

何勤华*

1976年,我们党粉碎了王洪文、江青、张春桥、姚文元"四人帮",宣告了"文化大革命"的结束,国家开始从"十年动乱"局面中走出来,原本已经瘫痪的社会主义法制也开始有了希望。① 但1977年、1978年两年,由于我们的思想尚未从长期形成的"左"的思想约束下解放出来,故在国家的政治与法律建设方面进展不大,尤其是"两个凡是"口号的提出,进一步阻碍了法治事业的进步。1978年年底的党的十一届三中全会的召开,彻底改变了这一局面。自那时以来的30年,中国的社会主义法制建设取得了巨大进步。这种进步给中国社会带来的巨大变化,可以用一句话来概括:"法治改变了中国"。目前,在中国,法治是一切事业进步发展的保障,依法治国、建设社会主义法治国家,是我们党和国家既定不移的治国方略。

一、法治理念的巨大进步

早在1978年12月6日(其时,十一届三中全会还没有召开),《人民日报》就发表了中国社会科学院法学研究所李步云的"坚持公民在法律上一律平等"一文,第一次提出了法律面前人人平等的主张,打响了中国法学界拨乱反正的第一枪。1979年1月5日,《人民日报》又发表了吉林大学乔伟的"独立审判,只服从法律"一文,朦胧的"法律至上"的观点被提出来。《人民日报》上述两篇文章的发表标志着法学界思想解放的开始。党的十一届三中全会的召开,进一步推动了法学界思想解放的进程。十一届三中全会的《公报》明确指出:"为了保障人民民主,必须加强社会主义法制,使民主制度化、法律化,使这种制度和法制具有稳定性、连续性和极大的权威,做到有法可依、有法必依、执法必严、违法必

---

* 作者单位:华东政法大学。

① 在"文化大革命"中,检察院被撤销,法院停止了工作,公安局虽然还在运作,但在"砸烂公、检、法"的口号下,其职能也已经大打折扣。全国的法律院系被解散,只保留了北京大学和吉林大学的法律系。原本在司法战线上工作的同志,也大部分被调离岗位,整个国家的法制建设完全处在了一个停止的状态。

究。”“要保证人民在自己的法律面前人人平等,不允许任何人有超于法律之上的特权。”“宪法规定的公民权利,必须坚决保障,任何人不得侵犯。”“从现在起,应当把立法工作摆到全国人民代表大会及其常务委员会的重要议程上来。”“检察机关和司法机关要保持应有的独立性,要忠实于法律和制度,忠实于人民利益,忠实于事实真相。”

上述有关社会主义法制的阐述,表明我们的党吸取了以往的经验和教训,痛定思痛,其中也蕴涵着求实的气魄和巨大的智慧。三中全会也指出了未来中国民主政治的航向:靠民主、靠法制。因此,可以将其视为中国30年法治历程的开端。从1979年开始的“法治与人治”大讨论,则把法学界的思想解放运动推向高潮。它虽然还没有触及现代社会法治理念的核心内容,但却涉及了法学领域的一些基本问题,如法的定义、法的阶级性和社会性,等等。更为重要的是,这场讨论有着极强的现实政治意义,即它是对1957年以来的30年法律虚无主义历史的清算和总结:法律不是万能的,但治理国家没有法律是万万不能的;以领袖的意志和权威为转移的,通过暴风骤雨式的运动治国的道路在中国是没有出路的。

1989年2月底,中国社会科学院法学研究所在北京召开的“中国法制改革学术讨论会”上,再次提出法治的要求:“我们要树立一个根本的信念,即建立一个现代法治国家是实现长治久安的根本保证。而不能把希望寄托在一两个领导人身上;必须响亮地提出法律至上的口号,保证法律具有至高无上的权威。”1989年第2期《法学研究》上刊登了王家福、刘海年、李步云合写的“论法制改革”。文章指出:“我国法制正在发生的深刻变化,标志着我国社会主义法制建设登上了一个更高的台阶——我国实现高度民主的社会主义法治国家进程的加速。”该文还提出了法治的具体目标,即法律至上的原则、完备的法律体系、法律适应社会生产力的发展需要、法律保障公民的权利和自由、建立权力的制约机制及司法独立、党在宪法和法律范围内活动六个方面。这可以说是法学界要求法治的一篇纲领性文章。

与此同时,中央领导对法治的认识也在不断深化。1989年9月26日,江泽民同志在回答《纽约时报》记者采访时指出:“我们绝不能以党代政。这也是新闻界常讲的究竟是人治还是法治的问题,我想我们一定要遵循法治的方针。”1996年2月,中央第三次法制讲座邀请王家福研究员主讲“关于依法治国,建设社会主义法制国家的理论和实践问题”,这是中央最高领导亲自圈定的题目,从中也可以看出中央对法治的重视。1997年9月,党的第十五次全国代表大会报告正式提出:“进一步扩大社会主义民主,健全社会主义法制,依法治国,建设社会主义法治国家。”1999年国务院在政府工作报告中提出：“依法治国，是党领导人民治理国家的基本方略。”1999年3月，第九届全国人民代表大会第二次会议通过了宪法修正案，修改后的《宪法》第5条增加了一个条款：“中华人民共和国实行依法治国，建设社会主义法治国家。”从此，法治终于成为国家的治国方略。2007年6月，胡锦涛同志在中央党校的讲话中再次提到法治问题，他说：“全面落实依法治国基本方略，弘扬法治精神，维护社会公平正义。”

应该说，“法治”与“法制”，虽然只有一字之差，但其本质含义差别极大。“法治”即法学界所说的“水治”，须以人民民主为基础，与“人治”相对立，体现着法律至上的精神观念；而“法制”则是法律制度的简称，即法学界所说的“刀制”，是一种专政的手段和工具。可以说，经历了数十年的坎坷挫折，现代法治的理念终于在中国这块古老的大地上生根、发芽、开花和结果了。在法治理念的指导下，中国整个法制建设取得了长足的发展。

二、立法、行政和司法的长足发展

改革开放30年来，我们首先在立法上取得了巨大的进步。1979年颁布的7个法律，[①]掀开了改革开放后中国立法迅速发展的序幕。而上述法治理念的进步，则为中国立法的大发展提供了理论支柱：建立完备的法律体系是实现依法治国的基础，是严格执法和公正司法，从源头上遏制腐败的基本前提，也是促进我国经济发展和社会全面进步的客观要求。在十一届三中全会到1998年3月八届人大任期结束的第一个阶段，除1982年宪法外，全国人大及其常委会共制定了327件法律和有关法律问题的决定。而从1998年3月到2002年12月28日的第二个阶段，九届全国人大及其常委会又通过了法律和有关法律问题的决定112件。

经过2003年3月至2008年3月这5年的十届人大及其常委会的工作，以及对现行法律的废、改、立活动，到目前为止，我国现行有效的法律共有229件，涵盖了宪法及宪法相关法、民商法、行政法、经济法、社会法、刑法、诉讼及非诉讼程序法七个法律部门；现行有效的行政法规近600件，地方性法规7000多件，民族自治地方的人民代表大会制定了600多件现行有效的自治条

① 这7个法律分别是：《刑法》、《刑事诉讼法》、《地方各级人民代表大会和地方各级人民政府组织法》、《全国人民代表大会和地方各级人民代表大会选举法》、《人民法院组织法》、《人民检察院组织法》、《中外合资经营企业法》。

例和单行条例。这样，以宪法为核心，以法律为主干，包括行政法规、地方性法规等在内的，由七个法律部门、三个层次法律规范构成的中国特色社会主义法律体系已经基本形成，国家经济、政治、文化、社会生活的各个方面基本做到了有法可依。

与立法的进步同步，我国的依法行政也日益向制度化、程序化以及民主、平等、公平、公正、公开透明之方向发展。1987年党的十三大报告明确提出了行政管理法制化的基本思想，“为巩固机构改革的成果并使行政管理走上法制化的道路，必须加强行政立法，为行政活动提供基本的规范和程序。”同年召开的第一次全国政府法制工作会议正式提出“政府法制”概念。1989年通过《行政诉讼法》，这是中国行政法制建设的重要标志，是推动依法行政的重要法律，是第一部“民告官”的法律，它标志着行政机关要从高高在上的地位走向与民众平等的地位。

在依法行政理念的指导下，1990年国务院发布《行政复议条例》，规范行政复议行为，进一步推动对公民权利救济和对行政机关的监督工作力度。1994年《国家赔偿法》颁布，它不仅是对提高行政机关依法行政水平的要求，也体现行政机关对相对人合法权益注重赔偿保护的精神。它是继《行政诉讼法》之后，依法行政理念在立法上的再次体现。1996年制定《行政处罚法》，这是一部专门对行政处罚这种具体行政行为进行系统规范的法律。它不仅对行政处罚的设定和规定作出了明确的规定，而且对行政处罚的实施机关和程序作了详细的规定。这样就可以从源头上防范处罚乱设定和乱规定的问题，也可以在事中通过具体的程序防范和纠正乱处罚的问题。

在1997年党的十五大报告提出的“一切政府机关都必须依法行政”之口号的鼓舞下，1999年我国颁布了《行政复议法》，这是在总结《行政复议条例》实施经验教训的基础上出台的重要法律，进一步促进了依法行政理念的强化。同年，国务院发布《关于全面推进依法行政的决定》，依法行政理念向全面深化的方向发展。依法行政理念内容更丰富、更明确细化，形成比较完整的指标化体系。2000年的《立法法》则从行为的事前和事中加强对行政行为的监督控制。2004年国务院发布了《全面推进依法行政实施纲要》，特别提出要认清全面推进依法行政的重要性和紧迫性。这样，经过30年的发展，我国依法行政的理念经历了一个渐进的发展过程，由最初反对官僚主义、提高行政效率，到后来的行政管理法制化，再到市场经济要求依法行政的理念，再到加强权利保护、人权保护、法治建设、和谐社会构建等。当前，依法行政已不再是一句抽象的口号，它已成为含有丰富内涵的指导思想：一方面，它表明其产生的背景越来越复杂，其赖以存在和发展的基础越来越厚实，能够做到与时俱进；另一方面，其也表明，依法行政承载着人民越来越多的梦想和追求，其要承担的服务功能也越来越多。

在依法行政理念、方针的指导下，30 年来，我国的依法行政的制度建设也有了长足的发展。

一方面，我们建立起了行政主体制度，使行政主体日益法定化和科学化。我国宪法、各类组织法、行政处罚法、行政许可法等促使行政主体类型逐步规范化和法定化。在行政处罚法、动物防疫法等法律中明确了法定行政机关和法律法规授权组织的内涵和范围。① 我们建立、健全了政府法制工作机构和信访工作机构。1986 年国务院决定成立国务院法制局，负责国务院法制工作。1988 年和 1998 年的机构改革都加强了国务院法制机构。与此相适应，地方政府法制机构也在发展壮大，机构设置和人员配备都得到了全面加强。与此同时，1995 年制定的《信访条例》在 2005 年得到了修正。政府信访工作机构，以及政府工作部门内部的信访机构都得到了加强。我们逐步完善了公务员制度。2005 年全国人大常委会制定了《公务员法》。该法规定了公务员的任职条件、义务与权利、职务与级别、录用、考核、职务任免与升降、奖惩、培训、交流与回避、工资福利保障、辞职与辞退、退休、申诉控告、职位聘任及法律责任等。

另一方面，我们建立和完善了行政行为制度。在抽象行政行为方面，目前国务院已经制定了 1000 多件行政法规，国务院各部门和省、自治区、直辖市以及 49 个较大的市的政府制定了 20,000 多件规章。国务院于 2001 年制定了《行政法规制定程序条例》、《规章制定程序条例》等。不少地方性法规对地方政府规章的制定、修改、废除等也作了相应的要求。在具体行政行为方面，30 年来，我国颁布了许多法律法规，特别是《行政诉讼法》、《行政复议法》、《国家赔偿法》、《行政处罚法》、《行政许可法》等几部重要法律，都对政府行为作出了明确的规范。

此外，我们还建立起了行政程序制度。如行政立法的程序（《立法法》、《行政法规制定程序条例》、《规章制定程序条例》、《法规汇编编辑出版管理规定》等）；②具体行政行为的程序——在一些单行法律，如《行政处罚法》、《行政监察

---

① 我国在改革完善行政主体制度的同时，也同步进行了行政机构的改革，进行了 1982 年、1988 年、1993 年、1997 年、2003 年、2008 年六次重大改革，2008 年 2 月 25 ~ 27 日，中共十七届二中全会讨论通过了《关于深化行政管理体制改革的意见》和《国务院机构改革方案（草案）》，以“大部制”为核心的政府行政体制改革正式启动。

② 当然，这方面的建设还不完善，目前主要是由地方性法规、地方政府规章和国务院部门规章对此作了某些规定，如《浙江省行政规范性文件备案审查规定》等。

法》、《公务员法》等中规定了简易程序、一般程序和听证程序，以及内部行政行为的程序、其他职务行为的程序(如《信访条例》规范了办理、复查和复核三级审查程序)等；地方的专门性程序立法；[①]体现"正当程序"精神的系列制度(如行政机关有公正作为的义务、公众享有知情权和获得告知权、公民法人或其他组织享有听证权、行政机关有说明理由的义务等)。

最后，我们完善了行政监督和救济制度，如以行政复议、行政诉讼、行政信访、行政申诉、行政赔偿等为主的监督和救济制度已经形成，并逐步发展完善。

30年依法行政建设成果对中国的社会产生了巨大影响：第一，它推动了宪法的实施(如由公民启动行政诉讼——民告官，公民向最高权力机关申请审查行政法规，促进行政法规的废除等)。第二，建立了具体细化的行政法治指标体系。[②] 第三，促进了行政法律关系的健康发展。如推动了行政主体和执法体制的改革，[③]行政行为的设定和实施制度走向规范，[④]行政机关更加主动规范控制行政裁量权，[⑤]建立确保行政行为公开的法律运作制度，[⑥]与世贸组织(WTO)的要求日趋接轨，相对人的权利意识提高和行政机关更主动地注重对相对人权益

① 在国家尚未出台一般行政程序法的情况下，一些地方制定地方政府规章，对行政行为的程序进行了规范。2008年4月9日湖南省政府发布《行政程序规定》，自2008年10月1日起施行，共10章178条。该规定重点涉及总则、行政程序中的主体、行政决策程序、行政执法程序、特别行为程序和应急程序、行政听证、行政公开、行政监督、责任追究等内容，是我国第一部地方政府制定的行政程序性立法。

② 2008年6月浙江省余杭市的法治建设有了量化指标。中国内地第一个法治指数"余杭法治指数"宣告推出。首次公布的余杭法治指数为71.6。指数来自于四个方面，即由政府机构中直接参与法律工作的成员组成的内部组、非政府机关的教授、企业家、记者等组成的外部组、著名法学专家组、余杭区内的百姓组的评议。

③ 2005年国务院办公厅发布《关于推行行政执法责任制的若干意见》，全面推行了行政执法责任制。据不完全统计，自推行行政执法责任制以来，全国各级行政机关共追究行政执法责任28万多人次。

④ 《行政许可法》自实施以来，在国务院的统一部署下，各部及地方政府对行政许可项目、依据、实施主体进行了全面清理：共清理行政许可项目25,797项，取消8666项，调整1841项；清理行政许可依据25,554件，废止3981件，修改2493件；清理行政许可实施主体2389个，保留1932个，取消和调整373个。

⑤ 如宁波市人民政府发布了《宁波市行政处罚自由裁量权行使规则》、南京市房产管理局发布了《房产行政处罚自由裁量权适用规则》、《厦门由裁量权行使规则》、南京市房产管理局发布了《房产行政处罚自由裁量权适用规则》、厦门市城市管理行政执法部门发布了《行政处罚自由裁量权适用规则(试行)》和《行政处罚自由裁量说明理由制度(试行)》等。

⑥ 2008年5月1日，《政府信息公开条例》正式施行。2008年5月12日14时28分，四川汶川发生大地震，从地震发生到公布地震信息仅使用了18分钟。

的保障等。[①] 第四,保障和促进经济建设的健康发展。[②] 第五,保障和促进了政治文明及精神文明建设。第六,保障和促进了和谐社会的构建。当然,我们在依法行政的制度化方面还存在一些问题:一方面,行政机关依法行政理念和行政法治的理念还没有牢固树立;另一方面,有关行政制度建设还要进一步规范和完善,如规范行政行为的一些重要的单行法(如《行政收费法》等)至今未出台,行政程序立法滞后(如《行政程序法》至今未能推出),行政救济制度亟须改进和完善,[③]公众参与行政活动受到较大限制,如公益诉讼等就缺乏法律依据。这些问题,都需要我们进一步深入研究并采取相应的有效措施予以解决。

在司法改革领域,30 年来我们取得的成果要更加丰硕。十一届三中全会以后,从 20 世纪 80 年代到 90 年代,司法制度先从重新确立方向,到逐步开展改革的试点,到 1999 年后,走上了成熟和稳健的制度建设之路。1999 年 10 月,最高人民法院发布了第一份《人民法院改革五年纲要》,对 1999 ~ 2004 年间的司法改革提出了一系列方案、措施、目标和方向,成为我国司法改革迈入阶段化、纲目化时期的标志。2005 年 10 月,最高人民法院发布了《人民法院第二个五年改革纲要(2004 ~ 2008)》(以下简称《二五纲要》),规划了全国法院系统第二轮改革的目标和措施。《二五纲要》显示出审慎、妥协的特征。[④] 1979 ~ 2008 年间,最高人民法院(院长)共向全国人大作报告 30 次,已经稳定为每年一次。在向人大报告工作的常规化的基础上,法院的工作正式进入了"向人大负责、受人民监督"的阶段。

从 30 年司法改革的内容来看,我国法院首先在制度建设方面取得了突破,在审级制、管辖制、证据制、诉讼形式、死刑问题等方面,都取得了实质性的进步。

---

① 越来越多的公民在权利受到侵害的情况下,不是采取沉默而是积极行使诉讼权。他们对一些高层的行政行为提起诉讼,如起诉财政部、司法部、铁道部等的行政不作为,以及起诉地方行政机关的不当行政行为,如 2001 年方小燕等 688 名个体出租汽车经营户诉杭州市人民政府、2002 年"夫妻看黄碟"事件的当事人诉宝塔区警方、2003 年安徽芜湖大学生张先著诉芜湖人事局"乙肝歧视"案等。

② 广东省高级人民法院最近对"中国行政第一案"作出终审判决:维持佛山中院撤销被告佛山市经委发出免除陈锦洪佛山市兴业集团公司正、副总经理的两个任免"通知";但陈锦洪索赔 1.6 亿多元的请求被驳回。虽然法院没有判决行政机关给受害人应有的赔偿,但它确认行政机关免去企业领导人的行为的违法性,为行政机关管理企业设定了界限。

③ 例如,《行政诉讼法》的受案范围狭窄,不仅将抽象行政行为,而且将许多具体行政行为排除在外。《国家赔偿法》本身存在严重的缺陷,赔偿的数量太小,也没有精神损害的物质赔偿,没有主观恶意的惩罚性赔偿。

④ 这种深思熟虑、审慎至微乃至必要时的妥协,在 2006 年死刑复核权收归最高法院的事例中可以看得很清楚。

同时,还有一些问题的改革也已经有了理论和实践上的准备:如法院建制低专业化问题、合议庭功能强化和裁判权威性树立机制问题、诉讼标的金额作为案件划分标准问题、对判断案件裁判结论正确与否的简单二分法问题、审判实践中的形式主义和"搭便车"问题、裁判的公开性问题,等等。除此之外,法院在审判条件、管理水平和现代技术运用领域也取得了长足进步。其次,30 年来司法领域的人才建设进展迅速,我国法院人员的专业化水平、综合素质以及对工作人员的管理水平,都已经取得长足的进步。尤其是到了《二五纲要》期间,法官队伍建设已不再停留于零星的、松散的、试点性的个别制度建设,而是达到了从整体出发,构建起了包括职务序列制度、任职制度、员额制度、遴选制度、交流制度、培训制度、职业保障制度、质量评估制度、人员考核制度、惩戒制度等 11 项内容的体系化的队伍建设层面。其中,最具核心的有:

(1)准入机制建设。统一了司法考试,将"律师资格考试"、"初任法官资格考试"、"初任检察官资格考试"合而为一,实现"三考并一考",统一了法院、检察院和律师队伍的进人标准。

(2)实行了法官序列化建设和分类管理。如将法官按照诉讼过程中的分工来进行管理;进行法官遴选制度改革,面向社会公开招考法官;基层人民法院试行法官助理工作等。

(3)法官管理模式的更新。如设置法官等级,即首席大法官、大法官、高级法官、法官;设置审判岗位,即审判长、独任审判员、法官助理;促成法院对法官的激励措施群,如①劳动工资处经济激励工资、津贴等满足基本生活需求的货币或非货币收入。②组织人事处目标激励职务、职级等满足个体发展所需的目标和规划的可预期性。③干部培训处发展激励培训、挂职锻炼等提高适应本岗位和更高级岗位的素质和能力。④宣传教育处荣誉激励和榜样激励各类评优奖先及作为反向激励的惩戒机制,满足受认可、体现个体价值等精神需求。⑤业绩考核由量化指标转向质量并重指标,这一转变改变了过去那种过多地看重结案数、诉讼收费的偏颇做法,激发了法官提高案件质量的积极性,也为法官提升法律知识水平和纠纷解决能力提供了制度条件。

(4)合议庭和审判委员会建设。

(5)易地任职机制的启动。2008 年年初,最高人民法院下决心运用政治动员的力量,安排各省、自治区、直辖市高级人民法院院长易地任职。共有 19 位省级法院院长以"系统互调,易地任职"的方式当选,调整面达六成以上。最高人民法院第一次如此大规模地实现省级法院地院长易地任职,其意义不仅在于遏制司法腐败,也在于跨出削弱司法机关地方化,推进司法权力统一行使的关键一步。

在法院工作进步的同时,我国检察制度的改革也得到了快速的发展。1978年,我国恢复了检察制度。1979年《人民检察院组织法》和《刑事诉讼法》的颁布实施,促进了检察制度的重建和发展。适应中国从计划经济向市场经济的转轨以及经济的快速发展,我国先是在地方检察机关(如广东省于1989年8月18日),以后在最高人民检察院(1995年11月10日)中设置了反贪局。1995年颁布的《检察官法》对于检察官的职责、权利义务、条件、任免、考核、培训以及奖惩等方面都进行了详细的规定,从而促进了我国检察制度的职业化。1998年,在原有中央检察官管理学院的基础上,成立了国家检察官学院,加强了对检察官的培训工作,大大提高了检察官的综合素质。在20多年检察制度改革的基础上,2005年,最高人民检察院颁布了《关于进一步深化检察改革的三年实施意见》,对检察制度的改革进行了全面的规划。改革开放30年以来,在检察领域中已经取得了诸多成果:我们渐进、全面地确立了一系列成熟的制度,如主诉(主办)检察官办案责任制,外部(人民监督员)和内部(检务督察)的监督制度,刑事诉讼犯罪人嫌疑人权利的保障制度、检务公开制度、量刑建议制度、检察引导侦查制度等,也推出了尚属个别探索的创新举措,如民事公诉、暂缓起诉、“社会服务令”、“零口供”规则、辩诉交易等。[①] 这些改革成果,不仅提高了检察制度在我国法律实施运作中的地位和作用,而且有力地保障了国家的经济建设和公民的各项权利,推动了国家各项事业的健康发展。

三、法学教育的迅猛发展

1977年,北京大学法律系、吉林大学法律系、湖北财经学院法律系开始招生(当年共招200余人),标志着中国大陆在结束十年“文化大革命”后,法学教育得以恢复。随后不久的1978年至1979年,西南、北京、华东、西北四所司法部所属政法学院和中国人民大学法律系陆续开始招生,则意味着法学教育在中国大陆的进一步的、有限度的扩大。1979年至1980年10月,教育部先后批准厦门大学、南京大学、中山大学、武汉大学、山东大学、南开大学、贵州大学、郑州大学、山西大学、新疆大学和复旦大学等15所大学设立法律系或法律专业,初具规模的高校法律教育在中国大陆形成。

① 关于改革开放30年中国检察制度的发展进步,可参见何勤华、张进德:“中国检察制度三十年”,载《国家检察官学院学报》2008年第4期。

1998 年，全国各类普通高校设置有法学类专业点约 340 个，法科本科在校生人数近 9 万人，2008 年，这个数字中院校上升到 615 个，在校法科学生达到 40 余万人。[①] 由上可见，经过 30 年的努力，中国大陆的法律专业本科教育获得了长足的发展，并为国家的经济发展和社会进步提供了大量的人才，在一定程度上缓解了社会对于法律人才的紧迫需求。

中国法律本科教育在获得大发展的同时，也出现了一些问题，如由于扩招，带来了学生素质的下降，学习的积极性和主动性不够，学习风气变差；由于教师队伍的建设（数量和质量）跟不上招生规模迅速扩大的步伐，带来了教育质量的滑坡；由于设置法学专业的法律院系迅速扩张，招生规模迅速膨胀，带来了法律专业本科毕业生就业率的下降，出现了法科毕业生极大多数进不了司法机关的现象；由于法律专业学生数量增大，而法院、检察院等容纳不了他们的实习需要，带来了法科学生的实践教学资源短缺，法科大学生的实践动手能力有所下降；由于教师数量不够，教师疲于上课，其用于科研和深入司法实务部门从事调研的精力不足，编写的教材离我国的司法实践的距离越来越远，使课堂教学与司法实务即理论与实践的脱节日益严重，等等。针对这些问题，法学界的有识之士也提出了许多相应的对策，如加强师资队伍建设，增加实验课程（法律院系的审判实验室建设），注重理论联系实践，转变法学教育观念（从职业教育转向通才教育），加强对法科大学生的就业培训和指导等。

在本科教育获得大发展的同时，法学专业研究生教育也蓬勃发展起来。1978 年，一些重点院校开始招收硕士研究生，1982 年开始招收博士研究生。1981 年 1 月 1 日，《中华人民共和国学位条例》实施，标志着我国学位制度的正式建立。相关数据表明，我国法学类研究生的招收数量基本上呈逐年增长的趋势。截止到 2006 年，拥有法学（这里指的是“小法学”，即不包括思想政治、马克思主义理论等“大法学”的法学专业）硕士招生权的高等院校已经达到了 138 所，每年招生法学研究生人数达 16,800 余人。2007 年、2008 年大体维持了这一规模，没有太大变化。[②] 法学研究生教育和培养具有重大意义：第一，加强了中国法学教育中的师资力量。第二，为中国社会的经济、政治、文化、法治等的整体进步与发展输送了大批人才。第三，法科研究生教育提高了我国法学研究的整

---

① 此数据是笔者于 2008 年 9 月 20 日在参加教育部法学专业教育指导委员会、中国法学会法学教育研究委员会年会会议时所获得的。

② 此数据是由司法部司法鉴定管理局局长霍宪丹提供的。霍局长长期担任司法部法学教育司副司长及全国法律硕士教育指导委员会秘书长职务，对我国的法学研究生招生和培养情况非常熟悉，他也是我国目前为数不多的研究法学教育的专家之一。

体水平。在法学研究生教育中，尤其应该提到的是法律硕士（JM）的教育，其已从1996年设定时的8所，[①]发展至现在的80所，十余年中规模扩大了10倍，为密切法律教育与司法实际部门的联系，加强法律人才知识结构的复合性和满足社会对法律专门人才的需求作出了贡献。

在中国法学教育发展过程中，目前遇到的一个重要问题是如何处理好司法考试与法律教育的关系。2001年6月30日，第九届全国人大常委会第22次会议通过关于修改《中华人民共和国法官法》和关于修改《中华人民共和国检察官法》的决定，规定初任法官、检察官必须从通过国家统一司法考试的人员中择优选取。7月15日，最高人民法院、最高人民检察院、司法部联合发布公告，决定当年的初任法官考试、初任检察官考试和律师资格考试不再单独组织，统一纳入2002年的首次全国司法考试。10月31日，最高人民法院、最高人民检察院、司法部联合发布公告，颁布《国家司法考试实施办法（试行）》，自2002年1月1日起施行。12月30日，司法部发布公告，首次国家司法考试定于2002年3月30日至31日在全国统一举行。全国共有36万多人报名。其中，法院、检察院、国家机关等的工作人员、法律服务业人员共14万多人报名。国家司法考试至今，已经举行了6年，继香港、澳门后，2008年4月16日，司法部考试司司长丁露宣布，自2008年起，台湾居民可报名参加大陆的司法考试。与此同时，教育部也宣布，从2008年起，在大学读书的大四学生也可以参加司法考试。

司法考试的举行，一方面对法学教育具有明显的推动作用，如它促进了全民对法律的兴趣和关心；通过对司法实务内容的学习有助于法律院校学生对法律知识的理解和把握；有利于法律教育与司法实践的结合，等等。另一方面，司法考试对法律教育也形成了强烈的冲击：第一，它同样带有应试教育的危险性，如果各高校只是为了追求司法考试通过率，就有可能将法律院校都变成司法考试复习班。第二，法律人才的培养，毕竟不只是掌握司法考试所涉及的知识范围就可以了，它还必须要学习掌握许多相关的基础学科知识。因此，如果处理不好，就会使一些法律及与其相关的基础知识的学习不受重视。第三，大四学生就被允许参加司法考试，必然造成许多学生从一入学起就全力复习考试内容，而冲击、荒废其他课程的学习。因此，如何处理、协调好司法考试与法律教育的关系，是一个值得需要法学界乃至全社会共同关注和讨论的问题。

---

① 1996年经教育部批准拥有法律硕士招生权的8所院校是中国人民大学、北京大学、中国政法大学、西南政法大学、华东政法大学、武汉大学、吉林大学和中国对外经济贸易大学。

四、民众法律意识的极大提高

法治社会的形成和完善,一方面在制度层面必须建构起一套完备的法律体系,另一方面在法律文化层面,法治精神必须渗透到民众的生活和观念之中。民众的法律意识反映了一个现代国家法治状况的发展程度。

法律意识是一个内涵复杂、外延广泛的社会意识和法律文化现象,一般分为三个层次:法律心理、法律观念和法律思想体系。第一,法律心理是人们基于自身的利益需要和体验而形成的对于法律的感觉、情感、愿望和要求,是法律意识的低级认识阶段即感性阶段。如民众对诉讼的心理感受等。第二,法律观念是介于法律心理与法律思想体系之间的一个"过渡阶段",是人们在对法的理解的基础上所形成的意向和决策思想,既有感性成分,也有理性因素,如法律有没有用?法院能否保证公正?等等。第三,法律思想体系是法律意识的高级阶段,它表现为系统化、理论化了的法律思想观点和学说,是人们对法律现象的自觉的反映形式,并以法学理论、法律学说的形式表现出来,它一般是法学家、法律思想家理性思维的结果。

法律意识的提高和社会主义法治国家的建设,具有内在的联系:一方面,现代化法律意识的形成是加强社会主义法治的重要条件。首先,适应社会主义市场经济的现代化法律意识是社会主义精神文明的重要组成部分,法律意识的提高和发展,是发展社会主义民主,加强社会主义法治的先决条件。只有本国绝大多数社会成员以及国家公职人员,尤其是立法、执法和司法部门公职人员具有适当的、较强的法律意识,一国的法治建设才能落到实处。其次,政治法律制度在一定意义上是特定的法律意识和法律文化的反映。法律意识的提高,法律文化的发展,必然会促进政治法律制度的发展和完善。最后,民众法律意识的提高,是使社会主义的政治法律制度充分发挥其作用的重要条件。制度是靠人来执行和遵守的,民众的法律意识的增强,就会使他们"懂得公民的权利和义务,懂得与自己工作和生活相关的法律,依法办事,依法律己,依法维护自身的合法权益,善于运用法律武器同犯罪进行斗争"。① 另一方面,社会主义法治建设,又是民众法律意识提高的必要条件和重要途径。第一,社会主义法治决定了民众法律意识的性质和发展方向。第二,加强和完善社会主义法治,才能保障和发展安定

---

① 《中共中央关于加强社会主义精神文明建设若干重要问题的决议》,人民出版社1996年版,第15页。

团结的政治局面和稳定的法律秩序。这是法律意识提高和法律文化建设的基本条件。第三,完善社会主义法治,坚决制裁一切违法犯罪活动,保障社会主义市场经济的有序发展,才能促进党风和社会风气的好转,才能实现法律意识的现代化。可以说,一国致力于法治国家的建设过程,就是该国社会成员和国家公职人员法律意识提高的过程。第四,完善的社会主义法治,必然要求完善配套的法律制度。而立法的成果本身,也是对于社会主流法律意识的一种外化。也就是说,社会主义法治本身就是一种法律意识的体现和对于主流法律意识的一种固定化。法律意识不是从来就有的,它是社会法权关系和法律现象在人们头脑中的主观反映,因此,需要灌输和培育。经过30年的改革开放以及法治建设,我国民众的法律意识已经得到了前所未有的提高。改革开放之初,我国法治建设刚刚起步,民众法律意识还较为淡薄。不知道宪法和法律规定公民有哪些权利和义务,不知道如何行使和保护自己的权利。司法机关也没有将公民权利的保护放在首位。行政机关通过政策和领导指示进行决策和管理而缺乏用法律手段管理公共事务的意识。社会上一些人违法不知法,犯罪不知罪,一些人遭受不法侵害,也不懂得如何用、甚至不知道可以用法律来保护自己。

针对上述情况,从1985年我国开始在全体公民中普及法律常识。“一五”期间,广大民众主要学习了宪法、刑法、民法通则、婚姻法、继承法、经济合同法、刑事诉讼法、民事诉讼法(试行)、民族区域自治法、兵役法和治安管理处罚条例(以下简称“十法一条例”)的有关基本常识。1990~1995年的“二五”普法,全国人民又认真学习了行政诉讼法、义务教育法、集会游行示威法等重要法律制度,而各地区根据实际的需要,还选学了诸如土地管理法、森林法、水法、矿产资源法、军事设施保护法、环境保护法、文物保护法、视频卫生保护法以及与计划生育有关的法律法规,使普法的内容进一步加大和深入。从1994年12月9日起,中共中央开始不定期举办法律知识讲座。中共中央政治局常委与中共中央政治局、书记处和国务院的领导人等听取了法制课。中央领导人亲自聆听法律课程,在全民普法中率先垂范,促进了各级领导带头学法,全国30个省、自治区、直辖市的党委、人大常委会、政府、纪检委等各方面领导人也都先后集中听取法律知识课程。领导人学法大大提高了法律在国家中的地位、声誉和影响。领导干部通过学法增强了法律意识,对我们国家走上法治的道路产生了重大影响。1995~2000年的“三五”普法,推动了民众学法的热情,50多个重要法律被全国普法办列入重点宣传普及计划,全国8亿多普法对象中有7.5亿人参加了各种形式的学法活动。2001~2005年的“四五”普法进一步提出:(1)实现提高全民法律意识向提高全民法律素质的转变,全面提高全体公民特别是各级领导干部的法律素质。(2)实现由注重依靠行政手段管理向注重依靠运用法律手段管理的转变,提高全社会法治化水平。“四五”普法取得了巨大的进展:全体公民的宪法和法律意识;领导干部依法执政、依法决策的能力;公务员依法行政、公正司法的意识;青少年的法律素质;企业经营管理人员依法经营、依法管理的自觉性(全国共举办企业管理人员培训班近6万期,240多万人接受了培训)等,都得到了进一步增强,全社会法治管理水平进一步提高(基层普遍开展了“民主法治示范村”、“民主法治示范社区”等创建工作,有609个行政村获得“全国民主法治示范村”称号)。2008年已经是“五五”普法的第三个年头,“五五”普法以深入学习宣传维护社会和谐稳定,促进社会公平正义的相关法律法规为目标。

总之,普法工作从“一五”普法中学习“十法一条例”逐步转变为根据不同人群和地域进行侧重不同的法律普及,丰富了群众学法的客体,从着重使民众知法、守法到不断地启发和鼓励公民增强主体意识和权利意识,树立现代法律价值观,有效地增强了民众法律意识:(1)公民的诉讼意识日渐高扬。① (2)公民的维权意识得到强化。② (3)公民的监督意识日益觉醒。③ (4)公民参与国家管理的意识普遍提高。(5)执政党法治意识的自觉与执政能力的提高。④ (6)公民的法律生活日益丰富与活跃,如报纸、杂志的法制新闻报道以其受众的广泛性成为民众获取法律信息的重要途径;随着人民生活水平的提高,电视在我国家庭中已经普及,成为影响力最广的大众媒介,其包含的法制宣传内容也成为深受百姓欢迎的节目;随着信息产业的发展,互联网的普及,给公民接触和了解法律提供更为多样、便捷的渠道。

---

① 从我国20年多来民事案件的增长数量来看,就能反映出民众诉讼意识的增强。据统计,1986年人民法院一审收到民事案件1,311,562件,2006年人民法院一审收到民事案件4,385,732件,民事案件收案数是1986年的3.34倍。行政诉讼也能够体现我国民众法律意识的增强。1989年全国各级人民法院共受理一审行政案件9934件,20世纪90年代以来受理案件数量最高的一年是2001年的100,921件,是1989年受案数的10倍多。2006年,仍然维持在95,617件。

② 如在消费者维权活动中,中国出现了“王海现象”;一些拆迁对象在与拆迁部门的抗争中,体现了我国民众的维权意识(如2007年3、4月间,网络上报道的重庆一起“史上最牛钉子户”事件等)。此外,农民对于自身的权利,尤其是对于土地权利的维权意识也大大增强了。

③ 2003年3月发生在广州的“孙志刚事件”,以及2003年12月最高人民法院对沈阳黑社会组织者刘涌再审案件,其处理结果都受到了社会舆论的广泛影响,说明了公民的监督意识在日益觉醒。

④ 1997年党的十五大报告提出:“依法治国,就是广大人民群众在党的领导下依照宪法和法律,通过各种途径和形式管理国家事务,管理经济文化事业,管理社会事务,保证国家各项工作都依法进行,逐步实现社会主义民主的制度化、法律化,使这种制度和法律不因领导人的改变而改变,不因领导人看法和注意力的改变而改变。”2004年9月十六届四中全会通过了《中共中央关于加强党的执政能力建设的决定》(以下简称《决定》),该《决定》是我党对加强党的执政能力建设作出的战略部署,明确提出了“依法执政”是新的历史条件下执政的一个基本方式。

五、法治改变了中国

综上所述，我们可以看到，改革开放30年来，中国在社会主义法治建设方面取得了巨大的成就，无论是立法、行政执法、司法，还是法学教育和法律职业、法学研究与法律学术，以及民众法律意识和法律观念的提高，都达到了中国历史上最高的水平和最好的境界。这种水平和境界，极大地培育了人民群众的民主意识、平等意识、权利意识、自由意识和独立意识，有力地促进了当代中国经济、政治、文化、社会各项事业的发展，也在相当程度上推动了中国人民的精神面貌的改进，以及中华民族文明的进步。一句话，改革开放解放了人们的思想，推动了法治的进步，而法治的进步，则改变了中国的面貌。尤其是在对待法治的态度方面，我们取得了一种共识，这种共识，体现为如下四个方面。

第一，法治是治理国家的最好的模式。这种模式的内涵，经过人类数千年活动的努力、积累，至今天已经日益完善，达致相当成熟的境界，其核心为：首先，国家的治理必须以良法（好的法律）为依据，在现代社会，这种良法的诞生，必须经过民主的、法定的代议制的程序；其次，这种良法获得了切实的执行——党和国家领导人的普遍赞成，社会各界精英尤其是知识分子阶层的广泛认同，政府机关的严格执行，司法机关的全面遵守，全体国民的普遍服从；最后，这种良法的全面、严格的执行，其产生的实际效果，必须是政府不当的行为受到了限制，而公民的各种利益和各项权利得到了切实的保障，社会的形式正义和实质正义得到了实现，且两者达到了比较恰当的结合。

古今中外的历史经验反复证明，法治优于人治或其他各种治理国家的模式的地方，就在于它具有举国一体遵行的普遍及平等的效力；它可以避免领导人的个体差异和感情因素，不管是哪一代领导人执政，都能使国家处在一个公开透明的、可以预测的治理进程之中；它能够通过适当程序集中全体国民的经验与智慧，不犯或者少犯对国计民生有重大伤害的决策性错误；它可以抵御国家公权力的不当行使和保障公民个人各项权利的切实实现，在政府权力与社会弱势群体之间达到一个大致的平衡，使国家处在一个比较宽松和谐的社会环境之中。

第二，作为治理国家的最好模式的法治，其理论渊源和制度经验，源自西方2000多年文明所创造的法律文化成果。这些理论渊源和制度经验的核心内容有：

（1）国家必须有一部根本大法，即宪法，这部宪法是通过公开的、选举的、法定的程序，集中了全国人民的智慧和经验之后制定的，它奠基于自由、民主、平等、和谐的基础之上，规定了对政府不当行政行为的限制和对公民各项基本权利的保障，设计了周密详尽的切实得以实施的保障机制，并且规定了防止国家公权力腐败的各种监督和制约措施（在不成文法系，可以没有成文的宪法典，但这些宪法的原则、程序、机制和精神是必须具备的，否则就不能称为“法治”或“宪政”国家）。

（2）国家制定有比较系统的民法、商法、经济法、劳动法、社会保障法、环境保护法、刑法、诉讼程序法、对外经济和贸易法等，形成了一个比较完善的保护、促进和规范社会的经济秩序和人们行为活动的法律体系，其中尤其是在政府依法行政和社会经济和民事活动方面，有了比较周密和完善的法律、法规体系（在不成文法系，必须拥有完善成熟的判例法体系）。

（3）国家的工作人员，担任着制定和执行法律的重要职责。因此，国家工作人员的选拔、聘任，以及他们的各项与其公务相关的行为，都有法律的、制度的、程序的规定。在社会基本普及高等教育的基础上，担任国家工作人员者，必须是受过高等教育的，同时是经过公开、公平、公正的竞争选拔程序产生的，而在国家工作人员的各项基本素质之中，拥有法律知识和具备法律素养，是一个重要的指标。

（4）在全体国民之中，树立起了法律的尊严的理念，培养起了守法的习惯，以及现代国家的公民意识（民主意识、平等意识、权利意识、独立意识，以及尊重他人、热爱祖国、和谐社会的责任意识等）。

第三，我们所建设起来的法治模式，其传统根基和民族心理，是中国传统法律文化，中国的社会主义法治建设要取得最终成功，必须要吸收、借鉴、转化中国传统的法律文化遗产，这也是改革开放30年来我们在建设社会主义法治事业中的一项重要经验。而在法律文化遗产中，有些内容尤其具有现代性，我们必须要吸收并加以转化。比如，中国古代思想家关于法的认识；中华法系公布成文法典的传统；律条注疏这一现代法律解释学的本土资源；对环境与资源的保护（天人合一思想在法律上的体现）；具有法的人道主义萌芽的慎刑恤罚；人伦思想的法律表述：尊老爱幼；现代审判心理学的前奏：五听断狱，以及在处理诉讼时追求无讼的注重调解与和谐的东方精神，等等。[①] 又如，有的学者提出了尊老恤弱，官府关心民众冤屈，打击以强凌弱和以众暴寡，顺应季节变化从事不同的劳作，等

① 关于这八个方面的详细论证，可参见笔者在《法制日报》2008年7月31日至10月9日每周四评论版上“中华法律文化系列谈”中的八篇文章。

等。① 还如,有一些学者认为不断发展的变法修律的方法,中国古代的“典当”制度,农村习惯法中的“一田二主”模式,村民自治、乡规民约等,也应当是中国传统法律文化遗产中具有现代性的成果。②

第四,要使我们的法治真正成功,真正有效(管用),必须密切关注中国社会当前的各种重大的法律问题,紧密联系中国法治建设的实践,摸索出一条适合中国国情的,结合中国社会主义建设实践的,具有中国鲜明特色的法治模式。比如,农民工收入保障问题,外来民工的医疗保险、社会保障问题,动拆迁户的补偿与安置问题,企业职工与雇主之间的合同关系问题,农民与所种植土地之关系问题,日益恶化的环境的恢复与保护问题,与“信访”、“群访”相关的各项社会问题,不断被刷新的网络伤害与网络犯罪问题,国家公务人员的职务犯罪以及中、高级领导干部的贪污腐败问题,法律内、外各个行业与各个阶层的收入悬殊且差距日益扩大问题,等等。如果我们的法治模式不能解决好这些对中国的国计民生而言至关重要的基本问题,那么,我们是不能说我们已经建立起了成功的中国法治模式的。

总之,经受了解放思想和改革开放洗礼的中国人民,在短短的30年内创造了中国数千年法制发展史上的伟大奇迹,初步建立起了一个符合中国社会主义道路的法治模式,从而全面促进了政治、经济、文化和社会生活等各个方面的发展,改变了中国的面貌,也改变了中国在世界上的地位和形象。尽管这一法治模式还不是很完善,中国建设社会主义法治国家的道路还很漫长,在此过程中还会有反复和挫折,但毕竟观念开始在发生变化,各种制度也在逐步建立,人们的法治意识越来越强烈,大家从法治中获得的好处也日益增多。可以这么说,改革开放的30年,实际上就是法治日益取代人治的30年,改革开放30年的历史,就是一部新中国的法律文明进步史。

(2008年第11期)

① 曾宪义主编:《法律文化研究》(第1辑),中国人民大学出版社2005年版,序言。

② 徐忠明、任强著:《中国法律精神》,广东人民出版社2007年版,“绪论”部分第6~7页。

和谐的法哲学要义与境界

郭道晖*

一、我们应当树立的和谐观

(一)和谐的哲学

“和谐社会”这个概念包含两个关键词,一是“和谐”,二是“社会”。什么是和谐,或者什么是我们要追求的社会和谐?中国远古时代就讲究和谐。诸如天人合一的世界观,世界大同的政治理想,倡言“和而不同”的君子之风,追求“和合”的境界,等等。和谐,据汉语《辞源》和《现代汉语词典》,是“协调”的意思,或者指“配合得适当和匀称”,如音调与绘画色彩的和谐。《左传·襄十一年》有云:“八年之中,九合诸侯,如乐之和,无所不谐。”

1. 和谐是以存在差别和矛盾为前提的,和谐的本质特征是要求尊重差别

和谐并不只是讲“和为贵”、“和平”、“和睦”、“和气生财”之类,而重在“谐”,即是把相异的、不同的、有差别矛盾的东西协调起来,也就是实现对立的统一与平衡。所谓五味俱全,八音齐奏,才是和谐;否则只一种声音,一个味道,就不是“和”,而只是“同”。有一句名言说:“我反对你的观点,但我坚决维护你享有保持你的观点的权利。”这也就是中国古人所强调的“和而不同”的原则。

有些人在遇到社会矛盾和发生冲突的时候,往往将“和谐”一词割裂为单是讲“和”,甚至以“和谐”为借口,抹杀现今客观存在的贫富两极差别和不同利益群体、阶层的矛盾乃至冲突的事实。对于矛盾不是采取积极措施去协调,而是只图苟且偷安,求得暂时的平和,这是对和谐的误读和歪曲。我们不能忘记历史上曾经有过的那些不正常情况:强求思想统一,舆论一律,上下一体。虽然这样也可能造成社会表面上的和平与稳定,但这些局面是慑于威权而臣服,它体现的是“同而不和”,潜在的矛盾仍未消除甚至不断积累,日益尖锐。最终我们也看到过“全面专政”的大灾难的爆发。毫无疑问,我们今天所追求的是内在的和谐与统一,而绝不是表面上的相同和一致。当今中国社会经过30年的改革开放,社会利益群体日益多元化,不同社会阶层之间、不同地区之间,乃至同一地区的不

---

* 作者单位:中国法学会。

同单位之间的利益都有较大的差异和矛盾，引起的纷争日益增多，我们将以什么样的政治机制和政治过程来实现社会整合？建立"和谐社会"的任务正是在这种历史背景下提出的。它是对日益彰显的社会矛盾与危机的警觉和回应。

追求和谐是因为有不和、不谐调的矛盾、冲突的因素存在。社会人是千差万别的，和谐正是追求多样性的统一，而不是要强制人们整齐划一，不容异己之声；也不是以"稳定"来压制一切社会矛盾与利益诉求，为追求社会的超稳定，而堵塞了社会的改革、发展与进步。我们所要的和谐是社会各民族、各阶级、各阶层、各利益群体的多元化的"和合"。它要求正视这些差别与矛盾，宽容多样性的利益诉求，协调社会矛盾，使之各得其所，平衡相处。试想：当社会中有一部分人很享受、很和谐，而另一部分人却挣扎于贫困线上；当一面是贪赃枉法、歌舞升平，另一面是失业失地，无以为生。在这样的状况下，社会何来和谐？当我们面对一些地方强权无限制的恣意侵夺，弱势者受压迫投诉无门的时候，当政者又怎能委曲求全，"以和为贵"？

2. 和谐是一种秩序，但不能是威权统治下的等级秩序，而应是一种祥和的民主平等的秩序

中国古代封建专制社会要求建立的是"三纲五常"的君臣父子的统治秩序，老百姓都是皇帝的臣民，庶民、子民、顺民，各安其位，不得僭越。这是封建等级制下的和谐。20多年前，在中国新疆克拉玛依一剧场发生火灾的时候，主持人竟要求让政府官员先走，而置数百名小学生生命于不顾！去年报载北京工商大学十几位毕业生乘"和谐号"火车去北戴河旅游，被列车员要求他们将正向的座位都让给同车的一些官员坐，把本该由公民平等享有的社会资源，专奉给一些权贵享有，这就是"和谐号"列车员所理解的"和谐"，当然引起这些大学生的强烈不满。又如，前些年有位农村老太太被人打瞎了左眼，反而被公安机关抓去坐牢半年，无罪释放后，她不但不懂得作为公民有权索赔，反而送派出所一个大匾，上书"明察秋毫，恩重如山"八个大字，扑通跪倒在官员面前，千恩万谢。官员们也心安理得，习以为常。这可以说是中国古代封建等级差别的"和谐"的当代遗留。当然，这种现象是个别的，但这种"和谐观"却并不罕见。

（二）和谐的不同境界

必须明确，我们所要倡导的和谐，是建立在社会公平与正义的理念上的和谐；是建立在民主法治基础上，保护全体人民、特别是弱势群体的生存权和自由权的前提下的和谐；是支持一切受压迫与受损害的群体和个人的合理合法的诉求，协调各社会阶层与群体的利益的和谐；是追求全民共富才让一部分人先富起来，不以其他人变得更贫穷为代价的和谐；而不能压制民众合法的诉求与抗争，

使权贵资产者的贪欲“稳定”地、“和谐”地、不受制约与挑战地安享，使我们社会“和平演变”为权贵资产者集团的统治。

所以，和谐社会有不同的境界。有在强权统治下“定于一尊”，兼并天下、无人敢于抗争的“和平稳定”；也有安于均贫或稳定，而抹杀自由发展的僵死的“和谐”。我们追求的和谐社会，应当是兼容天下，兼爱天下的和谐，是中国共产党关于建设和谐社会的决定中所界定的：“民主法治、公平正义、诚信友爱、充满活力、安定有序、人与自然和谐相处”的和谐境界。我们所要建构的和谐社会，其最高的境界应当是马克思、恩格斯在《共产党宣言》上提出的“自由人的联合体”，即每个人都能得到自由发展的社会。

二、和谐的法理学意义

（一）和谐在法理上的核心价值是权利（权力）的平衡和公平

“和谐社会”这个政治学、社会学概念，不能简单地套用于法学范畴。如有的论者说：“法的本质和功能就是和谐。”这未免过于简单化。虽然没有法，没有法治，社会很难和谐，但有了法也不见得社会一定会和谐，这要看法的性质是良法还是恶法。和谐可以是法治所要追求的是一个功能上的价值目标，但不能说它就是法的本质。法的本质是正义，其本质内容包括自由、权利与权力等。并非任何“社会和谐”都符合社会正义。在强权或恶法统治下，也可以有某部分人或局部的、暂时的和平稳定，但绝非正义。

和谐作为一种社会秩序或政治伦理原则，主要是指事物所处的一种社会状态，也可以是一种价值目标。但其内涵随事物和范畴的不同，而有不同的本质内容。社会、政治上的和谐，其本质内容指社会主体之间利益公平分配，各得其所，各得其分，人际关系和睦相安、谐调共处。而与“和谐”相衔接的法学范畴，则是“平衡”与“公平”。核心是权利之间、权力之间、特别是权利和权力之间的和谐，主要体现为：(1)社会主体之间权利的公平分配。(2)公民的个人权利与自由同社会秩序的平衡。(3)国家权力之间的权力分立与制衡。(4)国家权力与公民权利和社会权力的相互制衡。(5)政治国家与公民社会的二元格局的相互谐调、互补互动，等等。

（二）建构和谐社会是社会矛盾运动的过程

构建和谐社会是一个不断化解社会矛盾的持续过程。要化解矛盾，不能只是坐等权势者、富有者的恩赐；当然也不应提倡过去那种迷信“与人斗其乐无穷”的斗争哲学。其实，“斗争”一词本无恶意，哲学上的对立面的斗争与统一，是事物发展的客观规律。社会斗争也是历史发展的必然过程。只是在中国，“斗”字已被“文化大革命”的倒行逆施搞臭，但不能因此就否定“争”的必要性。法治就是要保护人们在法制轨道上为权利而斗争的正义性，法就是为了“定分止争”。“争”权和维权的主体主要是那些被边缘化的、受到不法侵权的弱势群体和公民，而不是统治者内部为争权夺利而勾心斗角，更不容许公权力者和权贵资产者非法侵夺国家和公民的权益。和谐只能是一种动平衡，是人逐步解放的过程。而要达到这种和谐的境界，往往要经历矛盾斗争的并不和谐的过程。不过我们提倡的应当是以合法的、和平的手段去争取实现公正的和谐社会。

三、建设和谐社会要处理好的四大关系

和谐是一种社会关系，它包括四个层次的关系：社会内部人与人的和谐、国家与社会的和谐、国家与国际社会的和谐、人与自然的和谐。

（一）社会内部人与人的和谐

什么叫“和谐”？中国有的学者以中文拆字的方法来诠释，“和”字是“禾+口”，即有粮食入口；“谐”字是“言+皆”，即人人皆有话语权。也就是说，和谐是人人有饭吃，人人有言论自由。有此二者，则天下太平。这多少道出了和谐的两个核心要素。

和谐社会是文明社会。古人云：“仓廪实而后知礼节”，要富民，而且要共富，否则两极分化，饥饿的人们会揭竿而起。古语又云：“防民之口甚于防川”，要开放言论，这在正常时期是公民参政的基本前提；在民怨沸腾的非常时期，则是出气防爆的不二法门。可以说，“有饭吃”是自然人、市民社会的基本人权；有言论自由则是公民和公民社会的基本权利和精神追求。二者都是社会和谐的基础条件。

和谐社会是一种“社会”共同体，而非分散的个体，这就要求结社，有结社的自由。组织化是公民社会的基本特征，良性的非政府组织是公民社会的核心力量。公民社会中这些社会组织具有很大的社会动员力、组织力和沟通力，通过他们表达公民的利益和要求，维护公民的自由和权利，服务国家和社会，监督和制约国家权力等方面，具有政府不可替代的作用。而这些正是使社会中人与人之间的和谐和国家政府与民众社会之间达到和谐的触媒。

（二）国家与社会的和谐

中国自古以来，国家与社会是一体化的，社会没有独立的地位。无所谓自成一体的市民和市民社会，词源上也无“公民”一词，也从来不存在所谓公民社会。

新中国成立后的前30年，国家垄断社会的一切资源，与社会高度一体化，社会被湮没在无所不在的国家之中，社会只是“国家的社会”，社会主体常会受到国家权力的侵害。那时，国家与社会、权力与权利之间是最不和谐的关系。改革开放、实行市场经济以后，出现了“国家——社会”二元化的格局，社会主体开始拥有自己的资源，从而对国家和社会产生影响力和支配力。于是在国家权力之外，产生了能够制衡国家权力的新型权力——社会权力，其载体就是以社会组织为核心力量的公民社会。

国家权力与公民权利和社会权力是一对矛盾。要建立和谐社会，矛盾的主导方面在政府。国家如果能实行民主和法治，国家权力如果能真正为社会服务，就能保障社会的和谐；国家权力如果不加制约，就会成为侵犯公民和社会权利、破坏社会和谐的最大因素。如立法谋私，使社会资源的分配流向特权阶层，使弱势群体受损；行政与司法对公民的权利救济处置不公，造成冤案，就会使本属化解社会矛盾的权力手段，异化为制造不和谐的因素。近来，中国公民和社会组织因维权而爆发的“群体性抗争事件”日益增多，值得我们认真关注。

有鉴于此，去年召开的中国共产党十七大在其报告中提出要“坚定不移发展社会主义民主政治”，鲜明地指出“人民民主是社会主义的生命”，提出要“坚持国家一切权力属于人民，从各个层次、各个领域扩大公民有序政治参与，最广泛地动员和组织人民依法管理国家事务和社会事务，管理经济文化事业”，要“尊重和保障人权，依法保证社会全体成员平等参与、平等发展的权利”，要“加强民主监督，发挥好舆论监督作用，增强监督合力和实效”，要“保障人民的知情权、参与权、表达权、监督权”，要“努力实现以人为本”，“尊重人民的主体地位，发挥人民首创精神”，等等。这一系列亮点闪耀的宣示，也是一个个庄严的承诺，是协调和化解国家与社会的矛盾，达致社会和谐的必由之路。行胜于言，关键在于能否言出法随。

（三）国家与国际社会的和谐

放眼国际社会，“我们这个时代最大的挑战就是全球化。”全球化引起对一系列国家与国际政治、经济与法律的制度、游戏规则等的冲击和变迁。各种金融、贸易的全球化活动，人权跨越国家主权，司法超越国家管辖，跨国犯罪和全球恐怖主义，都在挑战旧时代的民族国家的边界和一国国内民主与法制的局限。公民社会也越过一国范围，向全球公民社会延伸。与此相应，和谐社会也不限于一国之内的社会和谐，而要求扩及于全球，于是中国政府又倡议建立“和谐世界”的愿景。

全球化意味着在地球上遥远的各国各地的人们，就如同居住在鸡犬相闻的同一个“地球村”里。知识经济与信息社会迅猛发展,使一国国内的政治经济变动,都将牵动其他地区乃至全球。20 世纪末发生的亚洲金融危机就是如此,美国次贷危机引发的金融海啸如今波及全世界。甚至自然灾难也全球化,如各种生态环境灾难,等等。发生在 2004 年年底的南印度洋地震和海啸,死亡人数达 27 万,这次灾难也引发了世界各国政府和非政府组织空前规模的全球大救助,仅动用的海军、空军就超过了“二战”后的最大规模。正如《纽约时报》的一篇文章指出的:“这场灾难波及的范围令人不安地提醒我们:全球化正在以出人意料的方式将世界拉得更加紧密,现在来自四面八方的人们不仅共享利益,而且共担痛苦。”①2008 年发生在中国四川的 8 级特大地震,也得到世界各国政府和人民的无私援助。中国古代儒家所谓“老吾老以及人之老,幼吾幼以及人之幼”的“世界大同”的境界,于今已多少有所显现。人类的确是住在一个患难与共、守望相助的地球村里。人类越来越需要树立作为“球民”或全球公民的世界意识。

“和谐世界”的提出,不只是基于要消解因中国的和平崛起而被外国误解为“中国威胁”所产生的恐惧,也不是向世界作秀的空洞口号;而是有其国内的背景:鉴于中国经济的高速发展,是得益于这几十年来世界大体上维持了和平稳定的局面和中国积极参与世界经济与政治发展的过程,如参加 WTO 等世界组织,同世界各国平等互惠的经贸活动。而中国因高速发展而遭遇的种种矛盾和困难,单靠本国内部的力量是难以圆满解决的。再则,也是基于冷战后的世界格局,国际社会面对很多超越国界和民族分隔的新问题,诸如能源、粮食、温室效应、国际恐怖主义、核扩散问题以及美国单极主宰世界、发达国家与发展中国家的诸多矛盾纠纷,往往诉诸武力威胁而不是严格遵循国际法和国际惯例解决争端,进行平等对话、谈判、协商。中国倡议建立和谐世界,与要求建立和谐社会,具有类似的社会背景。中国作为最大的发展中国家,意识到自己的国际责任。事实上,近年中国在为世界提供价廉物美的商品,为协助化解世界金融危机而作出的调整,以及为朝鲜半岛无核化,参与联合国的维和行动等,都有助于促进和谐世界的积极因素的形成。

全球化也要求民主法治的世界化。作为“地球村”的成员国与公民,都要遵守共同的全球游戏规则。民主和法治已不限于一国的国内问题,也是世界性问题。不仅要求国家(内部)的民主化、法治化,也呼唤着世界范围的民主化、法治化。国际法已不仅限于双边或多边的规则,而是发展成为全球共同遵守的“世界法”。建立“大同法治世界”已成为全球公民追求的愿景。这种大同世界也就

① 载《纽约时报》2004 年 12 月 29 日。

是和谐世界。

（四）人类社会与自然的和谐

人是社会动物，也是依附于自然的动物。中国古代弘扬“天人合一”的思想，也基于重视人与自然的和谐。改革开放以来，中国实行以经济为中心的战略，使经济得到了飞速发展，但经济单轨运行，忽视了统筹兼顾，导致生态环境被破坏，社会两极分化，这是有违“以人为本”的精神的。中国共产党的十七大报告，继过去已经提出的加强建设物质文明、精神文明、政治文明之后，第一次增加了建设“生态文明”的任务，构成四大文明的并立；要求使“生态文明观念在全社会牢固树立”，并要求建立“循环经济体系”，旨在实现人与自然、人与社会的和谐，其目的在于改善人的生存环境和高效益地利用人类赖以生存和持续发展的资源，而且还要顾及子孙后代人；同时还要承担全球责任，在节约资源、减排温室效应等生态平衡方面考虑全球人的利益。总之，要求“统筹国内国际两个大局”，保障人与自然的和谐发展。

（2008年第11期）

法理新话题须本改革开放精神阐释

童之伟*

按照实事求是和放眼世界、着眼于发展的改革开放精神,结合中国基本情况平衡、系统地阐释我国民主法治建设中出现的各种新问题尤其是基础性法理问题,应该是当代中国法学的首要品质,或许这也是社会对这门学问的主要期待。笔者最近拜读了一些学术界、法律界人士讨论普世价值、"三个至上"和司法体制改革等问题的文章,对其中涉及的一些新的基础性法理问题和作者在这方面表达的相应观点印象甚深,既从中获得了不少教益,又因此而被催生出不少想法和困惑。笔者认为,对于新出现的基础性法理问题,如果本着改革开放的精神来理解,还会有许多不同于现有解释的论说空间。

一、政治法律领域是否存在普世价值

从现有的资料看,普世价值讨论涉及的内容,主要是民主、自由、人权、法治、平等、博爱、公平、正义等,其中大多数本身主要是法学问题,少数虽然主要不是法学问题,但在不小程度上也涉及法学。所以,虽然迄今为止讨论普世价值的文章大多数是从哲学角度展开的,在学科分类上属于哲学的范围,属于法学的很少,但"这些都是事关我国前途、命运的大问题",①其讨论的结果必然深刻地影响法学,法学人士应该关注或参与讨论。

迄今为止,讨论普世价值的文章已经能找到不少,它们反映的作者的观点可谓异彩纷呈,但其中有一种看起来相互联系的观点组合让人有似曾相识的感觉,值得法律、法学界人士关注。

对普世价值持批评态度的学者基本上都否定普世价值的存在。否定普世价值的说法不少,其中较有代表性的说法是:"在阶级社会中,作为意识形态的思想文化的历史性继承,同时是与其经济基础和整个社会发展的要求所进行的文化改造和文化创新相统一的,从根本上看,其实不存在、也不可能存在所谓'普

* 作者单位:华东政法大学。

① 教育部邓小平理论和"三个代表"重要思想研究中心:"关于'普世价值'的若干问题",载《求是》2008年第22期。

世价值'";[①]"在历史和道德领域不存在'普世价值',侈谈'普世价值'是没有根据也站不住脚的";"只有在消灭了阶级对立,而且在实际生活中也忘却了这种对立的社会发展阶段上,超越阶级对立和超越这种对立的回忆的、真正的人的道德才成为可能,普世价值、普世道德的发展也才成为可能"。[②]

反对谈论普世价值的学者这样提出问题和认识问题,似乎绝对了一些,也不太符合实事求是精神。从人们使用相关词语涉及的内容看,所谓普世价值,不过是指当今世界大多数人在特定范围内的一些共同追求。从这个意义上看,普世价值说是有一定客观依据的,尽管普世价值这个词本身过于夸张。实际上,参与普世价值问题讨论的不少学者或组织虽然不赞成宣扬普遍价值,但实际上也承认普世价值的存在或不否认其存在。其中较有代表性的说法是:"资产阶级讲民主,无产阶级也讲民主,这两种民主的性质和内容是根本不同的,但两者之间也有一些共同之处,有人就把共同点抽象出来,然后把民主说成是'普世价值'";"我们并不否认普世价值,但价值总是具体的、社会的";"自由、民主、人权、公平、正义、法治等是人类共同的追求,但三权分立、多党制、极端个人主义等并不是也不可能是普世的"。[③] 承认资产阶级民主和无产阶级民主"有一些共同之处",承认"自由、民主、人权、公平、正义、法治等是人类共同的追求",就是承认有普遍价值存在;同样,"我们并不否认普世价值",显然也是承认有普遍价值的委婉说法。

只要从现实生活出发,正视事实,人们把握所谓普世价值即某种价值方面共性的存在并不困难。我们不妨以民主为例来加以说明。近现代的民主,不论属于哪个类型或哪种形式,至少有一点是共同的:在观念上、实际上或宪法上承认国家的最高权力属于国民,国民通过定期举行的选举来直接或间接产生国家的统治组织。按这个标准,近代原本没有民主国家,后来产生了英国、美国、法国等最早几个为数很少的民主国家,其中英国实行的是虚君共和[④]的不成文宪法制度,美国实行的是共和制和成文宪法制度,法国在政体问题上几经反复最后还是选择了共和制。今天我们可以看到,世界上最初的民主国家只有一两个,其余都

① 李崇富:"关于'普世价值'的几点看法",载《马克思主义研究》2008年第9期。

② 冯虞章:"怎样认识所谓'普世价值'",载《人民日报》2008年9月10日。

③ 教育部邓小平理论和"三个代表"重要思想研究中心:"关于'普世价值'的若干问题",载《求是》2008年第22期。

④ 这类政体下设有一虚权的国家元首,但实际的统治权掌握在民选的议会和内阁手中,实际上是一种带有君主制残余的民主制。虚君共和制之说可参见董崇山著:《政体论》,中国展望出版社1986年版,第222页。

是专制君主制国家，后来经过更广泛的民主革命进而社会主义革命，时至今日，在全世界近200个国家中，真正实行君主制的已经只剩下沙特阿拉伯、文莱、苏丹等极少数国家。也就是说，两个多世纪以来，全世界的国家完成了从100%实行专制君主制到98%以上实行民主制的转变（至少在形式上或宪法上），完成这种转变的最新的实例是尼泊尔。实行这种转变是各国人民自己的选择，这一选择的历史过程可以说正是民主从仅仅是少数人价值到成为普世价值的波澜壮阔的展示过程。实际上，自由、人权、法治、平等等价值，也经历了类似于民主的转变，限于本文篇幅，笔者就不继续谈论这些常识性问题了。或许，我们原本什么也不用说，只需重温一下2008年北京奥运会的主题口号“同一个世界，同一个梦想”就够了。其中，“同一个梦想”不外乎是都希望有一种良好的生存条件或环境，按其内容而言，它所表达的就是对普世价值的追求，其中无疑也包括对民主、自由、人权、法治、平等等价值的肯定。

被人们作为普世价值谈论的内容，在我国大多是有宪法依据的。对于民主、自由、人权、法治、平等，人们即使认定它们都是普世价值，也只不过是复述宪法规定的内容。关于民主，《宪法》第2条规定，国家的“一切权力属于人民”，人民通过全国人大和地方各级人大行使国家权力，并且“依照法律规定，通过各种途径和形式，管理国家事务，管理经济和文化事业，管理社会事务”。关于自由，《宪法》第35条、第36条、第37条、第47条规定，公民有言论、出版、集会、结社、游行、示威的自由，有宗教信仰自由，人身自由不受侵犯，还有进行科学研究、文学艺术创作和其他文化活动的自由；如果条件成熟，我国宪法还可能恢复1954年宪法和其后的宪法一度保障过的迁徙自由、罢工自由。事实上，在现行宪法中恢复这些自由一直受到宪法学界的关注，且有的内容在2004年修宪讨论中已经进入了国家修宪领导机构考虑的视野。关于人权，全国人大2004年3月14日通过的第24条修正案确认，“国家尊重和保障人权”。关于平等，《宪法》第33条规定，“公民在法律面前一律平等”；按照《宪法》第5条的规定，任何个人都不得有超越宪法和法律的特权；为消除城乡、性别、家庭出身以及地域等差别造成的不平等或歧视，我国已从立法、行政、审判等方面采取了诸多措施，但要真正实现法律面前人人平等甚至事实上的人人平等，则还有很长很长的路要走。

对于博爱、公平、正义的内容乃至表达这些内容的大部分文字，我国执政党的权威性文献也是接纳和肯定了的。按照这些文献，我们社会应当“形成男女平等、尊老爱幼、扶贫济困、礼让宽容的人际关系”；[①]“深入贯彻落实科学发展观，要求我们积极构建社会主义和谐社会”；[②]而“实现社会公平正义是中国共产党人的一贯主张，是发展中国特色社会主义的重大任务”。[③]

另外，就思想内容而言，博爱、公平、正义本身就是我们中华民族的优秀文化遗产，是我们应该接受的。就说博爱吧，其本意是普遍的爱，也就是中国人所说的“四海之内皆兄弟也”。早在春秋、西汉时代，中华民族的先人不仅提出了“兼爱”的主张，[④]还表达了这样的社会理想：“大道之行也，天下为公。选贤与能，讲信修睦。故人不独亲其亲，不独子其子。使老有所终，壮有所用，幼有所长，矜寡孤独废疾者，皆有所养。”[⑤]这就是博爱！孙中山先生特别推崇这种理想，曾特地将其书写成条幅。[⑥] 至于公平正义，我们从中国法律文化中关于“獬豸”的远古传说和古代“灋”(法)字的写法和古人以“平之如水”，“触不直者去之”[⑦]等话语对它进行的解说中，就能看到我们民族的先人们追求公平正义的原初表达形式。对中华民族的这些优秀法文化遗产，我们后人不能因为两千余年后欧洲人也开始提出了近似的或同样的主张就把这些内容咒骂一通。

应该说，按照正常的思维和正常的思考问题的逻辑，任何组织或个人把我国宪法确认或保障的内容和我国执政党倡导的价值观宣称为普世价值，我们都应该将之视为认同和服膺现行宪法、拥护党的领导的表现，没有理由对之加以挞伐。至于说个别人谈论普世价值可能另有图谋，完全不必大惊小怪，因为任何好东西都可能被滥用。就说马克思主义吧，它被滥用得还少吗？可包括普世价值否定论者在内的绝大多数人并没有因此而否定这个主义本身啊！

否定普世价值的存在，实际上等于从一般意义上否定民主、自由、人权、法治、平等、博爱、公平、正义等价值，而这在理论上是错误的，在实践上是有害的。为什么这样说呢？

1. 普世价值否定论者所谓“不存在、也不可能存在所谓‘普世价值’”或笼统地认定民主、自由、人权、法治等“实质上就是西方的价值”的观点，从哲学上

---

① “中共中央关于构建社会主义和谐社会若干重大问题的决定”，载《人民日报》2006年10月12日。

② 《中国共产党第十七次全国代表大会文件汇编》，人民出版社2007年版，第16～17页。

③ 同上，第18页。

④ 《墨子·兼爱》(上)。

⑤ 《礼记·礼运篇》。

⑥ 《孙中山选集》，人民出版社1981年版，正文前插图。

⑦ 我国历史上第一部字典《说文解字》对“灋”字的解释。《说文解字》的作者许慎大约生于汉明帝永平(公元58～75年)初年，卒于汉桓帝建和(公元147～149年)初年。

看实际上就是只强调不同事物的个性，否定不同事物的共性。这是运用片面和形而上学的思想方法看待事物得出的错误认识。一般、共性不可能脱离个别、个性而存在。不仅如此，一般、共性还是依赖于个别、个性的存在。所以，否定一般、共性，同时也是对相关的个性、个别的否定。以民主为例，当一个人说“不存在什么民主”的时候，他/她在逻辑上就无权再说“社会主义民主”和“社会主义民主好”，也无权再说“资本主义民主”或“资本主义民主虚伪”。因为，既然不存在什么民主，当然也就没有资本主义民主和社会主义民主了。

2. 完全否定民主、自由、人权、法治等价值具有普世性，不符合社会生活的实际，背离了实事求是的态度和精神。一种政治的或法律的要素被两种社会制度所采用，这相对于资本主义和社会主义这两个个别、个性而言，就是一般和共性，也可以说，这个政治或法律要素在这两个不同性质的社会获得了普世性。同一种政治的或法律的要素，原来只有资本主义国家采用，社会主义国家不接受，人们当然说它是资本主义的；但当社会主义国家也接受了原来只有资本主义才奉行的东西，它就是两种对立社会的一般、共性了。例如，在我国宪法放弃了计划经济体制，接纳了市场经济后，“市场”就是两种社会都承认的价值了。即使在政治法律领域，情况也一样，宪法、民主、共和国、代议制、政党、投票、普选、律师、公开审判等，也都是由资本主义先采用，然后再由马克思主义政党或社会主义所采用或接受，几乎没有例外。换句话说，这些政治的或法律的要素在历史上早已在资本主义与社会主义之间获得了普世性。

3. 我们如果从一般意义上否定民主、自由、人权、法治等的存在价值和意义，难免既自外于历史发展的主流，也背离了共产党人的革命理想。笔者前文已经证明过，就内容甚至就概念本身而言，这些名词体现的价值实际上已经获得了我国宪法和执政党权威性文献的有力支撑。这里不妨再补充几句。拿民主来说，《共产党宣言》确认的工人阶级革命的第一步就是“争得民主”，[①]不仅如此，从马克思主义创始人到邓小平，其间几乎所有共产主义组织的领导人都参与和积极推动过民主革命进程。改革开放以来，执政党更是多次在权威性文献中强调没有民主就没有社会主义。自由也一样，马克思、恩格斯从年轻时代到晚年，始终将他们终极的社会政治理想锁定于这样一句话：“代替那存在着阶级和阶级对立的资产阶级旧社会的，将是这样一个联合体，在那里，每个人的自由发展

① 《马克思恩格斯选集》（第1卷），人民出版社1995年版，第293页。

是一切人的自由发展的条件。”①至于人权，我国政府早就确认，“享有充分的人权，是长期以来人类追求的理想”。② 关于不可一般性地否定法治、平等、博爱、公平、正义等，与不可一般性地否定民主、自由、人权的道理基本上一样，此处不再赘述。

说到不可以一般性地否定民主、自由、人权、法治等价值，笔者就其中的民主问题还特别想表达这样一层意思：对民主等价值不仅不可以一般性地否定，在通常情况下也没必要一般化地肯定。前一两年不少人谈论过“民主是个好东西”的说法。这种说法也一度难免让人莫名其妙，原因是，从孙中山、宋教仁到邓小平这些争取民主的前辈，再到今天仍然在为深化民主而努力的人们，中华民族为获得民主和深化民主已经奋斗了一百多年，付出了极大的代价，难道时至今日连民主是好东西还是坏东西都没搞清楚！改革开放以来，我国执政党权威性文献也多次强调民主的价值，并且一直要求加强社会主义民主政治建设，难道到今天还有人说民主是个坏东西吗？很遗憾，今天有些人士又一般性地否定民主、自由、人权、法治等，实际上无异于说它们是坏东西。如此看来，谈谈民主是好东西似乎真还并非完全多余。

二、应否承认政治法律领域的重要价值具有相对普世性

讨论是否存在普世价值的问题，目的在于搞清楚普世价值是否具有“客观性”、真实性，而讨论应否接纳普世价值所涉及的内容则主要回答要不要将其纳入我们尊奉的价值体系的问题，所要解决的是主观认同问题。显然，这两个问题密切相关但又有所区别。

将民主、自由、人权、法治、平等、博爱、公平、正义等作为普世价值，实际上较多地关注的是不同的国家、不同的社会集团在这些价值观上的共同性，因此，如果人们不考虑具体时间、具体地点等具体情况过多地谈论它，确实可能有时不一定妥当。我们应该采取的恰当态度是，既看到它们在不同国家和在不同社会集团的人们的观念中有共同性的一面，也看到它们不同的一面。由此看来，温家宝的以下说法是比较全面的：“科学、民主、法治、自由、人权，并非资本主义所独有，而是人类在漫长的历史进程中共同追求的价值观和共同创造的文明成果。

① 《马克思恩格斯选集》（第1卷），人民出版社1995年版，第294页；另参见《马克思恩格斯选集》（第4卷），人民出版社1995年版，第730~731页。

② 中国国务院新闻办公室：《中国的人权状况》1991年11月发布。

只是在不同的历史阶段、不同的国家，它的实现形式和途径各不相同，没有统一的模式，这种世界文明的多样性是不以人们主观意志为转移的客观存在。"①下面的提法也是比较合理的："自由、民主、人权、公平、正义、法治等是人类共同的追求，但三权分立、多党制、极端个人主义等并不是也不可能是普世的。"②

但是，有些学者在谈论价值的普世性方面观点似乎有些极端，他们彻底否定民主、自由、人权、法治等价值的普世性，进而主张工人阶级、社会主义绝对不可以与自己的政治对立面共享这类价值。为了不与对立面共享这些价值，他们宁愿把人类在漫长的历史进程中积累的这些高价值精神产品都贴上资本家阶级或资本主义的标签，全部奉送给这些对立的阶级和主义。在这方面，以下说法较有代表性："一些人鼓吹的'普世价值'实质上就是西方的价值"；"所谓'普世价值'就是美国的价值，美国想用他们的价值观改造世界……大量事实证明，美国正在打着民主、自由、人权等旗号，在全世界到处推广美国的价值观念，通过街头政治的办法，搞颜色革命，推翻不符合美国意愿和利益的政府。这就是'普世价值'的功用。"③在对于提出普世价值的人们的动机的判断上，这些学者认为，"他们的政治目的，就是打着'普世价值'的旗号，鼓噪'民主宪政'，企图从政治体制改革打开'突破口'，实行'全盘西化'，改行资产阶级多党制，走台湾所谓的'宪政之路'，想要共产党让权下台，颠覆中国社会主义制度。"④笔者并不否认有些宣讲普世价值的人可能抱有这样的不良政治目的，但谁也没有根据说谈论或认可民主、自由、人权、法治等价值具有普世性的人们都具有这样的动机。

恰当阐释这个论题的关键在于：一方面，"不能将西方的价值观念尊奉为所谓的普世价值，也就是不把我们党和国家的价值观贬低为另类价值"；另一方面，也绝不能把双方共有的精神资产和道义资产看成是对方一家的，拱手相让，否则，我们将永远谈不上"在国际人文、社科领域争取制高点，争夺话语权，扩大影响力"，更不可能改变所谓"西强我弱"的局面，进而"转弱为强"。⑤ 其实，如果一定要互相扣帽子，谈论或认可普世价值的人们完全可以反过来批评普世价值否定论者把原本是工人阶级与资本家阶级共有的民主、自由、人权、法治等高

---

① 温家宝："关于社会主义初级阶段的历史任务和我国对外政策的几个问题"，载《人民日报》2007年2月27日。

② 教育部邓小平理论和"三个代表"重要思想研究中心："关于'普世价值'的若干问题"，载《求是》2008年第22期。

③ 周新城："关于'普世价值'的随想"，载《马克思主义研究》2008年第9期。

④ 李崇富："关于'普世价值'的几点看法"，载《马克思主义研究》2008年第9期。

⑤ 本自然段的直接引语均引自陈奎元："在中国社会科学院改革工作座谈会上的讲话"（2008年7月26日），载 http://www.wyzxsx.com/Article/Class16/200811/58501.html。

价值资产都免费送给了资本家阶级，造成工人阶级政党和社会主义国家宝贵的精神资产、道义资产流失，是挖社会主义墙角，是在败家。当然，最好不要伤和谐互相扣帽子，而应心平气和地摆证据、讲道理，以理服人。

即使单纯从实际效用角度考虑问题，按事情本身的性质和状况，在与之相对应的程度上承认民主、自由、人权、法治等价值具有一定程度的普世性，也是符合我国执政党和社会主义的利益的。何以这样说呢？下面不妨列举几点较为明显的理由。

1. 既然民主、自由、人权、法治等价值包含一定程度的普世性，是人们凭经验可以感受到的和在逻辑上可以证明的存在，我们就不能完全否定它，而是应当因势利导，按我们自己的需要对之加以开发加工，为我所用，同时防止人们对它做有害的利用。我们绝对没有理由逆向思维，即仅仅因为它强调其普世的方面，从而否定其本身的价值。须知，同一件器物，它是完全可能因为运用它的人的目的不同，有时成为劳动工具，有时成为生活用品，有时成为杀人凶器的。所以，对待民主、自由、人权、法治等价值包含的普世性，人们宜用相同的态度看待之，要努力对它们做正面的利用。

2. 承认（至少不否定）民主、自由、人权、法治等价值具有相对的普世性与社会主义初级阶段建设和谐社会的总的要求或需要是相适应的。建设社会主义和谐社会不怕有矛盾和斗争，但不需要斗争哲学，而将不同社会、不同阶级的价值观对立加以绝对化的观念反映的是以阶级斗争为纲的学术思想，属于斗争哲学范畴。普世价值否定论只强调对立面的斗争性，完全否认对立面的同一性或共性，这种思想方法对今天的社会是有害的。用这种思想方法认识问题和处理问题，其行为和后果，无论是现在或将来与中共十七大提出的建设社会主义和谐社会的内外政策目标发生抵触的概率非常高。在对内方面，中共十七大报告提出，"要按照民主法治、公平正义、诚信友爱、充满活力、安定有序、人与自然和谐相处的总要求和共同建设、共同享有的原则，着力解决人民最关心、最直接、最现实的利益问题，努力形成全体人民各尽其能、各得其所而又和谐相处的局面，为发展提供良好社会环境。"①（这是对我国社会健康发展有重大指导意义的宣示）。在今天的中国社会，劳方与资方的冲突、市民与因城市化的发展而进城的农民的冲突、尚未富起来的人与先富起来的人的冲突，诸如此类的矛盾已经够尖锐了。以劳资冲突来说，据报道，广东2008年1～6月的劳资冲突比2007年同期增加了3倍。以深圳为例，2008年1～9月，法院系统受理劳资纠纷案件3万件，2007

① 《中国共产党第十七次全国代表大会文件汇编》，人民出版社2007年版，第16～17页。

年同期为8900件。2008年1~10月劳动争议仲裁系统受理劳动争议仲裁案件36,000件,2007年同期为10,000件。① 这方面的最新发展则是2008年11月25日东莞中堂镇开达玩具厂发生的500多人聚集闹事砸警车事件。② 所以,我国社会今天对求同思维的需要远远甚于对斗争思维的需要,但普世价值否定论者向社会"供给"的却是单一的斗争思维,这显然有些不合时宜。

3. 承认政治法律方面的价值具有相对的普世性,与我国的对外政策目标也是协调一致的。外交是内政的延伸,斗争哲学不仅会破坏内部和谐,也会毒化本国与他国的关系,这点已经由包括新中国外交史在内的近现代国际关系史所证明。所以,可以说,完全否定价值的普世性的理论与我国争取建立和谐稳定对外关系的外交政策目标也是有内在冲突的。相反,承认价值具有相对的普世性的理论与我国的外交政策目标比较吻合,比较能够为我国与世界各国特别是同北美、欧洲各国发展合作关系提供理论支撑。

显然,今天在中国这个人们通常所说的典型的工人阶级国家与美欧典型的资本家阶级的国家之间,除了不能忘记彼此的性质差别和利益冲突外,更需要的是求同思维。中共十七大报告指出:"中国将始终不渝奉行互利共赢的开放战略。我们将继续以自己的发展促进地区和世界共同发展,扩大同各方利益的汇合点,在实现本国发展的同时兼顾对方特别是发展中国家的正当关切。"其中,寻求"互利共赢"、"共同发展",扩大"同各方利益的汇合点",都是求同,其中显然包括了与美欧资本主义国家求同,以及与通常大都是资本主义性质的那些发展中国家求同。众所周知,胡锦涛主席不止一次对美国领导人讲到两国的共同利益,还主张要共同维护"中美共同战略利益"。③ 2006年,胡锦涛主席访美前夕,中国驻美大使周文重还特别强调:"中美之间虽然存在一些分歧,但双方的共同利益是第一位的。"④另外,著名外交家吴建民同时也在官方媒体上撰文披露:"胡锦涛主席多次指出,中美之间的共同利益要远远大于分歧。国与国之间的共同利益是两国关系发展的基础……两国关系发展的过程是两国共同利益不断扩大的过程。我相信,胡主席的这次访美,一定会有力地促进扩大双方的共同

① "珠三角劳资冲突加剧考验政府能力",载 http://www.acafa.com/News/ShowDetail/7430.html。

② "东莞一家玩具厂500人聚集闹事,警车遭打砸",载《广州日报》2008年11月26日。

③ "中美领导人举行会晤,胡锦涛谈中美关系五点意见",载 http://www.sina.com.cn。

④ "周文重谈胡锦涛访美:中美共同利益是第一位的",载 http://www.sina.com.cn。

利益。"[①]如果按照普世价值否定论者由单一斗争思维主导的是非标准，这样谈论与美国的共同利益是一定会受到他们竭力批判的。但是，如果人们思考问题不是从书本上的教条出发而是从社会现实出发，这种批判恐怕只会成为人们茶余饭后的笑料。

4. 为了政治上掌握主动，道义上保持高度，社会主义和共产党应该承认民主、自由、人权、法治等价值具有相对的普世性。民主、自由、人权、法治、平等、博爱、公平、正义等都是凝聚着人类理想的光辉旗帜，人们可以否定其中包含的资本主义特有的虚伪的东西，但若绝对地否定它们的普世性，会使自己在政治上陷入被动，道义上失去高度。一种东西是不是有普遍价值，不是由特定职业领域的多少人、多少篇文章能够决定的。公道自在人心，价值自在人心。一个人、一批人可以利用其所掌控的经济政治资源把大多数人内心认为是好的东西说成不好的，但他们在政治上、道义上很可能得不偿失。人们有理由担心，普世价值否定论者的有些说法，在国际国内可能会陷执政党于不义，陷社会主义于不义。好在中国是国际社会公认的负责任的大国，其执政党是在理论和实践上都非常成熟的党，人们完全能够相信在这样的重要问题上他们能够排除各种片面的主张和说法，作出最符合人民和国家利益的判断。

但是，人们也不能忘记，在这个领域我国有关方面过去是有过处理不太适当而后来又不得不"返工"的教训的，今天对过去的教训应该引为鉴戒。在法学界，最容易引起回忆的教训可能要数在"法治"二字上的折腾。早在1979年，我国法学界就有不少先觉者针对历史上人治给中国带来的灾难，提出要实行法治，反对人治，并且形成了一次讨论热潮。但不久主张法治的观点就事实上被自上而下的意向否定了。直到1996年，官方也还是只接受"建设社会主义法制国家"的提法，不接受"建设社会主义法治国家"的提法。直到1997年中共十七大，党中央才接受了法学界的广泛共识和建议，采用了"建设社会主义法治国家"的提法。按李步云教授的说法，这是"20年改一字"，[②]成本太高了啊，早知如此，何必当初！

另一个教训是在人权研究问题上的迟滞和反复。在"文化大革命"十年动乱之后，法学界一部分先觉者在讨论法治的同时，于20世纪70年代末开始讨论人权问题，但很快就有人扣帽子，认定"人权是资产阶级的口号"、"人权不是无

---

① 吴建民："胡锦涛主席访美将扩大中美两国的共同利益"，载《人民日报·海外版》2006年4月19日。

② 韩福东、杨长虹："20年改一字，从刀'制'到水'治'"，载《南方都市报》2008年11月11日。

产阶级的口号”、“人权口号是虚伪的”，认为“无产阶级历来对人权口号持批判的态度”。[①] 结果，人权话题很快成了从各种大众媒体到学术研究的禁区，直到1991 年。但有关的禁令只能管住国内却管不住国外、境外，在中国不准讨论人权问题的那些年里，美国却推出了有声有色的人权外交，而我国却因为不能研究人权问题而造成外交人员对有关的议题往往无法有效应对，很被动。直到 20 世纪 90 年代初，我国才有决定政策的人士出面，释放出人权不是资本主义的专利，社会主义国家也讲人权，人权也可以研究等话语。这才开了人权入中共十五大政治报告，最终入宪的先河。可以相信，如果没有来自“左”的方面人为设置的障碍，人权研究和发展的路不会走得如此辛苦、曲折与费时。

5. 承认民主、自由、人权、法治等价值具有相对的普世性才能在国际舞台上争取对世界性话语的定义权。有学者说：“我们尽管可以有各种理由来论证‘普世价值’的非意识形态性，以及这一讨论如何适应了当代人类发展的愿景，但事情并不以人们的良好愿望为转移。任何事物都具有多重性，但决定其性质的是其主导方面，通过‘普世价值’干预我国的民主政治建设，以期终结共产党领导的国家权力结构，是这一讨论的核心，因而其在本质上是当代西方话语霸权及其价值渗透方式的表达。”[②]这似乎是说，民主、自由、人权、法治等价值中包含的普世因素，注定对社会主义弊多利少。这样看问题恐怕主要还是因为对社会主义的社会经济制度信心不足。我们没有理由认为，民主、自由、人权、法治等具有不利于社会主义的天然属性。我们要把民主、自由、人权、法治的旗帜掌握在自己手中，就应当承认这些价值具有相对普世性，否则无异于主张各说各的话，所说的内容完全没有交汇点，从而实际上等于放弃话语争夺权，自己主动出了局。这样做是不行的。

三、“三个至上”及其相互关系怎样理解较合理

最近，法学界、法律界围绕党的事业至上、人民利益至上和宪法法律（本文权且将宪法和法律看做一个整体，相当于广义的法律概念的内涵外延，下同）至上展开了很热烈的学习和讨论。但笔者在许多非正式场合常听到不少在正式场合听不到的诸如此类的议论：

---

① 董云虎：“‘人权’入宪：中国人权发展的重要里程碑”，载《人民日报》2004 年 3 月 15 日。

② 侯惠勤：“‘普世价值’的理论误区和实践危害”，载《中国社会科学院报》2008 年 11 月 11 日、13 日。

1. 党的事业、人民利益、宪法法律三个要素的确都非常重要,但三个要素都至上,万一发生不一致的情况,怎么分高下?

2. 党的事业、人民利益、宪法法律这么一个排列顺序,是否意味着重要程度有级差?是否意味着宪法法律与党的事业、人民利益发生冲突时,宪法法律的有关规定就无效?

3. 如果人民利益、宪法法律与党的事业不一致,是否前者的实现得服从于实现后者的需要?

4. 党的事业、人民利益、宪法法律三者如果不一致,是非曲直谁来评判、怎么评判?

5. 从报纸杂志上的文章和领导的报告中怎么找不到直接回答这些常见问题的答案?

或许,学者和领导干部不回答这些问题是因为它们太过于常识化,不值得回答。但是,无论如何,我们对一种新的理论问题的解说,还是要尽可能解开人们心中的困惑才好,至少应该让包括法院、检察院,法官、检察官在内的国家机关及其官员能够确切理解和据以指导日常工作的开展。因为法学教学的需要,笔者也需要搞清楚上述几个方面的问题,于是搜集了一大批文章来学习。笔者通读后感到,在这些文章中,有两篇解读"三个至上"的文章读起来最能获得教益。

关于三者的关系,第一篇文章中有一段话很引人入胜:"党的事业与人民利益是一致的,宪法法律是党的事业和人民利益的制度表达,党的事业和人民利益通过宪法法律予以体现和保障。因此,可以这么说,坚持宪法法律至上,实际上就是坚持党的事业至上、人民利益至上;坚持党的事业至上、人民利益至上,也必然要求坚持宪法法律至上。"①这段话很精辟,笔者对之几乎没有任何异议,也很想向读者推荐。

第二篇文章讲三者关系的这样一段话亦给人以很深的印象:"就内在方面来讲,三者的统一性在于宪法法律是党的主张和人民意志相统一的体现,是通过法定程序上升为国家意志、表现为法律文本的党的主张和人民意志,是实现党的主张和人民意志的保障。就外在方面来讲,三者统一的基础是中国特色社会主义。"②这种阐释十分精到,有新意。

但是,以上论述只是涉及"三个至上"内部三者关系的一个方面,尽管是其

① 公丕祥:"坚持'三个至上'指导思想践行'三个至上'基本要求",载《人民法院报》2008年9月24日。

② 张文显:"以'三个至上'作为法院工作的指导思想",载《人民法院报》2008年10月16日。

主要的方面。三者相互关系的另外一些方面也是值得注意的。让我们再看看有关文章的以下阐释:"'三个至上'是一个相互依存、高度统一、不可分割的有机整体。"①"'三个至上'是统一的、不可分割的一个整体。无论是在法治理论上,还是在司法实践中,都既不能抛开宪法法律而抽象地讲党的领导和人民利益,更不能只讲宪法法律而不讲党的领导和人民利益;既要克服'如果宪法法律至上,那党的领导放在哪里'的模糊认识,更要坚决反对'不放弃党的领导就谈不上宪法法律至上'的错误观点。"②"三个至上"的要求"充分体现了党的领导、人民当家作主、依法治国的统一,充分体现了中国特色社会主义司法制度政治性、人民性、法律性的统一。"③

一般而言,上述论点也都是有根据的、站得住脚的,但是,如果人们仔细审视相关文字,其中却也包含一些需要提出来并详加论证的深层次问题,包括对有些关系的解说可能还有不够十分准确的问题。如果不回答这些问题,"三个至上"中三个要素之间的关系就还不能算彻底搞清楚了。透过以上论述的字里行间(如"有机统一"等语),笔者相信诸位论者已经注意到如下问题,只是因为文章篇幅及文章功能的考虑而没有明确提出来并加以阐释。这些问题包括:

1. 党的事业至上、人民利益至上、宪法法律至上,三者各有什么内容,分别相对于什么事物是至上的?

2. 有机统一体像任何其他统一体一样,都是内部包含矛盾的对立的统一,那么,"三个至上"这个统一体内部包含哪些矛盾和对立?

3. "三个至上"统一体的各个对立面之间通常是如何在相互对立、相互依存的过程中实现统一的?

4. 宪法法律是否体现了党的领导,在什么程度上体现了党的领导?

5. "三个至上"的统一是有条件的还是无条件的?如果是有条件的,那么是什么具体条件?如果不具备必要条件,"三个至上"或其中的任两个"至上"能否实现统一?

上述问题加起来共有10个,前5个相对于法学专业人士来说显得比较业余化,后5个问题显得比较专业化。这些问题不论是业余水平的还是专业水平的,本文既然提了出来,那是一定要至少给予读者以最低限度的阐释的。但是,作为

---

① 公丕祥:"坚持'三个至上'指导思想践行'三个至上'基本要求",载《人民法院报》2008年9月24日。

② 张文显:"以'三个至上'作为法院工作的指导思想",载《人民法院报》2008年10月16日。

③ 王胜俊:"始终坚持'三个至上'实现人民法院工作指导思想的与时俱进",载《人民法院报》2008年9月10日。

以研究法学为谋生手段的专业人员，笔者显然不能用像编写《十万个为什么》那样的科普方式来敷衍读者。所以，本文拟从将论题予以最大限度简约化入手，然后集中探寻主导相关基本要素之间的关系的原理，最后再在阐发相应基本观点的过程中综合回应上述诸问题。

首先需要做的一件事，就是对"党的事业至上、人民利益至上、宪法法律至上"这句话，按常见汉语含义和社会生活的通常逻辑来作出解释，这是各国解释包括宪法在内的历史性文件的一个基本方法——虽然这个方法来自西方，但笔者坚信它在解释效用方面有"普世价值"。在汉语习惯中，论说者用排比修辞法连说三个事物"至上"，其目的绝对不是要对这三个事物的高下作比较，而是欲强调它们三者相对于言外的某种或某些事物的至高无上性：强调"党的事业至上"，通常是要求人们把党的事业放在个人得失的考虑、单位或职业团体等主体得失的考虑之上；人民利益至上则通常是相对于个人的利益、大小职业团体的利益、单位的利益、地方或其他形式的局部利益而言的；[①]至于"宪法法律至上"，则一般是指在我国的全部行为规范体系中，宪法和法律作为概括的整体，其效力高于其他一切行为规范，这些行为规范中不仅包括行政法规、自治条例、单行条例、地方性法规、司法解释、部门规章、地方政府规章等，也包括了政策、道德、领导人的文章或讲话、团体章程、单位纪律等法外的规范。按这种方式来理解"三个至上"的基本含义，是比较恰当、比较有根据的。按这种方式理解，"三个至上"绝无高下之分，更无效力高下的问题——宪法法律作为行为规范，不可能与其他两种非行为规范类事物比较效力的高低。

如果这种理解是合理的，那么，到此为止本文就基本回答了前面逐一列举过的关于"三个至上"的5个"业余"水准的问题。

但是，尽管"三个至上"中三者之间不可能有效力高下的比较关系，但三个相关的事物即党的事业、人民利益与宪法法律之间却有互动关系，这种互动关系与党的领导、依法治国和人民当家作主三者之间的互动关系是交织在一起的。这两套话语系统按其表达的内容来看，可以简约为"党、人民、法律"三者之间的关系，其中党指我国执政党即中国共产党，人民一般指全体国民（与群众有实质区别），而法律指的是包括宪法在内的由最高国家权力机关通过的有法律效力的全部规范性文件。

---

① 或许有人会问："是不是还有人民利益相对于党的事业至上的问题？"笔者认为，按论说者尊奉的学说，共产党以人民利益为自己的利益，并无自己的特殊利益，因而按论说者之本意，绝无将党的事业与人民利益作孰高孰低之类的比较的问题。

现按“党、人民、法律”这种简约形式，对三者及其相互关系作必要论述，这些论述以肯定法律是党的主张和人民意志的统一为前提。

我们先看哪些主体有资格代表党，以及党的主张采用哪些表现形式。《中国共产党章程》第10条、第21条和第22条等有关条款规定：党的最高领导机关，是党的全国代表大会和它所产生的中央委员会；在全国代表大会闭会期间，中央委员会执行全国代表大会的决议，领导党的全部工作，对外代表中国共产党；中央政治局和它的常务委员会在中央委员会全体会议闭会期间，行使中央委员会的职权。根据党章的这些规定可知，能够代表党的组织机构是党的全国代表大会、党的中央委员会、党的中央政治局、党的中央政治局常务委员会。不过，这些组织机构虽然都有权代表党，但权威性有级差，党的全国代表大会的权威最高，其次是党的中央委员会，余类推。除非受这些组织机构之一的授权或委托，其他任何组织和个人，都无权代表党。同样，党的主张也是确定的，有明确的来源、确定的形式，能够被感知，可以被核实或查证。具体地说，党的主张主要通过以下形式来表达：党章，党的全国代表大会通过的中央委员的报告，有权代表党的中央组织机构通过的决议、作出的决定、提出的建议或发布的其他文件。同样，这些形式虽然都表达党的主张，但其权威性有级差，党章、党的全国代表大会通过的中央委员的报告表达的主张权威性最大，其次是党的中央委员会表达的主张，余类推。

由此还可知，党的地方组织及其领导人和在国家机关、军队、社会团体和其他企事业组织中的党的机构及其领导人并不代表党，他们的主张也不能等同于党的主张。当然，他们在贯彻落实党的主张的过程中可以有自己的主张，但这种主张相对于党的主张来说是执行性主张，是在落实党的主张的既定空间内行使自由裁量权的表现。

再看什么是人民以及人民在政治上、法律上如何行动和表达意志。一般地说，人民指的是全体国民，但在我国社会生活中通常指除了因被定罪判刑而被附加剥夺了政治权利的公民之外的全体公民。但是，在政治上和法律上，人民在我国是以选民的身份来行动并在选举结束后通过各级人民代表大会来代表自己行动和表达意志的。列宁说过，“没有代表机构，我们不可能想象什么民主，即使是无产阶级民主。”[①]《宪法》第2条规定：“人民行使国家权力的机关是全国人民代表大会和地方各级人民代表大会。”根据宪法这些规定并参照宪法其他相关规定，我们可以得出这样的结论：在我国，人民意志是通过全国人民代表大会集

① 《列宁选集》（第3卷），人民出版社1995年版，第152页。

中和表达的，在全国人大闭会期间，全国人大常委会集中和表达人民的意志。全国人大及其常委会集中人民意志的形式是举行会议，表达人民意志的形式主要是修改宪法、解释宪法，监督宪法实施，制定法律、解释法律，决定重大问题，等等。地方各级人大、人大常委会参与人民意志集中过程，但它们表达的意志不是全国人民的意志，只是一定地域范围内的人民的意志，这种意志不能违背由全国人大及其常委会表达的意志，后者是全国人民意志的政治的和法律的存在形式。

现在轮到该从与党和人民互动的角度论说法律了。前面已经说过，本文这一部分使用的"法律"一词包括宪法在内的广义的法律概念，宪法与法律原本应该是分开解说的，只是因为要便于讲清问题的主要脉络，才采用了近似于数学上合并同类项的做法，将两者权且并在一起。但是，宪法与一般法律毕竟有重大差别，该说明白的还得说明白。除了最初的制宪之外，现在我们这代人和我们这代人的后辈在可以预见的未来只有修宪问题，已不存在制宪问题。从党的主张层面看，我国历来修宪基本上都是中共中央根据党的全国代表大会的报告记载的内容提出来的，可以视为中共中央转述党的全国代表大会通过的报告的主张。所以，在这个层面，它的权威性就高于有权代表党的其他中央机构表达的意志。而修改宪法的建议经人大常委会接受并在全国人大经宪定程序以全体代表的2/3以上多数通过后，它就体现了以全国人大全体代表以2/3以上压倒性多数表达的全体中国人民的意志。从党的渊源方面看，一般法律也是依据能够代表党的中央领导机构通过的报告、决议、建议，经由必要技术性处理后由全国人大全体代表或全国人大常委会全体委员的过半数通过的，它们体现的是以全国人大全体代表或全国人大全体委员以过半数多数表达的全体中国人民的意志。简单地说，法律，其中首先是宪法，其实际地位应该从全党的主张和全民的意志的统一的角度去理解和定位。

了解了这些情况后，我们可以看到，"三个至上"之间的相互关系，党的领导、人民当家作主、依法治国三者间的相互关系，都是党的领导、民主、法律的制定实施三者间的相互关系这一宏观框架的一部分。因此，人们对党的领导、民主、法律的制定实施三者间的相互关系的大框架的理解决定和制约着对"三个至上"之间的相互关系和党的领导、人民当家作主、依法治国三者间的相互关系这两个较小的框架的理解。但是，考虑到讨论问题过程中话语体系合理衔接的需要，以及这篇容量有限的文章能够解决的问题的有限性，笔者还是大体上选择在党的领导、人民当家作主、依法治国三者间的相互关系的框架和话语体系内阐释尚未讲清楚的问题。本文欲表达而尚未表达清楚的内容可浓缩为如下数点。

（一）任何统一都是包含着矛盾或对立的统一，党的领导、人民当家作主、依法治国三者的统一也是如此

差异就是矛盾，党的领导与人民当家作主不完全是一回事，它们二者与依法治国的差异更大，因而它们三者之间不是没有差异、没有矛盾的，三者只有通过互动扬弃对立，解决矛盾才能实现和保持统一。所以，这三者的统一是有条件的，不是无条件的。那种以为三者生来就是统一的观点既不符合实际，也不符合逻辑。因此，一般化地说“党的领导、人民当家作主、依法治国三者是统一的”，不论重复多少遍都没有意义。若欲在一个个具体问题上实现三者的统一，人们需要作出持续和艰苦的努力。所以，对于三者的关系，比较正确的说法是：党的领导、人民当家作主、依法治国三者应该统一，也是完全可以统一的。

现在从党政官员到学者，对于党的领导、人民当家作主、依法治国三者的关系，基本上都是一个劲地往统一的方面说，几乎没见有文章或报告论述它们之间必然会有、也十分常见的差异和矛盾，这不是实事求是的态度，也非常不利于它们三者在实践中实现统一。正视差别和矛盾，是消除差别和解决矛盾的前提。

（二）在党的领导与人民当家作主即民主的关系问题上，正确处理才能实现二者的统一，否则可能无法统一

党的领导与人民当家作主的关系在宪法上、制度上集中表现为党的各级组织与各级人大之间的关系，因为，在宪法上和实际社会生活中，人民是通过各级人大当家作主的。党必须能够提出符合人民根本利益的主张，而做到这一点并不容易。事实上，历史上党在这方面不是没有失败的教训的。1981 年 6 月中共十一届六中全会通过的决议指出，从 1956 年至 1966 年“这十年中，党的工作在指导方针上有过严重失误，经历了曲折的发展过程”；关于“文化大革命”，该决议指出，“对于党和国家肌体中确实存在的某些阴暗面，当然需要作出恰当的估计并运用符合宪法、法律和党章的正确措施加以解决，但绝不应该采取‘文化大革命’的理论和方法”，但事实上却是采用了这种方法，以致造成了“给党、国家和各族人民带来严重灾难的内乱”。[1] 当时，党在这些重大问题上的决定都没有通过全国人大及其常委会，因此，党在这些方面的主张也就没有与人民当家作主实现统一。

一般来说，党的各方面主张在最高国家权力机关通过后，它就与人民意志实现了统一。我们看到，改革开放 30 年来，最高国家权力机关无论表决宪法修正案、法律案还是投票决定重大问题，对草案进行讨论、修改、调整都是较常见的事

---

① 《中国共产党第十七次全国代表大会文件汇编》，人民出版社 2007 年版，第 25 页。

情,这就是党的主张与人民当家作主两个方面进行矛盾互动的表现。就其结果而言,只要党的有关主张在没有根本性改变的情况下在相关国家权力机关获得了宪定或法定多数的支持下,党的领导与人民当家作主就实现了统一。30年来,最高国家权力机关修宪、立法也好,选举或决定人事安排、决定其他重大问题也好,完全没有反对票、弃权票的情况是罕见的。这表明,如果党的主张不够正确,其主张的内容在全国人大通不过并非完全不可想象的事情。各级地方党的组织与本级地方国家权力机关的情况差不多也是如此。党的领导与人民当家作主的关系有时没处理好,以致顾此失彼,最终没有统一的情况也并不是从来没有发生过。我们可以回顾一个很典型的事例,它就是发生在2003年1月的"岳阳市长'二选'风波"。当年,湖南省委提名的罗同志作为唯一候选人在岳阳人大第一次选举中落选后,省委立刻再次决定通过主席团推荐他为唯一市长候选人参选,在经过对人大代表分别"做工作"后,罗最终当选。当时笔者曾撰文这样评论此事:"第一次选举合法,这是大家都已有共识的。这就是说,第一次选举结果是岳阳市人民代表大会代表全体岳阳人民正式表达的意志,它已经明白无误地对罗同志说了'不',这是有法律效力的表决。任何机构和个人如果再次提出罗同志为市长候选人,其性质都是意图推翻岳阳市人民代表大会的表决结果,是让岳阳市人民代表大会用今天的行为否定昨天的行为,是让岳阳市人民代表大会自己打自己的嘴巴。"①可以说,在这件事上,第一次选举时湖南省委推荐的唯一候选人落选,表明在这件事情上党的领导没有实现,但人民却通过人大选举实现了当家作主的权利。显然,党的领导与人民当家作主在这个过程中没有统一起来。这是一方面。另一方面,湖南省委第一次只推荐1名市长候选人这件事本身就表明,人民当家作主已被打了一些折扣,因为,依法地方政府正职领导人候选人一般应该多于1人,法律这样规定是为了让人大代表在选举时真正对候选人有比较、选择的空间。而当时湖南省委在第一次推荐的候选人被岳阳市人大正式否决后,第二天省委又向同一人大推荐同一人为唯一正式候选人,强加于人大的意味十分浓厚,最后靠组织性动员分别对人大代表"做工作"才使其获得当选的足够票数。从这第二次选举的过程和结果看,党的领导无疑是实现了,但人民当家作主是否实现则令人十分怀疑,至少大大打了折扣。可以说在第二次选举过程中,党的领导与人民当家作主也没有统一好。我们经常讲科学发展观,什么叫科学发展?办一件事起码是主要的正当目标都能够协调实现才算科学吧,顾此失彼算不得科学发展,在党的领导与人民当家作主的关系问题上也是如此。

---

① 童之伟:"岳阳市长'二选'风波的启示",载《法学》2003年第2期。

（三）充分实施法律是实现依法治国与党的领导、人民当家作主相统一的基本途径

在我国这样一个走向法治的社会和实行制定法制度的国家，党的领导、人民当家作主相统一的主要成果形式是把党的主张经由人大制定宪法，讨论通过宪法修正案、宪法解释案、法律案和有法律效力的决定等形式转化为国家意志。这个过程完成了，党的领导与人民当家作主就实现了统一。但是，接下来它们二者又如何同依法治国实现统一呢？可以说，准确、充分实施作为党的领导与人民意志统一体的上述规范性法律文件，是使三者实现统一的主要的和基本的形式。换句话说，既然包括宪法在内的广义的法律体现了党的主张与人民意志的统一，那么，实施这些法律的过程也就成了依法治国与党的领导和人民当家作主相统一的过程。在法律准确地体现了党的主张和人民意志的情况下，法律在多大程度上得到实施，三者就在多大程度上实现了统一：法律没有实施好即三者没有统一，法律实施得不好即三者统一得不好，法律正确充分实施即三者完全统一，如此等等。

由于本节所说的法律，是包括宪法的广义的法律，所以在现实生活中，依法治国与党的领导和人民当家作主相统一，分别体现在宪法实施与法律实施两个领域。其中，最根本的是宪法实施，具体说来包括宪法遵守和宪法适用两方面。宪法是党以最权威的形式表达的主张与全国人大以全体代表2/3以上的多数表达的全国人民的意志的结合体，如果宪法没有实施好，那绝对谈不上实现依法治国与党的领导、人民当家作主的统一。在这方面，我国目前还面对不少问题，违宪的情况还不同程度地存在，公民基本权利保障方面的立法还有不少盲点，而特别引人关注的则是宪法的监督适用机制尚未激活，以致宪法的实施还缺乏行之有效的监督制度的保障。至于一般法律的实施，则人们通常将其区分为法律的遵守、法律的执行和法律的司法适用。考虑到法学的各二级学科讨论这方面问题的著作几乎汗牛充栋，故此处从略。从涉及问题的广泛性、多样性、日常性可见，实现依法治国与党的领导和人民当家作主相统一，绝不像一些讲套话的文章所说的那样似乎不费吹灰之力。

从最近学者结合党的领导、人民当家作主和依法治国讨论“三个至上”及其相互关系的文章看，有下面几个方面的情况值得注意：

1. 在我国，宪法法律已经成为体现党的主张，从而实现党的领导的最主要的和最基础的形式，但是一些文章在讨论有关问题时不自觉地表现出将党的领导与实施宪法法律对立起来的倾向，似乎实施宪法法律是一回事，坚持党的领导是另一回事。这种认识在学者和法务人员中有相当的普遍性，在本文前面引证的有关论述中，也能看到包含这种认识的萌芽。这种认识是不符合实际和有害的。

2. 不适当地将党的领导首先或主要地理解为地方党委甚至党委书记、政法委书记个人的领导。如果是这样，在适用法律的过程中当法律的规定与党的地方组织及其领导人的意志或利益有冲突时，司法机关就很难依法独立行使职权，从而难免因此造成错案或冤案。远的不说，一两年前几乎众所周知的佘祥林案、彭水诗案这两个冤案错案都是这样造成的。在这方面，关键是要认识到，党的地方组织及其领导人干预个案处理，不是支持而是妨碍法官、检察官依法独立行使审判权的做法，具有将他们自己的意志凌驾于党中央乃至全党之上的性质，很可能实质性地造成对党的领导的否定。

3. 那种将党的事业、人民利益、宪法法律理解为一种重要程度逐步递减的排列顺序，并试图以此为依据借口党的领导否定宪法法律，或将二者对立起来的想法和做法，都是错误的。虽无人明说，但笔者根据自己的了解，感到按重要程度逐步递减来理解"三个至上"并将其解读为我国政治法律生活中的新趋势者大有人在，但主要是法律职业圈之外的人士。

4. 用正式制度来规范党的领导、人民当家作主和依法治国三者的关系是建设法治国家的客观需要。虽然宪法规定了政党必须遵守宪法和法律的内容，党章等权威性文献也规定党必须在宪法和法律的范围内活动，坚持依法执政，但我国宪法和法律中却并没有可用于调整党的组织和执政行为的规范，实际上无法可依。当然，党与国家机关的关系在长期实践中已形成了一些管用的惯例，如党的政策虽对于修宪、立法有指导作用，但政策一般不具体做规范性规定；政策即使对某方面事物有规范性规定，也限于尚无法律调整的领域，如果后来法律有了规定且与政策不一致，法院裁断争议应该以法律为准，等等。但是，总体来看，党与人民(表现为各级人大)的关系还是要有一些必要的强行性规范调整为好，这方面我国又与西方多党制国家的国情完全不同。① 用宪法、法律调整党的执政行为符合中共十七大关于推进社会主义民主政治制度化、规范化、程序化的要求。

---

① 第二次世界大战后，用宪法和法律规范政党的组织与活动，是许多国家宪法发展的一个新趋势，该趋势在德国有较典型的表现。在有些西方国家，执政党的行为主要靠在野党制约，因而不太需要也确实没有规范政党活动的宪法条文和政党法之类的法律，如美国。

四、我国司法体制发展水平及相关问题应如何评估

司法体制改革是我国政治体制改革的重要组成部分，近年来很受重视。2002年11月，中共十六大报告第五部分专门用了一节讲推进司法体制改革，2007年10月中共十七大报告进一步提出要“深化司法体制改革，优化司法职权配置，规范司法行为，建设公正高效权威的社会主义司法制度，保证审判机关、检察机关依法独立公正地行使审判权、检察权”。① 2008年11月中共中央政治局开会进一步讨论了深化司法体制改革的问题。

实事求是地评估我国现在处于何种社会发展阶段，是制定正确的现行政策和确定正确的发展方向和发展目标的前提和基础。因此，执政党历来特别重视对当前所处社会发展阶段的客观评估，并且提出了关于社会主义初级阶段的完整理论体系。这个理论对我国社会有一个基本估计，用中共十五大报告的话说，即中国“处在社会主义的初级阶段，就是不发达的阶段”。②

同样，实事求是地评估我国司法体制的发展水平和所处的发展阶段，是有效推进司法体制改革、正确把握司法体制发展方向的前提和基础。中国的司法体制是社会主义初级阶段的司法体制，它的发展水平和成熟程度不可能超越这个阶段。我们如果脱离社会主义初级阶段的理论框架和客观实际，将司法体制的发展水平估计得太高，那必然会得出我国司法体制已经很成熟、很完美，不需要改革或不需要做深入改革的结论。

人们注意到，从2008年法制类报刊发表的一些文章或司法高层人士的讲话看，在我国司法体制发展水平问题上，许多提法似乎没有给推进司法体制改革留下多少空间。下面的这段话在同类提法中较有代表性：“我国法治发展的实践证明，这个制度顺应了人类社会发展规律和社会主义建设规律，是中国历史上也是人类社会发展史上最为优越的司法制度，是最能保障人民当家作主、保障中国特色社会主义事业发展的司法制度，是人类社会发展进步和世界法治文明最灿烂的成果。”③在这段高度评价我国司法体制的文字中，特别引人注目的是其中的三个“最”字，应该说，这三个“最”字的确集中展现出这段话的内容，但它们很

---

① 《中国共产党第十七次全国代表大会文件汇编》，人民出版社2007年版，第30页。

② 《中国共产党第十五次全国代表大会文件汇编》，人民出版社1997年版，第15页。

③ 王胜俊：“始终坚持‘三个至上’实现人民法院工作指导思想的与时俱进”，载《人民法院报》2008年9月10日。

容易让人不适当地联想到"顶峰"及相关疑问。

充分揭示我国司法体制的优点，对我国司法表现出足够的信心，是有根据和有理由的，但一定不可忽视高估现行体制可能带来的不良逻辑后果，这种不良逻辑后果极可能无意中助长因循守旧、故步自封的态度，很可能会为那些不赞成司法体制改革或在司法体制改革方面只说不练的行为提供借口。所以，按实事求是精神合理评估我国司法体制的发展水平和它所处的发展阶段，对于人们正确看待司法体制改革和深化这个领域的改革，是十分重要的。

全面评估我国现行司法体制及其发展水平是一件困难的事情，但是，以几个比较可靠的定位点做参照，以一些客观事实为根据，人们基本上有理由认定：自20世纪50年代以来，社会主义司法体制从无到有，经历了非常曲折的道路，虽然取得了很大的建设成就，但还有诸多不完善的地方。直到1997年，党中央对我国政治法律发展状况的总的评估还是这样的："社会主义制度还不完善，社会主义市场经济体制还不成熟，社会主义民主法制还不够健全，封建主义、资本主义腐朽思想和小生产习惯势力在社会上还有广泛影响。我国社会主义社会仍然处在初级阶段。"①包括司法体制在内的政治体制改革自那时以来并没有取得标志性进展，因而没有根据说10年后这方面的情况有了很大变化。

对我国司法体制的评价不可超越社会主义初级阶段的框架，因为，这个体制本身并没有超阶段发展。要看到，在确立社会主义初级阶段理论前，我国宪法序言和执政党党章在相应的总任务部分的提法，都是把我国建设成为"高度文明、高度民主"的社会主义国家，在确立了社会主义初级阶段理论后，宪法的相应部分先后修改成了"富强、民主、文明"，党章的相应部分先后修改成了"富强、民主、文明"，"富强、民主、文明、和谐"。在宪法和党章中，从"高度文明、高度民主"到"民主、文明"的提法变化，直接表明执政党和最高国家权力机关并不认为我国包括司法体制在内的政治体制的发展水平超越了社会主义初级阶段社会经济发展水平的制约，达到了很高的程度。

从理论和逻辑上说，包括司法体制在内的社会主义政治体制，不论从哪个层面看都应该比资本主义的更优越，但从我国社会主义初级阶段的实际情况看，也并不是我国的每项具体的体制性安排都比资本主义的更科学、更合理。1980年邓小平说，"斯大林严重破坏社会主义法制，毛泽东同志就说过，这样的事情在英、法、美这样的西方国家不可能发生。"②这起码说明，这些老牌资本主义民主

① 《中国共产党第十五次全国代表大会文件汇编》，人民出版社1997年版，第17页。

② 《邓小平文选》（第2卷），人民出版社1994年版，第333页。

国家在权力制约方面的体制安排比当时的中国和当时的苏联安排得更合理。又如,1978年邓小平提出,“必须使民主制度化、法律化,使这种制度和法律不因领导人的改变而改变,不因领导人看法和注意力的改变而改变。”[①]1997年9月,中共十五大报告几乎是用邓小平的原话再次强调了同样的内容。这些虽然不是单纯司法体制能解决的问题,可是参与解决这些问题无疑是司法体制的重要功能之一。但是,既然到1997年都还需要强调这一点并将其作为政治体制改革的努力方向,就说明这个方面的体制还很不完备。而许多资本主义国家早已解决了这方面的问题,而我国这方面的发展,实际上是长期落后于别人的。既然是唯物主义者,就不应该不敢承认这些不足,承认不足是为了弥补不足,不是妄自菲薄,更不是要抛弃本国的体制。

评估司法体制,最好不要动辄从主义的高度笼统地加以肯定或否定,而应该多做具体分析。这方面,尤其不可以简单化地将我国司法体制的所有现行环节都不加区别地一概贴上社会主义标签,然后不准动,若有人欲对其做些改进,或拿更好的环节置换其中的一个或数个,马上就认定他/她“自觉不自觉地放弃社会主义司法制度”。如果是这样,那么我国民主法治和司法体制改革的前途就很不乐观了。翻开法制史看看就知道,由于我国乃至其他社会主义国家历史上疏于民主法治建设,认真搞法治的时间不长,在司法制度的全部构成环节中,完全属于我们自己首创的东西是有的,但还不多,能够列举出来的估计只有司法调解、马锡五审判方式、申诉(信访)等屈指可数的方面,绝大多数还是直接、间接从国外传入的,即使从国外传入的东西,总根子往往也在欧美。当然,我们司法体制中也有中华民族的基因,但因为我国司法传统所属的主义与我们今天实行的主义隔了一代,故能发掘利用的东西很少。所以,如果我们老是谈主义,老是变着各种法子、寻找各种借口将国外的司法技术、司法程序妖魔化,恐怕不利于我国司法体制的现代化,不利于通过司法实现社会的公平正义。不顾中国基本国情盲目照搬外国的做法固然应该反对,但也不能将“照搬”等作为一根打人的棍子经常在人们头顶上晃。

很多细枝末节的东西本文就不说了,这里只结合实际从我国司法制度的根本上说说这个道理。现行《宪法》第126条规定:“人民法院依照法律规定独立行使审判权,不受行政机关、社会团体和个人的干涉。”这里有两点值得注意:(1)我国宪法的规定是“人民法院”这个机关或集合体独立行使审判权,而世界各国基本上都是“法官独立”或“法官独立审判”,行使审判权的是法官个人(主

① 《邓小平文选》(第2卷),人民出版社1994年版,第146页。

要是强调法官个人地位独立、独立判断，不是不要合议庭，一人审一个案子）。(2)我国法院行使审判权“独立”的表现仅仅是“不受行政机关、社会团体和个人的干涉”，从主体上给“干涉”留下了广阔的空间，而世界各国法官独立的表现一般是“只服从法律”。笔者相信，在今天，如果有人主张在我国司法体制中，将法院独立行使审判权改成法官独立行使审判权，将行使审判权不受行政机关、社会团体和个人的干涉改成只服从法律，肯定会受到基于以下立场的种种批评：法院集体行使审判权是社会主义司法体制的特点和优势；法官个人行使审判权是资产阶级司法体制的内容，社会主义司法体制绝不能采用；在我国主张只服从法律，就是试图照搬西方那一套，想摆脱党的领导；不对人大负责，这违反人大制度的基本原则，等等。

但是，真正了解情况的人都知道，对上面那些方面改革还是不改革，历史地看压根儿早已与主义没关系了，也谈不上否定党的领导和人大制度等问题。为什么这样说呢？原因相应地也有两个方面：(1)法官独立，而不是法院独立行使审判权，不仅西方国家实行这样的制度，历史上最“正宗”的一些社会主义宪法，包括1936年苏联宪法和1977年苏联宪法，所规定的也都是法官（或审判员、人民陪审员）独立。[①] 我国1954年制定宪法时之所以没有采用这种体制，实际上很可能是在当时看来苏联这样的规定太先进，要求太高，中国一时还做不到，故新中国的制宪先贤没有在1954年宪法中作当时苏联宪法那样的规定。[②] 现在有人对法官独立行使审判权有一种误解，以为它指的是一个法官独立审一个案子，不要组织合议庭。这不符合实际。(2)法官“只服从法律”。尽管资本主义宪法大都肯定这样的制度理念，且苏联1936年宪法、1977年宪法也是这样规定

① 1936年苏联宪法完全复制了魏玛宪法第102条“法官独立，只服从法律”的规定，1977年苏联宪法保留了1936年苏联宪法的相关规定。

② 为配合2004年修宪，最高人民法院2003年曾在其会议厅召开有10余名外来宪法专家参与的规模约30人的研讨会，当时包括肖扬院长和多位副院长都参加了研讨。会上有学者主张最好将现行《宪法》第126条修改为“法官独立行使审判权，只服从法律”，如果做不到就争取改回1954年《宪法》第78条“人民法院独立行使审判权，只服从法律”的规定。作为对这个主张的回应，肖蔚云教授接着发言，他向大家郑重提供了如下情况：在起草1954年宪法时，曾讨论到后来的第78条的内容，某天有人士当着刘少奇的面提出，这方面要向苏联宪法学习，使用法官独立行使审判权的提法，不要使用法院独立行使审判权的提法。肖先生说，刘少奇当时口头对这个问题做了答复，其大意是：法官独立行使审判权对法官的业务水平要求比较高，新中国成立不久，法官还不具备独立行使审判权的水平，不妨先搞点集体负责制，以后有条件了再修改宪法，改为法官独立行使审判权。笔者认为，肖先生在那个场合的发言应该算是一种口头发表，可惜肖先生已仙逝，我们没有可能再向他请益，但好在当年与会诸君都还健在，相信他们中不少人也能记得肖先生发言的大意。这个情况值得重视。

的；而我国 1954 年宪法的相应规定同样是“只服从法律”，尽管其主体不是法官而是法院。其实，法官独立也好，只服从法律也好，本身都只是保障法律不受干扰地得到适用的一种技术性措施，与主义无关，真正与主义有关的是法律的内容，而且只是其中的实体性内容。

“宪法和法律是党的主张和人民意志相统一的体现。”①中共十六大报告首次正式提出、此后党的中央领导机关及其领导人又反复重申明的这个论点，对于推进依法治国，建设社会主义法治国家，包括深化司法体制改革，具有极其重要的理论价值和深远的实践指导意义。对于法学工作者和法务工作者来说，这是一个含金量很高的法学富矿，但可惜迄今为止法学家对它的开发运用还很不够。按照宪法和法律是党的主张和人民意志相统一的体现的命题，法院、检察院、法官、检察官依法独立行使职权本身就是贯彻党的主张，落实党的领导，遵从人民意志。根据这个命题，结合世界各国包括历史上曾经实行和现在仍然实行社会主义制度的国家在司法方面的经验教训，我们不可避免地要得出一些重要结论，其中包括但不限于以下数种。

1. 司法机关理应只服从法律。我国 1982 年《宪法》对 1954 年《宪法》相应条款的修改不是进步而是退步。② 1982 年《宪法》之所以用第 126 条“人民法院依照法律规定独立行使审判权，不受行政机关、社会团体和个人的干涉”取代 1954 年《宪法》第 78 条“人民法院独立行使审判权，只服从法律”，主要的考虑是要给地方党组织的领导和地方国家权力机关的监督留下空间。从宪法和法律是党的主张和人民意志相统一的体现这种新认识的高度看，有没有必要为党的地方组织和地方人大预留干预空间，是值得重新考虑的大问题：一方面，法律更完整、更准确地在全党和中央层次体现着党的主张，在全民层次体现着人民意志，地方党组织、地方国家权力机关不应该有与此不同的主张和意志；另一方面，宪法如果为地方党组织和地方国家权力机关预留另行表达主张和意志的空间，那是很难确保这些地方机构表达的主张和意志不改变全党主张和全民意志的。显然，1982 年《宪法》第 126 条在通过时，有在很大程度上将党的领导理解为地方党组织的领导，将人民意志很大程度上理解为地方人大意志的认识倾向，而这种认识倾向的合理性至少在本文讨论的这个特定场域是值得商榷的。苏联在这方面的制度安排可以证明，不让地方党的组织和地方国家权力机关插手司法机关

---

① 《中国共产党第十六次全国代表大会文件汇编》，人民出版社 2002 年版，第 31 页。

② 对这个论点，笔者曾经撰文做过论证，参见童之伟：“宪法独立审判条款的完善及其配套改革”，载《江海学刊》2005 年第 6 期。

适用法律的过程并不是否定党的领导:苏联宪法对于法官,一直是规定只服从法律,对于检察官,宪法除规定其服从法律外,还在组织体制上要求只服从苏联总检察长,不受任何地方机关的干涉。这种制度安排在苏联从来没有招致否定苏共领导的非议。社会主义苏联虽然垮了,但它留给其他社会主义国家的法制建设遗产,该正视的还是应该正视。

2. 依法独立行使职权是司法机关贯彻党的领导的基本的和主要的方式,凡是妨碍司法机关独立行使职权的地方性因素都应该排除。在这方面,我国长期以来最大的问题往往是,每遇关键问题(通常表现为所谓的"敏感问题"),就将党的领导主要理解为本级或上级地方党组织的领导,其结果是不同司法机关或部门依法应该相互制约的却不制约,依法应该独立处置的却去请示,甚至在机关内部主动制度化地规定对某个级别及以上官员涉嫌某类违法犯罪的案件只能经外部同意后本机关才能立案侦办(这是搞选择性办案,人为地制造体制性的司法不公),等等。从法律是党的主张和人民意志相统一的体现的角度看,这些做法无异于在关键问题上以地方党组织的主张"修正"全党的主张,让地方党组织凌驾于中央甚至全党之上。所以,司法领域很多具体做法与应该不折不扣地贯彻党的主张与人民意志相统一的法律的要求不能适应,应该系统地清理。

3. 由于工作性质和工作方式不同,司法机关贯彻执政党的领导的方式与人民代表机关和行政机关相比有根本的不同,正视这种客观差异并作出相应的制度安排,是党科学执政的重要方面。一般来说,代议机关、行政机关是以立法、作决定和执行的形式来贯彻执政党的领导的,所以,政党执政通常表现为直接掌控立法机关或行政机关的关键职位(或多数席位),直接贯彻自己的主张,甚至可以实质性地党政不分,世界各国差不多都是这样。但是,司法机关归根到底是以依照法律作判断的方式工作的,①在较严格实行制定法制度的国家,它几乎完全不参与规则制定,单纯只是作裁判。所以,在我国,司法机关贯彻党的领导是通过依法裁判来间接进行的,它的裁判越是中立公正,越是在当事人之间不偏不倚,越是严格依法进行,党的领导就贯彻得越好。因此,司法机关、司法人员应该只服从法律,同时法律应该保证他们行使裁判权尽可能不受其他任何组织或个人等的影响。同样,司法机关按照立法原意统一、严格地适用法律,原则上不应该受到当时、当地舆论和公民感受的影响。在这方面,关键是在学理上、法律上严格区分人民与群众,人民是一个整体,在我国其意志只能由全国人大及其常委

① 检察机关的活动,可以理解为性质在于促使、推动法院对被告等的行为的合法性进行裁判。为表达内容方便计,这里和下文有时将我国宪法规定的审判机关和检察机关统称为司法机关。

会代表和表达，而群众实际上往往只是某个行政区域或某个企业事业组织中的少数，甚至可能是基于个人利益考虑就某件事闹得很凶的极少数人。

4. 执政党与具体司法过程保持一定距离有利于党的执政地位的稳固和社会稳定。从执政党的组织与司法机关和司法过程的关系看，执政党领导司法的方式似乎主要应限于依法推荐包括法院院长、检察院检察长在内的法官、检察官人选和对他们的操守进行监督。在执政党与司法的关系方面，最应该避免出现的情况是社会大众将司法机关对案件的处理或对争议所作的裁判看做党组织或其负责人的授意。如果是这样，无异于党组织或其领导人事实上站到了司法机关和司法官员的位置，这会严重损害执政党的权威，并且直接威胁到社会的稳定。

5. 打造独立公正的形象，形成自身公信力，应该是司法机关维护党的执政地位的最好方式。司法机关假借坚持党的领导，维护党的执政地位之名，遇事请示党的地方组织或相关负责人，热衷于揣摩上意，不依法独立负责，实际上是把党的地方组织及其负责人往第一线推，陷后者于不义。因为，这样会使后者被视为争议当事方之一或事实上的争议仲裁者，会妨碍党的组织或其负责人在万一局面失控时站出来有效收拾残局。所以，司法机关、司法官员维护党的执政地位的最好方式，也是严格依法办事，体现公平正义，及时化解矛盾，把自己独立公正的形象和司法的公信力树立起来。司法体制改革应该在追求这种效果上做文章。

五、法学研究是否依然要警惕右但主要是防止“左”

在我国当今法学研究中，右的东西仍然需要警惕。右的东西的主要表现是：把私有制看成万验灵药，逢公必反；把多党制看成解决我国一切问题的钥匙，否定共产党的领导；认为法制样样都是西方的好，我国一无是处；不考虑本国实际情况或不考虑体制匹配，只要本国的某方面体制出了点问题，马上就想到搬外国的；谈中国的民主法治问题，所采用的是非标准或所援引的言论全是或基本上全是西方的。不过，笔者注意到，这些右的东西在我国学术界往往能受到公开批评斥责，上上下下对它们都极为警惕，因而在法学界没有多少市场，在有影响的法学期刊上基本看不到它们的踪影。

至于“左”的东西，它们在我国学术界、法学界，从当今的情况看应该说是比较突出的。“左”的主要表现是：阶级斗争为纲思维有发散趋势；完全否定统一体对立面的共性、同一性，片面宣讲矛盾性、斗争性；假大空，千篇一律，不针对任何实际问题，不解决任何实际问题；理论研究脱离实际，不遵循实践标准；不懂西文不了解西方,却逢西必反;“从对马克思主义著作中个别论断的教条式理解和附加到马克思主义名下的某些错误论点出发”。[①] 现在“左”的东西市场仍然比较大,人们往往敢怒不敢言,若公开批评,几乎一定会被兴师问罪。由此看来,邓小平生前提出、后来中共十五大报告又重申的“要警惕右,但主要是防止‘左’”的告诫,今天仍然值得重温和重视。

中共十七大报告说得好:“实践永无止境,创新永无止境。全党同志要倍加珍惜、长期坚持和不断发展党历经艰辛开创的中国特色社会主义道路和中国特色社会主义理论体系,坚持解放思想、实事求是、与时俱进,勇于变革、勇于创新,永不僵化、永不停滞,不为任何风险所惧,不被任何干扰所惑,使中国特色社会主义道路越走越宽广,让当代中国马克思主义放射出更加灿烂的真理光芒。”[②]受这种精神感召,下文主要就防止“左”谈几点看法。

(一)要避免学术套路陷入以阶级斗争为纲的旋涡而不自知

在我国当今社会,虽然1982年宪法序言关于“阶级斗争还将在一定范围内长期存在”的估计没有过时,但毕竟社会的主要矛盾是人民日益增长的物质文化需要同落后的社会生产之间的矛盾而不是阶级矛盾,因此,今天看待政治法律领域的问题,阶级性话语不应该是主流话语或论说基调。但是,最近批判普世价值的文章和一些其他方面的文章,似乎基本上都是以阶级话语为基调的。在这方面,有的文章说得特别明白:“把人性和阶级性截然对立起来,用‘普适性话语’排斥阶级性话语的,首先是抽象人性的崇拜者。”进而直截了当地说:“这也揭示了一个真理,即只有从阶级性话语出发,才可能奠立人类性话语的现实基础,从而实现两种话语的具体的、历史的统一。”[③]实际上,本文第一部分引证过的不少话语,也是以阶级性话语为主流话语或基调的。

如果我们今天一定要按照马克思主义创始人当年在资本主义条件下表达的思想分阶级,会分出一个什么结果呢?列宁说过:“所谓阶级,就是这样一些大的集团,这些集团在历史上一定的社会生产体系中所处的地位不同,同生产资料的关系(这种关系大部分是在法律上明文规定了的)不同,在社会劳动组织中所起的作用不同,因而取得归自己支配的那份社会财富的方式和多寡也不同。所谓阶级,就是这样一些集团,由于它们在一定社会经济结构中所处的地位不同,其中一个集团能够占有另一个集团的劳动。”老实说,笔者不知道有关学者是否

---

① 《中国共产党第十五次全国代表大会文件汇编》,人民出版社1997年版,第17页。

② 同上,第12页。

③ 侯惠勤:“‘普世价值’的理论误区和实践危害”,载《中国社会科学院报》2008年11月11日、13日。

意识到，当他们总体上按阶级分析和阶级斗争的思路、以阶级性话语为基调谈论现实问题时，他们的行为已经对现存的社会秩序造成了潜在的破坏性。现实社会的社会经济结构决定现实社会的阶级结构，而不是由早已被消灭或早已成为历史的社会经济结构来决定现实社会的阶级结构，这是马克思主义最基本的常识之一。既然如此，笔者倒是很想向热衷于谈论我们社会的阶级和阶级斗争的学者们请教：在当代社会诸位意欲如何划分阶级？诸位是不是主张今天的市民与农民斗争、劳方与资方斗争、后富起来的人们与先富起来的人们斗争、百姓与官员斗争？可以说，任何学者，只要是按马克思主义的基本原理，在现存社会经济结构的基础上讲阶级斗争，最后必然将这些斗争作为其所讲的主要内容，而这又必然毒化现存社会的人际关系，破坏现存社会的和谐。

基于社会主义初级阶段的实际，按照科学发展观的要求，我国在建设社会主义和谐社会的今天，需要的不是利益各有差别甚至对立的社会集团之间进行斗争，而是需要这些社会集团之间进行利益协调和合作。就拿劳资冲突来说吧，面对我国现在日益增多的劳资纠纷，任何人只要不是生活在想象的空间里或生活在对旧时代的追忆中，就不难确定今天我国是应该鼓动劳资双方进行斗争还是应鼓励他们协调合作。

或许热衷于批判普世价值的学者们会说，“我们讲的阶级和阶级斗争是以1949年前中国社会的经济结构为基础的那种意义上阶级和阶级之间的斗争。”如果诸位口口声声用阶级性话语讲阶级斗争、阶级对立和阶级差别，说到头却原来讲的还是些早已没有现实的社会经济结构做基础的过气的“阶级”之间的“斗争”，那就未免离现实太遥远了，离马克思主义太遥远了！当然，笔者并不否认历史上的阶级和阶级斗争会给当今社会遗留下残余的表现形式，但残余就是残余，不应该被说成当代的主流。

（二）不能说到对立面只讲斗争性、看不到同一性

只讲斗争性、看不到同一性，这不仅是形而上学的错误思想方法，也是对建设社会主义和谐社会有害的看待现实问题的方式。对立面之间不仅有斗争性，还有同一性，这是常识。在以阶级斗争为纲的年代里，人们被鼓动起来天天斗，进门家里斗，出门到了单位同事之间斗、上下级之间斗，国际上我们也给划了阶级，名曰三个世界，也是斗。这些荒谬做法之所以大行其道，从主观上看，原因主要在于斗争思维控制了人们的大脑。所以，只看到事物斗争性看不到同一性的思维方式实即斗争哲学，今天热衷于片面讲斗争的人，可以说基本上是经历了“文化大革命”但观念没有走出“文化大革命”斗争哲学阴影的人们。如果这种哲学主导今天各阶层、各年龄层次的公民的头脑，那国内就只好天天面对贫富、官民、劳资、城乡、邻里、夫妻之间的斗争了，在国际上与美、英、德、法、俄、日、韩等国家也不能谈论共同利益了。若果真如此，将会是什么局面？斗争哲学是会毒化心灵和头脑的，绝对不能也不应容于社会主义和谐社会。

（三）“抽象的”并非不存在的，抽象的也是相对具体的

“他们所说的人权是抽象的，并不存在”，“抽象的民主、自由等是不存在的”，“抽象的公平正义是不存在的”，诸如此类否定抽象的话语，我国社科界知识分子耳熟能详，估计听了几十年了，现在仍然不绝于耳。如果“以人为本”的提法在学术界流传而又没有写进中共十七大报告，相信这种持抽象即不存在论的学者一定会批评说：“他们所说的人是抽象的，而抽象的人是没有的。”其实，这些学者现在因为震慑于党的权威，这话他们不敢说出口，但其实他们思想上一定还没转过弯来。笔者是做法学的不是做哲学的，所以通常不愿管哲学的闲事。此次因为好些文章又说到法学的一些基本的东西，如民主、自由、人权、法治等是抽象的，抽象的东西是不存在的等，迫不得已，只好站出来说几句。

“××是抽象的，而抽象的是不存在的”这类公式性话语，是一部分人从苏联时代一直挥舞到中国、挥舞到今天，从来没有放下过的一根专打社科界知识分子的棍子，因而是一根历史悠久的传统的棍子。但实际上，它恰恰属于中共十五大报告批评的那种“对马克思主义著作中个别论断的教条式理解和附加到马克思主义名下的某些错误论点”。

没有一种抽象的东西是可以被简单化地判断为不存在的，抽象概念总是或多或少有一些有客观基础的主观存在。什么是抽象？从最一般意义上说，抽象有两种情况，其中每一种抽象的结果都反映一定的客观基础，都是相对具体的存在，因而都是必要而合理的：(1)把握或认识客观的自然的具体对象，形成反映这个对象的概念，让这个对象得以进入人的思维。这时的概念相对于它所反映的那个对象物，是抽象的，但这种抽象是对客观对象的反映，并不是不存在的，更不是没有意义、没有必要的。因为，概念是思维的细胞，没有概念我们就不能够思维，自然的、客观的对象物如果不被抽象为概念，它就不能进入人的头脑。比如说法庭，它作为自然物不能进我们的头脑，因为最小的法庭恐怕也比人的脑袋大几千倍，所以，能进入人脑的只能是法庭这个概念。(2)作为较抽象的概念直接或间接记录人们对不同的客观对象物的共性的认识。比方说，从我国的人民当家作主等内容和民主选举、民主决策、民主管理、民主监督等民主形式中抽象出社会主义民主这个概念，然后概括出社会主义民主、资本主义民主，甚至古希腊、古罗马民主的共性，抽象出“民主”这个概念，这是一种很常见的、人们经常运用的逻辑思维方法，而且显然是有用的和不可缺少的，不能因为这类逻辑过程产生的概念是抽象出来的就把它们说成是不存在的。

或许，那些把民主、自由、人权、法治等说成抽象的、不存在的人们，是想说它们没有任何具体经济关系作基础，不是任何一种具体经济关系的反映。按照这种理论路径，资本主义民主、自由、人权、法治等是建立在以财产私有制为基础的经济关系上的，社会主义民主、自由、人权、法治则依托以财产公有制度为核心内容的经济关系上，而超越这些具体经济关系的民主、自由、人权、法治是抽象的和不存在的。这些话听起来有道理，但实际上违背了马克思主义的基本原理。

当代的民主、自由、人权、法治等，归根到底都是建立在以技术的发展水平和其他客观物质条件为标志的大体对应的经济关系发展水平上的，这种经济关系即它们的客观物质基础。需要说明的是，我国学术界对经济关系的传统理解是以所有制为中心的，但所有制却是一种带有相当多主观成分、在很大程度上表现为人们的主观选择的生产资料占有体制，完全不能反映生产力的真实发展程度。这种理解方式是斯大林发明的，并非马克思主义创始人的观点。马克思主义创始人一直没有正面给经济关系下过定义，直到恩格斯晚年，他才正面界定了"经济关系"这个概念。他说："我们视之为社会历史的决定性基础的经济关系，是指一定社会的人们生产生活资料和彼此交换产品（在有分工的条件下）的方式。因此，这里包括生产和运输的全部技术。这种技术，照我们的观点看来，也决定着产品的交换方式以及分配方式，从而在氏族社会解体后也决定着阶级的划分，决定着统治和被奴役的关系，决定着国家、政治、法等。此外，包括在经济关系中的还有这些关系赖以发展的地理基础和事实上由过去沿袭下来的先前各经济发展阶段的残余（这些残余往往只是由于传统或惰性才继续保存着），当然还有围绕着这一社会形式的外部环境。"①其实，这里边已经包含着后来邓小平所说的科学技术是第一生产力的思想。

所以，不论按恩格斯的理论还是按邓小平的思想，民主、自由、人权、法治等政治法律因素，都是以科学技术为根本的决定性因素的经济关系发展到一定程度的必然结果。在这方面，民主与经济发展水平的联系，自由与劳动力作为生产要素买和卖的联系，平等与商品生产以及货币关系日益发达的联系，马克思主义创始人特别是马克思本人都有不少非常精辟的论述。这是读过一些马克思、恩格斯著作的人都应了解的知识，本文限于主题，对此不做详细论证。显然，简单化地宣称民主、自由、人权、法治是抽象的毫无意义，而宣称它们是不存在的则是不符合实际的。

---

① 《马克思恩格斯选集》（第4卷），第731页。

(四)承认“超阶级”的事物的客观性,不一定就是政治不正确

“××是超阶级的,超阶级的东西是不存在的。”所谓超阶级的,不过是一部分人对不同阶级尤其是处于利益对立状态的阶级之间共有或共享的一部分事物如利益、价值观念等的蔑称。“超阶级”也是一个针对所谓政治不正确的著名指控性用语,也是一根专打社科界知识分子的传统的棍子,同样属于中共十五大报告批评的那种“对马克思主义著作中个别论断的教条式理解”的结果,是典型的“附加到马克思主义名下的某些错误论点”之一。它也是以只讲对立面的斗争性,完全否定对立面具有同一性为哲学基础的。这种阶级绝对对立论同前面所说的抽象即不存在论一样,历来是阶级斗争为纲学术思想的重要组成部分。

这种阶级绝对对立论的最突出特点,就是不顾基本常识,不表现出任何理性,对于实际生活中俯拾皆是的各阶级共享或共有的价值(如爱国主义、社会公德、对人际关系和谐和对人与自然关系和谐的追求等)视而不见,嗤之以鼻。或许这些学者应该看看2008年12月初在中央一台黄金时段播放的电视连续剧《刘少奇的故事》,这部电视连续剧前4集对于这些学者来说应该可以成为4学时生动的“超阶级”课程。在该剧中,1949年春刘少奇带着恢复城市生产的课题从北京到了天津新民机器厂,刚去就碰到工人斗资本家,但刘并没有像过去搞工人运动那样无条件支持工人,而是调解双方矛盾,要求相互让步,证明工厂尽快开工符合劳资双方共同利益,并且反复向工人说明为什么在新的历史条件下要兼顾劳资双方利益。后来刘又到了开滦煤矿,也是千方百计地调解劳资纠纷,搞利益兼顾,宣讲开工符合劳资双方共同利益。这都是历史事实。这种共同利益不就是活生生的“超阶级”利益吗?理论必须解释现象,解释不了现象理论就破产了。

(五)学术问题要用学术方法解决,不可求助非学术力量打压异见

时至今日,人们还能听到诸如他们讨论的“并不是什么纯粹的学术问题,而是政治问题”之类的指责,有些可笑。所谓学术问题,就是按学术规范,用学术方法解决的问题,是就讨论方式而言的,并不是就讨论问题的内容而言的。如果就内容而言,社会科学若不是研究经济政治,就是研究管理、金融、法律等,绝对没有什么“纯粹的学术问题”。“左”倾时代给今日中国学术界留下的恶劣遗风很多,以下遗风尤其需要努力根除:(1)身为学者没有能力解决学术问题而又不甘寂寞,一有机会就拉虎皮做大旗,借助政治机构之力打压自己不乐见的学术观点。这是一种任何国家的学术界都不大看得起的做法。前些年“晓南”通过不光彩的钻营在某权威刊物发表“当前我国法学研究中的若干问题”,就是这方面的典型例子,[1]不久前差不多同样的戏码似乎又曾经上演。(2)动辄划禁区,下禁令,昨天没准许讨论违宪审查,今天不准讨论人权,明天不能讨论法治,后天不准讨论宪政。依宪法,公民有言论出版自由,有从事科学研究的自由,任意限制公民基本权利有违宪法。(3)名为组织学术讨论,实为召开会议或运用新闻出版资源进行批判打压,而同时又不给被批评者运用同样资源予以回应的机会。

从目前的情况来看,我国包括法学在内的哲学社科界,一些偏"左"提法的盛行对建设社会主义和谐社会、深化包括司法体制在内的政治体制改革乃至整个的改革开放,有明显的负面效应。对这种倾向的发展现在到了该有所遏制的时候了。当然,遏制的方式应该是正视、讨论和充分说理。

(2008 年第 12 期)

① 郭道晖、李步云、郝铁川主编:《中国当代法学争鸣实录》,湖南人民出版社 1998 年版,第433 ~ 439 页;晓南:"当前我国法学研究中的若干问题",载《求是》1996 年 5 月号。

2009年

法治的正本清源
——评《社会主义法治理念与资本主义法治思想的比较》

龚刃韧*

引　言

2008年7月上旬,我偶然在网上看到北京大学法学院教授朱苏力题为"社会主义法治理念与资本主义法治思想的比较"的文章。[①] 后来了解到,这篇文章来自2008年6月17日朱苏力以北京大学法学院院长的头衔在中共中央政法委主办研讨班上所作专题讲座内容。[②] 我对这篇文章的印象是:不仅在法治及人权等重大问题上有许多违反历史事实和法学常识的错误,而且对作为国际社会共识的法治(rule of law)以及作为法治重要内容的司法独立原则的认识也有值得商榷之处。

尽管如此,看到这篇文章后我并没有产生写评论的念头,当时觉得国内从事宪法、法理、西方法史等专业研究的法学者也许更适合写出学术批评或评论。此前,我本人也从未参与过国内法学界的学术争论和批评,主要是因为我很少看国内的法学核心刊物,其次是国内学界似乎已形成了一种"越被批评越能著名"的社会风气。但是,以下一些理由最终促使我写出这篇文章提出质疑和批评。

首先是中国仍然存在大量不公正的社会现象。例如,仅自2008年以来发生的重大事件及社会现象就有:四川大地震时因天灾加人祸导致大批学生死亡,其

* 作者单位:北京大学法学院。

① 载中国选举和治理网。通常在该网站首页的文章都要停留数天,但朱苏力这篇文章很快就被撤出首页了。我注意到文章后面网民的评语几乎都是批评性的且还相当尖锐,这也许是该文被迅速撤出首页的原因。

② 根据中央政法委的官方网站"中国平安网"报道,除了大法官们、大检察官们外,"中央政法委机关全体同志及中央政法各部门有关同志听取了讲座"。可见,此专题讲座对中国司法界或政法界高层领导的影响应当是很直接的。载 http://www.chinapeace.org.cn/pabb/2008-06/17/content_48588.htm。

家长们却投诉无门;①“杨佳袭警案”中被告最重要的证人杨佳母亲突然“失踪”,至少从国际人权条约标准来看审判程序难言公正;②由于缺乏司法独立,三聚氰胺奶粉事件中众多受害婴儿的家长们难以及时地寻求司法补救;在类似山西泥石流等人为因素造成的重大伤亡事件中,真正有责任的党政官员很少被追究司法责任;北京市律师协会发生直选风波,表明中国律师还缺乏自治,等等。所有这些现象产生的原因都可以归结为在中国法治还极不健全。

其次是两年多来朱苏力作为由中宣部、政法委等官方组织的“百名法学家”之一,已到全国各省面向党政领导干部、政法干警巡回进行了的“法治宣讲活动”(2008 年 12 月 1 日还获得了“最佳宣讲奖”)。这次朱苏力在中央政法委的讲座应该是他在各省演讲内容积累的结果。由于朱苏力不仅作为知名法学教授,③而且是以北京大学法学院院长的身份宣讲的,④这不仅对非法律专业毕业的全国各省党政领导以及中国政法界领导,而且对阅历尚浅的法律专业学生也可能产生广泛的影响——有误其领导和误人子弟之嫌。然而,自“社会主义法治理念与资本主义法治思想的比较”一文在网上公开流传后的两个多月(从 2008 年 7 月上旬到 9 月下旬),竟没有见到一篇来自法学界的批评或评论文章。特别是北京大学法学院教授如果继续保持集体沉默,那将是很不正常的现象。

基于以上理由,为了澄清法治的含义,到 2008 年 9 月底我决定写一篇评论。这篇文章以“宁要社会主义的草,不要资本主义的苗”为题目曾在香港中文大学《二十一世纪》网络版第 80 期上刊出。当时因网络版字数限制曾对原稿删减了

---

① “真相比荣誉更珍贵——林强访谈录”,载《南方周末》2008 年 5 月 31 日。至今尚未见到一起有关家长寻求司法补救的法院判决以及相关新闻报道。

② 例如,中国政府早已签署的 1966 年《公民权利和政治权利国际公约》第 14 条第 3 款(戊)项规定:对受到刑事指控的人“讯问或业已讯问对他不利的证人,并使对他有利的证人在与对他不利的证人相同的条件下出庭和受讯问。”又如,2006 年联合国《保护所有人不遭受强迫失踪公约》第 2 条明确规定:“‘强迫失踪’系指由国家代理人,或得到国家授权、支持或默许的个人或组织,实施逮捕、羁押、绑架,或以其他任何形式剥夺自由的行为,并拒绝承认剥夺自由之实情,隐瞒失踪者的命运或下落,致使失踪者不能得到法律的保护。”

③ 朱苏力教授在法学与社会学、法学与经济学以及法学与文学等交叉学科领域著述颇丰,在国内法学界影响较大。我在本文中对朱苏力教授的学术批评仅限于如何看待法治以及公权力的论点上,不涉及对他在这些交叉学科领域著述的评价。

④ 近年来,中国大学官本位或“官学一体”色彩越来越浓厚,由于官方及官方媒体的重视,担任行政领导职务的学者似乎给世人“全能”型学界代表人物的印象。其实,在发达国家著名大学内各学院的院长通常由教授会选举产生,行政协调能力、对外交流能力、募捐筹款能力、对集体服务精神等往往是优先考虑因素。但在北京大学包括法学院在内的各个学院都未设立有职有权的教授会,院长不是由教授选举产生。仅此一点就可以看出,在管理体制上北京大学距离世界一流大学还有很长的一段路。

一些内容。这次又应《法学》杂志编辑部之约，对原稿作了一些恢复并略有修改和补充。

一、法治理念是随消灭封建制度而产生的吗

朱苏力认为法治是欧洲消灭封建主义地方秩序之后才产生的，他这样说道：

在封建的欧洲，是以小农经济为主的封建生产方式，各个封建邦国的法律法规和风俗习惯极不统一。“各自为政”的小型社会秩序和法律无法满足商品交换对更大范围内的统一市场的要求，成为市场经济发展的一种障碍。新兴的资产阶级要实现其经济利益和政治理想，必须消灭封建主义地方秩序，在更大区域内形成统一的国家，并形成不矛盾的、明确的和普遍适用的规则体系。由此产生的法治的理念，隐含的也就是法律面前人人平等、法律的公平效率等理念。

然而在欧洲历史上，法治（rule of law）的理念并不是在消灭封建制度之后产生的，而恰恰是在中世纪封建时代的英国出现的。1215 年的英格兰《大宪章》（Magna Carta）被公认为法治原则的最重要历史渊源。[①]《大宪章》主要是由封建大贵族及教士强迫滥用权力的国王约翰签署的文件，因而也是一个确认封建习惯和国王封臣的各种自由或权利的封建契约性文件。但《大宪章》首次明文规定了国王在法律之下并须服从法律的原则。英国宪法史学家梅特兰指出：当时的英国反叛贵族们“不是要求修改法律，而是要求遵守法律，特别是应由国王来遵守……我们应注意如此长、详细和实际的文件意味着应该有一个法的统治（reign of law）的存在。”[②]英国法史学家霍尔兹沃斯也指出《大宪章》所表明的一个原则，就是英王不是绝对君主，换句话说，国王的权力不是绝对的。所以《大宪章》限制权力条款是第一次试图用法律用语准确表达立宪政府的重要思想。[③]尽管《大宪章》并没有立即在英格兰确立法治，但却埋下了法治理念的种子，在经历了几个世纪后，终于在 1688 年英国光荣革命后得到确立。从此，英国国王的权力受到法律的严格限制，英国也成为世界上最早确立法治的国家。与此同时，法治的内容也得到发展。例如，1701 年英国议会制定的《王位继承法》（The

---

① *Select Documents of English Constitutional History*, G. B. Adams and H. R. Stephens (ed.), Macmillan & Co., Ltd., 1910, pp. 42 – 52.

② F. W. Maitland, *The Constitutional History of England*, H. A. L. Fisher (ed.), Cambridge University Press, 1908, p. 15.

③ W. Holdsworth, *A History of English Law*, Vol. 2, 4th Edition, Methuen & Co. Ltd., 1936, p. 216.

Act of Settlement）规定只有在议会两院呈文的基础上法官才能合法地被罢免。[1]这就确定了以法官独立为核心的司法独立原则。司法独立原则的确立可以说是实现了法治或立宪主义的近代化。[2]

在英格兰封建时代之所以能产生法治观念，原因在于英格兰具有比较特殊的封建社会经济结构：当时的英格兰既存在比欧洲大陆国家更为强大和中央集权化的王权，同时也存在能与国王抗衡的贵族势力。此外，在中世纪的欧洲，罗马教会与世俗君主并存的二元结构对削弱英王权起到了一定作用，所以也有教士代表参与了起草《大宪章》。正是在封建时期形成的法治传统对促成近代英国最早发展资本主义有着十分重要的作用。

朱苏力又认为“促成西方法治理念的另一个要素是现代民族国家的兴起和确立，表现为主权国家”，所以朱苏力这样讲道：

与基于传统和“君权神授”的封建国家不同，民族国家强调政治共同体，强调国家主权的至高无上，强调由国家制定和颁布统一的规则，强调国家为保证规则执行所必需的暴力的合法垄断。由此也就产生了主权至上、法律至上、依法治国的理念。

事实上，在近代欧洲民族国家的产生并没有直接促成法治，相反却出现了君主专制的国家制度。“主权至上”与法治也是完全不同甚至相反的概念。近代以来欧洲多数国家都经历了从封建制走向中央集权制的历程，各国君主专制也达到高峰，17～18世纪就是欧洲绝对主义王政时期，而“君权神授”理论也正是在这一时代盛行。法国波旁王朝的君主专制是这个时代的典型代表。[3] 正因如此，才出现了英国光荣革命、启蒙思想运动和法国大革命以及其他国家的市民革命。在欧洲历史上，法治首先是在反对君主专制以及其他形式的专制过程中逐渐确立起来的。

二、卢梭是“法治学说的代表人物”吗

朱苏力在讲座中认为“法国资产阶级革命时期的法治学说的代表人物是孟德斯鸠和卢梭”。关于卢梭，朱苏力说道：

---

① Select Documents of English Constitutional History, op. cit. , p. 479.

② CarJ. Friedrich, *Limited Government*: *A Comparison*, Prentice－Hall, Inc. , 1974, p. 123.

③ ［英］布蓝达·拉尔夫·路易斯著：《君主制的历史》，荣予、方力维译，三联书店2007年版，第79页。

卢梭强调，法治的目的在于自由，但他的自由并不是消极的，而是任何公民都不能拒绝的；为实现真正的法治，卢梭甚至认为，应当强迫那些拒不服从公意的人服从公意，也就是要“迫使他们自由”。

卢梭是“法治学说的代表人物”吗？卢梭1762年在其政治哲学代表作《社会契约论》中提出来的一个最重要的观点就是“公意”或“总意”（volonté générale）。① 虽然“公意”被法国宪法学家让·里维罗解释为大多数人的意志。② 但是，由于卢梭把“公意”强调得至高无上，这就产生了以下结果。第一，在“公意”的最高指导之下，公民只有被迫服从的自由而没有真正的个人自由。第二，为了更好地表达“公意”，卢梭认为国家之内不能有派系存在。第三，不能有派系意味着禁止结社自由和不允许反对派的合法存在。第四，卢梭认为“公意”最终出自一个天才的“伟大的立法者”（ungrand législateur）。③ 实际上，卢梭心目中的立法者不仅是超凡脱俗的天才，而且是一个神。④ 绝对服从“公意”实际上就是服从一个非凡立法者的意志。可见，卢梭政治哲学的核心思想绝不是什么“法治学说”，而是一种带有专制主义色彩的学说。法国大革命时期实行恐怖统治的雅各宾派主要领袖罗伯斯比尔就是卢梭的忠实信徒。⑤ 罗伯斯庇尔认为在革命时期采取恐怖统治是“严厉的、坚决的正义，从而它是美德的表现。”⑥难怪英国哲学家罗素认为“希特勒是卢梭的一个结果”。⑦

三、19世纪后半叶德国对法治有重要贡献吗

朱苏力认为19世纪的德国对法治有过“重要贡献”，他这样说道：

19世纪末，才通过铁血政策完成了德国的统一，进而完成了法治的统一。德国法治思想的一个重要贡献是“民族精神”，强调法治要在本国文化基础上响

① J. -J. Rousseau, *Du contrat social: ou, principes du droit politique (1762)*, Editions Garnier Freres, 1962, pp. 246 -247.

② Jean Rivero, *Les droits de l'homme*, Presses universitaires de France, 1978, p. 48.

③ J. -J. Rousseau, *Du contrat social: ou, principes du droit politique (1762)*, pp. 252 -253, 260 -263.

④ [法]爱米尔·涂尔干著：《孟德斯鸠与卢梭》，李鲁宁译，上海人民出版社2003年版，第105～108页。

⑤ 在罗伯斯庇尔当政时期，卢梭的遗体被决定应当被奉祀入先贤祠。罗伯斯庇尔获得了欧洲任何一个君主都不能与他相提并论的绝对权力。[英]阿克顿著：《法国大革命讲稿》，秋风译，贵州人民出版社2004年版，第308～309页。

⑥ [法]罗伯斯庇尔著：《革命法制与审判》，赵涵舆译，商务印书馆1965年版，第176页。

⑦ [英]罗素著：《西方哲学史》（下卷），马元德译，商务印书馆1976年版，第225页。

应本国需要;另一个思想是"法治国",特别强调国家为公民提供福利性权利,在制度安排上则强调行政权力与行政行为的合法性和可预测性,强调严格执法。

首先,虽然德国1871年统一并建立了德意志帝国(史称第二帝国),但德国的统一并不是"法治的统一",因为统一后的德国并没有真正确立法治,而是承袭了专制的普鲁士邦宪法惯例。德国政治和军事领导仍然集中在皇帝(或其任命的首相)手中,首相只对皇帝负责,而不对议会负责。因此,尽管德国表面上采用了君主立宪并有了一定程度的司法独立,但在政治体制上还没有完全摆脱专制。①

其次,所谓"民族精神"(Volksgeist)由18世纪德国哲学家赫尔德提出。②19世纪德国法学家萨维尼受赫尔德影响,认为法律是一个土生土长的、自生自灭的非理性发展的过程,是"民族精神"的体现。生活在德国分裂状态下的萨维尼提到"民族精神"主要是为了创造一个"从民族→民族精神→国家精神→民族国家"的范式,③因而与强调限制国家权力的法治理念毫无关系。事实上,在19世纪德国"民族精神"不仅没有对法治有过什么重要贡献,反而浸透了国家主义、民族主义、泛日耳曼主义、种族主义、反犹太主义等精神。④ 这种"民族精神"在很大程度上也是20世纪产生极权主义纳粹政权的一个重要的精神基础。⑤

再次,朱苏力认为19世纪德国对法治的另一贡献是"特别强调国家为公民提供福利性权利"。这大概是指1883~1889年铁血首相俾斯麦在任期间制定的几个社会保险立法。虽然这些社会保险措施对社会权的产生有过影响,但立法的主要目的是保全劳动力和消灭社会主义的影响,换句话说,德国政府在国会1878年通过《反社会党人非常法》,即镇压德国工人的社会主义政党之后而采取

---

① 与英国、美国等国家相比,19世纪德国司法独立程度仍然较低,如法院院长几乎全都是由前从属于政府的公务员、检察官来担任的,因此与政府有特别密切的联系。候补法官可以根据司法部长的决定被解雇或调离,他们的职业生涯完全依赖于上级法官的善意。德国法官只是工资很低的公务员。F. Neumann, *The Rule of Law: Political Theory and the Legal System in Modern Society*, Dover, Berg, 1986, pp. 260-262.[德]卡尔·艾利希·博恩等著:《德意志史》(第3卷上),张载杨等译,商务印书馆1991年版,第279~283页。

② [美]J. W. 汤普森著:《历史著作史》(下卷第3分册),孙秉莹、谢德风译,商务印书馆1996年版,第180~188页。

③ 黎四奇:"对萨维尼'民族精神'的解读与评价",载《德国研究》2006年第2期。

④ [德]克劳斯·费舍尔著:《纳粹德国:一部新的历史》(上册),萧韶工作室译,江苏人民出版社2005年版,第22~47页;克劳斯·费舍尔著:《德国反犹史》,钱坤译,江苏人民出版社2007年版,第104~132页。

⑤ [美]威廉·夏伊勒著:《第三帝国的兴亡——纳粹德国史》(上),董乐山等译,世界知识出版社1979年版,第141页。

的社会安抚措施，所以与法治并无直接关系，更谈不上对法治的贡献。

最后，至于德国的“法治国”思想是否对法治有过贡献，这要看具体的历史时期。恰恰在19世纪后半叶德国的“法治国家”(rechtsstaat)理念发生了重要的变化，即由德国“民族精神”取代了自由主义，由实在法学取代了自然法学，原来的“法治国家”原理转变为“形式性法治国家原理”(formelle rechsstaatsbegriff)。① 据此，只要政府依法行政和法院依法审判，就是法治国家，而不必考虑法律本身的内容是否压制个人自由。因此19世纪末德国版的“法治国家”就是“依法治国”或“依法律统治”(Regierung nach Geset zen)。②

1933年德国纳粹党获得政权以后的许多重大行为在形式上也都有法律作为依据。例如，1933年废除代议制的《授权法》、确立纳粹一党制的《禁止新建政党法》、1935年迫害犹太人的《纽伦堡法》，等等。至少在形式上希特勒的纳粹德国也曾是“依法治国”。可见，“依法治国”(rule by law)或“依法律统治”(Regierung nach Gesetzen)与法治(rule of law)有着本质的区别。

事实上，德国直到第二次世界大战以后，基于对纳粹极权体制的反省，重新审视19世纪后半叶变质的“法治国家”理念，经过制定联邦德国《基本法》及建立宪法法院，因而进入被称为“公正法治国”的时代。③ 所以，德国对法治作出自己的贡献主要是20世纪第二次世界大战以后的事情。

四、人权概念是因为欧洲国家小才出现的吗

朱苏力在讲座中有这样一段话：

而且由于欧洲的政治现实——国家较小，因经济社会发展水准不同各国公民权利不完全相同，当越来越多的各国公民因种种原因跨越国家之边界，无法诉诸公民权要求他国保护，这就催生了对个人权利有一种更为普遍化的表达，这就是最早的“人权”概念。

看来，朱苏力认为欧洲国家由于国土较小，各国发展水准不同，为保护其在外国的本国公民的权利，所以才出现了人权概念。历史事实是这样吗？有一点国际法常识的人都知道，外国人的法律地位与人权的国际保护是两个不同的领

① Ernst - Wolfgang Böckenförde, Recht, Staat, Freiheit : Studien zur Rech tsphilosophie, Staatstheorie und Verfassungsgeschichte, Frankfurt am Main: Suhrk amp, 1991, pp. 149 - 150.

② 郑永流著:《法治四章》，中国政法大学出版社2002年版，第103页。

③ 同上。

域:保护本国公民在外国的权利属于外国人法律地位问题,是传统国际法上早已存在的制度,特别是19世纪以后,西方工业化国家为了保护本国在外投资者的利益,十分强调保护本国在外公民的权利,因此外国人的法律地位问题成了传统国际法上国家责任制度的主要内容。人权的国际保护第二次世界大战以后才全面进入国际法领域。

人权观念是近代以后首先在西方国家出现的。英国光荣革命后确立的法治为保障个人自由提供了最初的制度基础。英国思想家洛克将英国法治及其个人权利抽象为政治哲学上的普遍原理,因而是最早系统论述人权概念的思想家。①1776年英属北美殖民地在反对英国殖民统治的独立战争过程中制定出了6月12日《弗吉尼亚权利法案》、7月4日《独立宣言》等人类史上最早的人权法案和人权宣言。受北美权利法案影响,1789年8月26日法国大革命初期的国民制宪议会通过了《人和公民的权利宣言》。② 因此,人权概念首先出现的地方并不都是"国家较小"的地方,更与保护本国在外国民无关。

事实上,普遍人权的概念得到包括西方国家在内的世界各国的广泛认可,是第二次世界大战以后的事情,其起因是战前和战争期间德、意、日法西斯主义和军国主义对内践踏人权对外侵略的历史教训,特别是纳粹德国对数百万犹太人的种族灭绝行为震撼了人类的良知,促使战后将尊重人权成为建立联合国的一个重要目的。人权保护不仅成为战后国际法中最重要的发展领域,越来越多的国家在国内法上对人权的尊重和保障也日益重视。因此,人权是人类文明高度发展的产物。战后,保障人权也丰富了法治的内容。

五、强调司法独立就会破坏中国法治建设吗

朱苏力在讲座中有一段特别引人注目的话:

还必须注意,在当下,至少有些国际势力并不希望中国强大和崛起,甚至希望中国分裂,想用西方的法治民主观来改革中国的政治法律结构。通过强调三权分立或片面强调司法独立来弱化党的领导,甚至排斥党的领导,其实是某些国

① [英]洛克著:《政府论》(下篇),叶启芳、瞿菊农译,商务印书馆1964年版,第5~6、59~61、77~80页。

② 然而,尽管有18世纪末的权利法案或人权宣言,西方国家并没有真正保障所有人的权利和自由,而是长期偏重保障部分人的特权,即男人的特权、白种人的特权、富人的特权以及殖民主义者的特权。直到第二次世界大战以前,即使在西方国家也谈不上对人权的普遍尊重。龚刃韧:"关于人权与国际法若干问题的初步思考",载《中外法学》1997年第5期。

际政治势力破坏中国社会主义建设和破坏中国法治建设的核心内容之一。对这一点,必须要有充分的警惕。

我实在不能理解为什么"片面"强调司法独立就会"弱化党的领导,甚至排斥党的领导"?难道强调司法独立还有"片面"和"全面"之分吗?难道包括宪法在内的中华人民共和国所有的法律不都是在中国共产党领导下制定的吗?难道中国现在还有反党的法律吗?难道法官遵循中国现行《宪法》第126条规定"依照法律规定独立行使审判权"就会产生反党的结果吗?

我更不能理解为什么强调司法独立怎么就成了"某些国际政治势力""破坏中国法治建设的核心内容"?难道因为资本主义国家强调司法独立,所以中国自己就不能强调司法独立了吗?难道司法独立也有姓"资"姓"社"之分吗?实际上,就连社会主义理论的精神始祖卡尔·马克思对司法独立都有着非常肯定的态度。马克思明确指出:"法官除了法律就没有别的上司"(Der Richter hat keinen Vorgesetzten, als das Gesetz)。[①] 难道在党章国宪上都表明信奉马克思主义的中国,法官还需要法律以外别的上司吗?难道中国的司法改革竟然要以反对强调司法独立为其特色吗?依我看,为了真正实现司法公正,在从制度上消除司法腐败和提高法官素质的过程中,确立司法独立应当是中国司法改革的基本目标。反对强调司法独立才会导致破坏中国的法治建设,更何况中国自身的法治建设本来就不是为了给外国人展示的。

这里,还有两个重要的相关概念需要加以澄清,因为朱苏力把三权分立与司法独立混为一谈很容易引起误解。这两个概念虽有联系,但并不是一回事。三权分立作为国家不同权力部门之间相互制衡的一种模式,在理论上由法国的孟德斯鸠提出,在实践中为美国等部分国家所采用。实际上,即使西方资本主义国家(包括最早确立法治的英国)在权力制衡方面也有着不同的模式,并不是都采用三权分立的模式。然而,司法独立则是任何确立法治的国家都应遵循的基本原则。所以,中国不应因拒绝接受某些国家的三权分立模式为理由而连司法独立这一法治基本原则也都加以拒斥了。

在现代国际社会,作为人权司法保护的前提——司法独立已经成为政治文明的标志之一。例如,"作为所有人民和所有国家努力实现的共同标准"的1948年联合国《世界人权宣言》第10条规定:

人人完全平等地有权由一个独立而无偏倚的法庭进行公正的和公开的审讯,以确定他的权利和义务并判定对他提出的任何刑事指控。

---

① Karl Marx, Friedrich Engels Gesamtausgabe (MEGA) (Berlin: Dietz, 1975), Bd. I, p. 154.

1998年10月5日中国政府签署的1966年《公民权利和政治权利国际公约》第14条第1款也明确规定：

所有的人在法庭和裁判所前一律平等。在判定对任何人提出的任何刑事指控或确定他在一件诉讼案中的权利和义务时，人人有资格由一个依法设立的合格的、独立的和无偏倚的法庭进行公正的和公开的审讯……

显然，《世界人权宣言》和《公民权利和政治权利国际公约》都要求各国采取司法独立的制度，以保证每个人都能享有公正审判的权利。

司法独立是法治的核心内容之一，也是衡量一个国家是否确立法治的一个重要指针。在文明社会享受公正审判是每个人的基本权利。但没有司法独立就不可能有司法公正，这不仅是中外历史的普遍教训，也是文明社会的一个基本常识。中华人民共和国政府成立以来，在缺乏司法独立方面就有着很深刻的历史教训。例如，在1957年中国共产党号召党外人士帮助党整风时，法学界、政治学界不少有识之士都由于主张司法独立或对以党代政、党政不分等现象提出批评而被划为反党"右派"分子，受到长期的政治迫害。① 当时不要说对体制或领导人直接提出批评，仅仅因针对当时国家无法可依的状况而提出立法建议也被定为反党"右派言论"。② 由于没有法治，相当数量的"右派"分子未经任何司法程序就丧失了人身自由，被强制劳动教养20年之久。③ 在司法界包括最高人民法院及最高人民检察院在内也有一大批坚持独立审判的法官及秉公执法的检察官被划为"右派分子"，受到批判和打击。反右运动之后，本来就不存在司法独立的中国司法走向了更加错误的方向。1958年在"大跃进"时期，司法机关在办理案件中，不再各司其职，各负其责，遵循法律程序，"公、检、法"机关一度合并为"政法公安部"，联合办案。仅仅推行两年的律师制度也被废除。1960年还取消了检察院。④ 又如，在"文化大革命"时期，从开始砸烂公、检、法到后来强调党的一元化领导，法院更不可能独立进行审判，因而出现了大量的冤假错案。在这

---

① 北京大学法律系国家与法的理论教研室编：《政法战线上的右派言论汇集》，1957年12月印，第228~268页。

② 例如，1957年5月9日著名法学家杨兆龙在《新闻日报》发表题为"我国重要法典何以迟迟还不颁布"一文而被定为"右派分子"。当时上海市中级人民法院民庭庭长何济翔在一次座谈会上因赞成杨兆龙的意见也被定为"右派分子"。何济翔著：《沪上法治梦》，北京十月文艺出版社2001年版，第6~23页。

③ 朱正著：《1957年的夏季：从百家争鸣到两家争鸣》，河南人民出版社1998年版，第490~493页。

④ 杨一凡、陈寒枫主编：《中华人民共和国法制史》，黑龙江人民出版社1997年版，第780~782页。

10年中，各级法院共判处了刑事案件126万件，其中"反革命"案件28万件，普通刑事案件98万件。经过"文化大革命"后复审，所谓"反革命"案件绝大部分都属于错判，普通刑事案件的10%也属于错判。[①] 所有这些显然都是在没有司法独立的情况下造成的惨痛的历史教训。

即使中国实行经济改革开放政策以来，因缺乏司法独立以及司法腐败引起的司法不公现象一直是广大民众极为不满的社会焦点问题，也是中国社会不稳定或不和谐的原因之一。例如，近年来针对政府的群体性事件越来越多，每年信访人次也数以千万计，其中相当多数都与政府滥用公权力的征地有关。据官方统计，由于这些年来各级地方政府与房地产商密切合作的"圈地"运动，已经产生了至少5000多万失去土地的（种地无田、上班无岗、低保无份）"三无"农民！[②] 试想，假如中国各地都有独立公正的司法机关，并能为广大农民提供司法保护或司法补救，还会产生如此巨大数量的"三无"农民吗？因此，确立独立公正的司法体制对维护人权至关重要。2008年10月12日，中共中央十七届三中全会通过的《关于推进农村改革发展若干重大问题的决定》提出一些对惠农政策。[③] 但是，如果没有独立公正的司法体制，再好的政策即使上升为法律也不能得到切实的实施。

作为一名中国的法学工作者应该很好地反思这些历史和现实的教训。文艺理论家王元化在晚年时就曾指出，中国学术界存在的主要通病就是在谈问题时常常脱离历史的教训，因而所谓的"学术性研究"也变成了戏论。[④] 我认为，作为中国的法学者，更需要的是常识和良知。

六、什么是"社会主义法治理念"

朱苏力讲座的主要篇幅是讲"社会主义法治理念"。对此，朱苏力有这样一段话：

社会主义法治理念是在中国社会主义建设和发展中，特别是在改革开放的

---

① 杨一凡、陈寒枫主编：《中华人民共和国法制史》，黑龙江人民出版社1997年版，第787页。

② 王国林著：《失地农民调查》，新华出版社2006年版，"序言"部分第1页。该序言由国务院发展研究中心农村部部长韩俊所写。

③ 例如，"现有土地承包关系要保持稳定并长久不变"；土地承包经营权流转"不得损害农民土地承包权益"；"依法征收农村集体土地，按照同地同价原则及时足额给农村集体组织和农民合理补偿，解决好被征地农民就业、住房、社会保障"。

④ 王元化著：《沉思与反思》，上海辞书出版社2007年版，第40页。

经济、社会发展中,在当代中国政治和法治实践过程中逐渐形成与发展起来,是对中国法治建设的经验教训的一个初步总结。这一理念与中国、与社会主义以及与法治分不开。

这段话是把对中国的法治建设的经验总结等同于"社会主义法治理念"。这也似乎等于说凡是当代中国的政治和法律实践都是社会主义法治实践。难道中国已成了社会主义的化身?朱苏力的这个论点不过是一种循环式的自己证明自己,也是"存在即合理"的黑格尔哲学的歪用。朱苏力在讲座中反复多次强调社会主义或中国要走社会主义道路,但都没有对什么是"社会主义"作出解释。问题在于对"社会主义"这一概念都不清楚,为什么非要在法治之前冠以"社会主义"的名称呢?

朱苏力在讲座中间接引用了邓小平关于一部分先富起来以及共同富裕的话。① 中国改革开放30年来,随着经济持续高速增长告别了过去平均主义式的普遍贫困和封闭的时代。与此同时,一部分人也确实先富起来。然而,中国还远没有实现"共同富裕",却成为世界上贫富两极分化最为严重的国家之一。中国社会各阶层贫富之间的巨大差别至少远远超过所有西方资本主义国家。因此,从"共同富裕"的角度来看,在中国社会主义还只是一种可望而不可即的美好理想。

1989年5月16日,邓小平在会见苏共中央总书记戈尔巴乔夫时坦诚地说:"多年来,存在一个对马克思主义、社会主义的理解问题……经过20多年的实践,回过头来看,双方都讲了许多空话。马克思去世以后一百多年,究竟发生了什么变化,在变化的条件下,如何认识和发展马克思主义,没有搞清楚。"②既然对马克思主义都没有搞清楚,自然对什么是社会主义也不会搞得很清楚。

过去中国主要受苏联模式影响,误以为社会主义就是中央集权基础上的指令性计划经济、实际上蜕变为官有制的国有制、普遍低工资的按劳分配、一党制领导等那一套原则和制度。但是这些曾被认为正统的原则和制度,除了维持党的领导之外,其他都被中国近年来的实践部分地或全部地否定了。例如,中国在计划经济没有取消的情况下也引入了有中国特色的市场经济体制。据财经方面媒体报道,从2008年以后的几年之内,中国以国有企业为主的上市公司有约10

① 这是邓小平1985年10月23日会见美国时代公司组织美国高级企业家代表团时对提问的回答,原话如下:"只要我国经济中公有制占主体地位,就可以避免两极分化。当然,一部分地区、一部分人可以先富起来,带动和帮助其他地区、其他的人逐步达到共同富裕。"参见《邓小平文选》(第3卷),人民出版社1993年版,第149页。

② 《邓小平文选》(第3卷),人民出版社1993年版,第291页。

万亿元的内部股被陆续解禁,将以现金的形式流入少数人的腰包。① 这是在任何时代的资本主义国家都无法想象的掠夺现象!由于中国缺乏对权力的有效制约,早已变成社会主人的"社会公仆"们滥用职权、享受特权以及腐败程度也远远超过所有西方资本主义国家的政府官员。根据总部设在柏林的国际透明组织(Transparency International)历年的年度报告,中国在廉洁程度排行榜上始终明显地落在西方资本主义国家后面。② 所以,若从公平正义的角度来判断,大概谁都说不清楚究竟什么才是社会主义了。难怪历经百年沧桑的103岁的学者周有光这样写道:"社会主义没有公认定义。谁是社会主义国家,只能以'自称'来认定,不管别国是否同意。"③

由此可见,在朱苏力的讲座中,所谓"社会主义法治理念"本身就是一个缺少明确定义的概念。难怪朱苏力在讲"社会主义法治理念"时也只能对"社会主义"继续说着空话。

关于中国法治实践的经验教训,朱苏力提到的几条总结更像一篇政治报告:第一是"必须依法治国";第二是"必须执政为民";第三是"必须公平正义";第四是"要求法治服务大局";第五是"必须坚持党的领导"。如果这几条是由中国执政党领导人从政治的角度提出来的,那是容易理解的。但朱苏力却试图从法学的角度加以诠释,那就难以解答以下这些问题。

就中国而言,虽然改革开放以后提出"依法治国"(rule by law)相对于无法可依、有法不依以及以言代法是一个历史进步,但毕竟与国际社会公认的法治(rule of law)有重要的区别。"执政为民"不是法学用语,而是政治领导人的主张或承诺,与民主还有明显的差距。至于"公平正义"的概念早在两千多年前就被古希腊哲学家们所提出,此后长期为西方哲学、法学、伦理学以及神学上的议论主题。所以公平正义并非社会主义特有的理念,实际上在中国也只是在贫富差距越来越悬殊的最近才得到强调。朱苏力还以"居港权"这一未必恰当的例子来解释"顾

---

① 苏培科:"平准基金未必救得了中国股市",载《中国经济时报》2008年11月11日;任洪剑:"大小非真正的压力还未来临",载《证券市场红周刊》2008年9月13日,转引自 http://stock.hexun.com/2008-09-13/108831123.html。

② http://www.transparency international.org/publications/annual report.

③ 周有光:"人类历史的演进轨道",载 http://www.chinaelections.org/NewsInfo.asp?NewsID=130977。

全大局”，即司法判决在一定情况下应让位于政策或政治的考虑。① 至于“坚持党的领导”，按照朱苏力的逻辑却得出不能“片面”强调司法独立的奇怪结论。

总之，说来说去，朱苏力根本就没有对“社会主义法治理念”说清楚，正因如此，朱苏力也难以对他的讲座主题“社会主义法治理念”与“资本主义法治思想”之间的区别讲清楚。下面，就让我们看看朱苏力是如何对法治的所谓两种理念进行区别的，他这样说道：

社会主义法治理念和资本主义法治理念有历史的继承，但也有一些重大、根本的差别。重大差别的形成，并非简单的是法律思想、文化传统不同，甚至也不完全因为社会制度或意识形态不同，因为社会主义法治仍然借鉴了也可以借鉴资本主义法治的某些经验；归根结底，从历史唯物主义的观点来看，根本区别在于不同的法治实践回答的是不同时代不同国家的法治根本问题不完全相同，有些甚至有重大分歧。

本来，从历史发展的角度来看社会主义应是一种区别于资本主义的社会制度和意识形态，但朱苏力却认为“社会主义法治理念”与“资本主义法治理念”之间的重大差别“不完全因为社会制度或意识形态不同”，这就充分暴露了朱苏力的命题本身就是一个伪命题，因为朱苏力已从根本上否定了自己提出区别两个理念的基本前提。可见，朱苏力所强调的“社会主义法治理念”与“资本主义法治理念”之间的区别完全是机会主义的，且带有明显的政治动机。那么，“社会主义法治理念”与“资本主义法治理念”之间的根本区别究竟在哪儿呢？按照朱苏力的说法：“根本区别在于不同的法治实践回答的是不同时代不同国家的法治根本问题不完全相同”。对这句话的含义，也许只有朱苏力自己才能读懂。

七、作为国际社会共识的法治(rule of law)姓“资”还是姓“社”

作为人类历史上第一个世界人权宣言的1948年联合国《世界人权宣言》

① 朱苏力以“居港权”为例谈所谓中国法治经验只能更引起香港法律界的反感和不愉快回忆。1999年1月29日，香港终审法院在“吴嘉玲诉入境事务处处长”和“陈雅锦诉入境处处长”两案终局裁决中，认为《基本法》第22条的立法本意是容许居港未满7年的人在内地所生的子女享有居港权，因此香港人所生子女都享有居港权，不论婚生或非婚生，亦不论是否生于中国。同年6月26日，在担心人口压力过大的香港特区政府请求下，中国人大常委会对《基本法》第22条作出解释，只有香港人在内地所生婚生子女才享有居港权，非婚生子女及出生时父或母仍未成为香港居民的则没有居港权，因而基本否定了香港终审法院的判决。这个人大常委会的解释在香港遭到许多法律界人士的批评，认为违反司法独立和侵犯人权，并担忧香港的法治受到动摇。

"序言"庄严地宣布：

鉴于为使人类不致迫不得已铤而走险对暴政和压迫进行反叛，有必要使人权受法治的保护。

显然，全世界几乎所有国家都接受的《世界人权宣言》在这里所提到的，是指作为国际社会共识的法治(rule of law)，既不姓"资"也不姓"社"。

作为人类文明发展成果和国际社会共识的法治理念的内容主要包括：在法律制度上对国家或其政府以及一切公权力进行限制和监督，任何掌握公权力的机关、组织和官员都必须严格遵守法律、不得享有超越法律的特权，对严重违法的官员无论职务多高都可追究司法责任；未经法律程序不得剥夺任何人的自由；任何人在其权利受到侵害后都有权寻求司法补救及其他方式的补救；司法独立以及律师自治，等等。

与此同时，真正的法治还必须是良法之治，而判断是良法还是恶法的标准就在于是法律是保障个人自由还是压制个人自由。压制自由的法律尽管有法律的形式，但实质上是违反法治精神的。对此，卡尔·马克思曾明确指出："法(Recht)是自由的肯定存在。"而压制自由的"书报检查制度正如奴隶制一样，即使它千百次地作为法律(Gesetz)而存在，也永远不能成为合法的"。[①]

上述这些关于法治的共识不仅可从由各国法学家、法官和律师组成的国际法学家委员会(International Commission of Jurists)的1955年《雅典决议》和1959年《德里宣言》[②]以及从国际律师协会、泛美律师协会、泛太平洋律师协会、美国律师协会、国际工会联合会等组织于2007年发起的"世界正义工程"(the World Justice Project)里找到依据，[③]而且还可以从联合国文件中找到依据。例如，2002年联合国人权事务委员会增进和保护人权小组委员会的文件就对法治作了明确的解释：法治的主要特征是利用法律限制和控制权力的使用，以保障自由。为此，法治要求至少从三个方面来限制国家权力：第一是物质限制，涉及尊重和保障基本自由和人权；第二是职能限制，采用分权形式；第三是时间限制，其表现形式为人民的意志通过自由和公正的选举来定期重新表达。[④] 第二次世界大战以后，作为国际共识的法治理念通过一系列国际人权条约特别是世界上绝大多数国家都已批准的1966年《公民权利和政治权利国际公约》进一步详细地体现出

① Karl Marx, Friedrich Engels Gesamtausgabe (MEGA) (Berlin : Dietz, 197 5), Bd. I, p. 150.

② *The Rule of Law in a Free Society: A Report on the International Cong ress of Jurists*, International Commission of Jurists, 1959, pp. 2 – 14.

③ The World Justice Project, http://www.abnet.org/wjp/.

④ 38 E/CN. 4/Sub. 2/2002/36, 6, para. 22.

来。因此，作为国际社会共识的法治不应该有姓“社”姓“资”的问题。否则中国为什么还签署并积极准备批准《公民权利和政治权利国际公约》呢？

2008 年 2 月 2 日中国政府首次发表的《中国的法治建设》（白皮书）也明确承认：“法治是政治文明发展到一定历史阶段的标志，凝结着人类智慧，为各国人民所向往和追求。”

八、依法治国（rule by law）与法治（rule of law）是同一概念吗

在当今中国的语境中，依法治国与法治几乎是混用的。因为在现代汉语中“法治”一词既有依法治国或依法治理（rule by law）的含义，也有法的统治或法治（rule of law）的含义。然而，从中外历史的角度来看，依法治国与法治是有着根本区别的。

中国自秦始皇统一中国以来两千多年的传统历史是一部专制的历史，皇权至上而不受法律约束，辅弼皇权的官僚统治阶层也拥有任意欺压人民的各种特权，作为被统治的大多数人从无个人自由和权利可言。中国先秦时期出现的儒家提倡“人治”、“德治”而毫无法治理念，而法家提倡的“法治”是指君主根据法律治理国家。① 其中作为法家的集大成者韩非所说的“法治”更是为专制君主精心设计的以严刑峻法和阴谋权术来驾驭臣民的治术。② 韩非所谓“法治”可以说是典型的君主专制的代名词。不仅如此，韩非还提倡文化专制主义和反智主义。熊十力指出：“韩非之说用于吕政（秦始皇嬴政），流毒甚远”，所以“秦以后，中国遂无学术、无思想”。③

在中国历史上，一些专制君主也曾表现出重视依法治国的姿态。其中最典型的莫如明朝开国皇帝朱元璋。吴元年（1367 年）朱元璋亲自主持起草律令（后来编成《大明律》）。朱元璋担忧小民不能周知，为了普法，命大理卿取与民间有关的律令，类聚成编，通俗解释其义并向各郡县颁布了名曰《律令直解》的小册

① 相对于人治、礼治而言，法家主张的“法治”出现得较晚，但也仅仅极盛于战国时代百年而已。统一中国之后的秦朝所采用的法家主张的“法治”是不完全的。梁启超：“中国法理学发达史论”，载《饮冰室合集·文集之十五》（第 2 卷），中华书局 1989 年版，第 92 ~ 94 页。

② 对韩非思想的分析，参见《顾准文集》，贵州人民出版社 1994 年版，第 399 ~ 401 页；又参见前注㊳，王元化著：《沉思与反思》，上海辞书出版社 2007 年版，第 168 ~ 203 页。

③ 熊十力著：《韩非子评论》，上海书店出版社 2007 年版，第 90 页。

子。同时朱元璋还多次表示凡有大案,他将亲自审讯。[1] 然而,我们并不能由此得出中国明朝就确立了法治(rule of law)的结论。相反,集立法、司法、军事、行政等大权于一身的明朝皇帝不仅是权力完全不受法律约束的专制君主,也是法律的化身。

中国古代的法家强调严刑峻法的"法治",儒家则推崇道德教化的"德治"和偏重于德化者本身的"人治",并将维护贵贱、尊卑、长幼、亲疏等社会差异的"礼"注入于法律之中——"以礼入法"。由于在政治上儒家和法家都把为君主治理国家献计献策为其目的,因而如瞿同祖所指出的那样:"儒法两家思想上的冲突已非绝对的,在礼治德治为主,法治为辅的原则之下,礼治、德治与法治的思想且趋于折中调和。"[2]所以,自西汉"独尊儒术"后,中国历史上形成了统治者内"法"外"儒"的法律传统。事实上,无论是法家的"法治"还是儒家的人治(德治、礼治)都共同起到了维护中国历代王朝的社会秩序和皇权专制统治的历史作用,都是前近代的统治手段。

比较一下中西方历史也可以看出中国古代的依法(主要是刑法)治国与宪法意义上的法治(rule of law)有着本质的不同。在西方国家历史上专制与法治的区别明确地体现为:在专制国家国王是法律,在法治国家法律是国王。[3] 而在中国自秦汉直至清末两千多年的皇权专制历史上,[4]皇帝的意志就是最高法律。虽然在中国历史上也曾有过个别人士如明末清初的黄宗羲对君主专制提出过批判,[5]但从未有过类似英格兰1215年《大宪章》(Magna Carta)那样的限制君主大权的法律文件。中国先秦时期法家所提倡的依法治国是为了君主施政而抑制贵族之专横,[6]英格兰1215年《大宪章》则是封建贵族抑制君主权力的产物。因此,中国法家所提倡的依法治国意义上的"法治"仅仅是相对于儒家的人治(德治、礼治)而言的,而在英国历史上出现的法治(rule of law)原则不仅是人治的对立物,更是君主专制的对立物。中国历史上的依法治国始终着眼于专制君主如何运用法律手段治理或统治臣民,而英国首先确立的法治(rule of law)原则

---

① 《明史》卷九十三《刑法一》、《明史》卷九十四《刑法二》。

② 瞿同祖著:《中国法律与中国社会》,中华书局1981年版,第292、308页。

③ [英]詹姆士·哈林顿著:《大洋国》,何新译,商务印书馆1963年,第21页;《潘恩选集》,马清槐等译,商务印书馆1981年版,第35~36页。

④ 在西欧强势的专制王权只是中世纪末期一个较短暂的过渡阶段,而在中国强势的专制王权一直延续了两千余年。冯天瑜著:《"封建"考论》,武汉大学出版社2007年版,第504页。

⑤ (清)黄宗羲著:《明夷待访录》,中华书局1981年版,第1~7页。

⑥ 梁启超:"中国法理学发达史论",载《饮冰室合集·文集之十五》(第2卷),中华书局1989年版,第90页。

却着眼于如何用法律制度限制君主及其政府的权力并保障个人的自由。此外，本文前面提到的19世纪末德国以及纳粹德国时期的历史教训也清楚地表明了“依法律统治”（Regierung nach Gesetzen）与法治有着本质的区别。因此，依法治国（rule by law）与法治（rule of law）是两个完全不同的法律概念。

我们不得不承认，法治（rule of law）、人权、民主等概念都不是在中国土生土长而是近代以后从国外传进来的。然而，由于中国专制主义传统根深蒂固，所以正如鲁迅所说：“每一新制度，新学术，新名词传入中国，便如落在黑色染缸，立刻乌黑一团，化为济私助焰之具。”①并非为法学专家的李慎之也写道：“‘民主’一词，明明是外来的，到了中国变成了‘为民做主’，也明明是rule of law的翻译，但是没过多久，变成了‘依法治国’的，变成了rule by law了。中国意识形态的惰性或惯性简直是攻无不克，战无不胜。”②正因如此，直到现在中国还有许多法学专家对依法治国（rule by law）与法治（rule of law）之间的常识性区别也没有搞清楚。

顺便提一下，在中国的历史以及汉语中，有些现代常用词汇如“权利”和“法治”在古代也有过，但同一词汇的古今含义在性质上是完全不同的。根据商务印书馆出版的《辞源》，“权利”一词在中国古代是指“权势及货财”，显然与现代用语中的权利完全不可同日而语。“法治”一词在中国古代是指君主“根据法律治理国家”即依法治国（rule by law），这与英国封建时代以限制君主权力为主要特征的法治（rule of law）含义也显然不同。然而，当rule of law的概念近代传入中国以后，人们仍沿用“法治”一词来翻译而没有另造新词汇。③ 而且，在中国特定的政治和文化环境中，如前引李慎之所言，传入中国的法治（rule of law）也蜕变为依法治国（rule by law）了。难怪至今中国法学界在议论法治时仍然存在用语及其含义上的混乱。④ 我希望今后有一天在中国人的语境中，人们能像使用“权利”一词那样使用“法治”一词。⑤

---

① 《鲁迅全集》（第5卷），人民文学出版社1981年版，第480页。

② 李慎之：“中国文化传统与现代化”，载《战略与管理》2000年第4期。李慎之（1923～2003）曾任中国社科院副院长，1989年后辞职。

③ 在仍使用部分汉字的邻国日本，为了区别传统汉语中的“法治”，对rule of l aw一般都翻译为“法之支配”。例如，［日］伊藤正己著：《法の支配》，有斐阁1954年版，第29～30页。

④ 在当今中国社会，人们使用“法治”一词时仍然有不同的含义和用意。从官方及其媒体到不少学者仍用依法治国的含义来解释法治，同时也有学者用法治（rule of law）的含义来解释依法治国的内容。李步云：“中国法治历史进程的回顾与展望”，载《法学》2007年第9期。

⑤ 在现代中国社会，早已没有人再从“权势及货财”的意义上使用“权利”一词了。所以，人们在使用“法治”一词时理应摒弃古代法家提倡的“依法治国”的含义。

九、中国有法治(rule of law)的"本土资源"吗

朱苏力是以译介美国法学家波斯纳的法律经济分析理论和提倡所谓中国的"法治及其本土资源"而在相对闭塞的内地法学界知名的,同时也在某种程度上迎合了国内近年来更加显现的崇美媚外和民族主义混杂的社会风气。波斯纳是一个著作等身的法学家,研究论述的范围相当广泛,其中他最主要的法律经济分析理论是一个没有伦理学基础的实用主义法学理论,其特点是偏重经济效率(追求财富最大化)并漠视公平正义和人的尊严,在美国更受到保守的政客及财阀的青睐。波斯纳的法律经济分析也因此成为受美国法学界主流批判最多的学说之一(所以引证率也最高)。[①] 恐怕波斯纳本人做梦都不会想到他那套理论竟然在信奉社会主义的中国被追随者们捧红起来。

倘若朱苏力仅限于应用波斯纳的理论,为减少"交易费用"而提倡利用中国(非司法诉讼形式的)民间传统方式解决邻里之间"私权的冲突",那也就另当别论了。但是,朱苏力对中国的"本土资源"明确冠以"法治"的前提,这就需要具体分析了。朱苏力似乎对"法治"这个概念有着更为含混的理解。如前所述,他在关于欧洲现代民族国家兴起以及19世纪德国统一等问题上就把"法治"混同于"法制"。抛开法律用语上的混乱不讲,如果朱苏力仅从法制或依法治国(rule by law)的角度讨论中国的法律文化传统或"本土资源",我也没有什么异议。但如前所述,由于中国本土从来没有法治(rule of law)的历史传统,所以如果朱苏力从与限制国家公权力的法治角度来提倡中国的"本土资源"就缺乏历史根据了。

实际上,从朱苏力的一些论点特别是对陕西省"黄碟案"的著名评论可以清楚地看出他所说的"本土资源"确实与公权力有着密切的联系。所谓"黄碟案"是指2002年8月18日陕西省延安市宝塔区警方接到电话举报说有一对夫妻在其住所看色情(成人)影碟,四名警察在没有出示警官证、搜查证和逮捕证的情

---

① 中国大陆法学学者对波斯纳的理论主要限于译介或其应用,而对这一理论本身缺乏分析和批判,比较起来我国台湾地区的法学者林立对波斯纳理论的研究更值一读。参见林立著:《波斯纳与法律经济分析》,上海三联书店2005年版,第79、101、221、411、413~433、439、459页。

况下于夜间突然闯入这对夫妻的卧室强行搜查和抓人。[①] 虽然事后当地警方已向当事人赔礼道歉和经济补偿,但朱苏力仍然认为"警察干预有合法基础",因为这对夫妻在家看"黄碟""侵犯了"那个举报人"不看黄碟的权利",是举报人为了减少"交易费用"而"打电话让警方干预"的,因此"是两个私权的冲突"。[②] 然而,没有任何证据表明举报人"不看黄碟的权利"受到了侵犯,因为该举报人并没有被要求共同观看"黄碟",被举报的那对夫妻也不可能对邻里公开播放"黄碟",所以不排除该举报人是那对夫妻隐私偷窥者的可能性。尽管如此,朱苏力坚持从他杜撰出来的举报人的"权利"受到"侵犯"出发,引申出警察即使违反法律程序侵犯公民私生活也具有"正当性"的结论。朱苏力对待政府及其警察行使公权力的态度也由此可见一斑。

无论是从法理还是道德角度来看,朱苏力的论点都不值得一驳。但值得人们注意的是,朱苏力在这里"活学活用"美国人波斯纳法律经济分析理论,以减少"交易费用"为由将"私权的冲突"与公权力"巧妙"地联系起来。这就暴露出朱苏力提倡所谓中国"法治及其本土资源"的一大特色:只要存在"私权的冲突"并由"冲突"一方"举报"或告密,公权力的行使就具有不受法律约束的"合法基础"和"正当性",就可以侵犯"冲突"另一方的个人权利和自由。这哪里是法治的"本土资源"?这分明是专制和极权的"本土资源"!

现在的问题是朱苏力提倡的所谓中国"法治及其本土资源"与他本人在中共中央政法委研讨班讲座的内容有什么联系呢?所谓中国的"法治及其本土资源"到底应该姓"社"还是姓"资"呢?已如前述,中国历史上从来都没有过限制皇权意义上的法治(rule of law)及其"本土资源",相反却非常富有专制主义的法律传统。而朱苏力所提倡的中国"法治及其本土资源"主要源于中国历史上形成的"民间法"或地方民俗,因而可惜不大好归属于朱苏力反复突出强调"坚持共产党的领导"为特色的"社会主义法治理念"了,但恐怕更不能归属于强调

---

① 该案具体案情如下:2002 年 8 月 18 日陕西省延安市宝塔区公安分局万花乡派出所民警根据一个举报人或告密者有关一对夫妻在其住所看淫秽录像的电话举报,在晚上 11 点左右突然进入这对夫妻住所,带走了丈夫张某并将从现场搜到的 3 张淫秽光盘连同电视机、影碟机一起带回派出所。经过扣押财物将张某刑事拘留,11 月 5 日被刑拘 16 天之后的张某被宝塔公安分局以取保候审的形式释放回家。12 月 5 日下午,宝塔公安分局解除对张某的取保候审,并宣布撤销该案。12 月 25 日,张某向宝塔公安分局提出国家赔偿申请,并要求公安机关恢复名誉、赔礼道歉,处理相关责任人。

② 朱苏力:"当代中国法理学的普性及不足"(西南政法大学 50 周年学术讲座),载 http://www.civillaw.com.cn/article/default.asp? id = 13261。此文后来还刊载于《中外法学》2003 年第 3 期。

遵守法律程序和尊重个人自由的"资本主义法治思想"。

朱苏力在讲座中强调:"坚持社会主义法治理念,尽管不能神经过敏,但一定要保持一定的政治警惕和政治敏感。"的确,朱苏力对反专制过程中形成的"资本主义法治思想"保持着近似神经过敏的"政治警惕和政治敏感",但另一方面他却对有着长期专制历史的中国"法治及其本土资源"兴趣盎然。孰先进孰落后,大概不必给出答案了。

结论:法治、人权不是资本主义国家专利品

法治与人权都是人类文明长期发展的产物,尽管一些观念及制度在历史上首先出现在西方国家,但并不因此而成为西方资本主义国家的专利品。人类近代以来的历史经验也告诉我们:只有确立法治,国家才能实现长治久安;只有在确立法治的国家,人权才能受到有效的保护。

应该承认,西方资本主义国家历史发展过程中积累的经验教训中既有"糟粕"也有"精华"。前者如西欧各国资本原始积累过程中剥夺农民土地的"羊吃人"的圈地运动、工业化时期的血汗工厂制度、童工制度、19世纪70年代以前对劳动者结社自由的普遍压制以及直至第二次世界大战前在西方各国尤其在美国社会显著存在的弱肉强食的社会达尔文主义,等等。后者如限制政府权力、司法独立、新闻出版自由、民主选举制度,等等。令人遗憾的是,这些年来中国社会把西方资本主义国家自身早已抛弃的许多"糟粕"都毫无保留地捡过来发挥"余热"。但奇怪的是,朱苏力主张"社会主义法治理念"并不是为了对西方资本主义历史上的"糟粕"在当代中国社会的泛滥现象提出警告,而是专门为了对以司法独立、保障人权为主要内容的"资本主义法治思想"提出"必须要有充分的警惕"。朱苏力在讲座中还讲了下面这段话:

特别是到20世纪中期之后,资本主义国家的对外扩张逐渐由商品输出和武力征服转向了资本输出与意识形态产品输出,"法治"与"民主"、"人权"等资本主义核心价值一起,成为资本主义全球战略,维系近现代以来西方主导世界格局、防止其他大国崛起的政治措施和意识形态的核心部分之一。

虽然我不否认某些西方大国在推行其外交政策时会有不同的利益追求,[①]

① 对于某些西方国家在人权方面采用双重标准的外交政策,或者利用民主、人权等口号追求本国利益并违反国际法(例如,美国布什政府为了控制石油资源于2003年发动对伊拉克的军事入侵),理应采取批评和反对态度。

但不应简单地把某些国家的外交政策与这些国家有关法治、议会民主等制度混为一谈。长期领导南非人民反对种族隔离斗争的伟大人权斗士纳尔逊·曼德拉曾说过:"当我想到西方民主和自由,我想到的就是英国的议会制度。但我痛恨英国的帝国主义。"①中国也没有必要因反对某些国家的外交政策就将这些国家的制度都视为洪水猛兽,更不应因此而拒绝接受人类文明的成果以及为国际人权条约所确认的原则和制度。

在前边引的那段话中,朱苏力实际上把法治、民主、人权都统统意识形态化了,这不仅等于把这些原则或制度都奉为西方资本主义国家的专利,而且也使人又回想起当代中国的一些历史教训:如前面提到的1957年在因言论治罪的"反右"运动中,凡提倡法治、民主的人都被视为"右派分子"而遭到政治迫害;1966年6月4日《人民日报》社论"撕掉资产阶级'自由、平等、博爱'的遮羞布"把人权妖魔化,正是由于过去长期将法治、民主、人权都定性为资本主义或资产阶级的意识形态,结果连这些概念在中国社会乃至学界也曾长期是"禁区",妨碍了中国的法治进程和公平正义的实现。

学习和借鉴外国的制度和经验并不等于要简单移植或照搬某一特定外国模式——至今中国仍然没有摆脱1949年以后照搬苏联模式或"全盘苏化"的弊端,应该考虑中国的国情,但不能因此就拒斥一切国家先进的制度和经验。历史已经证明,对于许多已形成国际共识的理念或人类进步文明的价值如法治、人权、民主等,若统统都贴上"资本主义"的标签加以排斥,那只是自甘落后的虚弱或愚昧的表现。如果再对某些落后和愚昧现象贴上中国特色"社会主义"的标签,那就是对社会主义这一崇高理想的亵渎。

中国要在稳定的社会条件下走渐进性改革道路,就必须先确立法治。据《21世纪经济报道》2008年12月9日报道:11月28日中共中央政治局通过司法改革报告。其中有三点特别值得一提:一是将地方法院的经费纳入中央财政。这是确保地方法院审判独立并摆脱地方保护主义的第一步。② 二是将劳动教养的决定权移交法院。这将有助于中国早日加入一些核心的国际人权公约。③ 三是将看守所的管理移交到司法部(局)体系。这将促进中国履行《禁止酷刑和其

① N. Mandela, *Long Walk to Freedom: The Autobiography of Nelson Mandela*, Little, Brown and Company, 1994, p. 302.

② 为了进一步摆脱地方保护主义以及各级党政领导对司法审判的干预,更需要在法院人事方面进行司法改革。

③ 例如,国际劳工组织1930年《强迫劳动公约》(第29号)和1957年《废除强迫劳动公约》(第105号)。1966年《公民权利和政治权利国际公约》第8条和第9条也有相关规定。

他残忍、不人道或有辱人格的待遇或处罚公约》的义务。如果这些司法改革措施都能通过立法的形式在制度上得以落实，那就可以说中国还在朝着法治的方向进步。作为中国法学者的责任，在法治建设进程中应是促进而不是促退，同时不应忽视权利易受到公权力侵害的广大弱势群体的利益——这与邻里之间的私权冲突无关。

简而言之，朱苏力的这篇讲座稿从头到尾既没有讲清什么是“社会主义法治理念”，也没有讲清什么是“资本主义法治思想”，甚至对法治和人权这些基本概念都缺乏常识！因此，朱苏力没有也不可能对所谓“社会主义法治理念与资本主义法治思想的比较”这一题目在法学上提出有说服力的论证，其结果不能不让人回想起中国“文化大革命”时期流行的那句荒唐口号：宁要社会主义的草，不要资本主义的苗。

（2009年第1期）

我们需要什么样的司法民主

周永坤*

引言:问题与方法

最近,贺卫方教授与陈忠林教授之间发生了一场意义深远的学术论辩,论辩双方从纸面上的商榷发展到面对面的交锋,两教授敬畏学术、追求正义的精神令人钦佩。① 这次辩论肇始于陈教授在今年两会期间(2008 年 3 月)接受媒体采访时的谈话。在谈话中陈教授强调法律不能偏离一个社会民众普遍认同的常识、常理、常情,认为司法体制的职业化必须与民主化相结合,民主化必须优于职业化,必须以民主化来促进职业化。7 月 16 日,《经济观察报》发表了"贺卫方:不走回头路"一文,对陈教授的司法民主化观点进行了批评,明确提出反对司法民主化。7 月 19 日,陈教授在《经济观察报》发表"中国法治应该怎样向前走"对贺文的批评作了回应。10 月 15 日,《经济观察报》在重庆大学组织"观察家论坛",邀请陈忠林教授与贺卫方教授就"中国法治应该怎样向前走"当面切磋。② 10 月 30 日,中国政法大学燕山大讲堂召开了"司法改革'职业化'抑或'民主化'"的专家辩论,参加者有贺卫方(仝宗锦代理)、陈忠林、何兵、张千帆。在此期间,众多法学界、司法界人士撰文参与讨论,网上更是热闹非凡,相互的诘难不可谓不尖锐。这场论辩于是逐渐走出书斋,演变为一场关于司法民主化、司法职业化的大众论辩。这在中国近代法律史上并不多见。

众所周知,中国司法改革的重要举措之一是司法职业化,但不幸的是,在司

---

* 作者单位:苏州大学法学院。

① 贺卫方教授是司法职业化的主要倡导者,他当年的"复员军人进法院"一文堪称提倡司法职业化的经典之作。贺卫方对眼下司法的大众化走向表示担忧,认为司法独立刚刚起步,却又有走回头路的趋势:一方面追求专业化,另一方面强调"司法的民主性"、"大众司法",相互矛盾,相互冲突,使得司法独立大打折扣。陈忠林教授则是近年来司法民主化(大众化)的主要倡导者。他主张我们的司法应当允许民众有序参与,即司法职业化应当与民主化相结合。

② 辩论全文见"中国法治应该怎样向前走",载《经济观察报》2008 年 10 月 17 日。

法职业化取得进展的同时，司法腐败也在不断扩散与加深，[①]尤其是一些重量级司法官员的频频落马更使司法颜面扫地，[②]由此产生了严重的司法公信力危机。面对这一宪政危机，社会特别是法学界进行了认真反思。由于司法职业化与司法腐败在时空上的共生性，人们自然将反思的焦点集中在司法职业化的是非功过之上：司法职业化之路究竟对不对？它是不是应当继续走下去？于是理论界有学者提出司法民主化（大众化）的口号，[③]呼应实践上的司法民主化（大众化）举措，以司法民主化（大众化）削弱或牵制司法职业化。针对这一理论与实践上的司法非职业化回潮，相对的一方认为司法民主化（大众化）不足取，它与司法职业化是矛盾的。

由此可知，这次论辩反映的是两种社会思潮之间的博弈：司法职业化取向与司法大众化取向。这两种思潮源于对中国司法改革成果不同的评价，落脚于中国司法的未来走向：是进一步职业化还是相反？因此，这一争论的结果将对中国司法的未来走向产生影响，具有重大的学术价值与实践意义。

由于论辩的焦点在于司法民主化与司法职业化的正当性，而争论的双方在核心概念——司法民主——的理解上存在偏差，且在概念的使用上都不够清晰。所以本文的研究当从司法民主的概念分析入手。什么是司法民主的概念取决于对它的上位概念——民主——的理解，因此，在正确解析什么是司法民主之前，必须先对民主的概念作一个梳理。

一、什么是民主

民主是一个极其复杂的现象，笔者在一篇论及违宪审查权的文章中对林林总总的民主理论进行过梳理，发现起码有7种民主理论：主体民主理论、实体民

---

① 2003年武汉市中级人民法院共有13名法官因涉嫌受贿等犯罪，被追究刑事责任，其中包括2名副院长（1名常务）及3名副庭长、6名审判员、1名执行员、1名书记员。在这些犯罪分子中，形成所谓的“利益均沾”规则。这表明犯罪在当地法院处于“半公开”的灰色状态，受贿成为常态。（见《扬子晚报》2004年2月17日报道）据最高人民法院院长肖扬2004年3月10日在全国人民代表大会上所作的工作报告，2003年全国共查处违法乱纪的法官794人，其中52人被追究刑事责任。

② 据不完全统计，2003年全国腐败的省部级高官有11人，其中两人是省高级人民法院院长：辽宁省高级人民法院院长田凤岐，广东省高级人民法院院长麦崇楷（见《扬子晚报》2004年2月17日报道）。这还不包括高级人民法院的副院长、中级人民法院的院长、副院长在内，最近的黄松有被双规更使国人目瞪口呆。

③ 司法民主化与司法大众化并不是同一个概念，因为争论者是在同一个意义上使用它们的，所以笔者在这里姑且将它们视为同一的概念，详细的分析请见下文。

主理论、程序民主理论、协商民主理论、合伙制民主理论、规范民主理论、结构性民主理论。①

我们当下流行的民主理论是许许多多民主理论中的第一种:主体民主理论。之所以称为"主体民主理论",是因为这一民主理论将民主寄托于掌权人的身份之上,或者称为立足于"权力主体"的民主理论——人民掌权,就是民主,而什么是"人民",则取决于话语权的归属。这一民主理论是以古典的直接民主理论为基础、在启蒙运动中逐步形成与发展起来的,它的理论根源是古希腊的政体三分理论:一人主治的政体是君主制,少数人主治的政体是共和制,多数人主治的政体就是民主制。② 在反对君主专制主义的斗争中,人们首选的政权形式当然是多数人统治的民主制,而它与君主制可识别的标志就是政权的归属,革命的目标就是从君主手中夺取政权。革命者与人民都天真地以为一旦权力从君主手中转移,就自然有了民主。作为一种政治理想,主体民主理论是革命的,它非常简洁且极具号召力。但是人们压根没有想到"娜拉出走以后怎么办"。

这一革命的民主理论的阐发者无疑当首推卢梭。卢梭在《社会契约论》中论述的人民主权理论传达的是一种"整体"的民主观念,在他那里,作为主权者的"大我"具有绝对权威,不允许有任何的不同意见,你不同意,就得离开这个共同体,这个大我就是主权者。肇始于卢梭的这一民主理论有一个显著的特点:缺乏建设性。由于它是建立在"个人的主体性和人民的主体性"之上的,当我们忽略了前者——个人的主体性——的时候,就会产生两个隐患:一是在个人与整体的关系上,强调整体的权力,对个体的自由与权利关注不够;二是对于民主的制度要素关注不够,它只关注权力的转移。这可能是卢梭本人已经看到的问题,因此他反对代议制,强调权力是不可转让的,人民是不可代表的。

但是,在现代大型社会中,卢梭小国寡民的民主思想显然是不切实际的。事实上,1789 年以后陆续建立起来的民主社会无一例外实行的都是间接民主制。因此,当人们将卢梭的"直接主体民主思想"用于现实社会的民主——间接民主——时,无疑忘记了卢梭反对代议制的忠告,人们将他的理论用于一个他本来反对的场域。缺乏个人自由平等的权利和缺乏制度化的"间接主体民主",其必然的结果是民主的虚置。民主最终成为权力者的主观宣告——谁在台上谁就可以声称自己是人民的代言人,谁就是民主的化身,反对他,就是反对民主。结果

① 详见周永坤:"违宪审查的民主正当性问题",载《法制与社会发展》2007 年第 3 期。

② 严格说来古希腊的政体理论是两分的:正宗政体和变态政体,依据法律的政体是正宗政体,不依据法律的政体是变态政体。上述三种政体都是正宗政体,它们相对应的变态政体是:暴君政体、僭主政体和暴民政体。

便是民主理论走到了自己的对立面——成为压制民主的利器。主体民主理论的苦果大家都看到了:罗伯斯比尔的专制、斯大林的大清洗。这就是自由主义者抨击卢梭的重要原因。说实在的,将这一主体民主理论嬗变的结果归咎于卢梭实在有失公允。

针对主体民主理论在理论上和实践中的问题,人们对民主的概念进行不断的考问,学者们从不同的角度对它进行了修正与弥补,将民主理论逐步具象化。这就形成了主体民主理论以外的6种民主理论。这些民主理论是在民主制度建设过程中不断形成的,可以称为"建设性民主理论"。

(1)实体民主理论。实体民主理论是一种立足于民主所保障的实体价值的理论。实体论者认为宪法所预设的价值决定应高于民主的一时决定,后者可能滥权,政治理性实不如法律理性。

(2)程序民主理论。程序民主理论认为人民主权只是一个"虚构",民主只是实现所有公民对政治意志形成过程的平等参与的程序,它存在于法治国建制化过程中。而程序民主理论强调的选举程序主要是:普遍、直接、秘密和平等。

(3)协商民主理论。协商民主理论其实是一种特殊的程序民主理论,它注重程序的协调性质或将民主看做一种协商的程序,不是别的什么程序。协商民主"指的是为政治生活中的理性讨论提供基础空间的民主政府"。

(4)合伙制民主理论。这是一种针对"多数民主"的民主理论。德沃金认为民主就是民治,他将对民治的不同理解分为"多数至上论"和"合伙制"论(partnership)两种。前者将民治理解为多数人的统治,后者的民治是全体人民的统治。他认为,这两种民主观存在一个重要的差别。在一个成熟的民主社会里,公民发挥两种作用:一是政治竞赛的裁判者,二是政治竞赛的参与者。多数至上论只看到第一种作用而忽略了第二种作用,而合伙论则看到了两种。① 按照合伙制的民主观,"允许公民通过一种人人都是积极而平等的合伙人的合伙制进行集体自治的制度,就是民主的制度"。这一民主观有三个维度:人民主权、公民平等、民主对话。②

(5)规范性民主理论。这一民主理论将民主理解为一种规范,民主是一组特殊的规范。上述程序民主、协商民主都有明显的规范性诉求,因为程序与协商都离不开规范。从这个意义上说,程序民主理论与协商民主理论都是规范性民

① [美]德沃金著:《至上的美德——平等的理论与实践》,冯克利译,江苏人民出版社2003年版,第413页以下。

② 同上,第420页以下。

主理论。但是,强调并论证民主的规范性本身还是构成一种重要的民主理论。

(6)结构性民主理论。美国纽约大学法学院皮德斯教授等提出一种民主的结构性因素理论。他在1998年与伊萨科罗夫教授合著的论文《作为市场的政治:政党对民主过程的封闭》系统阐述了关于民主之法的结构主义方法。此文认为,民主的过程与其说是人民自然意志之表达,不如说是法律规则、过程和结构的一个函数。由于民主政治内在固有的反竞争趋向,民主进程就需要一个独立于常规政治过程的机构来监督民主过程的规则与结构,法院自然是一个合适的选择。[①] 结构民主理论简直就是把独立的法院的存在等同于民主。

上述关于民主理论的梳理给我们以下重要启示:

第一,无论哪一种民主理论,研究的对象都是整个政治体制,不是政体的某一个组成部分。各种民主理论的不同仅仅在于他们从不同的侧面描述民主:他们或者侧重于政体的主治者、或侧重于政体所维持的价值、或侧重于政体产生与运作的程序、或倾向于政体的特殊规范、结构,等等。

第二,建设性民主理论都不强调由谁主治,相反,他们都强调对主治者的控制,因为对人性的警惕是民主的逻辑前提,如果假设存在或者寄希望于一个无条件的道德主体,则抽掉了民主的逻辑前提。

第三,建设性民主理论的着眼点都放在了人民自由平等权利的实现上,他们从不同的侧面讨论人民权利保障的手段,因为个体权利是民主的基础与根本目的。

第四,民主本身是一个多面体,我们很难对它定义,可行的办法之一是对它进行描述,这个描述可以是多方面的。但是民主、特别是现代民主有其核心的内容,那就是:民主是一套保障人的尊严的制度与规范体系。这是民主政体区别于其他政体可识别的标志。

二、什么是司法民主

对民主作了一个梳理后,我们可以此为基础来看看什么是司法民主。我们当然还得从民主谈到司法民主:从中国当下的民主理念去理解同样是中国当下的司法民主理念。[②]

---

① 张千帆组织编译:《哈佛法律评论——宪法学精粹》,法律出版社2005年版,第148页。

② 严格说来,"理论"与"理念"是两个不同的概念,但是由于我国并不存在系统的司法民主理论,所以在谈及这一问题的时候,我们更多使用"理念"这一概念。

当下中国的民主理论可以纳入上述7种民主理论的哪一种？毫无疑问，它是一种片面的主体民主理论。说它是主体民主理论，是因为人们仅仅将民主与掌权的主体联系起来；说它是片面的，是因为它不关注个人的权利与承载个体权利的制度建构。不仅如此，在特殊的时期，中国的民主理论甚至是将个体权利和民主的制度建构与民主本身对立起来的——“文化大革命”中的大民主就是如此。人们一方面大谈民主，另一方面又肆无忌惮地侵犯民主的基础——人的权利，我们甚至一度在民主的口号下“砸烂公、检、法”。流行的司法民主理念显然源自这种主体民主理论，可以称为“主体司法民主理念”，这一理念将民主司法等同于人民大众的司法，将职业化法官的司法理解为非民主的。上述论战就是在这个“民主平台”上展开的。①

我认为，应当对这一片面的司法民主理念加以扬弃，用上面提到的多元的民主理念重构司法民主。由此就要提出认识司法民主的几个方法问题：

第一，司法民主不能仅仅从司法的主体是谁来理解，而应当从综合的视野来理解。因为不同政体下（民主与非民主）司法主体有其共性：民主政体下果然有大众司法，但是非民主政体下也有大众司法（如西方的封建制下，法国帝政时期）；同样，不民主的政体下有“非大众”司法，民主政体下也有“非大众”司法，非但如此，现今民主国家的司法就其主要成分来说不是大众司法，而是“非大众”司法。

第二，司法民主应当从结构功能的角度来理解。因为政体是一个制度系统，司法作为政体的一部分而存在，整体的结构在一定程度上决定了司法的性质。

第三，司法民主就是个复杂的指标系统，同样，司法民主与否就只能是个程度问题，应当避免绝对的“是与否”的两元对立思维。

确立了这样的认识路径，我们就可以认识到司法民主是保障人的尊严的制度与规范体系的一部分，它的作用是贯彻这一特殊的规范体系。基于这样的描述，我们当从以下几个可能的视角或者指标来衡量司法是否民主或者司法民主的程度：

一是司法人员产生的制度是否民主。在现代大型复杂社会里人民不可能事必躬亲，只能通过制度将大部分事务交由自己选举并向自己负责的人员来代理，这就是间接民主。因此，司法民主化的第一个指标就是司法人员从何而来，司法人员产生的制度是否民主及其民主程度。

① 陈忠林教授是将司法民主化与司法大众化互换使用的，而贺卫方教授反对的司法民主化其实是司法大众化。

二是司法的“制度环境”——政体的民主性问题。作为司法制度存在的制度系统本身的民主程度在相当程度上影响司法民主,如果它外在的制度环境不民主,它的民主功能就无法落实。认识到这一点,就可以帮助我们在从事司法民主建设的同时,充分考虑整体制度民主化建设的必要性;同时在政治体制改革相对滞后的条件下,认识到司法改革不可避免的局限性,并对它保持必要的宽容。

三是司法制度的“规范导向”或者价值导向是否民主。因为司法归根结底是一种实施规范的行为,而不是创设规则的行为,司法的价值取决于法律本身的价值。因此,如果司法所依据的规则维护的是有利于民主的根本价值——人的尊严本身,则司法是民主的或有利于民主的;反之,无论怎样的司法都不能说是民主的。

四是司法程序是否民主。司法是一个发现事实并在此基础上贯彻规则的行为,因此程序对于司法民主就显得特别重要。司法程序民主主要体现为两条:一是公开性,二是对抗性。

五是司法本身的结构及在政治结构中的地位是否有利于控制他项权力,这就是司法独立性问题。这是从维护民主价值有效性的角度来看的民主。只有独立的司法才能有效地维护民主的价值,一个成为他项权力工具的司法,无法有效地维护民主的价值。也就是说,独立的司法有利于民主,“附庸的司法”不利于民主。

当然,这五条标准应当整体来衡量,任何一方面的严重缺损,都会影响司法民主的成立与司法民主的程度。

三、大众司法与司法民主

明确了上述基本概念,就可以得知,将司法大众化与司法民主相提并论是不合适的。司法大众化或者大众司法在历史上扮演过不同的角色。法人类学的研究表明,早期社会的司法都是大众的,这或许与原始民主制度相联系,但是也不一定。欧洲中世纪实行的主要是大众司法,非洲非民主的酋长制下往往实行的也是大众司法,处于封建专制下的我国西南少数民族的基层司法也存在大众司法现象。大众司法在古希腊城邦制下确实是民主的,它经历了人民直接司法形式,普遍、平等(对于公民而言)遴选制下的民众司法两种形式,它是城邦民主制的一部分。但是正像古希腊的民主是特例一样,古希腊大众司法的民主性也是特例,古代社会大众司法的常态恰恰是不民主的。

现代社会的大众司法有两种形式:陪审制(含参审制)与人民法庭,它们与司法民主的关系如何？让我们一一道来。

（一）陪审制与司法民主

人们常常将陪审制作为司法民主来追捧，这其实是没有经过认真思考的想当然。陪审制度与司法民主并不存在必然的关联，理由如下：

1. 从陪审制的起源来看，它与民主的联系是十分薄弱的。陪审制在西方有利于个体权利，虽然如此，陪审制产生的直接冲动却不是民主，陪审制产生的时候，作为现代民主理念基础的启蒙运动还没有产生。①

2. 从陪审团实际所起的作用来看，它也不一定是民主的。最早的陪审团是邻居调查陪审团，他们经过宣誓后回答问题。陪审程序最早在非司法程序中应用，后来被用于司法程序。在司法程序中，起先用于财政和土地权利的法律问题，1166年的《克拉伦登法》将陪审团确认的原则应用于刑事程序。1194年查理一世发布了《巡回法庭章程》，对陪审员作了规定，这是大陪审团的由来。② 在13世纪早期，它发展成"审判陪审团"。③ 在历史上，陪审团曾经存在于不同的政体中，早期的陪审制无一不存在于中世纪的领主独裁制下；即使在近现代，陪审制也曾经为帝政服务过（如法国、德国）。

当我们这样说的时候，不应当忘记，陪审制在特定时期确实有民主的一面：美国宪法首创陪审团审判的权利，并把它作为基本人权，④这就将陪审制与民主挂上了钩；同时，法国及欧洲其他国家在移植陪审制时，民主确实是考量的重要

---

① 关于陪审制的起源问题主要有五种观点：一是法兰克王国的信息调查制度说；二是英国本土说；三是斯堪的纳维亚说；四是古希腊罗马的人民审判制度说；五是多元起源说。无论采信哪一种起源理论，陪审制都发生在启蒙运动之前。关于陪审制的起源理论，参见施鹏鹏著：《陪审制研究》，中国人民大学出版社2008年版，第8页以下。

② ［英］戴维·沃克著：《牛津法律大辞典》，邓正来等译，光明日报出版社1988年版，第494页。

③ ［英］罗伯特·巴特莱特著：《中世纪神判》，徐昕等译，浙江人民出版社2007年版，第179页。

④ 《美国宪法》第3条第2款规定："除弹劾案外，一切犯罪由陪审团审判。"该宪法第5修正案规定："除非根据大陪审团的报告或起诉书，不受死罪或其他重罪的审判。"第6修正案规定："在一切刑事诉讼中，被告有权由犯罪行为发生地的州和地区的公正陪审团予以迅速和公开的审判。"第7修正案规定："在习惯法的诉讼中，其争执价额超过20美元，由陪审团审判的权利应受到保护。由陪审团裁决的事实，合众国的任何法院除非按照习惯法规则，不得重新审查。"

因素;1917年十月革命后创建人民陪审员制度的理由无疑也是民主。[1] 在现代民主国家的司法过程中,陪审制确实也起到了推进民主的作用。其理由在于,陪审制度本身有牵制法官独裁的一面。[2]

但是即使在民主制度下,陪审制的民主性也是或然的,而不是绝对的。以下三点决定了陪审制作为民主司法的可能性及其程度:

首先,陪审员遴选基础是否民主。只有当被遴选为陪审员是所有公民(当然是有行为能力的、无犯罪记录的公民,犯罪记录中政治犯除外)的一项平等权利的时候,陪审制方与民主有关联。如果当选陪审员是少数人的特权,那么,陪审制就与民主相疏离。例如,法国1808年《重罪法典》第382条规定:年满30岁,有能力履行裁判职责的公民应在陪审员总名单上登记。但是法典本身对"有能力履行裁判职责的公民"进行了严格的限定,主要包括:选举委员会成员、本省前300位纳税大户、四大学院的博士及学士以及知名的学术机构或协会的成员。[3] 英国早期的陪审制亦然。其次,陪审员遴选的程序是否民主。在大型社会里,事实上只有少数人有机会当陪审员,为了使大家平等地享有直接参与司法的权利,陪审员遴选的原则只能是机会均等,实现机会均等唯一可行的办法是随机抽取,否则,陪审制就难免成为法国19世纪的御用的陪审团。马克思就对种种操纵陪审员遴选程序的行径表示了极大的愤慨,[4]他在《资本论》中所举的例子更具有代表性。[5] 最后,陪审员能否独立作出判断。如果陪审员不能独立

---

① 苏联十月革命后一个礼拜(1917年11月24日),俄罗斯社会主义联邦苏维埃人民委员会发布了《关于法院(命令第一号)》,该命令第2条规定了人民陪审员制度。它规定的法庭由"常任地方审判员"1人和"轮值陪审员"2人组成。这就是后来的审判员与人民陪审员组成合议庭的最早规定。它规定的陪审员没有任何资格要求,可以理解为有责任能力的公民,同时,具体的出庭人选是由一个"特定轮值审判员表"决定的,不是由法院行政决定的,具有客观性。参见[苏]奥尔洛夫、列别金斯基著:《苏联检察制度史(重要文件汇编)》,人民出版社1954年版,第7页。不过事实上,它仅仅是向"自己人开放"的制度。

② 请注意,当我们这样表达的时候,我们已经将法官与独裁联系在一起了,而这不是必然的。在现代制度下,这一判断通常是错误的,因为现代司法制度下法官的首要义务是忠实于法律,而法律是体现民意的,同时,现代司法有一整套严格的程序与制度框架羁束法官的裁量。

③ 施鹏鹏著:《陪审制研究》,中国人民大学出版社2008年版,第52页。

④ 1848年,工人报的主编哥特克及其同志们受到审判,马克思对官方在审判中操纵遴选陪审员的行为表示了极大的愤慨。他指出,资格限制使一定的阶级享有从自己的人当中挑选陪审员的特权。编制陪审员名单的方式使政府有权操纵垄断,从特权阶级中挑选自己喜欢的人。他说:"在这样组织起来的陪审法庭上,那些公开反对特权阶级和现存国家政权的被告要是不直接落在自己死敌的手中,那简直是奇迹了。"见马克思:"对哥特沙克及其同志们的审判",载《马克思恩格斯全集》(第6卷),人民出版社1965年版,第151页。

⑤ "法庭上坐的是工厂主先生,他们是自己审问自己……这种法庭的组成本身就是对法律的公然违反。"参见《马克思恩格斯全集》(第23卷),人民出版社1982年版,第320页以下。

作出判断,则陪审员自己没有意志,[①]它只是权力者的摆设,与民主无干。

总之,无论从历史还是从现实来看,陪审制与司法民主的联系都不是必然的,只有特定的陪审制才与司法民主有关:建立于当选陪审员是一项普遍权利及随机的遴选机制上的、独立的陪审制。

(二)人民法庭与司法民主

民众参与司法的另一个形式是人民法庭。[②] 这是非常时期的司法,它通常发生在革命成功初期。法国革命与苏维埃革命成功初期都短暂地存在过。不过,真正起到重要作用的却在中国,可以称为中国特色的司法。

20 世纪 50 年代初期,我国风行“人民法庭”——当地革命群众组成的“法庭”,人民法庭依据阶级觉悟“审判”。应当说,作为由战争走向和平的过渡,人民法庭是一个进步——以法庭的判决代替单纯的暴力杀戮。这从最初决定建立人民法庭的中国共产党的文件中可以看出。[③]

1950 年 6 月 28 日,中央人民政府委员会第 8 次会议通过《中华人民共和国土地改革法》,该法规定“为保证土地改革的实行”而成立人民法庭,1950 年 7 月 14 日,中央人民政府政务院第 41 次政务会议通过了《人民法庭组织通则》,该法以法律的形式规定人民法庭是土改时期为完成土改任务而设立的政治性的“人民法院之民事庭、刑事庭以外的特别法庭”,[④]同时规定这一任务完成后将撤销之。但后来这一设立“特别法庭”的做法逐步蔓延。1952 年 3 月 21 日,政务院第 129 次会议决定在五反运动中成立人民法庭,1952 年 3 月 28 日,政务院又决定在三反运动中成立人民法庭,1952 年,反贪污运动中也成立了专门反贪污的

---

① 在将大众司法等于司法民主的观念里,陪审员的意志被认为是人民的意志,正是在这个意义上陪审制才与民主发生关联。

② 这里说的“人民法庭”并非现在作为农村基层人民法院派出机构的人民法庭。

③ 1949 年 10 月 10 日,中共中央华北局发布《关于新区土改决定》,该决定第 2 条之戊项规定:“对罪大恶极为害一方为广大群众所痛恨的恶霸,则应领导群众,进行有组织的清算斗争。群众性的斗争方式应与人民法庭的斗争方式紧密结合,严禁乱打、乱扣、乱杀或其他变相肉刑。如需处死者,必须经县人民法庭判决呈请华北人民政府批准后,始能执行。”参见《人民日报》1949 年 10 月 26 日。

④ 该法第 1 条规定:“为保障革命秩序与人民政府的土地改革政策法令的实施,省及省以上人民政府得视情况的需要,以命令成立或批准成立县(市)人民法庭。其任务是运用司法程序,惩治危害人民与国家利益、阴谋暴乱、破坏社会治安的恶霸、土匪、特务、反革命分子及违抗土地改革法令的罪犯,以巩固人民民主专政,顺利地完成土地改革。此外,关于土地改革中划分阶级成分的争执及其他有关土地改革的案件,亦均由人民法庭受理之。人民法庭任务完毕已无存在必要时,由省及省以上人民政府以命令撤销之。”第 3 条规定:“县(市)人民法庭及其分庭直接受县(市)人民政府的领导,同时又是县(市)人民法院的组成部分之一,其性质是县(市)人民法院之民事庭、刑事庭以外的特别法庭,普通民事刑事案件仍由民事庭、刑事庭受理。”

人民法庭。[①]

人民法庭是真正大众化的：依据《人民法庭组织通则》第4条的规定，人民法庭的半数成员由"县（市）人民政府遴选"，没有法律知识要求；另一半成员则由"县（市）区的人民代表会议和人民团体推选"，实际当选的主要是农民代表。[②]"五反运动"中的人民法庭，其成员是非专业的"有关机关和人民团体负责人及五反运动中的积极分子"。[③]"三反运动"中成立的人民法庭，其规定与"五反"中的人民法庭相仿。[④]

但是我们并没有放弃建立专职人民法院的工作，随着解放军的推进，我国建立了专职的法院，并于1949年11月建立了最高人民法院。这就形成了专职的人民法院和大众化的"人民法庭"并存的局面。[⑤]不过，相关法律规定人民法庭是暂时性的"特别法庭"，一俟该法规定的任务完成，有权机关得以命令撤销之。但是令人遗憾的是，此类法庭何时撤销则未见报道，这种双轨制事实上长期存在。"文化大革命"中则实现了真正的大众司法：造反派司法，各地法院一度被砸烂，司法权由当地造反派行使，成为派斗的工具。其"社会效果"有目共睹。

如果说在制度上大众化司法的表现是双轨制，那么，在司法观念与方法上则是对所谓马锡五审判方式的宣扬与迷信。[⑥]马锡五审判方式的核心是司法的大众化：大众参与和方便大众。方便大众没有错，但是以牺牲司法的核心价值与基本属性为代价就不是明智之举了。事实上，马锡五审判方式是战争年代简陋的法院设置所致，对于和平时期的正常社会有害而无利，起码是弊大于利。

虽然人民法庭的作用有待进一步评估，但是有一点是肯定的：它不是在实行法律，而是宣泄仇恨，它与民主无涉。人民法庭长期存在这一事实本身就证明了它与人治社会具有共性，是与民主制度建设相对立的。

总之，早期的大众化司法是早期小型社会司法的形式，它与司法民主并不存

---

① "中央各机关反贪污斗争进入最后阶段成立人民法庭审理贪污案件"，载《人民日报》1952年4月3日。

② "关于人民法庭的审判员问题答刘锷同志问"，载《人民日报》1950年10月10日。

③ 政务院"关于五反运动中成立人民法庭的规定"，载《人民日报》1952年3月25日。

④ "关于三反运动中成立人民法庭的规定"，载《人民日报》1952年3月31日。

⑤ 1950年6月17日，中华人民共和国最高人民法院第一任院长沈钧儒所作的"人民法院工作报告（在人民政协全国委员会第二次会议上的报告）"中说，"人民法院在实行土改地区，必须与人民法庭密切配合，保障农民群众的合法斗争，镇压不法地主的破坏和抵抗土改的活动，巩固土改秩序，保证土改胜利。"载《人民日报》1950年6月21日。这是司法双轨制的明确表述。

⑥ 依据通识，马锡五审判方式包括四点内容：（1）法官全面调查取证，发现案件事实真相；（2）发动和依靠群众，调解为主，司法干部与群众共同断案；（3）坚持原则，依法办事，廉洁公正；（4）实行巡回审理、田间开庭等简便利民的诉讼程序。

在必然的关系。现代社会的两种大众化司法与民主的联系也不是必然的。相反,如果我们客观评价一下上述两种大众司法,则可以看到,在大多数情况下,由于大众司法本身的特点,它对民主的影响是负面的。由于大众不具有法律专业知识,缺乏对法律的忠诚,大众司法容易产生情绪化、非理性化、非程序化倾向,容易产生司法的随意,它不利于维护法律的稳定性,不利于司法对法律中的民主价值的传递。同时,大众司法也不利于对他项权力的控制,容易为他项权力操控,从而对民主的制度架构构成威胁。现代间接民主是以个人的自由平等权利为支撑、以权力牵制为基点的,上述缺陷决定了大众司法实际上对民主是弊大于利的。大众司法只是在极其有限的条件下才对民主有所裨益,才与民主相关。

四、司法职业化与司法民主

理解这一问题首先要简单说一下司法职业化。学界将“司法职业化”一词看做与司法民主化相对应的词显然是误解。司法职业化的对应词是“司法非职业化”。简单来说,司法职业化就是由具备法律专业知识的、以司法为职业的人专司审判。与司法职业化相对的司法非职业化是指没有法律专业知识的人来司法。这包括两种情况:一是指没有法律专业知识的人以“业余法官”的身份参与司法,上述大众司法属于这一类;二是没有法律专门知识的人从事司法职业,他们的职业是司法,但是他们没有司法职业知识。复员军人进法院、一般干部(受过法律专门知识教育与训练者除外)任法院院长(同一法院中级别最高的法官)属之。这两种非职业化司法在我国长期存在。这两种非职业化司法对司法民主有利还是不利?或者利弊相较孰轻孰重?这得看一下现代司法权的历史。

马克思、恩格斯认为,司法权的崛起是社会分工的结果。在西方,十四五世纪开始了现代的社会分工,“正是在这样一个时期,法院的权力开始获得重要的意义;而在资产阶级统治下,当这种广泛发展的分工成为绝对必要的时候,法院的权力达到了自己的最高峰”。[①] 这告诉我们,正是在司法现代化的过程中,司法权成为一项重要的政治权力,成为民主制度不可或缺的一项重要权力。也正是在同一历史过程中,司法完成了由非职业化向职业化的转换。这说明一个事实:在社会分工潮流中产生的职业化司法是现代化过程的产物,司法现代化就是司法职业化的过程。正是职业的司法取代了非职业化的民众司法,才使法律和

① 参见《马克思恩格斯全集》(第3卷),人民出版社1960年版,第396页。

司法的高度形式化成为可能，才使间接民主成为可能。

西方是这样，中国呢？进入有文字记载的历史以来，中国的司法就是非职业的。中国的大老爷升堂，其裁判权威源自权力，而不是职业知识；审判是显示官方权威的场所，法律愚民是题中应有之义，律师当然被禁止。如果用西方的话语体系来说，这属于“压制型法”下的“压制型司法”。与西方“民众的非职业化司法”不同，中国的非职业化司法的主流不是大众司法，而是“没有专业知识的、非专职的官员”司法。

中国古代司法的非职业化判断建立在以下两个事实之上：一是作为常态，司法没有成为一项专门的职业，审判只是行政官的一项职权，更没有形成吃法律饭的律师职业；二是即使是某些具有专门司法性质的职位，它的任职也不需要专门法律知识，从事与法律有关的事务的官员可以与其他官员互调。在前科举时代，当官凭的是出身（如魏晋南北朝的九品中正制），在科举时代，“科班”出身的官员绝大部分出身于明经科，明法科招收人数很少，许多朝代甚至根本不开明法科。科班出身的如此，靠捐钱、身份、恩宠得来的官员的法律知识便可想而知。与此相应，中国古代没有专业的法律知识传授机制，更没有法律职业培训机制。因此造成了这样一种中国特色：中国绝大部分官员都具有审判职能，[①]但是他们都不具备法律专门知识。这有晚清沈家本任职西曹时看到的景象为证：东三省的官吏“多不知刑名事”[②]。

晚清以降，西风袭来，中国社会迅速现代化。现代化的社会法律需求猛增，与素重法律的西方的交往同样需要法律知识，因此，法律作为专门知识就日益为社会所重，法律职业化问题逐渐浮出水面。这一进步的历史转折点是清末变法。清末变法的一大举措是学习西方的职业化司法，设立专职的审判衙门，建立职业律师制度。专职审判官和专职律师的需求催生了同样专业的法学教育与法律训练，法政学堂如雨后春笋般建立起来。这一新传统为民国继受、发扬，逐渐形成了职业的法官、检察官阶层和同样职业的律师阶层。民国的法官完全是职业化的，他们都具备法律职业知识。当然，它的程度是一个逐步提升的过程。

1949年以后，司法职业化受到否定。这一对司法的非职业化改造除了实际上废止律师制度以外，就是法官的“去法律知识化”和所谓的司法民主化。我所讲的法官“去法律知识化”是指不具备法律专业知识的军人、革命家担当司法职

① 古代中国政府有两大职能：打屁股，收钱粮，“打屁股”者司法职能也，所以中国古代官员其实绝大部分都是“兼职司法官”。

② 沈家本著：《历代刑法考》，中华书局1985年版，第2225页。

务，而所谓的司法民主化就是上文提出的“人民法庭”制度和人民陪审员制度，也包括它的极端形式：“文化大革命”中的造反派“司法”。

再次认同与实践司法职业化则要到改革开放以后。1978年开始的思想解放运动打破了为害中国几十年的阶级斗争为纲戒条，作为对“文化大革命”反省的一部分，追求法制取得了极大的社会共识，大民主受到质疑。正是在这一社会大势下，我国开始了举世瞩目的司法职业化建设。但是司法职业化的提出及在思想上形成共识却经历了相当长的时间。[①] 到2002年，司法职业化才正式成为司法改革的目标之一。时任最高人民法院院长的肖扬在九届全国人大五次会议第四次大会上向大会报告最高人民法院一年来工作时说，“最高人民法院继续推进法院改革……以法官制度改革为重点，推进法官职业化建设……”[②]就制度建设来说，最重要的成就：一是1995年《法官法》的制定，法官法破天荒地将法律专业知识作为任职条件，[③]二是2002年统一司法考试制度的建立。[④] 从此，虽然不同的意见始终存在，但是法律人对司法职业化持肯定态度者似乎占绝对优势。

这一几千年中国史上第二次司法职业化浪潮所要解决的核心问题是：法官的职业知识获得——我觉得可以称为“法官法律知识化运动”，它实质上是法律现代化在司法领域的表现：由压制型司法走向“说理型司法”。正因为代表了法律现代化的时代潮流，所以贺卫方教授“复员军人进法院”一文才受到了前所未有的追捧，当然也受到相关利益群体的猛烈攻击。

那么，司法职业化与司法民主化的关系如何？

司法职业化与司法民主是从两个不同的角度观察司法的结果。司法民主关

---

① 文献检索表明，在《人民日报》上，直到2001年才第一次出现提倡司法职业化的文章。在一篇访谈中，有学者主张“为全面提高法官的队伍素质，需要努力建立严格的法官选拔和淘汰制度，实行法官的精英政策，在法院组织体系、人事体制等方面逐步使地方法院与地方政府脱离，通过人事制度改革以减少或消除司法的地方保护主义现象。同时，还要完善法官的任职保障制度、高薪制以及责任制，尤其要建立一套法官职业道德和纪律，努力实现法官队伍的职业化和专业化。”“公正和效率，是司法永恒的主题”，载《人民日报》2001年2月21日。

② “九届全国人大五次会议举行第四次大会，江泽民、李鹏、朱镕基、李瑞环、胡锦涛、尉健行、李岚清出席听取和审议最高人民法院最高人民检察院工作报告”，载《人民日报》2002年3月12日。

③ 《法官法》第9条之第6项规定担任法官必须具备下列条件：“（六）高等院校法律专业毕业或者高等院校非法律专业毕业具有法律专业知识，工作满2年的；或者获得法律专业学士学位，工作满1年的；获得法律专业硕士学位、法律专业博士学位的，可以不受上述工作年限的限制。”同时规定，“本法施行前的审判人员不具备前款第（六）项规定的条件的，应当接受培训，在规定的期限内达到本法规定的条件……”

④ 根据2002年修订的律师法、法官法、检察官法的要求，从2002年开始实行全国统一的司法考试。

注的是司法的政治向度:民主与否;司法职业化是从司法活动及司法人员职业知识的多寡、行为的职业技能等方面对司法作出的评价。司法职业化是社会分工的产物,是社会进步的重要表现。工人、工程师都有专业,农民也要有专业知识,为什么唯独法官可以不要专业知识而只要靠“觉悟”?几十年的历史经验告诉我们,所谓的觉悟其实就是缺乏法官职业意识,就是充当工具的积极性,就是缺乏对法律的忠诚,以便司法为人治所用。社会治理作为一门职业、需要专门知识这一点是连几千年前的墨子都清楚的,[①]柏拉图人分三等的思想背后其实是一种社会分工思想,提倡政治家的职业化。现在,连唱歌的都有专职与业余之分。在专职与业余之间,人们自然而然选择专职。[②]

司法职业化与司法民主化不存在必然联系。一个职业化的司法可以是民主的,也可以是非民主的。例如,现代西方国家的司法就其基本面来说是职业的,或者是职业占主导地位的,但是他们是民主的;同样是职业的司法,希特勒的司法则是反民主的;更多的情况下对这一问题的回答是中性的:司法职业化在某些方面是民主的,在某些方面是不民主的。例如,他们维护的价值可能是民主的,但是它们所在的体制可能是不民主的,如英国的职业司法。

但是应当肯定的是,从总体上看,司法职业化与司法民主化两者不是对立的;相反,司法职业化与司法民主化存在正相关关系。司法职业化是司法现代化的产物,它是现代司法民主的必要组成部分,没有职业化的司法,现代司法民主是不可能存在的。[③] 司法职业化对于司法民主化的推动作用主要表现在以下几个方面:

第一,现代法律是复杂的知识体系,只有具有法律专业知识的人才能正确把握,因此,具有法律专门知识的专职人员能更好地把握法律中的民主价值,从而有利于司法民主;

第二,法官的职业思维具有规范性、逻辑性、正义取向和保守性的特点,这一特点有利于保障法律的稳定,防止专断、随意的司法,从而有利于司法民主;

第三,职业化的司法有利于抵御民众的非理性冲动,抵御司法中的多数人暴

---

① 墨子主张尚贤的第二个理由是治国的一项“技术活”,只有贤者会做。他说,王公大人要制衣服,他“必藉良工”,要宰牛,“必藉良宰”,但是他们为政的时候却不知道找贤人。等到天下乱了,就找亲戚、富贵、面目佼好者来治,这些人又不会治国,结果必然是天下大乱。

② 如果有两个装修者供人们选择:一个是马路游击队,另一个是专业装修专家,您选哪一个?除非是为了省钱,选择马路游击队的肯定得上医院检查一下。

③ 请注意笔者这里的“司法民主化”与时下主流观念里的“主体意义上的”司法民主化不同,是上文提到的综合意义上的司法民主化。

政，维护人的尊严，有利于司法民主的实现；

第四，只有职业化的司法才能抵御他项权力的侵蚀，有助于维护民主的权力架构，同时有利于维护人的尊严，有利于司法民主。

五、司法独立与司法民主

独立的司法是民主的首要标志，"享受"独立的司法服务是基本人权。我国社会主义宪法中除了"文化大革命"宪法（1975年宪法）和"文化大革命"传统宪法（1978年宪法）以外都有司法独立的规定。马克思、恩格斯对司法独立的重要性有非常深刻的认识。他们认为独立的法庭是限制国家权力从而实现人的自由的条件，①他们对独立的司法赞赏有加，②他们充分肯定了1831年《黑森宪法》中关于强大的司法权的规定，③同时，他们对形形色色的干预司法现象进行了无情的揭露与批驳。④

但是在实践中司法独立原则却屡屡受到质疑与蚕食，人们常常以司法腐败为由来否定司法独立。这是站不住脚的。司法腐败，难道其他权力就比司法好些吗？事实恰恰相反，相对于其他权力来说，司法权还是相对清明的，起码它是最难腐败的。

反驳将司法腐败归咎于司法独立的一个简单的证据就是，有哪一个实行司

① 马克思说，"普鲁士不可能做到公布和公开，因为自由的法庭和不自由的国家是互不相容的。"参见《马克思恩格斯全集》（第27卷），人民出版社1972年版，第423页。

② "那些确实实现了各种权力分立的国家中，司法权与行政权彼此是完全独立的。在法国、英国和美国就是这样的，这两种权力的混合势必导致无法解决的混乱；这种混合的必然结果就是让人一身兼任警察局长、侦查员和审判官。"参见《马克思恩格斯全集》（第41卷），人民出版社1982年版，第321页。马克思说："书报检查官除了上司就没有别的法律。法官除了法律就没有别的上司。法官有义务在把法律运用于个别事件时，根据他在认真考察后的理解来解释法律；书报检查官则有义务根据官方就个别事件向他所作的解释来理解法律。独立的法官既不属于我，也不属于政府。不独立的书报检查官本身就是政府的一员。法官最多可能表现出个人理性的不可靠，而书报检查官所表现出的则是个人品性的不可靠。"参见《马克思恩格斯全集》（第1卷）（上），人民出版社1995年版，第180页以下。

③ 马克思说，法令"使人民代表能够依靠国家法庭来解除任何一个只要被认为是犯有哪怕是曲解立法议会的某项决定之罪的大臣的职务……高等法院有权对有关任免制度的一切问题作出最后决定。众议院从议员中选出一个常任委员会，组成类似雅典最高法院的机构，对政府的活动实行监督，并把违反宪法的官员送交法院审判，即使是下级执行上级的命令时违反宪法，也不得例外。于是，官员便摆脱了王权的控制。另一方面，高等法院由于握有对行政机关的一切行动作出最后决定的全权，便成为全能的了"。参见《马克思恩格斯全集》（第13卷），人民出版社1962年版，第597页。

④ 马克思对普鲁士宪章允许行政干预司法的做法提出了严厉的批评。参见《马克思恩格斯全集》（第12卷），人民出版社1962年版，第656页。

法独立的国家的司法腐败有中国严重？在我有限的阅读范围内没有发现。众所周知，美国是最推崇司法独立的国家，客观上美国的司法也是最为独立的。在美国，对国家影响最大的不是总统，而是联邦最高法院的9个巨头。但是在立国200年的时间里，美国一共发生司法腐败案件40起，其中没有一起发生在联邦法官中。难道现在中国的法官比美国的法官更独立？

当然，任何权力都要受到制约，包括司法权，这是毫无疑问的。问题在于，由于司法的特殊性——中立性，决定了对司法权制约的特殊性：它不能由其他的社会主体来制约，只能实行司法内制度性约束。[①] 因此，民主社会对司法权的牵制应当来自：第一，严格的法律约束，法官行为必须有明确的法律依据，在需要裁量的时候也必须遵守法律的精神；第二，严格的程序约束；第三，双方当事人的约束，司法行为是在双方当事人的眼皮子底下进行的，双方当事人的权利、特别是程序性权利对法官构成牵制；第四，律师的监督，律师以法律专家的身份牵制法官对事实的认定、对法律的理解、对程序的导控等；第五，社会监督；第六，法官职业群体内的牵制。特别需要指出的是，这种体制内的监督应当排除体制内的行政权对法官审判行为的干预。

当然，这也不是绝对的，有限的对于法官的监督当然是必要的，例如，议会（人民代表大会）通过选举法官对法官进行约束，甚至可以成立隶属于议会的、专门惩治法官犯罪的法官惩戒委员会。但是无论如何，他项权力、司法内的行政权力不能对司法过程与司法结果进行评价与干预。

对于要求强化体制外监督的学者，我想提出这样一个问题：中国的司法体制外的监督是多了还是少了？只要比较一下就知道，中国的司法体制外的牵制比任何一个国家都要多。

那么问题出在哪里？问题不是出在司法外的监督太少，而是在于：一方面是上述对司法体制内的制约没有落到实处，另一方面是种种干预使法官失去了独立审判的权力，即恰恰在于对法官的所谓监督太多、太滥，特别是体制外的监督，法院内居高临下的监督。这种种干预一方面使法官失去了作为法官的荣誉感与职业道德感、责任感，加速法官的堕落。同时不要忘记，干预司法的权力同时是“寻租”的对象，权力干预司法的结果是更多的权力参加司法腐败的盛宴，这从

---

① 司法是社会纠纷的中立裁决者，因此，它必须是中立的，不中立不能成为合格的裁决者。为了实现中立，司法必须是独立的，不受任何社会主体控制的，否则，一当控制司法的主体与其他社会主体产生纠纷时，便没有司法者，也就没有理性解决纠纷的途径，其必然的结果只能是压制与暴力反抗。

各地司法腐败案的受益人多数不是实际的审判者就可以看到。①

在主张加强司法外部监督（主要是人大监督）的社会思潮后面其实隐含着一种观念：将司法独立与司法民主对立起来，这是前面提到的“主体民主理论”的延伸：只有议会才是民主的，司法不民主，因此司法不能独立。如果接受笔者上文关于民主的多元理解，这一问题就可以迎刃而解。

现代司法发展史告诉我们，司法独立与司法民主不是对立的，而是相辅相成的；没有司法独立，就不可能有司法民主。将独立的司法与民主对立起来是不合民主社会逻辑的；相反，司法独立是民主社会的必要制度建构。司法独立与司法民主的具体关联表现在以下几个方面：

第一，法官是民主选举的产物，人民选举法官的目的就是叫他执掌司法，自然，独立的司法是贯彻选举人意志的条件，否则，人民就不是选举了自己的法官，而是选举了一个摆设。可以这样说，司法独立就是选举人独立，就是人民独立。独立的司法所代表的意志与司法干预所代表的意志之间的关系正是人民意志（法官体现出来的法律）与个别意志（个别机关、个别人大代表、个别威权公民的意志）的矛盾。在涉讼案件上，只有法官才是人民的化身，是民主的化身，而不是经审法官以外的其他任何社会主体。

第二，独立的司法有利于贯彻法律，从而体现了民主。法律是什么？在民主的国家里，法律是民意（起码理当如此）。独立的司法要求法官只服从法律，即服从民意，由此体现了民主。一个流行甚广的思潮值得关注：审判考量民意或依民意审判。审判中考量的民意是指非法律的民意：社会舆论、人民代表的意见、街谈巷议等，似乎他们代表了民主，法律反而不民主。其实不然。作为民主标志的民意只能是以法律形式表现出来的民意，而不是其他任何民意。因此，是法律代表了民主，绝不是法律以外的“民意”代表民主，审判考量民意恰恰是非民主的。除此以外，非以法律形式表现出来的民意不能作为司法考量的因素的理由还有：民意具有不一致性，不确定性，在不同的地方、不同的人群中，对同一事件的民意是不同的，司法考量民意必然破坏法律的统一性、稳定性、连续性；民意容易被“制造”和被操纵，司法考量民意为违法分子干预司法提供了空间；民意需要认定，而由于民意是多元的甚至是对立的，因此认定民意具有极大的随意性，司法考量民意就为司法寻租提供了极大的空间；由于司法考量的民意对于行为人无一例外都是事后的，因此，考量民意背后其实是一种溯及既往的立法；司法

① 各级法院院长的“前腐后继”及黄松有事件（如果媒体披露的是事实的话）都是很好的证明。如果主审法官独立裁判，院长、副院长们便没有那么多“寻租”的机会。

中的民意是作为法律的对立面出现的,依司法考量从根本上违背了法律精神,违背了法律的核心功能:为人的行为提供预期。可以这样说,因为民意(法律以外)是不可捉摸的,依据民意审判的实质是将人处于恐怖之中,严重损害人的尊严,是与民主价值根本对立的。

第三,独立的司法才能抑制他项权力对司法的干预,保持司法的本真——公正,而公正是民主的根本价值之一;同样,独立的司法才能保持民主的权力结构,从根本上维持民主制度。

结　　论

司法民主建设,提高司法民主的程度无疑是我国司法改革的方向,必须坚持。这一涉及未来中国司法应然走向的大问题的核心是:究竟什么是司法民主。如果将司法民主理解为"大众化"司法,则司法民主建设将会南辕北辙,就像"文化大革命"中的大民主建设一样。司法民主不能仅仅从司法的主体是谁来理解,司法民主必须从综合的视野来认识。司法民主是保障人的尊严的制度与规范体系的一部分,它的作用是贯彻这一特殊的规范体系,因此司法民主是个复杂的指标系统。大众化司法与司法民主不仅没有太大的关联,相反,在绝大多数情况下大众化司法是民主、也是司法民主的对立物。司法职业化是司法现代化的产物,现代司法民主只能是在司法职业化前提下的司法,是在具备法律职业知识的职业法官独立审判前提下的司法。因此,我国的司法民主化建设应当主要抓住以下几点:把握司法职业化的方向,在提高司法职业化的前提下提高司法民主化的程度;实行人民陪审员制度的"人民化",这主要是指实现遴选资格的普遍化和实行遴选程序的随机化;提高司法规范的民主含量,将宪法规范的民主权利迅速具体化、实效化;进行司法独立的制度建设,使司法真正能担当起人权守护神的重任。

(2009年第2期)

中国的法治主义：背景分析（上）

许章润*

一、引　言

30年前重启改革开放，①起步伊始，当政者即将“法制建设”当做“头等大事”，作为“社会主义现代化事业”的组成部分，与“发展国民经济”等量齐观。30年里，不仅进行了一百多年来最大规模的立法活动，构成自晚清变法、民国初年颁行六法体系的法制格局以后，中国历史上第三个里程碑性的立法周期。② 与此同时，“司法改革”更是进入了公共讨论，诉诸公共理性，在一定程度上成为公共话题，回应并引导着社会大众对于法制的国民想象。虽然其间颇多曲折，议起议落，甚至于节外生枝，但是，建立第三方执法的体制架构的必要性和急迫性，已为体制内外的多数人所认同。同时，随着观念转型和社会进步，特别是经济交往的自主性及其规制的必要性的日益彰显，逐渐造成了从上到下以法治社会作为民族愿景的国民期待，并以此衡估政制的合法性，拷问政治的正当性，评判公共权力的运作效能。特别是1985年以降，以嵌入国民经济与社会发展“五年规划”的方式，连续20多年层层动员、各方应对、诸般网罗，推导全民“普法运动”，其动员之广泛，声势之浩大，涉及社会生活层面之深入，引发的社会效应之强烈，

---

* 作者单位：清华大学法学院。

① 1840年以后，中国曾经有过三次“改革开放”，每次为时各约30年。前两次分别是“洋务运动”和“清末—北洋—民国”时段。晚近30年的改革开放，实为百年转型历程中改革开放的“第三波”，不仅志在接续未竟的现代化事业，更将建设优良政体、复兴中华文明纳入自己的视野。它们前后接续，因应时艰，自局部调整而至整体性变革，纵贯人生与人心，演绎出我民族国家“历史三峡”的艰难时世。

② 李林：“改革开放30年中国立法的主要经验”，载《学习时报》2008年8月11日第5版。

世所罕见,可能也为推导者所不曾料及。① 与各时段的"立法规划"两相呼应,"普法运动"改变了并正在继续改变着国民的法权观念、公民的自我政治期待和中国的法制状况,作为中国法制变革进程中的一部分,构成了中国法治国情的重要方面,也是中国政治国情的重要指标。

这一切所为何来?欲将何往?其理论逻辑与实践逻辑有无脱节?又是如何发生的呢?

对此,常见的一种解释是"文献梳理法"。此种方法通过分析执政党和中国政府的相关文献、领导人的讲话及其官式诠释,以及立法文本及其解释,试图提供可能的答案。就此而言,此种分析实为对于既有意旨的理论系统化和再解释,多半不可能提供超出现有官方文件的答案。另一种解释着眼于"主观心史",锁定意识形态,将"改革开放"及其法制变革仅仅归因于强化执政党专政地位这一主观动因,乃至于政治人物个人政治生命的浮沉。因而,在此叙述中,30 年举国一致的励精图治、中华民族的自我发展与中国社会的自我保卫运动,片面地成为执政党被迫步步退让的妥协史。普天之下,执政党对于自家统治地位的捍卫当然无所不用其极,政治人物在进行决断之际不可能不考虑到个人政治生命,但是,仅仅基于此动机即能操控乾坤,裁制历史进程,则无异于视天下若无物。因此,这样的解释显然同样只见树木,不见森林,同样是对历史的片面裁制。还有一种解释针锋相对,可谓"主题先行"。此一进路基于建构"中国模式"的用意,梳理出一个执政党领导中国人民建设法治国家的应然谱系。在此谱系中,不仅 30 年的历程是一部"摸着石头过河"的实用理性的践履史,而且是理论预设的实现史,甚至于某种历史决定论的自我展现史,而它们连缀一体,组织出一种特定政治正当性的证明过程。

上述三种进路,即"文献梳理法"、"主观心史"与"主题先行",或采信有限,难达周全,或囿于立场之辨,周纳过度,因而均不免攻其一侧,不及其余。尤其是"主题先行",吾人早已耳熟能详,并不陌生,无足论矣。事实上,今日回眸,因有百年纵深作为背景,不难看出,30 年持续的法治进程不可能只是执政党一家意

---

① 有关"普法"的阐论,参见翟志勇:"民族国家与法律政策——论普法的语境、困境与意蕴",载《历史法学》(第 1 卷"民族主义与国家建构"研究专辑),法律出版社 2008 年版,第 116 页以下;季卫东:"普法随谭",载《清华法学》(第 11 辑"普法研究"专辑),清华大学出版社 2007 年版,第 21 页以下;侯猛:"后普法时代的法律传播和公民守法——以闯红灯为主要分析对象",载《清华法学》(第 11 辑"普法研究"专辑),清华大学出版社 2007 年版,第 28 页以下;刘洋:"普法、大众与权力——对《今日说法》的一个法律—文化分析",载《清华法学》(第 11 辑"普法研究"专辑),清华大学出版社 2007 年版,第 41 页以下;许章润:"普法运动",载《读书》2008 年第 1 期;凌斌:"普法、法盲与法治",载《法制与社会发展》2004 年第 10 期。

志所能独力左右的,更非仅仅从意识形态着眼即可解释清楚的。因此,对于它的认识和总结,需要对此整个历史进程进行全面梳理,综合考量各种相关因素。特别是通过分析晚近中国社会政治中各种对立性关系的内在紧张,厘清其基本脉络,理述出其所要回应的主要时代课题,尤其是晚近30年中国社会政治面临的核心问题、挑战与困境,始有可能得出确切的结论。不是别的,正是一个时代所面临的紧迫的当下课题,常常是攸关生死存亡的根本问题和时代困境,决定了时代的走向,解释了置此时代中种种人物的思考与情感,其偏好与抉择。所谓"形势比人强",正为对于此种人事关系和人世情态的形象概括。

总体而言,之所以百废待兴之际,"民主法制(治)"即被提上执政党的议事日程,乃至于一定意义上成为全民事业,构成了30年里最为强劲的时代思潮和国民愿景,甚至成为正当性本身,正取决于20世纪70年代末期至20世纪80年代初期的中国国情。这个国情不是别的,其根本症结就是,"不改革,就没活路",大家日子都过不下去。为此体认提供知识论支持的,还包括对于一部近代国史的认知,特别是对于20世纪中叶以降30年"正反两方面经验教训"的沉痛反思。同时,全球化背景下追求"现代化"这一中国人代代接续的民族愿景,在此作为历史记忆苏醒,伴随着经济决定论的发展观,再次获得了主导性政治意志的地位。这最后一点,越往后来,越发明显,而以"复兴"论、"接轨"论以及作为其修正和反拨的"文化自觉"等昭然表达。

其间,执政党的政治策略考量与社会进步的自发要求两相交叠,中国文化关于人世生活的秩序想象和人间秩序的道义追问表里为用,共同塑造了30年的法治轨迹。同时,随着大国的成长进入思想视野,对于世界体系的重构性阐释逼迫着中国心智作出有效回应,法治不再只是表彰政治的德性,承载公民理想对于政制进行规训,而且成为构建中国国家实力的重要方面,乃至于文明忧思的对象。由此,法制或者法治成为一种国家资源与国家战略,也是文明憧憬与文化正当性语境中关于中国尘世生活的自我理解。

毕竟,建设民族国家及其意义秩序,解决"中国问题"与"人生问题",借由法权体制和社会进步形成优良政体,同时努力实现中国多种文化资源和西方舶来文化资源的和平共存与复兴,构成了晚近中国一百多年的整体历史语境,是中国民族需要作出切实回应的时代主题。就此而言,30年法制变革演绎的是一部中国法的世俗化理性主义运动,一种关于中国法制、政制和政治正当性的文化建设,中国文明法律智慧的制度主体性提炼过程,也是错综时空下常态政治的复归和实践。在此,如果说“起源即目标”,[①]那么,对此法治主义背景缘由的梳理,可能恰恰是认识其归宿的起点。

二、世俗理性主义

首先,一个基本的判认是,改革开放是“文化大革命”结束两年后,执政者世俗理性主义战胜极左乌托邦的结果。也正是这一世俗理性主义,推导出“法制建设”思路。换言之,“法制建设”是以世俗理性主义归拢人事、收束人世的必然选择。当其时,从上到下,党内党外,人人痛感毫无安全感,自由、尊严、财产甚至于生命倏忽飘散的惨痛经历,伦理沦丧和人类基本情感惨遭蹂躏的切肤之痛,重申了尘世生活的第一要义是安全与生存这一常识,从而如何获享安全与生存的基本条件,构成了当时中国时空下的主要时代焦虑。[②] 而诸如“中国向何处去”这样的启蒙式宏大提问,同时也可能是有关中国的世界性焦虑的主要内容,沉重地压在每个中国人的心头。按理说,“日月有常,星辰有行;四时从经,万姓允诚”,其所申说与晓谕的,不外就是有关人世常道的常理,虽古今而不易,而“十年动乱”所颠覆和摧毁的,恰恰就是这一底线。因而,迎应这一时代焦虑,复归这一底线,构成了政治决断的主导意志。的确,当基本安全毫无保障、生存底线遭遇颠覆之际,人民首先希望获得的是秩序以及基于此秩序而来的安全,而不论这是基于何种政治正当性的秩序和安全,也不论安全和秩序的获得将会付出何种代价。

(一)法制成为安全与秩序的期待视野

在中国近代史上的这一关键时刻,这一点再次获得了验证。世俗的法制因其实在法特征和程序性功用,秉具抽象一体性品格,特别是它所展示的具象形

---

① 转引自[德]汉娜·阿伦特编:《启迪:本雅明文选》,张旭东、王斑译,三联书店2008年版,第273页。

② “文化大革命”结束于1976年。记得那是一个秋天的下午,笔者当时正读初三,隐约间听到长辈们悄悄议论中国将要发生一件大事。长辈的神情,压抑中隐含着掩饰不住的兴奋,恐惧惶然而又似乎满怀憧憬,至今宛在目前。想起来真是令人百感交集,我们这一辈人,从幼年到少年,正好赶上“文化大革命”,基本上是在一种毫无安全感的环境中体认这个世界的,恐惧占据了我们的心,全然无兄姐辈们曾经有过的豪迈与热情,更无一些老知青至今仍然挂在嘴上的所谓“绝不后悔”之类的伪浪漫和反启蒙。所以,长辈们的悄然议论,既引发了我们的好奇与忐忑,又不免心怀憧憬,隐约间感到仿佛到了某种历史的转折节点。此种心态,如今回想,似乎为笔者力争文化保守主义与政治自由主义两相调和的改良型学术理路,而一以家国情怀、常识理性与道义担当自相勉励,早已预为铺垫。古人曰:“惟志士仁人,为能识其远者大者,素求预备而不敢忽忘。”其实,匹夫匹妇,面对国难,同情共感,又何尝不是虑远而识大者也。

式，似乎向社会提示至少能够提供安全与秩序这一基本公共产品，恰恰满足了人们对于安全感的需求，给予人们以生存的规范性凭恃。至少具象规范的颁行明确传达了主导性政治意志重新登台的讯息，在社会心理上暂时消解了“无法无天”的混沌状态所滋生的恐惧，将社会大众对于自己所栖身的社会无着无落的惶惑，给予即刻性的、针对性的回应。它们如同具象的救生装置，赋予茫茫大海上的船客以至少暂时而又切实的生存指望。20世纪70年代末期以还，如果说“赋予社会大众以生存指望”的更多的是政治的立法，包括或者说特别是“三中全会决议”，以及连续多年颁行的“一号文件”，那么，“给予人们以生存的规范性凭恃”的，而且也只有这种凭恃似乎才更加可靠，则为市民的立法。它们诉诸具体法律规范的编排形式，不仅在于宣示裁判规则，而且向公民大众公示了行为规则。二者合一，造成“安全”与“安稳”的社会心理效果，而为“生存”提示可能性。只有在此语境下，才能理解1979年《刑法》和《刑事诉讼法》颁行的震撼效果。另外，“五四”以还广为传播的平等理念和中国革命的平等主义教育，在某种意义上造成了一种司法平民主义风格，使得诉诸法律保护自己仿佛成为一种可欲的途径。对于“人民政府”的平民理想主义信任，于历经浩劫之后辗转寄托于司法救济式的安全与尊严幻象，恰为更张无方、青黄不接时刻，大众心理的唯一制度想象力，于此便不难获得同情的理解。

我们知道，安全与秩序并非法制的唯一功能，更非法治的根本价值与核心理念，而且说到底，也不是法制或者法治所能供给的，法制充其量只能提供一种实现安全与秩序的具体性与可能性，否则，哪至于发生手捧宪法的“国家主席”死无具名的惨劫。但是，浩劫之后，惊魂未定，伴随着政治权威坍塌和对于信念伦理的幻灭，社会记忆中的“法制”概念引导大众心理作出了此种选择性认知，道出了客观认知其实是主观向往的折射这一认知心理学命题，非唯顺理成章，亦且令人同情。当其时，不论是庙堂立法者还是普罗大众，均不脱这一大众心理。约翰·奥斯丁说，“法律的存在是一回事，它的功与过则是另一回事”，[①]道明的正是此种有关法律与安全、法治与政治之间的吊诡关系。在此，“社会记忆”唤醒的不仅是中国“五四”传统的法制叙事，一种与“民主”、“人权”和“科学”相连的现代秩序意象，也是清末以来半个世纪里中国法制领域的主流政治意志，而且还包括此前“王法”的秩序景观。说到底，“去古不远”的中国，一方面，一切法律虽然早已成为“国法”；但是，另一方面，毕竟首先又不外是“王法”，而“王法”所缔

① John Austin, *The Province of Jurisprudence Determined*, ed. by H. L. A. Hart, Cambridge University Press, 1954, pp. 184 – 185.

造的秩序及其稳态，仍然是大众心理中恒绵的记忆。前文说“不论安全和秩序的获得将会付出何种代价”，即缘此而发。

因此，不难理解，正是基于“篡党夺权”一再上演，纲纪废弛，基本人权毫无保障，社会秩序几近瓦解的惨烈教训，官民双方均渴求恢复基本秩序和人间正道，而百废待兴之际，急急选择以重订宪法作为整肃纲纪的大纲和法制建设的切入点，则又说明“法治”的隐约登场，昭示着人间正道的法制属性。因而，不仅1978年即匆忙重修宪法，而且更于1982年颁行“新宪法”，在较为全面清算“继续革命”的极左路线的基础上，将新时期政体的政治大纲浓缩于规范性表述，并于一定程度上体现了以“富强”、“现代化”甚至于“民主法制”为鹄的民族理想。职是之故，同样不难理解的是，正是对于惨烈“群众运动”的记忆和恐惧，不仅使得朝野双方更多地希望借由具体可见的形式化法制来重构秩序，而共同暂时排斥了直接民主的制度诉求，而且使得后来当局对于民间多元性诉求的抵抗也采用了反对群众性运动“动乱”这一政治修辞，诉诸特定连缀的谱系来摧毁对方正当性这一典型的“指鹿为马”技巧，并且埋伏了“法制与政制的紧张”的伏笔。这就正如晚近十年间这一修辞已然丧失大众心理说服力，而代之以指向不明、蕴意不详的“群体性事件”一样。如果说20世纪80年代西方斑驳思潮的登陆与再登陆表征的是变革与亢奋中的中国文化症候，那么，法治话语登场，规则之治成为不言自明的可欲目标，而为官民咸认的秩序和制度选择，传达的便是“新时期”的集体愿望、政治热情、历史想象与社会期待，不仅蔚为政治象征，而且是一种思想文化姿态，表征的是这一特定历史语境的“期待视野”。这一切，只有置身于当时中国社会集体经验的特殊性中才能理解，其单面与幼稚也才能逐步获得消解。

当然，就官民双方而言，具体动机容或不同。就“官”方来说，对于十年“文化大革命”中惨遭整肃、九死一生的许多人，特别是党内“高干”而言，“法制”可能更多地意味着针对“动乱”而言的“规制”或者“规度”，一种“上下有序”、“定分止争”、“听话出活”的政治、经济和社会秩序，同时还可能包括正常的“党内民主生活”诉求，当然也含指常态的生产、交往和社会生活秩序。其中，特别是要清除承载“大民主”的所谓“四大”。其后情形，牵扯愈繁，治丝愈棼，一以“稳定”与“发展”笼统之，并最终定型化为“发展是硬道理”，非当日情形所能尽述，但基本理路一以贯之，则无疑义。因而，不难理解，其法制图景与此前的政治认知并未获得理论上的真正清算，或许也无意于进行彻底的正本清源。之所以20世纪80年代再度出现文化反传统主义狂潮，原因之一就在于对于十年“文化大革命”集权体制政治遗产及其意识形态的正面清算和清理受阻，于是演变为侧翼挺进，文化出面代政治受过，历史为当下担责，古人向今人道歉，将“五四”以来的老故事演绎出一个新版本而已。职是之故，法制建设首先和主要地成为秩序重整的技术要素，“以法治国”而非“依法治国”，成为首当其冲的最低限度目标。因此，十一届三中全会决议宣谕的“有法可依，有法必依，执法必严，违法必究”，所谓的“十六字方针”，长时间里成为官方法制憧憬的经典解说。

另外，对于亿万平民百姓而言，此时此刻，“噩梦醒来是早晨，独自凄凉”。他们彻底厌倦了在玩偶之家中充当阶级斗争的炮灰，不甘于载浮载沉中沦落为政治运动的工具，不愿仅仅作为统计数据存在而再受愚弄。历经30年的高亢与压抑，革命热情早已为政治幻灭所替代，人人渴盼着恢复常规平静、安分守己的市民生活，吃饭穿衣的市民政治经济学远远胜过启蒙主义的宏大话语，曾经的壮怀激烈消歇于柴米油盐。其实，房子、票子和孩子，才是真实此际，不仅是“文化大革命”过后一般百姓的心路历程，也是当时似乎首先由“看破了”的高中级人士及其子弟所引发，而后蔓延至全社会的世俗化与末世性浪潮的核心追求。它在表明市民的政治经济学回归的同时，演绎的是一出中国社会—政治世俗化的活剧，一波接续一波，迄今而未止。

此时此际，“法制”对于他们首先意味着基本的人身安全，更多地希望借由法律对于“打砸抢”的社会乱象进行规制，在实现“安定团结”的同时，进而对于公共权力之为所欲为多少有所约束，提供基本的产权关系和社会公正，乃至于将“小康”憧憬与法治作理想化勾连。这后一点，越往后来越发清晰，并于最近十来年间几经顿挫，演变为以“公民维权”和产业确权为特征的法治推导模式，已然并正在担当着中国公民社会的发动装置。至于罗尔斯式的“自由与平等的个人在公正条件下进行社会合作”的社会想象，以及德沃金式的“追求理想的人生”的政治道德理想等，当其时，尚未到达登场之际。不仅尚未提上议事日程，而且根本就还不曾进入大众心智。就连“洒泪祭雄杰，扬眉剑出鞘”式的豪迈，亦且烟消云散。“革命”落幕了，面对政治幻灭与世俗化进程之势不可当，顶多还剩下一丝“永不后悔”式的伪浪漫与反启蒙。

因而，综理上述官民双方的感受和追求，不妨说，若谓20世纪初年民国初肇旋即上演的袁氏复辟闹剧，“民怨民愤”的积累借由策士之身而共同推导，有以然哉，那么，此时此刻，同样还是因为“日子过不下去”这一“民怨民愤”，促成了此一世俗理性主义的翻然觉醒。[①] 人心思治、渴望建构能够提供基本安全与秩序的法律之治的社会大众心理，为当政者启动以颁制立法为主要特征的“法制建设”，提供了有利的“初始条件”。就此而言，响彻中华、虏获人心的“实践是检验真理的唯一标准”这一命题，不仅是世俗理性主义的政治纲领，也是其文化纲领，甚至是法制纲领。因而，尽管双方动机有别，追求的最终结果容或不同，但均指向以基本安全作为首选指标的秩序重构，以及在此基础上可能联翩带出的丰衣足食的国民憧憬和社会公正的公民理想。法制作为双方的交集性目标，于此成为不二选择。借用黄仁宇先生的一个表述，如果说30年法制变革自有其“长期合理性”，则“合理性”在此。进而言之，总括这一历史过程，不妨说，如果说“哲学的任务在于达致与现实的和解”，那么，政治的功能不外乎在于落实这一和解，为此寻找可欲的方式，而法制或者法权主义安排恰恰是现实本身，也是最佳的备选方式。

（二）工具性托付与价值性托付

正因为如此，如同清末变法图强运动一样，一开始官民双方即赋予法制或者法治以强烈的工具性托付。此时此刻，无论是大众心理还是政体本身，其所期待的法制或者法治，与其说是一种政治范式与道德理想，统一的政道与治道，不如说是一种能够立竿见影带来秩序、稳定甚至富强的工具，而恰恰使得法制或者法治成为自己秩序想象中的一种“工具性托付”。

在此，简略比较一下第二波与第三波改革开放中“法制建设”的“工具性托付”的具体指向，有助于说明这一概念的时代性格。概而言之，清末变法彰显的不仅是中华民族的自我更张、当政者的有意选择，同时是清王朝为了“延祚”而被迫上马的“面子工程”，观众则是革命党人、激奋士人和环伺列强。这一工程意欲为文化中国罩上现代法权屋顶，给予中国“现代国家”的活力，向世界展现一个“现代中国”的形象。因而，一方面，既难言实质性的落实，无法于转瞬间“飞禽变走兽”般造就出一个法制王国；而且，另一方面，就连“延祚”的目的也必然最终落空。从当事者的角度来看，其工具性托付主要表现为自救自强，包括“救大清”与“强中华”，所触及的更多地属于政权的民族代表性冲突与全球性政

① 有关民初这一出后现代激进悲喜剧的表里源流，参见唐德刚著：《袁氏当国》，广西师范大学出版社2004年版，正文所涉情节见该书第96页。至于袁氏作为“次强人”所扮演的历史角色，则又另当别论。

体转换之际的中国式痛楚。① 相较而言,20 世纪 70 年代末期启动的"法制建设",其"强烈的"工具性托付依循的是"稳定"与"发展"这一主轴,而以"稳定"为第一要义,主要表现为稳定社会秩序、重构政制、维续政体、有效保障经济建设等指标。对此,早在 1978 年年底,时任中共副主席的叶剑英在一次重要讲话中即已讲清道明。② 从而,此种工具性托付在表达为公民理想与民族理想的交集和冲突的同时,反映了社会公义对于既有法权安排的政治正当性的深度质疑,特别是政治正义要求主权在民的复位与专政思路的扞格。③ 论者谓现代中国法学自始即秉有"强烈的政治性使命和色彩",④其理论命题的"跳跃式变换","显然主要不是法学理论自身逻辑演进的结果,而是出于法学理论对政治决策、政治纲领等法学外部问题的一种回应",⑤其实怪而不怪,恰恰为现代中国法制与法意的社会性格和历史关联所在,盖因中国现代法制的建构自始即为一种政治重构历史,也是中国文明自救过程的组成部分,因而,非唯如此,益且如此,只能如此,否则,反倒失职了。

其间情形,略如丹尼尔·贝尔所述:"19 世纪的意识形态是普世性的、人道主义的,并且是由知识分子来倡导的。亚洲和非洲的大众意识形态则是地区性

---

① 在纪念戊戌变法百年的论文中,余英时先生曾指出,导致戊戌变法失败的根本原因是"国家利益与王朝利益之间的冲突"。换言之,"在守旧派眼中,变法即使有利于中国也不利于清王朝的统治。"因而,无论变法会给中国带来多大好处,也不能为此而付出满族"一族专政"丧失的巨大代价,绝不能为了变法而让政权流散于被统治的汉人之手。这才是"戊戌变法失败的总关键"。论其缘由,也就是钱穆先生在分析"清代的部族政权"时所指出的,满清以满洲部族凌驾于汉族读书人,以致形成一种部族专制而非皇帝专制的政治形态。以上分别参见余英时:"戊戌政变今读",载《文化评论与中国情怀》(下册),广西师范大学出版社 2006 年版,第 67 ~ 82 页;钱穆著:《中国历代政治得失》,三联书店 2001 年版,第 145 页。

② 1978 年 12 月 13 日,"在中央工作会议闭幕会上的讲话"中,叶剑英用了整整第二部分讲述"民主与法制",其他部分并有多处提及。他说:"为了确实保障人民的民主权利,巩固我们的政权,全国人民代表大会常务委员会要立即着手修改制订民法、诉讼法、刑法、婚姻法和各种经济法等,尽快完善我国的法制。"在同篇讲话中,叶帅说:"我们要加快社会主义建设的步伐,实现四个现代化,这是我们的目的。为了达到这个目的,我们必须发扬民主,加强法制。"换言之,"民主和法制"在此均为"四个现代化"的手段,恰为一种工具性托付的写照。此次中央工作会议历时长达 36 天,为 5 天后召开的著名的"十一届三中全会"扫清了道路。叶帅的讲话参见胡耀邦史料信息网。有关这个讲话的起草、定稿过程与其间的删订细节,特别是有关"民主法制"内容的增订,参见叶向真:"叶剑英中央工作会议讲话起草记",载《财经》2008 年第 26 期。

③ 中共中央《关于建国以来党的若干历史问题的决议》中的下列文字,可谓对于其间紧张关系的传神表述:"必须巩固人民民主专政,完善国家的宪法和法律并使之成为任何人都必须严格遵守的不可侵犯的力量,使社会主义法治成为维护人民权利,保障生产秩序、工作秩序、生活秩序,制裁犯罪行为,打击阶级敌人破坏活动的强大武器。"

④ 赵明:"从'法制'到'法治'的中国语境",载《思想战线》2005 年第 2 期。

⑤ 程燎原著:《从法制到法治》,法律出版社 1999 年版,第 280 页。

的、工具主义的，并且是由政治领袖创造出来的。旧意识形态的驱动力是为了达到社会平等和最广泛意义上的自由，新意识形态的驱动力则是为了发展经济和民族强盛。"①以此衡估清末民初的"变法图强"，自有若合符契之处，即就30年前启动的"变法"来说，也还有一定的解说力。的确，自清末变法开始，法制或者法治即被赋予了强烈的政治憧憬，载负着万千社会寄托。它不仅表明中国的法学家和一般政治人物寄情于"变法图强"这一进路本身，而且，举国一致怀持法治憧憬，其实道出的是值此硬实力不敷国族之用的情形下，弱势文明辗转求诸"法制"的不得已，可谓苦心与天真俱至。

此一用心和命意，在吴经熊先生有关法律与民族主义的论述中，其实早已表露无遗。在"三民主义与法律"一文中，吴先生喟言："中山先生革命的一件大目的，就是要跻我民族于国际平等的地位。取消领事裁判权，废除不平等条约，是完成民族主义最要紧的工作，且于遗嘱中谆谆交代，尤须于最短期间内促其实现。可是现在照我国的国势而论，尚无以强权来抵抗强权的力量，只能借国际公法的运用，主张正义公道以自卫，据理力争，而求达到取消领事裁判权及废除不平等条约目的。"②

揆诸国际，弱势国族只能"主张正义公道以自卫"，因而，国际法为弱国的自保自救之道，却为强国利益张本，从而不过只是一种国际道义，其理固然。考之于国内，则法制为小民百姓的"正义的最后屏障"，其理亦然。因此，也就不难理解，正因为秉此"工具性托付"理路，在具体实践操作中，不少时候，官民双方均无视法治的自主自治品性，罔顾其价值理性担当，加上固有的"专政"思路暗中主宰立法和司法，使得后面将要阐释的法制与政制的紧张，随着时代的迁延愈发凸显出来。这一点在下文将要描述的回应与发达国家经济交往、引进先进技术的要求下进行的立法方面，表现得尤为淋漓尽致。特别是基于局部性政制需要而罔顾法律的自治主权，30年来所在多有，与法制建设同行，难以褒贬一言以蔽之。由此可以看出，此时此刻的工具性托付，作为对于此前的视法律为专政工具的"工具性托付"的反动，却又具有知识论上的历史联系，而终亦必构成法制内

① ［美］丹尼尔·贝尔著：《意识形态的终结》，张国清译，江苏人民出版社2001年版，第463页。不过，是否19世纪的（西方的）意识形态就是"普世性的、人道主义的"，而亚非诸国的则为"地区性的、工具主义的"，又另当别论。此种分梳，在东亚国家的学思中亦有复制本，譬如以普世性思考与地方性焦虑的对举来概述东、西两方的学思进路，曾经是不少中国愤青式思想人物的共同特征。

② 吴经熊著：《法律哲学研究》，清华大学出版社2005年版，第95页以下，引文见第97～98页。

部的巨大紧张。[①]

牟宗三先生标立理性的"制度性架构",综括政道、政治、国家、法律与科学五端于其中,强调"伦常法"与"政治法"的区别,就在于后者具有"永恒独立的意义",而"使治道客观化",前提则是人民对于政治自主的自觉,从而,它反过来意味着凡此法律便非"一面倒所订立的"。[②] 换言之,在形式主义的法制背后,尚需有民主撑腰,法制才能站立而为法治,也才能使"自治自主品性"道成肉身。否则,如儒者所论:"其实他所谓法,明明是他私意撰造出来的,不同儒家之天秩天讨,而彼方自托于道,亦以众人太愚而可欺了。"[③]以此观之,真要实现法律的"工具性托付",反倒不能无视其自主自治品性,否则既无"客观化"治道,更无借用"工具性托付"以实现"价值性托付"的可能,其理豁然,不言自明。30 年前启动法治建设之初尚难顾及于此,30 年后则断不能无视于此,可谓一世生聚的教训。

但是,所谓"事物发展不以人的主观意志为转移的固有规律"在于,法治的自主自治品性是法制逐渐成长后的固有主张,也是法制达成最低限度实效的必然结果,更是法治本身的自我位格即法律理性的绝对要求,绝不会因为承载着工具性托付就消隐其主体性诉求,只是时机未到,暂时屈居一隅而已。一旦时机成熟,其价值性立场便会彰显无遗,寻求自我实现的制度表达。其情其形,可谓势所必然,顺流直下。否则,便无法治,更无法治国家,连工具性托付亦难实现,而此一托付是立法与立法者存在的合法性所在。因此,情形常常是,一定历史时段内,大规模的立法、配套性的司法以及为此积累的法律人才资源,达致一定值点,自成一势,就必然会提出自我位格诉求,法制因而不得不转向法治。数量的积累可能渐次导致质量上的变革,此为一例。因此,晚近十多年来,社会自主空间的逐步扩大,以"法治理念"面世,而实则表达了法治的价值诉求、有关惬意人世的种种国民憧憬,虽屡遭辖制,犹所不屈,如春来江水,日见浩瀚,正说明此势渐茁,日益逼近这一值点。包括以立法主权和普遍直接选举表达的主权在民、权力必须受到制约、法律平等、社会正义与政治正义等理念、价值和主张,成为中国社会的主流思潮,也是中国民族的公民理想与全体公民的民族理想,反映了工具性托付与价值性托付的良性互动,而与法制和法治的成长互为因果。

---

① 例如,如论者所言,从 1945 年到 1978 年,中国法律的主流意识形态包括五个"主义",即法律虚无主义、法学教条主义、法律经验主义、法律工具主义和法律实用主义。至少,后面两条均属"工具性托付"。具体详情,参见李步云:"中国法治历史进程的回顾与展望",载《中国人文社会科学 30 年》,复旦大学出版社 2008 年版,第 101 页。

② 牟宗三著:《政道与治道》,广西师范大学出版社 2006 年版,第 22、47 页。

③ 马一浮著:《泰和宜山会语》,辽宁教育出版社 1998 年版,第 36 页。

由此,30年的社会、政治与文化转型历史表明,“改革开放”的政治意志指向的是一个综合性的秩序图景,包含民族、民生和民权等多项诉求,因而是一场整体性的经济、社会、政治与文化变革。法制于其中承担着提供秩序、落实政治、保障经济发展、纾解社会矛盾、反映文化诉求、实现社会公义等多重嘱托,自“工具性托付”逐渐向“价值性托付”过渡。凡此过渡,不仅彰显了政体诉求,而且在一定程度上表述了民族理想和公民理想,同时并将其间的紧张展露无遗。职是之故,法制或者其原初的表达形式“以法治国”之成为时代思潮,蔚然而为浩大政治动员旗帜,首先起于世俗理性主义,但是,迄至“依法治国”或者“法治”逐渐主宰了制度话语,又表明了中国心智超越于此,而追寻更为浩渺的理想人间秩序,已然非世俗理性主义这一概念所能完全框含的了。

综观30年的法制变革历史,尤其是20世纪70年代末期的转折时刻,今天越来越可以肯定的是,世俗理性主义的基础不仅是“经验”,而且是“启示”,一种基于经验的启示与基于启示的经验,旨在落实秩序,恰与信仰无关。事实上,从国家哲学的视角观察,信仰的悬置或者流放构成了晚近30年的时代特征,所以才会有各种民间信仰的蜂拥奔突,以及信众的“饥不择食”。因而,此种世俗理性主义不是末世论的还原,而是创世论的“重新出发”,告别了原教旨宰制,一种异于中国文明与中国民族的政治神学,回归中国式政治思想的平凡与踏实。这一过程,也就是从“政治神学”到“政治哲学”的嬗变,完成的恰恰是一个具有重大而深远意义的“决断”。

三、救济政治合法性

也正因为如此,反过来,至少从当局者的命意来看,“法制建设”自始至终都是救济政治合法性的手段,最终目的在于实现特定的政治秩序。换言之,通过“法制建设”来强化政制权威,表征政治正当性,使政统之身粘系于道统之尊,幻化为政治正义,是潜含在法制进程之下的政治进程,是推导政治进程的思想进程。此于上述两波“改革开放”,均无不同,也同样是或者首先是一种“工具性托付”。置身“文化大革命”后的政治社会生态,当局以“拨乱反正”为帜,进而手握法制之柄,希望脱离政治不成熟之境,自是不难理解。但是,问题在于,凡此进程于不知不觉间“不依人的主观意志为转移”,逐渐向“价值性托付”过渡,而造成所谓“既受命亦革命”的秩序景观,于时间的迁延中明暗交叠,逐渐构成了两种托付之间的转圜,也是明摆着的事实,否则就不会有“法治”的语词转换及其过度放大的象征意义。反面来说,也就不会出现对于“司法独立”之类诉求的强烈反弹，从而“不成熟”于此再次不打自招。上节所述“中国心智超越于此”云云，则“超越”在此，而思想尚未能够使自身现实化，同样在此。其间情形，略如传统中国在“政治伦理化”这一总纲目下，期期以求的是以“王权代替神权”，以“师道辅君道”，而这也就同时意味着“用神权饰王权”，①进而反转过来，“以神权驭王权”，同时，并“借师权规范君权”，而终究难驭，时有脱范。但是，总体而言，道统之治辖政统，并且逼使政治趋向常态，属于政治常态。“工具性托付”和“价值性托付”的两相折冲，辩证互动，同样不脱此辙，一唱三叹。因此，“救济”本身就是“规训”的过程，进而辗转渐变为一种“建设”的进程。

（一）以治道救政道

就切近的这一波而言，从政治动员的立场来看，针对“十年动乱”之后危在旦夕的体制合法性，除了采取与民休息、逐步满足民生需求、调整“路线”、平反积年政治冤狱等措施，以重聚政治认同，安顿民生，调动社会积极性之外，还需提供“有法有天”这一公共产品，由此使政体多少获秉道德理想，从而在进行政治建设中重启社会建设，于安顿“民心”中照料民生，也才能获得所欲的“稳定”，而护持既有的政治格局。如果说长期奉行的准军事性战时动员体制和持续激烈的政治运动，使得“和尚打伞，无法无天”构成了20世纪中叶以还相当长时期内中国社会政治的总体特征的话，那么，实施救济的最佳进路就是返回政治常态，力争“有法有天”，于“法”“天”重构、遥相呼应的格局中，获秉政治合法性。

有关“常态政治”，下文还将详述。这里需要指出的是，“有法有天”之法者，规则之治也，意味着需将整个“中国”网罗于规则之中，用实体规范编织事实，以程序主义法权安排铺设生活之道，提供安全与秩序这一基本公共产品，好歹让人有个讲理的规矩，借由法律平等消弭社会平等实现不足所埋伏的政治隐患；“有法有天”之天者，公道也，公共权力需还世间一个公义和道义，秉此公义和道义，一切为了这一公义和道义。基此规则之治和公义与道义，如此形成“有法有天”、天高于法的形势，人间秩序才有保障，人世生活才有希望，而政治统治不外乎一种人世生活方式，其立其废，均系于此种天与法的错综勾连之中，考验着政体运用法制回应天道命令的政治能力。因而，这一过程在表明当政者经由政制的转型而对于政治重予自我理解的尝试和努力之际，以特定方式验证了现代政治的合法性难题的不可回避性。正是这一切，构成了30年政治实践，特别是最初十多年间的政制与法制措置的基本背景。其间情形，就如阿伦特在论述法美革命的差异时曾经说过的：“如果世俗法律的本质乃是一种命令，那么，就需要

① 钱穆著：《中国文化史导论》，商务印书馆1994年版，第80页。

一种神圣性赐予它效力，这种神圣性不是自然，而是自然神；不是理性，而是神启理性。”①在中国神俗两分而又不即不离的义理结构和体制安排下，不仅公义与道义是天，安全与秩序的公共产品供给同样是天，公民的自由和尊严更是天。因而，政治合法性的自我赋予不得不溯源于基本公共产品的供给，一方面展现了法律的“工具性托付”与“价值性托付”的错综关系；另一方面道出了一切政制最终还是不得不向“以自由立国”复位才能获得真正的政治统治这一现代政体的宿命，一切政治的不得不然。这就如神圣观念的出现意味着人的诞生，人间秩序的维续恰恰需要“天”的存在，道尽了人世生活的幸与不幸、人类的崇高与渺小。

换言之，政治合法性不仅奠立于上述“天”“法”关系与公共产品的提供能力，而且，更主要的是应当能够经由政体安排及其实践效用，自我阐明或者似乎阐明了自己的历史关系与政治宗旨，也就是说，要赋予自己以政治德性，而于所谓“道统”上站得住脚，避免陷入柏林所设想的那种政治陷阱：无可避免的不是失望，而是不可救赎的道德污点。一方面，“枪杆子里面出政权”式的合法性在此依然作为一种话语发挥阐释作用，为“江山”护法；另一方面，却又已然根本无法充当全部正当性的说明，甚至难以招架质疑，进而对于自己的合法性产生了负面影响。值此情形，基于此现实，法制或者法治登场，以治道救政道，发挥其挽救合法性，说明正当性，进而建设合法性与正当性的作用，且非顺理成章，责无旁贷。事实证明，过往 30 年里，经济危机及其引发的社会危机和政治统治危机，之所以总能于峰回路转中化险为夷，不仅凭恃强力调控，亦且依赖于法制主义进路。借由“依法办事”，化政治为法制，将社会问题变成“依法办事”的法律教条，使经济风险最后落实在法权安排上，政治以政制的有限让步，使自己立于不败之地。1983 年春夏开始的“严打”以及此后多次运动式的“执法活动”，属于以法制解决社会危机，首度发生于新《宪法》颁行的翌年。而以“扫黄打非”、“净化网络、文化市场”为名进行的法律行动与治安措置，主要针对的其实是言论领域的“自由化”苗头。至于《物权法》等诸多法律对于一系列市民生活领域平等主体间生产和消费关系的规制，不仅名正言顺地启动了法治机制，更且赋予了理顺产权关系这一市民政治经济学以道德想象。它们一步步修理、增添了现有体政制的合法性，并且于此过程中校正之，而培育出有关政治合法性的新

① ［美］汉娜·阿伦特著：《论革命》，陈周旺译，译林出版社 2007 年版，第 181 页。

型因素。[①]

这不是说执政集团自此即奉行“永久和平”的共和主张与公民理想，彻底放弃了“暴力革命”旗帜与阶级斗争路线，一心一意于公共政治文化的建设，恰恰相反，实际上面对类如1989年春夏之际的公共政治浪潮，固有招式随即登场；而是说，值此全民希望“告别革命”之际，当政者体认民意，顺遂人心，改弦更张，便诉诸“天”了。而“天何言哉”，于是便指向了“法制”乃至于“法治”这一秩序的俗世象征，一般情形下大众心理上可见、具象、形式化的安全托庇之所。当其时，谁能提供安全，保障秩序，谁就能获得民心，不仅“抹去道德污点”，而且获享道义发言权。因此，1979年《刑法》与《刑事诉讼法》率先出台，1982年细予修订的《宪法》颁行天下，反倒恰恰是作为“市民生活百科全书”的民法典千呼万唤出不来，说明这一政制保持了“专政”的骨核，以“专政”为秩序铺垫，并为安全示意，同时，在一定意义上，又宣告了一种新的“执政”道统理想主义，而恰恰蔚为“法制”却非“法治”也。[②] 其在较诸往昔“无法无天”的革命乱象稍胜一筹的同时，又不期然间暴露出距离制度想象力指向的目标尚远这一尴尬。因而，告别革命，人心思治之际，一方面“法制”发挥着政治合法性的临时保姆的角色，另一方面却将政体的道统羸弱，因而亟须寻求新型正当性资源的急迫等，并且展露无遗。历经二三十年后，大众心理“法律信仰”的幻灭，不仅说明“可见、具象、形式化”的法制难恪其愿，而且说明中国法律心智渐次成熟，洞悉于法制与民主之间的血肉关联，进而对政制提出了政治要求。同样，法制于此出头露面，而以“人权入宪”和“私产入宪”对此分别作出有限交代。前者是政治的回应，并为政制的道德招贴，后者则属于市民的政治经济学的制度落实，以及“经济统战”，而一统服务于“救济合法性”的总体思路。

换言之，在此语境下，“加强法制”之所以能够救济政治合法性，得力于它表征了政体与政制的德性，即它们决意自我约束、建构规则，“好好干了”。退一万

---

① 在此，如果考察一下晚近30年里中国大陆经历的经济周期、犯罪高峰与当局进行“严打”之间的内在关联，必定饶有趣味，可能会为我们思考政治社会与经济、法律之间的互动性，提供某种新的启示。参见温铁军著：《我们到底要什么》，华夏出版社2004年版，第3～12、203～217页。

② 但是，即便如此，立宪者似乎忘记了人民“授予”政府一部宪法，而非相反，才是正当性的终极源泉所在。其间关系正如论者所言，“一部宪法，并非政府之举，而是人民构建政府之举”，才是政制与政治的正当性源泉。否则，倘若宪法不过如同“根据食谱如法炮制出来的一份布丁”的话，那么，它们均逃脱不了 William C. Morey 的名言：“它凭空而来，转瞬即逝。”法国在1789年至1875年间的14部宪法，使“宪法”一词成为笑柄。类似的情形发生于20世纪的中国，特别是民国初年。甚至连洛克为卡罗来纳州制定的宪法，也难逃这一命运。以上内容参见［美］汉娜·阿伦特著：《论革命》，陈周旺译，译林出版社2007年版，第127～133页。

步而言，以法制/法治来救济合法性，包括在支撑合法性的政治改革资源逐渐穷竭而民主建设滞后的情形下，法治建设所启动的对于公共权力的重构性阐释，在给予大众政治建设和民主建设并未止息的心理感受的同时，至少暂时提供了某种社会表达的空间与渠道，缓解了公共权力与个体权利、国家意志与社会自主要求之间的紧张。因此，行政诉讼制度、国家赔偿制度的确立，"民告官"成为自我救济的市民途径，不啻成本最小、代价最微的政治改革，也是民主的法制形态，而恰恰蔚为法治。"高考"、公务员考试制度、司法考试制度等，既是政制，也是法制，更是政治，将社会阶层流动和政治开放打开了一道缝，至少为政治建设注入了新鲜体制合法性。听证制度、政府发言人制度等政制设置，同样具此法律效应与政治意义，而一并统归于以治道救政道的历史联系和政治脉络之中。

（二）道德与历史之间的转圜：对于普遍权利诉求的闪避和有限接应

在论及政治自由主义所涉及的多元性与一致性时，托马斯·内格尔教授曾经指出，为了对它作出一种多元主义辩护，只要否定以下这一点就足够了，即冲突价值的多元性可以通过将它们都化约到一个共同标准就可以排除；然而，即便如此，不妨仍然坚持认为，寻找更高位阶的价值，或者寻找允许冲突被解决的方法，是一种合理的追求。① 笔者在此意欲附议的是，这是而且必将是一个"历史的"并且正在"历史着的"过程。经此过程，在特定时间节点上，道德可以转换或者转圜为历史，正像历史恰恰是道德与道德合法性的源泉。借用这一论式我们可以看出，上述经由制颁法律，特别是颁行新《宪法》、适时修订《宪法》的方式来昭示"法制建设"的决心，从而立"天"的用意，不仅有效回避了是否允许寻找更高位阶的价值与解决冲突的方法的问题，而经由具体一统于宪法这一特定的根本性规范，实际上将它们暂时"屏蔽"或者搁置了，而且经此作业，自立为"天"的政治为政制注入了生命力。换言之，运用根本规范消解或者暂时搁置价值冲突，"不争论"或者设置争论的最高上限，堪为暂时性救济合法性从而标立正当性的一着妙招。由此，不仅道德问题转换或者转圜为历史过程，而且这一历史过程终止于或者中止于根本规范，则在立法者看来，"稳定"与"发展"不仅是可欲的，亦且是惬意的，甚至是德性的。于是，"法制"成为一举多得的招式，真正是"全党、全军和全国各族人民"一心向往、共同拥护和奋力追求的国家目标。无论是"左"还是"右"，也不论奉行何种利

① ［美］托马斯·内格尔："多元主义与一致性"，载［美］马克·里拉、罗纳德·德沃金、罗伯特·西尔维斯等编：《以赛亚·柏林的遗产》，刘擎、殷莹译，新星出版社2006年版，第98页。

益立场，尽管对于法治可能会持不同立场，但于法制则无异议，这是一个重要原因。

无独有偶，在论述法官为了获得正当裁判，必须根据当下的需要，通过赋予法律以目的而阐释法律时，德沃金指出："（他）将秩序加诸学说，而非从创设了学说的因素中去找寻秩序。他努力形成一套能够提供给整体性的原则，一种将法律链条上的各个环节转型为此刻口径一致的统治景象的方案，即便它们与过往领袖们的看法大相径庭。"①

就上述"暂时性救济合法性"的策略而言，立法者似乎采用了与法官相同的技巧。"法制"，特别是《宪法》，作为一种秩序的至高无上的合法性在先，不仅说明了其本身的价值正当性，而且限定了正当性追求的最高进境，以及只能在此秩序范畴之内追求的进路，从而，立法者和法学家所能操作的只是将社会和制度链条上的"各个环节"缝缀、串联为建构这一可欲秩序的"方案"。倘若旧有的理论无法提供现成解说，那么，不是正面迎应普遍权利的法权安排，而是"解放思想"，一种武器的批判，成为所向披靡的利器，"即便它们与过往领袖们的看法大相径庭"。

不过，正如杰斐逊式的"我们认为这些真理是不言而喻的"这一表述无异于诉诸高级法或者最高立法者，本意旨在将人意的协约与天意勾连一体，既为现实政治找到"同意"和"承诺"，也为之提供正当性，但却以"我们认为"道出了其不许争论的绝对性格，最终未能避免其强制性与绝对性的专断，反倒违忤于高级法宗旨本身，从而如阿伦特所言，导致这些真理属于前理性的，它们唤醒了理性，而非理性的产物，②这里，以一统于法制或者具体《宪法》，即便是"最好的宪法"，而"不争论"的智慧，可以合法化合法性，特别是具有稳定"稳定"的效果，但却无法避免"我们人民"对于"不争论"本身进行争论，进而最终其实是在瓦解这一合法性。此一尴尬存在于启动"法制建设"的制度命意本身，而从一开始就注定成为构成30年中制度紧张的内在缘由。毕竟就像包括法国大革命在内的种种近代"革命"所昭示的，对于革命精神的失忆和未能将其抽象化与概念化，实因革命本身未能为革命精神提供一种制度性落实，即未能使之体制化，化为制度成果，从而"立国"超越了"自由"，则"国家"终究难免为其肇始者所自拆台脚。如此，诉诸具体人间的最高规范只能救济合法性于一时，作为其基础的正当性，却需要更为诚实的政治协商过程方始获得，而政治与法律的德性也恰恰蕴涵于此

① ［美］德沃金著：《法律帝国》，哈佛大学出版社1986年英文版，第273页。

② ［美］汉娜·阿伦特著：《论革命》，陈周旺译，译林出版社2007年版，第178页。

过程之中。由此,法制的"工具性托付"必须向"价值性托付"转型,自不待言。晚近十年来中国社会的民主诉求高涨,当政者因应时局,主动或被动地给社会进一步松绑,恰恰为此提供了注脚。

进而言之,这里涉及的是一个有关"统治"与"批判"的问题。如果说对于"当权者赋予的多少具有威慑力的堂皇外表下隐藏着实质上的不合法性"的发现,是批判的启动装置的话,那么,正如福科所言:"批判就是用不可取消的普遍权利来挑战统治,拒绝它所命令的顺从,因为每一种统治,不管它是什么,不管它跟君主、地方官、教育者,还是跟一家之主有关,它都必须服从这些权利。"①换言之,救济合法性的措置本身同时释放出对于合法性的质疑,而其根本理据正在于救济行动本身所最终希望掩蔽的"普遍权利"。一方面,借由前述种种具体法制来妆饰政制,为此普遍权利打开了一扇大门;另一方面,完全开门接应可能会即刻造成"统治"危机。但是,再度关门已属不可能。于是,造成了上述闪避与接应的"二龙戏珠"局面,一旦不得已,只好以"解放思想"与"进一步解放思想"虚应。②

因此,透过重重修辞,我们可以看到,贯穿这一合法性重构过程始终的是彻底的世俗政治实用主义,而将"告别革命"的演出形诸制度重建的努力,却又在为一种新的理想开道。此种治道服务于合法性重构的努力,同时形成并借助于中国现代法律的"实用道德主义"思维方式。③ 与清末变法一样,经由"法制建设"为民族国家铺设政治屋顶和法权外形的努力,其所瞄准的目标,也是基本的理路,就是"与国际接轨",首先是"救大清",然后是"保中华","与国际接轨",也就是向一定历史时期内占据主流地位的文明形态学习,与强权妥协,甚至向强权求饶,忍辱负重,守时待变,循时以变。而最为根本的原因,其实也是最为实际的原因,就是救济合法性必须首先满足民生需求,发展经济于是成为当务之急,并成为30年一以贯之的GDP纲领,并进而演变成为GDP合法性本身。只有将

---

① [法]米歇尔·福柯:"什么是批判?",载[美]詹姆斯·施密特编:《启蒙运动与现代性——19世纪与20世纪的对话》,徐向东、卢华萍译,上海人民出版社2005年版,第388页以下,引文见第390页。

② "解放思想"作为一种思想进路和政治策略,从"真理标准"讨论时的"批判的武器"滑落至近年的政治虚应,甚至于一种面对现实困境时的鸵鸟式应对,一种官式套语,不仅表明整个精英集团精神气质和心性抱负的暮气沉沉,而且说明其理论效力与思想动员力量的丧失。

③ 黄宗智教授认为,近百年来的现代中国法律变革过程中贯穿着一种"实用道德主义"思维方式,而与欧陆法的形式主义思维方式区别开来。"这个思维方式既可见于国民党的法制,更可见于共产党的法制。同时,它也是中国传统法律思维方式的延续。"参见黄宗智著:《经验与理论:中国社会、经济与法律的实践历史研究》,中国人民大学出版社2007年版,第405页以下。

20世纪90年代后期迄今几度出现的“保8”运动置此语境下，才能理解，也才能谅解。大凡常态之下的政体对此均会保有基本常识，无意违忤，也没有必要与之恶意作对。发展经济必须对外开放，重获世界主流的接纳，亦即获得占统治地位的西方发达国家的认可，因而，向洋人昭示法制，回应制度挑战，实在是做生意的基础，也是由经济而政制，由法制而政治的连环套路。在此，合法性重构不仅发生于政治统治对于内部挑战作出法制回应的历史联系之中，而且意味着全球化时代“中国形象”的塑造，乃至于此后所谓从“现代性”向“中华性”的转型，牵连带出世界体系中的中国位格问题，由此引发了西方世界持续30年的各种中国想象。

因此，也就不难理解，在整个中国尚无一家中外合资企业之时，为何立法机构置“规范”于“事实”之前，以最快的速度先行颁布了中外合资企业法。当其时，该项立法的颁行不仅在为外资登陆提供法制担保，而且更是一种政治象征，以治道的技术装置隐喻着政道的更张，向世界宣示中国以自我转型与世界和解。此种进路，既是“法制建设”的基本理路，也是法制重上台面的基本背景，在为“工具性托付”张本的同时，而与“价值性托付”互文。由此，“有法有天”之“天”，其实已经顾不上“天”了，同时却又别有洞天，真是“天何言哉”。黑格尔说：“范畴是自在的，因为它是纯粹意识的普遍；它又是自为的，因为意识的自我同样也是它（范畴）的环节。范畴是绝对的存在，因为它的那个普遍性乃是存在的简单的自身等同性。”①

证诸上述法制由“工具性托付”向“价值性托付”的转型，“不争论”而又“不得不争论”以及“无中生有”的林林总总，对于普遍权利诉求的闪避与逐渐作出有限接应的政道变革，可见此言不虚。30年来，“自在的”法制逐渐逼近“自为的”法治，实现着其所载负的普遍性，彰显着其日益明朗的“存在的简单的自身等同性”。它们统归于救济政制合法性与政治正当性这一当务之急，转圜为规训与重建政治正当性的务实措置与长远盘算。申而言之，正如论者所言，如果说西方在工业化阶段只是以传统手段争夺传统空间，所谓“拓殖”与“海权”因而蔚为政治体系中心，那么，近代新增的手段则包括对于“符号资源”的争夺和制辖。② 转用此意，则“法制”或者“法治”不仅是一种政制与政体安排，而且是一种“符号资源”，事关政统与道统，逶迤于治道与政道之间。它既是“政治的晚礼服”，可能还是政治的“保暖内衣”，从而在中国当今语境下，还是政治本身。事

① ［德］黑格尔著：《精神现象学》（上册），贺麟、王久兴译，商务印书馆1997年版，第279页。
② 温铁军著：《我们到底要什么》，华夏出版社2004年版，第3页。

实说明，现行政统一脉绵延，道统羸弱却立于不败，以迄于今，伸曲收放之间，所赖于此多矣。① （待续）

（2009 年第 4 期）

① 至于法制在救济政治合法性之际自己本身也面临着的合法性问题，特别是文化合法性问题，姑且不论。在此需要略予提示的是，法律或者法制不仅是一种规范体系，而且是一套意义体系，二者合一，构成了完整的“法律”或者“法制”。作为一种规范体系，它必须提供历史—文化归属的法权满足形式；作为一种“意义体系”，它必须具有自己的文化属性，反映民族文化的历史预期和惬意人间秩序向往，以对自己置身其中的特定文明的文化诉求作出恰切的法权回应作为自身合法性的源泉。

中国的法治主义：背景分析（下）

许章润*

四、回归常态政治

重提法制话题，意味着回归常识理性，不仅是对“文化大革命”的拨乱反正，而且是对百年激进狂潮的戛然矫正，在痛加反省“激进反传统主义”的基础上，重回政治常规，以常态政治而非异常政治重启政治进程，导引社会建设，进求全体公民的政治和解与和平共处。所谓极左思潮以及此前源于“五四”的左翼政治力量，一本于激进反传统主义，[①]辗转之间构成了激进反传统主义的政治之翼。因而，对于极左思潮和极左路线的清算，意味着对于文化上激进反传统主义的政治倒戈，从而其实是对自家传统的颠覆。一定意义上可以说，这是摒弃内在资源而另觅道统的当下努力，其革故鼎新、洗心革面的决意之坚，可见一斑，同时，它说明了体制本身对于存亡危急之际，时不我待情势之清醒自觉。

（一）用法制组织政制，表征政治正在复归常态

当其时，此于一直以革命政党自任的政治力量而言，实即意味着自我转型，认识到向常态政治的复归，才是自救之道。从而，它在主动与社会讲和的同时，从理论建设和观念转型的角度，埋伏了日后逐渐从“专政党”向“执政党”转型的可能性。[②] 从大历史的角度来看，可以说1840年以来，一个多世纪的中国历史，

---

* 作者单位：清华大学法学院。

① 有关中国近代史中的“激进”与“保守”的反思，参见余英时：“中国近代思想史中的激进与保守”、“再论中国现代思想中的激进与保守”，分别载《二十一世纪》（香港）第7期、第10期。围绕这一论题引发的诸多议论及其不同体认，参见该刊第3～15期的有关论文，如林岗：“激进主义在中国”（第3期）、姜义华：“激进与保守：与余英时现实商榷”（第10期）、许纪霖：“激进与保守的迷惑”（第11期）、汪荣祖：“激进与保守赘言”（第11期）、王绍光：“‘保守’与‘保守主义’”（第12期），以及赵俪生：“关于激进主义与保守主义”，载《科学·经济·社会》1997年第2期；姜义华、陈炎：“激进与保守：一段尚未完结的对话”，载《开放时代》1997年第2期。有关这一主题的讨论，近年来持续有论述问世，例如，马志强、刘歆立：“对‘五四’激进主义发展命运的另类解读”，载《兰州学刊》2006年第8期；王文章：“试析中国近代化进程中的激进主义”，载《南京社会科学》2007年第8期；罗银胜：“王元化对激进思潮的反思”，载《民主与科学》2008年第4期。

② 事实上，有论者认为，1989年夏后，中共已经从“革命党”转变为“执政党”，变成了奉行实用主义的“理性经济人”。具体细节论述，参见康晓光：《仁政——关于中国政治发展的保守主义思考》，作者自印，第205～206页。

均为非常政治时段，遭逢“三千年未有之大变局”，而恰为一“变局”。其实，庚子后一年，任公作《过渡时代论》，早已深切体悟到“中国自数千年以来，皆停顿时代也，而今则过渡时代也。”①是否千年“停顿”，见仁见智，姑且不论，但“过渡”则在自明也，故为唐德刚先生倡说之“历史三峡”，恰为非常政治时刻，自不待言。但就峡中景象判断，1978年启动的“改革开放”以及随后逐渐展开的“法制建设”，却是以告别非常政治，回归常态政治的方式完成的，也是以此作为追求目标的，因而，才会从“不争论”过渡到了“不折腾”。所谓常态政治，就现象而言，就是“不折腾”的政制运作，倏忽生没的“变局”过程，潜转沉淀为相对“稳定”的历史进程。

当其时，作为“改革开放”的政治动员和启动装置，“拨乱反正”本身属于非常时刻的非常政治，诉诸“决断”，其志却在重建政治常规，从“人总是要吃饭穿衣的”重新做起，以人间秩序的常态、常规和常例与人世生活的常识、常理和常情，来矫正或者救济非常政治的文化、社会与道德恶果，重启社会建设与文化建设，重构俗常的政治社会与庸常的万民世态，以求得常态人世的复归。从而，它重申了这样一种政治意志：政制本身立足于常态政治，也只有以常态政治为凭，才能确保政制的延续，也才能护持特定政治的合法性与生命力。借用《明儒学案》的命意，所谓“国不患乎无积，而患无政”，②则庶几乎其政在此。在此，日常政治终究回归，非常政治退隐，正为“大革命”后世俗理性主义觉醒的结果，俗常人世生活的必需，也是政治本身的自救自保之道，早已为晚近东西方的各种“大革命”所一再释证。历史表明，非常政治通常发生于重大历史转折时节，如英国“光荣革命”前后，“法国大革命”后的半个多世纪，起于1872年俾斯麦统一德国之后，至少下迄魏玛共和的“腾飞”时段，以及一百多年来的中国历史，皆为其例。所谓处非常之世，必有非常之人，以非常之手段，实现非常之目的，而成就非常之事功。它可能是一个造就历史，而英雄辈出的时代，生灵涂炭于车殆马烦，血色纷飞中丰碑巍峨，但却绝非平常百姓安居乐业的惬意人世；它也许摧枯拉朽，荡瑕涤垢，而为万世开太平，但既然人头滚滚，血流成河，朝不保夕，就无法不得不是人人思图尽早结束的人间炼狱。因此，每当非常政治倏忽生没，抑或折腾经年，民怨鼎沸、风雨飘摇之际，最有感召力的旗帜就是结束这一曾经鼓荡人心、让时代骚然的时代。毕竟，“巴黎市民又上街了”，总不是个事。此所谓乱后必治，而举国求安矣。

---

① 梁启超：“过渡时代论”，载《清议报》第82期，收见《梁启超全集》。

② （清）黄宗羲著：《明儒学案》（下），中华书局2008年版，第1045页。

人心思治之“治”者，日常政治也，庸常人世也，俗常秩序也；举国求安之“安”者，安全、安定、安稳、安适与安宁也。① 而表征“治”与“安”的常态与常规属性的最佳制度安排，能够看得见摸得着的，具象而形式化的，就是足能提供基本安全和秩序的法权体制，一种抽象一体性的规范体系和意义秩序——“法制”于是成为重启常态政治的不二选择，也是一切大革命血雨腥风之后的常规手段。就此而言，“约法三章”便能收拾人心，其因在此。1982 年 9 月 30 日，时任全国人大委员长的彭真主持召开宪法修订会议，指出新宪法“只有写定了的共同原则，才可以团结；有了团结，就有了安定”，同样是将“安定”作为久乱之后中国的首选政治目标，缘由未出此辙。

今日回头一看，20 世纪七八十年代的中国，遭临的恰恰就是这一转折时刻。“不断革命”早已丧失政治感召和道德信誉，亿万百姓梦寐以求的是人世常态，渴盼温饱，憧憬小康，所谓“衣食足，天国至”，而首先是生命安全与生计安宁，无须为夜半敲门而心惊肉跳。② 也就因此，回应前文说的“重启”改革开放这一断语，其意在于说明，启动于整整 30 年前的改革开放及其法制变革，是晚近百多年间中国社会文化转型的“第三波”，承接的是清末变法图强运动以来中国社会转型的主导意志，但表现出来的却是以回归常态政治来收束世事，重理人事，进而安定人生、抚慰人心这一政治复位过程，也是文化与德性渐次回归的进程。放眼百年中国转型历史，可以看出，相较于 1911 年和 1949 年的两次易帜，它并非属于“另起炉灶重开张”的开天辟地的创举，毋宁，如主事者所言，旨在“拨乱反正”，通过告别革命的去政治化与奉行“发展是硬道理”的世俗化努力，接续清末以还开启、两度中断的与世界主流文明“接轨”的进程，继续中国的现代化事业，

① 据顾昂然先生回忆。具体详情，参见顾昂然：“制定‘治国安邦的总章程’”，载《财经》2008 年第 24 期。

② 不特乱后求治之际如此，即便生杀活现，只要无关自家颈项，市民生活的延续仍然往往是第一位诉求。18 世纪的中国文祸连年，却是一个轻赋立国的盛世，如论者所言，“当文字狱引发的凌厉和紧张使士人世界不得安宁的时候，盛世里的田夫耕氓正各安其业，在这个多数人的世界里，很少有人会感受到来自那一头的冲击和窒迫。”由此，孟森述史，亦谓“康雍之不欲扰民，自是当日善政，不必异世而转作不恕之词也。”其中细节，参见杨国强著：《晚清的士人与世相》，三联书店 2008 年版，第 291 页。孟森先生语参见孟森著：《明清史讲义》（下册），中华书局 1981 年版，第 476 页。

实现百年未竟的华夏复兴梦想,彻底解决"中国问题"。①

(二)重建法制是对于中国近代史"枢纽时代"的制度接应

也正因此,从政统的角度衡之,30年来中国的改革开放及其法制变革,确实具有"与传统的非断裂性",即"强调并尊重中国现行政治体制转轨的历史连续性……充分考虑到本国社会主义历史上遗留下来的社会规范、文化遗产与社会主义传统",等等。② 凡此种种,一定意义上,固为其重要特征,亦为其出奇制胜,几经顿挫而不败的政治保障。但是,就道统而言,则与凡此"传统"之藕断丝连而渐至义断情绝,实质上拥抱清末以来的中国民族主导性政治意志,才是这30年的真实轨迹。百年以来,这一主导性意志的核心在于建设现代民族国家,实现中华文明的复兴和国族的繁荣富强,同时,建构优良政体,形成现代性的民族国家法权体系,使中华民族蔚为成熟的政治国族,进拓全球正义与人类的永久和平,而一以我民族国家的自立自强为期,维新维盛为务。就现代性法权体系的建设而言,其核心诉求之一是从威权型法制走向民主基础上的法律统治,以宪政体制提供政治正义,保障个人自由与社会公正,实现法律统治的自主自治,亦即所谓的法治。因而,"中国问题"纠缠于民族主义和自由主义,辗转于民族认同、国家利益、集体尊严、人民共和与个人自由、社会进步等多重维度的紧张关系。就此而言,总体来说,中国是在19世纪末至21世纪初的背景下,完成十八九世纪

---

① 因此,"改革开放20年,一觉睡回解放前",街巷之议,正表明历史的"接续",其实怪而不怪。"共产党并没能割裂中国历史",潘维教授的判认不虚。参见潘维:"现行中国体制面临的五大问题与机会",载《中国与世界观察》,商务印书馆2005年版,第113~131页,引语见第125页。此处另需说明的一点是,正文所谓"世界主流文明",并非意味着对于特定强势文明的臣服式认同与文化皈依,毋宁,它道出了"风水轮流转"式的文明兴衰历程中,特定历史时期总是有某种人文类型成为主导性文明,从而,其他文明响应风从的事实。其实,漫漫人类文明史上曾经有过多次轴心文明此盛彼衰的消长轮替过程,对此,见贤思齐的开放心胸、参与建构的坦然气度和自强不息的奋斗精神,恰恰是迎头赶上、免受宰制的前提。实际上,新儒家诸公,自梁漱溟先生而张、唐、徐、牟诸贤,无不以吸纳民主、法治和科学为中国文明的当下要务与沛然复兴的条件,反不若后起名号新儒者以拒斥求自保之褊狭,确乎需三思而复思者也。在此,正如高全喜教授所言,人类文明经历了多次轴心时代的变迁,在一个历史性的发展演变过程中,各个民族都曾经致力于伟大的奋斗,"一轮轮"的普世性规则是存在的,关键在于参与建构,并占据要津。否则,如杨国强教授所言,以自固藩篱为折冲中西的自觉意识,表达的是中国人在迫来的西方世界面前对冲击作抵挡,其间固有其强烈的道义正当性和历史合理性,然而忿戾内涵于敌忾之中,则自固藩篱的意识又很容易表现为中西对峙中的意气。以上分别参见高全喜:"30年法制变革之何种'中国经验'",将刊于《历史法学》第2卷;杨国强著:《晚清的士人与世相》,三联书店2008年版,第126页。

② 参见萧功秦:"中国转型体制的类型学",载《二十一世纪》(香港)2006年8月总第96期;参见萧功秦著:《中国的大转型》,新星出版社2008年版,"导言",第6~7页。

西方曾经进行并且业已完成的历史进程。① 所谓"转折""转型",所谓"过渡""闯关",所谓"历史三峡"之惊涛骇浪,其意在此,其义亦在此。

综观1840年以来的中国历史,可以看出,"清末民初"的30来年,是一个改天换地、开天辟地的大变革时段,此后国共两党、海峡两岸的一切努力,不过是对于这一时段早已提出的大经大法的重新诠释与当下落实,而无论染苍染黄,涂红抹黑,基本不脱当初的蓝图。建设三峡大坝、武汉三镇借由江底隧道联为一体等等,均为《建国大纲》的设想,刚刚实现。而《建国大纲》所设想的九万公里铁路梦,迄今也还未能实现,"同志仍需努力"。清末即已提出制颁蓝图的民法典,几经辗转,大陆尚付阙如,表明已然持续百年的中国法典化进程,亦未终结,正待收尾。因而,这一时段,前后30来年,正为一世,堪当中国近代史的"枢纽期"。也正因此,从中国近代史的这一"枢纽期"观之,凡此第三波改革开放及其法制建设,实为对于遭受战争和革命而被迫中断的"现代化历史进程"的当下接续,而这一进程本性上属于彻底的世俗化事业,是"世俗化"这一现代性概念的中国式展开。也正因为革命和战争先已解决了民族独立问题,基本完成了政治统一,从而为优良政体的建设提供了时空条件,才使得后者历经波折,于晚近十多年间逐渐逼近政治议程,而表现为一种经由法制建设来救济世俗政治正当性的当下努力。特别需要提出来的一点是,今日回看,政治威权体制的出现,恰恰是整合历经内忧外患的转型时段的有效政制安排,实为无可避免之事,非事后道德评议所能消长。——可能,一切有关此一时段"历史功过"的估量,均只能止步于此。②

---

① 此种20世纪历史的"分崩离析",导致正如汪晖教授所述,"90年代"与"漫长的19世纪"有着更多的亲缘关系,而与"20世纪"相距更加遥远。伴随着20世纪的大幕落下,那些构成"19世纪"特征的社会关系重新登场,仿佛从未经历革命时代的冲击与改造一般。所以,"90年代"与其说是"历史的终结",毋宁更像是"历史的重新开始";"90年代"不是"短20世纪"的尾声,而更像是霍布斯鲍姆所谓的"漫长的19世纪"(1776~1914)的延伸。将眼光放远,也就难怪,整整半个世纪前,置身这一历史时段,奥地利历史学家弗里德里希·希尔教授才会于"二战"结束后不久谓言:欧洲的"19世纪是在第二次世界大战末欧洲城市的残垣断壁中才告终结的。"以上分别参见汪晖著:《去政治化的政治:短20世纪的终结与90年代》,三联书店2008年版,"序言";[奥]弗里德里希·希尔著:《欧洲思想史》,赵复三译,广西师范大学出版社2007年版,第475页。并详本文最后一节中所引钱永祥教授有关"迟到的格劳休斯-洛克时期"的论述。

② 有一种观点以威权政府和小政府的对比来编排东亚、南亚国家与"西方"国家政治体制的差异,并以是否赋予政府以"重大的角色"来区别"中国模式"与"华盛顿共识"的倾向性。笔者认为,强政府与其说是"东方国家"的特色,不如说是后发国家为了向现代化"强行军","急起直追"之际的不得不然。因而,其"强"只有工具理性,并无价值理性。有关于此,对比阅读邹东涛:"'华盛顿共识'、'北京道路'与中国独特的发展道路",载俞可平、黄平等编:《中国模式与"华盛顿共识"——超越"华盛顿共识"》,社会科学文献出版社2006年版,第409页以下。

颇为吊诡的是,30 年来,因为牵扯于民族理想和公民理想,以“解放”为宗旨,因而,这一本性上世俗化的努力却赋予了自身以神圣性色彩,或者恰恰相反,力图反抗、超越世俗化的努力总是低调地以满足“食色”来揭示自身,“启蒙”与提前降生的解构性“后”什么,便纠结一体,形态莫辨了;文明忧思与特定的民族国家建构历程中的阶段性焦虑和指向性考量,于多元一体的缠绕中,各取所需,各美其美,见仁见智。① 因此,30 年来,我们看到的是这样一幅悖论性的图景:追求自我利益、张扬个体本位与耽溺世俗享受的赤裸裸自利努力,高扬的旗帜却是独立、平等与人权等大词,而护持心灵自由、追求思想独立与人格尊严的精神旅程,反倒总是低调地宣称不过是“还原为人”的自然行为。由此,就如既是回归常态政治,然而“改革开放”本身的确又是一种非常政治,因而,虽然总体来说,包括将人还原为“恶人”预设而希求其为“好人”预期的法制建设在内,百年中国的发展趋向是一个世俗化的过程,而近 30 年更是一个回归常态政治的秩序重整历史,但却总是挥洒不掉一缕悲壮的气息,更附有阶段性政治危机甚至是总体性危机的阴影,以及全体国人“牵心扯肺”的时段。凡此种种,构成了 30 年“法制建设”的整体时代氛围,表现为一种非常态历史时段中回归常态政治的政治格调。

(三)政治问题的法律进路

因而,不难理解,此种常态政治或者常规政治,在于将“政治问题”转化为“社会问题”,诉诸社会建设,而非恰恰相反,如同曾经有过的“革命”那样,将社会问题,首先是贫困与饥饿,其次是对于平等和福利的追求,转化为政治问题,幻化为对于自由的追求,而诉诸大革命的政治暴力。此于一度“有家庭、无社会”的中国现实,尤显迫切,特具针对性。② 的确,无人能够否认“社会问题”在革命中发挥的作用,特别是近代以来的世界历史,对此多有佐证。至少,据说当繁荣和“平等”的美国出现之后,贫困与贫富差别就已构成近代历史进程中的一个

---

① 正是在此,基于“文明忧思”的幽思和对于比较视野中的现实政治的当下考量,应有适当分际。前者属于对于文明是否一直在“进步”,而进步是否导向人类幸福,以及诸如人性和人生的根本意义及其疑虑这种层面的思考,后者如研判民主与专制究竟哪一种属于较好与善的政体,当下政制是否能够促进国族繁荣、保障民生福祉与捍卫自由人权,等等。将两者混淆,特别是以文明忧思代替当下批判,往好里说是避重就轻,误置历史,耍滑头,往坏里说是混淆视听,进而混淆是非。至于个别“理论左派”连“文明忧思”与“当下批判”都分不清,假装或者真的不明白“文明忧思”的含义,却辄发傥论,不仅说明其理论破产,而且表明学思肤浅,更是凡此理论与学思面对现实瘫软无力的不打自招。——如果还有什么理论与学思的话。参见许章润:“‘左派’的谱系”,载中评网。

② 潘维:“现行中国体制面临的五大问题与机会”,载《中国与世界观察》,商务印书馆 2005 年版,第 113 ~ 131 页。

"问题"——严重的社会问题，进而成为改变现状的充足条件，并且导致了政治诉求"社会问题化"的解决进路的应运而生。革命的发生导源于此，暴力的正当性自此更是借助法国大革命的样板效应，肆虐全球。[①]

由此，历史必然性的前景中便增添了平等与均富这一内容，就如刻下对于常态政治的世俗化努力所造成的"严重贫富差别"的矫正，必然诉诸"共同富裕"这一"继续改革"的政治承诺，虽进路相反，而理路则一。尽管如阿伦特所言，"对于革命者来说，更重要的是改变社会的结构，而不是政治领域的结构"，[②]但是，包括法国大革命、俄国革命和中国革命在内的诸多"大革命"，其实际历史进程却恰恰相反，人们诉诸政治革命以解决社会问题，用政治革命来满足"胃的造反"的社会诉求。而且，常常希望的是一种毕其功于一役式的彻底及时解决，谋求在彻底推翻旧社会的同时，旦夕之间，速战速决，建设一个理想的新社会——于是，"时间开始了"。

另外，既为革命，则求自由，而在此革命恰恰成了必然性而非自由的实现，革命者是对必然性的实现者，而非自由的实践者，与"革命"本身正相悖谬。于是乎，与此挫折相伴的常常是革命胜利后旋踵而来的堕落，而且是真正的、彻底的堕落。特别是革命以解放为居所，以自由为目标，恰恰无暇顾及"社会问题"，而使得革命后的社会一仍其旧，甚至于"民国不如大清"，真正应了西文"复辟"这一"革命"原意与"反革命"这一衍义。所以，晚近30年的中国秩序重整过程采取的是"告别革命"的方式，启动了有限的社会建设进程，而且，愈往晚近，社会建设愈具建制性努力，并且似乎出现了由此带动政治建设的势头，既在自觉力避此种悖谬，更是世俗理性主义总体背景下常态政治的表现，一种基于常态政治的社会努力。因而，所谓"以经济建设为中心"与"一心一意进行社会主义现代化建设事业"，就是将一切转化为社会问题，一如"电气化加苏维埃"，恰恰是一种新型政治经济学理念的适切运用，既在避免政治浪漫主义的想当然和政治神学的蛊惑人心，并求达成一己的政治命意。因而，在一定时期内，它是一个能够集聚最大限度社会共识，极具号召力、俘获人心的时代纲领。之所以说是"一定时期内"，就在于凡此"社会问题"的解决进程同时可能伴随着对于"政治问题"的解决，或者，导向对于政治问题的追问，因而，需要当事人审时度势，恰当把握其间的互动或者衔接关系。否则，社会问题触发政治问题，终究是早晚的事。事实

---

① 晚近十多年，美国在新保守主义单边路线指导下进行了全球性霸权演练，特别是动辄要将敌人"炸回旧石器时代"，其残暴蛮横可谓无以复加。究其缘由，大革命所昭示的暴力正当性，可能是一种重要的政治遗产。

② [美]汉娜·阿伦特著：《论革命》，陈周旺译，译林出版社2007年版，第14页。

上，晚近十多年间贫富差别的扩大、贪渎横行、权贵资本主义赢家通吃、民众参与热情的高涨以及“精英寡头化，草根民粹化”等问题所引发的种种社会政治思潮，所谓“端起碗吃肉，放下碗骂人”现象的出现，特别是所谓“群体性事件”的大范围、持续性、高频率的存在，早已对此作出了证明。① 特别是社会建设进程所培育的社会自主空间，已然绝非此种社会建制本身所能容纳，亦非其所能忽视和压抑，而需引向政治场域，于进入政治场域的博弈中求其自我消解。凡此种种，更是展现出“社会问题”与“政治问题”之间的复杂互动关联，要求政治介入与公共政治文化的成长。这是后话，暂且不表。

职是之故，在当代中国的特定情形下，此种对于社会问题的解决进路，说到底是一种政治努力，除开掌握破、立分寸，恪守循序渐进的程序理性，严守公权力的边际之外，更须托付于“法制”，才能使之现实化，而笼统于将民族国家编织为一个法律共同体的整体努力之中。换言之，法制的抽象一体性、同质性、形式化和程序主义，不仅为将社会问题“纳入法制轨道”提供了制度想象力，从而为经由法制的政治统治提供了政制形式，更且为社会问题的解决提供了“延迟效应”。② 也就是说，在现有的财富资源、制度条件和执政能力均无法彻底回应所有社会问题，而又不可能、不应当将它们重新化约为政治革命之际，同时，并且不应经常径直诉诸“严打”这种粗陋治安性对策的时候，法制的程序性安排提供了应对各种社会问题的缓冲装置，而为通过发展经济、积累制度能力、保持威权控制，以逐步解决社会政治难题，争取了时间。一句“按照法律程序解决”，不仅设定了矛盾解决的规则空间，而且等于宣布了解决矛盾可能享有的回旋时间，而为抑制社会矛盾的及时表面化赢得了时空条件。

尤有甚者，它所诉诸的“法制”在此代表的是人间常规与生活正道，既避免了“无法无天”的恶相，而且还展现了常规政治的迷人“温吞”，在政治正确和政策策略上居高临下。如果说“以空间换时间”或者“以时间换空间”均为特定时

---

① 许章润：“多元社会利益的正当性与表达的合法化——关于‘群体性事件’的一种宪政主义法权解决思路”，载《清华大学学报》2008年第4期。

② 此处借用了萧功秦教授的表述。在“中国后权能型的权威政治”一文中，作者认为，在权威主义强势控制下，即“低度政治参与”条件下，政治稳定可以在相当一个时期内得以持续，这就有可能为难度较大的改革与发展赢得时间，从而客观上为政府通过长时间的经济发展来解决旧矛盾，提供了可能。换言之，政府由此获得了足够长的时间与回旋余地，来解决前一时期没有解决的社会发展问题，并有可能在一个比较充裕的时段中，解决前期遗留的问题。当新阶段又出现新的矛盾和问题时，通过下一周期内抑制矛盾的及时表面化，抑制“政治参与爆炸”，而为解决它们赢得了时间与回旋余地。参见萧功秦著：《中国的大转型：从发展政治学看中国变革》，新星出版社2008年版，第116页以下。

段内的一种有效政治策略的话，那么，此种借由法制而获得“延迟效应”的制度安排，可以说是一种“以制度换时间”，从而“以制度换制度”的智慧，也可以说是一种“以空间换时间”的策略。仅从功能角度来看，其用意与效用，正应了严复先生的“十六字箴言”——“制无美恶，期于适时；变无迟速，要在当可。”

因此，此种进路，即将政治问题转化为社会问题，社会问题换形为法律问题，特别是法权程序的“温吞”安排和技术操作，不仅解释了法制建设何以成为晚近30年中国社会建设的制度依托，也是中国式的政治建设的承载装置，而且说明了中国式改革的和平要义与国家能力建设的重要性，同时揭示了中国式改革的政治治理术。当然，它同时也为“法律拜物教”式的路径依赖埋下了伏笔，而在缺乏立法的民主性和第三方执法的独立性的情形下，法律或者法制却不堪此任，遂有可能成为引发“法律问题”之“社会问题化”，进而，“社会问题”之“政治问题化”的触媒，恰恰走向了制度预设的反面。① 故而，我们看到，“通过法制解决问题”这一良好理念，在悄然变成了将法律特别是司法当做治安应对性机构来运用这一“工具性托付”之后，所造成的唯一差别仅仅在于，将可能蜂拥到党政机构门口“闹事的”，转到了法院门口而已。而“上访”纷纷，正说明司法有心无力，有力无心，难恪其责，甚至自身难保。尤其是晚近十来年间，举凡“农民工欠薪”、征地拆迁纠纷、医患关系纠纷和劳资对垒，乃至于“扫黄打非联合行动”，都将法院这一原本属于被动性的权力拖将上阵，致使其中立性荡然无存，一如动不动就将森然警力部署到所谓“群体性事件”现场，不仅不是将“政治问题社会问题化”、“社会问题法律问题化”，恰恰相反，在毁弃其间的区隔的同时，也销蚀了三者递次运用可能具有的缓冲效应与正义行头，早已违背了回归常态政治这一基本国策。

（四）对于公共生活的经营管理式治理

进而言之，回归常态政治，意味着以技术官僚式的、经营管理式的方式来对待公共生活。在一个已然形成优良政体和公民社会的政治社会环境中，虽然这一方式也会造成韦伯所预警的工具理性与官僚化社会联合宰制的弊端，

① 2008年9月25日，成都“古魁案”首次开庭，2009年1月5日再度开庭。此案引人注目之处在于，司法程序的提起系作为被告方的成华区政府主动借给原告10万元作为“诉讼启动费”，提示他经由司法程序“解决问题”。纵观事发缘由和双方博弈过程，不妨说，“司法解决”既是政府有意借助程序主义法权安排落实“延迟效应”，也是经由社会问题“法律问题化”，而避免其“政治问题化”的统治术的有意运用，故尔，才有法学界人士赞曰，“政府把矛盾交给法院是明智的选择”。连中国的基层政府都明白并自觉运用“法律问题化”技巧，说明中国的治道确乎进益良多。有关详情，参见《北京青年报》2009年1月6日A14版的报道，以及《天府早报》、《华西都市报》的相关报道。

但却不至于完全窒息对于政治和社会本身的多元性思考。① 否则，"公民的政治经济"或者说"启蒙的政治经济"，势必为"市民的政治经济"或者"消费的政治经济"所取替或者遮蔽，导致"公民的政治经济"未彰，"消费的政治经济"先行。事实上，如果说20世纪初叶，"以技术进步为目的的工厂劳动给人以它本身包含着一个政治成就的假象"，甚至政治进步的幻景，那么，此刻这一技术官僚式的经营管理式的处理公共生活的方式，提供的不仅是政治成就的假象，而且同时确为一种政治成就，准确地说，一种治道的胜利，从而恰恰是对于真正的政治的"温吞的谋杀"。实际上，市民的政治经济学只能视政治为"私性政治"，一种对于私利私欲的满足和交易，而非公民参与和公共精神的展现，一如其服从法律仅仅因为趋利避害；其所需要与追逐的是民众的物质丰裕与国家的强盛，伴随着消费文化，首先培植的是"私人"而非"公民"，而这一切需以国家威权为前提，国家威权以对于它们的承诺为自己赢得历史前提。职是之故，借用卢卡奇有关小说是"一种超验思维的流离失所形式"这一名人名言，不妨说此种治道是政治的无家可归形式，它在将政治放逐的同时，也使自身危乎殆哉。

进而言之，从政治社会的建构来说，30年间逐渐显露、提炼出来的此种技术官僚式的、经营管理式的处理公共生活的方式，不仅告别了政治浪漫主义，抛弃了乌托邦道德想象，信奉"发展是硬道理"，凡事"不争论"，甚至于"打左灯向右走"，而且，它放逐了对于公共生活的批判性反思，消隐了——如果不说阻止的话——对于"共善"和"良善生活"的自由主义的政治追问，斩断了有关政策、法律和国家的德性之维的自然法考察，着意模糊民族理想和基于公民理想的政治热情，满足于整个社会安于生产和消费，甚至于着意追求整个社会和全体国民的私性幸福状态。换言之，以对于市民生活的私性幸福而非公民的公共生活的满足，以换得公民的政治认同，以对于"国家实力"所营造的"光荣与荣耀"，来争取国民的政治忠诚，是此种治道自我设定的道德理想，也是一种政治底线，说到底还是在于排除各种制度备选方案的竞争性。晚近十年来逐渐强化民生的营建，包括减免农业税等，在表明民生本身就是国家实力这一常识的同时，在一定程度上反映了"和谐社会"这一政道的共和主义自我理解之于治道的影响，同时并说明了以对于民生的回应来回避对于公共生活的

① 但是，实际上，就西方语境而言，自霍布斯促成了形而上学的崩溃，而催生出理性与技术的优势之后，此种经营管理式处理公共事务的方式早已成为现代性方案的必然内涵。See John McCormick, *Carl Schmitt' s Critique of Liberalism: Agianst Politics as Technology*, NY. ,1997.

批判性反思的制度用意。

同时,“技术官僚式”的管制之能应运而生,因应了而且基本上源于平凡时代常规政治的需要,属于“现代化”这一除魅历史的制度后果,也是一种文化现象(就此而言,20 世纪 90 年代汉语学界开始的“思想消隐,学术登场”,其实有以然哉)。也就是说,造就“强人”的时代不再,威权随着代际递减,[1]一个相对平庸的政治社会过程开始,所需要的恰恰就是技术官僚与技术官僚政治。迄至常态政治成型,世态更趋平庸,则“经管政法”类背景官僚将会大量登场。今后 30 年,这一世态将会表现为中国的世相。此种政治的特点在于,以“趋利避害”和“现世现报”为人性前提,将一切作平面化处理,于眼前算计中考量决策,经由价值稀薄化和历史观的悬置,摒除历史和德性顾虑。其极端者,例属马克斯·韦伯所谓言的“专家没有心肝”一类。凡此昭彰于西方先发国家的近代历史,后发国家的“赶超”历程似乎也在重蹈覆辙。中国 30 年来的社会政治生活,至少自邓公以降,人人求安,举国思定,居家过日子的小康憧憬取代了形上冲动,消费才是“硬道理”,决定了再无“强人”出世的可能,正好步入这一平凡时代,也就是“法制”的常规政治时期。

实际上,将国家当做公司来经营,使得国家真正成为一个高度组织化的巨型公司式的政治经济结构,原本就是现代社会的一大症状,也是现代性驱导出来的统治术,不分资本主义与社会主义——“数目字管理”,利弊均在于此。如果说差别的话,前者似乎多为“私营公司”,而后者更像“国有公司”。其“战斗力”在

① 唐德刚先生在论及蒋介石式的寡头政治时,认为它是“帝制转民治的中途现象”,而非一成不变的定型,相反,“它只是个流动的、权力递减的转型体制”。换言之,寡头专权随政治强人向平庸经理式人才的过渡,其权力随之“递减”,最终导向“民治”。参见唐德刚著:《袁氏当国》,广西师范大学出版社 2004 年版,第 97 页以下。

此,其之毫无"魅力",丧失人性,同样渊源乎此。[①] 也正因为此,在寻求合法性的语境下,对于"现代化"的承诺是二者共享的历史前提,并构成了它们达成诸如"市场社会主义"这种联盟形态的现实可能性,而一起沉湎于现代主义的欣悦狂症之中。进而言之,只有在这一历史语境中,才能理解为何作为生产力的科学技术在打理人与自然关系的同时,也以意识形态的方式实现了对于人的几乎全面统治。[②] 技术官僚式的处理公共生活的治道,一种将人与人的关系换形为人与自然的关系,使得社会关系技术化的技巧,其实是这一意识形态的胜利的历史成就。这一切,不仅构成了晚近30年中国社会政治的基本面相,而且说明了凡此面相的由来,恰恰是法制登场的基本背景。

也就是说,一个缺乏民主基础的立法和服务于政府意志的司法,抽离了政治正义,正是将公共生活进行"经营管理式"运作的绝佳体制搭档。政制认同和政治忠诚的要求,在此辗转换形表现为希望公民献出自己法律信仰的努力,进而落地还俗为具体遵奉实在法律的直接指令,不仅是政治世俗化的结果,而且是"以法制合法化政制",或者以"法制换政治"的治道,就未来前景来看,也未尝不可能进境为"以法治正当化政治",演绎"既受命亦革命"的政道。其间关联,仅就其初级形态而论,恰如特定情形下的"以行政吸纳政治"或者"以经济吸纳政治"。[③] 于是,"社会关系技术化"的技巧在此表现为"社会关系法律化"的法权

---

① 昔年梁漱溟先生即曾有感于"老中国"历来是一个松散的文化共同体,属于"不像国家的国家,不要政治的政治",不若近世西洋,往外用力,辗转于彼压迫此反抗,各以一己为核心而争求,进而将国家整合如同一个"公司",并且运用此种态度于国际关系。进而,梁先生精辟地指出,"资本主义的经济,新兴中产阶级的民主政治,近代的民族国家的'三位一体'",是近世西洋社会—文化的一大特点,其对东方而言,集中表见为"近代国家内现代工业化的组织性的权能",而这一切又深植于过去五百年间从中世向近代过渡中西洋"人生态度的改变","我"的觉醒。所以,在西方近代国家的政治背后有它的经济,而它的政经出于它的人生态度。它们环环扣合,出谷迁乔,一气呵成。宪政与法治,不过其间一端。以上参见梁漱溟:"我们政治上的第一个不通的路——欧洲近代民主政治的路",载《梁漱溟全集》(第5卷),山东人民出版社1992年版,第155页;梁漱溟:"中国民族自救运动之最后觉悟",载《梁漱溟全集》(第5卷),山东人民出版社1992年版,第46、50、59、108页;梁漱溟:"中国文化要义",载《梁漱溟全集》(第3卷),山东人民出版社1992年版,第50~51页。另参见许章润:"西方法律文明与近代中国",载许章润著:《说法·活法·立法——关于法律之为一种人世生活方式及其意义》,清华大学出版社2004年版,第70、98页。

② [德]于尔根·哈贝马斯著:《合法性危机》,刘北成、曹卫东译,上海人民出版社2000年版。

③ 所谓"以行政吸纳政治",源于英人治港的经验。参见金耀基:"性质吸纳政治——香港的政治模式",载金耀基著:《中国政治与文化》,牛津大学出版社1997年版,第21~45页;金耀基著:《从传统到现代》,中国人民大学出版社1999年版;康晓光:"90年代中国大陆政治稳定性研究",载《二十一世纪》(香港)总第72期,其完整版为"再论'行政吸纳政治'",载作者自印《中国的道路》,第84页以下,或者《仁政》,第69页以下。对于康文的驳论,参见吴增定:"行政的归行政,政治的归政治",载《二十一世纪》(香港)总第74期。

回应，以所谓"依法办事"一言以蔽之；"社会关系法律化"进一步引申、衍生为"法权程序化"及其精密细琐的法律技艺，如上述"古魁案"所示，交付于所谓"司法职业化"和"司法专业化"。[①] 从而，社会关系的法律化既满足了社会关系技术化的工具理性要求，同时使得技术化的后果消隐于程序主义的法权安排，不仅没有招致将公民单薄化和放逐共和道德的指责，似乎也并没激起有关它们销蚀了对于此在予以彼在性自然法式反思的愤怒，相反，却为自己赢得了政治正义的德性——毕竟，"加强法制"、"依法治国"是时代的最强音，全体国民的共同憧憬，好像也是"现代化"的当然指标，可谓一举两得。这也从一个侧面解释了为何立法机构最大热情地从事适应市场经济的私法规则的制定，却能容忍公共生活领域的规则阙如，而公共生活的规则化本来恰恰是包括立法机构在内的公共权力本身存续的根本。而且，说到底，"法律家"而非"法学家"，同样正属于典型的技术官僚，而绝大多数的法律从业者也只能是法律家。[②] 也正因此，为何"科学技术"和"法制"成为最受当今中国治道青睐的两种管控体系了。

概略而言，"改革开放"之初，下迄20世纪90年代，凡此均为基于"摸着石头过河"的进路，尚未整合成型，更难以"模式"、"道路"或者"共识"之类的修辞来状述。随着时间的推移，越往后来，特别是最近十年间，它们越发逐渐表现为一种自觉的治理术，而呈现为并配合以下述错综时空中的法权努力。

五、错综时空下建设民族国家的法权努力

如前所述，中国的社会文化转型早已启发于中国近代史的"枢纽期"，晚近30年并非"开天辟地"之举，毋宁，是以"拨乱反正"和"改革开放"为机理的接续历史的事业。也就是说，将中断于两次战争和政治动乱的建设现代民族国家及其法权体系的努力，于20世纪70年代末期重新提上政治议事日程，接续清末以还中国民族的主导性政治意志。这一主导性意志不是别的，就是被迫与以欧美为样板的世界主流政治接轨，"救国建国"，而以"现代化"一言以蔽之，从而将中国建设成为一个法律共同体，表现为关于中国与中国人的身份建构、地缘政治、民族认同和文化单元的抽象一体性法权安排。正是在此语境下，中国近30年的

---

① 就此而言，2008年出现于中国的反司法专业化和职业化现象，以及与此相伴而来的对于"马锡五审判方式"的再评价，实可谓对于常态政治的背道而驰。

② 许章润著："法学家：法律的良心"和"法学公民与知识英雄"等，载许章润著：《六事集》，法律出版社2008年版，第165页。

法制变革参差于"接续"与"开新"之间,延续着百多年来的"本土"与"西方"这一挥之不去的话题,渐次对于当下中国场域"不同时代"的不同"中国问题"作出综合性回应。

(一)"接续"与"开新"的二元论

20世纪80年代以来,正当中国大陆启动"法制建设"、陆续恢复法学教研之际,我国台湾地区的法学著述和"立法"、"司法"的"正反两方面"经历,旋即引发了大陆法律界的浓厚兴味与高度关注。事实上,在此后的岁月里,大陆的诸多立法过程多援引台湾地区的"立法例"作为参备,主要法学院的教学资料中逐渐添备了台湾地区法学家的著述,"取其精华,去其糟粕"。究其原因,就在于作为清末以来中国民族主流政治意志的当下状态,台湾地区的法意和法制讲述了中国文化和法制转型的活生生历史,以压缩为地方性实践这一特定形态,彰显着中国文明的转型能力和实际结果,因而,横向的接引恰恰是纵向的接续,一水之隔的"空间"变成了"时间"。就此而言,结束了20世纪中叶的30年历史"偏锋"之后,晚近中国又一个30年法制建设的一切布局和操作,不过是因应整个中国的广土众民,对此更作适用的实践。其"伟大"在此,其并非"开天辟地",同样渊源乎此。也正因此,20世纪80年代后大陆法学界对于对岸同行研究成果的消化和吸收,一定意义上,恰是对于断裂几达30年的这一学术学统的接续。① 进而言之,晚近30年台湾地区的政治转型及其教训,对于整个汉语文明同样堪具启示意义,"样板效应"不可低估。

实际上,30年来的法意探索和法制建设,正是在"接续"与"开新"的二元论中展开的,构成了更为宽阔的"传统"与"现代"的二元语境的有机组成部分,而融会于民族国家建设和中国民族现代化运动的历史洪流之中。不过,在"告别革命"后的30年中,所要接续的"传统"不仅是清末变法改制以来的主导性政治意志,即清末、北洋和民国的法律遗产,一种主要始自近代中国"枢纽期"的法意

① 有关于此,参见许章润:"多向度的现代汉语文明法律智慧——台湾的法学研究对于祖国大陆同行的影响",载《法学家的智慧——关于法律的知识品格与人文类型》,清华大学出版社2004年版,第46~74页。在此补充说明的是,人身经验可以见证历史的真实性。一个典型的例子是诸如谢怀栻先生这一辈法学家,或者更为年长的一代法律人,他们对于这一段历史的经历本身,就是对于"以空间换时间"的具象说明。谢先生的法学素养孕育于1949年以前的法学教育,所接受的当然是《六法全书》这一法律体系。《六法全书》体系及其理念是当时中国人所能取得的最高法律成就,也是自清末变法以降主流汉语文明法律智慧的结晶。1957年,谢老册立"右派",旋遣新疆"劳改",大漠洪荒里战天斗地十七载。20世纪80年代"平反"后再捡民法,重续学思。当其时,盗版的台湾民法学著作和教材流行,打开了一扇窗口。年轻一辈捧卷遐思,固觉新鲜;老辈抚今追昔,又何尝不是百感交集。据说,谢老翻阅后喃喃:"接上了!"——历史又重新接上了头。此一意象,极具意味。一如所谓"以土地换和平"的以"时间换空间",此乃"以空间换时间",阴差阳错中让"时间汇合"了。

导向与政治意志，而且包括对于帝制中国法制与法意传统的重构性阐释。特别是越往晚近，帝制中国的法意传统，或者更准确地说，含蓄两千多年积淀的、中国文化中久经检验而证明为对于人世生活具有普世意义的法意精神，有限度地进入了立法、司法和法理视域。一度使激进而天真的反传统主义和现代化思潮所推导的种种歪曲观念，隔断法律的人文挂念和普世情怀，获得了有限度的校正。[①] 金岳霖先生说，“时间不会打住”，从知识经验没有“打住”，可以证之。[②] 转用此意，不妨说“时间不会断裂”，中国晚近“接续”与“开新”的法制变革，可以证之。

举例来说，20 世纪 80 年代“文化反思”热潮如火如荼之际，对于“情、理、法”连贯一体，而又井然区隔的传统法意秩序的批判，蔚为主流。30 年不到，法学家们恍然于天理、人情与国法的三位一体结构，不仅为实在法接引了超越意义，而且为超越意义防范俗世权威的为非作歹提供了法理进路，恰恰是最为精到而极富批判精神的法意传统，也是一种沁入中国心灵的民族精神，中国文明法律智慧的精粹。回头一看，不妨说，扣除八年对日抗战，清末以降法律领域“西化”与“国粹”的对垒演绎了 30 年中国民族法律精神的成长历史，接续的是晚清沈家本的“变法派”与劳乃宣的“礼教派”的论战思绪，情势在分合之间。[③] 20 世纪 80 年代末期起航的又一个 30 年的法制建设，总体来看，不仅是一百年来中国最大规模的接引西学法意和法制的过程，而且成为中国法律文明的自我理解与自我保卫运动，格局转而为合一创新，一以我民族生活的安适与否为取舍。一定意义上，伴随着中国文化自信的逐渐恢复和中国文化身份认同的复位，中国文化元素开始在社会政治生活的各个层面获得有限的现代性阐释和运用，也可以将这一努力视作中国法意面对西方强势高压，延续百年的中国社会抗议运动与社会保卫运动的法律体现。也正因为此，粉墨登场的各种法意、法理及其政治社会实践主张，其实源自多元“时间”段落，以致有“时代”的落差，亦非耸人听闻，而构成了 30 年法制变革的重要知识论背景。

（二）“中国”与“西方”的时间意象

同样正是在此，“传统”和“现代”不仅是一个时间概念，而且是一个空间意

① 至于《婚姻法》规定夫妻双方有“相互忠实”的义务，诸如此类，则又将宗教和道德不加区分、囫囵吞枣般地下落为实在法规范，未能拿捏其间的分际，徒为笑柄了。

② 金岳霖著：《知识论》，商务印书馆 1996 年版，第 449 ~ 451 页。

③ 有关清末变法中的“两派”之争，参见蔡枢衡著：《中国法理自觉的发展》，清华大学出版社 2005 年版，第 28 页；王伯琦著：《近代法律思潮与中国固有文化》，清华大学出版社 2005 年版，第 26 页；李贵连著：《沈家本传》，南京大学出版社 2005 年版。

象。换言之,包括晚近30年法制建设在内的百年法律史和法律思想史,仍然无法不在“中国”与“西方”这种二元体系中行进。转用卡尔·施密特“上帝离群索居,可又无处不在”这句话,可谓“西方偏居一隅,可又无处不在”。西方之代表“现代”与中国之象征“前现代”,从而应当成为前者不言自明的历史正当性的确证,不仅为中国的西化派奉若神明,也为历史唯物论宰制下的政治纲领所接受。只不过前者信誓旦旦,导向市场经济和中产阶级政治,后者慷慨悲歌,昂首傥论“走俄国的路”。但是,无论偏向哪一极,其将中国及其法律传统视为“现代”的他者,则无二致。迄至“历史终结”之际,中国的百年奋斗似乎只是也只能是资本主义全球凯歌高奏的一段过门而已。正是在此,晚近30年的法制努力既是在延续这一神话,更是对于历史可能性的多元拓展,从而讲述了或者有可能讲述一个有关中国的法律传统和现代经验的重构性故事,进而有望打破或者超越这一神话。由此,粉墨登场的各种法意、法理及其政治社会实践主张,其实源自多元“空间”场景,以致变换为“时代”的差异,同样亦非耸人听闻。

因此,不幸却必然的是,“中国”和“西方”在此均呈现出“时间的丛集”和“时代的错位”的错综局面,让历史的当事人举止失措,尴尬无比。① 就中国而言,“前现代”、“现代”与“后现代”同时俱来,导致出现了一个“多重的中国”。这一意象不仅是指按照经济与社会的发展水准,中国不得不分为东部、中部和西部等这样一种共处一国,却分属多层的“多重的中国”景象,②一种“地方时间”与“世界时间”的差异,更不用提港澳台与大陆在经济、政治与法律各方面之轩轾。的确,中国现存的三个较大的、各自自成体系的法律体系和政治单位,即大陆的商业共产主义的法律体系,香港和台湾各自作为一个法律与政治单元,导致在“民族国家是一个法律共同体”的意义上,“中国”是一个多重的景观,也可以说是一种“时间”上的差异。同时,它还状述了这样一种现象,即我们眼中的中国、外部世界眼中的中国和作为一种历史—文化意象的所谓的“文化中国”,这种多重、多层、多时间和多意义的叠加意象。“多重的中国”意味着在时间上它不是因循所谓前现代、现代与后现代前后相接而来的启蒙时空,一种直线发展的近代西方的进步历史时间序列,而是一种将它们同时呈现、共处于叫做“中国”

---

① 有关“时间的丛集”与“时代的错位”,参见许章润:“法律:民族精神与现代性”,载《中外法学》2001年第5期。

② 例如,根据联合国开发计划署公布的《2005年中国人类发展报告》,“如果贵州是一个国家,那么,它的人类发展指数仅刚超过非洲的纳米比亚,但是如果把上海比作一个国家,其人类发展指数则与发达国家葡萄牙相当。”至于基尼系数达到0.45,超过国际公认的0.4警戒线,更是将“多重的中国”数目字化。

的生活场景,而形成所谓"时间的丛集"。大家共处一堂,面对的问题可能一致,可能看似一致,而实际却悬如天壤,因而据以立论的语境、前提和用心,好似在对话,却难以沟通或者根本无法沟通,而不免出现"关公战秦琼"的尴尬,演绎出"时代的错位"的活剧。

作为此种"时间的丛集"的具象展现,刻下中国面临的严峻挑战之一就是,一方面未能有效避免资本主义工业化早期的弊端,如贫富差距扩大、生态恶化、腐败横行、道德失范和信用缺失;另一方面又过早地出现了现代资本主义的病态,如对于金钱权力的崇尚和追逐,人际关系疏离和紧张,精神世界孤独与工具理性对于人的异化,唯我式个人主义猖獗,理性反思能力沦落,内在德性资源空疏或者流失,社会关怀不足,等等。[①] 凡此种种"中国发展过程中的问题",一时间辐辏而来,齐齐会聚一堂,不仅说明了此间"时间"的多元错综性质,而且,它展示了一旦此种"时间"差异纠结于同一"空间",则"中国问题"无法摆脱"西方问题"的复杂性。至于政治威权主义与经济消费主义并行,坚信科学自会解决一切的开发利用与忧思地球命运的环保思潮同存,更是将此"时间的丛集"推导到大众文化层面,历史进程转换为社会议题与法律难题。因此,30 年来,中国一方面要完成适应工业化时代的产业关系立法;另一方面不得不应对环保、绿色革命等"发展后"的时代课题。而所谓法律的"社会、义务本位"与"个体、权利本位"的对举,曾经是一个搅动法理学界的话题,姑且不论它是否属于一个真实的问题,但立论者不仅援引不同思想资源进行价值申说,而且从"自由放任资本主义"到"垄断资本主义"的"时代差别"所造成的法律差别中寻找论据,正说明了"时代的错位"施与中国语境下的思考以"时间的丛集"的阴影,确乎不证自明。就连当下中国应否、能否与如何制定一部"划时代"的民法典,也因据以立论的"时间"不同,而臧否立现。[②]

因此,中国近 30 年的法治建设虽然继续着百多年来的"本土"与"西方"的话题,只是这个"本土"已然不是或者不完全是《乡土中国》中的图景,再要以此图景侈谈中国性,除了说明一缕文化乡愁才下眉头,却上心头以外,其于中国问题的解决,并无助益。而这个"西方",除了上述现代与后现代的纠缠外,亦且增添了类如"新帝国主义"、"反恐轴心"、"霸权和平"以及主权的人权考量等诸多

① 秦晓:"当代中国问题研究:使命、宗旨和方法论",交流论文。感谢何迪先生提供。

② 苏永钦:"民法典的时代意义——对中国大陆民法典草案的大方向提几点看法",载台湾《月旦民商法研究》(第 3 辑),清华大学出版社 2004 年版,第 149 页以下;许章润:"论现代民族国家是一个法律共同体",载《民族主义与国家建构》(《历史法学》第 1 辑),法律出版社 2007 年版,第 36 页以下。

新型因素。[1] 在此需要特别指出的是，正当中国开启第三波"改革开放"，换言之，正在以"赶超"战略完成西方 19～20 世纪初叶的现代性过程之际，其所面对的世界主流社会已然进入所谓后现代世态，世界文明格局与国际政治生态亦均发生了重大变革，逼迫着"中国问题"清单上不得不增列关于后现代社会的考量，在传统的东西方关系变量之上加添后殖民主义、新帝国霸权、全球化和世界经济一体化等因素。换言之，中国在努力完成上述国家建构与建设优良政体的同时，并须正视现代性的种种弊端和可能危害，防范现代性的野蛮性，在摆脱前现代的"落后"的同时，克服后现代的魔障与发展的极限。而且，新兴市场国家，包括东亚和东南亚的成功转型，所谓"金砖四国"的发展路向等，更是提供了进行重构性阐释的另类坐标，导致中国语境下有关法制与政制、社会与经济的话语之间形成了竞争性关联形态，一个缤纷粲然的多元性景观。

（三）"两面作战"式回应的法权安排

凡此种种，造成刻下中国的多元时空情境，形成了意义的多元、裂变、交叠、纽结和冲突。举凡自由主义、保守主义与新左派的共存与攻讦，民族主义与后民族主义的扞格，威权治理与民权思潮的冲突，社会、义务本位与个人、权利本位的对垒，对于德性的重新强调和基于法权体制的建制化努力，以至于法制的本土化与"接轨论"的对举，文化自觉和政治成熟的论列等，均为此种错综时空的构成要素。它们同时汇集、多元纠结、参差共存于当下中国这一时空场景中，以致出现了在诸多问题上不得不至少同时"两面作战"的复杂局面。[2] 30 年的法制变革在被迫回应着上述诸多背景因素要求的前提下，使得自身亦呈现出反抽象一体性特征。

这里举三个例子。第一个例子是，鉴于刻下中国法制的首要任务和根本宗旨在于建构民族国家的法权体系，建设中华文明的宪政秩序，因此，上述错综时空造成的一个主要症状就是，一方面，中国不仅需要完成未竟的铺设民族国家法权屋顶这一宏伟事业，而且需要经由自己的建设性探索，提供有关人间秩序的制度想象力，否则不足以应付广土众民和纷纭国际格局对于法权安排提出的各种挑战；另一方面，后现代法学对于法律的确定性、中立性和自治性的颠覆，特别是批判法学对于现代性法制的解构性阐释，不仅在知识论上影响到中国法学的论

---

① 有关于此，参见王逸舟著：《探寻全球主义国际关系》，北京大学出版社 2005 年版。

② 例如，此种情形反映为中共十七大政治报告中对于各种"主义"的并蓄式陈述，不仅说明"主流价值观"或者国家意识形态尚未整合成型，而且表明各种"主义"作为具有竞争性的理念选择和制度方案，均未占据主导性地位，只能以"白猫黑猫"式的政治实用主义将它们框定于"改革"这一基本政治共识之中，适时择机而用罢了。

述进路，而且其为一种意识形态，影响甚至左右了一些研究者的理论立场，使得在一个现代法治尚未最终确立的国度，申述法治的弊端和局限的傥论大言居然颇为流行。而且，晚近以来的“西方”似乎经历着“国家合法性的衰落”，[①]而使得国人对于完成中国民族国家建构的论述颇不以为然，导致一个尚未完成民族国际同一进程的国度，居然出现了后民族主义的思潮。进而，由此派生出的问题是，一方面，对于机械法制主义的揭示和提醒，有助于防止“立法拜物教”，告诫全体共同体成员不要以为单凭立法就可以解决一切问题，特别是务戒以法制代政制，防止“一部宪法治天下”式的天真，而为法律、社会与经济和政治的配套为用的整体性改革思路，提供理论准备；另一方面，针对西方法治，特别是美国式的法治导致法律对于生活世界过度殖民化之弊，法律世界与生活世界的严重脱离这一现状，对于正在汲汲于“法制建设”的中国来说，后现代的思虑又确有其警策意义。正是在此，2008年《劳动合同法》的颁行之引发资方及其经济学代言人的强烈反弹，不仅反映了法意背后的利益立场，而且是在究竟应否与能否运用法制来调节劳资关系的制度选择方面出现了重大分歧，而之所以分歧如此之轩轾，原因之一，甚至可能是一个大家未必意识到的重要因素，就在于对于此刻中国经济社会生活所处历史时段的判认不同，以至于结论迥异。由此可见，如果说诸如民族主义等西潮是晚清舶来的西潮，那么，后民族主义则为新近引入的，使得中国在消化前一西潮过程尚未完结之际，又必须面对后一西学的冲击，而凡此以“后”字为前缀的西学虽与中国当下国情疏离，却又构成了整体性的环境因素的重要方面，深刻影响着中国的自我理解，对之无法采取视而不见的犬儒主义态度。由此，形成了当代“中国”场景的错综复杂性原来牵连于甚至源自“西方”思潮的此消彼长这一吊诡局面。此处所述，正为其例。[②]

第二个例子是，如前所述，民族主义与后民族主义的同时登场，展现了我们这个时代“时间”之间的扞格，由此，“民族国家与后民族主义”的共时性交集，构

---

① 有关此种“衰落”的简要论述，参见伊曼纽尔·沃勒斯坦著：《转型中的世界体系》，路爱国译，社会科学文献出版社2006年版，第122页。相关但不同的论述，参见［美］麦克尔·哈特、［意］安东尼奥·奈格里著：《帝国》，杨建国、范一亭译，江苏人民出版社2005年版；吴稼祥著：《果壳里的帝国——洲级国家时代的中国战略》，上海三联书店、华东师范大学出版社2005年版。

② 实际上，这是百年来一直存在的一种“中国现象”。早在1923年，共产党人瞿秋白即已对此有所指陈。在“自民权主义至社会主义”一文中，他写道：“中国宗法社会的皇帝制度破败之后12年，方才露出一些民权主义的可能性，然而已经处于世界社会革命的时代，中国‘四海之内莫非王土’的国家观念受枪炮、飞机、潜艇、新银行团的恐吓，方才烟消云散，想建立‘民族国家’，然而欧美各大民族国家却已显然表露它们是‘阶级国家’。中国民权主义与民族主义的开始，恰好是在世界的民权主义和民族主义崩坏的时期。”参见《瞿秋白选集》，人民出版社1985年版，第55页。

成了我们这个“时代”的特征。“中国问题”的特殊性决定了现代中国担当着双重任务，既要建设民族国家，同时也要在东、西方意象和随后的全球化形势下完成政治转型，缔造民主中国和法治中国，形成中华文明的宪政秩序。然而，现实情形是，一方面民族国家还没有最终建设完成，整个国族的国家意识其实相当淡薄，国家定位尚未最终成型，现代中国的国家哲学尚付阙如。虽然自1911年帝制坍塌、共和肇始以来，大框架上中国即已算作一个民族国家，但是迄而至今，隙漏甚繁，建设民族国家的任务依然尚未最后完成。从整个大中华地区的宏观着眼，就法律面相而言，当今中国既然存在大陆、台湾地区、香港特区三个独立存在的法律实体，彼此节制松散或者实际上并无直接辖制关系，而中国又不是美国、加拿大这类以移民为主体形成的新兴联邦制民族国家，那么，它在具象地表明中国还没有经由统一的法律体系来网罗中国政治疆域、法律时空范围内的一切活动，包括它的政治建构、经济制度和公民生活的同时，揭示了中国迄今为止还没有最终完成民族国家建构任务的严峻现实。这一特殊国情，决定了中国此刻一切措置的基本语境。另一方面，全球化、文化多元主义已然登场，后民族主义等“后现代”思潮正在解构着我们基于民族主义的关于民族国家的概念，甚至可能危及民族国家的利益边界，解构民族国家的主权整合。自由主义阵营整体性之缺乏国族利益关怀与文化认同，又拿不出针对具体问题的有效解决方案这种学思与实践的困厄，销蚀了其道义担当和思想力量，无从催生强有力的思想动员，更不可能形成有效的社会、政治动员，但却对社会思潮具有相当影响力，于此推波助澜。一些自由主义者漠视国族利益边界，嘲讽国族文化认同的言论，不仅暴露出其基本学理疏阔肤浅，而且情感认同错乱，从而招致实践层面对于生活世界的背叛，导致其思其学终究不过书斋呓语的命运。

第三个例子，再就威权主义与民权保障思潮来看，《宪法》提供了“错综时空”的绝好样本。一方面，现行《宪法》规定了“信仰自由”条款。作为一个政策性规范，它需要以下位法律、法令和规章进一步予以细化，属于典型的现代自由主义政治主张。另一方面，它又自相矛盾地规定国家要对公民“进行历史唯物主义教育”。两个条款同处一部宪法的“序言”之中，而截然对立，矛盾于是在所难免。也就是说，如果公民享有信仰自由，这一现代启蒙话语所反映的基于精神自由而来的关于宗教的基本宪法原则是真的，那么，国家对于公民进行唯物主义教育这一命题的正当性就必然为假；反之亦然。在此，与其指斥当事人缺乏历史意识，不如说其所彰显无遗的实在是“时间的丛集”的尴尬。问题在于，凡此并非均为立法者恶意为之，一种纯粹基于“意蒂牢结”的产物，毋宁是在“时间的丛集”这一背景下，当事人自觉或者不自觉的不得已，一个文本与现实的错位。换言之，现实已然超出了文本，但既有体制的自卫却不容文本坐视，于是只好用文本来搪塞现实，并使现实和文本似乎蔚然贴合，而对现实有个交代；对于现实的改变以求贴合文本，而前提恰恰是需要维护现实，从而使改革本身得以实现。正是在此，生活已然前行，规则裹足不前，于是形诸字纸，展现出这种自我不相容性，不仅是对于理念与现实及其矛盾的双重回避，同时并是对于这一矛盾的鸵鸟式应对。法律之为一门技艺，其可贵与可悲均在于此。一百年来，一些解决中国问题的对策似乎并非立基于对于中国当下问题的判断，而可能是根据对它处在另外一个时段的错觉而来的，或者是基于另外一种时段的理念而采行某种措置，一旦置此语境，一切便都一目了然。各自身处的时间不同，对于现实的时间性判断有别，据此而来的对策，当然不免“时代的错位”的尴尬。

（四）时间的二重性及其统一

正是在此语境下，晚近30年的中国社会政治及其法律变革出现了“时间的困惑”，不仅是因为身处多个“时代”，以至于不免常常举止失措，令人无所适从，而且表现为宏观上政治社会本身对于自身所处历史时段的自我理解不同，以至于作出了迥然不同的判断，从而采行截然不同的措置。从20世纪70年代宣告中国已经成为“初步繁荣富强”的社会主义国家，中经划分社会主义的高、低阶段，自找台阶重新定位，到最后定位于“社会主义初级阶段”，并且坦承这是一个无法准确估算的“相当长历史时期”，实际上等于是向以现代性为幡的历史进程的全面皈依，而将1949年的革命元年时间概念，或者说一种“地方时间”，交叠、错综和混合于这一“世界时间”，力图在二元时间中理述出一种时代景象。与此相呼应，诸如“资本主义可以有市场，社会主义也可以有市场”一类的混融进程启动，导致“社会主义市场经济”实体的诞生与成长。由此，才会一步步“退后”到而非“迈进”到私有产权确认、承认人权的正当性等基本社会政治关系的重组过程，由此种曲折步法引领社会政治向前“进步”。同时，以一个“时间的丛集”之身，应对后现代、后冷战、“后9·11”时代的世界，实现百年转型的“结束的开始”。

由此，法制变革随着对于“时间”体认的变换而调整。从旨在“加强专政”的社会主义法制建设宣谕，到基于“市场经济就是法制经济”这一理念而建立市场经济下的私法体系的努力，再到规范公权、维护私权、保障人权、建设法治国家的法律的自我理解，递次表达了随着时间概念的变换而转换的法制定义，一步步接近于法治的自我理解。它们在展现经由法制的工具性托付与价值性托付的交集之际，更彰显出错综“时空”下市民生活的法律向度对于公民生活的“世界性”的诉求，从而，引导出法治主义的社会想象与道德秩序观。

六、马基雅维利时刻

总括以上论述可以看出,包括晚近30年改革开放和法制建设在内,绵延一个半世纪的“历史三峡”,似乎颇类于所谓的“马基雅维利时刻”。[①] 就西方语境而言,它指脱离中古神学的羁绊,从文艺复兴以还,将对于政治共同体的理解及其自我理解放置于世俗历史意识之中,以现实主义来考量政治活动的条件与形式,围绕着超越个体的德行而展开政治的体制安排,赋予个体的世俗追求,包括对于权力的追求,以不言而喻的合法性,等等。因而,这也是一个世俗化与去政治化的政治历史,一个私人与公民同步成长的社会发展史。在当代中国历史语境下,借用这一术语旨在说明,百年中国转型时段表现出了自己的世俗化特点,世俗理性主义及其形式化法制的确立蔚为时代主流,常态政治而非异常政治主导着并构成了这一世俗历史进程,以及借由法制的政治表达,通过社会建设的政治建设等特征。论者谓之“一个迟到的格劳秀斯—洛克时期”,道出的也许正为同一硬币的另一面相。[②] 事实上,在此“错综时空”时段,世俗理性主义、政治实用主义、社会正义和启蒙话语的现代化论,诉诸政治现代化追求的自由主义思潮,自由主义的社会想象与道德秩序观等,构成了法制的主要意识形态。与此同时,表现为文化自觉的民族主义与基于中国情怀的文化保守主义,以及含义含混、背景复杂的“国情论”性质的论说,同样成为推动中国社会发展的主要精神因素。它们构成了30年里中国法制的主要精神向度和意义来源,叙说着一个有关中国社会文化与政治法制“转型”的宏大故事,其情节之独特、场面之波澜壮阔与过程之缤纷跌宕,概非人类既有成例所能全面解说,亦非任何一种理论即可曲尽其妙。

有一点可以在此陈述的是,在这一颇似章回小说的历史叙事中,“法制建设”是一个“综合性容器”。它承载着民族理想与公民理想,既要落实市民的政治经济学,提供解决纠纷的法权主义程序安排,经由分配正义和校正正义实现社

① 这一概念借自英国著名政治史家 John. G. A. Pocock 教授,See John. G. A. Pocock, *The Machiavellian Moment, Florentine Political Thought and Atlantic Republican Tradition*, Princeton University Press,2003。

② 钱永祥:“自由主义的道德秩序观与社会想象”,载许纪霖编:《现代性的多元反思》,凤凰出版传媒集团、江苏人民出版社2008年版,第24~33页。笔者在此意欲补充的是,这是一个漫长的西方19世纪的东渐史,也是更为漫长的中国20世纪的延续。正是在此,本雅明式的巴黎“游走者”与“拱廊街”,“异化了的人”与“灵晕”,均于晚近30年里异地复活了,“再现”了。

会公义，又要体现共和德性与社会秩序的道德想象，为全体公民的和平共处铺排分享的公共政治空间，还要在提供和继续提供专政利器的同时，标榜和救济政制/政治合法性与文化正当性。因而，正在进行中的政治和法律的“理性化”进程，或者，更准确地说，一种世俗理性化转型，不仅在向社会秩序和市民生活作出交代，而且越来越多地显现出对于人本主义关怀的承载，表达了社会生活的自我保卫性质，以及含蕴于此过程的私人与公民的同步成长。就此而言，晚近 30 年的法制变革不仅表现出构建市民社会政治架构的趋向和意义秩序的能力，而且，其意义在于通过利益调整为政制变革开道，以法权安排贯通社会与政治的隔阂，提炼全体公民政治上和平共处的可能性。也正是置此背景下，可能是因为职业的训育，并为现代法学本身的精神内涵所决定，整体而言，30 年来的当代中国法学主流属于一种自由主义法意精神，法律从业者共享的基本上也是这一自由心智。同时，此一法意秉持世俗理性主义，强调循沿程序主义的法权进路，经由立法和个案的昭示，特别是争议性案件的全民讨论，[①]竭力逐步规导矛盾重重的社会趋于理性、和平、循序与守法的纠纷解决之路，而服务于营造祥和世态的政治社会努力。

因此，晚近以来的法制变革不仅铺设法权体系，维续市民生活，而且通过将德性追问化约为法律上的权利与义务安排，建构生活伦理的法权立场，重建中国社会的道德自信。由此，法制以规范体系和意义体系的双重身份，加入到公共文化观的构建过程中来。私产确权、人权入宪、程序正义、“民告官”以及表现为公民维权的诸种法律行为，在将社会关系纳入法权体系，从而指向抽象一体性的法律体制的同时，也在培养着一种新型德性，一种关于公共生活的民权想象和国家想象。由此，表达为法制变革的法治建设，经由法治建设的政制建设，凭借政制建设的社会建设，诉诸社会建设的国家建设，经由国家建设的政治建设，联翩带出的是一个终必以自由立国的关于“中国性”或者“中华性”的时空实体。

（2009 年第 5 期）

① 有关“争议性个案”及其借由媒体而形成的“全民讨论”在引导中国社会的法制想象中的作用，参见吴革、王振宇等编：《中国影响性诉讼》，中国检察出版社 2007 年版。

全球化时代的中国法制现代化议题

公丕祥*

我们讨论全球化时代的中国法制现代化研究问题，主要基于以下两点考虑：其一，全球化背景下的中国法学研究，首先应当关注当下中国的法学与法制问题，而当代中国法制的转型与现代化问题，构成了当代中国法律问题的核心要义。其二，全球化时代的中国法制现代化进程波澜壮阔，呈现出诸多独特的历史品格，展示出蓬勃的生机与活力，迫切需要当代中国法学与法律工作者从全球的视野，深入研究全球化进程中的当代中国法制现代化的理论与实践，揭示全球化与中国法制现代化的互动机理，把握全球化背景下中国法制现代化的运动方向。

一、全球化体现的是一个客观的历史进程和发展过程

全球化是一个由外在的科技进步、经济发展与文化交往等所构成的自然的、自发的客观历史进程。这是一个历史性的发展过程，从1500年左右第一次全球化浪潮的"蛹动"，后经19世纪末20世纪初的第二次全球化浪潮，到20世纪80年代开始的第三次全球化浪潮，迄今已经历了五百年左右的历史行程；这是一个具有人为推动倾向的发展进程，国际社会中的特定单位（民族国家、地区、利益集团、跨国公司等）基于特定的利益动因，为追求某一具体的战略目标而对全球化进程加以人为的推动；这也是一个全方位的发展进程，涉及经济、政治、社会、法律、文化等诸多广泛的领域，当代世界生活的几乎每一个方面、每一个地区、每一个角落，都被汹涌澎湃的全球化浪潮搅动了起来。

在很大程度上，全球化意味着对全球市场经济发展的确证，意味着世界各个国家与民族的生产方式的某种趋同，也意味着在这个充满竞争的全球舞台上各个国家与民族必须相互依存、相互协调、相互合作以及一定程度的相互妥协。当代的全球化进程正在导致两种发展趋势或发展前途：一是所谓一体化趋势，这一趋势主要反映在经济生活领域，而在政治、法律与文化等领域，虽然也有某种体现，但并不明显；二是所谓多元化趋势，全球化分裂的趋向正在开始出现，以世界

* 作者单位：南京师范大学法学院。

多极化、经济区域化、文化多元化为主要表征的全球分裂进程正在加快演化。

时下,以俄罗斯与格鲁吉亚的战争冲突和席卷全球的国际金融危机为标志,当代的全球化运动已经处于历史的十字路口,正在展现出新的时代特质和运动取向。俄格战争在相当程度上意味着全球政治力量与版图的重新划分,试图打破冷战结束后形成的由美国主导的全球政治体系。而由美国次贷危机引发的并且正在蔓延扩大的全球金融危机,不仅在很大程度上粉碎了以“华盛顿共识”相标榜的新自由主义的经济神话,而且表明现行的国际金融体制乃至整个全球管理体系正面临着全面的危机。因此,与俄格冲突的国际调停努力相类似,一场化解国际金融风暴、摆脱全球管理体制性危机的国际协调行动正在加快实施。2008年11月15日在华盛顿召开的20国集团金融峰会即是这一协同努力的明证。由是,有的学者不无夸张地说,世界历史的新时期正在开始,2008年8~10月将作为全球发展的第四个阶段的开端而被载入史册。这个新阶段的基本任务在于创设更加公正稳定的、抛弃新自由主义的并且由最具责任感的国家协调行动的全球管理体制。①

二、超越狭隘的东西方主义模式观,走出一条适合中国国情的自主型法制现代化道路

如何看待和处理好全球化进程中的东西方法律文明之间的相互关系,这是一个世纪性的课题与挑战。在这里,我们既要排却法律发展问题上的“东方主义”,也要拒绝法律发展问题上的“西方主义”。

按照爱德华·W. 萨义德的看法,“东方主义”或“东方学”,是一个具有多重含义的概念术语,而从文化意义上,东方主义或东方学更多的是指通过作出与东方有关的描述,对有关东方的观点进行权威裁断,对东方进行描述、教授、殖民、统治等方式来处理东方的一种机制,简言之,可以将东方主义或东方学视为西方用以控制、重建和君临东方的一种方式。② 同样地,在法律发展问题上,似乎也存在东方主义的印记。这主要是指西方学者(包括某些东方学者)对东方社会法律生活面貌的描述,严重地歪曲了其描述的对象。在这些学者的笔下,东方法律生活或是被丑化了,或是被弱化了,或是被异国情调化了,或是被不适当地拔高了。很显然,这种程式化了的东方法律形象是西方自己创造出来的。种

① [俄]谢尔盖·卡拉加诺夫:“全球危机:创建的时机”,载《俄罗斯报》2008年10月15日。

② [美]爱德华·W. 萨义德著:《东方学》,王宇根译,三联书店1999年版,第4页。

种的扭曲早已偏离了真实，只是顺应了西方对东方进行殖民扩张的需要，制造出了西方全面优越于东方的神话，为西方征服东方提供理论根据。

"西方主义"，这是笔者提出的与"东方主义"相对的一个概念术语。如果说"东方主义"是西方文化人对东方形象的歪曲，那么在一定意义上，"西方主义"则是东方文化人对西方形象的歪曲。在法律发展问题上，"西方主义"倾向的表征是显而易见的，如全盘西化论、西体中用论、中体西用论等。这种法律发展问题上的"西方主义"，实际上是在把东方法律发展看做从属于或依附于西方法律发展的一种非独立的、非自然的历史过程，突出在全球法制现代化进程中的西方法律发展的支配与主导地位，反证东方法律发展的消极与被动的角色，从而起到了与法律发展问题上的"东方主义"的异曲同工的效应。

在全球化的背景下研究中国法制现代化的理论与实践问题，我们需要树立全球性视野，超越法律发展问题上的狭隘的东方主义模式与西方主义模式观念。

法律发展问题上的东方主义模式，在很大程度上反映了19世纪以来全球化进程中东方与西方相互关系的深刻变化。在东西方的交往过程中，19世纪以前的欧洲并非处于世界的中心地区，相反东方则占有优势或中心地位。当近代资本主义文明出现的时候，它的诞生地并不是在世界的中心地区，而是在世界的边缘地区。相反，在那个时代，世界的中心在东方。因此，那一时期的法律发展，在相当大的程度上乃是东方对西方的深刻影响，或者至少是相互之间的平等对话。然而，随着18世纪英国工业革命特别是19世纪欧洲的工业化进程以及那一时期的海外殖民扩张，东方与西方的关系发生了明显的转换。用贡德·弗兰克的话来说，整个场景发生了剧变，欧洲开始超过亚洲，西方代替东方逐步成为世界的中心。[①] 这一状况也在法律生活领域反映出来，集中地表现为法律殖民主义或法律帝国主义。

法律殖民主义是19世纪中叶以后出现的一种全球性的社会与法律现象，是伴随着近代西方文明在广大非西方世界广泛传播而形成的一种法律文化霸权。它同西方资本主义的世界性殖民扩张处于同一个历史过程之中，因而常常伴随着血腥的暴力与战争。马克思在晚年人类学笔记中专门分析了19世纪西方殖民者对待殖民地法律的主要做法。他归纳出以下四种做法：第一，只要非欧洲法律对殖民者有利，就立即予以承认；第二，对非欧洲法律进行"误解"，使之对殖民者有利；第三，用新的法律规定否定殖民地法律的某些规定；第四，用新的法律

① ［德］贡德·弗兰克著：《白银资本——重视经济全球化中的东方》，刘北成译，中央编译出版社2000年版，第33～39页。

文件使殖民地的传统法律文明在实际上变形或解体。① 法律殖民主义的这些若干形态方式,乃是法律发展问题上的"东方主义"模式的典型表征。

当代全球化时代的到来,有力地推动了全球性法律的重构进程。应当注意到的是,在这一进程中,一些新的形式或变相的法律殖民主义倾向似乎开始泛起。与旧的法律殖民主义不同,新的法律殖民主义倾向往往借口全球化以及法律的全球性重构来向广大发展中国家推销所谓全球通行的法律规则,强调全球规则的重要性,主张发展中国家的法制改革应当同全球性市场规则体系的基本要求相一致,应当有利于吸引国际投资者。时下兴起的以全球化进程为基础的新的法律与发展运动,似乎与上述倾向有着某种程度的关联。这一新的法律与发展运动有着相当的复杂性和迷惑力,需要引起我们足够的关注。对于已经卷入全球化大潮之中的当代中国来说,应当坚定地捍卫国家的法律主权,谨防全球化名义下的新的法律殖民主义,防止一味地追求全球规划的普适性及其对本国法律发展的引导作用,从而确立在全球法律体系中的自主地位,走出一条适合中国国情条件的自主型法制现代化道路。

三、法制现代化道路必须与我国的传统、条件相契合,能够反映中国风格与民族法律精神

法律发展问题上的"西方主义"模式,在很大程度上反映了一些东方学者对西方法律发展模式的依恋情结。应当看到的是,在近代中国,人们对西方的认识是随着社会的变迁而逐步变化的。"五四"前后的一些学者就曾经试图对这一认识过程加以总结与反思,大体形成了所谓"三阶段"论,亦即甲午海战前侧重于引进西洋技术,甲午海战后重在引入西方政治制度,辛亥革命后则转向引介西方文化。20 世纪 30 年代初讨论中国现代化问题时,一些学者对中国现代化进程中的东西方关系问题之思考,也基本上持有类似的看法。这种"三阶段"论的图式,反映了近代中国人对西方的认识总是同特定社会条件与特殊的社会需要密切相关的。在某种意义上,似乎可以这样说,社会条件与社会需要决定了近代中国人对西方的基本态度与价值选择。不同历史时期的不同社会条件与不同社会需要,必然导致对西方认识的差异性。这种历史差异性,形成了一条近代中国人关于西方概念的认识之链,以至于构成一种近代中国人的"西方观"。这一历

① 《马克思恩格斯全集》(第 45 卷),人民出版社 1985 年版,第 315 ~ 327 页。

史现象是颇值得玩味的。

中国法制现代化的过程是一个传统法律文化与西方法律文化的冲突过程。西方法律文化的冲击,无疑是引起中国法制变革的重要动因之一。这是因为西方法律文化与中国传统法律文化之间有着巨大的历史差异性,前者是与商品经济文明体系紧密相连的,而后者则是自然经济文明体系的必然法律表现。因此,二者的矛盾冲突是不可避免的。正是在这一冲击过程中,中国法制走上了艰难的转型之路。固有的法律文化体系逐渐地吸收和融合了西方法律文化的某些因素,导致法律价值取向的深刻转变,进而适应新的社会条件,开始了新的法律文化体系的整合或重建过程,并且由此获得了新的生命力。但是,西方化并不必然等于现代化。尽管从全球角度看,法制现代化确实是从西方起步的,西方法制的现代化,不是一个国家、一个地区的个别现象,而是具有世界化的趋向,是一个世界性的历史进程;然而,法制的现代化并非西方文明的独占品,它在每个国家总会有自己民族的诸多特点。中国法制的现代化过程,并非完全是由于西方冲击的产物。促成中国法制变革与现代化的原因是多方面的,西方法律文化的影响并不是唯一的终极的原因,甚至不是主要的原因。中国法制从传统向现代转变的革命性进程,乃是内部因素与外来影响相互激荡的历史产物。从根本意义上看,正是中国社会内部因素和条件的综合作用,形成了中国法制现代化的运动能力和运动方向。

因此,我们必须超越法律发展问题上的“西方主义”模式,打破“西方中心主义”的思想樊篱,遵循中国法制现代化进程的固有运动轨迹。实际上,全球法制现代化是一个丰富多彩的多样性的自然历史过程,并不存在一个普适性的共通的法律发展模式,也不存在以“西方中心主义”为依归的法律价值范型。只要我们从本国的传统、条件和需要出发,就一定能够探索出一条体现鲜明的中国风格的、反映民族法律精神的、具有世界性意义的中国法制现代化道路。

当下,讨论全球化背景下的中国法制现代化问题,不可避免地要涉及如何看待新自由主义及其对中国的影响问题。在社会经济生活领域,全球化重构进程的意识形态基础乃是所谓新自由主义。这一理论突出强调市场的力量,主张废除对经济活动的种种限制,把竞争看做一种无所不包的信条,认为国家的基本职责在于通过反对垄断来维护市场竞争秩序。从20世纪80年代以来的相当长时期内,新自由主义理论与政策支配着欧美的政府行为与社会经济生活。在WTO、IMF以及世界银行的大力推动下,新自由主义又扩大到了新兴国家与发展中国家。中国也不可避免地受到这一思潮的影响。如今,当人们在深刻反思国际金融危机的成因时,不得不发现我们正在吞下新自由主义结下的苦果。

近来,一些学者批评美联储前主席格林斯潘过度迷恋金融衍生品的作用,反对对金融衍生品实施监管,任由市场力量自由发展。而格氏本人也在美国众议院监管委员会的听证会上勉强地承认,次贷业的崩溃以及次贷业产生的规模庞大、高度隐秘的衍生金融工具交易的崩溃,暴露了他无条件依赖自由市场的做法存在缺陷,并且认为应当对这类产品实施监管。目前,美国国会正在制定以加强政府对市场的干预为重心的重塑全球金融监管体系的各项计划,其中之一便是组建一个大规模的超级监管机构,以便对那些从未受过监管的金融产品实施监督。于是,有人断言,全球范围内的金融危机预示着全球新自由主义的破灭,标志着自由市场模式的死亡,进而认为美国基于自由理念而匆忙构筑的世界新秩序已经破产,"金砖四国"(中国、俄罗斯、印度和巴西)正在跻身全球领袖之列,而以新自由主义为依归的美式全球化模式将要被以强化政府主导作用的东亚模式所替代。当然,与此不同的另外一种观点认为,引发美国金融危机的真正原因是政府干预而非自由放任,更多的监管和干涉主义只会带来更少的公正。

当代中国的社会转型与变革进程,是在新的全球环境中展开的。全球范围内的新自由主义思潮必然对这一变革进程产生这样或那样的影响。我国有的学者认为,中国市场经济体制的建立过程,是一个分权化的过程,应当建立一个"相对无为"的政府,给资本与市场的发展以一个更加广阔的空间,政府的职责就是为资本与市场的发展提供可靠的保障;中国的法律发展及其现代化的过程,是一个自发成长的自然历史过程,有赖于社会内部本土因素的缓慢积累与发育,外在的公共权威对这一进程是无能为力的。这一思潮或多或少地影响了政府政策系统乃至立法与司法领域,国企改革问题上忽视社会正义的某种偏差就说明了这一点。在当代中国,建立现代市场经济体制,建设现代法治国家,绝不表明市场经济条件下的政府是相对无为的,而是需要一个能够依法充分行使社会公共管理权能的强大国家的存在,需要依靠政府的强有力的依法调控干预;发展现代市场经济,推动法制转型与变革,绝不意味着单纯满足资本与市场的效益需求,而是需要更加关切社会正义与平等,架构公正有序的市场竞争规则体系,有效地规制资本与市场的无节制的不公平的扩张,进而促进社会利益需求的平衡发展。

四、结　　语

扑面而来的全球化浪潮,并没有因当下的全球金融危机而改变固有的运动轨迹,反而治理全球金融危机的进程,正在相当的程度上促进全球经济与社会活动的一体化,从而加快全球法律发展进程的重构。因此,作为一个主权国家和正在重新崛起的世界大国,中国必须进一步确立全球发展意识,平等自主地参与全球性行动,共同制定和实施全球性的行为规则,而不应由某个或某几个国家主宰全球规则的制定和实施过程。在全球性的行为规则和法律机制的成型过程中,中国不仅要作为一个负责任的大国展开行动,关注全球性的共同利益,而且要坚定地捍卫国家主权与民族利益,坚决排拒那些损害国家主权与民族利益的制度规范,抵制全球化进程中的任何形式的法律帝国主义;不仅要继续致力于改变以往的那种美国中心主义的全球化格局,防止新自由主义的经济社会理念与模式重新成为主流话语,而且要谨防重整与改革全球金融体系名义下的新的欧洲中心主义的抬头,努力推动反映新兴国家与发展中国家利益诉求的国际新秩序的形成与发展。处于这一时代进程之中的中国法制现代化运动任重而道远。

(2009年第5期)

民意审判与审判元规则

周永坤*

不知从何时起,民意审判日益取得了相当的社会共识。① 笔者的这一判断是基于以下四个理由:一是在司法实务中民意审判成为法官的倾向性选择;二是有的法院正在努力将依民意判决常态化,一些法院正在总结相关的经验,民意审判已成为法院内的"行政指导"性倾向;②三是主流舆论导向民意审判,表扬优秀法官、总结工作经验等都离不开彰显民意审判;四是学界呼应者甚众,质疑者盖寡。③

民意审判的正当性似乎已经没有讨论的必要,民意审判正在成为中国司法改革的方向。但是,即使不看世界法治潮流,只要看看我国自己的法典又不免使人疑窦众生。《刑事诉讼法》第6条、《民事诉讼法》第7条、《行政诉讼法》第4条都明明白白地规定诉讼"必须以事实为根据,以法律为准绳"。莫非三大诉讼法都错了? 即使是错了,也应当由人大来修改法律,而不是由法官来"修改"啊! 判决依据问题是个"审判元规则"问题,它关乎中国法律实效及社会主义法治国

* 作者单位:苏州大学法学院。

① 主张审判应当考量民意的同志当然不是主张不要法律,而是主张审判应当考量民意。为了表述的方便,本文将判决应当考量民意简称为"民意审判",这里的"民意"实质上是所谓"涉案民意"。对于民意的分类详见下文。

② 前不久笔者在一个研讨会上就收到一位法官以某中级人民法院名义起草的《关于加强民意收集分析运用引导的指导意见》,目的是拿来征求与会者的意见,后来不知何故有人告知大会"此是个人行为",不代表某中级人民法院意见。最高人民法院王胜俊院长在最高人民法院党组会上强调"要从制度上保障人民法院的各项工作充分体现民意,不断满足人民群众的新要求、新期待。要把人民群众的呼声作为第一信号,把人民群众的需求作为第一选择,切实改进人民法院工作"。参见陈永辉:"要不断总结经验创新形式进一步加强民意沟通工作",载 http://old. chinacourt. org/html/article/200904/10/352331. shtml。最高人民法院《关于进一步加强民意沟通工作的意见》(法发〔2009〕20号)也具有指导意义。

③ 民意审判的代表性人物当数何兵教授,他认为民意判决代表了法律的"人民性",是法律力量之所在。参见王玉瑞:"何兵:法律的力量从哪里来",载 http://wyr1. fyfz. cn/blog/wyr1/。对民意判决正当性给予法理上论证的则首推诉讼法大家顾培东教授。他起码从四个方面论证了民意审判(他称为"公众判意")的正当性,这四个方面是:公众判意不构成对司法独立的贬损,公众判决是司法机关处置个案的重要参考,强调吸收公众判意是司法公开化民主化的有益实践,吸收公众判意是平衡法律资源配置的重要手段。参见顾培东:"公众判意的法理解析",载《中国法学》2008年第4期。孙笑侠教授与熊静波的"判决与民意——兼比较考察中美法官如何对待民意"一文是笔者查到的唯一对民意审判持冷静分析态度的学术论文,该文载《政法论坛》2005年第4期。

家建设,应当认真对待。本文试图从审判元规则的角度切入,从厘清基本用语开始展开讨论。

一、民意、大众民意、法律民意、涉案民意

"审判当依据民意"这一论题的关键之处是何谓"民意",对这一至关重要的前提性问题,人们并没有认真厘定。文献检索的结果表明,论者是在"民众意愿"、"大众意愿"、"人民意愿"或"舆论"的意义上使用"民意"这一用词的。因为这里的大众民意是针对个案的,所以实际上是大众民意中的"涉案民意"(或"涉诉民意")。

一份学术会议文件对涉案民意的定义是:"涉诉民意是社会民众以朴素的正义观为出发点,以朴素的善恶、对错为标准,基于道德伦理要求,对司法审判工作与个案工作和个案裁判作出评价,所形成的一种普遍性的民众意愿。"这一定义有许多空泛的定语,落脚点还是"民众意愿"。从作者列举的民意表现形式来看,除了有权人物的意见、习惯性、自治性规范以外,其主要表现形式还是舆论。① 习惯性、自治性规范明显不属于"涉案民意"——因为它是先于待决案件存在的,人大代表与政协委员的意见、建议、议案等当然也不是民意,最多只是判断民意的一个因素。除去这两类,民意只能是舆论或者"民众意愿"或"民众意见"。更有些学者将民意与法律对立,提出一种法律与民意"二元主义"的认识论。② 民意的另一种含义是与"民意机关"相关的,这里的"民意"指议会(在中

① 作者列举的民意表现形式是:人大代表、政协委员的意见、建议、提案、议案;乡规民约、风俗习惯、行业协会章程及惯例;媒体、网络及其他各种普遍性的社会舆论形式。参见《关于加强涉案民意收集分析运用引导的指导意见》,江苏省法理学宪法学 2008 年年会文件。作者是一名法官,为避免不必要的误解,隐去其名,请包涵。

② 有学者提出:"法律文本对法官来说,只是法官发现法律的场所,是具有权威性的法律资料,而不是法律本身。法律应当是社会中的法律,而不是文本上的法律,不是法学家论著中和口头上的法律。法律不能脱离它将要适用的社会生活实践。法官也不应该被法律所奴役,法官在适用法律时,应当摆脱教条主义的束缚,超越纸上的规范,去科学地自由地发现社会生活中生成的'活法',发掘法律现实的客观意义,以寻求个案公平妥当地解决,维护法的妥当性。"他进一步指出:"生活中的'活法'指的是什么? 这就是'民意'。因为法律本身就是民意,法律来源于民意,民意是法律之母。法律条文中的民意,都是固定下来的民意,是过去的民意,'前人'、'古人'的民意,因此,也可以说是人们的一种'遗意',是僵死的民意。而现实生活中活生生的民意才是具有最强大生命力的民意,也才最符合现实生活的实践,最适用于解决现实生活中的各种问题。这就要求我们法官要时刻关注、留心、了解和掌握民意……"参见仇慎奇:"'案结事了'的二元论认识",载《人民法院报》2009 年 4 月 8 日。

国指人民代表大会）的意见或决定。权威的马克思主义法学家、曾任内务部部长和最高人民法院院长的谢觉哉的用法具有权威性：他是将“民意机关”与“司法机关”相对称的，可见他的民意是指人民代表大会（请注意，不是哪一个人大代表意见）的意思表示，当然主要是指法律表现。[①] 在现代民主通识中，立法机关是“生产”民意（法律）的机关，审判机关是依民意（法律）审判的机关。因此，在“法律就是民意”这个意义上说，司法考量民意的正当性是不言而喻的。但是显然时下“民意审判”不是在这一意义上使用“民意”这一用语的。

这告诉我们，中文“民意”一词可以用来表达两个完全不同的概念：“公众意见”（publicopinion）（民众意见或舆论）和“人民意志”（the will of the people）。

作为公众意见的民意，是一种意见（opinion），它只是一种态度，是指人们针对某个特定的论题的意见、观点、态度和看法中占主导地位的意见。它为某一团体中大部分人所坚持或表示，它就是我们日常所说的舆论。舆论并非必须是大多数人的意见，但却是某个重要群体所持有的意见，尽管可能是少数人。民意必须区别于专业意见，如医生在方法上的观点。在某些论题上，也许不可能发现公众舆论，仅有某个特殊阶层的共同意见。在有些论题上可能形成强烈的、广泛的支持意见，而在另一个时候却是很少、甚至不存在共同意见。在许多议题上，往往同时存在两种或更多的相矛盾的公众舆论。沃克特别指出：“有关法律事务的公众舆论是不存在的。例如，对有关土地将来利益的法律，现在的公众舆论是什么呢？或者公众舆论是如此的模糊不清和信息不明以致没有参考价值……在某些问题上，也许会存在感情的自动爆发，并随之出现公众情感的波浪……”[②]这种民意其实是卢梭笔下的“众意”，[③]我们姑且称为“大众民意”。确定什么是大众民意通常的做法是通过民意测验。

作为人民意志的民意是一种意志（will），意志是一个人用以控制其行为、选择其行动方针并指导其达到一定目的的精神能力或精神力量，意志表示一种选择行动方针的能力，意志必须是在没有外在强制力情况下行为人自己选择行动

---

① “民主和法制——谢觉哉同志日记摘抄”，载《人民日报》1978年11月27日。

② ［英］戴维·M. 沃克著：《牛津法律大辞典》，邓正来等译，光明日报出版社1988年版，第734页，“public opinion”条。

③ 卢梭把意志分为个别意志、团体意志、众意和公意。个别意志是个人的意志，他总是倾向偏私；团体意志是社会集团的意志；众意是个别意志的总和，总是相互冲突；公意是众意中去掉了相抵触的部分。卢梭的公意就是法律。参见［法］卢梭著：《社会契约论》，何兆武译，商务印书馆1990年版，第36页。

方针的一种意向，这种意向必须被明确表达出来。① 意志的属性决定了它可以成为判决的标准。而在现代社会，人民意志的适当表现形式只能是法律，审判只能依作为"人民意志"表现形式的"民意"。② 为了区别作为舆论的民意，我们将人民意志的民意称为"立法民意"。

"立法民意"和"大众民意"是两个不同的事物，它们的区别在于：第一，主体不同。立法民意的主体是全体人民（起码在假设或者应然的意义上是如此）；大众民意的主体是人民中的一部分，有时是很小的一部分，例如，网民、媒体从业人员、少数权力拥有者，在扭曲的场合甚至是指个别有权人物——人大代表、政协委员、党委书记，等等。第二，内容不同。立法民意表达的通常是规范性内容，即使是非规范的，它也具有反复的可适用性；但是大众民意却是非规范的，是一种意愿，一种情绪，且针对个案而发，缺乏规范性。第三，立法民意有法定的表现形式，它的形式相对确定；而大众民意没有一定的表现形式。第四，立法民意的内容相对确定，它以宪法、法律的形式确定下来，修改依定制，不可率性而为；而大众民意却飘忽不定，是一种主观情绪，甚至是癫狂。第五，人民意志的形成要经过一定程式，而民意则自发无序地形成。

那么，进一步要问，大众民意本身有什么特点呢？

大众民意是一种典型的群体意识。法国大众心理学家古斯塔夫·勒庞有精当的论述。勒庞从群体的特点谈到群体观念的特点，他指出群体有五大特点：群体是冲动、多变与急躁的，群体易受暗示易轻信，群体的情绪夸张而单纯，群体偏执而保守，群体不可能是道德的。③ 群体的这种特性决定了群体观念的特点。勒庞指出群体观念是相互矛盾的，通常是简单的、无意识的和情感性的；群体通常是缺乏推理能力的，虽然群体意识中也有理性，但是"群体没有逻辑推理能力，不能辨别真伪或对任何事物形成正确的判断。群体所接受的判断，仅仅是强加给他们的判断，而绝不是经过讨论后得到采纳的判断。"④由此看来，大众民意不应当作为审判依据是不难理解的。

涉案民意是大众民意的一种，⑤它是不特定的大众对待决案件所持有的理

---

① 《牛津法律大辞典》，第942页，Will条。

② 通常说法律是"人民意志"，法律中其实是理性成分占优势的。这涉及另一个主题，即法律是什么。为了论述的方便，这里从众。

③ ［法］古斯塔夫·勒庞著：《乌合之众》，冯克利译，广西师范大学出版社2007年版，第52页。

④ 同上，第75页。

⑤ 如何指称"公众涉诉案件的意愿"在法学界未见讨论，也没有一致的用语，顾培东教授称为"公众判决"，笔者觉得"涉案民意"所表达的内容更为全面，姑且用之。

想判决的意愿,是对当事人的情感,等等。涉案民意除了具备上述大众民意的一般特点以外,还具备两个特点:事后性,它是在作为评价对象的案件事后发生的;非法律性,由于涉案民意是在法庭以外形成的,它不可能受合法性左右。相反,由于民意的情感性与法律的规范性之间的冲突,涉案民意通常具有反法律性——通常反映了背离法律的意愿。

二、涉案民意不应当作为判决依据

那么,我们进一步要问,涉案民意应不应当作为审判的依据呢?回答自然是否定的,可以从三个方面来分析。

(一)涉案民意的性质与特点决定了它不应该作为判决依据

第一,涉案民意的非规范性决定了它不应当成为判决依据。就其主要内容来说,涉案民意的主要成分是情绪,更多是一种愤怒,不是理性,不具有规范性,这很容易使人们的愿望背离法律,在特殊的情况下还可能发生群体性的癫狂,产生极大的社会危害。① 此种民意审判所造成的恶果在法律史上不乏其例。②

第二,涉案民意的多元性与多变性的特点使它无法作为审判的标准。在多元的社会里,在不同的利益主体之间形成的涉案民意的多元性是不言而喻的;由

---

① 在法国的"九月惨案"中,一群人来到一所监狱执行杀死囚犯的命令。他们完全相信自己是在完成一项爱国主义任务,他们表现出群体的率直和幼稚的正义感。考虑到受指控的人数众多,他们决定把贵族、僧侣、官员和王室仆役一律处死,没有必要对他们的案件一一进行审判。其他人将根据他们的个人表现和声誉作出判决。当时有一人抱怨说,女士们安排得太近了,使在场的人中只有很少的人享受了痛打贵族的乐趣。于是大家决定让受害者在两排刽子手中间慢慢走过,让刽子手用刀背砍他以延长其受苦的时间。在福斯监狱,受害人被剥得精光,在半小时里被施以"凌迟",直到每个人都看够了以后,再来上一刀切开他们的五脏六腑。在屠杀了1200到1500个"民族的敌人"之后,有人提议说,那些关着老年人、乞丐和流浪汉的监狱其实是在养着一些没用的人,因此不如把他们全都杀掉,他的建议立刻就被采纳。囚犯被无一例外地处死了,其中包括50名12岁到17岁的儿童。当一周的工作结束时,他们深信自己为祖国立了大功,于是前往政府请赏。参见[法]古斯塔夫·勒庞著:《乌合之众》,冯克利译,广西师范大学出版社2007年版,第162页以下。类似的一幕在中国的"文化大革命"中见得还少吗?

② 举一个现代民主国家的判例也许是有说服力的。在美国Sheperd诉Florida案中,报纸发布新闻声称,黑人被告已经承认自己犯了强奸罪,同时也发表一张卡通片,上写"没有余地——严惩"。一些人烧了被告的家,黑人被迫逃走,要挟的人群聚在法院周围。在这种氛围下,法院被迫宣告被告有罪。美国联邦最高法院撤销了有罪的判决,理由是陪审团的选举过程中存在歧视黑人的问题。See Shepherd v. State of Florida, U. S. 50 (1951),参见孙笑侠、熊静波:"判决与民意——兼比较考察中美法官如何对待民意",载《政法论坛》2005年第4期。

于不同的利益、法律感、情感等原因，涉案民意的多变也是客观的现实。多元与多变的民意作为判决依据会违背审判的形式正义要求。

第三，民众对于涉案民意产生的基础即个案信息的掌握不全使涉案民意不可能形成正确的判断。众所周知，信息与主体的先见决定了人们对案件的判断。我们即使不考虑涉案民意主体（不特定的个体）所掌握的法律信息的不全，只要考虑他们关于个案信息的不全，就可以看出民意对案件的“判决”是盲目的。这种信息不全基于：(1)民意关于案件事实的信息是在法庭判决之前形成的，而在法庭查证、双方对质以前，人们关于案件事实的信息是不可靠的；(2)对于绝大多数民众来说，知晓案件事实的渠道是道听途说，在口耳相传、媒体传播的过程中，信息失真不可避免；(3)争议的双方或者一方为了争取民意支持，可能对事实进行剪裁甚至可能伪造信息，媒体也可能为了自身利益而掩盖事实真相，这一点在缺乏新闻自由的地方会十分严重，而这些都会误导公众，形成偏颇甚至癫狂的民意。①

第四，民意（涉诉）审判本身作为思维方式与审判所要求的思维方式不一致。民意审判是一种立足于结果的思维，它更多考虑的是何种判决是“好”的；但是审判的特质却要求审判是一种立足于规则的思维，从规则与个案事实中推理出符合规则的结论。民意审判的思维必然产生两种不利结果：一是当事人的权利被判决的“好结果”牺牲；二是伤害法律的权威与法律的统一性。

第五，民意（含涉案民意）容易被操纵的特性使涉诉民意很容易被人利用，成为达到非法目的的手段。民意的可操纵性在人类经验中比比皆是。在“文化大革命”中，“阶级斗争为纲”成为最大的“民意”，在这样的“民意”中，刘少奇和邓小平成为党内最大的两个“走资派”，刘少奇则进一步被打成十恶不赦的叛徒、内奸、工贼。② 应当指出，民意被操纵是不可避免的，上述民意的性质告诉我们，完全不被操纵的民意是不存在的。即使在现代民主国家，民意被操纵也是常

① 在哈尔滨警察将体育学院学生当街殴打致死一案中的民意突变具有典型意义。2008 年 10 月 12 日至 13 日，网文“六警察将哈体育学院学生当街殴打致死”引起轩然大波，对涉案警察的谴责一时充斥于民间。但是，在警方提供的现场监控录像公布后，特别是关于死者的亲属是巨贾或高官的种种传闻在网络流传后，舆情逆转。在 2008 年 10 月 15 日至 16 日这两天时间里，人们反过来同情警察。等到显赫的家庭背景的传闻被政府新闻发布会否定后，同年 10 月 19 日以后的社会同情再次向死者倾斜，要求严惩涉案警察的呼声又渐次高涨起来。

② 当年影响最大的报纸说：“党的八届扩大的十二中全会宣布把刘少奇这个叛徒、内奸、工贼永远开除出党……完全说出了我们的心里话，我们工人阶级一千个拥护，一万个拥护！我们伟大领袖毛主席和以毛主席为首、林副主席为副的无产阶级司令部最了解我们工人阶级的心情，最能反映我们工人阶级的要求，最能代表我们工人阶级的利益。我们早就恨透了刘少奇这个老反革命！”参见“彻底肃清刘少奇的反革命修正主义思想”，载《人民日报》1968 年 11 月 9 日。

有的事。[①] 当然,在不同的社会条件下,它被操纵的程度是不同的。一个显而易见的逻辑是,民意被操纵的可能性与言论自由的保障程度成反比。在民事审判与行政审判上,被操纵的民意审判的结果是对法律所规定的权利义务体系构成破坏,侵犯人的权利;在刑法方面,更可怕的结果是民意成为私人陷害和政治迫害的工具,这方面的事例俯拾皆是,影响最大的冤案当属耶稣之死。[②]

第六,如果一般地说民意不能作为断案的依据,那么,我国的民意就更不能成为断案的依据:一方面是因为我国表达自由的制度不健全,民意极易变态;另一方面是因为我国没有形成中立的、量化民意的制度,即民意测验。因此,我国的所谓民意极有可能是一种感觉,一种非理性的、有时是疯狂的情感,它常常是权力者的主观臆断。

第七,即使不考虑上述六个方面,只要明确涉案民意发生在"案后"这一简单的事实,一个具备起码法律常识的人就不应当主张考量民意,因为这对当事人构成溯及既往,严重违背公平正义这一司法的根本目的,这也是对当事人人格尊严的冒犯。

(二)民意审判有违审判法治原则

众所周知,法治已经入宪,胡锦涛在第22届世界法律大会上说:"法治是人

① 日本就发生过所谓"授意提问"的丑闻。政府为确保类似听证会的官民对话会议能够按照政府方面的意图进行,预先安排好参加者和发言人,从而操纵民意。在2001年6月至2006年9月小泉纯一郎任首相期间,官民对话会议共举行了174场,其中有105场对话会议是政府方面事先安排好听证者发言的。在被委托发言的365人中,有65人各拿到了5000日元的"谢礼"。此外,在15场对话会议上还有总计53人的发言内容都是由政府方面拟定的。听证会造假内幕直到2006年才被曝光。参见"安倍自罚三月薪水",载《扬子晚报》2006年12月15日。这不正是时下我国各种听证会的"既定程序"么?

② 在耶稣落到犹太教的大祭司手中后,大祭司和众长老为了将耶稣置于死地,绞尽脑汁编造假罪证,唆使一些人作伪证。但是生杀大权掌握在罗马帝国委派的总督彼拉多手中。审判开始后,彼拉多先询问原告以什么事控告耶稣?大祭司和长老们回答:他煽惑民众抗税,还自称是犹太人的王。接着,彼拉多讯问被告,耶稣据理反驳,不承认有罪。彼拉多对大祭司和长老们说:我查不出耶稣犯了什么罪。按照惯例,逾越节前夕犹太民众可以请求总督释放一名囚犯。彼拉多想乘机释放耶稣。当时有一名叫巴拉巴的囚徒。彼拉多问民众:耶稣和巴拉巴放哪一个?民众异口同声要求释放巴拉巴。彼拉多感到民心难违、众怒难犯,为安抚民众,提出一个"折中方案":虽然不能查明耶稣犯了死罪,但可以对他施以鞭刑,然后释放。对耶稣施以鞭打后还用荆棘编成一个"冠冕"戴在他头上,又给他穿上紫色的袍子,以示惩罚和侮辱。然后,彼拉多再一次对民众表示:我查不实耶稣的罪行。但是,大祭司和长老们还是不买账,要求把耶稣钉上十字架。彼拉多再一次强调查不出耶稣犯了什么罪,不能把他钉在十字架上。大祭司和长老们不达目的不甘休,又喊道:依照律法,他该处死。当彼拉多再次想释放耶稣时,大祭司等人转而将矛头对准彼拉多,高喊:你若释放耶稣,就不是罗马帝国皇帝恺撒的忠臣!这句话起了作用,面对强烈的民意,彼拉多判令释放巴拉巴,把耶稣交给大祭司和长老们去钉上十字架。

类文明进步的重要标志。法治是以和平理性的方式解决社会矛盾的最佳途径。”①审判理当遵守法治原则。什么是法治?法治是一项政治原则,法治原则要求权力行为应当有法律依据,就审判权的行使来说,它必须遵守法律,这就是审判法治原则。遵守审判法治原则是社会赋予法官的义务,是法官行使职权的前提条件。关于这一点,拉德布鲁赫关于“人民利益”的论述很有警示意义。拉德布鲁赫说:“将法和臆想的或者自称的民众利益等量齐观,就把法治国家变成了非法治国家。”②“人民利益”尚且如此,更何况无任何确定性可言的民意?

将上述审判法治原则与大众民意相比较,我们就可以看到民意审判在下述几个方面与审判法治原则相悖。

第一,民意审判会破坏法治建立的基础与保障的对象——权利义务体系。法治是一种理解的框架,这个框架“将我们自己和他人视为权利和义务的主体加以考量”。③ 也就是说,法治的实质是法律所规定的权利义务体系及其实现。④权利义务体系不仅是法治建立的基础,也是法治保障的对象。民意审判无疑是对法律所规定的权利义务体系的破坏,侵犯了当事人的权利。从刑事审判的角度来看,更将直接危及被告的财产权、人身自由权乃至生命权。⑤

第二,民意审判的一个重要负面结果是它伤害法的安定从而在根本上伤害了法治。诚如布鲁诺·莱奥尼所说,“法律的确定性”是古典意义上的法治的本质特征之一,如果不能保障法律的确定性,法治是不可能维系的。⑥ 法治就是法的规制,它的首要意义是形式的——法得到遵守,形式意义的法治成功与否的关键在于法的安定。民意审判构成对法律安定的伤害。因为民意判决正当性的立足点在于个案的解决,并且将“个案解决”这一价值置于法的安定之上,这必然会导致对法的安定的伤害。民意审判对于法的安定的伤害表现在两个方面:一是在时间上有碍法律的稳定;二是在空间上有碍法制的统一。民意审判不仅损害实体法,而且损害作为审判活动依据的程序法。程序法设置的根本目的是实

---

① “第22届世界法律大会隆重开幕”,载《人民法院报》2005年9月6日。

② [德]G. 拉德布鲁赫著:《法哲学》,王朴译,法律出版社2005年版,附录二。

③ [美]保罗·卡恩著:《当法律遇见爱》,付瑶译,法律出版社2008年版,第233页。

④ 因为所谓民意审判实际上是指依据民意否定法律,如果民意与法律规定一致则不存在民意审判问题。

⑤ 在刑事案件中,考量的民意主要是对罪犯不利的所谓“民愤”,只有对极少数所谓“大义灭亲”的犯罪才会考量于罪犯有利的民意(请求从轻处罚,而这是很容易被操纵的)。在注重“严打”的政治氛围下,民意必然成为多判死刑的砝码,对那些依法不该判死刑的罪犯来说,是侵犯了他的生命权。

⑥ [意]布鲁诺·莱奥尼著:《自由与法律》,秋风译,吉林人民出版社2004年版,第100页。

体法的正确落实和当事人程序权利之保障,民意进入审判就使程序成为民意取得正当性的工具,使原本依程序而行的庄严审判变成了滑稽的"审判秀"。被操控的审判秀"与我们所期冀的法治理想状态相去甚远,而审判中的表面现象也脱离了审判的实质"。①

第三,从刑事审判角度来看,民意审判直接违反罪刑法定原则。罪刑法定原则是法治原则在刑事审判中的延伸,罪刑法定原则的基本要求是法无明文规定不为罪,法无明文规定不受罚,罪刑法定原则还要求不得引用非正式渊源作为刑法法源,民意判决直接违反上述罪刑法定原则的三点要求。刑事审判当遵守罪刑法定原则是我国现行《刑法》第3条的规定。因此,起码在刑事审判中,考量民意具有直接违法性。

第四,民意审判的最大危害是助长法官的专横,从而从根本上葬送法治。法治是规则之治,而规则不会自己说话,真正说话的是法官,诚所谓"法官是会说话的法律"。如果法官不能对法律是什么作出自己的裁断,则不存在法治,所以西方有人说"法治乃法官之治"。但是,法官之治成为法治的前提是对法官严格的规则治理,没有对法官的规则治理必然会导致法官专横,法官专横无疑是民主社会所不能容忍的。前已论及,涉案民意具有多元、流动、易变性,谁有权在多种不同的意见中确定哪个是"民意",谁的意志就势必凌驾于法律之上。结论十分明了:民意审判徒有民主的外表,骨子里却是法官专横。② 法官专横的一个衍生性结果就是助长法官的腐败。这一结果恰恰与大多数持民意审判论者的主观愿望相反。

(三)民意审判违反现行法律

即使不考虑民意的性质和法治两大因素,单单就形式合法性来看,民意审判也具有违法性。我国关于审判权行使依据的法律规定可以分为宪法和法律两个层面。在宪法层面,是现行《宪法》第126条,以往人们对《宪法》第126条只理解其中司法独立的内容,忽略了其中包含的审判元规则:审判当"依照法律"。法律层面又可以分为两个部分:规定法官权利义务的法官法和三大诉讼法。根据《法官法》第7条的规定,法官应当严格遵守宪法和法律,审判案件必须以事实为根据,以法律为准绳。这就将《宪法》第126条的规定明确为法官行使职权时的法定义务。具体规定诉讼程式的三大诉讼法典(《刑事诉讼法》第6条、《民

---

① [美]保罗·卡恩著:《当法律遇见爱》,付瑶译,法律出版社2008年版,第10页。

② 在中国的体制下当然也可以是掌控法官的权力主体。因为民意审判大多为所谓"疑难案件"或者"重大影响"的案件,而这些案件的真正审判者常常不是法官而是高于法官的权力主体。

事诉讼法》第7条、《行政诉讼法》第4条)都明明白白地规定诉讼“必须以事实为根据,以法律为准绳”。上述宪法、法律条款都明确无误地规定判决依据是“法律”,这表明法官的判决依据只能是法律,否则构成违法。当然,这里的“法律”应作广义解,它包括当代中国不同的法律渊源,也包括法律的二大要素:规则和原则。在选择法律的原则、选择非正式法律渊源的时候,必须以符合法律精神和法律这一事物的基本特质为标准,不能将违反法律精神和不符合法律基本特质的东西作为法律。法律的基本特质是什么?起码有三点是必备的:一是规范性;二是有客观性,它不是主观的情绪;对于刑法等侵害性法律,还要求具备第三点,即“先在性”,它是先于待决案件存在的。无论从何种角度考量,民意都不是法律,因此,审判决不能依民意。

三、民意审判理由批判

前已论及,学界与主流媒体对民意审判的弘扬通常是想当然的,是混淆大众民意与法律民意,将涉案民意等同于法律民意。其不可取不用申论。但是,有一些提倡民意审判的观念却是值得一辩的。

一是以人民立法来论证民意审判(司法)的正当性。有学者认为:“人大代表可以立法,为什么就不能介入司法呢,虽然有人不懂法,但却懂得是非曲直。”这一论证思路存在三个问题:第一,违反同一律。前文“人大代表可以立法”这一短语中的“人大代表”和后文“介入司法”的“人大代表”不是同一个概念。“人大代表可以立法”这一短语中的“人大代表”是集合概念,指人大代表整体,作为个体的代表和任何一个部分的代表都不能立法,确切的是指人民代表大会制度。离开了人民代表大会,任何人大代表都无权立法;①而后文“介入司法”的“人大代表”恰恰不是作为整体的人大代表,而是不特定的个体。可见,以“人大代表立法”的正当性来论证“人大代表司法”的正当性违背了同一律。第二,缺乏分工观念和合法性观念。即使不存在上述逻辑问题,以人大代表立法的正当性来论证人大代表司法的正当性也是有问题的,论者明显将人大代表看做一个无所不能的“特命全权代表”,成为高居于人民及其法律之上的特权者,这显然不符合法治观念。人大代表是人民选举出来在某一方面按照人民的授权行使职务的个体,他的职务是由法律规定的。在我国,法律规定的人大代表的职权是立

① 正常情况下人民代表大会通过议案都是“多数”而不是全部,多数决议是在整体行为中形成的,所以尽管同意的人只是“部分”,但是参与议案制定的人是全体人民代表大会代表。

法而不是司法。第三，将个别（部分）人大代表的话当做高于法律的所谓“民意”是十分危险的，它事实上是将人大代表看做超越于法律之上的特殊人物，它将化解法治的底线——法律应当得到遵守。

二是以事实上存在民意审判来证明民意审判的正当性，这一思路值得商榷。这一方面提得最多的是“许霆案”，一些人将该案作为民意审判的典范，并进一步将其作为提倡民意审判的理由。① 其实，“许霆案”最终是依据民意还是依据法律，它的判决理由、最终的定罪量刑是否适当都是值得讨论的问题。退一步说，即使该案是依据民意作出的判决，并且是对的，也不能证明民意审判的正当性。一个简单的理由同样是事实的，并且可能是更为有力的：对张志新的判决是依据“民意”的，对“右派”、对“走资派”的判决是依“民意”的（如果有判决的话），但都是错案，这已经为历史所证实。可以这样说，民意审判产生的错判、制造的冤假错案，远远多于正确的判决。② 其实，以“许霆案”依民意审判的事实为证据来证明民意审判的正当性是一个休谟问题：从事实证不出价值。从逻辑上来说，从实然判断不能推导出一个应然判断。③

三是认为民意审判有利于息讼服判。首先当指出，这是一种司法实用主义的态度，息讼服判作为审判的目标本身是有问题的。④ 即使从息讼服判这一点来看，民意审判也只有短期效用，长期来看它是得不偿失的。因为法律权威的取得不在大众民意，恰恰在于它的形式——法律就是法律，判决就是判决（除非它

---

① 一位学者说，为什么民间对“许霆案”的一审无期徒刑判决不服？一是因为判决太狠，考验全民的良心；二是因为法律上扑朔迷离……有人说这个案件是媒体审判，判决结果是法院屈从于媒体。但实际上这个案件反映出司法的人民性问题。王胜俊院长说法院判决要看人民的感受，很多人不理解，看看这个案件就清楚了。如果法院的判决老是与人民的感受拗着劲，那法律的力量从哪里来？如果人民群众都反对，法律哪有什么力量？参见王玉瑞：“何兵：法律的力量从哪里来”，载 http://wyr1.fyfz.cn/blog/wyr1/。

② 一个极端的例子是巴基斯坦的民意审判。2008年在巴基斯坦的巴布瑞安瓦拉发生了一个案子：两个女孩的父亲与其表妹私奔了，表妹的家人要求拿他两个年幼的女儿“还债”。于是乡村委员会作出仲裁，将9岁和7岁的女孩嫁给他们的表叔。裁决作出后，约30名男子在当地委员会以及一位村中长者的带领下冲入9岁女孩纳齐亚·纳瓦兹的家中，强迫她和7岁的妹妹沙齐亚嫁给家族中的两个成年男性亲戚。幸好纳齐亚家的其他家庭成员迅速赶来阻止了妹妹沙齐亚的婚礼，但纳齐亚已被迫嫁给了24岁的表叔。参见“父亲与其表妹私奔”，载《扬子晚报》2008年3月31日。

③ 举两个极端的例子：印度年轻寡妇殉夫曾经是长期的习惯，我们难道能依据这一事实来证明殉夫规则的正当性吗？中国从秦始皇起就行帝制，我们能以此“铁的事实”来证明帝制的正当性吗？

④ 审判的目标当是公平正义，不应当是息讼服判。息讼服判背后隐藏的是中国传统的诉讼观念。孔子曰：“听讼，吾犹人也，必也使无讼乎”，这在专制的时代自有其理由。在现代，法官理当树立起“为了正义，哪怕天崩地裂”的诉讼观念。息讼服判常常以“社会效益”的面目出现，其实背后是法官和其他当权者的私利，即政绩及由政绩决定的其他利益。这是另一个主题，当另论。

不合法律),民意审判使法律的权威、判决的权威受到致命伤害。同时,民意审判将产生对判决有害的社会心理效应:既然民意可以左右判决,就可以制造民意以左右判决,更可以在审判后以民意变更判决。其结果是为人们抵制判决的效力提供心理支撑,并诱导缠讼。近年涉诉信访陡增的一个重要因素就与这种社会心理有关。

四是有人认为民意审判有利于对法官的监督,从而有利于防治法官腐败。这是想当然的结果。在其他社会条件相同的情况下,法官自由裁量权的大小与腐败成正比,因为自由裁量权是法官寻租的"卖品","卖品"越大,自然其换得的利益就越大。将民意纳入判决依据,大大加强了法官的自由裁量权,这是毫无疑问的。所以,民意审判只会促使法官进一步腐败,而不是阻止法官腐败。另外,民意审判还会为法官牺牲法律以讨好民意、牺牲法律以奉承上级、为自己牟取私利这一"隐性腐败"提供借口。民意审判其实是职业道德的堕落,孔子云"乡愿,德之贼也",今以法治观之,"(审判上的)乡愿,法治之贼也!"

四、民意审判与审判元规则

我们上面讨论的核心问题其实是一个关乎审判行使的"元初正当性"问题——审判元规则问题。所谓"元规则"是指在不同规则间作出选择的更抽象的规则,"这种更抽象的规则,我们称之为元规则"。① 审判元规则是指选择审判规则时应当遵守的规则,这里的"选择审判规则"有别于在不同的法源或不同位阶中选择法律,而是指何种权威可以作为审判依据这一终极意义上的选择。遵守审判元规则是审判的合法性基础,是政治体有序运行的基本规则。审判元规则不是来自司法权本身,恰恰是外在于审判权、高于审判权、规范审判权的,它是社会认同审判权的前提,是审判权行使的"基本规范"。在早期社会中,审判元规则是具有宪法性质的基本习惯,在现代宪政社会,审判元规则则是宪政基本原则的一部分。审判元规则可以看做司法权与社会达成的一项契约,是审判机关从社会中取得审判权的对价。

审判元规则是随着人类社会的进步而不断进化的。审判元规则的发展大体上可以分为三个阶段:民意规则阶段和法律优先规则阶段和法律唯一规则阶段。

① [澳]布伦南、[美]布坎南著:《宪政经济学》,冯克利等译,中国社会科学出版社2004年版,第120页。

民意规则是原初的审判元规则。① 所谓民意规则是指审判唯民意是从,这是初民社会的审判元规则,是人类“法律蒙昧”阶段所遵循的审判元规则。在这一情势下,审判虽然事实上遵守一定的规则,但是对规则的尊重还处于蒙昧阶段,判决取决于民意。在理论上,一般民意可以分为情感与规范理性两部分,前者是个案触发的情感,后者是社会积淀下来的规范——法律。审判主要与其中的社会规则部分(即法律)相关。但是在早期小型社会中,左右审判的情感与规范理性是混沌不分的,它最终以民意的形式表现出来,判决便是民意。在此种情势下,究竟是按照规则还是情感定谳是不清楚的。但是事实上,由于早期规则的客观性程度差,情感审判便不可避免,许多人就此成了公众情感的祭品。②

法律优先规则是指审判当优先适用法律,法律成为审判的主要依据,但是大众民意仍然可以种种理由进入审判,这是前现代大型社会的审判元规则。这一元规则的确定性(法律的优先性)是逐渐提高的,在这一规则确立的早期阶段,民意常常战胜法律而成为最终的判决依据。这一审判元规则的确立是社会长期演化的结果。在民意审判规则下,由于社会规模的扩大和人类经验、理性的积累,早期混沌的民意便发生分化,其中的规范理性成分逐渐增长并客观化为反复适用的判决依据,而其中的情感部分便以大众民意的形式存在。伴随这一进程的是审判逐渐向法律靠拢而远离大众民意,法律优先便逐渐成为审判的元规则。这一进化的形式标志便是习惯法的成文法化(在判例法国家则为判例法的形成)及独特的审判机关(早期它是兼有其他权力的)的产生。但是在人治社会里,由于人的权威大于规则的权威,也因为缺乏有效社会建制以制约审判权,民意便以种种冠冕堂皇的名义左右审判,在法律的形式效力与权力的裁量之间达成一种奇妙的平衡。这一平衡是以“个案公正”的面貌取得合法性的。中国古代司法一方面强调依法审判,另一方面强调情、理、法的兼顾便具有典型性。③

法律唯一规则是指这样一种审判元规则,审判只能依据法律,法律成为审判的排他性权威。这个法律包括规则和原则,其他的权威作为判决依据必须取得法律的样态。这是现代法治社会的审判元规则。这一规则的主要意义在于在审判元规则问题上排斥权力的裁量,在形式上将审判权置于法律的绝对权威之下。

---

① 这里的民意是“混沌的民意”,不存在大众民意、法律民意的区分。

② 最有代表性的判例当数苏格拉底之死案,处死苏格拉底后不久,雅典人民认识到自己犯下了一个天大的错误。

③ 中国的情与理是个十分复杂且不确定的概念,它有公平正义的成分,更多的则是特权、意识形态、情感等因素。关于这方面,参见范忠信等著:《情理法与中国人——中国传统法律文化探微》,中国人民大学出版社 1992 年版。

法律唯一的审判元规则排斥法律以外的任何权威作为审判的依据,民意自然被拒之于法庭之外,适用法律以外的权威构成违宪。此一审判元规则通常是由宪法规定的,并且是由独立的立法机关、行政机关和法院这一相互牵制的权力架构来保障的,它的宪法表达就是几乎所有现代宪法中都有的一条规定:法官独立审判,只服从法律。为实现这一审判元规则,许多地方都形成了一些制度性与学理性的规定。例如,考量民意在英国普通法中构成"非理性"——考量了不当考量的要素,这通常意味着判决的无效。在一些国家,则形成了"隔离民意"的制度,即延期审理和变更管辖。①

上述审判元规则进化过程的实质是司法逐步接近形式理性的过程。从审判与大众民意的关系维度来看,则是逐渐从审判中祛除大众民意的过程,即审判告别情感走向理性的过程。与西方国家相较,我国审判元规则的进化要艰难得多。

民意审判在我国也存在过相当长的时期,②从民意规则向法律优先规则的进化大致发生在习惯法的成文化时期——公元前6世纪的春秋晚期,至汉代这一过程大致完成。虽然不同朝代法律优先得到尊重的程度不同,但是作为法定的审判元规则,法律优先一直通行到清末。清末西方法律文化与中国法律文化的直接冲突之一就是审判元规则的冲突,为使自己融入国际社会,也为自己的合法性得到国际社会的认同,清政府进行了具有宪政意义的变法。这一变法包括两项具有改变审判元规则意义的重大举措:建立了专司审判的机构——审判衙门,制定《宪法大纲》。1908年钦定《宪法大纲》的重要内容之一就是改变通行了2500年之久的审判元规则,实行法律唯一的法治社会审判元规则。③ 虽然这一元规则最终并没有真正落实,但是它却表明审判元规则开始向第三阶段演化。这一审判元规则的真正落实是在民国时期。尽管民国时期的审判有种种弊端,但是从整体上来看,民国时期已经实行了法律唯一的审判元规则。其代表性法律规定是《中华民国临时约法》第49条④以及其他宪法性文件和一系列民、刑、

---

① 例如,在美国,如果法院认为舆论偏向可能危害公正审判,可对案件作出延期审理的决定,直到有偏见的舆论压力消除或减弱后再启动审判程序。如果审判地点已造成偏颇的舆论时,法院可将案件移送到尚未受到舆论压力的其他法院管辖。联邦法院规定,州法院审理的案件可在本州易地进行;联邦法院审理的案件可在美国境内易地进行。美国甚至在陪审员遴选程序中考量了"避开民意",如果合议庭的组成人员已从新闻媒体的审前报道中形成了先入为主的印象,并有可能影响案件的公正审理,应该主动申请退出该案的审理;被告及其辩护律师也可以提出回避申请。参见周甲禄:"传媒与司法关系的制度构建",载《新闻记者》2005年第7期。

② 与西方存在古典民主制度不同,中国古代文明史从开始就具有专制色彩,因此,中国的民意规则有别于西方直接民主制下的民意,这个民意常常被少数人操控。

③ 该大纲第10条规定,司法权"遵钦定法律行之,不以诏令随时更改"。

④ 该条规定:"法院依法律审判民事诉讼及刑事诉讼。"

诉讼基本法的规定。

1949年以后,最早确立新中国审判元规则的文件是1949年2月22日发布的《中共中央关于废除国民党的六法全书与确定解放区的司法原则的指示》,① 这一指示规定的审判元规则分为过渡性规则和正式规则。在新法律不完备的情况下实行的过渡性审判元规则是:"有纲领、法律、命令、条例、决议规定者,从纲领、法律、命令、条例、决议之规定;无纲领、法律、命令、条例、决议规定者,从新民主主义的政策。"法律完备后的正式审判元规则是"以人民的新的法律作依据",这是一个法律唯一的元规则。由于社会的过渡性质,1954年《宪法》制定前实际上实行的是前者而非后者。例如,新中国成立初期《关于处理女犯、少年犯、老年犯及病残犯的指示》中,对部分老年犯、女犯及病残犯是否保释的若干条件中,都有"经群众同意"的规定;在镇压反革命运动中,也明确规定"判处死刑一般需经过群众",各种人民法庭贯彻的则是完全的"民意规则"这一审判元规则。1954年以后,这一审判元规则被1954年《宪法》第78条的规定所取代,该法明确规定:"人民法院独立进行审判,只服从法律。"

但是,由于长期的立法滞后,法律(包括民、刑基本法及诉讼基本法)严重缺失,加上在20世纪50年代中期以后逐渐发展起来的"左"倾反法治思潮的影响,1954年《宪法》长期被悬置,该法规定的审判元规则长期搁置直至被主流意识形态所批判,事实上的审判元规则是"政策优先",由于政策的抽象性与不确定性,加上不久以后群众运动治国的兴起,民意再次成为重要的审判依据。反右运动以后直到"文化大革命",事实上的审判元规则就回到了"民意规则"。②

1978年的思想解放运动使全国人民从"文化大革命"的无法无天中醒来,制

---

① 该指示第5项规定:"在无产阶级领导的工农联盟为主体的人民民主专政的政权下,国民党的六法全书应该废除,人民的司法工作不能再以国民党的六法全书为依据,而应该以人民的新的法律作依据。在人民新的法律还没有系统地发布以前,应该以共产党政策以及人民政府与人民解放军所已发布的各种纲领、法律、条例、决议作依据。目前在人民的法律还不完备的情况下,司法机关的办事原则应是:有纲领、法律、命令、条例、决议规定者,从纲领、法律、命令、条例、决议之规定;无纲领、法律、命令、条例、决议规定者,从新民主主义的政策。同时司法机关应该经常以蔑视和批判六法全书及国民党其他一切反动的法律、法令的精神,以蔑视和批判欧美日本资本主义国家一切反人民法律、法令的精神,以学习和掌握马列主义、毛泽东思想的国家观、法律观及新民主主义的政策、纲领、法律、命令、条例、决议的办法来教育和改造司法干部……"

② 民意规则下的"审判"造成了不可计数的冤假错案,以致1978年恢复重建的检察院不得不从平反冤假错案开始工作。从1979年到1984年,全国各级检察机关直接或协同有关部门平反纠正冤假错案共计40余万件,数十万蒙冤者恢复自由。参见"首接万言书替人洗沉冤",载《新京报》2009年1月12日。

定了1982年《宪法》。1982年《宪法》第126条重新宣示了法律唯一的审判元规则。① 在认识上,法学界开展了影响深远的政策与法律关系的大讨论,这一讨论实质上是对在中国实行了30多年的"民意审判"这一审判元规则的反思。这一大讨论影响了中国历史进程的一个结果是:起码在法律界,"立法依政策,司法按法律"的思想得到广泛认同。这表明在理论上中国的审判元规则也开始进入现代,向法治社会挺进。② 随着立法的不断进步,法律唯一的审判元规则得以实证法化。在法律实务中,民意对司法的影响逐渐减弱,在许多法律人的心目中,考量民意已不具有合法性。但是在司法实践中,法律外因素(其中包括民意)影响审判的情况始终顽强地存在,每当运动治国思潮抬头的时候,民意便开始在审判中发威。不过就总体而言,法律唯一的审判元规则还是得到了遵守,民意审判并没有取得宪法法律上的正当性,在观念上,民意审判也受到法律人有力的抵制。让我们从立法、法观念两个方面来论证。

在立法上,审判元规则在宪法和法律中的地位日益彰显。1982年《宪法》的修改过程正是法律唯一这一审判元规则进一步强化的过程,其中尤以"治法"和"人权"入宪这两者最为重要。三大诉讼法和法官法的制定与修改的过程也是其法律地位日益强化的过程。在执政党的文件中,也未见改变审判元规则的内容。2004年9月19日中国共产党第十六届中央委员会第四次全体会议通过《中共中央关于加强党的执政能力建设的决定》,这一重要文件要求司法"为在全社会实现公平和正义提供法制保障",也没有提及民意。③ 在读者有限的阅读范围内,党和政府的文件里使用"民意"一词,其评价的对象是"决策"、"工作"而不是个案判决。

在法观念上,依法审判这一审判元规则也得到了尊重。这可以从一般舆论和专业论文两个角度来分析。《人民日报》通常被认为是正确舆论的代表。改革开放以后,《人民日报》第一次关注司法与民意关系的文章出现在1996年的"严打"中,"这次'严打'斗争是解决当前社会治安问题的客观需要,合乎民情,

① 1982年《宪法》第126条规定:"人民法院依照法律规定独立行使审判权,不受行政机关、社会团体和个人的干涉。"这一条是从1954年《宪法》第78条演变而来,从司法独立的角度来看,它是对1954年《宪法》的倒退,当属"文化大革命"遗留。但是在审判元规则的意义上,它坚持了1954年《宪法》的规定,是值得赞赏的。

② 这一讨论发生在20世纪80年代前期,其得以开展本身也是思想解放的结果:提倡法律唯一在当年是典型的"右派"言论。为这一讨论作出最大贡献的当数著名法学家李步云教授。标志性论文是李教授发表在《现代法学》1984年第3期上的"政策与法律关系的几个问题"一文。

③ "中共中央关于加强党的执政能力建设的决定",载《人民日报》2004年9月27日。

顺乎民意,得到广大人民群众的衷心拥护。"[①]这里虽然讲的是司法,但也不是指个案考量民意,而是指"严打"运动,指司法机关总体的工作而言。2001年开始出现提倡对司法的民主监督文章,但是文章明确提出防止"造成强制性民意审判或'媒介审判'",文章特别强调"司法公正当然主要由司法独立来保证"。[②]同年一篇介绍优秀法官的文章将"顺民心、合民意"同司法工作联系起来,但是文章的题目还是"唯法至上"。实际上作者的用意在于以实现法律的行为来"顺民心、合民意",作者笔下的"民意"其实是法律。[③] 2002年,时任最高人民法院院长肖扬在法院工作报告中使用了"顺民心、合民意"的说法,但是这里民意评价的对象是法院整体的工作而不是指具体案件的审判,且评价的主体是人民全体,而非不特定的民众。[④] 2004年在关于人民陪审员制度的讨论中,《人民日报》上开始出现"民意审判"的苗头,有些文章将人民陪审员的优势表达为"人民陪审员来自群众,了解民情,代表民意"。[⑤] 但是其还没有直接提倡个案审判要考量民意。《人民日报》上出现个案审判考量民意的文章是最近的事。

与一般舆论性文章相比,法律类论文中提倡个案考量民意的文章则出现得要早些。在中国期刊网上检索的结果是:在论及司法问题的文章中,首次出现以"民意"为关键词的文章是在1994年,出现的频率分别是:1994年1篇,1995年3篇,1997年1篇,1998年4篇,1999年至2003年均为1篇,2004年7篇,2005年5篇,2006年10篇,2007年4篇,2008年不到半年就达8篇。总体的结论是,从20世纪90年代中期开始出现讨论民意与司法的文章,但是一边倒地提倡民意审判,其关键性的转折点发生在2008年。

从上述简单的历史描述可以得出一个简单结论:审判元规则的进化是人类司法理性化进程的关键性一环;改革开放前我国实行的是民意审判这一原始的审判元规则,改革开放以来我国司法的最大进步是确立了现代审判元规则。但是由于种种原因,这一审判元规则的实效不够理想,我们现在面临的任务是坚持与发展这一改革开放的重要成果,防止审判元规则的倒退。

---

① 贾奋勇等:"'严打'取得阶段性成果",载《人民日报》1996年5月16日。

② 陈力丹:"妥善处理舆论监督与司法公正关系",载《人民日报》2001年3月20日。

③ 晓雨:"唯法至上——记'人民满意的好法官'袁荫杰",载《人民日报》2001年3月16日。

④ 肖扬大法官在总结法院工作时说:"对疯狂制假售假的犯罪分子依法严惩,顺民心、合民意。"参见肖扬:"最高人民法院工作报告——2002年3月11日在第九届全国人民代表大会第五次会议上",载《人民日报》2002年3月20日。

⑤ 傅达林:"让人民陪审员制度规范化",载《人民日报》2004年9月8日。

五、结　　论

民意审判是最近出现的重要思潮，作为一种大众民意之涉案民意所具有的多元性、易变性、非理性、易受操纵性、案后性等特点决定了民意审判违反司法的终极目标——公平正义；在现代，民意审判不但违反法治原则，且具有直接违法性。学界主张的民意审判的理由其实都经不起法理上的推敲。能否依民意审判是个审判元规则问题。审判元规则是终极意义上的“选择审判规则”的规则。人类司法史上的审判元规则经历了民意审判规则、法律优先规则、法律唯一规则三个阶段。法律唯一这一审判元规则的确立是现代法治国家的主要标志之一。“文化大革命”及其以前的30年中，由于整体社会的人治属性，我国宪法规定的现代审判元规则没有得到遵守，实际上实行的是民意审判这一原始的审判元规则。改革开放以后，我国无论在宪法法律上还是在理论、实务上都已经确立了法律唯一的审判元规则。我们现在面临的任务是如何进一步使它得到更好的贯彻，而不应当犹豫、踌躇，更不应当倒退。坚持法治国家的审判元规则，这是进一步贯彻党的十一届三中全会改革开放精神的需要，也是贯彻“依法治国，建设社会主义法治国家”这一宪法原则的题中应有之义。

（2009年第8期）

社会转型中案例指导制度的性质定位与价值维度

夏锦文　莫良元*

当前,实务界和学术界对案例指导制度的关注和重视出现了两种明显不同的倾向。实务界积极进行试点,并不断总结经验,提出各项完善举措。① 学术界则更多的表达了对该制度的谨慎支持,②通常的观点和做法是把案例指导制度与普通法系的判例法和大陆法系的判例制度进行比较,探寻该制度是否符合应然的世界性趋向,③或者从我国古代的判例传统寻觅该制度的本土性资源。④ 本文试图围绕社会转型的时代课题反思司法供给与司法需求之间的紧张关系,力求探明案例指导制度的生成根据、性质定位和价值维度。

一、社会转型:案例指导制度生成的时代境遇

新中国60年辉煌的历史发展,充分证明我国社会进入了关键的转型期,这已经是社会共识。转型中国是机遇与挑战同时并存的社会,新中国前30年的探索和曲折让我们弥足珍惜稳定对社会主义国家建设的意义,而改革开放30多年来,我们对转型社会的体会则尤为深刻。社会主义市场经济发展让世界瞩目,同时,我们的国家贫富差距还很大,甚至到了比较危险的边界;社会主义民主政治建设进入历史发展的最好时期,但是腐败现象到了民众看官必贪的怪圈;社会主义文化异彩纷呈,同时文化的低俗化倾向突出;社会主义和谐社会建设已成全民共识,但社会生活中的不和谐现象威胁着国家的稳定时常发生,等等。改革开放

---

* 作者单位:南京师范大学法学院。

① 如郑州市中原区人民法院的先例判决制度、天津市高级人民法院的民事判例指导制度、河南省郑州市中级人民法院的典型案例指导制度、江苏省高级人民法院的典型案件指导制度、成都市中级人民法院的示范性案例评审规则和四川省高级人民法院的典型案例发布制度,等等。

② 李仕春:"案例指导制度的另一条思路——司法能动主义在中国的有限适用",载《法学》2009年第6期。

③ 刘作翔、徐景和:"案例指导制度的理论基础",载《法学研究》2006年第3期。

④ 周成泓:"古代中国判例传统:成因及启示——案例指导制度的另一观察视角",载《黑龙江省政法管理干部学院学报》2008年第3期。

30多年来是国人对世界和自我的认识已日渐明朗清晰的时代，也是必须重新审视自我和世界的时代。进行中国特色社会主义建设是我们的事业，唯有从我们自身出发，不惟别人也不妄自尊大，社会主义和谐社会建设才会实现。社会主义法治国家建设的提出为我们找到了解决问题的路径，法治中国是转型中国的目标已为各界所认同。法治国家的要件当然地包括司法的现代化，而时下司法改革成为备受关注的课题，从另一侧面证明司法提供的公共产品远远没有满足社会的需要，司法解决纠纷的能力与转型社会的需求之间出现了备受责难和质疑的紧张关系。案例指导制度是中国特色的司法制度，它是我们解决司法现实矛盾的一项司法制度。它既不同于古代的判例制度，也不同于西方的判例法和判例制度。梅因曾精辟地指出："社会的需要和社会的意见常常是或多或少地走在法律的前面，我们可能非常接近地达到它们之间缺口的接合处，但是永远的趋势是要把这缺口重新打开，因为法律是稳定的，而我们所谈到的社会是进步的。"①必须从现实社会对司法提出的需要出发考虑如何建设该制度，发现其本来价值功能，并为其配套相关制度等作出研究。总之，笔者认为，案例指导制度是司法改革对中国社会转型提出的时代课题要求作出的理性回应，是社会转型期我国司法现代化的生成之物。

首先，从历史向度来看，我国具有重视案例或者判例的传统，而在社会变革时期尤甚。中国的案例或者判例始终存在，绵延历史而不绝，这已为学界熟知。西周、春秋时期的"议事以制"，秦朝的"廷行事"，汉朝的"决事比"，晋朝的"故事"，唐朝的"法例"，宋元朝的"断例"，明清朝的"例"，北洋政府大理院的判例、解释例和后来的民国政府司法部、最高法院的判例、解释例，等等。② 以上提及的各种称谓的案例或者判例，学界一般认为其实质意义属于法律形式渊源，以此标准，其与案例指导制度的指导性案例当然是不一样的。但是从实际运行层面上分析，两者在对司法官员的后续审理案件的示范和参考作用则是一样的。需要引起我们特别注意的是，历代对案例或者判例的高度重视往往都是在出现社会变革的时期，社会经济、政治生活发生了突出变化时，对其的需要便随之增强。③ 研究历史上的案例或者判例在司法过程中的功能和作用，以及对今天我们实行案例指导制度的启示，是我们东方司法经验创造性转换的应然要求。新中国成立以来，案例指导司法运行也同样存在。新世纪以来，随着社会主义法律

① ［英］梅因著：《古代法》，沈景一译，商务印书馆1984年版，第15页。

② 胡云腾、于同志："案例指导制度若干重大疑难争议问题研究"，载《法学研究》2008年第6期。

③ 戴建国："唐宋时期判例的适用及其历史意义"，载《江西社会科学》2009年第2期。

体系的基本完成，法治建设由立法中心向司法中心转移，[①]司法法治机制运行对案例指导制度的客观需求自然而然地使其历史性再次走到前台，备受瞩目。因此，我们认为案例指导制度具有历史的传统基因，符合司法运行的内在规律。

其次，从空间维度来看，世界各国的司法实践中普遍存在案例指导的相关制度。西方两大法系中普通法传统是遵循先例，民法法系国家存在判例制度，这些已是学界的常识。而问题是，这两者与我们的案例指导制度有差别，它们是在历史长河的不断积淀中生成的司法制度，我们的案例指导制度是社会主义国家的司法制度，没有太多的时间积累。[②]

有学者认为，西方两大法系的哲学基础分别是经验主义和建构主义，我们则在两方面都有缺陷，所以推行该制度的难度很大。[③] 笔者认为，司法制度最为基本的功能是定分止争，其哲学基础当然重要，但这种贴标签式的本质主义无异于忽略制度本身而求他的妄言。指导性案例的示范作用是司法运行的经验常识，古人知晓，世界各国也同样明晰。普通法系的判例法赋予法官造法的特权，其常态则是遵循先例，因为先例具有指导作用，乃至规范作用。我们要研究的是在何种历史境遇下法官才会造法，权力结构是如何解决此种冲突的，以避免借鉴时在我们的政治权力结构冲突中出现危险。这不是本文的中心问题，故不作赘述。民法法系国家的判例制度其实也不是今天才有的事情，上下级法官的制度原因，本身就意味着下级法官必须关注上级法院的判例，这也就是说，上级法院的判例对下级法院法官具有指导意义。日本法学家大木雅夫指出："在大陆法系确实不存在先例拘束的原则。但无论法国还是德国，下级法院都遵从上级法院的判例，否则，下级法院的判决就必然在上级审时被撤销，有敢于反抗上级审勇气之人，实属罕见。"[④]总之，两大法系的司法制度中本身就存在案例指导制度，只是和我们的提法不同而已，案例指导制度是规范法律得以适用的一项重要的司法制度。

最后，从司法改革的客观实践来看，社会转型期对司法的功能性期待变得更为突出，案例指导制度已提到实务界的制度创新层面。案例指导制度本来一直在司法运行过程中普遍性地发挥着作用，可能因为其主要在司法系统内部运行，不为社会所熟悉，或是没有引起社会关注，也或是隐性运行的缘故，不管何种缘

---

① 汪世荣："中国案例制度的目标定位"，载《华东政法学院学报》2007 年第 2 期。

② 房文翠："案例指导制度的法哲学之维"，载《法制与社会发展》2007 年第 3 期。

③ 谢晖："判例法与经验主义哲学"，载《中国法学》2000 年第 3 期；武树臣：《中国传统法律文化》，北京大学出版社 1996 年版，第 345 页。

④ ［日］大木雅夫著：《比较法》，范愉译，法律出版社 1999 年版，第 126 页。

由，社会民众对各级法院之间的案例指导制度不是很了解，甚至学者也了解得不是很清晰。社会转型成为当下中国的时代课题，随着法治观念深入人心，各类社会纠纷的解决途径选择最后必然走向各级法院，基层法院的法官队伍是不能够在短时间内适应这种变化的，人员不足、法官超负荷工作，都正说明了这一点。转型社会的突出特征就是世事瞬息万变，文化的多元，各种价值观念不断考量着社会成员，包括法官队伍，实然出现了与指导性案例得不到重视和关注的情形。同时转型中国已是信息社会，这些个案被社会广泛的讨论，司法权威也就必然要受到影响。如此往复，司法改革的其他各项措施与社会转型期的司法需求之间出现了严重的紧张关系。如此境遇下，最高人民法院明确提出建立案例指导制度，各级法院积极进行案例指导制度的试点。笔者认为，这是司法现代化内生机理对社会转型的理性回应，具有制度建构的正当性，也是司法改革众多制度建构中必须尽快解决的问题。同时，发达的科学技术和自由开放的新闻媒体也为其提供了强大的技术支持和保障。

二、规范法律适用：案例指导制度的性质定位

当下的学术界和实务界对案例指导制度还没有形成确切的概念，观点和建议很多，一般包括以下几个要素：法官是否在造法、司法解释的类型、法院的主体资格、选取案例的程序、效力确定、指导性案例的内容等。由于对上述要素的关注不同，学界关于案例指导制度的性质定位主要观点有判例说、司法解释说和法律适用说。笔者认为，案例指导制度只是司法制度中的一项制度，如果让该制度承载了其不能尽其所能的任务，会让该制度勉为其难，甚至使该制度面目全非，因此对该制度的性质定位尤显重要。

（一）案例指导制度不是司法解释形式，也不是法律的补漏路径，更不是法官造法壮举

有学者认为，案例指导制度是最高人民法院司法解释权当然赋予的一种司法解释形式，或者是其扩展或者是其新路径。① 笔者认为，案例指导制度不是司法解释形式。原因在于：（1）司法解释说最起码不能回答有关高级人民法院的案例指导制度的试点，因为高级人民法院没有司法解释权。（2）司法解释本身

① 周道鸾："中国案例制度的历史发展"，载《法律适用》2004 年第 5 期；杨力："中国案例指导运作研究"，载《法律科学》2008 年第 6 期；张骐："试论指导性案例的'指导性'"，载《法制与社会发展》2007 年第 6 期。

在司法实践中已经是一项比较成功的运行制度,并且我国的司法解释还包括最高人民检察院。(3)两者在现实中最一般形式的理解,差别也是明显的。如果把案例指导制度定位为司法解释形式,那将是司法解释的革命性变革,这样不仅有违司法改革的初衷,而且会使司法权与立法权之间的配置出现紧张关系。

判例说在学者群中占的比例较高,或者直接将案例指导制度等同于判例法制度或判例制度,或者是其过渡与初始阶段。[①] 关于判例说,笔者想强调以下三点:(1)案例指导制度不应是法律的补漏路径,否则同样会带来立法权与司法权之间的紧张关系,而且笔者认为案例指导制度在司法实践中也没有这种需要和必要。司法实践中的"同案不同判"主要不是法律的疏漏原因造成的,而是法官自由裁量权过大的结果,甚至是由于司法腐败导致的。[②] 案例指导制度在实践中有关高级人民法院的试点也同样否定了补漏功能。(2)案例指导制度的运行起点是判决已生效的案例,如果认为有关个案的法官是在进行(行使)法律补漏(职能),那么在指导性案例选取的阶段就可以解决法律疏漏的问题,而无须通过该案的指导性诠释来完成其使命。(3)判例说的观点中有关学者走得更远,认为案例指导制度的必然结果是法官造法。对该制度的批判学者中的担心和怀疑也多来自此方面。笔者认为,案例指导制度没有此方面的功能,也不会和不应该给予法官此种壮举的机会。正如有关学者所言,我国法治的条件不会允许法官造法,同时案例指导制度也无法承载此项责任。[③]

(二)案例指导制度是开放性和透明性的司法制度

案例指导制度的性质定位应该关注当下我国社会转型的时代境遇,这也是对该制度的相关研究没有给予重视的方面。案例指导制度是社会转型期解决社会纠纷凸显的一把利剑,也是我国司法改革的一个重要的突破口。社会转型的

---

① 李步云:"关于法系的几个问题——兼谈判例法在中国的运用",载《中国法学》1990年第1期;谢晖:"经验哲学之兴衰与中国判例法的命运",载《法律科学》2000年第4期;张骥:"判例法的比较研究——兼论中国建立判例法的意义、基础与操作",载《比较法研究》2002年第4期;陈卫东、李训虎:"先例判决·判例制度·司法改革",载《法律适用》2003年第1、2期;蒋惠岭:"建立案例指导制度的几个具体问题",载《法律适用》2004年第5期;周佑勇:"作为过渡措施的案例指导制度",载《法学评论》2006年第3期;刘作翔:"我国为什么要实行案例指导制度",载《法律适用》2006年第8期;奚晓明:"建立以案件审理为中心的案例指导制度",载《河北学刊》2007年第3期;傅郁林:"建立判例制度的两个基础性问题——以民事司法的技术为视角",载《华东政法大学学报》2009年第1期;徐昕:"迈向司法统一的案例指导制度",载《学习与探索》2009年第5期。

② 李仕春:"案例指导制度的另一条思路——司法能动主义在中国的有限适用",载《法学》2009年第6期。

③ 杨洪逵:"案例指导:从功利走向成熟——对在中国确立案例指导制度的几点看法",载《法律适用》2004年第5期。

司法实践中的基本矛盾是司法供给不能满足司法需求之间的矛盾,全社会对"同案不同判"的关注不断考量着司法机关的司法能力,学界也正是从此现象出发认为统一法律适用是当务之急,案例指导制度是法律适用制度或机制。[①] 笔者认为,"同案不同判"只是司法实践最终展现在我们面前的个案,只是问题的部分,也仅仅是部分。故仅从此角度思考案例指导制度的性质定位会有把脉偏颇之嫌。

当今的时代是信息化的时代,也是民主高涨的时代,法治观念可谓深入人心。互联网的发展、人员的大量流动、教育的普及等给中国人民所带来的对司法供给的需求是开放和透明的司法制度。司法公正应是看得见的正义,也是防治司法腐败最好的防腐剂。转型期的社会纠纷大量涌向人民法院正是人民群众法治观念提高的体现,也是人民群众对人民法院的信任。有学者认为,"权威来自于确信和承认。对有理性的现代人而言,确信是由证明过程决定的,承认是由说服效力决定的"。[②] 司法权威的彰显关键不在力而在理,网络时代让人民群众获得司法案例已不是难事,尤其是"同案不同判"的案例,对案例的垄断时代已经一去不复返了。与其被考问不如主动展示,所以笔者认为案例指导制度是时代机遇的生成之物,也是司法运行的规律使然。让人民群众看到我们的人民法院是如何司法,如何伸张正义,应是案例指导制度的出发点,故案例指导制度应该是开放的、透明的司法制度。

(三)案例指导制度是基于审级监督权对法律适用进行规范的司法制度

1. 审级监督权是案例指导制度的法理根据。根据我国宪法的规定,上级人民法院对下级人民法院的工作进行监督,称为审级监督,该项权力为审级监督权。在实践中,该项权力的行使主要体现在司法解释和请示制度当中,符合法治要求的也只是最高人民法院的相关权力的行使,而且此项监督的作用远未实现。[③] 笔者认为,案例指导制度应赋予上级人民法院对下级人民法院的所有案件都应该在审级监督方面得到覆盖,否则司法制度的正义周延性将会受到质疑。所以,案例指导制度的案例来源应是所有各级人民法院判决已经生效的案件,通过下级人民法院向上级人民法院开放,逐级向上传递,最终由最高人民法院和高级人民法院决定对所有下级人民法院公布(当然高级人民法院只需在本辖区内公布),并监督下级法院的相关案件的审理是否符合案例指导制度的要求。

---

① 刘作翔、徐景和:"案例指导制度的理论基础",载《法学研究》2006 年第 3 期;徐昕:"迈向司法统一的案例指导制度",载《学习与探索》2009 年第 5 期。

② 季卫东著:《法治秩序的建构》,中国政法大学出版社 1999 年版,第 53 页。

③ 最高人民法院 1980 ~ 2005 年工作报告。

2. 权威公布指导性案例是案例指导制度的基本要求。最高人民法院和高级人民法院公布的案例要具有指导性是案例指导制度得以发挥作用的前提条件，学界对指导性作了诠释，认为包括普遍性、典型性和权威性。笔者认为对案例的选取应该是开放的，各级人民法院的判决已经生效的案例应该为高级人民法院和最高人民法院掌握，建立案例数据库，并进行分类，在此基础上由最高人民法院和高级人民法院权威公布指导性案例，并附上指导性意见，同时案例数必须不断增加，逐步实现案例数据库对全社会开放。权威性是指导性案例的生命线，是核心要素。转型社会的多元价值观对法官的影响是不容忽视的，社会主义法治理念必须得到彰显。所以，笔者认为，必须且只能由最高人民法院和高级人民法院来承担公布指导性案例的责任。笔者倒不是认为最高人民法院和高级人民法院就一定与智慧画等号，但最起码是一个态度问题。谁都会犯错误，我们必须把错误的概率降到最低，同时司法能力的提高也应该在一个比较高的平台上前行。

3. 规范法律适用是案例指导制度的法治内核。学界持法律适用说的学者很多，尤其在《人民法院第二个五年改革纲要(2004－2008)》公布以后，认为案例指导制度是有关法律适用的司法制度。笔者认为，案例指导制度是规范法律适用的司法制度，是对法律适用进行规范的一项制度，而不是法律适用本身。理由有：第一，案例指导制度的法理依据是审级监督权，而不是审判权，上级人民法院无权对下级人民法院的审判进行干预，只能进行监督，这也是司法独立原则的要求。第二，案例指导制度的核心内容是最高人民法院和高级人民法院通过权威性公布指导性案例对下级人民法院将来审理的相关案件进行指导，规范其法律适用活动，以期实现司法公正与效率的法治目标。当然这样必然会带来，也是困扰学界和上级人民法院的棘手问题，即效力问题。案例指导制度下的指导性案例对各级人民法院将来审理的案件有没有拘束力？如果有，属性为何？违反者该如何处理？有学者认为是事实上的拘束力，通过上下级法院的考核机制来解决此种问题。①

笔者认为，这种观点在逻辑上是有矛盾的，事实上的拘束力与法律上的拘束力能否简单地完全二分？事实上的拘束力与既判力是何关系？其实，我们必须清醒地认识到，案例指导制度的价值是有限的，它不可能解决司法改革的所有问题，如果把案例指导制度赋予了它不能承载的任务，这便是将该制度与司法改革

① 陈灿平：“案例指导制度中操作性难点问题探讨”，载《法学杂志》2006年第3期；徐昕：“迈向司法统一的案例指导制度”，载《学习与探索》2009年第5期。

中各种矛盾和问题进行“绑架”，最终会让案例指导制度成为改革失败的“替罪羊”，而违背司法改革的初衷。因此笔者认为，指导性案例对各级人民法院将来案件的审理没有效力，当然也就没有拘束力，各级法院不得援用指导性案例直接进行判决，必须依照法律进行判决。但是各级人民法院必须认真学习指导性案例，并接受监督，上级人民法院在此方面要进行切实的工作，及时掌握下级人民法院生效判决的案件与指导性案例的关系现状，如果出现“同案不同判”等异常情况要及时启动监督程序的相关机制进行个案的具体监督，并将相关情况记录在案，成为将来考核法官的重要依据。指导性案例重在指导，不能越俎代庖。

总之，案例指导制度是指上级人民法院以规范法律适用为目的，基于审级监督权，依据最高人民法院和高级人民法院权威公布的指导性案例，对下级人民法院审理相关案件进行审级监督，从而实现司法公正与效率的一项司法制度。

三、彰显司法法治运行规律：案例指导制度的价值维度

社会转型是案例指导制度生成的时代境遇，在理性地给予其性质定位的基础上，我们有必要充分关注其多维价值，以期发现案例指导制度的司法法治运行规律。

（一）案例指导制度为广大人民群众提供了获得法治信仰的可靠途径

社会转型已是全社会的共识，多元化的价值观念和文化思潮对社会的影响是全方位和深层次的。转型社会的纠纷具有复杂性、突发性和易变性的特征，随着法治观念的深入人心，多元纠纷解决机制还没有形成良性互动的当下，各级人民法院的诉讼案件数量急剧增长，但权利意识给国人带来的福音并没有如期而至。诚然，其原因是多方面的，但其中司法供给与司法需求之间的紧张关系会在转型社会中持续相当长的时期应是其主要根源。社会转型期的广大人民群众对法治的追求和司法正义的期盼比以往任何时期尤甚，互联网时代的到来更进一步促进了这种趋势。“同案不同判”给社会所带来的对司法的质疑，甚至愤怒，①告诫我们的司法机构应当主动展示权威性的司法适用过程，接受人民群众的监

① 美国著名法官、法学理论家本杰明·卡多佐深刻地指出，如果有一组案件所涉及的要点相同，那么各方当事人就会期望有同样的决定。如果依据相互对立的原则交替决定这些案件，那么这就是一种很大的不公。如果在昨天的一个案件中，判决不利于作为被告的我，那么如果今天我是原告，我就会期待对本案的判决相同。如果不同，我的胸中就会升起一种愤怒和不公的感觉。参见[美]本杰明·卡多佐著：《司法过程的性质》，苏力译，商务印书馆2005年版，第18页。

督。案例指导制度的试点实践中上诉率和错案率的明显下降,[①]充分地证明了广大人民群众对该制度的认可。

权威公布的指导性案例能够成为广大人民群众张望司法正义的窗口,近距离地目睹法律适用过程。指导性案例作为职业法官主体智慧的结晶,其专业性和技术性毋庸置疑,完全可以承担广大人民群众获得法治信仰的可靠途径。“正是由于有大体相当的职业群体认知标准,实际上,对法官运用指导性案例进行裁判设置了较为严格的限制,并使其尽可能地遵循制定法规则或社会生活普遍规则,表达出他(她)对法律规定的解释以及对事实的法律意义的认定,从而表现出对法律的审慎忠诚,同时,使具有指导意义的‘案例’能够得到社会公众的认同和接受。”[②]

法制现代化首先是人的现代化,而人的现代化当然包含着对法治的信仰,即法治意识的现代化。案例指导制度虽然直接的关系主体是上下级人民法院,但其终极目标是实现司法正义与效率,这也是广大人民群众追寻的法治目标。如果指导性案例不能彰显法治精神,仅仅成为权力部门之间利益博弈和权威争夺的战场,得不到广大人民群众的支持和认可,那么建立和完善案例指导制度只会是司法改革的一场闹剧。因此,案例指导制度是广大人民群众追寻法治目标的必然要求,广大人民群众获得法治信仰的可靠途径应是案例指导制度的首要价值旨归。“通过案例指导制度,可以使法律的一致性、确定性和可预见性得到充分的维护,使司法的公正、高效和权威价值获得全面昭示和落实。从现代法治视角审视案例指导制度,它将成为有效实现司法公正、高效和权威的途径与载体之一。”[③]

(二)案例指导制度是各级人民法院提升司法能力的有效手段

纠纷大量涌入各级人民法院直接考问着法官的司法能力,基层法院法官的数量严重不足和司法能力有限制约着司法效率的提高,“迟到的正义是非正义”。“同案不同判”的个案所带来的国人对司法的质疑,模糊了对法治正义的合理诉求,对利益博弈的不当猜疑屏蔽了司法能力是决定实现司法正义的实质内核这一理性认知。现实中提高法官司法能力的运作方式比较单一且缺乏针对性,其效率自然可想而知。学界对司法独立研究的过分偏好往往忽视了实践中司法能力的客观现实,解决司法独立与司法腐败之间的紧张关系,不断提高法官

① 蔡颖慧:“我国案例指导制度的建立与完善”,载《法律适用》2008年第1、2期。

② 刘峥:“建立我国案例指导制度的追问与辨析”,载《人民法院报》2007年12月20日。

③ 胡云腾、于同志:“案例指导制度若干重大疑难争议问题研究”,载《法学研究》2008年第6期。

的司法能力便是一个比较突出的问题。实践出真知,司法能力的提高必须在法官面向一个个案件时才会得到切实的实现。司法独立是追寻司法正义的当然性要求,但司法擅断是实现司法正义的宿敌,因此谦抑性司法得到普遍认同。如前所述,案例指导是一个世界性和历史性的普遍现象,故案例指导制度应该成为提升法官司法能力的有效手段。

案例指导制度是规范法律适用的司法制度,指导性案例的权威公布并不是要直接取代各级人民法院法官对个案的审理,也不是要干预司法审判,因为司法独立必须得到维护。指导性案例凝聚了各级人民法院法官的集体智慧,是转型社会司法经验的阶段性总结,并体现着持续性的要求。下级人民法院法官不断研习指导性案例,并结合个案比照考量,对提升其司法能力是不言而喻的。同时,他们作出的个案判决在案例指导制度下必须接受上级人民法院的审级监督;更为重要的是,还要接受全社会的直接考问,甚至相关案件在将来的某个时间节点上还可能成为新的指导性案例。这些都决定了案例指导制度能够在提升各级法院法官司法能力的实践中大有作为。有法官曾对司法判决书的作用作过精辟的论述:"通过行使自由裁量权而作出的判决不应成为专权擅断。然而,要防范这种危险,却没有比对判决作出全面解释更好的经过检验的方法。这种解释把法官训练的思维清晰,重理智包括庞德所说的本能推理——而轻意识,它还将他们置身于众目睽睽下,以使其经受住上诉法院、专业人士和普通公众的责难。"①需要强调的是,指导性案例的开放性和透明性特征客观地要求其在数量上必须不断增长,只有存在相当规模的指导性案例,案例指导制度才会具有制度效益。因此,权威性公布指导性案例应加大力度才是明智的选择。

(三)案例指导制度为预防司法腐败配置了合理的保障措施

实践中被证实的司法腐败个案重创了全社会追寻法治理念的热情,对司法法治的诉求和期盼与日俱增。司法是维护社会正义的最后一道防线,人民群众对司法正义的担忧是完全有道理和有根据的。导致司法腐败的原因是多方面的,转型社会的时代境遇也为其滋生蔓延提供了机缘。但是公开的司法案例数量极其有限,生效判决的案件在接受阳光普照的范围和程度上远远不够。司法活动的技术性依赖体现了职业化和专业化的取向,但是其过程和结果应该接受广大人民群众的监督,除去隐私和秘密要求之外,其他理由皆可推定为借口和托词,甚至是司法腐败的同谋。另外,即使是隐私和秘密的原因也可通过技术处理以后,将相关案例进行权威公布。

---

① 转引自梁迎修著:《法官自由裁量权》,中国法制出版社 2003 年版,第 93 页。

案例指导制度要求指导性案例面向所有判决已经生效的案件开放，各级人民法院逐级向上申报备案，分类管理并建立案件数据库，在此基础上权威公布指导性案例，并不断加大公布的力度。指导性案例对各级人民法院审理相关案件时的示范、规范作用，是其排除各种干扰的正当性理由，同时对于个案法官而言也是自律要求的可靠保证。预防司法腐败的途径有很多，但是案例指导制度能够在制度性方面给予充分保障。规范法律适用是案例指导制度的法治内核，其实现司法正义的目标也必然会产生预防司法腐败的效应。诚然，冤假错案的出现有司法能力方面的原因，但社会转型期的冤假错案在很大程度上与司法腐败甚至其他腐败有着千丝万缕的联系，至少这属于合理性的怀疑。司法正义是看得见的正义，司法程序中法律适用过程和结果对当事人开放，指导性案例的法律适用过程和结果则对全社会开放，这种正义的展示方式在社会转型期尤显关键。同时，案例指导制度规定学习和考量指导性案例与对法官的目标管理考核机制相关联，这也是预防司法腐败的可靠制度保障措施。

（四）案例指导制度是完善上下级法院之间审级监督法治机制的关键环节

宪法赋予上级人民法院的审级监督权在司法实践中发挥作用的概率很低，尤其对最高人民法院和高级人民法院而言更是如此，故有很多学者建议我国实行三审终审制。[①] 但是笔者认为，如果实行三审终审制，其制度成本的需求会是在现有的本来就很欠缺的基础上要求更多的司法资源，同时法院判决既判力的周期过长等所带来的社会负面影响也应得到关注。司法实践中出现的司法供给与司法需求之间的主要矛盾也主要不是二审终审制所直接带来的，我国幅员广阔，地域的差异性很大，如果实行三审终审制反而会进一步加大司法供给与司法需求之间的紧张关系，也不符合司法效率的目标要求。世界大多数实现三审终审制的国家，其第三审主要是法律审，甚至第二审就是法律审，这种三审终审制的审级监督所发挥的作用无疑极其有限。社会转型期的纠纷解决机制对审级监督要素的需求比以往任何时期尤甚，涉诉上访社会现象的出现也充分说明了这一点。

案例指导制度以审级监督权为其法理依据，是完善上下级法院之间审级监督法治机制的关键环节。该制度首先要求下级人民法院的所有判决已经生效的案件必须逐级向上开放，接受上级人民法院的审级监督，接下来最高人民法院和

① 傅郁林："审级制度的建构原理——从民事程序的角度分析"，载《中国社会科学》2002年第4期；章武生："我国基层法院的性质及功能定位——从审级制度改革的视角观察"，载《法学家》2005年第4期；刘万红："构建中国案例指导制度的障碍及克服的理论分析"，载《甘肃政法学院学报》2008年第3期。

高级人民法院在上述案例数据库的基础上权威性公布指导性案例，各级人民法院审理相关案件时应积极接受指导性案例的指导，最后，上级人民法院根据下级人民法院法官审理相关案件时对指导性案例的考量状况作为目标管理考核的重要依据，在审级监督法治机制中不断实现规范法律适用的目标。如此反复，案例指导制度保证了审级监督法治机制运行的良性循环。在进行案例指导制度试点的司法实践中涉法上访的数量明显下降正是其写照。当然，案例指导制度的功能得到充分发挥同样需要其他制度予以配合。

（五）案例指导制度为中国法学研究提供了客观准确的本土样本

我们的法学研究在新中国60年的发展历程中取得了辉煌的成就，为社会主义法治国家建设提供了强大的理论支持。但是随着社会转型的深入，法治实践对法学研究提出了更高的要求，同时，法学研究者也越来越意识到中国的法学研究，必须高度关注中国法治现实的面向问题。中国法学研究60年在"三个面向"的类型研究上的发展不是均衡的。"三个面向"即面向过去、面向未来和面向现实，前两个面向类型研究一直是研究的热点和重点，取得的成就也是有目共睹；在面向过去的类型研究中，不管是国内的还是国外的法治发展历史备受学者青睐，"古为今用"是其主要价值依归；在面向未来的类型研究中，学者更多的是将西方的现在当成我们的未来作为问题的预设展开研究，其理论缺陷已经引起学界的高度关注和反思。[①] 前两个面向类型研究虽然以中国法治现实为参照或者旨归，但是由于与中国现实的严重脱节，必然带来"厚古多于薄今、批判多于建设、感慨多于激励"的解构主义倾向。面向现实的类型研究虽然一直也贯穿新中国60年，但关注社会转型的法治现实到20个世纪末才得到真正改观，实证研究的学术成果逐渐受到重视。不过由于受到客观条件限制，该种研究的典型性和时效性备受质疑。诚然，制约三个面向类型研究的因素是多方面的，但是笔者认为，中国法治运行实践的公开性、透明性不足难辞其咎，尤其以司法运行实践为甚。

案例指导制度对权威公布指导性案例的规定，为法学研究提供了社会转型期中国司法法治运行客观准确的本土样本。指导性案例是法律与实践结合的产物，是司法经验和智慧的结晶，其中既包含着对立法精神的理解和阐发，又包含着司法智慧的创造与探索；既包含了实体性规范，又包含了程序性规范；既包括字面上的法律，又包括案例中当事人及司法人员心目中所理解的法律；既包括法

---

① 邓正来著：《中国法学向何处去》，商务印书馆2006年版，第87～88页。

官所适用的法条,又包括法律适用活动本身对法律的生动解释。① 公开性和透明性的指导性案例成为理论研究和司法实践良性互动的建设性平台,这既是法学理论研究得以持续发展的生命线,也是司法法治的必然要求。指导性案例的权威公布必然带来全社会普遍性关注,其中当然包括要接受法学理论的直接考问和锻造,这是司法法治机制得以形成及良性运行的可靠保证。社会转型期的中国法治建设,包括司法法治建设,已经进入全社会集体主动参与的时代,各类主体在各尽其职、各负其责、各尽其能的法治机制运行中展示自身的价值和追求。

(2009年第11期)

① 胡云腾、于同志:"案例指导制度若干重大疑难争议问题研究",载《法学研究》2008年第6期。

法官思维的理性依托于司法审判之既有理念

王　申*

我们在构建科学的司法理论体系时，绝不能忽视法官思维范式这个问题。当下的司法改革虽然名目繁多，但寻根溯源都与法官的思维有关。比如，近来学界争议颇高的“司法反映民意”问题，其实质所反映的就是法官的大众思维倾向；所谓大众思维也就是一般人的思维，或可以称为惯性思维，即大多数人都会那么思考的一种方式。还有所谓的法官的理性化与官僚化问题，其实质反映的也是政治思维的特点。政治思维最大的特点是强调政治上的利弊得失，以此作为决策的基本因素。①

甚至在关涉司法语言的优化问题上，其实也反映了法官思维的优化问题。从哲学视角来看，思维首先是一种精神实践活动：精神实践活动体现的是人的存在方式和活动方式；而实践必然包含着客观的规律性和人的主体参与性。司法实践活动的抽象成果就是司法理念、学说和法律思想体系的构建。作为实践法律特殊方式的场域，司法活动离不开法律规律和法官的参与。而法官的参与又离不开司法理念的依托。所以，司法这门科学应把法官思维的规定性看做其一项重要的内容。它的认识逻辑是，既然司法制度中的法官是依据思维来参与审判活动的，那么就应自在地被我们所认识。在司法实践活动中，法官所作的任何裁判都是其思维活动直接作用的结果，或者说法官的思维对案件的处理结果起着十分重要的作用。因此，审判思维是法官司法实践中的重要工具，并且是法官审判得出正确结果的必要条件。

一、思维的起源、定义与特点

思维是针对凡是如此地存在于我们以内以致我们对之有直接认识的东西说

---

* 作者单位：华东政法大学。

① 郑成良：“法律思维基本规则”，载上海市政府法治办综合业务部、上海市行政法制研究所主编：《政府法治简报》2009年第13期。

的。这样一来,凡是意志的活动、理智的活动、想象的活动和感官的活动都是思维。[①] 也可以说,"思维最初却是以知识与自身的纯粹的同一性,所以也只构成普遍的规定性或要素。"[②]要分析一个观念体系的意义限度或者说它的"能量"限度,我们必须探究它的性质及其起源,即它作为如此这般的一套看法的"底牌"。

从汉语的语义来看,思维本是个外来的概念。关于思维的起源,从西方哲学的历史来看,一个起源于希腊,另一个起源在罗马。[③] 由于希腊人的精神状态与罗马人的精神状态是两个不同的世界,因此他们对思维的理解是不一样的。希腊人认为思维产生于困惑(因无知而产生的困惑能用知识来消除):"作为思维出发点的困惑不是疑惑,也不是吃惊或迷惑,而是令人惊奇的困惑。"[④]但"令人惊奇的困惑"指的是什么?甚至连柏拉图也没有阐明。而罗马人的思维认知却与希腊人"令人惊奇的困惑"相矛盾——是不对任何东西感到惊奇,无动于衷。这与罗马人对什么是哲学的理解有关:罗马哲学的用处是教人如何医治绝望的心灵,方法是通过思维逃避世界。比如黑格尔就认为,思维不是源于理性需要,其存在的根基在不幸之中。[⑤] 这是一种典型的罗马思维特征。之后,在卢克莱修和西塞罗的作用下,希腊哲学逐步被改造成罗马人那种在本质上实用的东西;后又经过斯多哥主义者中的代表人物爱比克泰德的多年努力才将这系列思想统一起来。因此,思维产生于现实的崩溃和由此而导致的人和世界的分离的说法,被西方学者认为是可信的。[⑥] 之后,经过了很长时间,这种系列发展成为一种前后一致的西方哲学体系。

在我国,权威工具书《辞海》对思维的解释为:"思维有两种含义(亦可看做三种含义):一是指理性认识,即思想;或者指理性认识的过程,即思考。是人脑对客观事物间接的和概括的反映。包括逻辑思维和形象思维,通常指逻辑思维。二是相对于存在而言,指意识、精神。"[⑦]在《现代汉语词典》中,对思维的解释为:(1)在表象、概念的基础上进行分析、综合、判断、推理等认识活动的过程;(2)进

---

① [法]笛卡儿著:《第一哲学沉思》,庞景仁译,商务印书馆1993年版,第34、160页。

② [德]黑格尔著:《哲学科学全书纲要》,薛华译,上海世纪出版集团、上海人民出版社2002年版,第12页。

③ [美]汉娜·阿伦特著:《精神生活·思维》,姜志辉译,江苏教育出版社2006年版,第180页。

④ 同上,第159页。

⑤ 同上,第171页。

⑥ 同上,第171页。

⑦ 《辞海》(下),上海辞书出版社1989年版,第4392页。

行思维活动。① 而英语中的 thinking(思维)源于拉丁语 tongere,它是指运用智能寻求问题答案或寻求达到目的的手段的人脑的活动。② 人类的活动离不开语言,语言是思维的工具,是表达思想的手段。有了语言,人类便可凭借词的含义来进行抽象思维;同时,思维还是人的大脑对存在的认识与思考,③所以,思维是以 logos(语言)或 noēsis(认识)为形式,旨在达到真理或真正的存在。④ "举例来说,性别歧视语言会导致性别歧视性思维,而消灭前者就可以排除后者。"⑤

思维从本质上说是人的一种纯粹精神活动,它不存在年龄、性别、属性、生活经历的差别,是每个人都拥有的一种始终存在的能力。但是,从认识论和专门性意义上看,思维作为人类生活的一种需要,作为在意识中的差异的实现,它在年龄、职业属性、生活经历上所体现出的差别仍然是不可避免的。不同的职业人群、不同的年龄阶段或社会经历都会表现出不同的思维方式。比如,年轻人有年轻人的思维方式,年长者有年长者的思维方式。另外,我们还可以看到在不同的职业领域中思维方式的本质性差异体现,如政治人有政治人的思维方式,经济人有经济人的思维方式,法律人有法律人的思维方式,哲学人有哲学人的思维方式,等等。从这个意义上讲,"人生经历不仅会影响一个人的人生观、价值观的形成,而且还会影响个人偏好、性格特点,影响法官的思维"。⑥

从思维的最终目的上讲,思维的目的在于对事物本质和事物发展的必然性认识。科学认识方法就是从"抽象"到"具体",抽象是人类特有的一种思维能力。抽象的思维方法是"从'完整的表象蒸发为抽象的规定'与从'抽象的规定在思维形成中导致了具体的再现'两条紧密联系的道路。在马克思看来,虽然前面一条道路是现实的起点,因而也是直观与表象的起点,但是,只有后一种方法才是科学上的正确的方法。"⑦因此,我们不难理解,如果没有抽象就没有科学的理论建构,人与人之间的对话和交流就没有基础。所以,抽象是人类必不可少的思维形式。

思维伴随着生活;生活反映的是我们的行为过程,它是思维之母,而不是思

---

① 中国社会科学院语言研究所词典编辑室:《现代汉语词典》,商务印书馆 1983 年版,第 1085 页。

② 王军伟:"试论职业法官思维的构成及特性",载 http://www. FindLaw. cn/。

③ 李淑英:"法律思维的法理学分析",载《政治与法律》2006 年第 5 期。

④ [美]汉娜·阿伦特著:《精神生活·思维》,姜志辉译,江苏教育出版社 2006 年版,第 61 页。

⑤ [英]尼古拉斯·费恩著:《哲学》,许世鹏译,新星出版社 2007 年版,第 132 页。

⑥ 田成有:"影响法官裁判的多种因素",载 http://finance. ifeng. com/roll/20090617/802637. shtml。

⑦ 王时中:"'思维'与'现实'的理论界划及其实践取向",载《学习与探索》2007 年第 6 期。

维的结果。我们当然不可能在思维中发现人类行为的原因，而只能通过思维来解释人类行为的结果。因为思维决定着人类行为的方式，决定着在人类行为过程中所涌现的人的毅力。思维的本质仅仅在于实践的思维过程，而不是在于任何实在的结果或特殊的思想。所以，"思维本身是由一种结构建立起来的。这种结构把思维所要加工的对象（原料）、思维所掌握的理论生产资料（思维的理论、方法、经验的或其他的技术）同思维借以生产的历史关系（以及理论关系、意识形态关系、社会关系）结合起来。正是理论实践条件的这一体系赋予思维着的主体（个体）在认识生产中的地位和作用。这种理论生产体系既是物质的也是'精神'的体系，它的实践是在现有的经济的、政治的和意识形态的实践基础上产生和形成的"。①

思维与存在紧密相连，思维就是存在，它于存在中常留；而认识与生活不可分离，认识就是生活，它在生活中实现。同样，思维能力与认识能力也是有区别的，在康德看来"这种区别在于：思维能力是用理性（Vernunft）的概念来把握；而认识能力是用理智（Verstand）的概念来理解。换句话说，理智试图把握呈现给感官的东西，而理性试图理解其意义。认识的最高标准是真理，认识从现象世界得到这种标准。但是，这并不是意义和探索意义的思维能力的情况；思维能力不询问某东西是什么或它是否存在。在我看来，真理和意义之间的这种区别不仅仅对研究人类思维的本质是决定性的，而且也是康德在理性和理智之间所作的重要区分和必然结果"。② 康德在区分理性和理智之中，最伟大的发现是把思维当做达到目的的手段的认识。③

二、法官思维是以法治为目的的一项精神活动

法官思维作为现代法律科学中的一个概念，是以法官为主体，依托法律方法、按照法律逻辑、根据法律理念及法律规则和审判经验来思考判断和解决法律纠纷的一种思考样式。法官思维总是和审判活动相联系，是法官在审判活动中运用法律知识、寻求法律真理、解决法律问题、达到法治目的的一项精神活动。

从主体上看，法官思维是在长期法律实践中形成和发展起来的，以思维为方

① ［法］路易·阿尔都塞著：《读〈资本论〉》，李其庆等译，中央编译出版社2001年版，第37～38页。

② ［美］汉娜·阿伦特著：《精神生活·思维》，姜志辉译，江苏教育出版社2006年版，第63页。

③ 赵汀阳著：《论可能生活》，中国人民大学出版社2005年版，第69页。

法，观察、思考、分析和判断法律问题与现象的方式或习惯，它是一种职业思维；从思维内容上看，法官的法律思维当包括“根据法律的思考”和“关于法律的思考”两种法律思维；从思维方式上看，法官表现出来的不是像道德思维或政治思维那样对问题进行开放式的发散性思维样式，而是根据法律所进行的思考，这种样式在经过了职业群体的进一步发展和完善后将形成一种法官职业的思维定式；从思维方法上看，法官的法律思维当主要依托于法律方法和法学方法来进行；从思维的表象上看，法官思维的表象主要体现在裁判文书里。

在希腊哲学中有一种对“什么东西使我们思维”的问题的回答。引用本文开始曾所说的柏拉图名言，即思维的起源是困惑。显然，引起法官思维的也依旧是对司法运行过程中的法律困惑。作为法官困惑含义具体化的内容可以包括：法官对超越其可认知事物范围的推理能力的需要；调和实际存在的社会纷争的需要。当法官通过法律思维把在法庭之外发生的事情变成自己的思维对象时，完全来自法官理性的推动。而理性作为一种思维和探索真理的能力，对人们来说是天地之王。①

法官之所以是法官，不仅是因为他们按照法律授权成为法官，同时还是由于他们在面对社会纷争时，能够运用抽象的法律思维发现他手头的案件与法律规则的关联性及可适用性，并由此加以理性分析、概括与提炼，从而达到一个超越个案的认识和结论。虽然法官手头的案情材料与法律规则的结合是其“直观与表相的起点”，但与法律规则在法官思维中形成导致具体案件的再现，则是一种科学上的正确方法。这是因为，案情材料具有掩饰某些内部东西和显示某些“外表”这两种功能，例如，掩饰违法犯罪、显示公平、正义，等等。现象世界始终存在客观的事实因消失而最终成为一种假象的可能性。所以，法官的“这一思维方式对于我们合理地解读司法过程具有重要的价值。法官对于案件的审判都是在一种特定的情景中进行的，而案件本身也都有一个特定的语境，这就决定了法官思维在本质上应该是一种语境化的思维。他必须将‘具体’作为他思考的中心，而不能单纯地从一个抽象的教条出发来剪裁那个‘具体’的情景”。② 法官的任务就是尽可能以理性的方法，运用法律思维辨别具体案情的真实与假象。

法官的思维也是以蕴涵于一般概念中的公式化倾向为其基础。他们凭借较少的概念控制着司法的世界。所以，西方法学认为，法学传授给法官的东西是一种如何对待司法的“审判艺术”。“在英美法系的学者看来，法学在很大程度上

① [美]汉娜·阿伦特著：《精神生活·思维》，姜志辉译，江苏教育出版社 2006 年版，第 20 页。

② 武建敏著：《司法理论与司法模式》，华夏出版社 2006 年版，第 4 页。

是作为一门'技艺'(craft)而不是作为一种'学术'来传授的。"①而这种技艺被看做一门特殊的法律 techne(技能)。人们将审判与艺术进行了结合,这说明了它们之间的共同点:它们都起始于问题——司法实践的和法律理论的结合问题。法学的问题大多由司法实践所引申出来,并且一般都是在法律知识的背景衬托下出现;法律理论的实践意义,并非因为它具有系统性或科学性,而是因为它"触及"现存的法律制度。法学中每一种理论所产生的新观点的丰富性和深度是衡量它的法学贡献的最好尺度。所以,法官"审判艺术"需要的不仅是抽象的"法理",更重要的是对法理的使用和应用。法官的生命轨迹并非停止于"获得法律知识",重要的是"具有法律思维、解决争议的能力",②从而使得法官能够在具备一定法律知识的基础上,依循法律价值,运用法律的方法正确地处理司法问题。

然而,司法的被动性特征决定了法官思维不是一种主动状态,而是一种被动的接受作用。司法实践是法官思维之母,而不是法官思维的结果。我们从来不可能在法官思维中发现法官审判行为的原因,而只能通过法官思维来解释法官审判行为的结果。当社会纷争未能在法官身上引起其思维的时候,这些事实对法官来说是没有任何法律意义的;只有具法律意义上的当事人行为和现象,并在法律中介的作用下才可引起法官的思维作用。在这里,法官思维的前提是要决定哪些事实可以构成法律概念的标志关系。只有当法官思维已经拥有种种标志,而这些标志足以达到在事实上确定法律关系特征的目的时,才能由法官运用法律思维来达致审判目的的实现。法官的任何审判实践都必须是事实和思维的结合,因此,在事实和思维之间,也就是在客观事实规律与主观法律思维之间存在一种基本一致。法官能根据法律事实,运用理性的法律思维从中得出关于事实法律关系的真相,之中诠释的就是法官精神活动的支撑点。

法官思维决定着法官审判行为的方式,决定着在法官审判行为过程中所涌现的法官的毅力。因此,从法官思维的产生与广泛运用来看,都与法官的培养方式及当时的历史经验条件和司法背景相关联。法官思维的本质仅仅体现于司法实践的思维过程,而不是在于任何实在的结果或特殊的思想。由于法官思维本身是由一种法律逻辑结构建立起来的,这种逻辑结构把法官思维所要加工的对象(案件事实)、法官思维所掌握的理论生产资料(法的理念、原则、方法、经验

---

① 郑戈:"韦伯论西方法律的独特性",载李猛编:《韦伯:法律与价值》,上海人民出版社 2001 年版,第 6 页。

② 王纳新著:《法官的思维——司法认知的基本规律》,法律出版社 2005 年版,"主编按语"部分。

等）同法官思维借以生产的历史关系（以及理论关系、意识形态关系、社会关系）结合起来。正是司法实践的这一体系赋予法官思维主体（个体）在司法审判中的地位和作用。由于不同的司法情景（法系特质），造成了不同的法官思维类型：（欧洲）大陆的法官从准则出发，并把案件归纳到其中去，形成了他的规则；而英美的法官必须从案件出发，并把它与在判例里作过判决的、类似情况的案例进行比较，即“从个案向个案推理”的思维过程。但无论什么类型推理的思维，其逻辑终点都是为了解答被假象掩盖的事实真相。

法官思维从本质上说是法官对已知的案件事实进行有意义的独立思考活动。“思维活动——按照柏拉图的说法是我们在自身中进行的无止境对话——仅仅在于打开心灵的眼睛。”①这种心灵的眼睛是种观察真假、善恶的知识，没有这种知识就不可能正确地进行精神活动。而法官自身对话显然就是一种共同体的内部话语，在共同体的内部话语中，法官致力寻找的是——思维的我，或者说是“有思维能力的物体”，他能够在每一个地方都总是能够把真理和谬误区别开来，他把它等同于灵魂——其实在性是无可怀疑的。② 法官的“内部话语”伴随着司法审判的整个过程，在这过程中所体现的是法官独立审判的司法理念。

法官的思维是法理学中抽象的法律思维在司法实践中的具体应用。所以，法官思维是以公平、正义的法律价值为取向，按照法官职业的独特视角来观察、分析和解决司法实践中问题的一种思维方式。法官与一般的其他法律职业的个体思维是有区别的，但在追求公平与正义的法律价值取向上却是一致的，因为公平、正义是所有法律职业者共同追求的终极价值目标。只是法官对于这些价值的追求作出了一种理性的、完全技术性的制度设计，这种设计与其他法律职业者迥异，从而具有司法裁判的特质。可见，法官思维的内涵容括了法的价值层面与方法层面，法官思维的一端连接着法律信仰和法的价值，另一端连接着说理方法和解决纠纷的法律技艺。

三、法官审判思维对审判既有理念之依托

虽然法学思维的方式可以是多元的，以至于有学者提出借鉴中医的思维矫正法学思维的偏差。③ 但是，笔者认为，司法审判理念对于法官而言是既有的，

---

① ［美］汉娜·阿伦特著：《精神生活·思维》，姜志辉译，江苏教育出版社2006年版，第5页。

② 同上，第53页。

③ 喻中：“中医思维方式与中国法学”，载《法制日报》2009年11月18日。

法官思维的理性依托仍然不可脱离司法审判之既有理念。因为，司法理念乃司法制度规则所体现出来的价值判断与目标之定位，不同理念引导下的制度就会体现出不同的性质。我们日常生活中所说的好制度与坏制度之分，主要源于制度理念的不同。制度理念一般是不独立体现出来的，它肯定要与一定的规则、规范相联系。① 任何一种司法制度的具体设计都要受到一定的司法理念的支配；同样，法官审判思维的理性特征指的必须是法官在审判活动中处理案件时所体现出来的理念特征，这种特征所显示的是法官职业者的基本特质。

法官思维的第一特征是对司法独立裁判权理念的依赖。垄断司法裁判权思维特征来自于法官职业的特殊地位与功能，它集中体现于作为司法运作中心的法院审判活动。由法官来垄断司法裁判是人类的经验选择。法官也许并不完善，这是因为人无完人。但司法体系比人类的其他体系更完善。② 司法在人类认知的递进发展中树立了牢固的权威形象，人类对司法权的认知促使民众对法官的崇敬。法治世界应当是个公正不阿的世界，既然最有价值的法律真理早已镌刻在人类制定的宪法文本上，那么就可正当地以裁判者的身份主宰人类的一切纷争。由此，法官在公众意识中实现了自身的“权威”。

依据司法裁判的法官垄断性理念，也就是说，只有法官独具“司法最终裁判者”的身份。由于司法裁判权具有终局性特征，当社会上发生的任何纠纷与争议在经过各种各样的决定仍不能得到解决时，最终都应该可以被司法诉讼所吸收。依此理念，西方传统法律强加给了法官三项义务：第一，法官必须对他面临的任何有效的权益要求作出裁决；法官不可能因为找不到一条法律的准则，就像古典时代罗马的审判法官可能做的那样，拒绝下判。第二，法官裁判的依据是法律，因此，法官应当根据法律对递放到他面前的控告事由进行判决。第三，法官有义务发誓，不仅根据法律，而且也要根据公平和公正的法理念作出判决。法官的工作处在“法律之下同等公正”的格言的指导之下。然而，当法官的三项义务无法达到社会的预期时，或法院常以“不属法院受理范围”为托词而拒绝受理时，情况就会变得令人窘迫。显然，这是与司法裁判的法官垄断性理念相背离的。

垄断司法裁判权的思维，本能地要求法官必须居于一个中立的旁观者地位。从人类一般的精神活动形态中，我们不难发现，旁观者比行动者更能认识和理解事物最本质的东西。这如同中国的古代谚语“当事者迷，旁观者清”。由于“旁

① 辛鸣著：《制度论》，人民出版社2005年版，第90页。
② “公众对法官的信任”，载怀效锋主编：《法院有法官》，法律出版社2006年版，第129页。

观者所处的超脱位置不属于‘高级’位置，正如巴门尼德和柏拉图后来所认为的：他们的位置在世界上，他们的‘高贵’仅仅是因为他们不参与正在发生的事情，而是作为旁观者观看正在发生的事情……根据行动和理解之间的这种最早区分，显然能得出一个结论：作为旁观者，你能理解演出所包含的‘真理’，不过，你必须付出的代价是不参与演出”。[①] 也就是说，法官只有作为旁观者才拥有能使他观察整个诉讼的最佳位置，才能对整个案件有一个直观的了解。也只有作为旁观者，法官才拥有对案件进行判断和能够作出公正的裁定。“因此，由旁观者来裁定是公正的，不受利益和名誉的影响，不依赖于其他人的意见。”[②]

在西方法治社会中，法官在行使司法裁判权的过程中，在分析处理法律问题的方式上，一般被要求：“应当遵循古老的文义解释规则进行，必须针对确切的原文（ipsissimaverba），亦仅于此……这一态度背后的理念，也是法官们所创的独到之见，就是——这么作为了避免出现法律不确定后果的最佳保障。”[③]这也就是后人通常所言的法官思维的保守性。法官思维的保守性也表明了法官思维是历史的产物，“思维总是作为无数个过去、现在和未来的个人思维而存在；每一个时代的理论思维，都是一种历史的产物”。[④] 这也迎合了司法审判的另一个哲学主题——同类案件，相同判决。

法官思维的第二特征是对程序公正司法理念的依赖。虽然立法、执法等活动都讲求程序，但是相对而言，程序对于法官活动具有相当重要的意义。因为法律程序是保障司法公正、公平的重要制度条件，法官的审判离开法律程序，当事人的法律实体权利也不可能得以实现。司法程序内容复杂，它规定了在审判中哪一方有责任提出争论点，以及谁有责任对提出的主张加以证明或反驳。这种对适用规则的逻辑说明，清楚地表明为什么司法的程序应当被法官们慎重对待。因为在司法领域，当事人之间的结合纽带都是基于平等尊重所有的程序性承诺。

在英国法中有一句名言：“正义不但应当实现，而且正义的实现过程应当为人所知。”[⑤]这句话着重强调的是正义的“实现过程”。遵守司法程序是法官理性选择“正义”的保证。司法程序本身并没有独立的价值：程序公正是为追求实体

---

① ［美］汉娜·阿伦特著：《精神生活·思维》，姜志辉译，江苏教育出版社2006年版，第102页。

② 同上。

③ ［比］R. C. 范·卡内冈著：《法官、立法者与法学教授》，薛张敏译，北京大学出版社2006年版，第18页。

④ 赵玉增：“思维与法律思维”，载http://www.fatianxia.com/paper_list.asp? id=21626。

⑤ ［澳］大卫·科比：《好法官所必备的素质》，载怀效锋主编：《法院与法官》，法律出版社2006年版，第3页。

公正而设立的步骤、方法，程序为实体服务，并依附于现实实体公正的结果而存在，程序离开实体的追求就没有存在的实质意义。在司法裁判的制度框架里，法官的裁判准则与当事人的行为准则追求目的是一致的。所以，理性要求法官思维注重追求程序中的真，而程序性思维是法官思维的另一个特征。在司法审判中，当"一个事物或具体案件在被置之程序的那一刻开始，就与社会发展的因果链隔离了"。① 可见，程序设计的主要目的是克服和防止法官审判行为的随意性和恣意性，是对法官自由裁量权力的抑制。

程序性思维是立法者为法治之目的而依法官被动、中立、保守之特征而创制的。因为"最遵纪守法的人是那些最值得尊敬的社会支柱，最不可能沉湎于思维和最不危险的人"。② 所以，在司法审判中设置程序性障碍的目的就是确保法官的理性认知和公平裁判，满足社会公众对正义的期望。值得一提的是，法官的自由裁量与程序限制这两种力量，虽然在同一个空间里，但却来自一个主体的作用，所以如果设计得合理，将会使其永远地处在平衡的状态之中；反之亦然。

法官的程序性思维特征同时也是对法官审判理性选择的保障。当程序法的标准和要求与实体法的标准和要求发生矛盾时，法官首先考虑的是程序公正优先于实体公正，宁可实体上不公正也不能让程序上不公正。这是因为"'重实体轻程序'的惯性以及'程序虚无主义'的影响非常严重，有必要强调程序的重要性。程序不仅是实现实体公正的手段，更是防止、限制司法权被滥用，保障诉讼参与人的合法权利并提供救济途径的重要机制。重视程序的价值，维护程序正义是法制进步、司法文明的重要标志"。③

程序性思维还要求法官追求的是不可反驳的真，也就是人类不能随便拒绝的真。"正如自莱布尼茨以来我们所知道的，真理有两类：推理真理和事实真理。它们之间的主要区分在于其可信性的程度：'推理（真理）是必然的，其对立面是不可能的，而事实真理是偶然的，其对立面是可能的。'这种区分是非常重要的，虽然不是在莱布尼茨本人所认为的意义上。事实真理尽管是偶然的，但对亲眼目睹它们的人来说是可信的。关键仅仅在于：一个事实，一个事件，不可能被想了解它的每个人目睹。而推理真理对具有同样的心智能力的人来说是自明

---

① 季卫东著：《法律程序的意义——对中国法制建设的另一种思考》，中国法制出版社2004年版，第30页。

② ［美］汉娜·阿伦特著：《精神生活·思维》，姜志辉译，江苏教育出版社2006年版，第198页。

③ 张文显："树立社会主义法治理念"，载http://www.dffy.com/faxuejieti/zh/200902/20090207173137-5.htm。

的，其可信性是普遍的，而事实真理的可信度是有限的；事实真理不能到达那些未曾亲眼目睹它们的人那里，它们需要依靠人们可能相信也可能不相信的他人的证明。"①换句话说，在事实真理之外，没有真理：所有的科学真理都是事实真理，只有事实陈述在科学上是可证实的。对于案件真相的探寻，法官思维与社会公众的思维在求真上是一致的。现实中的真与推理的真可能会是重叠的，即推理的真等于现实中的真。但是，大量复杂的法律疑难问题，使得推理出的真与事实中的真会存在距离，或者说是不吻合的。在具体操作上，法官与其说是追求绝对的真实真理，还不如说是根据程序要件推理出必然性真理。

法官思维的第三特征就是对法律规则至上论理念的依赖。法律规则至上论思维指的是法官必须遵照法律规则主持正义，这也是一个古老的命题。作为一种个体自治层面上的法官理性，如果缺乏一个既有理念的依托，并不能确保其形成一个充分的思维合意。我们知道，拥有知识并不一定确保其领会意旨。"洞察真理能力应当与该条真理本身极为相似，前者正像钥匙与锁眼一样切合后者。"②所以，法官审判必须依循法律的逻辑、以法律的价值取向来思考，通过合理的论证来解释并适用法律。③ 所谓依循逻辑就是以权利义务为思考问题的基本线索；以价值取向的思考就是以程序公正为常规，以实体公正优先为例外，以普遍正义优先为常规，以个案优先为例外；合理论证就是以合法性优先为常规，以客观性优先为例外；并以理由优先于结论来解释法律。④ 在一个以法律规则为背景所构成的社会场域里，法官必须自觉地从现有法律规则里寻找其判决的正当性依据。他所要做的就是以成文法规范作为大前提，以案件事实作为小前提，并将案件事实涵摄于成文法规范之下，然后依据法律三段论演绎推理，从而得出符合法律规则的裁判结论。法官的法律规则至上论思维其实就是在特定的社会结构中，实现法官为维护法律秩序、司法功能与具体的交往主体者之间型构的关系状态。现代社会是高度场域化的，不同的场域遵循不同的法则，在法官法律规则至上论思维中并没有恶法与良法之分。

由于法官思维是以法律规则为标准而对于人们行为的判断，因此，法律规则及其逻辑当然就成为法官思维不可或缺的内容。法官思维的逻辑结构是基于法

---

① ［美］汉娜·阿伦特著：《精神生活·思维》，姜志辉译，江苏教育出版社 2006 年版，第 64～65 页。

② ［英］尼古拉斯·费恩著：《哲学》，许世鹏译，新星出版社 2007 年版，第 117 页。

③ 王泽鉴著：《法律思维与民法实例》，中国政法大学出版社 2001 年版，第 4 页。

④ 郑成良："法律思维基本规则"，载上海市政府法治办综合业务部、上海市行政法制研究所主编：《政府法治简报》2009 年第 13 期。

律规范与具体案件之间的对应关系而产生的，而且也是维护和保障法律适用统一性和公正性的重要思维机制。在法官的思维中，如果没有思维的逻辑性，唯有"理性需要"的话，这显然是不能被充分地满足。规则性思维要求法官注重缜密的逻辑，谨慎地对待情感因素。通常规则思维方法都是以三段论推理为表现形式的，"在法律领域中，法官在解决争议时有必要运用辩证推理的情形主要有三种情形：(1)出现了法律未曾规范的新情形；(2)出现了一个问题的解决可以适用两个或两个以上相互抵触的前提，但却必须在它们之间作出真正选择的情形；(3)尽管存在可以调整所受理的案件的规则和先例，但是法院在行使其所被授予的权力时考虑到该规则或先例在此争议事实背景下尚缺乏充分根据而拒绝适用它的情形"。①

我们知道，法律是一种抽象的表达，目的是用简单应付复杂。几百年来，法官一直在追求一种能够将某件复杂案件变得简洁的自我认知能力。法律规范中所概括的事实多是抽象的事实的关节点。因而要想赋予事实以法律意义，法官首要的工作是搞清楚事实的关键因素，这在思维方式上就叫抓重点、找关键。这项工作的完成是经由对实践经历的实情更为谨慎细致的审查而获得，其中虽有经验的成分，但这种经验并不能代替逻辑，而只是为逻辑思维的运用提供了分析的条件。真正要抓住案件双方的争议焦点，还必须要依靠法官的逻辑思维能力。强调推理的逻辑性主要是为了保证法官能够合乎情理地推出法律决定的结论，并且对决定理由进行说明和论证，从而使当事者和整个社会看到这个结论是出自理性的，使其具有说服力。

当然，法官思维不仅是指法官根据法律对案件事实所进行的理性思维活动，还包括法官对案件事实的一般思想认知和精神活动。虽然这些东西的实在性始终处于法官思维的可及范围之外，但法官的思维或反省能否接受它或者拒绝接受它，这都表明了法官也具有在法律知识范围之外进行思维的一种意向，也可以说是一种需求。这其实是从法律社会学的角度对法官思维的概括。这是不是意味着法官主要的责任在于他的社会责任？我们说不太清楚，但是笔者想要表达的是：法官责任概念的引进只是为了帮助法官找到一个职业基础，只是为了重新确立起我们的法官似乎还未曾克服的不成熟。所以，我们有必要表明：法官实践理性的途径担负不起太多太重的社会责任，但是必须首先担当起他的法律责任。与其他法律阶层相比，法官的思维能力居于较高的层次，具有完全不同的性质，

① ［美］E. 博登海默著：《法理学——法律哲学与法律方法》，邓正来译，中国政法大学出版社1999年版，第499页。

这种区别在于：法官善于用理性的概念来把握、控制其思维；法官能抓住和把握案件中的任何东西——事实、客体及其对案件事实的独立看法。正是法官的思维活动——法官思维中的体验——使法官将案件的真实性与其自己的法律性联系起来，从而使用法官能抓住和把握争议纠纷中的任何东西——案件、客体及法官自己的思想。

四、结　　语

无论我们将法官的思维视为一般化、具体化和系统化的力量，抑或逻辑思考能力，其目的都是要求法官把对法与事实的认识统一在一种理性的知识之中。理性为我们提供了辨析法官思维范式的绝佳思路。"理性不是一个进行事实设定的自我的诸偶然情况中的偶然事实，而是合法性的特性。"①在理性面前，法官的态度应是谦卑的，其没有权威。现代社会的法官，正是对智慧、美和正义的爱的启发的人。柏拉图认为"只有对智慧、美和正义的爱的启发的人才能进行思维，才是可信赖的"。② 作为一个法治国家的法官，必须精通法律思维；法官能进行法律思维，因为他们是我们社会可信赖的人。如果我们的法官连怎样依法思考都不能自我把握，那么社会公众对法官的信赖度一定是不会高的。法官法律信赖度低一定是存有某些问题，如大众思维抑或政治思维等因素影响着法官的思维。法官大众思维最可怕的是司法权受到其他权力的操控，从而失去法官审判的独立性特征。

我们强调法官思维最大的特点是强调审判的独立性。因为我们知道，"没有任何一种知识，一种逻辑，一种'深刻的思维方法'，可以先天地避免权势的侵蚀。能够抵制权势的，从来都不是人所拥有的知识，而是拥有知识的人——是人的自身，是他的意志、理想、生气、豪情、骄傲、尊严……"③因此，在一个国家的司法中能够产生娴熟运用法律思维的法官，恰恰证明了这是一个法治化程度高的国家。所以，我们给法官思维下个最简单的定义，这就是独立的、严守程序规范的法律规则至上论思维，即以独立判断为依托，以程序规范为特征，以合法性为其思考的出发点，在这样一个基本范畴内去追求最佳的审判效果。法官思维论

① 程志敏："理性本源"，载《人文杂志》2001 年第 4 期。

② ［美］汉娜·阿伦特著：《精神生活·思维》，姜志辉译，江苏教育出版社 2006 年版，第 201 页。

③ 童大焕："孙东东没走，高锋又来了"，载 http://news. ifeng. com/opinion/200904/0427_23_1127685. shtml。

的分析表明，区分善和恶的能力被证明是与思维能力有关的，那么我们的司法就应该要求每一个法官都能够掌握并运用这种思维能力。其实，能够掌握并运用法律思维方式的人是被社会高度尊重的人，因为思维方式被称为智慧的生活方式。凭借法律思维的学问，能够把法官从纷繁复杂的法律纷争的波涛中拯救出来。司法改革的目的不仅是要为忠诚于国家的法官所应具备的世界观和思想习惯提供一个表达的媒介，更重要的是使法官观念中的其他非法官思维方式不再存在。其目的在于，面对不断变化的社会，在法官的思维范畴中，避免异端的思想出现。这样，法官才能为国家与社会的安稳守住最后一道防线。

（2009 年第 12 期）

2010 年

法官能动与法院克制
——关于我国审判管理体制的思考

魏胜强*

当前法学界对司法能动和司法克制做了深入的讨论并形成了几种不同的观点。不管是主张司法克制,主张司法能动,还是主张二者的结合,它们之间可能并无本质的区别,而仅仅是"程度不同的问题"。① 把司法能动和司法克制的探讨置入我国司法的实践中,会发现我国的司法既有能动的表现也有克制的特征,而这种现象的出现显然与我国的审判管理体制有很大的关系。审判管理并不是一个法律上的概念,而且审判管理体制到底包含哪些内容,似乎也很模糊。但在司法实践中,审判管理体制却在很大程度上制约着法官的审判活动,所有的司法裁判都是经过审判管理体制的层层把关才"出炉"的。尽管不好确定审判管理体制的内容,仍可以确定司法中的一些制度在事实上可以归结为审判管理体制的范畴。当前司法中存在的一些问题,跟审判管理体制有很大的关系。从司法能动和司法克制的视角审视我国的审判管理体制,革除其弊端,将对我国的司法改革起到积极作用。

一、我国当前审判管理体制中的法院能动与法官克制

我国当前的审判管理体制,突出的是法院的地位,淡化的是法官的个体审判活动。套用司法能动和司法克制的用语,我们可以得出这样的结论:我国的法院是能动的,而法官却是克制的。在司法实践中,经常见到各级法院积极主动地参与各种社会活动,而广大法官却常常被动地做很多审判和非审判的工作:在非审判活动中,他们要按照法院的统一要求参加各种社会活动;在审判活动中,他们即使有积极性和主动性,作出的判决也要顺应法院内部各级领导的意志。于是,法院这样一个独立于政府的审判机关,俨然成为政府的一个部门;法官这样一个专司审判的法律职业者,俨然成为政府的公务员。司法权的被动性、中立性不见

---

* 作者单位:郑州大学法学院。

① [美]沃尔夫著:《司法能动主义》,黄金荣译,中国政法大学出版社2004年版,第2页。

了，取而代之的是行政化、集权化的特征。法院的能动和法官的克制（严格说来，法官连克制也算不上，而应当是被动，因为法官充其量是机械的法律执行者），显然不符合司法原理的要求，但这种现状却在我国一直存在并带来一系列的问题。导致我国法院能动和法官克制的原因很多：在政治上，我国的法院是人民法院，肩负着维护人民民主专政的国家政权的神圣使命，因而它必须深入贯彻落实党的路线方针政策，显然行政化的法院更有利于党的路线方针政策的贯彻落实。在文化上，西方权力分立与制衡的思想并没有在我国占据主导地位，我国当前的司法制度深受中国传统法律文化的影响，行政与司法不分，司法自然成为行政的附庸。因而在法律制度的设计上，法院一开始就有明显的行政化、集权化的色彩，而在具体的操作实施中，这一色彩又被进一步增强。除去政治和文化因素，单就法律制度的设计及其实施情况来看，我国当前审判管理体制中法院的能动和法官的克制，有着深刻的原因并产生了切实的影响。

（一）审判独立是法院独立而非法官独立

司法独立是当今社会公认的一项基本法律原则，已被吸收到许多国家的法律制度中。我国法律并未明确使用司法独立这一概念，但在一定程度上体现了司法独立的精神。如我国《宪法》第 126 条规定："人民法院依照法律规定独立行使审判权，不受行政机关、社会团体和个人的干涉。"《人民法院组织法》和三部诉讼法关于司法独立的规定，或是照搬宪法原文，或是对宪法原文略加改动，但毫无疑问，所有的法律都强调的是"人民法院依法独立行使审判权"，丝毫不涉及法官的独立。即使在不得不涉及法官时，也是这样规定的，如《法官法》第 1 条规定："为了提高法官的素质，加强对法官的管理，保障人民法院依法独立行使审判权，保障法官依法履行职责，保障司法公正，根据宪法，制定本法。"我国不但没有明确使用司法独立这一概念，而且连司法机关的概念都是模糊的，司法机关只是学界的称谓，人民法院在法律上的明确定位是"审判机关"。这些法律与其说是我国关于司法独立的规定，不如说是关于审判独立的规定。

从法律的相关规定可以看出，我国的审判独立具有如下三个明显的特征：（1）审判独立与"行政独立"并无不同。《宪法》第 126 条的规定，完全可以适用于行政机关，如把它套用到行政机关上，就能得出这样的规定："行政机关依照法律规定独立行使行政管理权，不受司法机关、社会团体和个人的干涉。"由此看来，人民法院所谓的审判独立，与行政机关依法独立行使职权并无实质区别。（2）审判独立是指法院独立而不是法官独立。所有关于审判独立的规定，都强调的是人民法院的独立，即人民法院作为一个审判机关的独立，而绝不是审判人员的独立。《法官法》第 1 条在说到"保障人民法院依法独立行使审判权"的同时，还专门强调了“保障法官依法履行职责”。也就是说，无论审判怎样独立，都和法官的审判没有关系，法官在法院内部是不可能独立审判的。(3)人民法院只是独立于行政机关、社会团体和个人。即使是人民法院这种近乎于行政机关的“独立”，也仅仅是独立于行政机关、社会团体和个人。它不能独立于人民代表大会，更不能独立于党的领导。这也是由我国的政治体制决定的。

从我国审判独立的特征可以看出，这种审判独立并不具有司法独立的特征，而与行政机关正常行使职权的行为非常相似。法院的审判活动具有显著的行政化、集权化的特征，也就不足为奇了。当然，这样的制度设计有其特定的原因，毕竟我国的政治制度不是按照西方三权分立的原理建立的，我国法院的独立审判当然无须照搬西方司法独立的规定。但我国关于审判独立的这种制度设计，突出的是法院的整体，而作为审判个体的法官却被忽略了。于是，法官的所有审判活动都要受制于法院的种种约束，重大、疑难案件要经过审判委员会讨论决定，判决书要经过法院领导的审批签发等制度，也就顺理成章地出现了。

(二)审判委员会制度导致审判分离

审判委员会制度是我国的一项法定制度，多部法律对它有明确的规定。如《宪法》第67条在规定全国人民代表大会常务委员会的职权时，其中第12项就是“根据最高人民法院院长的提请，任免最高人民法院副院长、审判员、审判委员会委员和军事法院院长”。《人民法院组织法》第10条规定：“各级人民法院设立审判委员会，实行民主集中制。审判委员会的任务是总结审判经验，讨论重大的或者疑难的案件和其他有关审判工作的问题。地方各级人民法院审判委员会委员，由院长提请本级人民代表大会常务委员会任免；最高人民法院审判委员会委员，由最高人民法院院长提请全国人民代表大会常务委员会任免。各级人民法院审判委员会会议由院长主持，本级人民检察院检察长可以列席。”这一法律只规定了审判委员会讨论重大、疑难案件的权力。《刑事诉讼法》第149条规定：“对于疑难、复杂、重大的案件，合议庭认为难以作出决定的，由合议庭提请院长决定提交审判委员会讨论决定。审判委员会的决定，合议庭应当执行。”这一法律规定了审判委员会讨论、决定疑难、复杂、重大案件的权力。三部诉讼法还规定了审判委员会决定院长回避的权力。

从以上法律可以看出，审判委员会作为我国审判机关内部设置的一个法定的审判组织，有如下特征：(1)职权不明确。审判委员会最明显的权力是讨论、决定重大、疑难案件，但重大、疑难的标准却不明确。哪些案件应当提交到审判委员会讨论决定，在不同的法院有不同的结果。有些法官由于不愿意承担相应的责任，往往会把很多本来不需要提交审判委员会的案件提交到审判委员会。

(2)权力范围非常大。审判委员会不但讨论、决定重大、疑难案件,决定院长的回避等,还决定着法院内部的很多其他重要事项。如最高人民法院发布的司法解释要经审判委员会讨论通过。同时,不少法院都制定了审判委员会议事规则,这些规则本身就是该院审判委员会制定和负责解释的,它又在一定程度上扩大了审判委员会的权力。(3)受制于法院院长。根据《人民法院组织法》第10条的规定,各个法院的审判委员会委员由院长提请人民代表大会常务委员会任免,而且审判委员会由院长主持。而在事实上,审判委员会委员基本上是由法院副院长、各业务庭庭长等法院内部的领导层组成的。在这样的体制下,审判委员会委员不大可能反对院长的意见,而院长则可以把自己的意见通过审判委员会讨论而上升为集体的意见。

法律要求法院内部设置审判委员会,出发点似乎是确保案件审判的公正性,但它却带来了各种弊端。有人总结了审判委员会制度存在的问题:(1)审判委员会讨论案件的法律依据《人民法院组织法》和《刑事诉讼法》二者有矛盾,暴露出审判委员会制度本身所固有的冲突。(2)审判委员会制度剥夺了法庭审判程序的自治性。(3)审判委员会制度与审判公开原则、回避制度相悖,违反了司法的程序性。(4)审判委员会的运作无"章"可循,削弱了法官的主观能动性。(5)审判委员会的构成不科学,委员的业务素质有待提高。① 审判委员会制度的弊端很明显,而从法律解释的角度来看,它最明显的弊端是导致审与判的分离。因为案件审理中必然存在法律解释活动,在疑难、复杂的案件中,法律解释活动表现得更为突出。但个案审理中的法律解释只能是审案法官的解释,审案法官把案件事实与法律联系起来后,才能在事实与法律的互动中作出解释,构建出针对个案的裁判规范。审判委员会并没有审理案件,仅仅靠听取汇报就作出案件的判决结果,这种做法既难以真正了解案情,也难以作出真正具有合法性的判决结果,充斥其中的只能是审判委员会委员的猜测、估计和以院长为首的长官意志。

(三)案件审批签发制度使法官屈服于行政权威

在我国的审判管理体制中,有一项于法无据却一直实行的制度,就是案件审批签发制度。法院设置不同的审判庭,院长、庭长分别作为法院和审判庭的行政领导人,其行政管理权的一项重要内容就是审批签发案件。审批案件或者签发判决,是法院判决得以生效和对当事人公布的一项必经程序。"所谓批案制度,

---

① 彭文华、王东红:"试析审判委员会制度的改革——有关审判委员会制度的法律思考",载《人民司法》编辑部编:《中国司法改革十个热点问题》,人民法院出版社2003年版,第357~359页。

是指所有的案件在独任审判员或合议庭审理之后、作出判决前,主审人员必须将案件审理的具体意见上报主管的行政业务领导,如庭长或副庭长、院长或副院长进行审查决定的一项制度。"①案件签发制度实际上就是案件审批制度,即案件审理人员作出的裁判文书必须经过法院的庭长、院长等行政领导人审核签发后才能生效和送达当事人的制度。从我国当前的司法实践来看,几乎所有的法院都有法律文书审批和签发权限的规定,而这些规定都是该法院自行制定的。能够审批签发法律文书的行政领导人包括法院院长、副院长、业务庭长、执行局长等人,他们分别在各自的权限范围内审批签发法律文书。

我国的各种法律中根本不存在关于案件审批签发的相关规定,因而案件审批签发制度比审判委员会制度更难受到制约,更易于带来不公正的判决。"其危害不仅在于削弱和泯灭了直接承办案件的法官的责任感,更在于规避和危害了其他的重要诉讼制度(如合议、回避、公开审判等)的贯彻实施,虚化了程序法,淡化了人们(包括法官,特别还包括法院的院庭长)的程序法意识,从而损害了程序法的应有功能,不利于维护司法的公正。"②案件审批签发制度除了具有审判委员会制度所具有的种种弊端外,比审判委员会制度更加限制法官的审判权。因为所有的案件而不是重大、疑难案件,都必须经过审批签发;而且审批签发的主体不是审判委员会这种集体性的组织,而是主管领导个人。法官作出的裁判结果如果想顺利得到审批,就不能不考虑主管领导的意见,甚至要迎合主管领导的意见。在这一制度下,法官怎么可能能动地司法呢?被动地服从法院的行政领导是他们唯一的选择。

(四)审判解释制度突出了法院而抑制了法官

审判解释是我国最高人民法院对法律作出的解释,它对包括最高人民法院在内的各级人民法院的审判活动都具有约束力,法官在审判过程中必须遵守审判解释。从《宪法》和《立法法》的规定来看,我国有权作出法律解释的主体只是全国人民代表大会常务委员会,但在事实上许多主体都可以作出法律解释。最高人民法院作出审判解释的法律依据有两个:一个是《人民法院组织法》,它在第33条规定:"最高人民法院对于在审判过程中如何具体应用法律、法令的问题,进行解释。"另一个是《全国人民代表大会常务委员会关于加强法律解释工作的决议》,它规定:"凡属于法院审判工作中具体应用法律、法令的问题,由最

---

① 张卫平:"论我国法院体制的非行政化",载张卫平主编:《司法改革评论》(第1辑),中国法制出版社2001年版,第104页。

② 周晓笛:"还审判权于合议庭——法院废除案件审批制度的思考",载《行政与法制》2000年第3期。

高人民法院进行解释。”这两个法律依据尽管与《宪法》和《立法法》关于法律解释的规定不符，但至少以法律形式宣告了最高人民法院有权对审判工作中具体应用法律的问题作出解释。但是，法律并没有规定审判解释的效力，也没有规定审判解释在法官审案中具体发挥什么作用。最高人民法院自己制定的《最高人民法院关于司法解释工作的规定》却明确宣布最高人民法院发布的司法解释具有法律效力，人民法院作为裁判依据的，应当在司法文书中援引；它还特别强调："最高人民法院对地方各级人民法院和专门人民法院在审判工作中适用司法解释的情况进行监督。上级人民法院对下级人民法院在审判工作中适用司法解释的情况进行监督。”显然，法官在审判过程中应当像对待法律那样对待审判解释，审判解释是判决的重要依据。

审判解释的出现似乎是想消除法官解释法律的“混乱”局面，规范法官的审判活动。但这样做不但不能达到其预期的目的，还会带来负面作用。因为就像法律在实施中会面临解释一样，最高人民法院制定的抽象的审判解释在实施中同样还会面临被解释的命运。地方各级法院和专门法院在实施法律或者审判解释的过程中遇到模糊、矛盾等不明确的情况时，往往向上级法院请示，而后按照批复的结果审判案件，于是又形成了案件批复制度。这种制度也没有法律依据，却在实践中得到了深入贯彻。更有甚者，下级法院出于不承担责任的目的或者其他原因，对非常简单的问题也常常向上级法院请示，而上级法院也非常“乐于”作出批复。影响较大的是最高人民法院的批复，有学者对其特点作了这样的归纳：(1)针对具体的问题作出具体的答复。(2)由各高级人民法院向最高人民法院提出。中级人民法院、基层人民法院不能向最高人民法院直接请示要求给予批复和复函。(3)最高人民法院的批复和复函具有法律效力，法院必须遵照执行。(4)最高人民法院的批复和复函是最高人民法院根据法律、法规对具体问题的解释。① 上级法院的批复成为有效的法律解释，下级法院按照这种解释作出判决后，即使当事人提出上诉，上级法院一般来说也不会改判，因为下级法院的判决已经代表了上级法院的意见。上级法院对下级法院作出批复的做法，除了侵犯当事人的诉讼权利外，还使上下级法院之间形成了业务指导和行政领导关系。本来法官的审判就受制于本院的审判委员会、庭长、院长等，而审判解释（抽象的解释和具体的批复）又使上下级法院之间的监督与被监督的关系变成了事实上的命令与服从的行政领导关系，于是就形成这样一个结果：全国所

---

① 张卫平：“论我国法院体制的非行政化”，载张卫平主编：《司法改革评论》（第1辑），中国法制出版社2001年版，第103～104页。

有法官的司法活动最终都必须服从最高人民法院,任何法官的裁判在最高人民法院面前都没有权威性和终局性。同时,从中央到基层,四级法院在审判管理上形成了一个强有力的整体,法官在这种体制中发挥其能动性的空间更为狭窄了。

从以上四个方面看,我国当前的审判管理体制是在强调法院的地位而淡化法官的地位。法院在司法中具有明显的能动性,可以对法官的审判活动提出诸多要求和限制,而法官只能克制(准确地说是"被动")地按照法院的种种规定机械地适用法律,如同科层制下的办事人员。法官的审判活动像是在表演,真正决定判决结果的却是那些不审理案件的法院领导人员、上级法院甚至是最高法院。这样的审判管理体制越来越不适应我国法治建设的状况,其弊端越来越明显地凸显出来。

二、司法的能动和克制应当分别存在于法官和法院

要消除审判管理体制中的诸多弊端,就必须根据司法原理设计审判活动。探讨司法所不能回避的一个问题是,司法的主体是什么?回答无非是"法官"或者"法院",但到底应为法官还是法院,却存在较大的分歧。我们认为,司法的主体可以分为实质主体和形式主体。从理论上说,实质主体是司法机关内部实际上行使司法权的人,即法官;形式主体是法律宣称行使司法权的机关,即法院。在这一定位的基础上,我们可以界定司法到底应当坚持能动主义还是克制主义。

(一)能动的法官是司法的实质主体

法官应当被认定为司法的实质主体,即从理论上说,真正的司法主体是法官。尽管司法裁判是由法院作出的,但它只是以法院的名义作出的,真正作出司法裁判的是法院的法官。因为法院是一个机关,机关不可能对法律有所理解和解释,而司法活动也不是像韦伯的"自动售货机"理论所描述的那样可以机械化和自动化。把法官定位为司法活动的实质主体,突出法官在司法中的作用,是司法的特点决定的。

司法活动与行政活动有着明显的区别。尽管都是在实施法律,但法官的实施不同于行政机关工作人员的实施。行政管理工作必须坚持上下级之间的命令与服从关系,行政机关工作人员中下级必须按照上级的要求实施法律,执行上级的命令和决定,下级执行上级的命令和决定有时甚至多于执行法律。因而,行政机关工作人员在理解和解释法律时难以独立判断。法官在裁判案件时却只应当服从法律,法官除了法律之外没有别的上级。所有的法官在对法律的理解和解释上应当是平等的,无论他在法院中居于什么职务。在案件审理中很难说上级

法院的法官或者担任领导职务的法官对法律的理解和解释就比其他法官正确或准确。

司法活动与立法活动也有明显的区别。立法由若干名议员或者代表按照少数服从多数的原则,通过民主表决的方式决定法律草案是否被通过而成为法律。立法是民心民意得以表达的体现,得民心顺民意是立法追求的重要目标之一。一个法律草案能否成为法律,关键看支持它的是少数人还是多数人,而且,立法机关的议员或者代表人数很多,立法机关制定法律时的原意很难说是哪个议员或者代表的意志。作为立法结果的法律不是某一个人的意志,而是公共意志。所以,立法突出的是机关,泯灭的是个人,议员或者代表只是支持或者反对某一法律草案的众多人员之一,他当然不能成为立法的主体。司法是法官依据法律裁判社会纠纷的活动,能够成为裁判标准的应当是法律的规定而不是民意,而且应当由法官根据法律规定独立地作出裁判,不能受社会舆论或其他压力的干扰。法官裁判所追求的目标是公平正义,如果他受制于某些因素而无法独立地作出裁判,就难以做到服从法律和作出正义的判决结果,司法解决社会纠纷维护社会正义的意义也就不存在了。可见,司法强调的是法官独立裁判,即使是法院内部的干预也会侵犯法官审判的独立性。司法的属性要求彰显法官而淡化包括法院在内的任何机关。

由此看来,司法的真正主体是法官,对司法能动和司法克制的探讨都应当集中到法官上。而法学研究和司法实践都一再证明,不管法律制定得多么完美,不管怎样要求法官严格执行法律,不管怎样限制法官对法律作出解释,法官在司法中总是要对法律作出解释,而且这种法官的解释深受法官主观性的影响,具有明显的创造性。此外,法官在司法中还会遇到法律漏洞,但法官不能因为法律对某些案件没有明确规定而拒绝审理,更不能把法律退回到立法机关那里去补充完善,法官需要做的是补充法律漏洞并根据补充的法律审理案件。当然,法官的法律解释和漏洞补充都需要进行法律论证,有时候还得进行价值衡量。这些都是法官发挥其积极性和能动性的活动,是司法能动的体现。“最简单地说,司法能动主义的基本宗旨就是,法官应该审判案件,而不是回避案件,并且要广泛地利用他们的权力,尤其是通过扩大平等和个人自由的手段去促进公平——即保护人的尊严。能动主义的法官有义务为各种社会不公提供司法救济,运用手中的权力,尤其是运用将抽象概括的宪法保障加以具体化的权力去这么做。”①法官只有能动司法,才能充分运用法律手段维护社会的公平正义。法官如果在司法

① [美]沃尔夫著:《司法能动主义》,黄金荣译,中国政法大学出版社2004年版,第3页。

中不具有能动性，只是僵化地理解法律和机械地进行法律推理，就会作出许多形式合法而实质不合法的判决结果，而且还会有许多案件因为没有明确的法律适用依据而无法审理，司法维护社会正义的功能自然会大打折扣。

（二）克制的法院是司法的形式主体

一般认为，法院掌握司法权，是司法的主体，而且很多国家的法律对此作了明确的规定。我们认为，法院被认为是司法的主体，仅仅是从形式上说的，法院在实质上并非司法真正的主体。

法院是司法的形式上的主体，这一点是毫无疑问的。首先，从权力分立的角度来看，立法权、行政权和司法权分别被不同的机关掌握，这些机关就成为行使特定权力实施特定行为的主体。立法机关是立法主体，行政机关是行政主体，司法机关当然就是司法主体。各个国家由于司法制度的设计有一定的差别，因而司法机关的范围有所不同，而且司法机关之外的主体行使司法职能的实例也常常发生。“当社会情势的发展要求授予行政机关更广泛地介入、干预社会经济和文化生活的职权时，行政机关行使与特定行政职能有机联系的司法职能的倾向也就随之兴起。”①毕竟，权力的分立并不是绝对的，而且各种权力之间也很难找到明确的界限。但可以肯定的是，在现代法治国家中，法院都是最基本、最主要的司法机关，都是司法主体。其次，从司法权的行使来看，法院是作为一个整体来行使司法权的。尽管判决在事实上是由法官作出的，但它总是以法院而不是法官的名义作出的，而且法官无论对某些案件在法律适用上有多大的分歧，一个法院对某一案件作出的判决只能是唯一的。一个案件到了法院后，到底应当由哪个或者哪些法官来审理，法官之间的分歧如何消除等问题，除了法律有规定的应当遵守外，都属于法院内部的事务，由法院自行解决。如果没有法院作为支撑，单独某个或某些法官并不能行使司法权和作出判决。离开了法院，那些德高望重的法官对案件中法律问题的分析无论多么令人信服，对案件的裁决无论多么具有可接受性，他们的行为都很难被定位为司法行为。总之，从形式上看，只有法院才是司法的主体。

应当明确的是，法院并非司法的实质主体。前文我们谈到，只有人而不是机关，才具有理解、解释法律和进行法律推理的能力，法院的司法说到底都是法官做的，因而只有法官才是司法的实质主体。而从法院自身来看，它显然也不能成为司法的实质主体。这是因为，法院中的人员较为庞杂，除了法官以外，还有相当一部分并不从事审判工作的人。与此同时，法院的工作非常多，除了审理案件

① 张榕：“司法克制下的司法能动”，载《现代法学》2008年第2期。

外，还有法官及法院内部其他人员的管理、法院内部的日常行政管理事务等多种工作。尽管在不同的国家，法院中的人员配置和事务范围有很大的差别，但任何一个国家的法院都需要配置那些根本不从事审判工作的人员，都需要做那些审判工作以外的事务，把他们的活动也归入司法的范围，显然会把司法这一活动泛滥化。法院最重要的组成人员是法官，法院最重要的工作是组织法官审判案件，其他人员和其他工作都是围绕着法官的审判而开展的。因而，法院只是司法主体的外在代表，而不是司法的实质主体。

与立法权、行政权相比，司法权最明显的特征之一是被动性，即"只有在请求它的时候，或用法律的术语来说，只有在它审理案件的时候，它才采取行动"。① 根据权力分立和制衡的原则，司法权不能主动启动，只有案件到了法院，随着当事人的起诉或者国家公诉机关的公诉，法院才能启动审判程序。因此，面对精彩的世界，面对立法机关和行政机关"主动出击"解决社会问题，法院必须保持克制，不能主动地为社会提供司法服务，不能主动地处理纠纷和维护正义，更不能为某种事业、某些活动"保驾护航"。与此同时，法院也要对法官的审判活动保持克制，不能干预法官的审理，不能左右法官的判决，而应当为法官的审判活动提供便利，确保法官充分发挥其创造性，真正独立地作出判决。

（三）法院的克制服务于法官的能动

法官是司法的形式主体，法院是司法的实质主体，法官是在法院的支撑下进行的司法活动，因而理顺法官和法院的关系显得很有必要。法官和法院的关系可以从多种视角探讨，从司法能动和司法克制的视角探讨，可能会形成新的看法。

从学术界的探讨来看，关于司法能动和司法克制的含义，大致有两种：一种观点把司法能动和司法克制的探讨局限在法院对"政治问题"的处理上，并特别关注法院是否行使司法审查权。有人认为，法院作为政治组织，通过对提交给它的案件（特别是政治案件）的审理，适用宪法、法律的规定来判定其他国家机关行为的合宪、合法与否，并借此而成为政治生活中的一个重要角色，发挥着重要的政治功能。当法院作出的判断与立法、行政等部门的法律、政策有矛盾时，法院是成为这些部门和既有规则的传声筒，还是认同自己独立的判断、选择甚至创造来超越法律和政策？对待这一问题的不同立场，就产生了司法能动主义与司法克制主义之争，而其焦点就在于法院是干预或回避"政治问题"。② 另一种观

① ［法］托克维尔著：《论美国的民主》（上卷），董果良译，商务印书馆1988年版，第110页。
② 庞凌："法院如何寻求司法能动主义与克制主义的平衡"，载《法律适用》2004年第1期。

点所探讨的司法能动和司法克制，实际上是法官能否充分发挥其创造性而灵活地解释法律的问题。如有学者认为，“司法能动或是司法克制体现了法官释法的意识形态。司法能动的基本宗旨是法官应该为各种社会不公提供司法救济，并运用手中的权力，尤其是运用将抽象概括的法律保障加以具体化的权力去实现社会正义。而司法克制则要求法官在司法过程中严谨地执行法律的意志，尽可能地不渗入法官个人的信仰与倾向。”①相比之下，我们认为，第二种观点所探讨的司法能动和司法克制适用领域更为广泛，也更能表述人们在这一问题上的争论，因而，我们倾向于用第二种观点中的含义来指称司法能动和司法克制。另外，学界所探讨的司法能动和司法克制，都是笼统地指向法官和法院，并没有对二者作出区分。而事实上，法官和法院在能动和克制方面并不相同。

前文的探讨已经表明，能动的应当是法官，克制的应当是法院。法官能动和法院克制，都是司法本性的要求。法官只有能动才能充分发挥其智慧，在法律出现空缺或者明显不适于案件时，根据法律的精神和原理圆满地作出公平正义的判决。法官的能动需要一个宽松的司法环境，便于法官自由地解释法律和作出裁判。这种司法环境尽管从根本上说取决于社会，取决于整个国家的法律制度特别是司法制度，但法院的约束显得更为突出。因为社会对法官审判的期待和评价，只会在间接意义上影响法官的审判，法律制度特别是司法制度往往是抽象的，即使对法官的自由裁量权作出限制，也不可能规定得非常具体。而法院却可以通过许多琐碎的细节要求和环节设置，对法官的审判作出种种限制。法官作为法院的组成人员，总要在一定程度上受制于法院的某些约束。而在那些主张严格限制法官能动性的国家，法院对法官的约束则更加明显和有效。法院被动行使司法权是其克制的表现，而在约束法官的审判方面，它却表现得比较“能动”，法院的这种能动在客观上侵犯了法官司法的能动性和独立性。因而，法院的克制更应当表现为它对法官能动司法保持应有的尊重，承认、支持法官依法独立作出的裁判，而不是通过下发解释意见、审批裁判文书等方式，干扰法官对案件的审理，甚至强迫法官改变意见。法院作为一个机关，应当为法官的审判提供各种服务，而不应当操纵、支配法官。法院的克制应当服务于法官的能动，为法官提供宽松的司法环境，而不应当干预和阻挠法官的能动司法。法院的克制服务于法官的能动，法官的能动与法院的克制有机地结合起来，才能形成理想的司法状态。

---

① 张榕：“司法克制下的司法能动”，载《现代法学》2008 年第 2 期。

三、我国审判管理体制改革的方向

不管我国的审判管理体制在设计之初是出于什么样的目的，它在司法实践中的弊端已经有目共睹。如果说在这一体制形成之时，是我国法制建设的水平和法官的素质决定了这一体制的合理性，那么在我国法治建设突飞猛进的今天，在法学教育的膨胀和统一司法考试的实施带来的法官素质显著提高的今天，在公民法律意识不断增强和网络覆盖面日益扩大带来的对司法透明度的要求越来越强烈的今天，再用过去的审判管理体制约束今天的司法活动，就明显不合适了。这种审判管理体制也许在客观上会有一些积极的作用，但总的来说已经成为阻碍我国司法发挥其应有作用的障碍，对它进行改革势在必行。结合理想状态下法官能动和法院克制的思路，可以从正确处理我国法官和法院的关系着手，赋予法官能动的审判权，限制法院对法官审判的干预，以此推动我国审判管理体制的改革。

（一）理顺法官和法院的关系

理顺法官和法院的关系是审判管理体制改革面临的首要问题。从我国当前的审判管理体制来看，法官和法院之间是一种服从与管理的关系，即法官是法院内部的一分子，他的司法活动完全服从于法院的管理。法院内部各种职位的设置也完全是一种管理模式。如法院设有审判员、副庭长、庭长、副院长、院长等职位，而且这些职位都对应一定的行政级别，尽管这些职位上的人都可以称为法官，但他们之间是一个从下到上的行政管理关系，下级必须服从上级，无论上级作出的决定是对是错。当然，法官的职务升迁一般也是按照这种顺序进行的。除行政职务外，法官还有一定的业务级别，业务级别的设置似乎是为了显示法官相对的“独立性”，使法官可以在较为有限的程度内“独立”于行政职务。但一个法官业务级别的高低又和他的行政职务相联系，甚至可以说是行政职务决定了法官的级别，如最高人民法院院长是当然的首席大法官，高级人民法院院长是当然的二级大法官等，至于他们在司法上的业务水平如何则无人问津。于是，这样的级别设置除了使法官在行政职务之外增加了近似于职称的装饰外，并无实质上的意义。所以，虽然都是某个法院的法官，但在审判工作中，行政级别、职务低的法官应当服从行政级别、职务高的法官，法官的独立判断自然不存在了。法院通过层层的职务、级别设置，把法官牢牢地控制在自己手中，并把自己打造成一个按照“下级服从上级”的原则组建起来的行政机关，司法的特性也相应地荡然无存了。“在我国的审判机关中，法官始终是以法院工作人员而不是以法官个人身份出现在审判程序中，他们对外代表法院履行职权，包括依法调查、收集证据、组织并主持案件的开庭审理，但却无权独立对外作出裁判。"[1]行政机关在工作中一个非常明确的要求是服从行政首长，因而法官服从法院追根究底是要服从法院的行政首长，即法官最终是服从法院院长，即使是审判委员会这样的"集体决策"机构，也不能违背法院院长的意志。

目前的审判管理体制所确立的法官和法院的关系，强调法院对法官的管理和法院行政长官对法官的领导，法官在案件审理中几乎无法发挥其能动性，只能变成上级指令的机械执行者。改革审判管理体制，就必须消除法院对法官的种种有悖于司法原理的控制，理顺法官和法院的关系。根据法官能动和法院克制的总体要求，法官和法院的关系可以从如下几个方面来确立：(1)确立法官的司法主体地位。我国审判管理体制之所以对法官作出种种限制，一个重要的原因是法官不具备司法的主体地位。司法的主体是法院，法官在审判中当然要服从法院，而不能按照自己对法律的理解和解释独立地作出判决。如果确立了法官的主体地位，尽管仍然是法院对外宣布判决，但司法裁判的结果取决于审案法官而不是取决于法院，法官对自己的判决结果负责，那么法官的裁判就不需要层层上报审批了，即使法官的意见与法院的意见（其实法院的意见主要是法院领导人的意见）发生冲突也要遵从法官的意见。法官真正成为司法的主体时，不仅司法的效率会大大提高，司法的公正性也会随之增强。(2)确立法院的服务地位。把当前法院对法官的管理转变为对法官的服务，使法院不再是高高在上管理法官的组织，而是为法官的审判活动提供各种服务的保障部门。通过这种转变，法院的庭长、院长等行政领导人将不再是"法官之上的法官"，他们都是普通的法官，在案件审理中与其他法官没有任何差别。法官在案件审理中不受其他法官的左右，当然也不受庭长、院长等具有行政职务的法官的左右。担任行政职务的法官，仅仅在日常事务的管理和服务上是部门领导，不能干涉案件的审理和判决。(3)明确法官和法院各自的职权职责界限。虽然法官隶属于法院，但他们在权责上应当是各自独立的。按照法官审理判决案件、法院管理日常行政事务的分工，对他们的权力范围作出明确的界定，各司其职，各负其责，互不干扰，相互促进，共同维护法官和法院这种理想的关系。

（二）赋予法官能动的审判权

在我国现行的审判管理体制下，法官并不拥有能动的审判权，他们往往是根

---

① 马骏驹、聂德宗："当前我国司法制度中存在的问题与改进的对策"，载张卫平主编：《司法改革评论》（第1辑），中国法制出版社2001年版，第7页。

据一定的指示而被动地审理案件，俨然成了“傀儡”。要还权于法官，使法官切实在审判中发挥作用，就必须赋予法官能动的审判权。我们这里强调能动的审判权，并不是说法官可以突破法律的限制，随意地创制法律和作出判决，而是希望法官在审判中能够摆脱各种阻碍其审判权发挥的限制，改变审判中的被动地位，真正做到自主审判。为此，可以从以下三个方面作出努力：

首先，明确法官独立审判的地位。把司法独立等同于法官独立，早已不是新鲜的论调，而且在一些国家的实践中已经变成了现实。英美国家的法官独立由来已久，自不必言，即使在严格限制法官自由裁量权的大陆法系国家，法官独立审判也成为共识。以德国为例：“在德国，通常没有人去谈论法官的独立性问题，它是不言而喻的，属于社会意识。……公众对法院判决的批评，哪怕形式很尖锐，也是难免的和允许的。但这种批评不能来自那些代表着国家权力的人，对这些人应当以特殊的方式要求他们尊重法官的独立性。”①法官独立审判是司法活动的本性决定的，如果法官不独立而遵照长官的意志进行审判，司法公正的实现将只能停留在梦想阶段。特定国情决定了我国的法官不可能像西方国家的法官那样独立，但这并不意味着我国的法官必须围绕行政首长的指令进行审判，而且随着我国各项活动越来越步入法治化轨道，不利于法官独立审判的种种干扰将会越来越少。我国不必追求西方的法官独立，完全可以根据我国司法实践的特殊情况而确立一种自己的法官独立模式。在法律中明确法官独立审判的地位，赋予法官依法独立审判案件的权力，将在很大程度上清除法院内外各种力量对司法公正的干扰，当前司法实践中的一些不良现象也能得到有效遏制。尽管这种法官独立审判可能会有一些制度上的限制，但它总比我国当前法官如同走过场那样被动的审判要好得多。

其次，突出法官在个案中的法律解释权。我国学界对法律解释的关注，大多集中在抽象解释上，法官在个案中的解释并没有受到应有的重视。抽象解释固然重要，但法官在个案审理中作出法律解释也是必不可少的。我国法律并没有授权法官在个案审理中作出法律解释，这跟我国法官只有形式上审理案件的权力而无实质上判决案件的权力有很大关系。根据解释学原理，法官审判案件意味着他必然要解释法律，因为对法律的理解、解释和应用是三位一体的过程。如果法律明确了法官独立审判案件的地位，法官自然也就具有了个案中的法律解释权。我们在此强调法官在个案中的法律解释权是想表明，司法活动是一个创

① ［德］傅德：“德国的司法职业与司法独立”，载宋冰编：《程序、正义与现代化：外国法学家在华演讲录》，中国政法大学出版社1998年版，第17页。

造性的活动,法官不可能机械地进行法律推理,他总要不断地通过解释而赋予法律在个案中所具有的独特意义。只有尊重法官的法律解释权,才能真正维护法官独立审判案件的地位。如果法官在案件审理中遇到法律模糊的情形时动辄向上级或者其他主体请示,他独立审判的地位自然就不存在了。因此,赋予各级法院的法官在个案审理中的法律解释权,在我国的审判管理体制改革中具有非常重要的意义。

最后,强化法官的责任。要实现法官独立审判,突出法官在个案审理中的法律解释权,就必须强化法官的责任。当然,提高法官素质也很重要,但法官素质提高的标准是柔性的,难以明确界定。"法官的合格与否的标准实际是地方性的(时、空和制度位置),是依据其所要解决的问题以及他可用的资源(制度的和技术的)界定的,判断他的最终标准必须以能否公正(同样是与特定时空联系的)解决他所生活的社会(而不是社区)中的问题。"①在这种情况下,更重要的是强化法官的责任。因为法官独立审判案件,在个案中行使法律解释权,是在大幅度地扩张法官的权力,而所有的权力都应当对应责任。"很明显,独立不等于法官的暴政。法官不是独裁者。法官受制于有界定功能的法律,法官也意识到自己的权力有限,但这种意识必须伴随着独立的意识。这就是为什么人们将法院概括为政府中'最不具威胁力'的机构。法官可能由于自私、不合格和恶意而滥用权力,但是,上诉程序、法律意见须有说服力、职业道德和其他方面的限制使法官对自己的行为负责。"②不管法官的素质是否高,只要明确他的责任,他就会审慎地审判;如果不明确他的责任,他就可能敷衍了事。扩大法官权力的同时,如果强化了法官的责任,那些素质低下的法官自然也就难以在法院内部立足了,法官素质的提高是必然的事情。为此,要建立严格的法官责任追究制度,那些热衷于限制和管理法官具体审判细节的组织和人员,倒是可以把精力放在追究法官责任上。但这种追究只能限于法官审判中的违法行为,而且只能是事后追究。法官对法律作出的不同解释不属于追究的范围,如果法官的解释有问题,自有上诉等程序解决。

(三)限制法院对法官审判的干预

赋予法官能动的审判权,是提高法官能动性的内在因素。法官的能动性总是在一定的环境中发挥的,因而营造法官能动司法的外部环境很重要。法官司

① 苏力著:《道路通向城市:转型中国的法治》,法律出版社2004年版,第231页。

② [美]万斯庭:"美国法官的工作",载宋冰编:《程序、正义与现代化:外国法学家在华演讲录》,中国政法大学出版社1998年版,第282页。

法的最直接、最根本的环境是法院，即使外界要干预法官的独立审判，也多是通过法院（主要是通过法院的院长、庭长等行政领导人）来干预的。因此，必须对法院的某些制度进行调整，遏制法院在案件审判中的能动性，使其保持克制。这里所称的法院的克制，是针对法官的审判而言的，即法院必须对法官的审判活动保持克制，只能接受和尊重，不能有任何干预。限制法院对法官审判的干预，既要从法官所在的法院内部着手，也要从法院和法院之间的关系着手。

从法院内部来看，要确保法官能动地行使其审判权，就必须废除审判委员会、案件审批签发等制度。审判委员会制度、案件审批签发制度等，是我国审判管理体制中极为重要的制度，它们在客观上确实能起到限制法官恣意妄为的积极作用，但它们的弊端远远大于积极作用，这一点已经成为共识。这些制度是把法院在事实上变成行政机关而丧失其司法本性的关键性制度，是法院中的行政首长干预法官独立审理案件的最"正当"的理由，是司法公开的最直接的障碍。只有废除审判委员会制度，那种假借集体的名义干预法官审判的做法才能消除，那种以尊重多数人意见为借口而否决审案法官意见的做法才没有施展的机会。只有废除案件审批签发制度，庭长、院长等法院内部的行政领导人靠自己的行政权力左右法官审判的现象才可能消失，才能取缔"法官之上的法官"而实现法官之间在司法上的平等。而这些制度的废除所带来的最明显的结果是实现审与判的一体化，达到司法活动以公开促公正的目的。由于法官责任制度的存在，审判委员会制度、案件审批签发制度等的废除，并不会对案件的审理带来负面影响，对法官滥用职权恣意司法等可能性的担心也是多余的。

从法院与法院的关系来看，要给法官能动地行使审判权创造一个良好的环境，就必须理顺上下级法院之间的关系，使其回归到监督与被监督的法律定位上。由于案件请示批复制度的存在，上下级法院之间的监督关系变成了领导关系，上级法院可以干扰甚至决定下级法院的审判结果。最高人民法院发布抽象解释要求下级各个法院必须遵照执行的做法，更把地方各级人民法院变成了最高人民法院的下级单位。这些都是对上下级法院正当关系的颠覆和对公民诉讼权利的严重侵犯，同时也使下级法院不可能独立于上级法院。只有彻底废除案件请示批复制度，才能实现上下级法院之间的独立。法官在案件审理中遇到法律问题应当自行解决，即使法官的理解和解释有不妥之处，当事人也可以通过上诉获得救济。最高人民法院发布的抽象解释有其存在的合理之处，但目前这种主动发布司法解释的做法显然违背了司法权的被动性要求。因此，应当禁止最高人民法院主动发布抽象性的审判解释，只有在有关主体提出解释申请后，它才能考虑是否作出解释。即使最高人民法院不作出审判解释，也不会动摇其作为最高审判机关的权威地位。因为一个国家最高审判机关的权威地位的确立，从形式上说来自于法律的宣告，从实质上说来自于其判决比其他任何法院都具有更高的合法性和正当性。最高人民法院与其处心积虑地制作抽象性的法律解释和对下级法院的请示进行批复，不如在提高自己的审判水平上多下些工夫。

（2010 年第 1 期）

司法行政化管理与法官独立审判

王　申*

当下能够吸引法律人眼球的应该就是河南商丘的赵作海故意杀人案。2010年5月9日,河南省高级人民法院宣告赵作海无罪,同时启动责任追究机制。“5月19日下午,河南省高级人民法院召开党组扩大会议,院党组成员和有关庭室负责人围绕赵作海错案进行认真剖析,查找原因。大家一致认为,出现赵作海错案的主观原因:一是司法理念偏差,为民意识不强;二是责任心较差,工作作风浮漂;三是只注重相互配合,忽视了相互监督;四是上级法院对下级法院监督不力。赵作海案件的教训是沉痛的,错判给赵作海本人和家庭带来了极大的伤害,给法院造成了极坏的影响,应该进行深刻反思和总结。”①而我认为,赵作海案带给我们深层的反思是:如何正确处理司法行政化管理与法官独立审判的关系。

一、科层行政官僚制与司法体制的亲缘关系

科层行政官僚制作为工业文明的管理模式,产生于19世纪晚期。它虽然历史悠久,但很长时间以来并没有引起人们的关注和系统的研究。只是到了20世纪,对科层行政官僚制的研究才成为人文社会科学关注的对象。而所有这一切都与德国社会科学家马克斯·韦伯的名字联系在一起,正是他,从理论上对长久以来存在于国家政治体系中的科层行政官僚制作出了系统的分析和总结,并提出了其存在和发展的条件,使得科层行政官僚制第一次被理论化和系统化。

马克斯·韦伯对科层官僚制所作的规范性、理想型定义的基础源自于他的法理性统治理论。法理性统治是现代西方社会的一个十分突出的特点,为官僚制统治方式提供了一种内在动力——理性化,由此推动了传统社会(家长制统治)向现代社会(科层行政官僚制)的变迁。在韦伯对官僚制的内涵和特点的分析中,我们可以看到,官僚制所强调的是管理的技术性,追求的是理性和效率。

* 作者单位:华东政法大学。

① “河南省高院反思:四大主观原因造成赵作海错案”,载 http://www.wfnews.com.cn/legal/2010-05/21/content_721429.htm。

相对于传统集权统治来说，官僚制避免了权力的滥用，抛弃了人治因素，体现了科学与法制的精神。

自科层行政官僚制理论被认可以后，便得到了广泛的采用，现已成为一种最为普遍的组织管理形式。科层行政管理是以法的形式理性为依托，确定每个机构的管理范围，规定机构内的权力分布，并把每个职位和责任联系起来，以履行职责为目的建立规则秩序。在科层行政官僚管理中，“每一上层的梯队都承担着更大的责任，也享有更大的权势。级别相同的官员是相互平等的，但是，当他们之间产生争议的时候，这些‘同僚’没有权利通过协商和妥协来自行解决这些争议。他们必须把争议事项提交给共同的上级去处理。只有在这一权力金字塔的顶端（假定它不是由一个人占据的），意见分歧才不可避免地会通过协商来解决”。①

从法官制度的历史发展来看，自从法院设立以来，科层行政官僚制便与法官管理制发生了亲密的接触。在欧洲，“不论是法官以外的其他人还是法官自己，都认为法官是政府官员，因而在大多数的欧洲国家里，他们分享那些自然增长到政府官员们身上的威信”。② 因此，法官作为由政府官员所组成的行政官僚团体，在某种意义上，他们只是在司法部任职的官员，与其他在农业部或外交部任职的官员并无不同。由于在教育背景、日常经历、生活方式、社会地位、组织背景以及职业关注点等方面的关联性，使得法官和政府各部的职业化官员十分相同，他们的世界观也非常相似。这种情况在法国、德国、意大利等国都有不同程度的发生，有些甚至至今还在延续。

比较世界各国的司法管理制度，一种令人疑惑的现象是：在我们对西方法学理论的解读中，传说中的司法独立的神话式功能是如此之大，而相对于司法的实际作用却又是如此的有限。即使在当时的英国，法院也一直被牢牢地放置在议会中的国王之下。因此，我的理解是，在各国的司法实践中，法院的作用其实是非常不突出的，更多的时候是被行政权与立法权边缘化了，与行政权与立法权相比，法院的权力要虚弱得多。

显然，司法行政化并不是中国的特有现象。当然，我国的情况更严重。我国法院的结构形式具备科层制的典型特征。所有的司法审判人员都归类为行政干部系列，在我国，“法院与行政机关一样具有相应的行政级别。从最高法院到基

---

① ［美］米尔伊安·R. 达玛什卡著：《司法和国家权力的多种面孔——比较视野中的法律程序》，郑戈译，中国政法大学出版社 2004 年版，第 29 页。

② ［美］马丁·夏皮罗著：《法院：比较法上和政治学上的分析》，张生、李彤译，中国政法大学出版社 2005 年版，第 212 页。

层法院都被行政'格式化'，基层法院属于行政的县级，较大城市中的基层法院也可能属地级市或副局级，中级法院和高级法院则属于副局级和副部级，也有中级法院属于正局级。而且整个法院系统一开始就被行政机关格式化了"。[①] 同时，在法院的内部也是如此，法官之上有院长、副院长、庭长、副庭长，法官与庭长、院长之间存在明显的服从与命令的关系。行政化的管理模式已在法院的管理中被深深地内在化。

二、法官意志的独立是法官独立审判的本质

对于法官独立审判概念的考察将不可避免地涉及法官的自我认知，它所涉及的是关于法官认知能力的研究。对于自我认知的强调，是古希腊时期理性探究的原初觉醒的组成部分。从认识论的角度看，法官独立审判的理论支撑点还是在法官自我的独立意识，没有独立意识就没有独立审判。也就是说，我们只能从法官的独立意识中才能证明法官的存在。因为，审案、断案是一种主观认识的判断，如果在这个认识过程中，法官不能排除外界的干扰（尤其指各种潜在的利诱），要想真正做到公正断案就会成为一件很难的事。因此，保证法官独立的意志自由，是法官公正断案的前提和基础。

从理论上说，经过法律专门化训练的法官完全有能力认知案件的事实真相（这应该是合格法官的前提要素）。在赵作海案中，我们可以看到：当法官面对没有确定身份的尸体，无法解释的压在尸体上的3个每个重达500斤的石磙，不能合理排除的刑讯逼供可能性，甚至五花八门、矛盾百出的被告供词，以及一直没有找到作案凶器的窘境时，不可能不意识到，案件的真相可能与目前的事实有出入。特别是之后的法庭审理，其实是法院寻求案件事实真相的一次很好的机会。但事实是，"庭审就像在走过场"。赵作海当时的辩护人胡泓强（实习律师）回忆起来仍百感交集，他说，在当年的判决书上，辩护意见只有寥寥八个字：事实不清、证据不足。赵作海的妻子赵小齐等关键证人也没有出庭，赵作海对于自己遭遇刑讯逼供、屈打成招的辩护同样没有被法庭采纳，法院认为，赵作海曾经在公安环节做了9次杀人笔录，所以当庭否认未杀人不可信。于是在2002年12月5日，商丘市中级人民法院对赵作海作出了死刑缓期两年执行，剥夺政治权利终身的一审判决。其实，明白的人一看就知道，如果证据确凿，按照当时的政策

① 张卫平："论我国法院体制的非行政化"，载《法商研究》2000年第3期。

判断，杀人肢解这种恶劣犯罪情节，赵作海应该会被判处死刑立即执行，正因为案件存有疑点，是疑难案件，也是存疑案件，所以合议庭才在判决上留有余地，最终疑罪从轻，判处了赵作海死缓。[①] 面对疑点百出的案情，如果法官的自我认知无法认清事实真相，它就根本不是一种司法认知，当然这样的法官也就没有资格承担审判职能。

当然，法官自由意志的运用是在法官仅就法律事实清楚的情况下进行认识、判断的。但是，当法律事实与客观事实发生冲突时，法官就可能会认知不清，也就可能会发生错案。但是，只要法官是在遵循法律和职业规范的前提下，独立行使其判断权，这些都应该归之于法官独立审判的范畴之中。也就是说，错误的判决也是法官独立审判权力的一部分（因为在司法审判中，只要法官是人，那么错案是不可避免的，我可以说今天有，明天还会有，中国有，国外也有）。然而，假案则是另外一回事，赵作海案严格地说是则假案，假案是法官在不遵循法律和职业规范的前提下产生的，明知是假，甚至是故意造假，则必须从重追究其责任。在此，法官的判断活动被凸显出来。

所谓法官的判断，就是法官在其所感知的案件诸多现象中作出与案件实质相关的选择。其实“独立判断”也是马克思对法官角色的定位。法律是普遍的，而根据法律来确定的案件是个别的。要把个别的现象归入普遍的范畴，就需要判断。判断是件棘手的事情。要执行法律就需要法官的理性判断。所以“法官独立思考”命题的要点就在于强调：法官的所有认识均是建立在“法官”这个确定物之上的。现受命调查冤案的商丘市中级人民法院刑一庭庭长杨松挺不无悔意地说，法官应该具备良知、职业道德和独立判断，应该排除一些非正常因素的干扰。[②] 可见，独立思考是法官所有认识的真理性的第一保证。这样的认识很符合司法独立的法治精神：法官的一切决定都必须在理性的天平上为自己判决的合法性或正当性作出保证，即使是在有关政治观点的判断上，也是如此，绝对不能因其他的原因而改变自己的判断。

三、科层行政官僚制与独立审判这两种不同的权力形态所追求的目标是不同的

行政与司法这两种权力形态是天然不同的：我们常说，司法权从产生之日起

① “赵作海：我比窦娥赚了”，载 http://www.shanghe.org/wktx/2010/0520/6833_4.html。

② 同上。

就是以独立形态建构的,在英国"长期的司法实践流传下来的做法是,允许每个法官公开地申明自己的观点,这实际上是让法官们在他们自己的群体内进行公共辩论:在一个疑难案件中,每个法官都可以对所支持的判决方式最为充分地提出自己的理由,并且可以反驳不同意见中列出的所有理由"。① 显然,司法权是一种对当事人之间纠纷加以裁判的能力,因而为了保证这种裁判具有公正性,裁判的主体应当能够排除来自各方面的干涉,而只是依照法律来进行裁判,这就要求司法活动必须体现其独立性。而行政权作为一种国家权力,从整体上来说虽然也具有独立性,但综合考量上下级行政机关之间以及行政机关内部各行政人员之间的关系后,却发现其并不像司法权那样具有严格的独立性。这一点也是行政权与司法权的价值追求的差异所决定和要求的。而高效率的行政治理方式最好是一种"命令与服从"和"长官负责"的模式,即下级行政机关在从事行政管理活动时应当遵循上级行政机关的指令和要求,行政官员在进行行政管理时应当服从行政主管或长官的命令和指挥。

由于权力功能的不同,法官与公务员的地位是完全不同的:法官是"被任命担任特别重要和有尊严的职位。他们在国家的政治体制中占据了关键的位置。他们平等地站在国王与行政机关之间,同样平等地站在行政机关与人民之间。他们肩负着最重要和责任最为重大的使命"。② 而行政主体在进行行政活动时,俨然是国家利益或社会利益的代表和化身,行政活动所产生的直接的、主要的法律功能是国家利益和社会利益得以维护,国家的行政管理秩序不因个人的行为而受到破坏。

总之,司法权体现的是公平、正义的价值观,社会对法院的期望不应该着重于对效率的追求。效率第一是科层行政官僚制体所现的功利主义的行政价值观。如果法官审判如同行政管理一样体现效率第一,那么则可能会产生一系列的冤假错案。在赵作海案中,我们看到,商丘市政法委组织公、检、法三个部门协调后产生的"快审快判"集体研究结论,致使检察机关在20天内便将案件起诉到法院。③ 在这里,商丘市政法委所追求的就是有案必破,其实这体现的是行政机关对效率的追求。

---

① [英]尼尔·麦考密克著:《法律推理与法律理论》,姜峰译,法律出版社2005年版,第9页。

② [美]马丁·夏皮罗著:《法院:比较法上和政治学上的分析》,张生、李彤译,中国政法大学出版社2005年版,第52页。

③ 郭光东:"劫后余生:赵作海出狱后打算捡破烂度日",载南方新闻网。

四、科层行政管理下的司法如何面对政法委的"协调"

在赵作海案中,我们看到,赵作海在被超期羁押3年后,2002年7月,商丘市政法委组织召开了一次专题研究会,会议由时任商丘市政法委书记的王师灿主持。在这次会议中,虽然检察院依旧表达异议,尽管在尸源等重大证据方面,柘城县公安局并没有实质性的新进展,但公、检、法三个部门最终集体研究的结论却变为认为该案具备了起诉条件。知情人士透露,在公、检、法三个部门发表看法后,时任商丘市政法委书记的王师灿做了总结发言,从而"一会定乾坤"。①

"我国宪法明确规定:人民法院依法独立行使审判权,不受行政机关、社会团体和个人的干预。但是,在更具体的操作规范方面,司法机关却受制于党的政法委员会。依据《中国新闻周刊》2010年3月报道,全国省级党政权力架构中,仍有一半以上的政法委书记兼任公安部门首长。这导致了人大代表吴晓灵2010年在两会上所批评的那种吊诡现象:被监督者实际上控制了监督者。严格地说,公安局局长主导法院、检察院的体制安排就是一种违宪行为,它使得公安机关凌驾于司法机关之上,法院完全不可能对于警察行为作出司法审查。即便在公安局长不同时担任政法委书记的地方,他在党内的地位也往往高于法院院长以及检察院检察长,因而拥有比后者更强势的政治权力。"②因此,法院一旦遇到政法委的主动协调,那么我们的司法则全无独立的底气。

在我国的法官选任机制上,我们通常有两套规则:显性规则是法院院长由同级人大选举,院长以下除助理审判员外均由院长提名、人大任命;隐性规则是院长、副院长由同级党委组织部门选拔、考察、提名,其他法官由院长或者法院组织部门选拔、提名,并均由同级人大办理有关手续。无论哪一种规则,其实质都是遵循由上而下的行政化运作方式。而特别是我国现行的司法机关的管辖区域与地方党委、地方权力机关、地方行政的管理区域完全重合,各级地方党委对作为党员干部的法官实际上享有管理权。正如有的学者指出,这种行政化的选拔、任命方式抽掉了法官独立的最重要基石,使得法官成为听令于上级的普通办事员,加上等级森严的晋升奖惩机制,司法的独立性和公正性就在这种行政体制下被层层消解。因此,法院独立在某些情况下都不是,不可能是,甚至也不应当是绝

① 郭光东:"劫后余生:赵作海出狱后打算捡破烂度日",载南方新闻网。

② 同上。

对的。①

毫不夸张地说，在我国的司法审判实践中，法官事实上首先服从的是上级领导的意见而不是理性与规则。有法官明确表示，我在审判中首先看的是上级领导的意图，然后才能是法律规则。“来自上级领导的关系，这是对法官影响最大的关系。法官在法庭上主宰了当事人的命运；在实际生活中，上级领导却主宰了法官的前途命运，而且按照领导的意图办案，法官心里头会有底气，最起码判错了不会受到上级的指责。”②下级对于上级的指示、意图作出的反应，将会直接影响到他与上级领导的关系，以致影响其晋升。这其中显现出来的是审判的科层行政化倾向，展示的判决有时并非是理性和有逻辑的，有时它甚至是为了完成上级领导的意图。一名我国西部的法官在谈到自己多年工作的亲身体会时，道出了基层法官在司法活动中的尴尬现状。他说：“事实上，我们的法官不仅有级别，而且很难只服从法律。可以毫不夸张地说，在我们的司法实践中，法官只服从上级及他所属环境约定俗成的游戏规则，法律只是一个结果确定后寻找理由的参考文本。”③

显然，如果我们在相关制度的安排方面过分地强化人们的科层行政级别意识，导致法官过于关注上级法院或本院“领导”的好恶，就会严重地影响法官的独立思考精神，从而破坏了司法独立这一基本的司法理念。所以，科层等级官僚制对司法独立的威胁是非一般的严重。

毫无疑问，法官行政管理就是中国目前司法的现状。其实，从这个角度来看，我非常同情正在接受停职调查的商丘市中级人民法院审判长张运随、审判员胡选民、代理审判员魏新生，以及河南省高级人民法院的胡烨法官。同时，笔者并不赞同5月19日河南省高级人民法院召开党组扩大会议对赵作海错案所剖析的第四点：上级法院对下级法院监督不力是造成这一错案的重要主观原因。我们很难想象，在当时的情景下，他们能够有胆识避开科层等级官僚制，不去执行商丘市政法委的“批示”。这正如时任商丘市人民检察院公诉处助理检察员郑磊所说，他确实看到了卷宗上相关领导“快审快判”的批示，“上面都定了调调，作为公诉人员我们要不选择起诉，要不就辞职不干，最后我还是妥协了”。④

---

① 苏力著：《道路通向城市——转型中国的法治》，法律出版社2008年版，第187页。

② 高其才：“当代中国法律适用中的关系因素——文化视角的实证分析”，载《云南大学学报》（法学版）2009年第3期。

③ “律师之死背后的群体生态调查：要与法官搞好关系”，载 http://news.sohu.com/20080103/n254430801_3.shtml。

④ “赵作海：我比窦娥赚了”，载 http://www.shanghe.org/wktx/2010/0520/6833_4.html。

在此，我们看到的是法官科层等级制管理和法官独立审判的矛盾与危机交织在一起。其实，法官理性主体的建设和重构，更多是一个政治性的问题。司法去行政化肯定不仅仅是法院一家的事。

五、如何克服我国司法行政化之弊端

解决中国的司法问题，我认为，在总体上必须从改造法官科层行政官僚体制及法官审判权的运作体制入手，这是一条走向健全理性司法的路径，它可以将法官从科层行政官僚体制的束缚中解脱出来，在去除那些不必要的累赘之后，具体地转向司法审判的实际形态。

首先，从“法官”入手，注重培育法官的独立精神与法治理念。我们的法官不仅需要掌握丰富的司法经验与技术手段，同时也需要有渊博的知识，领悟与把握深奥的现代司法理念。正确的司法理性为法官的审判实践指明了方向。在河南省高级人民法院的党组扩大会议上，大家一致认为，出现赵作海错案的主观原因，第一就是司法理念偏差，为民意识不强。这其实就是要求我们的法官在司法审判中，必须注重法的理性意识，注重法的逻辑推理思维，注重法的理念认知，克服司法审判中的片面性，注重培养独立对话的意识。法官的独立精神与法治理念是法官立命的根本。

其次，从“法官体制”入手，积极推进法院内部体制的全面改革与协调发展。克服司法行政化之弊端，则意味着司法内部体制即法院内部的管理系统分离，重在解决因体制问题而引起的审判不公的问题。这确实是个难题，涉及面很广。我们要在司法独立上寻求切入：围绕司法权力体系内部的职能配置，将法官级别与一般的行政级别割裂开来，对其实行有别于行政官员的法官职业专门化管理；按照司法机关的诸多功能进行职能分工，弱化审判工作的行政化色彩；建立新的司法管理机制，形成行政管理与司法业务的二元体制。只有在这个基础上，才能在法院独立的同时实现法官独立，最终达成司法独立的完整目标。

最后，从“法官结构”入手，逐步改造传统的法官科层行政管理等级结构，建立一种合理的结构选择，即以法官等级改造法官科层行政管理等级，这是最根本的。因为，法官管理的体制结构决定法官审判体制的运作，审判体制的运作决定法官的思维、观念。目前我国法官的级别是采用两轨制：一个法官既有法官的级别，另还有相对应的行政级别：四级法官对应于科级；四级高级法官对应于副处级等。我们不去说当初设立法官级别的目的是什么，但现在它其实已经成为一个虚位,法官对它没有任何兴趣。也就是说,这种法官的级别本身与法官的真正需求是相矛盾的。

在此基础上,我认为还必须着重解决以下两个问题:

1. 建成一个自治的法官职业共同体

法官职业共同体虽然不是契约自由理念下形成的职业团体,但它却是社会分工和自由协同思想的体现,它强调司法主体的廉洁自律性;其本质上还是司法的统一化与理性化的产物,是法治文明进步的必然产物。在2010年的"两会"期间,《南方周末》对参加会议的40名全国人大代表和政协委员进行了问卷调查,随机选取了甘肃、重庆、浙江、辽宁、湖北、江西、山东、北京、内蒙古及香港的代表和委员,共收回有效问卷40份。调查结果显示,在重大的司法体制问题上,受访者改革意向基本一致,认为司法职业化改革必须加速。① 由此可见,司法职业化并非只是法学家们一相情愿的主张,也是民意代表的主流意见。

其实,建立法官职业共同体的目的就是建立一种法官自身的对话机制,在共同体的内部话语中,法官致力寻找的是——思维的自我。他能够在法官的职业共同体范围中把理性和非理性区别开来,把法官知识与级别等级区别开来,最终达到将法官的"内部话语"伴随着司法审判的整个过程,在这过程中所体现的是法官独立审判的职业理念。

2. 正确处理好司法职业共同体与党的领导的关系

在司法职业化过程中,我们必须处理好司法职业共同体与党的领导的关系。司法的本质和发展规律决定了法官自治的不可避免性,而且,司法的独立也是我们的党一贯坚持的。如在判处英国毒贩阿克毛的死刑问题上,面对西方媒体的指责,我们的政府一再强调,"中国是一个法治国家,中国司法机构独立依法办案,不容任何人干涉"。② 显然,对于司法的独立问题,我们的党早已意识到,但改革并没有根本性的突破。在中国特色的"双重的司法机构"中,党通过各级政法委,在对法院的直接管理中发挥着重要的作用,对于公正有效的司法运转机制来说,党与审判必须分离。但是,由于党政机构维持着对司法的控制,在法院全体法官中党员人数超过90%的情况下,要实行党与司法的分离实际上是不可能实现的。当下,党的正当性基础体现在它的改革能力上。因此,党面临着既要维

① "40名全国人大代表和政协委员接受本报司法改革意向调查100%赞同:法院垂直领导彻底吃'皇粮'",载《南方周末》2010年3月25日。

② "中国昨日处决英毒贩阿克毛　英国首相'震惊'",载 http://www.hinews.cn/news/system/2010/01/01/010659884.shtml。

持正当性又要维护司法控制权的两难困境:保持控制和社会稳定的必要性限制了党对司法实施改革的能力。当下的情景是:我们一方面在强调司法的去行政化,而另一方面司法的行政化现象越来越严重。这在很大程度上表明,迄今为止的司法改革都是在摸索中实施的。

(2010 年第 6 期)

论执政党主张成为国家意志的科学化建设

方世荣*

党的十七届四中全会通过的《中共中央关于加强和改进新形势下党的建设若干重大问题的决定》,提出了"提高党的建设科学化水平"的重大命题和重大任务。党的建设包括党依法执政能力的建设,其中,如何提高使党的主张成为国家意志的科学化水平,则属于核心问题之一。执政党的主张转化成为国家意志是现代政党政治的普遍现象和必然要求,对此不容置疑,任何政党获得执政的地位,都会将其方针政策通过国家意志的形式推行于国家和社会生活,它既是执政党的职能,也是执政的重要方式。但是,执政党的主张与国家意志毕竟是两种具有不同特点的政治上层建筑和知识体系,执政党的主张能有效成为国家意志必须遵循一定的规律,运用科学的方法,形成科学的制度,这是需要法学界深入探索研究的。本文试就此提出见解。

一、执政党主张成为国家意志的内涵

党的主张成为国家意志是中国共产党在健全社会主义民主政治、建设社会主义法治国家、实行社会主义市场经济体制和加入世界贸易组织等背景下提出的。1987年党的十三大报告首次将"使党的主张经过法定程序变成国家意志"作为党对国家实行政治领导的主要方式;2002年党的十六大报告明确将"经过法定程序,使党的主张成为国家意志"确定为改革和完善党的领导方式和执政方式,实行依法执政的重要内容;2004年《中共中央关于加强党的执政能力建设的决定》则进一步提出要"善于使党的主张通过法定程序成为国家意志";2007年党的十七大报告又再次明确强调了这一点。

"党的主张"是指中国共产党作为执政党为了实现自己所代表的全中国人民的利益与意志,以权威形式规定在一定的历史时期内所遵循的路线、方针、政策及其措施,它通常也被人们称为"党的政策"或简称"政策"。国家意志主要是指由国家立法机关等有立法权的国家机关制定和认可,体现统治阶级意志,并以

* 作者单位:中南财经政法大学、中共湖北省委党校。

国家强制力保障实施的社会成员的行为规则。它通常是指国家的法律、行政法规、地方性法规、规章以及正式有效的法律解释等各种形式的法律规范，概括地称为“法律”，有时也简称为“法”。党的主张转化为国家意志，就是要在执政党的领导下，由国家机关通过法定程序，将党的政策主张以法律规范的形式表现出来，并以守法、执法和司法的方式在全社会推行实施。

在现代政党政治中，获得执政地位的政党都要力图通过各种方式和途径将其政策主张转化为法律，这是一种重要的执政方式。例如，西方多党制国家执政党往往就是通过控制议会（立法机关）的多数席位确保体现本阶级、阶层的纲领、政策的法律提案能够获得多数票通过。① 德国的比较法学家茨威格特和克茨在研究了社会主义国家政策对法律的影响后曾明确指出：“这绝不是说在西方法律体系中法律‘不受政策的影响’。恰恰相反，即使在西方国家，每一项法律都具有或明确或模糊的政策背景，否则便几乎不可能理解法律是如何产生或在实践中是如何运用的。实际上，许多制定法都有意地寻求推进重建社会生活的某些经济的或社会的政策。”②

执政党在国家和社会生活中制定并着力推行其政策以有效实现执政是其必然，但现代法治国家要求依法治国，在国家和社会生活中只有法律才能作为立法、执法、司法、守法的依据，才能对一国内全体社会成员具有直接的约束力。因此，在政党政治和法治国家融合的背景下，执政党的政策主张要成为不仅是党的成员而且是全社会公民共同遵循的行为准则，必须通过一定的方式转化为法律，这就决定了执政党主张转化为国家意志的必要性。

二、执政党主张成为国家意志的中国实践

中国共产党在长期以来的执政中，对实现党的主张成为国家意志已有了丰富的经验和做法。改革开放以来的实践表明，在中央层面，党制定的一系列体现人民群众的迫切愿望和根本利益的重要方针、政策，经党中央以历次修宪建议、重大立法建议的方式向国家最高权力机关提出，都获得了全国人民的广泛支持与拥护，并顺利制定通过为宪法修正案和一系列法律，在国家和社会生活中得以全面贯彻实施。在有地方立法权的各地方行政区域，地方党组织制定的政策也

① 林勋健著：《西方政党是如何执政的》，中共中央党校出版社 2001 年版，第 37 页。

② ［德］K. 茨威格特、H. 克茨著：《比较法总论》，潘汉典等译，法律出版社 2003 年版，第 428 页。

通过类似的方式形成为地方性法规等。这些实践经验和做法主要包括以下几个方面。

1. 对立法工作在大政方针上的政治领导。具体表现在：(1)制定一定时期的国家立法和地方立法的方针以指导立法工作，使执政党的政治决策在立法中得以贯彻落实。(2)审批立法规划与立法计划，检查审定立法工作是否符合党的立法方针和部署，如中共中央批准八届、九届和十届全国人民代表大会常委会立法规划。① (3)党在许多重要决定、决议中对立法工作提出要求。其中，有的是原则性地提出应该制定法律、完备相关法制，有的则直接提出立法机关应该制定哪些法律。如党的十七大报告明确提出"要完善有利于节约能源资源和保护生态环境的法律和政策，加快形成可持续发展体制机制"。再如1990年3月12日《中共中央关于加强党同人民群众联系的决定》建议全国人大常委会拟定实行工作监督和法律监督的监督法，国务院制定行政监督法规。1990年12月30日《中共中央关于制定国民经济和社会发展十年规划和"八五"计划的建议》明确建议抓紧制定《计划法》、《预算法》、《银行法》、《投资法》、《公司法》、《价格法》、《市场法》、《劳动法》、《工资法》和《审计法》等基本经济法律法规。(4)讨论研究并审定重要法律草案。如在1982年《宪法》制定的过程中，中共中央政治局和书记处都专门进行了讨论，中共中央政治局和书记处的成员大都是宪法修改委员会的委员，中共中央的意见已经充分地反映在宪法修改草案中。②1988年1月9日，中共中央政治局召开全体会议讨论并原则同意修改后的《全民所有制工业企业法(草案)》等。③

2. 直接向立法机关提出具体立法建议启动立法程序。如中共中央自1954年3月23日以宪法草案初稿的形式向宪法起草委员会提出过立宪建议以来，先后已向全国人大或全国人大常委会提出过多次修宪建议：1975年1月，中共中央直接向四届全国人大一次会议提出《宪法修改草案》，并向四届全国人大一次会议作关于修改宪法的报告；1977年10月23日，中共中央向四届全国人大常委会第四次会议提出修宪建议；1978年2月23日，中国共产党十一届二中全会在

① 迟浩田："关于《中华人民共和国国防法(草案)》的说明"，载《全国人民代表大会常务委员会公报》1997年第2期；王涛："关于《中华人民共和国环境影响评价法(草案)》的说明"，载《全国人民代表大会常务委员会公报》2002年第6期；庄会宁："全国人大五年立法规划正式出台五年立法：人民利益至上"，载《瞭望新闻周刊》2003年第49期。

② 彭真："关于中华人民共和国宪法修改草案的报告"，载《人民日报》1982年12月6日。

③ 吕东："关于《中华人民共和国全民所有制工业企业法(草案)》的说明"，载 http://www.lawyee.net/OT_Data/legislation_Display.asp?RID=5147。

北京举行，全会对中央政治局提出《中华人民共和国宪法修改草案》和《关于修改宪法的报告》，决定提请五届全国人大一次会议审议；1978 年 3 月 1 日，中共中央将《中华人民共和国宪法修改草案》提交五届全国人大一次会议讨论，并在五届全国人大一次会议上作关于修改宪法的报告；1979 年 6 月 26 日，根据中共中央的建议，全国人大常委会向全国人大提出修改宪法若干规定的议案；1980 年 8 月 30 日，中共中央向五届全国人大第三次会议主席团提出关于修改宪法和成立宪法修改委员会的建议；1980 年 9 月 10 日，第五届全国人民代表大会第三次会议接受中共中央的建议，决定成立宪法修改委员会，主持修改现行宪法；1988 年 2 月 28 日，中共中央向全国人大常委会提出修改宪法个别条款的建议；1993 年 2 月 14 日，中共中央委员会向七届全国人大常委会提出修改宪法部分内容的建议；1993 年 3 月 14 日，中共中央向第八届全国人民代表大会第一次会议主席团提出关于修改宪法部分内容的补充建议，并提交了两个附件，即《根据中共中央建议修改后的宪法部分内容全文》和《关于修改宪法部分内容的建议的说明》；1999 年 1 月 22 日，中共中央向九届全国人大常委会提出修改宪法部分内容的建议；2003 年 12 月 12 日，中共中央向十届全国人大常委会提出修改宪法部分内容的建议。

除了提出立宪、修宪建议外，党的有关组织机构也直接提出过具体的立法建议。如在 2005 年修改《公司法》的过程中，根据中组部的意见，国务院在《公司法》修订草案中将原《公司法》第 17 条关于“公司中中国共产党基层组织的活动，依照中国共产党章程办理”的规定修改为：“依法设立的公司，根据中国共产党章程的规定，在公司中设立中国共产党的组织，开展党的活动。公司应当为党组织的活动提供必要条件。”①

在依法享有地方立法权的地方行政区域，地方党委也有提出立法建议的大量实践，通常的做法如下：(1)以决定、决议、会议纪要等文件形式，提出具有立法工作内容的要求。(2)以党委名义正式提出的立法建议。(3)以党委领导人员主要是党委书记和各分管副书记名义作出的有关立法工作的指示、批示，等等。

3. 直接参与法律草案的起草、修改。例如，《中华人民共和国公务员法》在制定时，中组部直接参与了《中华人民共和国公务员法(草案)》的起草、修改全

① 曹康泰：“关于《中华人民共和国公司法(修订草案)》的说明”，载《全国人民代表大会常务委员会公报》2005 年第 7 期。

过程。①

4. 通过本党成员在立法机关中的代表的宣传、说服工作和直接投票确保体现党的主张的法律提案获得多数票通过。执政党对立法的影响和决定作用集中体现于立法机关中党员代表的工作。立法机关中党员代表通过宣传、说服等方式争取其他代表的支持，同时按照党的政治纪律投票，以保证体现党的主张的法律提案能获得多数票通过。

5. 与国家机关联合发布含法律规范和效力的文件。在实践中，执政党有时还通过与有立法权的国家机关联合制定政策规范与法律规范合体的文件，将党的主张直接在执法、司法活动中加以落实。如1988年10月3日和1989年8月17日，中共中央和国务院先后联合发布了《中共中央、国务院关于清理整顿公司的决定》和《中共中央、国务院关于进一步清理整顿公司的决定》，这两个文件在严格的意义上虽然不属于法的形式，但是文件中的许多规定都具有法的规范特征，同时这两个文件成了国家机关执法和司法适用的依据，在实际上发生了法的作用。1986年4月20日，中共中央纪律检查委员会、中共中央政法委员会、最高人民法院、最高人民检察院、国家外汇管理局联合制定的《关于单位、企业违法买卖外汇问题的几点处理意见》，对国发[1986]18号文件《关于办理留成外汇调剂的几项规定》以前发生的党政军机关、企事业单位非法买卖外汇的案件提出了一些处理原则，如规定"非法高价买卖外汇，数额特别巨大，给国家造成重大损失的，除给以经济处罚外，还应按《刑法》第117条的规定追究直接主管人员和直接责任人员的刑事责任"。这些内容及效力已经与司法解释无异。这是实践中党的主张成为国家意志的特殊方式。

三、党的主张成为国家意志过程中存在的问题

上述实践表明，党在实现党的主张成为国家意志中已创造了许多方法，积累了丰富的经验，也取得了重大成效，但有些问题仍显示出其科学化水平尚需研究改进。

1. 在党的主张成为国家意志的过程中，党的机关的地位有时具有含糊的情况。从实践来看，党的机关实际上分别具有政治领导核心的地位、立法建议机关的地位、立法起草参与部门的地位、直接决定机关的地位等多重地位，而这些不同的地位不应混为一谈。因为不同的地位与立法机关有不同的政治关系和法律

---

① 张柏林："关于《中华人民共和国公务员法(草案)》的说明"，载 http://www.npc.gov.cn/wxzl/gongbao/2005-05/30/content_5341710.htm。

关系，具有不同的作用和不同的活动范围，并要遵循不同的法律程序，其中有些地位的科学性还需要研究。

2. 需要成为国家意志的党的主张尚不明确应具备的条件和标准。执政党的主张成为国家意志虽然具有必要性，但并不意味着党的主张可以任意转化为国家意志，执政党的主张与法律分别属于政治现象和法律现象，两者由不同的主体制定，发挥着不同的作用，在调整对象、制定程序、适用范围、实施方式等方面都有区别，这决定了党的主张成为国家意志必须符合体现立法规律的相关条件。如果不符合条件必然会发生转变的困难，或即使形成为法律规范也不具有科学性，难以得到有效实施。目前关于党的主张成为国家意志应具备什么条件，尚缺乏研究，也没有具体标准。在党的相关文献中，分别零散地有一些精神、原则性的提法，如提出要使"经实践检验成熟了的"、"体现了人民意志的"、"有关国家事务的重大决策"形成为法律等。但这些表述都还比较抽象，具体标准不够明确，可操作性也较弱，由此易带来实践中急于求成和随意性的问题。尤其是在拥有部门立法权和地方立法权的相关部门和地方行政区域，部门党的领导机构和地方党委在将其政策主张形成为部门立法和地方立法时，如果没有具体条件和明确标准的规范性要求，就易将不具备立法条件的政策内容简单地变成法律规范，从而产生不良结果。例如，2004 年 1 月 2 日，河北省委、省政府以省委冀字[2004]1 号文件联合批转了中共河北省政法委出台的《关于政法机关为完善社会主义市场经济体制创造良好环境的决定》，①这种文件含有法律规范的内容，具有作为地方执法、司法依据的作用，因而具有法律文件的属性。其中有的条文规定构成了对国家刑法中追诉时效和量刑情节的解释与修改，由此导致了合法性问题的争议。

3. 规范化、制度化程度不高。使党的主张通过法定程序成为国家意志是党在新时期依法执政的重要工作，但其科学化水平仍有待提高，其中主要的表现是规范化、制度化不够。如中共中央向最高国家权力机关提出立法建议启动立法程序，长期以来都还只是惯例，我国的成文法以及党内的法规都未作明确系统的规定。在地方，目前只有广东等 7 个省以及上海等 18 个较大的市探索性地规定了政党的立法建议制度，但各自的规定均不一致，缺乏统一性。迄今为止，全国大多数有立法权的地方都没有建立地方党委提出立法建议的制度规则。再如，对拟通过法定程序形成为法律规范的党的主张，如何提出立法建议，或采取哪些其他的规范性方式进入立法程序，在党内事先是否需要进行合宪性、合法性审核

---

① 郑琳："河北一号文件作出突破性规定"，载《中国青年报》2004 年 1 月 31 日。

等也没有制度化的规则，等等。

四、党的主张成为国家意志的科学化建设

针对上述实践中的问题，笔者认为，为了提高党的建设科学化水平，我们必须准确把握和自觉运用使执政党主张成为国家意志的基本规律，以科学的执政理论和立法理论为指导，总结和运用成功的实践经验，运用科学方法，建立科学制度来加以改进。

（一）从法理上梳理明晰执政党机关在党的主张转化为国家意志过程中的不同地位

如前所述，在党的主张转化为国家意志的过程中，党的机关实际上有多重地位，为此，需要加以区分和规范。

1. 政治领导地位。这主要体现在对立法工作实施政治、思想的领导上。其职能主要是决定立法工作的大政方针，审批立法规划与立法计划，对立法工作等作出部署、要求，讨论审定重要法律草案等。

2. 立法建议机关的地位。党的机关在向立法机关提出具体立法建议案时，属于立法建议机关的地位。处在这种地位时，应当严格依照立法程序中提出立法建议的工作流程活动。但是应当明确，执政党的机关作为立法建议机关与其他提出立法建议者的地位有重大区别。在我国，任何合法组织和享有政治权利的公民都有权向国家提出立法建议，但执政党在国家生活中居于政治领导地位，"人大及其常委会要自觉地接受党的领导，在依法履行职责的过程中，全面贯彻党的路线方针政策，使党的主张经过法定程序成为国家意志，切实把坚持党的领导、人民当家作主和依法治国有机统一起来。"①因此，党的立法建议对立法机关及其立法活动不属于普通的建议，而是具有工作指导性的立法建议，而其他组织、公民等对立法机关的立法建议则是请求性的立法建议。

3. 立法起草参与部门的地位。党的机关在直接参与共同起草法律草案时，属于立法起草参与部门的地位。立法起草是国家立法活动的组成部分，我国现行有关法律法规规定，法律法规草案由国家机关组织起草或委托大专院校、社会团体或者公民起草。执政党参与起草立法应该主要通过党在国家机关中的代表来进行，必要时也可派员参与立法起草，但不宜以党的机关的名义直接作为起草单位。

---

① "李鹏总结坚持和完善人大制度、做好人大工作的五点认识和体会"，载 http://www.people.com.cn/GB/shizheng/16/20030310/940506.html。

4. 直接决定者的地位。党的机关与有关国家机关联合发布具有法律规范内容的文件时,就具有了直接决定者的身份,这就行使了国家机关的权力并直接制定了法律规范。但这样的地位并不恰当,因此,执政党的机关不宜直接与国家机关联合制定发布具有法律规范内容的文件。

(二)明确规定党的主张成为国家意志的具体条件和标准

考察立法的要求和过程,党的主张成为国家意志从科学化的要求讲,应当具备符合立法规律的可能性条件和标准。这些条件和标准至少可以概括为调控范围一致、内容适宜、时机成熟、效力关系统一、程序合法等几个方面。

1. 调控范围一致。拟形成为法律的政策主张所要调控的事项范围,必须属于国家机关立法应调控的事项范围,即二者具有共同的调控对象。在党的政策主张中,既有处理国家和社会事务的政策主张,也有涉及政党关系的政策主张,还有政党自身建设的政策内容等。显然其中有一些并不是能由国家机关立法来处理的。只有属于对国家和社会事务加以规范的政策主张,才是与国家机关管理内容相契合的共同事项,那么只有这些才适合于将相关政策内容转化为法律的形式。也就是说,从符合执政党和国家机关各自运行规律和功能来讲,并非执政党的所有政策主张都能形成为由国家机关制定并要求全社会遵守的法律,凡需要转化为法律的政策内容,必须都是属于国家机关可以处理、规范的事项,即执政党和国家政权所处理的事项在范围上能契合的那一部分,就是执政党政策向法律转化的一种内涵标准。

2. 内容上的适宜性。政策转化为法律的事项,必须适合于由法律这种特殊规范来调整。执政党与国家政权虽然有共同调控的国家和社会管理事项,但也不等于政策调控的事项也都适合于由法律调整。例如,执政党有时提出的具有前瞻性、战略性的政策,有些就暂不宜直接规定为法律,因为法律规范要求细致、具体,权利义务关系明确,具有可执行性等,这才便于运用国家强制力要求全社会遵守。由此,有些政策如只具有宏观性、方向性的先导作用,需要在实践中检验,一时也不易细化的,就不宜形成为法律,而只能以政策通过思想动员、宣传教育和指引倡导等方式要求全社会响应,不能采取法律强制性的方法。政策要转化为法律的事项,必须是符合发挥法的调整功能的事项。

3. 时机上的成熟性。指的是政策转化为法律所应具备的时机条件。相对而言,法的灵活变化性不如政策,制定周期也比政策长,并对公民具有普遍、严格的强制力后果,因而只能对已十分成熟、稳定的事项作出规定,否则将引发社会不稳定的问题。为此,执政党针对现实政治、经济、社会新变化所及时出台的应对政策,由于还处在探索的过程中,就缺乏转化为法律的成熟时机。此外,有些政策内容固然符合人民群众的根本利益和长远利益，但如处在社会对此问题特殊敏感的时期，或在部分群众尚不理解的情况下，那么形成为法律的成熟时机也不具备，对此不可操之过急。时机成熟的基本要求应当是：需要转化为法律并以国家强制力推行的政策主张，必须是经实践反复证明已经成熟、稳定，已被广大社会公众所熟悉和理解，在现实生活中得到全社会广泛的心理认同且已具备能普遍遵守基础的政策。

4. 效力关系上具有统一性。拟转化为法律规范的政策，在效力关系上应与党的总政策、上位政策具有一致性，应与现行宪法、法律的规定具有一致性。一般来说，除因提出修改宪法或法律而提出建议的需要之外，拟形成为法律规范的政策主张，不得违反上位政策和上位法，有这类问题的政策主张不能转变为法律规范。这一点，对于部门党的领导机构以及地方党委的政策转变为部门立法和地方立法时尤为重要，否则将危害党的决策统一和国家的法制统一。

5. 程序上的合法性。指的是政策转化为法律必须遵循法定的程序。执政党主张向法律转化的过程实际上是国家立法的过程，必须严格遵循立法程序及具体要求。执政党主张成为法律的过程如违反法定程序，则转化就不具有合法性和正当性。

（三）确立政策与法律相协调的系统位阶关系

《立法法》对我国法律体系内部的位阶层次及效力作出了明确、具体的规定，其排列顺序依次为宪法、基本法律、一般法律、行政法规、地方性法规、自治条例和单行条例、行政规章（包括国务院部门规章和地方政府规章），由有权机关对上述法律文件作出的法律解释，与本法律、行政法规、地方性法规和规章具有同等效力。而对于党的政策的位阶，尚未见党内有明确规定，目前只能以《党章》规定的党的组织原则以及《中共中央关于加强和改进党的作风建设的决定》中有关“不允许制定与中央政策和国家法律法规相抵触的规定”的精神加以理解。在政策转化为法律的过程中，拟转换的政策内容必须符合上位政策和上位法的规定，因此需要明确政策位阶系统，对整体的政策体系作出内涵及相互位阶关系的明确规定。如界定中央政策与地方政策及其相互效力关系，界定总政策、基本政策、具体政策及其相互效力关系，界定同位阶并具有连续性的新、旧政策之间的相互效力关系，规定政策之间效力冲突的解决机制，等等。在此基础上，建立政策与法律相协调的系统位阶关系，以便在政策转化为法律的过程中加以遵守。

（四）加强规范化、制度化建设

党的主张转化为国家意志，是政策与法律这两种不同的规范形态之间发生转化的机制。为了保证转化后的法律的质量和执行的有效性，防止不符合条件特别是与上位政策和上位法不一致的政策内容进入转化程序，应当建立和完善如下相关规范化的制度。

1. 明确规定党的主张形成为国家意志的条件和标准并建立事前审核评估制度。党的主张转化为法律应该具备一定的条件和标准，为了保证转化的质量和效果，应当对相关条件和标准作出统一明确的规定。同时，执政党在党内还应建立党的主张形成为国家意志前的自我审核评估制度，并设立党内相关法制机构实施这项工作（包括有地方立法权区域的同级党委）。审核评估的重点，是拟转变为法律规范的政策规定的合法性、适当性、成熟性和风险性等问题，包括是否符合上位政策和上位法，是否适合于由法律来调整，是否具有成熟性和稳定性，是否具备了转化为法律规范的时机以及形成为法律规范后可能具有的风险，等等。对经审核评价符合条件和标准的政策内容，才适合于直接向立法机关提出立法的指导性建议。

2. 完善党向立法机关的立法建议制度。实践中，党向立法机关提出立法建议主要是以惯例的形式的出现的，但仅仅依据"惯例"在我国的法律传统上显然具有非正式性的色彩。这正如有学者所指出的："中国是以成文法为主要法源的国度，社会成员对成文法普遍持有较判例、习惯等其他法源更高的期待。"①对于国家生活中如此重大的事项，从科学化建设的要求讲，应当有成文法规则，为此需要就立法建议工作制定形成统一、正式的法律制度。立法建议制度在基本内容上必须包括立法建议的主体、立法建议的内容、立法建议的形式、立法建议的对象、立法建议的范围和立法建议的程序，等等。

3. 完善制定立法方针和提出立法建议的民主参与制度。由于立法方针的制定与立法建议的提出一般涉及国家大政方针，对国家和社会以及广大人民群众的生活影响重大，执政党应该通过各种民主方式广泛听取意见，建立相关的听取意见和建议制度、公开与说明理由制度，等等。

4. 加强党的主张转变为国家意志的工作保障制度。为了保证党的主张顺利通过立法程序转化为国家意志，除了建立和完善上述制度外，还要健全党员代表在立法活动中的相应工作制度以保障预期立法结果的实现。如建立、健全党员代表投票的政治纪律制度、党员代表对党的主张的宣传说明责任制度、党员代表与其他非党员代表的沟通联系制度，等等。

（2010年第7期）

---

① 刘风景："例示规定的法理与创制"，载《中国社会科学》2009年第4期。

2011 年

法治时代的法律位置

——认真看待法律逻辑与正义修辞

陈金钊*

我之所以提出“法律的位置”这样的问题，乃是因为学习多年法律还不能理解当今的法治理念，一直搞不清楚反映党和人民意志的社会主义法律，为什么在司法中可以被模糊不清的大局意识所改变，这种改变背后所使用的逻辑是什么，为什么像大局意识这样的修辞可以改变法律的意义，为什么我们不用正义这样的修辞来引领法治的进步？法律是由国家制定的，是党和人民整体意志的体现，论说统治者应该支持至少是主张法律的权威，贯彻落实好法律。但是，眼前的大局意识、权力权威正在消解法律的绝对权威。在依法治国建立社会主义法治国家的方略中，法律的位置究竟是什么？法律究竟该起什么样的作用？我们发现，不能机械地执法或司法的观念已经被广泛接受，但它所强调的是服从法律而不盲从，跟高度抽象的政治大词比较，法律已经相当明确，但在实施过程中依然能感觉到它的模糊性和不确定性。如果在这时候，找出一些模糊的难以确定意义的大词、大张旗鼓地把能动司法或者不执行法律合法化，那么剩下的就是法律的虚无了。法律的执行是要受政治大局的影响，但如果不是发生大的政治变故，这种影响不能变成干预法律系统独立发挥作用，不能强制改变法律意义产生的自主性。任何权威都是具有排他性的。当我们肯定了法律权威的时候，就意味着其他社会规范的位置是在法律之下的。这实际上牵涉法治的实质合法性问题。如果宪法和法律没有权威，处于闲置状态、不能约束人们的思维和行为，这既是法治的悲哀也是社会的灾难。记得在上高中的时候，刘心武一篇“爱情的位置”的小说，燃起了人们重估革命思维的探讨，其结果是恢复了人性的合法性。在此也不妨借鉴模仿，研究一下在法治时代，法律究竟该处在什么样的位置。

* 作者单位：山东大学法学院、威海分校法学院。

一、被斜视和被冷落的法律

法律的位置是一个过于宽泛的题目，可以从多个角度展开。从系统论的角度而言，我们可以探讨法律规范、法律机构在社会系统中的位置；从社会学的角度可以研究法律在人们心目中的位置、在政治决策和日常思维中的位置；从规范法学的角度还牵涉法律工具论和目的论的定位。在本文中，我们主要是探讨在社会进程中法律的位置，以及人们该怎样理解和运用法律，重点叙说当社会进入法治时代以后法律的至上位置。

在西方法治社会中，很少有学者谈论法律的位置。因为法律至上、宪法最高似乎是毋庸置疑的。但是，在中国社会转型过程中研究法律的位置，实际上是在对法治的正当性的论证，是对法治合法性的追问，是对实际存在的对法律的斜视与冷落的反思。从表面上看，法律的位置问题似乎在依法治国建设社会主义法治国家方略下已经得到了解决，法治方略的直接逻辑推论就是法律至上。但是，中国的法治建设才刚刚开始，法律的命运还令人堪忧。在最近的一系列调研中，我们发现，人们的普遍感觉是法治在最近几年倒退了，法律的位置在下降，在遇到信访纠缠的时候，法官们甚至不敢依法判案。甚至，法律人的地位也远不如以前，连警察和法官都开始言说自己是弱势群体。而这一些都与法律地位的失落或者没有准确定位有关。

法律地位的不稳定与对法治的定位有关系。现在，主流社会所理解的法治就是一种管理手段，实施法治就是进一步规范管理，依程序管理。大家都意识到政治统治、社会管理、经济管理等都需要借助、倚重法律。法律理所当然地被当成管理、统治的工具，然而这是法律不被正视的开始。对于政治统治与管理意义上法治，我们可以称为“政治法治”。政治法治实行的是政治挂帅，政治优先。法律和法治都是政治手段，正义、公平和人权等都成了顺便完成的任务。在这种情势下，法律失去了在法治社会正位，成了政治的附庸，法治失去了绝对性，甚至在有些时候（比如说与所谓的大局不吻合）会失去正当性。法律没有了至上地位，法律的权威经常受到来自政治的、社会的和文化传统和习惯思维的不断挑战。这实际上是一种政治的逻辑，而不是法治的逻辑。在政治逻辑的支配下，即使是涉及法律的修辞，也都带有强烈的政治色彩，即使在司法活动中，大家更多的是在讲政治而不是讲法治。本来在法治社会或者说在依法治国建设会主义法治国家的方略中，讲政治主要是讲法治。不讲法治，依法治国的方略根本无法实现。所以，在政治意识形态决定一切的国度，认真对待法律的位置是一个十分重要的问题。法律位置不明确不仅会带来思想上的问题,而且还会影响社会秩序。

在这些年我们的法治理念中附加了更多的政治内容。法院的一些改革措施和重点工作,法治建设并没有被放到第一位,而是更加强调了法律的政治功能,一些政治化的口号开始在法院系统蔓延。依法裁判似乎变得不重要,代之而来的是各种无原则的调解,甚至连执行最好的刑事法律也开始出现松动。法学家们在高调传播法律不确定性和模糊性命题的时候,实际上他们没有意识到这是在瓦解法治的理论基础。法律社会学也在以"法律必须符合社会本质"的名义改变法律的含义;司法腐败和枉法裁判则以实际行动毁坏法治。法律在哭泣自己没有地位的时候,法治已经没有正当性与合法性了。我们的调研发现,人们对法律和法官不信任已经达到了很高的程度。难能可贵的是,执政党和政府还在呼唤法治,强调依法治国是社会主义法治的核心内容。但是为了适合中国国情,防止人们机械地理解和执行法律,设计了社会主义法治理念,集中概括为"依法治国,执法为民、公平正义、服务大局、党的领导"。这一理念具有强烈的政治意识,主要目的在于防止资本主义法治理念的独尊地位。从政治学和意识形态的角度来看,这一理念并没有错误。但在实践中发生错误的理解却是常见的。在依法治国为核心的社会主义法治建设中,所谓服务大局就应该是坚持法治原则,而不是用大局意识改变依法判案的司法规律。但是,我们很多的法律人在理解这一理念的时候,大局意识成了第一位的法源,法律没有了权威的位置,依法裁判成了不重要的了。党的领导本来是政策领导,结果很多人就把领导人的意见当成了办案的依据。法律在各种错误的理解中被放逐了。在我看来,既然我国的法律是党和人民共同意志的体现,严格执行法律、依法治国就是社会主义的法治理念。依法治国贯彻的就是党和人民的意志,在司法领域依法办案就是司法为民。在多数简单案件中坚持依法裁判就是司法公正。

当然,法律位置问题的恰当定位,需要一个合适政治、经济和文化背景。在革命时代,法律是虚无的,法治也不可能存在。因为革命就是要突破法律和条条框框的限制,法律在整体上是没有地位的。革命时代与法律虚无主义是相伴而生的。在改革时代,由于改革是革命的继续,法律的地位不会很高,社会变革和法治建设之间是一种矛盾的冲突状态:一方面和平与建设需要法律与法治,但另一方面改革又必须突破和改变法律的规定,严格的法治会使改革无法展开。在改革时代法律位置十分尴尬,一方面稳定社会关系要求呼吁法律的权威;另一方面社会发展与进步所实施的改革措施、与时俱进又需要藐视法律的权威。与革命时代相比较,在改革时代法律的地位提高了,起码改变了革命时代的法律虚无主义。但是人们究竟把法律放到什么样的位置上却左右摇摆:一会儿要法治给法律以权威地位，一会儿要突破法律大胆尝试。我国现在就处在社会的转型期，法律的位置难以摆放。从主流的政治倾向看，我们曾经有一段时间非常重视法律，依法治国被当成了治国的方略，但这一方略是政治化的由政府和执政党共同推动的。从国内外的历史发展来看，依法治国，建设会社主义法治国家是历史的必然选择。实行法治是世界的潮流，符合社会发展的趋势。但是，在这个社会转型的时候推动法治，多少使法治方略显得生不逢时。因为法治具有天生的保守性格，它要维护现有的甚至是传统的秩序与价值，而社会的转型是在改革中完成的，改革就要突破法律的限制。全面的法治建设只能到社会关系趋于稳定才好展开。以经济改革为抓手来促进社会的发展，法律的位置又排在了经济的后面。这样，无论是经济中心，还是政治优先，法律都没有改变它的工具地位。想用的时候立法，想抛弃的时候能动，法律被置于股掌之中。当社会稳定出现问题的时候，法律被拿出来发挥它的刚性作用。现阶段是法治论者特别烦恼的时期，他们为法律的位置低下，法官的附属地位，政治干预法律以及司法腐败、司法不公等忧心忡忡，不停地抱怨法律被斜视和冷落。

关于法律位置的探讨涉及法律的权威、法律至上的原则、法律的功能和法律实现方法。在法律、法治、逻辑和修辞的关系中，我们看到，法律需要逻辑与正义的支持才能实现，而正义需要以修辞的形式进入法律，法治需要逻辑与修辞的支撑才能变为可能。但是我们必须厘清法律需要什么逻辑？正义需要什么样的法律？法治需要什么样的逻辑与修辞？

二、法治时代及其法律的位置

学术要为时代服务，但是，时代是指什么？在我们看来，时代并不仅仅是指年轮。一个时代的结束，首先是意识形态的解体，另一个时代也是以主流观念的转变作为开端。“意识形态作为社会制度正当性基础以及指导社会行动的纲领，是建立在一组普遍观念之上的。”[①]社会科学的任务之一就是要看清楚一个时代主流的发展倾向。我们相信，中国社会下一步发展应该进入法治时代，法治应该是今后中国发展的主旋律和关键词。只有在法治的旗帜下，经济才能有可持续发展，社会才能有长期的稳定。当然，在文化建设进步方面，伴随法治进步的，是逻辑地位升腾和公平正义等修辞的广泛运用。“社会应该依据法治来运

① 金观涛、刘青峰著：《观念史研究》，法律出版社 2010 年版，第 3 页。

作的原则已经为法律和政治思想家所信奉了长达两千年之久。它是古代先贤和现代思想家们所赞同的少数几个原则之一。”①法治对21世纪的中国来说,绝对不是简单的工具论所能够解释清楚的。也许法治应该成为社会管理创新的目的或者至少是目标之一。社会能否长期稳定的要素之一,就是中国能不能进入法治时代,法治理念以及信念能否成为时代的强音。法治如果能在主流社会中成为强势话语,社会的各项目标也许会在法治原则和理念的包容和保障之下得以实现。

我们发现一些政治家的眼光常常是短浅的,他们只意识到了法治在初级管理意义上的存在,对法治的功能分析也采用武断的方式,只把法治当成实现政治目标的工具,居于政治的附庸地位;片面追求法律的秩序与和谐价值;只相信法律在定分止争上的作用,没有真正把法治当成治国的根本方略。很多政治人没有看到或者不愿看到立体的法治,只愿意谈论法治对政治的服务功能,没有看到在法治之下,人们可以追求实现多种目标。法学家们已经发现,法律存在相互冲突或并行的很多价值,具有很强的包容功能。法治可能实现多种利益主体的多元价值追求。这正是法治与其他治理方式相比较的优点。如果人们只坚持一种价值观念,特别是仅看到政治统治这一项功能,就难免使人们对法治的目标产生疑问。有学者已经揭示了这个问题,并发出了掷地有声的诘问:“秩序真的是法律最主要的、高于一切的目的吗?一个意图实现秩序(其路径有多种,如严格的管制,市民自由受到限制,甚至对底层群众的奴役)的规则系统在许多观察者与理论家眼里可能会丧失作为法律系统的资格。实际上,按照各种各样的说明,一个法律系统的特性不仅仅包含秩序因素,这些非秩序的东西是与个人的表达自由、创造性以及政治革新一致的。”②正是由于对法律目的和价值有不同的认识,造成了对法治理念在法律思维中的位置有不同的界定,因而这在一定程度上会影响法治实现的程度。

法律在法治时代的位置可以简单地表述为“法律至上”,即法律是公民社会思维的根据,指引行为的规范,司法裁判的标准,人权保障的程序。法律的这一位置表明,法治在政治决策和社会生活中的权威地位,但并不表明法律的意义是不可改变的,只是说法律意义的修正必须有公平正义的修辞以及在逻辑基础上的法律论证。法治时代是一个崇尚法律理性的时代,法律是思考社会问题的出

① [美]安德鲁·奥尔特曼著:《批判法学——一个自由主义的批判》,信春鹰、杨晓峰译,中国政法大学出版社2010年版,第21页。

② [英]尼尔·达克斯波里等著:《法律实证主义:从奥斯丁到哈特》,陈锐编译,清华大学出版社2010年版,第326页。

发点和归宿,几乎所有的重要事情都要打上法律印记。法治时代虽然不排除在具体问题上实事求是、具体问题具体分析的思维方式,但是根据法律的分析是这个时代的鲜明特征,法律加上逻辑的运用以及由此形成的法律思维方法,决定着人们的重要活动。虽然在法律思维过程中多元的法律价值使得法律方法论更加复杂,但是只要我们坚持对法治的信念,法律的功能就能很好地发挥出来,法治在社会发展中的位置就会提升。然而现在,由于很多官员感受到了法律对权力的约束,因而不喜欢法律,尤其是不喜欢法律的方法与技巧。这是因为他们没有看到法治时代是一个需要方法论的时代,是一个法律理性和逻辑代替任意和专横的时代。法律及其方法、技巧是对任意、专制最有效的阻遏。法治虽然是靠规则和程序,但在实际的操作中,具体的、针对案件的法律是临事而构建的,在一般法律个别化过程中,技术、目的、价值和情势都是构建具体法律的因素。虽然在具体法律的型构过程中,会出现消解法律规范因素的张力,但是只要我们能够从大处着眼看问题,不能被枝节的细小问题所迷惑,就可以看到法律能够解决诸多社会问题。法治时代的法律不仅是思维的指南,而且是人的理性与非理性之间的平衡器。

在法治时代,法律要解决市场经济的公平竞争问题。现在我们的法律在解决公平问题上的作用还很有限。论说法治是与市场经济相伴而存的,没有法治不会有市场经济,因为市场经济本身就是法治经济。没有法治的保障,市场主体的活动不仅是不规范的,更主要的是市场主体的利益无处安身。当然,公平不仅是一个市场经济问题,而且还是一个社会问题。"实现公平的责任不仅是国家和社会的,也是个人的,事实上对社会的抱怨越多,社会成员通过个人的努力实现公平的动力就越少。而实际上,社会通过制度实现公平的机会永远是有限的,通过个人奋斗弥补社会公平之不足,往往是有效的。"①这实际上讲了一个基本的法治事实,公平只是制度设计的程序,只能为每一个人提供公平的空间,一个人是不是能够真正地实现公平,还得靠个人的努力,公平不是平均。但是我们必须审核我们的制度与程序是不是为每一个市场主体提供了平等的机会,这是衡量法治水平的标准之一。当然能否在这一领域实现法治,还得看人们的法律方法和技术能否支撑公平的追求。

法治时代要解决法律在社会管理中的位置。法治时代的出现需要较长时间的历练,才能完成由人治向法治转变。当代政治也应该是法治化的政治。但是,在一个长期奉行权力优于权利、政治先于法律且法律没有独立性的社会中,法律

---

① 《环球时报》社评:"围绕'公平'的争论必须实事求是",载《环球时报》2010 年 12 月 30 日。

一直没有很好地发挥作用。这使得社会的公平、稳定、经济的可持续发展以及思维的理性化方面都会出现问题。前些年我们高调咏颂过形式主义的法治理念，但很快被一些精英分子所惯用的实质主义的思维所取代。他们认为，既然法治在本质上是工具的，那就没有必要把它当成目的。因而对法治采取了更加实用主义的做法。在人们看透了法治工具论真面目以后，法律的地位又一次沉沦了，彻底变成了政治管理的工具。社会转向法治，首先意味着法律思维在人们思维活动中占据重要地位。在法治时代，法治应该成为政治管理文化的目标。这意味着法治不单是政治统治的工具，在一定程度上法治还是目的——至少是在某种程度上把"用法律约束政治行为"作为目标之一。而这就需要政治文化的配合，在法治建设所需要的公民文化建设中植入法律方法与技术，重视法律逻辑与修辞在思维中的作用。所以从一定意义上说，法治时代就是法律方法论的时代。进入法治时代是与进入法律方法论时代是同一个意思。可以说，法律思维在管理层面的形成、普及是法治时代的一个显著特征。

西方人为什么强调法治至上，宪法最高？实际上就是用法治压住其他"强权"的至高地位。我们都知道在某一个时期喊得最响的口号，一定是在这一方面出现了问题。我们之所以呼唤法治时代，就是因为法治建设出了问题。法治信念的丢失、司法腐败的常态化、行政专横普遍化等问题已经严重危及法治的根本。法治时代的显著特征是人们对自己的行为有可预测性。法治时代的一个标志是社会是稳定的、发展的，并且是可控的时代。"当一个社会的生活受法律控制的时候，可以说该社会已实现了法治理想。所以法治是与社会生活不受控制的无政府状态相对立的。法治亦与专制政府相对立。"①在法治时代，法律意义的固定性、安全性受到极大关注，人们从法律的安全性中寻找和预测自己的行为。人们不仅仅指望从各种势力中获得安全感，更多的是从制度和法律稳定性中获得安全。在法治时代，不仅要使权利都能够获得法律所承诺的保障，而且在权利受到伤害的时候能得到司法及时的救济。而要做到这一点，法律职业的兴盛必不可少。在法治时代，法律职业化和专业化程度不断提高，解释共同体的出现并具有较大的独立性，对法律的解释和理解足以影响政治决策，而不是政治不断地干预法律的实施。法律人与政治人有不同的历史使命。人们不需要以牺牲权利换取和谐和稳定；人的尊严与能力的发挥都能在法治之下实现。

"观念是指任用某一个（或几个）关键词所表达的思想……一旦观念实现社

① ［英］蒂莫西·A.O. 恩迪科特著：《法律中的模糊性》，程朝阳译，北京大学出版社2010年版，第234~235页。

会化,就可以和社会行动联系起来。我们知道,任何社会行动都涉及普遍目的的合成,需要众人进行价值和手段的沟通。”①法治应该是中国社会的主流观念,自由、人权、公平、正义、秩序和和谐应该成为社会的主流价值。为什么连警察、法官都觉得自己是弱势群体,就是因为这个社会缺乏公平的机制。既然这么多的价值可以通过法治实现,这意味着法治的位置不应该是纯粹工具性的,而应该是法律人的目的之一。法治应该与和谐、秩序、民主、民生、人权一样,成为政治价值。法治对政治来说是工具,但实际上也是目的。起码法律人应该把其作为目的,因为法律人如果离开法治环境实际上无法生存。所以,实现法治是法律人的生存方式,是本体问题,不完全是方法问题。但是法治本质上是方法的,我们不能把其作为人类的基本目的。很多法律人不明白这一点,作出了很多违背法治规律的事情,靠毁坏法治吃饭,这实际上是极为不负责任的,是在砸法律人的饭碗。法律事业的可持续发展实际上主要取决于法治的存在,没有法治时代就不会有法律人的春天。从这个意义上看,维护法治、进入法治时代就是法律人的直接目标。法治社会需要一个解释共同体,法律人就是这个共同体的主要成员。

三、尊重逻辑思维规则,保障法律的权威地位

把法律作为规范与作为事实的研究是不一样的。规范研究使用逻辑推演的方式获得法律的意义,而作为事实的研究得到的是法律的本质。对法律的认识需要科学的方法,但法学从主流上看是规范学科,以逻辑为基础的方法论占据重要位置。没有对明确法律的各种逻辑推演,法律意义的固定性就会出现问题。近些年来随着科学方法引入到法学理论,对法律本质的认识得到了强化,但法律的规范作用却有被不断弱化的趋势。其主要表现是在西方法学中逻辑的重要性不断被批判,在不合逻辑的解释中法律不断地被泛化,法治的绝对性逐渐逝去。在中国,法律文化中本来就没有逻辑的地位,现在更随着后现代法学以及现实主义法学的侵入进一步得到了强化。我们根本就不知道西方法学对逻辑的批判,实际上是对逻辑规则绝对化的反思。我国的法治建设需要经过一个强化建立在逻辑基础上的法律方法论时代。我们现在批判法律逻辑超越了一个时代——重视逻辑与方法的严格法治时代。

随着规范法学的衰落,在一些法学理论中出现一系列瓦解、消解规则与逻辑

① 金观涛、刘青峰著:《观念史研究》,法律出版社2010年版,第3页。

方法作用的理论。其主要的思维是在系统论和语境论中,消解了规则和逻辑方法强势话语权。在系统论中的法律,仅仅成了思维的要素之一,根据法律的思考变成了根据社会系统包括法律的思考。在语境论中,原本支撑法治的规则成了怀疑的对象,法律逻辑推演则由语境中所衍生的意义所取代。"基于规则而对立法与司法的划分变得站不住脚了。"[1]本来法律解释已经强调了体系解释,但那个体系不是社会系统论中的体系,是法律自身的体系,法律还只是在系统内独立发挥作用的因素,但在系统论和语境论中,法律的规范作用降低了,仅仅成了思维的一个因素。"确切地说,规则型构于解释和适用的具体情境之中。"[2]这本来是法律思维的真实写照,符合思维的规律,但是人们发现"法律的'客观性'消融在对规则进行的解释和表述性适用的情境中。在被适用之前,法律规则并不存在。'法律规则只在其运用实践之中和之后才获得发展。'它只存在于交流的范围之内。法律由论据、解释和裁判构成,而这些并不是由规则进行逻辑推演的结果。法律的适用是个殊化的,受制于特定的情景,具有弹性而就势随形。"[3]系统论和语境论的进路,在一定程度掐断了以规则为基础探寻法律意义的传统法治模式。实际上是减弱了一般法律的约束力,而突出了法律外因素对判断形成的力量。

传统法学认为,法律意义的可靠性来源于对法律文本的正确解释。然而,人们对形式合法性的追求已经减弱,大家所期望的是能被社会公众所接受的正确性。按照法治的要求,合法性就是正确性,但是由于人们看到了形式合法性并不能代表实质意义上的正确,所以要寻求一种形式与实质同时具备的合法性。这种在哲学上看似正确并且全面的认识,实际上在法治方法中是无法同时满足的。实质正义的思考会使法律陷入更大的不确定性。我们必须看到,哲学上的正确,因为陷入了恶性的循环论证已经成了纯粹的哲学难题,把这种思维转化到法学中,只能添加更大的思维混乱。法律认识上的正确,只能是指逻辑规则使用意义上的正确。根据法律的思维需要逻辑规则,这不仅是因为逻辑规则是衡量解释过程是否正确的标准,而且是因为逻辑规则是保障法律意义安全性的基本方法。法律解释要想达到客观性,离开演绎推理、类比推理、概念规则分析和充分的论证根本就无法达到。无论是想探寻法律文本意义的客观性,还是不以人的意志为转移的客观性,都必须运用逻辑规则。逻辑规则的运用会固化法律的客观意

---

① [德]Hubert Routteuthner 等著:《法律的基础》,张万洪、丁鹏主译,武汉大学出版社 2010 年版,第 212 页。

② 同上,第 211 页。

③ 同上,第 211 ~ 212 页。

义。尽管这种固化也会使法律发生一些意义的流变，但是只要我们在解释法律、论证法律的时候讲究逻辑规则，就不会出现法律意义的完全流失，法治就会被一定程度的实现。这里的问题也许在于，根本就没有一个“法庭”指导我们如何运用逻辑。由于一般法律和个案事实之间关系的复杂性，法律也不可能明确规定，对如何运用逻辑解释法律，我们只能靠经验来决定如何使用逻辑。转了一个圈又回到了经验的范畴，这是不是法律方法论研究的宿命？

从逻辑上讲，法律能够为行为提供充分的理由，法律本身就是一种社会实践。因为人们只要遵循逻辑的思维规则，就可以按照规范设定的思维路径实现法律的规范目的。但是，我国传统文化的整体性不是很重视逻辑分析，混沌、整体、辩证地看问题是我们思维的特点。加上在法学现代化的过程中，受到了西方反逻辑法学和反基础主义法学的影响，逻辑在法律人的思维方式中不占据重要地位。正是因为整体性思维忽视形式逻辑，使得与法治相适应的思维方式难以在全民中形成，这成了我们进入法治时代的一个障碍性因素。在西方，尤其美国的实用主义法学反对逻辑是有问题意识的，即在严格法治时代把形式逻辑在法律思维中绝对化了，以至于出现了把逻辑当成法律的思维倾向。霍姆斯强调法律不是逻辑恰恰是对逻辑绝对化的反思。我们国家的一些学者很容易接受美国的现实主义法学的观点，是因为我们已有的知识前见与这种观念有暗合之处，也与我们没有树立法治的信念有关。“对外来思潮的跟风与盲从，并非学术能力上的问题，而是源于学者治学价值取向。”这种思维倾向非常不利于中国的法治建设。所以，“中国学者真正履行自己的使命，赢得社会尊重，必须用‘两只眼睛’做学问。一只眼睛盯住中国问题，形成中国自身的问题意识；另一只眼睛关注现实问题，踏踏实实解决国计民生的重大问题。”①法治是关涉平等、正义、权利以及社会长期稳定的问题，我们必须改变思维方式以适应法治时代的到来。

四、正视正义等修辞，克服法治时代的风险

实施法治不但是有成本的，而且也是有风险的。这种风险不仅表现在革命年月有些人主张用法治取得胜利，而最终导致失败，还表现在和平时期的机械司法，使法律与社会之间出现紧张关系。传统法律思维逻辑强调了对法律意义固定的捍卫。但是以演绎推理、类比推理以及命题逻辑为主的解释方法，由于过于

① 子弋：“学者要成为时代的‘眼睛’”，载《中国社会科学报》2010年12月16日。

重视法律自身的意义可能会出现与社会关系之间的裂痕,合法不合理的判决使很多人一次又一次地表达出对法治的失望。在法治论者支持下,通过对法律一般意义的捍卫,使人们获得了行为的可预测性。这是法治的优点。人们发现,在一般情况下合法性和合理性是一致的,但在一些特殊情况下,个案中的正义可能因机械司法而丢失。为了使法治不出现机械,使法律与社会关系之间更加融合,人们应该更多地在思维过程中使用正义等反映法律价值的修辞。在这种情况下,一种新的法律方法出现了,这就是建立在新修辞学基础上的法律论证。在正义等法律价值的修辞论证中,法律解释、理解和判断的正确性被合理性和可接受性所代替。但对法律固有意义的捍卫似乎不重要了,出现了在论证旗帜下法律意义的丢失。

(一)法律固有意义的丢失——逻辑推理(解释)与修辞论证方法的冲突

在早期的法治中,法律在司法中的位置似乎是不容置疑的。但是,自从法律方法论的研究深入以后,或者说我们今后进入法律的方法论时代后,解释和论证都会变得更加世俗化和人性化了,这实际上是跨出了远离形而上学解释的第一步,法律与法治的重要性逐步被淡化了,起码是失去了在严格法治时代的绝对性。"为了获得效力人们不再接受内容的规定,而只接受诉讼程序的规定。这样似乎就有可能把法律的统一性转入到论证之中,或者更简单地说转入到论证的规定之中。值得注意的是这些尝试与法律有一定的距离。"①在传统的法律解释中,人们坚持法律解释的内在原则,法律规则的文本意义被大力倡导,法律规制着人的思维走向。但是,自从法律论证、价值衡量等方法进入法律方法系统以后,丰富多彩的事实、多元的规范系统、个别正义等语境因素成了与一般法律具有同等重要的因素。根据法律的推理以及传统的解释方法有被丢弃的危险。法律推理式的解释方法是对法律独立性、自主性的张扬,社会系统中的法律外因素,如道德、经济、文化、习惯、社会的本质等被一定程度的压抑,而价值衡量以及修辞论证的方法是对法律外道德等因素的挖掘,对法律的独立性、自主性发挥是一种抑制。法律和法治的存在,使人们普遍感觉到一种压制性力量的存在。社会既需要法律来维护社会秩序,规制无拘束的思维与行为,又需要不断地在具体的场景中释放人的创造性,以便使法律外因素也进入到法治的系列行动中去,使社会与法律之间出现和谐。可问题在于:法律与社会之间融合关系的"度"究竟是什么?究竟是由谁来界定以及是如何掌握的?这都是论证理论必须回答的问题。因为,在维护法治的行动中,法律既不能被丢弃,也不能被机械适用。我们

① [德]卢曼著:《法律的社会》,郑伊倩译,人民出版社2009年版,第8页。

可以在理论上说，既要根据法律的推理与解释，又需要根据社会情势的衡量与论证。但现实的情况是，我们难以避免人们的思维走向极端。要么是要求纯洁法律的权威，不要政治、道德、文化等对法律的影响，要么是要用正义、社会的本质等代替法律。

法律的存在是由社会决定的，法律也是运用于调整社会的。但是社会常常处在变动不居的状态之中。立法者所考虑的社会，与司法所面对的社会是不一样的。在个案中，法律文本所规制的是一般的人和事，面对的是整体性的社会，而司法考虑的是个别的、具体的事实，是要把一般的规范涵摄到对事实的推断之中。一般的法律和个案事实“适度”进入法官判断，是法律方法论研究的难点问题。决定这个“度”的因素，不是法律本身的规定性，而是法官在什么理念之下进行的选择。传统的法律规范和概念分析方法，能够使法律因素更多地进入法律判断，而经济分析方法中的法律成分就会少一些，社会学解释方法则可能把法律因素部分丢弃，而进行新的“立法”。法律因素在解释中是否被丢弃，是衡量一个社会法治程度的标准之一，也是检验方法是否支持法治的根据。由于法律与社会的关系是否和谐，不是由法律一个方面的因素所决定的，因而在司法裁判中法律成分的多少，只能是具体情势具体分析，尽管这等于说所有的方法论的研究都是无用的。但如果在整体的法治理念不变、法律思维还支配法律人活动的情境下，法治——不任意地裁断，还是能保持住的，法治也就能在一定程度上实现。只不过在这种情况下，“法律应该是什么”已经被“法律是什么”所代替了。法律解释和法律论证表现了解释的出发点的不同，传统的法律解释是根据法律的解释原则，而论证的出发点则是在法律系统和社会系统的语境中理解、解释法律的。论证体现了一种更宽泛的开放性，而解释则是一种有限的开放性，法律的封闭性特征还比较明显。

在本文中我把法律论证和价值衡量作为一种方法，简称为衡量论证，而把法律推理与传统的法律解释作为一种方法，简称为推理解释方法，衡量论证的方法是运用法律外部的变量，结合语境的因素来作出决断，因而也称为外部方法。衡量论证的方法在一定程度上带有临时决断的立法性质，这种方法考虑案件的个性因素比较多，同时又引进了经济的、政治的、道德伦理的各种理由，因而具有很大的不可预测性。好像法律判断不是根据法律的决断，而是法官自主或自治的决断。推理解释的方法则是把法律作为一种独立的因素与事实发生涵摄关系而作出决断的方法，也称为内部的方法。在这种方法中，法律主要由文本所载明的规则所引领的，虽然法律具有不确定性或模糊性，但是在解释的根据中，只有法律一个变量。因此法律在一定程度上是可以预知的。在这两种对立的方法中，传统意义上的法律在实践中被撕裂了。规范法学主张法律就是法律，是由概念、规则、原则所构成的，但这被视为是纸上的法律，而不是行动中的法律，行动中的法律是一系列社会变量因素所构成的。我们的态度也许只能沿用下面的表述："或许存在一个朝着法律内部的变量的趋势，但，法律外部因素的影响也仍然持续着。"①这是一种协调了规范法学与其他法学的折中观点，当然也是维护法治，不丢弃法律，并保障法律有一定权威的思维方法。

（二）法律不能限制自由裁量的"噩梦"以及法律方法论的"美梦"

对任意裁量的限制最有效的就是规定规则和程序。法治的最初动机就是要限制专横和任意。但是，法治也只是能够解决体制等大的方面的问题，在微观细节问题上，自由裁量是普遍存在。这不仅使法治蒙受了多方面的指责，而且也成了法学家研究的重要问题。"哈特将20世纪美国法理学描述为现实主义者（这些人认为法律对于司法自由裁量权不能施加限制）的'噩梦'与德沃金之流强调的'可靠的法律确定性'的'美梦'之间摇摆。"②但是，哈特在理论上成功的"美梦"遮蔽了他内心挣扎的"噩梦"。哈特不得不承认在法律概念的边缘是存在不确定的，必须通过解释才能清晰法律的意义。德沃金的隐含法律也使得他的明确性大打折扣。很多法律方法论的研究者认为，法律方法的运用可以限制任意的解释，使自由裁量权被压缩到最小的空间。但这是可能的吗？西方一些国家的法律明确规定了法官判案必须说明理由，而如何说理就成了法律方法论要解决的问题。然而当今法律方法论的研究，使原本复杂的法律更加复杂，没有对法律方法进行恰如其分的简单表述，以至于很难看到法律方法能够实现限制自由裁量的美梦。各种各样的法律方法使法律人有了更多的选择，自由裁量的范围似乎更宽泛了。

"世界上任何法律制度都存在巨大的裁量权，这一点毫无例外。对于个别化的正义、创造性正义，没有人知道如何制定规则的新项目以及某些方面无法化约为规则的老项目而言，裁量都是必不可少的。取消裁量权会使政府的进程瘫痪，并且会窒息个别化正义。"③那么对自由裁量权的限制就成了法治的关键问题之一，目前很多国家都设计了一系列制度、原则、程序来限制自由裁量权，使其

---

① ［德］Hubert Routteuthner 等著：《法律的基础》，张万洪、丁鹏主译，武汉大学出版社2010年版，第224页。

② ［英］尼尔·达克斯波里等著：《法律实证主义：从奥斯丁到哈特》，陈锐编译，清华大学出版社2010年版，第212页。

③ ［美］肯尼斯·卡尔普·戴维斯著：《裁量正义》，毕洪海译，商务印书馆2009年版，第246页。

符合法治或者使其在法治容许的范围内行使这一权力。[①] 除了这些能够原则化、制度化的方案以外,强化法律方法的训练提出方法论方面的要求也是一种方法。比如,在自由裁量权行使过程中必须进行实质推理或法律论证或价值衡量,都会使自由裁量不那么“自由”或者任意。法律方法的引入会使决策者自觉减少不必要的自由裁量。因为只要要求自由裁量权行使者拿出理由或论证,他们都必须经过认真的思考,这样就减少了自由裁量的任意成分。

我们还必须注意另外一个现实问题:这就是现代法治理想已经成为一部分法治论者的意识形态。我们不能忽视他们的现实存在。他们奉行的是古典主义的甚至多少带有浪漫主义的司法理念,包含了优秀的司法品质:公平、审慎、实践理性、精通法律技术、具有逻辑分析能力,从整体上理解法律制度、坚持法律原则的连续性同时又能在变化的社会和经济环境中使用法律,并特别强调自我克制、自我约束、充满智慧。[②] 实际上在古典主义的司法理念盛行之时,也未必见得所有的案件都是正义和公平的,但起码法律人的理念是如此,以至于人们把理念当成了现实。在改革时代,社会关系不稳定,人们把此称为社会的转型期。这个阶段也许有很多(对法治理想来说的)不可思议的事情,但我们相信,只要赋予时代一个鲜明的法治符号,对稳定社会秩序会产生难以估量的力量。“在一个不可思议的年代防范层出不穷的风险,最好的办法就是建立一套免疫系统。”[③]在法治论者看来,这个免疫系统就是法治——包括规则、程序以及围绕着法治实现而展开的法律方法论系统。

(三)运用逻辑的方法,使用正义的修辞——重塑法治的公信力

早期的法治论者所设想的法治,非常强调形式主义。“法律尽可能是可预测的,或者是一种人们能够预见其效果的手段。最理想的情况就是一个提示就可以得出判决,就像详细分析一块所发现的骨头就能确定它是哪种动物的骨头一样。”[④]法治的设计者没有考虑到对法律的理解是一个复杂的信息处理系统,会面临生活事实纠纷的多样性,也没有考虑解释者的内心多变的因素。随着解释学的发展,法学已经不是单纯地研究语言问题,以及事实与法律之间的逻辑对应关系了。现在出现了多种多样的法律解释理论。法学家眼中的法律也不再是

---

① 唯独我国这个法治刚刚起步的国家在高调宣扬政治理念下的能动司法。

② 参见[美]玛丽·安·格伦顿著:《法律人统治下的国度》,沈国琴、胡红眼译,中国政法大学出版社2010年版,译者序第4~5页。

③ [美]乔舒亚·库珀·雷默著:《不可思议的年代》,何帆译,湖南科技出版社2010年版,作者自序第ix页。

④ [德]卢曼著:《法律的社会》,郑伊倩译,人民出版社2009年版,第6页。

教义学规范下的阐释，而成了各种理论、价值倾向和处理各种复杂信息之间的竞争。法学家简化对社会认识的努力宣告失败，人们不能像对待一个概念那样来认识社会，社会也远不是一个概念所能涵盖的。其实，法学研究过程是复杂的，但应该得出一些简单化的命题，同时也只有得到简单化的结论才有可能通过法官的运用到司法实践中去。我们不能设想用复杂的理论指导法官的实践。他们没有时间天天去琢磨、掌握复杂的理论。“今天把社会作为法律机构来描述的做法在方法论上已经衰落并且被否定。法学家不得不求助于实在法理论，但是这种理论遇到了合法性确认的问题。”①

在复杂的系统论思想之下，法律系统和社会环境系统开始在人们的理解中交融。法律得到了更加丰富的表述，在我的调研中发现，法治以及法律人都存在严重的超负荷运转的现象。人们试图在法治中加上太多的政治要求和社会诉求。② “这样法律系统的社会内部环境就显得极其复杂，其结果是法律系统只能面向自己：面向自己的自律性，自我确定的界限，自己的规则和高选择性的过滤机制，这种对过滤机制的膨胀有可能危害系统，或者甚至剥夺系统的结构规定性。”③在复杂的系统中理解法律，这本身没有问题，可是它涉及的知识是跨学科的，作为一种思维路径没有问题，但是，真要想使每一个人都获得对法律的系统认识还是带有偶然性的。因而我们不能指望用各种复杂系统的理论指导司法实践。因为法治需要简单逻辑推理规则的运用，所以宣布三段论式的简单逻辑规则的失败还为时太早。法学研究的简单结论加上逻辑规则的简单推理，在中国今后的法治建设中还有重要的作用。法律方法论要解决判断和裁判的理由问题。我们相信，专制必然被法治所取代，因为专制社会是不需要讲法说理，而法治则必须讲究理性和法律方法。

法治建设需要法律思维，逻辑规则是法律思维的基础，离开演绎推理、类比推理等法治寸步难行。尽管根据法律的思维已经被后现代法学和现实主义批判而显得声名狼藉，但那是把逻辑绝对化的最终结果，对我们这个不重视逻辑的民族来说，对逻辑绝对化的批判对我们没有现实意义。对逻辑的轻视已经是我们的文化缺乏实施法治的“基因”，我们必须使用逻辑规则来捍卫法律意义的固定性，以便重塑法律的权威。这当然需要正义修辞的支持。没有正义、公平等法律价值引导，法治会迷失方向。法治不是要完全合乎社会的现实的合理性，用它还

---

① [德]卢曼著：《法律的社会》，郑伊倩译，人民出版社2009年版，第7页。

② 参见陈金钊：“难以践行的誓言——关于法官法治信念的考察报告”，载《河南政法干部管理学院学报》2011年第2期。

③ [德]卢曼著：《法律的社会》，郑伊倩译，人民出版社2009年版，第8页。

有改造社会的任务。只有合乎逻辑地解释法律才能恢复人们对法治的信任,只有以正义等法律价值为目标的法治才能使法治具有可接受性。逻辑是法治合法性的方法论基础,正义是法治合法性的价值核心。

（2011 年第 2 期）

法官借助习性空间展现其角色定位

王 申*

贾平凹在《古炉》中说,人有三性:一是天性,二是秉性,三是习性,天性纯善无恶,秉性纯恶无善,习性可善可恶……加强法治与加强德治,目的都是改善习性,抑恶扬善。否则,卑鄙成为卑鄙者的座右铭,无耻成为无耻者的通行证,也就会大行其道了。① 法官通过法律来理解世界。对于这个法治世界,法官拥有自己的世界观和生活哲学。对于法官来说,能够表达个性的最重要的指标就是,在审判事业中能否自觉地追求正义这一价值观。但在现实生活中,我们到处看到或听到的是:有些法官虽然身居高位,却不修公正之德,不存司法为民之心,不立法治兴国之志;而是以权谋私,利用国家赋予的权力大搞权钱交易,以至于陷泥潭而不能自拔。因此,我们有必要探讨法官应当具有怎样的行为方式和生活习性,以及法官习性对法官角色的具体影响。因为通常社会角色的空间借助于心智习惯(习性)的空间,在行为立场的空间里重新表现出来。由此可说,法官在社会中的角色位置空间是借助于法官的"习性"空间,在行使其司法审判职务的空间里重新表现出来。不同司法体制下的法官差异源于他们所处的法治系统的不同;任何一种差异反映的是通过与审判实践相结合的司法调控手段而产生的一种审判艺术,及通过这些审判艺术或法官们的法律技能产生一个利益和特性成体系的法官整体,这些利益和特性由同质相似性而结合在一起。

一、法官习性历史内化的具体化性情

习性一般是指在某种条件或环境中长期养成的特性。② 习性作为一个社会学的概念,首先是由当代法国哲学家布尔迪厄提出的。布尔迪厄认为,习性是指"一种持续、可转换的性情倾向系统,可以整合过去的经验,在功能上,可说是一种作为知觉、理解、行动的经常模型,进而此类比的转换,有助于得到相似问题的

* 作者单位:华东政法大学。

① "'耻''廉'垫底与'习性'培养",载光明网。

② "习性论——熊师十力著作学习笔记",载百度网。

解决方法，因此，行动者能够完成负责的工作。”[①]布尔迪厄关于习性的构想是受埃尔文·潘诺夫斯基《哥特式建筑与经院哲学思想》的影响。潘诺夫斯基认为“形塑习惯”不仅仅在制度、实践和社会关系中传递、渗透，它本身还作为特定条件下人的思想、行为的生成图式，一种“形塑习惯”的力量起作用。布尔迪厄在潘诺夫斯基的“心智习惯”和“习惯形塑力量”等观念的启发下而发展出“习性”概念，是借历史之经验铭写于身体以使实践认知活动得以进行的一种感知、判断及行动系统。习性是一种身体知识，萌生于客观社会结构、制度和主观习性的彼此契合中，体现了社会空间和身体性情之间双向的辩证作用。[②] 习性将集体和个体的历史内化和具体化为性情倾向，将“历史必然性转化为性情”。它使得过去沉积在感知、思维和行动中的经验，复苏为鲜活的现实存在，并长时段地生成未来的生存经验和实践。[③] 法官习性内化了法官所接受法学教育的社会化过程，浓缩了法官的外部社会环境、法治历史、法律文化传统；同时法官习性还下意识地形成法官的实践理性。可以说，法官的习性结构代表着法官的思维方式、认知结构和行为模式。

（一）传统法官习性源于政治或贵族责任之要求

法官习性是历史的产物，借此产生法官的司法实践。在法官职业化的进程中，其所隐含着的是社会对法官职业、法官个人品质的特殊要求。法官作为法律职业群体中相对活跃的主体之一，是法律机制得以理性运转的作用者，也是法律功能目的得以实现的承担者。因此，法官必须由具备深厚的法学理论功底和丰富的司法实践经验的社会精英所组成，经由规范的法科学习、法律训练和司法实践而养成他们特殊的工作习性和生活态度。在职业主义者看来，西方法官“习性”的形成：一是直接从渊源于古代的“政治责任”、“贵族责任”出发，认为法官职业具有对社会负有公共性义务的属性；二是从自然法的理念出发，认为法官是人类追求自由的产物或者工具，是正义的当然代表，所以法官的职业也就具有为公众服务的属性。特别是受到“天职”观念的影响，早期法官更加注重职务的公共性和单方贡献，重视阶层、出身而非技术和能力。

在古罗马，法学家都是达官贵人；在早期的英格兰和苏格兰，法律职业中弥漫着一种“贵族责任”的风气。在这种传统中，法官往往声称他们是一种职业，具有为公众服务的天职；他们并不认为自己是当事人的仆人，而是“法院的官

---

① 陈珊华：“江山易改，习性难移——Bourdieu 的习性概念及其在经验研究上的相关探讨”，载百度网。

② “特点与习性有什么区别”，载百度网。

③ “习性”，载百度网。

员”,并以为当事人服务为荣。这种“贵族责任”在传统的欧洲也非常盛行,大部分国家的法官都保留着珍视社会荣誉而刻意地与商业主义保留距离的传统。[①] 对于这种“贵族责任”,学界普遍认为,早期西方法官职业大多数是来自于教士阶层,由于当时基督教教义在西方社会道德中的统治性地位,从而使法官职业伦理形成了自己为“公众的仆人”的传统观念。在基督教教义中,为公众服务被视为是自己获得上帝馈赠的礼物——知识而产生的责任。在人性本恶的理念指导下,为了抑制人性的贪婪和野心对知识服务于社会的负面影响,因而产生了高要求的伦理标准。[②] 在职业主义者看来,法官的标准是由两方面构成的:一是具备为公众服务的德行操守,或称作为“直”,正直无私,不偏不倚,公平无颇;二是具备基于深奥的法学理知识,或称为“博”,熟知法律发展的历史与现实。一个真正的法官,他能够在无数先例故事之中探囊取物般择其最宜于时者,画龙点睛,一语中的,令人折服。[③]

在美国,并没有经历欧洲那样的封建社会,没有出现欧洲式的贵族阶层。因此,托克维尔认为:“美国的贵族就是律师和法官。”法官在美国社会扮演的角色亦毫不逊色。对于法官,美国人不会感到陌生,并将其视之为“有修养的伟人,甚至具有父亲般的慈严”,许多有影响的伟大法官如约翰·马歇尔、斯托里、霍姆斯、布兰代斯、卡多佐等都是人们乐于称道和敬仰的杰出人物。美国人对法官的尊重和信赖,可以较为准确地反映出美国社会对待法律的态度。在普通法系的国家,法官在法庭上是要穿法袍、戴假发的,在日常生活中也很少过度抛头露面。在这些国家,一个法官即使没有判过任何错案,但完全可能因为日常生活中的行为不检点等道德操守上的问题丢掉法官的宝座,法官成为现代民主社会的“精神贵族”。[④]

在我国,法官被归入国家干部的范畴。“干部”历来被认为是党的事业的骨干,是令人羡慕的一个阶层;干部的政治素质的提高被看做第一等的大事,定期的政治学习是不可少的,一个阶段后的统一政治轮训对法官来说也是必需的。特别是间隔几年后,全国法院系统都会采取评选人民好法官的活动,提出一个概念上完美的好法官要求,如宋鱼水等模范法官,然后激励和要求担任法官的人去实践这个完美的概念。当然,这是一种道德规范的模式要求,或者说是一种关于

---

① 李学尧著:《法律职业主义》,中国政法大学出版社 2007 年版,第 26 页。

② 同上,第 27 页。

③ 武树臣:“贵族精神与判例法传统”,载《中外法学》1998 年第 5 期。

④ 杨涛:“法官,需要点‘贵族’气质”,载 http://www.teachercn.com/lunwen/2004/11-10/13365698688.html。

中国法官和司法的意识形态。国家和法律的导向是增进干部(美德)和人民群众打成一片。在这种背景下,现代社会依职业而确立的那种职业习性被消解了,要求法官能够深入田间地头,到群众中去,为群众分忧解难。因为法官的权是为民所用,其情为民所系,其利为民所谋。法官必须对党忠诚,对人民忠诚。我国的司法伦理从来没有要求法官有"精神贵族",而更着重的是强调"平民精神"。

但是,随着审判方式的改革,法官作为中立的裁判者的形象越来越被重视。为避免法官的一些陋习,提高道德素养,树立法官公正良好的"中立"形象,有人提出,"应当培养法官的一些'贵族'气质。我想这是时代对我们今天的法官的要求。既然选择了大海,那就义无反顾地告别小溪;既然选择了高山,那就义无反顾地告别平地。我想,既然选择了法官这个神圣职业,选择作为正义的运送者,那么你就得放弃一些普通公民应享有的权利,让自己在行为和精神上'贵族'起来"。① "贵族的最高品性,一种对巨大权力的警觉,另一种未被征服过的反抗,不仅在于克制而不要求特权,而且也在于拒绝不请自来的特权。"②

当然,这里所说的贵族化,主要强调的是法官在精神生活上要高于一般普通大众。这里所言的贵族化,指的是法官的孤独化、魅力化和贵族化,最终为的是使法官成为法律人格化的代表,使法的精神浸透于法官的血液之中,使法官举手投足都符合法仪,一言一语都体现法的精神。他们具有不怒自威、温文尔雅的高贵气质;他们衣着得体大方(就是符合法官的威严而散发出来的感觉),绝对干净整齐而不光鲜亮丽;他们待人温和有礼,举止自然而不做作。他们不会有盛气凌人的感觉,相反地,他们一般是平易近人的。总而言之,他们高调做人,低调优雅。当一个法治社会极为成熟时,有无法律条文倒不重要,只要有法律人格化的法官,即可出现"欲把西湖比西子,浓妆淡抹总相宜"的境界。无论如何,孤独化、魅力化和贵族化肯定是发展法官个性的方面。③

(二)法官习性是正义的情感与美德的统一整体

随着司法改革的深入,一些社会问题得不到妥善的解决,特别是有些问题虽然得到解决,但判决后的执行成为一个"瓶颈",于是许多矛盾集中到了法院。人们对司法的公正产生了怀疑。当下复杂司法系统的核心问题已不再关涉法官的存在,而是生存。法官的习性似乎集中在或体现了法官的生存法则。法官如

---

① 杨涛:"法官,需要点'贵族'气质",载 http://www.teachercn.com/lunwen/2004/11-10/13365698688.html。

② [奥]尤根·埃利希著:《法律社会学基本原理》,叶名怡、袁震译,中国社会科学出版社2009年版,第157页。

③ 郝铁川:"法官的个性:孤独化、魅力化、贵族化",载《检察日报》2000年9月20日。

果具有真材实料的审判技艺,加上审慎、公正以及自我克制的品行,一般会获得成功;即使是品性不那么高尚,靠专业技能也可以奏效。现代司法学的核心任务似乎不再是揭示司法平衡的实现机制,而是解决法官面对法律不确定性的生存方式;尤其是他们的工作方式,他们与其他外界发生关系的方式,他们的政治见解及其表达方式,等等。法官习性涉及法官对司法目的、法的价值和司法理想的理解等基本内容,它主要回答法官是什么、怎样对待法官的生活和怎样实现司法的价值等问题。实际上,法官对司法的目的、法官的价值和法的理想的认知就内在地包含着法官与法官习性关系。

我们知道,法官内在精神的广度与深度、胸襟的气度与境界是一个长时间培养的过程,这种培养最佳的途径就是从知识中获得美德,让自己的智慧与知识中的智慧相碰撞从而提升自己的境界。因为对于法官来说,通往富贵之路和通往美德之路有时候是大相径庭的。但是雄心勃勃的人往往认为,在他奋力挺进的那个光辉耀眼的地位上,他将有如此多的资源博得人们的尊敬与钦佩。于是,为达到这个令人羡慕的处境,那些追逐富贵的人往往过于频繁地舍弃美德之路。① 但是,法官位于法律职业的顶端,代表了人们向往的典范和最高成就。"世界上没有一种职业能够比学识渊博公平正直的法官职业更崇高和纯净,它给人的感觉好比是天堂中洒落的滴滴雨露,纯净而透明,无可挑剔。"②法官美德所体现的就是法官的一种习性;法官习性的形成和确立,离不开世界观的指导。法官的生活经历自然会产生一些关于法官本身的问题,如法官是什么? 法官究竟为什么而工作? 怎样的法官才有意义? 对这些问题的不同回答形成不同的法官人生观。

法官的习性与法官的心理活动有很大的关系。因此,在弗兰克看来,揭示法官的心理因素在司法审判进程中作为一种积极的力量所起的作用,是我们的责任。"审判的心理学层面长期以来都是一个生动的话题。与正义相关的司法活动很大程度上是一个心理过程。"③要考察审判的动态过程,须先剖析法官心理的动态过程,因为审判的基本单位是人,是法官,其所涉及的是法官对于审判的激情和思维的理性。如要考察法官的习性就须把法官放到审判的背景中。从这个意义上,我们就必须研究法官的习性特质。在弗兰克看来,"任何的所谓'社

---

① [英]亚当·斯密著:《道德情操论》,谢宗林译,中央编译出版社 2010 年版,第 75 页。

② [美]爱德华·杰出·德维特:"美国法官十诫",胡雪梅、韩春海译,载《浦东审判》2010 年第 1 期。

③ [美]杰罗姆·弗兰克著:《初审法院:美国司法中的神话与现实》,赵承寿译,中国政法大学出版社 2007 年版,第 169 页。

会科学’,都只不过是人类学的一个组成部分,它们所尝试的概括,与习惯和群体的信仰(道德观念、民风)是相互关联的。这些东西,特别是在日新月异的当代社会,不具有当下的可预测性,因为其中包含有大量难以捉摸的偶然因素,包括强有力的(地震威力般的)个性这种偶然的影响因素”。[①] 而法官习性概念的功能之一,就是阐释将审判过程中诉讼实践和司法理念相结合的统一性,即表现为法官的审判风格和审判内在规律的统一;也可以说,法官习性是法官情感与美德的选择的统一整体。在当下的审判实践中,对情感的诋毁不仅出现在一般的司法论著中,而且在司法实践中也常有发生。法律规范主义者可以举出很多的例子来说明,法官面对审判必须完全不考虑情感因素,不应该被情感、同情、怜悯、愤怒、仇恨或者类似东西所引导,因为基于这些东西作出的决定是不理性的。其实,这种筛除过程会排除对被告的背景和品格进行同情性评估的一面,而这个方面实际上是关于处罚的理性判决必不可少的,也是这类判决一贯被认为应该包括的主要部分。因此,弄清楚情感和类型之间未经反思的差异在法律中就有了一种实践意义。[②] 法官的欲望选择了正义的目的,并且最终决定了法官的行为。

二、习性承担着法官司法理念意识的职责

我们的社会是一个法治化的机体,法官的所有审判意识与行为都融合于整个法治世界或这个特殊的司法场域中。根据布迪尔的场域理论,“从分析的角度看,一个场域可以定义为在各种位置之间存在的客观关系的一个网络或一个型构”;[③]“一个场域的结构可以被看做不同位置之间的客观关系的空间,这些位置是根据他们在争夺各种权利或资本的分配中所处的地位决定的。”[④]这种权利关系恰恰在很大程度上又是依赖于司法权威来彰显、维持和保持沟通。法院的外在(形式)与内在(实质)的结构机制,既建构着法官对这个法治世界的感觉,也保持着法官的意识与具体行为。

---

① [美]杰罗姆·弗兰克著:《初审法院:美国司法中的神话与现实》,赵承寿译,中国政法大学出版社2007年版,第229页。

② [美]玛莎·努斯鲍姆著:《诗性的正义——文学想象与公共生活》,丁晓东译,北京大学出版社2010年版,第86~87页。

③ [法]皮埃尔·布迪厄、华康德著:《实践与反思——反思社会学导论》,李康、李孟译,邓正来校,中央编译出版社2004年版,第134页。

④ 同上,第55页。

在司法场景中，法官的习性是指法官要做的工作及给予工作以实践的意义。从某种意义上说，我们要理解法官存在的本性或本质，只能是通过法官的审判工作来理解。因为透过现象才能看到本质。在司法审判方面来说，法官应反映其为之生存的民主社会的基本价值，即使这些价值与公共观点的"风向"不和谐；同时，法官在为当事人的诉求寻找法律依据时，也应保持社会与个人、公共需要与个人权利之间的微妙平衡。因为"法官总是在特定的制度与文化背景下行使裁判权的。这样，作为社会及文化场域中的一分子，法官司法审判行为的选择无疑又必须适当地尊重特定社会特定时期普遍流行的文化传统和价值观念，审判也必须在一定程度上参照并汲取与法律精神本不相违背的、当地有关的习俗和伦理价值，进而使得裁判的结果与当下社会公众主导的文化价值相一致，至少不能偏离得太远以至于影响到社会大众对审判结果的普遍认可和接受"。[①] 也就是说，当天平处于微妙的平衡时，法官应给予最重要的价值——正义的特殊倾斜，法官应践行正义。[②] 这就是法官的审判艺术。

在司法空间里，当法官公正的表象变成为习性的时候，这些习性就会渗透到审判实践的整个过程中。法官的习性主要包含两方面内容：一方面，是指法律空间的主导规则内在化和具体化为法官性情结构；另一方面，是指法官习性作为生成性结构，能够生成具体司法实践行为的功能。因此，法官习性是"被建构的结构"和"建构中的结构"。法官的习性在客观上是被规定的和有规律的，它们会自发地激活与之相适应的司法实践，即使遇到没有具体法律规定的案件，法官仍然应该以法律理念或原则来判案。"法官要讲法，不能借口法律在某些问题上没提到、不清楚或不充分而拒绝作出判决。"[③]由此，西方传统的法律强加给法官的三项任务中的第一项就是：法官必须对他面临的任何有效的权益要求作出裁决，他不可能因为找不到一条法律的准则，就——像古典时代罗马的审判法官就可能这么做——拒绝下判。[④]

法官生活在法律理念与法律概念这两个具体和抽象的法律世界间的内在张力之中。法官习性与司法理念有密切关系，法官探索法律概念中永恒的法的"理念"，并根据法的"理念"来提升法律概念，使法律变得高贵而富有尊严。在

---

① 赵秉志、张心向："法官角色视野下的裁判理性——以2005年'中国法官十杰'先进事迹介绍为分析范本"，载《法律科学》2009年第5期。

② [以色列]阿哈隆·巴拉克："法官的角色"，孔祥俊译，载《法律适用》2002年第6期。

③ [法]吉·加尼维："法国对于法官职业道德的理解"，载怀效锋主编：《法官行为与职业伦理》，法律出版社2006年版，第307页。

④ [德]H. 殷科著：《法哲学》，林荣远译，华夏出版社2003年版，第222页。

实践中,我们有能力评判一个法官习性比另一个法官更符合道德标准。这是因为我们能够将客观世界抽象化、概念化为一种更高的理智思维存在。在柏拉图看来,在现实世界中,存在一种"善"的理念,它是人类的最高理念,所有的一切理念,有如手段从属于目的,都从属于善的理念。[①] 由此,我们能够对法官的习性进行基本的认识与评价。当我们清楚地认知与理解法官"善"的习性时,我们也就有能力区分现实司法世界的"善"与"恶"了;同时,当我们试图更好地理解在可感知法官的"善"与"恶"时,我们也就更能追寻"善法"的理念了。

法官习性的概念与法官的实践理论密切相关,是因为法官的实践逻辑不同于法学家的理论逻辑;实践逻辑是一种前语言的、类似于游戏感的模糊逻辑。人们总是亲身体验到游戏感后,才能真正理解游戏规则,并获得正确参与游戏的能力。有些规则具有很强的自治性,对游戏规则的理解被铭刻进人们的身体,形成前反思的意向性。譬如,法官和法律规则之间就存在一种契合关系。法官通过长期的法律规范训练,不断加深对法律概念的理解,以至于在他们的心灵深处可以本能地意识到该案件的焦点、审判思路,他们可以有意识地控制审判过程,并与其他同人的意识相配合,最后作出正确的判决。实践逻辑规范司法的自治,法律规则约束法官的自由。

三、习性体现了法官的性情和法律空间

法官的性情所能体现出的是法官精神上的自立和自治,能够独自面对自己和上帝,能够以一种超脱的眼光和心态追问审判的目的和公正的意义。在法官的理性生活中,"有一种美德,它的概括性规则,以极高的精确度,标明它所要求的每一项外在行为。这美德就是正义。正义的规则极为精确,其中没有例外或修正的余地,除了那些可以被限定得像规则本身那样精确的例外与修正,而那些例外与修正通常也的确是和规则一起源自同一组原则"。[②] 因此,法官表达个性的最重要的途径就是自觉地追求正义这样一种价值观或事业,因为正义的规则应该受到最神圣的尊敬;如果法官无法承受和消化现代的法治事业,那么中国的法官就无法通过正义美德与良好品质将法治转化为人类性情趋向的行动,亦无法通过其审判艺术在社会中达到治理的真实效果。这样,法官的实践就无法通过正义的美德回应社会对法律之需求。显然,这样的要求其实是把法官视作为

---

① 王炳书著:《实践理性论》,武汉大学出版社 2002 年版,第 6 页。

② [英]亚当·斯密著:《道德情操论》,谢宗林译,中央编译出版社 2010 年版,第 213 页。

一种法律专业性强和实践要求很高的特殊职业；也就是需要具备牟宗三所谓的"智的直觉"，熊十力所谓的"性智"能力，以及我们今天所说的智慧的习性。

法官信奉正义的习性可以作为一种有效的手段来推进法官的观念。在法官漫长的发展过程中，正是以不断学习和理解法律规则、理念而使其心智习惯的历程得到成长。伴随着法官的成长，由长期司法实践而积累的、以一定的科学理论为依据的、较为成熟的经验已形成。这些既可以是法院或审判组织的集体经验也可以是法官个人的经验，所体现的是一种从司法实践体验中流露出来的法官职业的认同感。法官的职业认同感与客观法律规范之间逐渐形成默契性，体现的是司法主体对法治世界产生某种"信念经验"，也可以说是一种下意识的对法治世界的想象，一种对法治世界的认识。法官习性就建立在对法治世界的"认识"之上。显然，法官习性其实是一种身体知识，体现了法官性情和法律空间之间双向的辩证作用。通过对法官的"习性"进行剖析，我们可以找到如何提升或改变法官习性的可能性路径。

司法实践既不是一个司法主体以纯粹法律关系面对客体世界，也不是社会将机械的因果规律强加给法官。法官习性萌生于法律的客观性结构，在司法制度和法官主观习性的彼此契合中，法官习性内化于司法的职业化过程，浓缩了法官的权威地位、知识状况、实际功效；同时，法官习性还下意识地形成法官的审判实践传统。因此，什么样的法官习性结构就代表着什么样的法官思维方式、认知结构和审判模式。比如，英美法系与大陆法系法官的习性不同，由此形成了不同的法官思维方式、认知结构和审判模式。"如大陆法系国家，法官的思维往往体现为演绎式的逻辑推理。这一方面是由于大陆法系国家具有完备的法典可以作为法官推理的大前提；另一方面是因为法官对于法律的解释权被严格限制。相反，英美法系法官思维方式则具有归纳的特点，即从先例中归纳出法律原则，然后再进行适用，这是因为普通法系法官具有较大的自由裁量权，法官拥有立法权。"①由此可见，如果客观存在的司法制度是法官习性产生的必要条件，那么单纯的思想教育是否能够改变法官的习性？这值得我们认真思考。

四、结　语

"习性是一种持久的系统、具可转换的特质，透过实践与阐述，不断衍生与

---

① 吕方著：《中国法院文化研究》，人民法院出版社2008年版，第45页。

形塑某种结构。”[①]法官的认知是以其个体的社会生活经验、生活习性为基础的，而根据理性与经验判断法律事务体现的是法官职业的那些习性与姿态。法律和社会等生存条件形塑着法官的习性，法官的习性又可以影响着法律与社会等法官的生存条件。法治要求法官按照某种恰当的合理形式进行自治和自为，以便能够评价法官的行为是否正当与合法。在这中间，法官习性的形成就取决于法官的自我观念；如果法官将其职业看作为是“正义的化身”，那么我们就必须赋予法官习性以非一般意义上的重要性，而且这种重要性也应当自动地赋予出现在其他人的生活类似的理由。显然，法官习性所揭示出的法官个人和其主观意识归根结底都是由社会关系所决定的。正是这种社会与意识形态之间的关联而凸显出法官作为被建构的结构。法官作为拥有长期司法性功能的社会规范性系统，即在司法空间中不断将公平、正义的思想、理念等内化和铭刻在法官的心智结构上，通过法律使其自身正当化与合法化。法官的地位和名誉不是什么人都能够给予的，而是由其自身创造、民众认可的。毋庸置疑，在我们未来的法治现代化过程中，对于法官来说，“拒绝平庸”是一道难度不小的考题。社会主义法治的发展，很大程度上依赖于法官的品行，或者说法官的习性。而法官的习性又受制于塑造他的环境，当每一个出现在法庭上的法官都是态度严谨、举止端庄、温文尔雅的话，一定会唤起民众对社会的尊重与对法官的景仰，我们的社会也一定是和谐的。

（2011 年第 11 期）

① 陈珊华：“江山易改，习性难移——Bourdieu 的习性概念及其在经验研究上的相关探讨”，载百度网。

编　后　记

为纪念《法学》力图推动中国法治进步而走过的坎坷路程，在《法学》月刊社确定入选论文的前提下，本人负责了本套丛书《法理卷》下册的汇编校对工作。由于不同时期文章编排体例和依据文本存有差异，为保证校对质量，在编校过程中，采用了反复校对、交换校对、文字稿与电子稿同步校对等方法，在保证作者原意的基础上，统一格式，规范脚注，纠正文字及标点差错。但难免还会存在错误与遗漏，期待得到作者与读者的指正及谅恕。

感谢两位副主编的支持！感谢法律史专业硕士研究生胡志勇、苏静瑜、张瑜对校对工作付出的辛勤劳动！

徐永康

2012 年 4 月 30 日

领取稿费告知

尊敬的各位作者：

值华东政法大学建校60周年、《法学》创刊56周年之际，华东政法大学《法学》月刊社出版了《法学的历史》文丛，旨在以文献的方式反映新中国法制建设的进程以及法学理论的发展。为此，选萃了《法学》月刊自1956年创刊以来刊登的具有代表性的、能够反映当期现实问题和理论研究水平的文章。您的文章被我们选用，但由于各方面原因，我们无法与您直接取得联系，希望看到此通知后联系我们，以便发放您的稿费。具体事项如下：

1. 请告知您的信息，具体包括：(1)作者姓名；(2)文章名；(3)文章发表的卷名。可直接到杂志社领取稿费。如需要邮寄稿费的，为防止冒领，请将个人身份证号、收款账户、联系电话予以告知我刊。

2. 稿费的发放标准为每千字10元。

3. 杂志社地址：上海市万航渡路1575号华东政法大学六三楼《法学》月刊社。邮政编码：200042。联系电话：021－62071924。联系人：过纯益 汪池洲

感谢您的大力支持！

华东政法大学《法学》月刊社

2012年7月8日

图书在版编目(CIP)数据

法学的历史．第5卷，法理学．下卷：2004年～2011年／徐永康主编．—北京：法律出版社，2012.9
ISBN 978-7-5118-3650-2

Ⅰ.①法… Ⅱ.①徐… Ⅲ.①法学史—世界—文集②法理学—文集 Ⅳ.①D909.1-53②D90-53

中国版本图书馆CIP数据核字(2012)第136696号

责任编辑／王津京　　**装帧设计**／李　瞻

出版／法律出版社　　**编辑统筹**／财税出版分社
总发行／中国法律图书有限公司　　**经销**／新华书店
印刷／北京中科印刷有限公司　　**责任印制**／吕亚莉

开本／720毫米×960毫米　1/16　　**印张**／36.75　**字数**／637千
版本／2012年9月第1版　　**印次**／2012年9月第1次印刷

法律出版社／北京市丰台区莲花池西里7号(100073)
电子邮件／info@lawpress.com.cn　　**销售热线**／010-63939792/9779
网址／www.lawpress.com.cn　　**咨询电话**／010-63939796

中国法律图书有限公司／北京市丰台区莲花池西里7号(100073)
全国各地中法图分、子公司电话：
第一法律书店／010-63939781/9782　**西安分公司**／029-85388843　**重庆公司**／023-65382816/2908
上海公司／021-62071010/1636　**北京分公司**／010-62534456　**深圳公司**／0755-83072995

书号：ISBN 978-7-5118-3650-2　　**定价**：136.00元